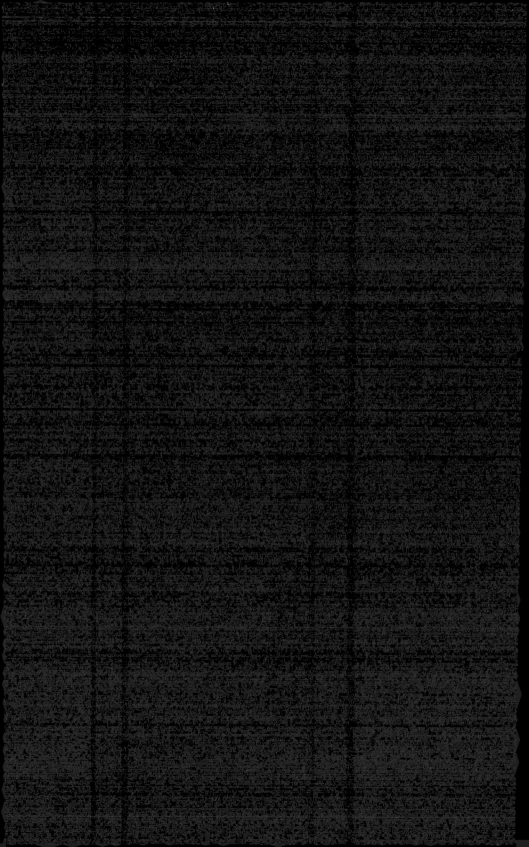

논어정의 論語正義

Lun Yu Zheng Yi —The Corrected Meaning of the LUN YU—

【八】

(권16 · 권17)

논어정의論語正義【八】
Lun Yu Zheng Yi —The Corrected Meaning of the LUN YU—

—

1판 1쇄 인쇄   2024년 3월 18일
1판 1쇄 발행   2024년 4월   3일

—

저   자 | 유보남劉寶楠
역   자 | 함현찬
발행인 | 이방원
발행처 | 세창출판사
　　　　신고번호 제1990-000013호
　　　　주소 03736 서울시 서대문구 경기대로 58 경기빌딩 602호
　　　　전화 02-723-8660 팩스 02-720-4579
　　　　이메일 edit@sechangpub.co.kr 홈페이지 www.sechangpub.co.kr
　　　　블로그 blog.naver.com/scpc1992 페이스북 fb.me/Sechangofficial 인스타그램 @sechang_official

—

ISBN 979-11-6684-319-8 94140
　　　　979-11-6684-221-4 (세트)

—

이 역주서는 2017년 대한민국 교육부와 한국연구재단의 지원을 받아 수행된 연구임.
(NRF-2017S1A5A7020726)

—

이 책은 한국연구재단의 지원으로 세창출판사가 출판, 유통합니다.
잘못 만들어진 책은 구입하신 서점에서 바꾸어 드립니다.

논어정의

論語正義

Lun Yu Zheng Yi —The Corrected Meaning of the LUN YU—

【八】

(권16 · 권17)

유 보 남劉寶楠 저

함 현 찬 역주

세창출판사

차 례

논어정의
論語正義
【八】

해 제 ——————————— 9

1. 『논어정의』 번역의 가치　　　9

2. 원저자 소개　　　12

3. 『논어정의』 소개　　　13

4. 『논어정의』 번역의 필요성　　　17

5. 선행 연구　　　19

일러두기 ——————————— 21

범 례 ——————————— 22

논어정의 권16論語正義卷十六　　　27
　● 자로 제13子路第十三　　　29

논어정의 권17論語正義卷十七　　　191
　● 헌문 제14憲問第十四　　　193

색 인 ——————————— 431

전체 차례

논어정의
論語正義

해 제

일러두기

범 례

논어정의 권1論語正義卷一
● 학이 제1學而第一

논어정의 권2論語正義卷二
● 위정 제2爲政第二

논어정의 권3論語正義卷三
● 팔일 제3八佾第三

논어정의 권4論語正義卷四
● 팔일 제3八佾第三

논어정의 권5論語正義卷五
● 이인 제4里仁第四

논어정의 권6論語正義卷六
● 공야장 제5公冶長第五

논어정의 권7論語正義卷七
● 옹야 제6雍也第六

논어정의 권8論語正義卷八

● 술이 제7述而第七

논어정의 권9論語正義卷九

● 태백 제8泰伯第八

논어정의 권10論語正義卷十

● 자한 제9子罕第九

논어정의 권11論語正義卷十一

● 향당 제10鄕黨第十

논어정의 권12論語正義卷十二

● 향당 제10鄕黨第十

논어정의 권13論語正義卷十三

● 향당 제10鄕黨第十

논어정의 권14論語正義卷十四

● 선진 제11先進第十一

논어정의 권15論語正義卷十五

● 안연 제12顔淵第十二

논어정의 권16論語正義卷十六

● 자로 제13子路第十三

논어정의 권17論語正義卷十七

● 헌문 제14憲問第十四

논어정의 권18論語正義卷十八

● 위령공 제15衛靈公第十五

논어정의 권19論語正義卷十九

● 계씨 제16季氏第十六

논어정의 권20論語正義卷二十

● 양화 제17陽貨第十七

논어정의 권21論語正義卷二十一
● 미자 제18微子第十八

논어정의 권22論語正義卷二十二
● 자장 제19子張第十九

논어정의 권23論語正義卷二十三
● 요왈 제20堯曰第二十

논어정의 권24論語正義卷二十四
● 논어서論語序
● 〈부록〉정현논어서일문附錄 鄭玄論語序逸文
● 후서後序

청사고유보남전부유공면전清史稿劉寶楠傳附劉恭冕傳
『논어정의』 주요 인명사전

해 제

1.『논어정의』번역의 가치

유학(儒學) 관련 경학 자료에는 동일한 원전 자료에 대해 오랜 기간 동안 수많은 학자들이 남긴 기록이 축적되어 있으며, 그것을 통해 이들의 형상이 어떻게 형성되는가를 살필 수 있다. 중국의 경우『논어(論語)』관련 주석서는 총 1,100여 종에 이르는데, 현전하는 가장 오래된 주석은 위(魏)나라 하안(何晏) 등이 쓴『논어집해(論語集解)』이다. 이 책은 후한(後漢)의 포함(包咸)·주씨(周氏)·마융(馬融)·정현(鄭玄)과 위나라 진군(陳羣)·왕숙(王肅)·주생렬(周生烈) 등 7인의 주석과『고논어(古論語)』의 공안국(孔安國) 주(注)를 모두 종합하여 집대성한 것이다. 이『논어집해』는 양(梁)나라의 황간(皇侃)이 쓴『논어의소(論語義疏)』를 통하여 후세에 전해졌다. 그런데 이 하안의『논어집해』를 근거로 한『논어』의 판본은 남북조시대(南北朝時代)에서 시작하여 수(隋)·당(唐)·오대(五代)를 거쳐 북송(北宋)에 이르기까지, 특히 황간의『논어의소』본에 기대어 세상에 유행하였으나, 그 뒤에는 한동안 유행하지 않았다. 그 이유는 주희(朱熹)의『논어집주(論語集註)』가 크게 유행함에 따라 자취를 감추게 되었기 때문인 것으로 생각된다. 다만 송(宋) 진종(眞宗) 3년(1000)에 칙명으로 형병(邢昺) 등이 하안의『논어집해』를 다시 풀이하여『논어주소(論語注疏)』

를 썼는데, 이것이 『십삼경주소(十三經注疏)』에 끼여 있는 논어의 전통적인 주해서(注解書)이다. 이것은 황간의 『논어의소』에서 집해(集解)를 따로 떼어 지은 것이라고 하는데, 그 내용은 원칙적으로 황간의 『논어의소』를 따랐으나 장구(章句)의 훈고(訓詁)가 더욱 상세하였으므로, 황간의 『논어의소』를 밀어내는 까닭이 되었다. 그런데 이 황간의 『논어의소』는 당대에 일본에 전해졌다가 청대(淸代)에 청나라로 다시 전해짐으로써, 남송 때 없어진 이후 5백 년 뒤에 다시 유행하게 되었다.

한편, 주희의 『논어집주』는 형병의 『논어주소』의 경문을 바탕으로 고인(古人)들의 여러 해설을 참고하여 지은 것인데, 이로부터 논어의 해설은 이 『논어집주』가 단연 권위를 지니게 되었고, 오경(五經)을 중심으로 하던 유학이 사서(四書)를 더 중시하게 되었다. 또한, 『사서집주(四書集註)』가 나온 뒤로 『논어』는 더욱 존중되고 널리 읽혔다. 『사고전서총목(四庫全書總目)』을 통해 보면 『논어집주』를 이어 송대에 나온 『논어』의 주해서가 10여 종이며, 원대(元代)에도 다시 10여 종이 나왔고 명대(明代)에는 30여 종이 넘고 있다. 청대에는 더욱 많아 백여 종이 넘는다고 알려져 있다. 이것은 주희 이후로 유가의 경전이 오경에서 사서 중심으로 옮겨 갔으며, 그중에서도 『논어』가 가장 존중되었음을 뜻하는 것이다. 따라서 주희 이후로는 유가의 경전 중에서도 『논어』가 가장 중시되어 모든 공부하는 사람의 필독서가 되었다. 원대 이후로는 과거(科擧)에 있어서도 필수과목으로 채택되어 『논어』의 권위는 더욱 높아졌다. 특히 청대에는 고증학(考證學)이 발달함에 따라 진전(陳鱣)의 『논어고훈(論語古訓)』, 반유성(潘維城)의 『논어고주집전(論語古注集箋)』, 유보남의 『논어정의(論語正義)』 등 많은 연구서가 나왔다.

한국은 고려시대 말에 들어온 성리학을 그대로 계승·발전시켰으므로 『논어』가 더욱 중시되었다. 태조 원년(1392)에 확정된 과거법 이후 계속 과거에서 시험 과목으로 중시되었으며, 성균관에서의 교육 과목에서도 사서삼경은 가장 중요한 교과 과목으로 채택되었다. 역대 임금들도 사서오경에 대해 깊은 관심을 가졌으며, 여러 기록으로 미루어 사서오경은 임금과 태자로부터 모든 지식인에 이르기까지 꼭 읽어야 할 필독서로 자리를 잡고 있었음을 알 수 있다. 이에 따라 예로부터 있어 오던 구결(口訣) 또는 토(吐)를 달아 원문을 읽는 법에서 한 걸음 나아가 경서의 언해(諺解)가 시도되었다. 언해는, 유숭조(柳崇祖)가 칙명을 받아 『칠서언해구두(七書諺解口讀)』를 지은 것이 처음이라고 하내[유희춘(柳希春)의 『미암일기(眉巖日記)』, 안종화(安種和)의 『국조인물지(國祖人物志)』] 전하지 않는다. 이황(李滉)도 선조 3년(1570) 『삼경사서석의(三經四書釋義)』를 지었으나, 이보다도 본격적으로 우리나라에서 읽힌 언해본으로는 선조의 칙명으로 이루어진 『논어언해(論語諺解)』 4권과 이이(李珥)가 지은 『논어율곡언해(論語栗谷諺解)』 4권이 있다. 이 밖에 작자 미상의 『논어정음(論語正音)』 4권도 있다. 송시열(宋時烈)의 『논맹문의통고(論孟問義通攷)』도 있는데, 이것들을 통해 볼 때, 조선시대의 학자들은 무엇보다도 경문 자체를 올바로 읽고 정확하게 해석하려는 노력을 크게 기울였음을 엿볼 수 있다. 특히 정약용(丁若鏞)의 『논어고금주(論語古今注)』 등은 경학 연구 면에서 독특한 업적이었다고 할 수 있다.

그런데 한국에서의 『논어』 관련 경학 자료는 거의가 주희의 집주에 근거한 것이 대부분이다. 이는 고려시대 말의 성리학 도입 이래, 관리 등용에 있어 과거제도를 도입하여 관리를 선출했는데, 경전학 관련 과거는 오직 주희의 집주에 근거해 치러졌기 때문이라고 할 수 있다. 따라서 중국의 경우 『논어』 관련 주석서가 총 1,100여 종에 이르지만 우리나라의 경우는 조선시대에 성리학이 국교였던 관계로 중국에 비해 양적·질적으로 부족한 실정이며, 번역 및 해석서도 주희의 집주와 관련된 자료가 대부분이다. 뿐만 아니라 지금까지의 『논어』 관련 고전 자료의 대부분이 현대적으로 가공되지 않고 집성(集成) 형식으로 단순 정리됨으로써 자료적 가치에 비해 학문적 활용도를 담보하지 못하고 있다.

이제 완역된 본 『논어정의』는 하안의 『논어집해』, 황간의 『논어의소』, 주희의 『논어집주』와 더불어 『논어』 주소(注疏)의 사거서(四巨書)로 손꼽히는 유보남의 『논어정의』를 번역한 것으로 논어학의 체계적 정립에 기여하고, 한편으로는 『논어』가 담고 있는 광범위한 영역과 주제를 총체적으로 조망할 수 있는 기회를 제시할 것이다. 또한 현대적인 문맥에서 접근 가능한 표준적인 번역 작업을 수행하는 동시에 표점과 주해를 더하여 한국 유학에 있어『논어』에 대한 새로운 이해와 해석의 지평을 넓혀 줄 수 있을 것이다.

2. 원저자 소개

유보남은 중국 청나라 때의 고증학자이다. 자는 초정(楚楨), 호는 염루(念樓)이다. 강소성(江蘇省) 보응(寶應) 출신으로, 문안(文安)·삼하(三河)의 지현(知縣)을 지내기도 하였다. 유보남은 처음에 모씨(毛氏)의『시경(詩經)』과 정씨(鄭氏)의『예(禮)』를 연구하였는데, 뒤에 유문기(劉門淇)·매식지(梅植之)·포신언(包愼言)·유흥은(柳興恩)·진립(陳立) 등과 함께 경전을 공부하면서 각각 하나의 경전을 연구하기로 약속하여, 자신은『논어』를 맡았다.

유보남은『논어』관련 주석서 중 황간과 형병의 소(疏)에 오류가 많고, 청담과 현학에 관련되었다고 탄식하였으며, 거친 곳이 있는 것을 병통으로 여겼다. 이에 한나라 이래 여러 학자의 학설을 두루 모으고, 송유(宋儒)의 의리론과 청유(淸儒)의 고증(考證)·훈석(訓釋)을 참고해서 초순(焦循)이『맹자정의(孟子正義)』를 저술한 체재에 따라 먼저 장편을 만들고 그런 뒤에 모으고 비교와 절충을 진행하였다.

유보남은『논어정의』를 도광(道光) 8년(1828)에 처음 쓰기 시작하였는데, 함풍(咸豊) 5년(1855)에 장차 완성되려 할 때 병으로 사망하였다. 이에 그의 아들 유공면(劉恭冕)이 저술을 계속하였으며, 동치 4년(1865)에 전서가 완성되었다.『논어정의』의 완성은 전후 38년이 소요되었으며, 동치 5년에 간행되었다.

그런데 유보남의『논어』연구는 가학(家學)에 기초한 것이지만, 그의『논어정의』는 그가 38세에 뜻을 두고 착수하여 평생을 바친 저작으로, 청대『논어』연구의 결정판으로 널리 알려져 있다. 그리하여 유보남의 『논어정의』는 흔히 한유(漢儒)의 구주를 망라한 하안의 『논어집해』, 위(魏)·양(梁) 제가(諸家)의 관점을 광범하게 수집하고 있는 황간의 『논어의소』, 주희의 『논어집주』와 더불어 『논어』 주소의 사거서로 손꼽힌다.

사실 청대의 고증학 중심의 『논어』 연구는 청나라 중기를 거치면서 유태공(劉台拱)의 『논어병지(論語騈枝)』, 초순의 『논어하씨집해보소(論語何氏集解補疏)』, 송상봉(宋翔鳳)의 『논어정주(論語程注)』에 오게 되면 한위경사(漢魏經師)의 『논어』 연구와 구주의 분석에 이르게 된다. 이러한 연구 성과와 초순의 『논어통석(論語通釋)』의 실사구시(實事求是) 제창은 경서에 대한 신주소(新注疏)가 생겨날 수 있는 토양이 되었는데, 그 위에서 성립된 것이 바로 유보남의 『논어정의』였다.

유보남은 『논어』를 연구함에 있어 정현의 주석을 높이 받아들였으며, 『논어집해』에 대해 "버리고 취함에 어긋남이 많고 의리가 조략하다."라고 하였고, 『논어의소』와 『논어주소』에 대해서는 "의리를 발명(發明)하지 못하고 뜻이 천박하여 미언대의에 대해서는 알지 못하고 전장훈고와 명물상수도 빠진 것이 많다."라고 하였다. 더욱이 송유의 논어학에 깊은 이해를 가지고 있었던 유보남은 자신의 이해를 시대적인 토양과 결합시킴으로써 한송겸채(漢宋兼采)의 논어학을 완성할 수 있었는데, 이것은 『논어정의』가 가지고 있는 최대의 특징이자 장점이다.

유보남의 저서로는 『논어정의』 이외에도 『석곡(釋穀)』, 『한석례(漢石例)』, 『염루집(念樓集)』 등이 있다.

3. 『논어정의』 소개

『논어』의 주석은 많으나 대표적인 것은 삼국시대 위나라의 하안이 몇 사람의 설을 편집한 『논어집해』와 남송의 주희가 새로운 철학 이론으로 해석한 『논어집주』

이다. 일반적으로『논어집해』를 고주(古註),『논어집주』를 신주(新註)라 한다. 고주를 부연·해석한 것이 송나라 형병의 소인데, 이는『십삼경주소』에 수록되었다. 위·양 제가의 관점을 광범하게 수집하고 있는 황간의『논어의소』는 앞에서 언급한 바와 같이『논어』주소의 사거서로 손꼽히기는 하지만, 본국에서 일찍 없어지고, 후한 정현의『논어』주석은 당나라 말기에 없어졌으나, 20세기 초 둔황[敦煌]에서 발견된 고사본(古寫本)과 1969년 투루판[吐魯蕃]에서 발견된 사본에 의해서 7편 정도가 판명되었다. 그리고 청나라의 유보남이 지은『논어정의』는 훈고·고증이 가장 자세하다. 따라서 중국에서『논어』의 제 주석(注釋) 가운데 가장 대표적인 것이 하안의『논어집해』와 주희의『논어집주』, 유보남의『논어정의』인데, 세 가지는 각기 그 시대를 대표하는 저작으로서 각각의 특징을 최고(最古:『논어집해』), 최정(最精:『논어집주』), 최박(最博:『논어정의』)으로 정의할 수 있다.

『논어정의』는 기본적으로『논어』를 20편으로 분류하되,「팔일(八佾)」·「향당(鄕黨)」이 예악제도를 많이 말하였으므로 자세하게 주석하여,「팔일」을 2권(권3, 4)으로 나누고「향당」을 25절 3권(권11, 12, 13)으로 나누었으며, 권24에는 하안의「논어서(論語序)」를 수록하였고, 부록으로「정현논어서일문(鄭玄論語序逸文)」을 붙이고 유공면의「후서(後序)」를 더하여 모두 24권으로 구성되어 있다.

유보남은 도광 8년(1828)에 처음『논어정의』를 쓰기 시작하였으나, 만년에 벼슬을 하게 되자 그 정리를 아들 공면에게 맡겼다.『논어정의』의 편찬이 완성된 것은 함풍 5년 겨울인데, 유보남은 그해 가을에 완성을 보지 못하고 죽고 말았다.『논어정의』는 권1에서 권17까지는 권의 제목 아래 "보응유보남학(寶應劉寶楠學)"이라고 되어 있고, 권18에서부터 권24까지는 "공면술(恭冕述)"이라고 되어 있어, 앞의 17권은 유보남이 저술한 것이고, 그 뒤로는 아들 유공면이 완성시킨 것임을 알 수 있다.『논어정의』는 동치 4년(1865)에 전서가 완성되었으니, 책 편찬의 시작부터 전서의 완성까지, 전후 38년이 소요되었으며, 동치 5년에 간행되었다.

『논어정의』의 편찬 종지는 아들 유공면이 "자기의 견해를 주로 하지 않고 또한 한·송의 문호의 견해를 나누고자 하지 않았다. 성인의 도를 발휘하고 전례를 증명하여 실사구시하기를 기약했을 뿐이다."라고 한 것을 보면, 한학과 송학의 장점을 아울러 취하여『논어정의』를 완성한 것이라고 할 수 있다.

『논어정의』는 범례상에 있어서 경문(經文)과 주석의 글은 모두 송 형병의 소본(疏本)을 따랐고, 한과 당의 석경(石經),『논어의소』및『경전석문(經傳釋文)』의 각 본의 이문(異文)을 소 가운데 열거하였다.

『논어정의』의 경문은『십삼경주소』의 형병의 소본을 저본으로 하고, 주문(注文)은 하안의『논어집해』를 사용하고 있다. 그리고 유보남이 경문의 문자 교감(校勘)에서 중시하고 있는 것은 당송 이래의 판본이다. 한·당·송의 석경은 물론이고, 황간의 소, 육덕명의『경전석문』에 실려 있는 명본(名本)을 형병의 소본 문자와 비교하여 자신의 새로운 소 안에 반영하고 있지만, 명·청 시기에 새로 출현한 문자의 차이에 대해서는 생략하고 논하지 않는다. 이 또한『논어정의』의 특징 중 하나이다. 유보남은 황간의 소에 실려 있는 하안의 주석이 비록 상세하기는 하지만 대부분 전적의 근거가 없는 것이라고 보고 대신 형병의 소에 실려 있는 하안의 주석을 사용한다.

청나라 때의 관료이자 학자인 장백행(張伯行, 1652~1725)의『청사열전(淸史列傳)』에서는『논어정의』의 장점을 다음과 같이 요약하고 있다.

"『논어정의』가 경문의 해석에서 뛰어난 것이 있는데, 예를 들면『논어』「학이」의 제 12장인 '유자언체지용(有子言體之用)' 장을『중용』의 설이라고 밝힌 것과, '50세에 천명을 알았다.'라는 것을 '하늘이 나에게 덕을 주셨음을 알았다.'라는 의미로 해석한 것, 자유·자하가 효를 물은 것에 대한 해석에서 '사(士)의 효'라고 말한 것, '뗏목을 타고 바다로 떠나겠다.'라고 한 것을 지금의 고려(한국)를 가리킨다고 해석한 것, '시에서 흥기시키며, 예에 서며, 음악에서 완성한다. 백성은 따르게 할 수는 있어도 알게 할 수는 없다.'를 공자의 교육 방법으로 본 점, '문왕이 이미 돌아가셨으니 문(文)이 이 몸에 있지 않겠는가?'를 간책(簡策)을 얻었음을 가리킨다고 한 것, '번지가 무우대에서 놀다가 덕을 높이며, 간특함을 닦으며, 의혹을 분별함에 대해 물은 것'에 대해 노나라가 기우제를 지낼 때, 번지가 기우제의 제사문을 가지고서 물었다는 것을 밝힌 것, '벗 사이에는 간절하고 자상하게 권면하며, 형제간에는 화락하여야 한다.'라는 것에 대해 벗 사이에는 책선(責善)하지만 형제간에는 책선해서는 안 된다고 해석한 것, 백어(伯魚)에게 '『주남』·『소남』을 배웠느냐?'라고 물은 것을 백어가 장가를 든 다음에 규문(閨門)의 훈계를 내린 것으로 해석한 것, '사해곤궁(四海困窮)'을 홍수의 재난으로 보아 요임금이 순임금에게 명령하자 순임금이 이를 받들어 다스린 것으로 해석한 것 등이다. 이 모두는 2천여 년 동안이나 드러나지 않았던 옛 성현의 뜻을 비로소 밝힌 것이다. 「팔일」·「향당」 두 편에서 밝힌 예제(禮制)는 상세하고도 정확하다."

이 외에도『논어정의』의 특징을 정리해 보면, 유보남은 "옛사람들이 책을 인용할 때 원문을 검증하지 않았기 때문에 간혹 착오가 있을 수 있다."라고 보고, 이를 고려하여 한나라 이후 여러 서적이 인용하고 있는『논어』의 어구에 대해 교감의 근거를 밝히지 않는다.

그리고『논어정의』를 보면 문자훈고(文字訓詁)나 선진사사(先秦史事), 고대의 전적을 박람(博覽)하면서도 요령이 있다. 광범하게 인용하고 좋은 것을 골라서 따랐으며, 책 속에서 충분히 앞사람의『논어』연구 성과를 흡수하였다. 청인(淸人)이 집록한 정현의 남아 있는 주석을 모두 소 안에 수록하고『논어집해』를 사용하여 한·위의 옛 모습을 간직했다. 경의 해석은 주를 근거로 하고 있으며, 또 경에 의거해 소를 보충하였고, 소에 잘못이 있으면 경의 뜻에 근거해 변론하였다. 또한『논어정의』에서는 청대의 고증학을 드러내고 문자훈고와 사실의 고정(考訂)에 주의하였으며, 전장(典章), 명물(名物), 인명, 지명, 역사적 사건에 대해 모두 하나하나 주석하고 고증하여 자세하게 갖추었다. 그러나 책 속에 채택된 여러 사람의 학설에 구애되지 않았으므로 중류(衆流)를 절단(截斷)하였으나 대의가 남김없이 모두 개괄되었다. 또

한 내용이 박흡(博洽)하고 고석(考釋)이 자세하게 갖추어져 있으며 정밀하다.

또한『논어정의』는 가장 최후에 나온 저술답게 이전의 여러 주석서의 장점을 고루 흡수하였다. 한·위의 고주를 보존하였을 뿐 아니라, 이런 고주에 대해 상세하게 소해(疏解)하였고, 그 결과『논어』의 주석 내용을 풍부하게 했으며, 고거(考據)와 의리를 아울러 중시하였고 간혹 송유의 학설을 채택하기도 하였다. 뿐만 아니라,『논어정의』는 금문학파에 대한 이해도 있으며 건륭(乾隆)·가경(嘉慶) 고증학 황금시대의 다음 시대 저술로서 제가의 설을 집대성한 것이 이 책의 제일 공적이라고 할 수 있다.

이 외에도『논어정의』의 또 다른 특징이라고 한다면 일본(日本) 오규 소라이[荻生徂徠]의『논어징(論語徵)』에서『논어』「술이(述而)」의 "子釣而不網" 구절과 "子貢曰, 有美玉於斯" 구절의 2조를 인용한 점이라고 할 수 있겠으며, 당시 시대상을 반영하는 문제들, 즉 동서문화우세론(東西文化優勢論)이나 민본사상(民本思想)에 관한 내용도 함께 담고 있는 점을 그 특징으로 꼽을 수 있다.

4.『논어정의』번역의 필요성

한국에『논어』가 전해진 것이 언제인지는 분명하지 않지만, 일본『고사기(古事記)』응신왕 대(應神王代, 270~310)의 기록에 의하면 백제의 조고왕(근초고왕)이 보낸 화이길사[和邇吉師: 왕인(王仁)]가『논어』10권과『천자문(千字文)』1권을 가지고 왔다고 한 것을 보면 늦어도 3세기 중엽 이전에 전래된 것으로 볼 수 있다. 이렇게『논어』가 한국에 전해진 이후로 이에 대한 많은 연구가 진행되었다. 통일신라시대인 682년(신문왕 2) 국학이 체계를 갖추었을 때『논어』를 가르쳤으며, 그 뒤 독서삼품과(讀書三品科)로 인재를 선발할 때도『논어』는 필수과목이었다. 조선시대에는 오경보다 사서를 중요시하는 주자학이 등장하여 사서의 중심인『논어』는 벽촌의 학동들까지 배우게 되었다. 이황의『논어석의(論語釋義)』와 그의 문인 이덕홍(李德弘)의『사서질의(四書質疑)』가 그 면모를 짐작하게 해 준다. 또한 정약용의『논어고금주』는 한·당의 훈고와 송·명의 의리에 매이지 않고 문헌 비판적·해석학적 방법론에 따라『논어』를 해석하였다.

그런데, 국내에『논어』를 연구하고 이해할 수 있는 원전이 번역되어 있기는 하지만, 그것이 거의 성리학 중심의 원전이라는 것은 주지의 사실이다. 중국의 경우『논어』관련 주석서는 총 1,100여 종에 이르는데, 한국의 경우 나름의 특색과 독특한『논어』관련 연구 성과가 간혹 눈에 띄기는 한다지만, 조선이 성리학을 토대로 성립한 국가였던 관계로 대부분 성리학이나 정주(程朱) 계열의 학문 풍토를 벗어나지 못하고, 그에 따라 중국에 비해『논어』와 관련된 다양한 주석서에 대한 연구가 양적·질적으로 매우 부족한 실정이다. 뿐만 아니라『논어』나 그 밖의 연구·주석 역시 주로 주자 내지는 송유들의 전거에 의존하는 비율이 큼에 따라 한대 이후『논어』에 대한 다양한 연구·주석서를 접할 기회가 많지 않았으며, 오늘날에는 한글 전용의 분위기에 따라 한글로 번역된『논어집주』를 제외하면 거의 다른 주석서들에 대해서는 접근할 엄두조차 내지 못하게 되었다.

한대의 훈고학이나, 청대 고증학의 문장은 대단히 어렵다. 그들의 학문적인 깊이와 박식함에서 오는 어려움도 적지 않지만, 논리의 전개가 우리들의 허를 찌르는 부분이 많기 때문이기도 하다. 또 한국의 경학이 주자학 일변도로 걸어오면서 나름대로 형성된 주자학적 문리(文理)의 언어적인 전통이 다양한『논어』해석학의 글에 접근하기 힘들게 한다.

그렇지만 어렵다고 그냥 내버려 둘 수가 없는 것이 바로 유보남의『논어정의』이다. 앞서 소개하였듯이『논어정의』는 중국에서『논어』의 제 주석 가운데 가장 대표적인 것으로, 고증학자의 귀납적 추리법이 고도로 발휘된 책이기 때문이다. 더욱이 송유의 논어학에 깊은 이해를 가지고 있었던 유보남은 자신의 이해를 시대적인 토양과 결합시킴으로써 한송겸채의 논어학을 완성할 수 있었는데, 이것은『논어정의』

가 가지고 있는 최대의 특징이자 장점이라고 할 수 있다. 따라서 『논어정의』를 우리 말로 번역하고 주해한다는 것은 논어학에 대한 전체적인 계통을 확인할 수 있고, 또 한 성리학적 해석과의 차별성에 대해서도 알아볼 수 있는 훌륭한 학문적 기초를 마련하는 작업이라고 할 수 있다. 아울러 『논어』와 공자, 맹자의 사상, 그리고 선진시대의 각종 제도나 사상에 대해서 이만큼 집요하게 관련 자료를 제시하고 있는 책도 많지 않다는 점에서 『논어정의』에 대한 번역 작업은 한국의 논어학 관련 연구에 있어 무엇보다 필요하다고 할 수 있다.

5. 선행 연구

유보남의 『논어정의』는 논어학 연구에 있어서 해석이 가장 뛰어나면서도 이전에 있던 여러 『논어』 주석서의 장점을 고루 흡수한 해석서임에도 불구하고, 우리나라에서는 이 책에 대해 천착하거나, 『논어정의』만을 단독으로 다룬 전문 선행 연구 성과가 거의 전무한 실정이다. 그나마 유보남의 『논어정의』가 언급된 연구 성과물로는 2010년 윤해정의 『朱熹의 '論語集注'와 劉寶楠의 '論語正義'에 나타난 '仁'의 해석학적 비교』가 있고, 또 2003년 김영호의 「중국 역대 《논어》 주석고」가 있지만, 모두 단편적으로 『논어정의』에 대해 언급하고 있을 뿐이며, 그 외에 유교 경전학 관련 연구 논문에 언급되는 내용 역시 이 책이 갖고 있는 특징 내지는 서지적 정보에 대한 언급만 있을 뿐, 이 책에 대한 전반적인 연구는 아직 이렇다 할 만한 성과가 없는 실정이다.

따라서 『논어정의』의 경전학적 가치의 입장에서 볼 때, 이 책에 대하여 현대적인 문맥에서 접근 가능한 표준적인 번역 작업을 수행하는 동시에 표점과 주해를 더하여 한국 유학에 있어 『논어』에 대한 새로운 이해와 해석의 지평을 넓히기 위한 번역 작업이 무엇보다 시급하다고 여겼다.

역자는 유교철학을 전공하여 박사학위를 받았으며 한문 전문 연수기관인 성균관 한림원에서 사서오경을 중심으로 한문을 공부하였다. 현재 성균관대학교 유학·동양학과 겸임교수로 재직하면서, 학부 및 대학원에서 강의하고 있으며, 성균관 한림원 교수로서 한문을 가르치고 있다.

그동안 역자는 기초 한문 교재를 대상으로 『(교수용 지도서) 사자소학』·『(교수용 지도서) 추구·계몽편』·『(교수용 지도서) 격몽요결』을 집필하기도 하였다. 또한 역자는 한국연구재단의 명저번역지원사업을 통해 오규 소라이의 『논어징』을 공동 번역한 연구 성과가 있으며, 또한 연구재단의 토대연구지원사업을 통해 『성리논변』·『동유학안』(전 6권)·『주자대전』(전 13권)·『주자대전차의집보』(전 4권)를 공동 번역하여 출판한 연구 성과가 있다. 이 외에도 역자는 왕부지의 『독사서대전설』을 공동 번역하여 『왕부지 대학을 논하다』·『왕부지 중용을 논하다』라는 번역서를 출판하였고, 성균관대학교출판부를 통해 『논어』·『맹자』를 공동 번역하기도 하였는데, 이 『논어』는 『교수신문』 선정 최고의 『논어』 번역본으로 선정되기도 하였다.

일러두기

* 이 책은 1958년 중화민국(中華民國) 47년 4월에 중화총서위원회(中華叢書委員會)에서 간행한 유보남(劉寶楠)의 『논어정의(論語正義)』를 저본으로 삼고, 1990년 3월 중화서국(中華書局)에서 출판한 고유수(高流水) 점교본(點校本) 『논어정의(論語正義)』를 대교본으로 삼았다.

* 이 책의 표점은 기본적으로 1990년 3월 중화서국에서 출판한 고유수 점교본 『논어정의』를 따르되, 기본 원칙은 성균관대학교 한국유경편찬센터(http://ygc.skku.edu)의 표점 기준을 따르기로 한다.

* 청(淸) 유보남(劉寶楠)의 『논어정의』 24권을 완역했다. 아울러 부록(附錄)한 「정현논어서일문(鄭玄論語序逸文)」과 유공면(劉恭冕)의 「후서(後敍)」, 그리고 「청사고유보남전부유공면전(淸史稿劉寶楠傳附劉恭冕傳)」도 함께 완역했다.

* 주석은 『논어정의』 원문에서 원전의 내용을 인용한 경우는 출전만 밝히고, 『논어정의』 원문에서 출전만 밝힌 경우는 원전의 원문과 함께 번역을 싣는다.

* 주석의 내용이 같거나 중복될 경우 각주는 되도록 한 번만 제시했다.

* 한글과 한자를 한글(한자)로 병기하였다.

* 서명과 편명이 명확한 경우에는 책은 '『』'로, 편은 '「」'로 표시하고, 명확하지 않은 경우에는 모두 '『』'로 표시했다.

* 각주의 서명과 편명과 장 제목, 인명(人名)과 지명(地名)의 한글과 한자는 권마다 처음으로 제시할 때만 한글(한자)로 병기하였다.

* 인용부호는 " ", ' ', " ", ' '의 순서로 표시했다.

* 이해를 위해 역자가 추가로 삽입한 문장이나 낱말은 '( )'로 표시했다.

* 인명과 지명에 한해서 원문에 밑줄을 표시했다.

* 유보남의 『논어정의』에는 매우 많은 인명이 등장함에 따라 주요 인물의 인명사전을 부록으로 붙였다.

범 례

恭冕述

공면이 서술함

一. 經文「注」文, 從邢「疏」本. 惟「泰伯」篇: "予有亂臣十人", 以子臣母, 有干名義, 因據『唐石經』刪"臣"字, 其他文字異同, 如漢・唐・宋『石經』及皇侃「疏」・陸德明『釋文』所載各本, 咸列於「疏」. 至山井鼎『考文』所引古本, 與皇本多同. 高麗・足利本與古本亦相出入, 語涉增加, 殊爲非類, 旣詳見於『考文』及阮氏元『論語校勘記』・馮氏登府『論語異文疏證』, 故此「疏」所引甚少. 古本・高麗・足利本, 有與皇本・『釋文』本・『唐石經』證合者, 始備引之, 否則不引. 至「注」文訛錯處, 多從皇本及後人校改, 其皇本所載「注」文, 視邢本甚繁, 非關典要, 悉從略焉.

하나. 경문 「주」의 문장은 형병(邢昺)의 「소」본을 따른다. 다만 「태백(泰伯)」의 "나에게는 다스리는 신하 열 사람이 있다."라고 한 구절은 자식으로서 어머니를 신하로 삼아 명분과 의리를 구함이 있으니, 『당석경(唐石經)』을 근거로 해서 "신(臣)"

자를 삭제했을 뿐이고, 그 외의 글자의 다르고 같은 것들, 예를 들어 한(漢)과 당(唐)과 송(宋)의 『석경』 및 황간(皇侃)의 「소」와 육덕명(陸德明)의 『경전석문』에 실려 있는 각 판본과 같은 것은 모두 「소」에 나열해 놓았다. 야마노이 가나에[山井鼎: 야마노이 곤론[山井崑崙]]의 『칠경맹자고문(七經孟子考文)』에 인용한 고본(古本)과 같은 경우 황간본과 많은 부분이 같다. 고려본(高麗本)과 아시카가본[足利本]은 고본과는 역시 서로 차이가 있고 말이 증가된 것 같으니, 전혀 같은 종류가 아니고, 이미 자세한 것은 『칠경맹자고문』 및 완원(阮元)의 『논어교감기(論語校勘記)』와 풍등부(馮登府)의 『논어이문소증(論語異文疏證)』에 보이므로, 이 「소」에서 인용한 부분은 매우 적다. 고본과 고려본과 아시카가본에 황간본과 『경전석문』본, 그리고 『당석경』의 증거들과 일치하는 것이 있는 것들은 처음 보이는 것은 구체적으로 갖추어 인용하였고, 그렇지 않은 것은 인용하지 않았다. 「주」의 글 중 잘못되었거나 뒤섞인 것은, 대부분 황간본과 후대 사람들이 교정하고 바로잡은 것을 따랐는데, 황간본에 실려 있는 「주」의 문장은 형병본보다 매우 번거롭기 때문에 불변의 법칙[典要]과 관계된 것이 아닌 것은 생략하기로 한다.

一. 「注」用『集解』者, 所以存魏・晉人著錄之舊, 而鄭君遺「注」, 悉載「疏」內. 至引申經文, 實事求是, 不專一家, 故於「注」義之備者, 則據「注」以釋經; 略者, 則依經以補「疏」; 其有違失未可從者, 則先疏經文, 次及「注」義. 若說義二三, 於義得合, 悉爲錄之, 以正向來注疏家墨守之失.

하나. 「주」에서 『논어집해』를 사용한 것은 위(魏)나라 사람들과 진(晉)나라 사람들이 저술하고 기록한 오래된 것들을 보존하기 위한 것이고, 정군[鄭君: 정현(鄭玄)]이 남긴 「주」는 모두 「소」 안에 기재했다. 경문(經文)을 인용해서 의미가 확대된 경우에는 실질에 힘써 진리를 구한 것이므로 한 학파에만 국한되지 않기 때문에 「주」에서 구체적으로 뜻이 잘 갖추어진 것은 「주」에 의거해서 경문을 해석하였고, 생략된 것은 경문에 의거해서 「소」를 보충하였으며, 어긋나거나 잘못된 부분이 있어 따를 수 없는 것은 먼저 경문을 소통시킨 다음에 「주」의 뜻에 미쳤다. 만약 말의 뜻이 두세 가지라도 의리에 부합할 수 있는 것이라면 모두 기록해서 그동안의 주석가들이 묵수하던 잘못을 바로잡았다.

一. 鄭「注」久佚, 近時惠氏棟・陳氏鱣・臧氏鏞・宋氏翔鳳成有『輯本』, 於『集解』外, 徵引頗多. 雖拾殘補闕, 聯綴之迹, 非其本眞, 而舍是則無可依據. 今悉詳載, 而原引某書某卷及字句小異, 均難備列, 閱者諒諸.

하나. 정현의 「주」가 일실된 지 오래되었으나, 근래에 혜동(惠棟)과 진전(陳鱣)과 장용(臧庸)과 송상봉(宋翔鳳)이 『집본(輯本)』을 완성했으니, 『논어집해(論語集解)』 외에도 증거로 인용할 만한 것들이 자못 많아졌다. 비록 해진 것들을 주워 빠진 부분을 보충해서 잇고 꿰맨 자취가 그 본래 진면목은 아니지만 이마저 버리면 의거할 만한 것이 없게 된다. 그러므로 이제 모두 상세히 실어 놓고 인용한 어떤 책이나 어떤 권 및 자구가 조금 차이 나는 것을 근원해 보았으나, 고루 다 갖추어서 나열하기는 어려웠으니, 이 책을 열어 보는 자들이 이를 혜량(惠諒)해 주기를 바란다.

一. 古人引書, 多有增減, 蓋未檢及原文故也. 翟氏灝『四書考異』, 馮氏登府『論語異文疏證』, 於諸史及漢・唐・宋人傳注, 各經說・文集, 凡引『論語』有不同者, 悉爲列入, 博稽同異, 辨證得失, 旣有專書, 此宜從略.

하나. 옛사람들은 책을 인용함에 더하거나 뺀 것이 많은데, 이는 아마도 점검이 원문에 미치지 못했기 때문인 듯싶다. 적호(翟灝)의 『사서고이(四書考異)』와 풍등부의 『논어이문소증』은 여러 역사서 및 한나라・당나라・송나라 사람들이 전한 주석과 각각의 경설(經說)과 문집(文集)에서 『논어』를 인용한 것이 같지 않은 점이 있는 것은 모두 나열해서 삽입하고, 널리 같고 다른 점을 고찰해서 잘잘못을 변별하고 증명해서 이미 전문적으로 다룬 저작이 있으니, 여기서는 마땅히 생략하기로 한다.

一. 漢·唐以來, 引孔子說, 多爲諸賢語·諸賢說. 或爲孔子語者, 皆由以意徵引, 未檢原文, 翟氏『考異』旣詳載之, 故此「疏」不之及.

하나. 한·당 이래로 공자의 학설을 인용한 것은 대부분은 제현들이 한 말이거나 제현들의 학설이다. 혹 공자가 한 말이라고 생각되는 것은 모두 의도적으로 증거를 인용함으로 말미암아 원문을 검토하지 않았는데, 적씨(翟氏)의 『사서고이』에 이미 상세히 실었기 때문에 여기의 「소」에서는 언급하지 않는다.

一. 漢人解義, 存者無幾, 必當詳載, 至皇氏「疏」·陸氏『音義』所載魏·晉人以後各說, 精駁互見, 不敢備引. 唐·宋後著述益多, 尤宜擇取.

하나. 한나라 사람들의 해의(解義)는 보존되어 있는 것이 거의 없으니, 반드시 상세하게 기재하는 것이 마땅하고, 황씨(皇氏)의 「소」와 육씨(陸氏)의 『음의』에 실려 있는 위나라와 진나라 사람들 이후의 각각의 설들은 정밀하고 잡박한 것들이 번갈아 보여서 감히 구체적으로 갖추어서 인용하지 않았다. 당나라와 송나라 이후에는 저술들이 더욱 많아졌으므로 더더욱 가려서 취함이 마땅하다.

一. 諸儒經說, 有一義之中, 是非錯見. 但采其善而不著其名, 則嫌於掠美; 若備引其說而竝加駁難, 又嫌於葛藤. 故今所輯, 舍短從長, 同於節取, 或祇撮大要, 爲某某說.

하나. 여러 유학자의 경전에 대한 설명은 한 가지 뜻 안에서도 옳고 그른 것이 뒤섞여 보인다. 다만 그 잘된 것을 채록하되 그 이름을 밝히지 않으면 좋은 점만 훔친 것에 혐의가 있게 되고, 만약 그 말을 구비해서 인용하되 잡박하고 난해한 것까지 아울러 더해 놓으면 또 갈등을 일으킴에 혐의가 있게 된다. 따라서 이제 수집한 것을 단점은 버리고 장점을 좇아 똑같이 적절하게 취하되, 더러는 단지 큰 요지만을 취해서 아무개 아무개의 말이라고 하였다.

一. 引諸儒說, 皆擧所著書之名. 若習聞其語, 未知所出何書, 則但記其姓名而已. 又先祖考國子監典簿諱履恂著『秋槎雜記』, 先叔祖<u>丹徒</u>縣學訓導諱台拱著『論語駢枝』·『經傳小記』, 先伯父<u>五河</u>縣學訓導諱寶樹著『經義說略』, 「疏」中皆稱爵.

하나. 인용한 여러 유학자의 설은 모두 저서의 이름을 거론했으나, 그 말은 익히 들었지만 어느 책에서 나온 것인지 모르는 것과 같은 것은 단지 그 성명만 기록했을 뿐이다. 또 선조고(先祖考)이신 국자감 전부(國子監典簿) 휘(諱) 이순(履恂)이 저술한 『추사잡기(秋槎雜記)』와 선숙조(先叔祖)이신 단도현(丹徒縣) 현학(縣學)의 훈도(訓導) 휘 태공(台拱)이 저술한 『논어변지(論語駢枝)』와 『경전소기(經傳小記)』, 그리고 선백부(先伯父)이신 오하현(五河縣) 현학의 훈도 휘 보수(寶樹)가 저술한 『경의설략(經義說略)』은 「소」안에 모두 작위를 칭하였다.

논어정의 권16

論語正義卷十六

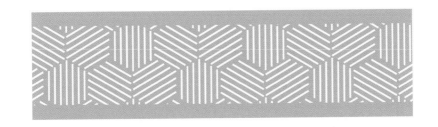

子路第十三(자로 제13)

○●○

集解(집해)

○●○

凡三十章(모두 30장이다)

13-1

子路問政, 子曰: "先之勞之." 【注】孔曰: "先導之以德, 使民信之, 然後勞之. 『易』曰: '說以使民, 民忘其勞.'" 請益, 曰: "無倦." 【注】孔曰: "子路嫌其少, 故請益. 曰'無倦'者, 行此上事, 無倦則可."

자로(子路)가 정치에 대해서 묻자, 공자(孔子)가 말했다. "솔선하고 위로하는 것이다." 【주】공안국(孔安國)이 말했다. "먼저 덕으로써 인도하여 백성으로 하여금 믿게 하고, 그런 뒤에 수고롭게 하는 것이다. 『주역(周易)』에 '기쁘게 해 주는 도리를 가지고 솔선하면[1] 백성들은 그 수고로움을 잊는다.'라고 하였

---

1 『주역(周易)』「태(兌)·단(彖)」에는 "說以先民"으로 되어 있다. 『주역』을 근거로 "先"으로 고치고 해석했다. "기쁘게 해 주는 도리를 가지고 백성을 부린다[說以使民]"라는 표현은 『모시주소(毛詩注疏)』「국풍(國風)·빈(豳)·동산(東山)」의 모형(毛亨)의 「서(序)」에 "기쁘게

다." 더 말해 주길 청하자, 공자가 말했다. "게으름이 없어야 한다."【주】공안국이 말했다. "자로가 공자의 말을 미진하다고 의심하였기 때문에 더 말해 주기를 청한 것이다. '게으름이 없어야 한다'라는 것은 앞에서 말해 준 일을 행함에 게으름이 없으면 된다는 말이다."

원문 正義曰:『禮』「月令」云: "以道敎民, 必躬親之."『大戴禮』「子張問入官篇」, "故躬行者, 政之始也." 又云: "君子欲政之速行也者, 莫若以身先之也: 欲民之速服也者, 莫若以道御之也." 皆言政貴身先行之, 所謂"其身正, 不令而行"是也.

역문 정의에서 말한다.

　『예기(禮記)』「월령(月令)」에 "도로써 백성을 교화하되 반드시 몸소 직접 해야 한다."²라고 하였고, 『대대례(大戴禮)』「자장문입관(子張問入官)」에 "그러므로 몸소 실천하는 것이 정치의 시작이다."라고 했으며, 또 "군자가 정치가 속히 시행되기를 바란다면 몸소 솔선하는 것만 같은 것이 없고, 백성이 속히 복종하기를 바란다면 도로써 거느리는 것만 같은 것이 없다."라고 했는데, 모두 정치는 자신이 먼저 행함을 귀하게 여긴다

해 주는 도리를 가지고 백성을 부려서 백성들이 그 죽음을 잊은 것은 그 오직 「동산(東山)」일 것이다.[說以使民, 民忘其死, 其唯「東山」乎.]"라고 한 표현과, 『춘추좌씨전(春秋左氏傳)』「소공(昭公)」6년 기사의 "화열한 마음으로 부리고[使之以和]"라고 한 구절에 두예(杜預)가 "說以使民"이라고 주석한 것이 보인다.

2　이 인용문은『예기(禮記)』「월령(月令)」의 본문과 조금 다른데, 유보남(劉寶楠)이 의도를 가지고 변형시켜 인용한 것인 듯하다. 『예기』「월령」에는 "낮은 언덕배기와 비탈진 땅, 높고 마른 땅과 낮고 젖은 땅을 잘 살펴서 토질에 알맞은 작물과 오곡을 기르는 법을 백성들에게 가르치되 반드시 직접 하게 하였다.[善相丘陵·阪險·原隰土地所宜, 五穀所殖, 以敎道民, 必躬親之.]"라고 되어 있다. 이 부분은 유보남의 의도가 반영된 듯하여, 고치지 않고 해석했다.

는 말이니, 이른바 "자기 자신이 올바르면 명령하지 않아도 행한다."[3]라는 것이 이것이다.

원문 『釋文』, "勞, 孔如字, 鄭力報反." 陳氏鱣『古訓』曰: "鄭讀若'郊勞'之'勞'者, 卽『孟子』'放勳曰: "勞之來之"'意也." 案, "勞之"者, 勸勉民使率敎, 不用刑趨勢迫也. "無倦", 『釋文』作"毋倦". 胡炳文『四書通』曰: "子張堂堂, 子路行行, 皆易銳於始而怠於終, 故答其問政, 皆以'無倦'告之."

역문 『경전석문(經典釋文)』에 "노(勞)는 공안국은 본래 글자대로 읽는다고 했고, 정현(鄭玄)은 역(力)과 보(報)의 반절음이라고 했다."라고 하였다. 진전(陳鱣)의 『논어고훈(論語古訓)』에 "정현은 '교외(郊外)에 나와 위로했다[郊勞]'라고 할 때의 노(勞) 자처럼 읽었으니, 바로 『맹자(孟子)』「등문공상(滕文公上)」에서 '방훈(放勳)이 말했다. "위로하고 오게 한다.""'라고 했을 때의 뜻이다."라고 했다. 살펴보니, "노지(勞之)"란, 백성들을 권면하여 가르침을 따르게 하되, 형벌이나 세력을 써서 내몰거나 다그치지 않는 것이다. "무권(無倦)"은 『경전석문』에는 "무권(毋倦)"으로 되어 있다. 호병문(胡炳文)[4]의 『사서통(四書通)』에 "자장(子張)은 당당하였고, 자로는 강건하고 씩씩했으니, 모두 시작에 있어서는 쉽고 날래었지만, 끝에 가

---

3   『논어(論語)』「자로(子路)」.

4   호병문(胡炳文, 1250~1333): 원나라 휘주(徽州) 무원(婺源) 사람. 자는 중호(仲虎)고, 호는 운봉(雲峰)이다. 어려서부터 배우기를 좋아했다. 강녕교유(江寧敎諭) 등을 지냈다. 주희(朱熹)의 종손(宗孫)에게 『주역』과 『서경(書經)』을 배워 주자학에 잠심했으며, 특히 『주역』에 뛰어났다. 신주(信州) 도일서원(道一書院) 산장(山長)을 지내고, 난계주학정(蘭溪州學正)이 되었는데, 나가지 않았다. 저서에 『주역본의통석(周易本義通釋)』과 『서집해(書集解)』, 『춘추집해(春秋集解)』, 『예서찬술(禮書纂述)』, 『사서통(四書通)』, 『대학지장도(大學指掌圖)』, 『오경회의(五經會義)』, 『이아운어(爾雅韻語)』 등이 있다.

서는 나태했기 때문에 정치를 질문했을 때의 대답을 모두 '게을리함이
없어야 한다'라는 것으로 일러 준 것이다."라고 했다.

- 「注」, "先導"至"其勞".

- 正義曰: 下篇子夏曰: "君子信而後勞其民." 子張問政, 夫子告以"擇可勞而勞之", 卽此「注」
  所云"勞之"也. 「魯語」敬姜曰: "昔聖王之處民也, 擇瘠土而處之, 勞其民而用之. 故長王天
  下. 夫民勞則思, 思則善心生; 逸則淫. 淫則忘善, 忘善則惡心生. 沃土之民不材, 逸也; 瘠土
  之民莫不向義, 勞也." 又曰: "君子勞心, 小人勞力, 先王之訓也. 自上以下, 誰敢淫心舍力?"
  竝言政尙勞民之誼. 孔「注」此文, 雖與鄭異, 亦得通也. "導之以德", 「爲政篇」文. 引『易』者,
  「兌」「象傳」文.

○ 「주」의 "선도(先導)"부터 "기로(其勞)"까지.

○ 정의에서 말한다.

아래 「자장(子張)」에서 "자하(子夏)가 말했다. '군자는 신뢰를 받은 후에 그 백성을 수고롭
게 하는 것이다.'"라고 했고, 「요왈(堯曰)」에서 자장이 정치를 물었을 때 공자가 "수고할 만
한 일을 골라서 수고롭게 한다"라는 말로 일러 주었으니, 바로 이 「주」에서 말하는 "수고롭
게 한다[勞之]"라는 것이다. 『국어(國語)』「노어(魯語)」에서 경강(敬姜)[5]이 말했다. "옛날에
성스러운 왕께서 백성에게 처함에 척박한 땅을 가려서 거처하게 하고, 그 백성들을 수고롭게
해서 등용했기 때문에 오래도록 천하에서 왕 노릇 하셨다. 백성은 수고로우면 생각하게 되
니, 생각하면 착한 마음이 생기고, 안일하면 음탕해진다. 음탕하면 선(善)을 잊고, 선을 잊으
면 나쁜 마음이 생긴다. 기름진 땅에 사는 백성들이 재주가 없는 것은 안일해서이고, 척박한

---

5 경강(敬姜, ?~?): 춘추시대 노나라 목백(穆伯)의 아내이고 공보문백(公甫文伯)의 어머니이
   다. 목백이 죽고, 그 아들 문백(文伯)이 나라의 재상이 되어 조정에서 물러 나와 그 어머니가
   길쌈하는 것을 보고 이를 못마땅하게 말하니, 경강은 사부 건벽(社賦愆辟)의 옛 제도를 들
   면서 아들의 안일(安逸)한 생각을 경계했다. 또 목백의 상을 당했을 때는 낮에 곡하고 문백
   의 상을 당했을 때는 밤낮으로 곡하였는데, 명철하고 예의를 잘 지켜 공자(孔子)로부터 '예
   의를 아는 부인'이라는 칭찬을 받았다.

땅에 사는 백성들이 의(義)를 향하지 않는 자가 없는 것은 수고롭기 때문이다."라고 했고, 또 "군자가 마음을 수고롭게 하고 소인이 힘을 수고롭게 하는 것은 가르침이다. 위로부터 아래까지 모든 사람이 어느 누가 감히 마음을 음탕하게 하며 노력하지 않는가?"라고 했는데, 모두 정치에서는 오히려 백성들을 수고롭게 함을 옳게 여긴다는 말이다. 공안국「주」의 이 글은, 비록 정현과는 다르지만 역시 통할 수 있는 것이다. "덕으로 인도함[導之以德]"은 「위정(爲政)」의 글이다. 『주역』을 인용한 것은, 「태괘(兌卦)」「단(彖)」의 글이다.

● 「注」, "子路嫌其少, 故請益."
● 正義曰: 「曲禮」, "請益則起." 「注」, "益謂受說不了, 欲師更明說之." "不了"謂說有未盡, 故此「注」以爲"嫌少"也.
○ 「주」의 "자로가 공자의 말을 미진하다고 의심하였기 때문에 더 말해 주기를 청한 것이다."
○ 정의에서 말한다.

『예기』「곡례상(曲禮上)」에 "더 말해 주기를 청할 때는 일어난다."라고 했는데, 「주」에 "익(益)은 말을 들었지만 이해가 되지 않아 스승이 다시 명료하게 설명해 주기를 바란다는 말이다."라고 했다. "이해가 되지 않음[不了]"은 말에 미진함이 있다는 말이다. 그러므로 이 「주」에서 "미진하다고 의심했다"라고 한 것이다.

13-2

仲弓爲季氏宰, 問政, 子曰: "先有司, 【注】王曰: "言爲政當先任有司, 而後責其事." 赦小過, 擧賢才." 曰: "焉知賢才而擧之?" 曰: "擧爾所知. 爾所不知, 人其舍諸?" 【注】孔曰: "女所不知者, 人將自擧其所知, 則賢才無遺."

중궁(仲弓)이 계씨(季氏)의 가신이 되어 정치에 대해서 묻자 공자

가 말했다. "유사(有司)를 앞세우고, 【주】 왕숙(王肅)이 말했다. "정치를 함에는 응당 먼저 유사에게 맡긴 뒤에 그 일의 성공을 책임 지워야 한다는 말이다." 작은 허물을 용서해 주며, 현명한 사람과 재주 있는 사람을 등용해야 한다." "어떻게 현명한 인재를 알아서 등용합니까?" "네가 아는 사람을 등용하면 네가 모르는 사람을 남이 버려두겠는가?" 【주】 공안국이 말했다. "네가 알지 못하는 자는 사람들이 장차 그들이 아는 자를 스스로 천거할 것이니, 그렇게 되면 현명한 인재를 빠뜨림이 없을 것이다."

원문 正義曰: "宰"者, 大夫家臣及大夫邑長之通稱. 皇「疏」獨謂"仲弓將往費爲季氏邑宰", 則以夫子所言得專刑賞, 任人當爲邑宰事也. "有司"者, 宰之群屬, 言先有司信任之, 使得擧其職也.

역문 정의에서 말한다.

"재(宰)"란 대부(大夫)의 가신 및 대부의 읍장(邑長)에 대한 통칭이다. 황간(皇侃)의 「소」에는 유독 "중궁이 비읍(費邑)에 가서 계씨(季氏)의 읍재(邑宰)가 되려 했다"라고 했는데, 그렇다면 공자가 말한 것은 형벌과 상에 대한 전권을 얻어 사람을 임용해서 읍재의 일을 담당하게 한다는 것이다. "유사(有司)"란 가신의 군속(群屬)이니, 유사를 앞세워 그에게 믿고 맡겨 그 직책을 수행하게 한다는 말이다.

원문 『呂氏春秋』「審分覽」, "凡爲善難, 任善易. 奚以知之? 人與驥俱走, 則人不勝驥矣; 居於車上而任驥, 則驥不勝人矣. 人主好治人官之事, 則是與驥俱走也, 必多所不及矣." 又云: "人主之車, 所以乘物也. 察乘物之理, 則四極可有, 不知乘物而自怙恃, 奪其智能, 多其敎詔, 而好自以, 若此, 則百官恫擾, 少長相越, 萬邪竝起, 權威分移, 不可以卒, 不可以敎, 此亡國

之風也."觀此, 是凡爲政者, 宜先任有司治之, 不獨邑宰然矣.

역문 『여씨춘추(呂氏春秋)』「심분람(審分覽)」에 "선(善)한 사람이 되기는 어렵지만 선한 사람을 임용하는 것은 쉽다. 어떻게 그것을 알 수 있는가? 사람이 천리마와 함께 달리면 사람이 천리마를 이기지 못하지만, 수레 위에서 천리마를 부리면[任驥] 천리마는 사람을 이기지 못할 것이다. 군주가 다른 사람이 관리해야 할 일을 직접 다스리기 좋아하면 이는 천리마와 함께 달리는 것이니, 반드시 따라잡지 못하는 경우가 많을 것이다."라고 했고, 또 "군주의 수레는 물건을 싣는 도구이다. 물건을 싣는 이치를 살피면 사방의 끝까지도 소유할 수 있을 것이지만, 물건을 싣는 이치를 모르면서 자신을 믿고 의지해서 그 지혜와 능력을 빼앗고는 자신이 직접 가르치고 지시하는 일을 많게 하면서 자신의 능력만 쓰기를 좋아하기도 하는데, 이와 같이 하면 모든 관료가 상심하여 어지러워지고, 젊은이와 어른이 서로의 할 일을 넘나들게 되어 온갖 사악한 일들이 아울러 일어나고 권력과 위세가 다른 자에게 나뉘어 옮겨 가게 되어 끝낼 수도 없고 가르칠 수도 없게 되니, 이것이 바로 멸망하는 나라의 풍습인 것이다."라고 했다. 이것을 살펴보면 무릇 정치를 한다는 것은 의당 먼저 유사에게 맡겨 다스리게 해야 하는 것이니, 유독 읍재만 그런 것은 아니다.

원문 "赦小過"者, 『爾雅』「釋詁」, "赦, 舍也." 『說文』, "赦, 置也." 有司或有小過, 所犯罪至輕, 當宥赦之, 以勸功襃化也. 言小過赦, 明大過亦不赦可知. "賢才"謂才之賢者. 有賢才, 可自辟舉, 爲己輔佐. 若有盛德之士, 更升進之, 不敢私蔽之也.

역문 "작은 허물은 용서해 준다[赦小過]"

『이아(爾雅)』「석고(釋詁)」에 "사(赦)는 내버려 둔다[舍]는 뜻이다."라고 했고, 『설문해자(說文解字)』에 "사(赦)는 버려둔다[置]는 뜻이다."[6]라고 했다. 유사에게 혹 작은 허물이 있어서 범한 죄가 지극히 가볍다면 용서해 주어서 공을 세울 것을 권면하고 포상으로 교화함이 마땅하다. 작은 허물은 용서한다고 했으니, 분명하고도 큰 허물은 또한 용서하지 않는다는 것을 알 수 있다. "현재(賢才)"란 재주가 현명한 사람을 이른다. 현명한 재주를 가지고 있으면 스스로 관리를 임용하고 인재를 천거해서 자기를 보좌하게 할 수 있다. 만약 성대한 덕을 가지고 있는 선비라면 더욱 승진을 시켜야지, 감히 사사롭게 막아서는 안 된다.

원문 宋氏翔鳳『發微』云: "自世卿世大夫, 而擧賢之政不行, 故仲弓獨質其疑, 以求其信. 皐陶曰: '在知人.' 禹曰: '惟帝其難之.' 此'焉知賢才'之慮也. 如舜擧皐陶, 湯擧伊尹, 皆'擧爾所知'也. 不仁者遠, 則仁者咸進. 『易』曰: '拔茅茹, 以其彙, 征.' 此'爾所不知, 人其舍諸'之說也. 是'先有司'者, 必以擧賢才爲本; '擧賢才'者, 必以知其人爲要."

역문 송상봉(宋翔鳳)의 『논어발미(論語發微)』에 "경(卿)을 세습하고 대부를 세습함으로부터 현자(賢者)를 천거해서 등용하는 정치가 행해지지 않았기 때문에 중궁이 유독 그에 대한 의심을 질문하여 그 신뢰를 구한 것이다. 『서경(書經)』「우서(禹書)·고요모(皐陶謨)」에서 고요(皐陶)는 '사람을 아는 데 달려 있다.'라고 했고, 우(禹)는 '제요(帝堯)도 어렵게 여겼다.'라고 했는데, 이는 '어떻게 현명한 인재를 알 것인가'를 염려한 것이다. 순(舜)임금이 고요를 등용하고 탕(湯)왕이 이윤(伊尹)을 등용한 것과 같은

---

6 『설문해자(說文解字)』권3: 사(𧹞)는 버려둔다[置]는 뜻이다. 복(攴)으로 구성되었고, 적(赤)이 발음을 나타낸다. 사(赦)는 사(赦)의 혹체자인데 역(亦)으로 구성되었다. 시(始)와 야(夜)의 반절음이다.[𧹞, 置也. 從攴赤聲. 赦, 赦或從亦. 始夜切.]

것은 모두 '네가 아는 사람을 등용한 것'이다. 불인(不仁)한 자가 멀리 떠나가면 인자(仁者)가 모두 등용될 수 있다. 『주역』「태괘」의 초구에 '띠를 뽑으면 그 뿌리가 엉켜 있는 것과 같은 형국이니, 그 무리와 하나가 되어 나아간다.'라고 했는데, 이것은 '네가 모르는 사람을 남이 버려두겠느냐'라는 말이다. 이처럼 '유사를 앞세우는 것'은 반드시 현명한 인재를 등용함을 근본으로 삼아야 하고, '현명한 인재를 등용하는 것'은 반드시 사람을 아는 것을 요체로 삼아야 하는 것이다."라고 했다.

- 「注」, "言爲政當先任有司, 而後責其事."
- 正義曰: 此謂先任以官, 而後予之以事, 非經恉.
- ○「주」의 "정치를 함에는 응당 먼저 유사에게 맡긴 뒤에 그 일의 성공을 책임 지워야 한다는 말이다."
- ○ 정의에서 말한다.
  이것은 먼저 관직을 맡기고 뒤에 일을 준다는 말로, 경전의 취지가 아니다.

13-3

子路曰: "衛君待子而爲政, 子將奚先?"【注】包曰: "問往將何所先行." 子曰: "必也正名乎."【注】馬曰: "正百事之名."

자로가 말했다. "위(衛)나라 임금이 선생님을 머무시도록 해서 정치를 하려고 하는데, 선생께서는 장차 무엇을 먼저 하시겠습니까?"【주】포함(包咸)이 말했다. "위나라 조정으로 가서 장차 무엇을 먼저 행할 것

인지를 물은 것이다." 공자가 말했다. "반드시 명칭을 바로잡을 것이다."【주】 마융(馬融)이 말했다. "모든 사물의 명칭을 바로잡는다는 말이다."

원문 正義曰: "衛君"者, 出公輒也. "待"者, 下篇"齊景公待孔子", 『史記』「孔子世家」作"止孔子", 「魯語」"其誰云待之", 『說苑』「正諫」作"止之", 是"待"·"止"同義.

역문 정의에서 말한다.

"위나라 임금"은 출공 첩(出公輒)이다.

"대(待)"

아래 「미자(微子)」의 "제(齊)나라 경공(景公)이 공자를 머물게 해서[待孔子]"가 『사기(史記)』「공자세가(孔子世家)」에는 "지공자(止孔子)"로 되어 있고, 『국어』「노어」의 "누가 그것을 저지할 수 있겠는가[其誰云待之]"라는 표현이 『설원(說苑)』「정간(正諫)」에는 "지지(止之)"로 되어 있으니, 이 "대(待)"와 "지(止)"는 같은 뜻이다.

원문 時孔子在衛, 爲公養之仕, 知衛君將留用孔子, 故子路擧以問也. 『史記』「孔子世家」, "是時, 衛公輒父不得立, 在外, 諸侯數以爲讓. 而孔子弟子多仕于衛, 衛君欲得孔子爲政. 子路曰: '衛君待子而爲政'"云云. 是"正名"指蒯聵之事, 此必『古論』家說, 受之安國者也.

역문 당시에 공자는 위나라에 있으면서 군주가 봉양하는[公養] 벼슬을 하였으므로⁷ 위나라 임금이 장차 공자를 만류하여 쓸 것임을 알았기 때문에

---

7   『맹자(孟子)』「만장하(萬章下)」: 공자는 도를 행하는 것이 가능함을 보고서 한 벼슬이 있었고, 교제할 만해서 한 벼슬이 있었으며, 군주가 봉양함으로 해서 한 벼슬이 있었다. 계환자

자로가 거론해서 질문한 것이다. 『사기』「공자세가」에 "이때 위공(衛公) 첩(輒)의 아버지가 임금의 자리에 오르지 못하고 외국에 있던 차라 제후(諸侯)들이 여러 차례 위나라를 견책했다. 그런데 공자의 제자 중 상당수가 위나라에서 벼슬을 하고 있었기 때문에, 위나라의 임금은 공자를 얻어 정치를 하고자 했다. 자로가 '위나라의 임금이 선생님을 머무시도록 해서 정치를 하려고 하는데'라고 했다."라고 운운했다. 여기서 "명칭을 바로잡겠다[正名]"라는 것은 괴외(蒯聵)의 일을 가리킨다고 하는데, 이는 필시 『고논어(古論語)』 연구자들의 말로 공안국에게서 전수받은 것이다.

원문 "正名"者何? 正世子之名也. 『春秋』, "哀二年夏, 晉 趙鞅帥師, 納衛世子蒯聵於戚." 孔「疏」, "世子者, 父在之名. 蒯聵父旣死矣, 而稱世子者, 晉人納之, 世子告之, 是正世子以示宜爲君也. 『春秋』以其本是世子, 未得衛國, 無可襃貶, 故因而書世子耳." 據此, 是世子之稱, 『春秋』不以爲非而存之. 則此"正名", 卽世子之名可知.

역문 "명칭을 바로잡겠다[正名]"라는 것은 무엇인가? 세자(世子)라는 명칭을 바로잡겠다는 것이다. 『춘추(春秋)』에, "애공(哀公) 2년 여름에 진(晉)나라 조앙(趙鞅)이 군대를 거느리고서 위나라 세자 괴외를 호위하여 척읍(戚邑)으로 들여보냈다."라고 했는데, 공영달(孔穎達)의 「소」에 "세자(世子)란 부왕이 살아 있을 때의 명칭이다. 괴외는 부왕이 이미 죽었는데도 세자라고 일컬은 것은 진나라 사람이 그를 들여보내면서 세자라고 통고

(季桓子)에 대해서는 도를 행하는 것이 가능함을 보고서 한 벼슬이었고, 위(衛)나라 영공(靈公)에 대해서는 교제할 만해서 한 벼슬이었으며, 위나라 효공(孝公)에 대해서는 봉양함으로 해서 한 벼슬이었다.[孔子有見行可之仕, 有際可之仕, 有公養之仕, 於季桓子, 見行可之仕也; 於衛靈公, 際可之仕也, 於衛孝公, 公養之仕也.]

한 것이니, 이는 세자를 바로잡아 임금으로 삼음이 마땅함을 드러내 보인 것이다. 『춘추』는 그가 본래 세자였지만 아직 위나라를 얻지 못해서 칭찬하거나 폄할 만한 것이 없기 때문에 그에 따라 세자라고 기록한 것일 뿐이다."라고 했다. 여기에 의거해 보면 이 세자라는 명칭을 『춘추』에서는 잘못해서 존치된 것으로 여기지 않았으니, 그렇다면 여기서의 "명칭을 바로잡겠다[正名]"라는 것은 바로 세자라는 명칭임을 알 수 있다.

원문 全氏祖望『鮚埼亭集』「正名論」曰: "孔子以世子稱蒯聵, 則其嘗爲靈公所立無疑矣. 觀『左傳』累稱爲'太子', 固有明文矣. 不特此也, 其出亡之後, 靈公雖怒, 而未嘗廢之也. 靈公欲立公子郢而郢辭, 則靈公有廢之意而不果, 又有明文矣. 惟蒯聵未嘗爲靈公所廢, 特以得罪而出亡, 則聞喪而奔赴, 衛人所不可拒也. 蒯聵之歸有名, 而衛人之拒無名也. 況諸侯之子得罪於父而仍歸者, 亦不一矣. 晉之亂也, 夷吾奔屈, 重耳奔蒲, 及奚齊·卓子之死, 夷吾兄弟相繼而歸, 不聞以得罪而晉人拒之也. 然則於蒯聵何尤焉? 故孔子之正名也, 但正其世子之名而已. 旣爲世子, 則衛人所不可拒也."

역문 전조망(全祖望)의 『길기정집(鮚埼亭集)』「정명론(正名論)」에 "공자가 괴외를 세자라고 칭했다면, 일찍이 영공(靈公)이 옹립했다는 것은 의심할 것이 없다. 『춘추좌씨전(春秋左氏傳)』을 보면 여러 번 '태자(太子)'라고 일컬은 것은 진실로 명백한 자료가 있다. 이뿐만이 아니라 그가 도망 나간 뒤에 영공이 비록 노하긴 했지만, 아직 그를 폐위시키지는 않았다. 영공이 공자(公子) 영(郢)을 세우고자 했으나 영이 사양했으니, 그렇다면 영공이 폐위시키려는 뜻은 있었지만 결행하지 않은 것도 또한 분명한 자료가 있다. 괴외는 일찍이 영공에 의해 폐위되지 않았고, 다만 죄를 얻어 도망 나간 것일 뿐이라면 초상을 듣고 분상하러 달려가는 것을 위나라 사람들이 막을 수 없는 것이다. 괴외가 위나라로 돌아가는 것은 명분이 있지만 위나라 사람들이 막은 것은 명분이 없다. 더군다나 제후의 자식으로서 아버지에게 죄를 얻었으면서도 그대로 귀국한 경우도 한 번이 아니다. 진(晉)나라가 어지러울 때, 이오(夷吾)[8]는 굴읍(屈邑)으로 도망가고, 중이(重耳)[9]는 포성(蒲城)으로 도망갔다가 해제(奚齊)와 탁자(卓子)의 죽음에 미쳐 이오의 형제가 서로 이어서 귀국했는데, 죄를 얻었다고 해서 진나라 사람들이 그들을 막았다는 것은 듣지 못했다. 그렇다면 괴외에게는 무슨 허물이 있다는 것인가? 따라서 공자의 정명(正名)은 세자라는 명칭을 바로잡는 것일 뿐이다. 이미 세자가 되었으니, 그렇다면 위나

---

8 이오(夷吾, ?~기원전 637): 춘추시대 진(晉)나라의 군주인 진 혜공(晉惠公)의 이름이다. 진 헌공(晉獻公)의 셋째 아들이다. 헌공의 총희(寵姬) 여희(驪姬)의 참언으로 태자 신생(申生)이 자살하자 자신에게도 위해가 닥칠 것을 두려워해 양(梁)나라로 달아났다. 여희의 소생 해제(奚齊)가 즉위하자, 신하 이극(里克)이 해제와 탁자(卓子)를 죽이고 그를 맞았다. 진(秦)나라에 하서(河西)의 땅을 주겠다면서 귀국시켜 주기를 부탁했다. 이에 진 목공(秦穆公)이 군사를 그에게 보내 진(晉)나라로 들어가게 하고 이극을 죽이지 않겠다고 약속했다. 이때 제 환공(齊桓公)이 진(晉)나라가 어지럽다는 소식을 듣고 군사를 이끌고 진나라로 가서 진(秦)나라와 함께 그를 세웠다. 즉위한 뒤 이극과 그 일당들을 살해하고 약속을 어겨 진(秦)나라에 땅을 주지도 않았다. 진(晉)나라에 기근이 들자 진(秦)나라에 식량을 요청하니 진나라가 곡식을 주었다. 다음 해 진(秦)나라에 기근이 들어 도움을 요청했지만 곡식을 주지 않았다. 진 목공이 화가 나 정벌에 나서 한원(韓原)에서 전투를 벌였다. 진(晉)나라가 패하자 포로가 되었다. 나중에 귀국했다. 14년 동안 재위했다.

9 중이(重耳, 기원전 697?~기원전 628): 춘추시대 진(晉)나라의 군주인 진 문공(晉文公)의 이름이다. 진 헌공의 둘째 아들이다. 아버지가 총희 여희의 참소를 믿고 태자 신생을 죽이자, 망명하여 19년 동안 떠돌았다. 혜공이 죽고 회공(懷公)이 뒤를 이었지만 민심을 얻지 못했다. 마침내 진 목공(秦穆公)의 도움으로 귀국해서 즉위했다. 호언(狐偃)과 조쇠(趙衰), 선진(先軫) 등 어진 신하를 등용해서 난국을 수습하고 국력을 강화시켰다. 주(周) 왕실의 왕자 대(帶)의 반란을 평정하고 주 양왕(周襄王)을 맞아 복위시키면서 존왕(尊王)을 호소해 위신을 세웠다. 성복(城濮) 전투에서 초(楚)·진(陳)·채(蔡) 세 나라의 군대를 대파하고, 천토(踐土)에서 제후를 회합해 패주(霸主)로 자리했다. 제 환공에 이어 제후의 맹주(盟主)가 되었다. 9년 동안 재위했다.

라 사람들이 막아서는 안 되는 것이었다."라고 했다.

원문 全氏此論, 實先得我心所欲言. 愚謂『春秋』之義, 世子繼體以爲君, 爲輒計者, 內迫於南子, 不能迎立蒯聵, 則惟如叔齊及公子郢之所爲, 遜避弗居斯已耳. 乃輒儼然自立, 當時必援無嫡子立嫡孫之義, 以王父命爲辭, 是輒不以世子予蒯聵. 觀於公子郢之言"有亡人之子輒在", 忠貞如子郢, 在輒未立時, 已不敢以世子稱蒯聵, 則輒旣立後, 假以王父之命, 其誰敢有稱蒯聵爲世子者? 所以蒯聵入戚, 衛命石曼姑同齊 國夏帥師圍戚, 明是待蒯聵以寇仇, 其不以世子稱蒯聵審矣.「太史公自序」云: "南子惡蒯聵, 子父易名." 謂不以蒯聵爲世子, 而輒繼立也. 名之顚倒, 未有甚於此者. 夫子亟欲正之, 而輒之不當立, 不當與蒯聵爭國, 顧名思義, 自可得之言外矣.

역문 전조망의 이 논설은 실로 내 마음이 말하려는 것을 먼저 안 것이다. 내가 생각하기에 『춘추』의 의리는 세자가 대를 이어 군주가 되는 것인데, 첩을 군주로 세울 계획을 수립한 것은 안으로 남자(南子)에게 쫓겨서 괴외를 맞이하여 군주로 세울 수 없었기 때문이니, 그렇다면 숙제(叔齊)와 공자 영이 했던 것처럼 사양하고 피하여 그 자리에 처하지 않은 것일 뿐이다. 결국 첩이 엄연하게 스스로 군주의 자리에 선 것은 당시에 반드시 적자(嫡子)가 없으면 적손(嫡孫)을 세우는 의리를 끌어와 왕부(王父)의 명령으로 아버지의 명령을 사양한 것이니, 이는 첩이 괴외를 세자로 인정하지 않은 것이다. 공자 영이 "도망간 사람[蒯聵]의 아들 첩이 있다"라고 한 말을 살펴보면, 공자 영과 같은 충정으로도 첩이 아직 군주의 자리에 서지 않았을 때인데도 이미 감히 괴외를 세자라 칭하지 못했으니, 그렇다면 첩이 이미 군주의 자리에 선 뒤에 왕부의 명령을 빌린다손 치더라도 그 누가 감히 괴외를 세자라고 칭할 수 있는 자가 있을 수 있겠는가? 따라서 괴외가 척읍에 들어가자 위나라에서 석만고(石曼姑)에게

명하여 제나라의 국하(國夏)와 함께 군대를 거느리고 가서 척읍을 포위하게 하였으니, 명백히 이는 괴외를 도적이나 원수로 대한 것이고, 괴외를 세자로 칭하지 않았음이 분명한 것이다.

『사기』「태사공자서(太史公自序)」에 "남자가 괴외를 미워하니 자식과 아비가 명칭이 바뀌었다."라고 했으니, 괴외를 세자로 여기지 않고 첩이 대를 이어 군주의 자리에 선 것을 말한 것이다. 명칭이 뒤죽박죽된 것이 이때보다 더 심했던 적은 없다. 공자는 빨리 이것을 바로잡고자 한 것이고, 첩의 즉위는 부당한 것이며 괴외와 나라를 다툰 것도 부당하니, 명칭을 돌아보며 그 뜻을 생각하는 것은 본래 말 밖에서 터득할 수 있는 것이다.

원문 『穀梁』「哀」二年經「注」, "鄭君曰: '蒯聵欲殺母, 靈公廢之.' 是也. 若君薨, 有反國之道, 當稱'子某', 如'齊 子糾'也. 今稱'世子', 如君存, 是『春秋』不與蒯聵得反立明矣. 江熙曰: '鄭世子忽反正, 有明文, 子糾但於公子爲貴, 非世子也.'" 又「傳」曰: "'納'者, 內弗受也. 帥師而後納者, 有伐也. 何用弗受也? 以輒不受也. 以輒不受父之命, 受之王父也. 信父而辭王父, 則是不尊王父也. 其弗受, 以尊王父也."「注」, "寧不達此義. 江熙曰: '齊景公廢世子, 世子還國書"篡", 若靈公廢蒯聵立輒, 則蒯聵不得稱曩曰世子也. 稱蒯聵爲"世子", 則靈公不命輒審矣. 此矛盾之喩也. 然則從王父之言, 「傳」似失矣.『經』云"納衛世子", "鄭世子忽復歸于鄭", 稱"世子", 明正也. 明正, 則拒之者非也.'"

역문 『춘추곡량전(春秋穀梁傳)』「애공(哀公)」 2년 경문의 「주」에 "정군(鄭君)이 '괴외가 어머니를 살해하려 하자 영공이 그를 폐위시켰다.'라고 한 것이 이것이다. 만약 군주가 죽었다면 본국으로 되돌아오는 도리가 있으므로 마땅히 '자모(子某)'라고 칭해야 되니, '제나라의 자규(子糾)'와 같은 경우이다.¹⁰ 지금 마치 군주가 살아 있는 것처럼 '세자'라고 일컬었으니, 이는 『춘추』에서 괴외가 돌이켜 군주의 지위에 오를 수 있음을 인정하지 않았다는 것이 분명하다. 강희(江熙)가 말했다. '정(鄭)나라 세자 홀(忽)이 반정(反正)한 것은 명확한 자료가 있지만,¹¹ 자규는 단지 공(公)의 자식으로서 귀할 뿐 세자는 아니었다.'"라고 했다. 「전」에 "'들여보냈다[納]'라는 것은 국내에서 받아 주지 않은 것이다. 군사를 거느린 뒤에 들여보냈다는 것은 정벌할 뜻이 있었다는 것이다. 어째서 받아 주지 않은 것인가? 첩이 받아 주지 않았기 때문이니, 첩이 아버지의 명을 받지 않고 왕부에게서 명을 받았기 때문이다. 아버지를 믿고 왕부를 믿지 않는다면 이는 왕부를 높이지 않는 것이다. 그는 아버지를 받아 주지 않음으로써 왕부를 높인 것이다."라고 했는데, 「주」에 "범녕(范寧)이 이 의리를 이해하지 못한 것이다. 강희가 말했다. '제나라 경공이 세자를 폐하매, 세자가 나라로 돌아온 것을 "찬탈[篡]"이라고 기록했으니, 만약 위나라 영공이 괴외를 폐하고 첩을 세웠다면 괴외를 옛날의 세자로 칭할 수 없는 것이다. 하지만 괴외를 일컬어 "세자"라고 했다면 영공이 첩에게 명하지 않았음이 분명하다. 이것은 모순되는 비유이다. 그렇다면 왕부의 명을 따랐다는 말은 「전」의 오류인 듯싶다. 『경』에는 "위나라의 세자를 들여보냈다"라고 하거나, "정나라 세자인 홀이 정나라 임금 지위로 복귀하였다"라고 하였으니 "세자"라고 칭하는 것이 분명 옳은 것이다. 분명히 옳다면 막은 것이 잘못이다.'"라고 했다.

---

10 『춘추좌씨전』「장공(莊公)」9년「경(經)」: 여름에 장공(莊公)이 제(齊)나라를 토벌하여 자규(子糾)를 제의 임금으로 들여보내고자 했는데, 제나라 소백(小白)이 먼저 제나라로 들어갔다.[夏, 公伐齊納子糾, 齊 小白入于齊.]

11 『춘추좌씨전』「환공(桓公)」15년「경」: 정(鄭)나라 세자 홀(忽)이 다시 정나라로 돌아갔다.[鄭世子忽復歸于鄭.]

원문 案, 范寧『經』「傳」兩「注」, 皆引江熙說是也. 鄭 忽許其反正, 而於莊公卒後, 亦稱"世子", 則謂"君薨稱世子, 無反國之道", 非矣. 竊謂以王父命辭父命, 乃衛 輒所據之義, 其意以父得罪王父, 雖其子, 得申王父之命以辭父也. 不知, 王父之命, 固行之於父, 而辭父之命, 豈爲子者所忍言?

역문 살펴보니 범녕의『경』과「전」두「주」는 모두 강희의 말을 인용한 것인데 옳다. 정나라의 홀은 그 반정을 인정하면서도 장공(莊公)이 죽은 뒤에도 "세자"라고 칭하였으니, 그렇다면 "군주가 죽었는데도 세자라 칭했으니, 본국으로 되돌아올 도리가 없는 것이다."라는 말은 틀린 것이다. 가만히 생각해 보건대, 왕부의 명 때문에 아버지의 명을 사양한 것은 바로 위나라 첩이 근거로 삼았던 의리인데, 그는 자기 마음대로 아버지가 왕부에게 죄를 얻었으니 비록 그의 아들이라 할지라도 왕부의 명을 확대해석 해서 아버지의 명을 사양할 수 있다고 생각한 것이다. 모르겠으나, 왕부의 명을 군이 아버지에게 행하고 아버지의 명을 사양한다는 것이, 어찌 자식 된 자가 차마 말할 수 있는 것이겠는가?

원문「哀」三年「經」, "齊 國夏 · 衛 石曼姑帥師圍戚." 此明是衛爲兵主, 而先"國夏"者, 當是夫子特筆. 蓋蒯聵得罪於父, 暨父死而又爭國, 不可以莫之討也, 故托於齊 國夏以爲伯討, 以正蒯聵之罪, 而又存蒯聵世子之名於『春秋』, 以正輒之罪, 所以兩治之也.

역문『춘추좌씨전』「애공(哀公)」3년의 경문에 "제나라의 국하와 위나라의 석만고가 군대를 거느리고 가서 척읍을 포위하였다."라고 했는데, 이는 분명 위나라가 주력군이 되는데도 "국하"를 앞세운 것은 당연히 공자가 특별하게 쓴 것이다. 아마도 괴외가 아버지에게 죄를 얻었고, 아버지가 사망함에 미쳐 또 나라까지 다투었으니, 성토하지 않을 수 없었기 때문에 제나라의 국하를 칭탁해서 방백(方伯)의 토벌로 삼아 괴외의 죄를 바로잡고, 또 괴외가 세자라는 명칭을『춘추』에 남겨 두어 첩의 죄를 바로 잡은 것이니 둘 다를 다스리기 위해서였던 것인 듯싶다.

『春秋繁露』「玉英篇」, "謂一元者, 太始也. 知元年志者, 大人之所重, 小人之所輕. 是故治國之端在正名. 名之正, 興五世, 五傳之外, 美惡乃形, 可謂得其眞矣, 非子路之所能見. 非其位而卽之, 雖受之先君,『春秋』危 之, 宋繆公是也. 非其位不受, 不受之先君, 而自卽之,『春秋』危之, 吳王 僚是也." 案, 仲舒以正名當先正始, 而引宋繆公·吳王僚說之. 夫宋繆受 之先君而非其位, 爲『春秋』所危. 則衛 輒雖如『公羊』說, 亦是受之靈公, 而非其位. 非其位則危, 故夫子正名之旨, 必非子路所能見. 董生此論, 未 爲誤也.

『춘추번로(春秋繁露)』「옥영(玉英)」에 "첫 번째 해인 1년을 원년(元年)이 라고 한 것은 시작을 크게 여기기 때문이다. 원년의 의의를 알아보면 대 인을 중요하게 여기고 소인을 가볍게 여기기 때문이다. 그런 까닭에 나 라를 다스리는 단초가 명칭을 바로잡는 데 있는 것이다. 명칭을 바로잡 으면 5대를 흥하게 하고 5대가 전해지는 것 외에도 아름다움과 추악함 이 이에 드러나 그 진실을 얻었다고 말할 수 있는데, 이것은 자로가 볼 수 있는 경지가 아니다. 자신에게 합당한 자리가 아닌데도 즉위를 한다 면 비록 선군(先君)으로부터 그 자리를 물려받았을지라도『춘추』에서는 그것을 위태롭다고 했으니, 송(宋)나라 목공(繆公)의 경우가 바로 그런 경우이다.[12] 자신에게 합당한 자리가 아니면 받지 않아야 하는데, 선군

---

12 『춘추좌씨전』「환공」 2년「경」에 "송독[宋督: 화보독(華父督)]이 그 임금 여이[與夷: 훗날의 상공(殤公)]와 대부(大夫) 공보(孔父)를 죽였다.[宋督, 弑其君與夷及其大夫孔父.]"라고 했는 데, 송(宋)의 선공(宣公)은 아들 여이가 있었지만 그를 배제하고 동생 자화(子和), 즉 목공

에게서 물려받지도 않았으면서 스스로 즉위하는 것도 『춘추』에서는 위태롭다고 했으니, 오(吳)나라의 왕 요(僚)가 바로 그런 경우이다.[13]"라고

(穆公)에게 계위시켰다. 뒤에 목공은 선공의 바람대로 자신의 두 아들인 풍[馮, 훗날의 장공(莊公)]을 정나라로 가서 살게 하고 형의 아들인 여이에게 왕위를 계승하게 했다. 하지만 뒤에 송독이 상공을 죽이고 외국에 있던 풍을 불러들여 제후로 추대했다. "송 목공이 병이 중해지자 대사마(大司馬) 공보를 불러 상공을 부탁하며 말하기를, '선군(先君)께서 여이를 버리고 과인을 세우신 그 은덕을 과인은 감히 잊을 수 없노라. 만약 대부의 덕택으로 내가 천수를 다하고 죽어서 지하로 갔을 때 선군께서 여이에 관해 물으시면 장차 무슨 말로 대답하겠는가? 그대는 여이를 받들어 사직을 주재(主宰)케 하라. 그리된다면 과인은 죽어도 후회가 없겠노라.'라고 하였다. 공보가 대답하기를, '모든 신하는 풍을 받들기를 원합니다.'라고 하니, 목공이 말하기를, '안 된다. 선군께서 과인을 현명하다고 여겨 나에게 사직을 주재케 하셨는데, 만약 내가 그 은덕을 저버리고 여이에게 양위하지 않는다면 이는 현자(賢者)를 세우신 선군의 뜻을 저버리는 것이니, 어찌 현능하다 하겠는가? 그러니 선군의 아름다운 덕을 드러내 밝히기를 힘쓰지 않아서야 되겠는가? 그대는 부디 선군의 공덕을 폐(廢)하지 말라.'라고 하고서, 공자(公子) 풍을 정나라로 가서 살게 하였다. 8월 경진일에 송 목공이 졸(卒)하니, 상공이 즉위하였다.[宋穆公疾, 召大司馬孔父, 而屬殤公焉, 曰: '先君舍與夷而立寡人, 寡人不敢忘. 若以大夫之靈, 得保首領以沒, 先君若問與夷, 其將何辭以對? 請子奉之, 以主社稷. 寡人雖死, 亦無悔焉.' 對曰: '群臣願奉馮也.' 公曰: '不可. 先君以寡人爲賢, 使主社稷, 若棄德不讓, 是廢先君之擧也, 豈曰能賢? 光昭先君之令德, 可不務乎? 吾子其無廢先君之功.' 使公子馮出居于鄭. 八月庚辰, 宋穆公卒, 殤公卽位.]"『춘추좌씨전』「은공(隱公)」3년, 「전(傳)」.

13 오(吳)나라 왕 수몽(壽夢, 기원전 585~기원전 561)이 아들 넷을 두었으니, 이름이 제번(諸樊), 여제(餘祭), 이매(夷昧), 계찰(季札)이다. 계찰이 어질어서 세 아들이 이어서 왕이 되어 계찰에게 미치게 하려고 하였다. 수몽이 죽자 장자 제번이 섭행(攝行)으로 국정을 맡았다가 복(服)을 벗고 나서 계찰에게 양보하려고 하니, 계찰이 사양하면서 말하기를, "조(曹)나라 선공(宣公)이 죽자 제후들이 조나라 사람과 함께 조나라 임금이 의롭지 않다고 하여 자장(子臧)을 왕으로 세우려 하니 자장이 떠나서 조나라 임금을 안정시켰는데, 군자[君子: 공자(孔子)]가 '능히 절의를 지켰다.' 하였습니다. 군(君)께서 왕위를 잇는 것이 옳으니 누가 감히 군을 범하겠습니까. 나라를 차지하는 것은 저의 절의가 아닙니다. 제가 비록 재주는 없지만 자장의 뜻을 따르기를 원합니다." 하였는데, 오나라 사람들이 강하게 그를 왕으로 삼으려고 하자 계찰이 그 집을 버리고 떠나서 농사지으니 이에 놓아주었다. 제번이 죽고 나서 여제가

했다. 살펴보니, 동중서(董仲舒)는 명칭을 바로잡는 것을 우선 시작을 바로잡는 것에 해당시키고서 송 목공과 오왕 요를 인용해서 설명했다. 송 목공은 선군에게서 임금 자리를 물려받았지만, 자신에게 합당한 자리가 아니었기 때문에 『춘추』에서 위태롭다고 한 것이다. 그렇다면 위나라의 첩도 비록 『춘추공양전(春秋公羊傳)』의 설과 같이 역시 영공에게서 왕위를 물려받았지만, 자기에게 합당한 자리가 아니었다. 자기에게 합당한 자리가 아니면 위태롭기 때문에 공자의 정명(正名)의 취지는 결코 자로가 알 수 있는 것이 아니다. 동중서의 이 의견은 잘못된 것이 없다.

원문 惲氏敬『先賢仲子廟立石文』曰: "<u>衛出公</u>未嘗拒父也. <u>衛靈公</u>生於<u>魯昭公</u>二年, 其卒年四十七. 而<u>蒯聵</u>爲其子, <u>出公</u>爲其子之子. <u>蒯聵</u>先有姊<u>衛姬</u>, 度<u>出公</u>之卽位也, 內外十歲耳. 二年, <u>蒯聵</u>入<u>戚</u>, 三年春圍<u>戚</u>, <u>衛</u>之臣<u>石曼姑</u>等爲之, 非<u>出公</u>也."

역문 운경(惲敬)[14]의 『선현중자묘입석문(先賢仲子廟立石文)』에 "위나라 출공

왕이 되었고, 여제가 죽고 나서 이매가 왕이 되었는데, 다음으로 나라를 계찰에게 전하려고 하면서 선군의 뜻이라고 하였으나 계찰이 끝내 받지 않았다. 이에 셋째 이매의 아들 요(僚)가 서자(庶子) 가운데 제일 나이가 많았는데, "나도 형이다."라고 하고는 곧 스스로 즉위하여 오나라 왕이 되었다. 계찰은 사신 갔던 일을 마치고 돌아와서 다시 예전의 형들을 섬겼던 것처럼 오왕 요를 섬겼다. 하지만 얼마 뒤 첫째 제번의 아들 합려(闔廬)가 요를 살해하고 나라를 계찰에게 바쳤으나, 계찰은 받지 아니하고 연릉(延陵)으로 떠나가 종신토록 오나라로 들어가지 않았다. 이 이야기는 『춘추공양전』「양공(襄公)」 29년의 「경」과 「전」에 보인다.

14 운경(惲敬, 1757~1817): 청나라 강소(江蘇) 양호(陽湖) 사람. 자는 자거(子居) 또는 간당(簡堂)이다. 건륭(乾隆) 48년(1783) 거인(擧人)이 되고, 경사(京師)에서 교습(敎習)을 맡았다. 임기가 차자 지현(知縣)으로 임용되어 부양지현(富陽知縣)과 평음지현(平陰知縣), 신유지현(新喩知縣) 등을 지냈다. 이후 남창동지(南昌同知)와 오성동지(吳城同知)까지 올랐다. 성격이 올곧아 가는 곳마다 상관과 충돌하여 결국 집안사람들이 뇌물을 받았다는 무고를 받아 파직되었다. 장술조(蔣述祖), 장헌가(蔣獻可), 장혜언(張惠言), 진석린(陳石麟), 왕작(王灼)

(出公)은 일찍이 아버지를 막은 것이 아니다. 위나라 영공은 노(魯)나라 소공(昭公) 2년에 태어났고, 그가 죽을 때는 나이 47세였다. 괴외는 그의 아들이었고, 출공은 그 아들의 아들이었다. 괴외에게는 위희(衛姬)라는 누이가 있었는데, 출공의 즉위를 따져 보면 안팎으로 10살씩 차이 날 뿐이다. 애공 2년에 괴외가 척읍으로 들어갔고, 3년 봄에 척읍을 포위한 것은 위나라의 신하인 석만고 등이 한 짓이지, 출공이 아니다."라고 했다.

원문 夏氏炘『衛出公輒論』亦云: "靈公薨時, 輒至長亦年十餘歲耳. 以十餘歲之童子卽位, 則拒蒯聵者, 非輒也. 蒯聵有殺母之罪, 斯時南子在堂, 其不使之入明矣, 輒不得自專也. 及輒漸長, 而君位之定已久, 勢不可爲矣. 考蒯聵於靈公四十二年入居於戚, 及至出公十四年, 始與渾良夫謀入, 凡在戚者十五年, 此十五年中, 絶無動靜, 則輒之以國養可知. 孔子於輒之六年, 自楚至衛, 輒年可十七八歲, 有欲用孔子之意, 故子路曰: '衛君待子而爲政.' 孔子以父居於外, 子居於內, 名之不正, 莫甚於此, 故有正名之論. 而子路意輒定位已久, 且以國養父, 未爲不可, 故以子言爲迂. 其後孔子去衛, 而果有孔悝之難. 甚矣, 聖人之大居正. 爲萬世人倫之至也! 孟子曰: '孔子於衛孝公, 公養之仕.' 先儒謂孝公卽出公輒. 孔子在衛凡六七年, 輒能盡其公養, 則此六七年中, 必有不忍其父之心, 孔子以爲尙可與爲善, 而欲進之以正名, 惜乎! 優柔不斷, 終不能用孔子耳. 設也輒果稱兵拒父, 而孔子猶至衛, 且處之六七年, 何以爲孔子?" 案, 惲氏·夏氏此言, 亦屬持

등과 함께 경의(經義)와 고문(古文)을 연마했으며, 장혜언과 함께 양호파(陽湖派)의 창시자가 되었다. 문장이 간결하고 근엄하여 사마천(司馬遷)과 반고(班固)의 기풍이 있다는 평을 들었다. 저서에 『삼대인혁론(三代因革論)』, 『역대관복도설(歷代冠服圖說)』, 『대운산방문고(大雲山房文稿)』, 『자거결사(子居決事)』 등이 있다.

平, 故附著之.

역문 하흔(夏炘)의 『위출공첩론(衛出公輒論)』에도 "영공이 죽었을 때, 첩이 장성했다고는 하지만 역시 나이 10여 세 정도일 뿐이었다. 열 살 남짓의 어린아이가 즉위했다면, 괴외를 막은 것은 첩이 한 짓이 아니다. 괴외는 어머니를 살해하려던 죄가 있었고, 당시에는 남자가 당상(堂上)을 장악하고 있으면서 괴외로 하여금 들어오지 못하게 했을 것임이 분명하니, 첩이 자기 마음대로 할 수가 없었을 것이다. 첩이 점차 장성함에 미쳐 군주의 지위가 안정됨이 이미 오래되자 형세가 어찌할 수 없게 된 것이다. 상고해 보건대, 괴외는 영공 42년에 척읍에 들어가 있다가 출공 14년이 되던 해에 비로소 혼량부(渾良夫)와 위나라로 들어갈 것을 도모했으니, 척읍에 있었던 것은 도합 15년인데, 이 15년 중에 절대로 아무런 동정(動靜)이 없었다면 첩이 나라를 양보했다는 것을 알 수 있다. 공자가 첩 재위 6년에 초(楚)나라로부터 위나라에 이르렀을 때 첩의 나이는 거의 17~18세였는데, 공자를 등용하려는 생각이 있었기 때문에 자로가 '위나라 임금이 선생님을 머무시도록 해서 정치를 하려고 한다'라고 했던 것이다. 공자는 아버지는 국외에 거처하고 있고, 자식은 국내에 거처하고 있으니, 명칭이 바르지 않음이 이보다 더 심한 것이 없다고 여겼기 때문에 명칭을 바로잡겠다는 의론이 있었던 것이다. 그런데, 자로는 첩이 지위를 확정 지은 것이 이미 오래되었고, 또 나라를 아버지에게 양보한다는 것이 불가한 것이 아니라고 여겼기 때문에 공자의 말이 실정과는 거리가 멀다고 여긴 것이다. 그 뒤에 공자가 위나라를 떠나자 과연 공회(孔悝)[15]의 난이 일어났으니, 심하구나, 성인이 정도를 준수함을 위

---

15 공회(孔悝, ?~?): 춘추시대 말기 위나라의 대부인 공어자(孔圉子)이다. 그의 어머니는 출공(出公)의 아버지 괴외(蒯聵)의 누나인데, 괴외를 공회에게 보내 맹약하게 해서 출공을 축출

대하게 여김이여! 만세 인류의 표준이 되었도다! 맹자(孟子)가 말하길, '공자는 위나라 효공(孝公)에 대해서는 봉양함으로 해서 한 벼슬이었다.'¹⁶라고 했는데, 선유(先儒)는 효공이 바로 출공 첩이라고 한다. 공자가 위나라에 있었던 것은 다해서 6~7년이었으니, 첩이 그 공양을 다 할 수 있었다면 이 6~7년 중에 그 아비를 차마 어찌할 수 없는 마음이 있었을 것이므로, 공자는 오히려 함께 선(善)을 행할 수 있을 것이라고 여겨 명칭을 바로잡는 데로 나아가게 하고자 했을 터인데, 안타깝구나! 우유부단해서 끝내 공자를 쓰지 못했을 뿐이로다. 만일 첩이 과연 군대를 일으켜 아버지를 막았는데, 공자가 그래도 위나라에 갔고 또 6~7년을 머물렀다면 어찌 공자라고 할 수 있겠는가?"라고 했다. 살펴보니, 운경과 하흔의 말 역시 공평함을 유지하는 데 속하기 때문에 부록으로 밝혀 둔다.

- 「注」, "問往將何所先行."
- 正義曰: "往", 謂往居位也.
- ○「주」의 "위나라 조정으로 가서 장차 무엇을 먼저 행할 것인지를 물은 것이다."
- ○ 정의에서 말한다.

"왕(往)"은 가서 벼슬자리를 차지한다는 말이다.

하고 괴외가 임금이 되게 하였으니, 이 사람이 위나라 장공(莊公)이다. 다음 해에 장공이 공회를 축출하자 공회가 송나라로 달아났다. 자로는 이 공회의 난 속에서 죽었다.

16 『맹자』「만장하」: 공자는 도를 행하는 것이 가능함을 보고서 한 벼슬이 있었고, 교제할 만해서 한 벼슬이 있었으며, 군주가 봉양을 하는 경우에 한 벼슬이 있었다. 계환자에 대해서는 도를 행하는 것이 가능함을 보고서 한 벼슬이었고, 위나라 영공에 대해서는 교제할 만해서 한 벼슬이었으며, 위나라 효공에 대해서는 임금이 봉양함으로써 한 벼슬이었다.[孔子有見行可之仕; 有際可之仕; 有公養之仕. 於季桓子, 見行可之仕也; 於衛靈公, 際可之仕也; 於衛孝公, 公養之仕也.]

● 「注」, "正百事之名."

● 正義曰: 『禮』「祭法」云: "黃帝正名百物." "百物"卽百事. 『左氏傳』曰: "唯器與名, 不可以假人." 此指稱謂與爵位之名. 『穀梁』「僖」十九年「傳」, "梁亡, 鄭棄其師, 我無加損焉, 正名而已." 言因事之實, 無所加損, 但正其名而書之爾. 『韓詩外傳』, "孔子侍坐於季孫, 季孫之宰通曰: '君使人假馬, 其與之乎?' 孔子曰: '吾聞君取於臣謂之"取", 不曰"假".' 季孫悟, 告宰通曰: '今以往, 君有取謂之取, 無曰假.' 孔子正假馬之言, 而君臣之義定矣. 『論語』曰: '必也正名乎!'"

○ 「주」의 "모든 일의 명칭을 바로잡는다는 말이다."

○ 정의에서 말한다.

『예기』「제법(祭法)」에 "황제(黃帝)는 모든 사물[百物]의 명칭을 바로잡는다."라고 했는데, "백물[百物]"이 바로 백사(百事)이다. 『춘추좌씨전』「성공(成公)」 2년의 「전」에 "오직 기물(器物)과 명호(名號)만은 남에게 주어서는 안 된다."라고 했는데, 이는 작위의 명호를 수여함을 지칭해서 한 말이다. 『춘추곡량전』「희공(僖公)」 19년의 「전」에 "양(梁)나라가 멸망한 것과 정나라가 그 군사를 버린 것에 대해 나는 거기에 더하거나 덜거나 할 것 없이 명칭을 바르게 기록할 뿐이다."라고 했는데, 일의 진실에 따라 더하거나 덞이 없이 다만 그 명칭을 바르게 해서 기록할 뿐이라는 말이다. 『한시외전(韓詩外傳)』에 "공자가 계손(季孫)을 모시고 앉아 있을 때, 계손의 가신 통(通)이 '임금이 말을 빌리려 사람을 보냈는데, 빌려주어야 합니까?'라고 하자, 공자가 말했다. '내가 듣자 하니, 임금이 신하에게 요구하는 것은 "취한다[取]"라고 하지, "빌린다[假]"라고 하지 않습니다.' 계손이 깨닫고 가신인 통에게 일러 말하기를, '지금부터는 임금이 무엇을 요구하면 "취한다"라 하고, "빌린다"라고 하지 마시오.'라고 했으니, 공자가 말을 빌린다는 말을 바로잡으매 임금과 신하 사이의 의(義)가 정해졌다. 『논어(論語)』에서 말했다. '반드시 명칭을 바로잡을 것이다.'"라고 했다.

『春秋繁露』「深察名號篇」, "孔子曰: '名不正, 則言不順.' 『春秋』辨物之理, 以正其名. 名物如其眞, 不失秋毫之末. 故名'霣石', 則後其'五'; 言'退鶂', 則先其'六', 聖人之謹於正名如此."
『춘추번로』「심찰명호(深察名號)」에 "공자가 말하길, '명칭이 바르지 않으면 말이 순조롭지 못하다.'[17]라고 했다. 『춘추』는 사물의 이치를 변별함으로써 그 명칭을 바로잡는다. 사물을 명명함에 진실 그대로 반영해서 털끝만큼도 착오를 저지르지 않는다. 그러므로 '운석(隕石)'이라고 명명했으면, 뒤에 '다섯 개[五]'라 하고, 퇴익(退鷁)을 말했다면, 앞에 '여섯 마리[六]'라고 썼던 것이니,[18] 성인이 명칭을 바로잡는 데 신중함이 이와 같았던 것이다."라고 했다.

毛氏奇齡『稽求篇』, "『漢』「藝文志」謂'名家者流, 蓋出於禮官. 古者名位不同, 禮亦異數, 孔子曰: "必也正名乎!"' 凡辨名所在, 不可苟爲釽析, 且從來有名家書, 如『鄧析』·『尹文子』·『公孫龍』·『毛公』諸篇, 俱以堅白同異辨名義爲辭, 此則名家之說之所由著也. 若漢後儒者, 猶尙名, 曰名物, 曰名義, 曰名象, 而浸尋失眞. 至晉時魯勝注『墨辨』一書, 深論名理, 謂'名者, 所以列同異, 明是非, 道義之門, 政化之準繩也. 孔子曰"必也正名"云云. 墨子著『辨經』以立名本, 而荀卿·莊周輩皆非之, 然終不能易其論也.' 其「序」尙存『晉史』, 約四五百言, 極言隱顯·虛實·同異·眞似之辨, 毫釐纖悉, 皆有分剖, 其文甚著. 則是稱名之名, 祇是一節, 而百凡事爲, 莫非是名."

모기령(毛奇齡)의 『논어계구편(論語稽求篇)』에 "『전한서(前漢書)』 「예문지(藝文志)」에 '명가(名家)의 유파는 대체로 예관(禮官)에서 나왔다. 옛날에는 명칭과 직위가 같지 않으면 예우(禮遇)도 등급이 달랐기 때문에 공자가 "반드시 명칭을 바로잡을 것이다!"라고 했던 것이다.'라고 했다. 무릇 명칭이 있는 바를 변별하는 것은 구차하게 후비거나 분석해서는 안 되고, 또 종래 명가들의 전적, 예컨대 『등석(鄧析)』[19]·『윤문자(尹文子)』[20]·『공손룡(公孫

---

17 여기까지의 내용은 『춘추번로(春秋繁露)』 「실성(實性)」의 글이다.

18 『춘추좌씨전』 「희공(僖公)」 16년 「경」에, "16년 봄 주왕(周王) 정월 초하루 무신일(戊申日)에 송나라에 다섯 개의 돌이 떨어졌다. 이달에 여섯 마리의 바닷새가 바람에 밀려 뒤로 날아 송나라 도성을 지나갔다.[十有六年春王正月戊申朔, 隕石于宋五. 是月, 六鷁退飛, 過宋都.]"라고 했다.

19 『등석(鄧析)』: 춘추시대 말기 정나라 사람 등석(鄧析, 기원전 545?~ 기원전 501?)의 저술. 등석은 자산(子産: 공손교(公孫僑)과 동시대 사람이다. 일찍이 대부를 지냈다. 구변(口辯)이 좋아 양시적(兩是的)인 이야기를 잘 풀어놓았다. 사학(私學)을 열어 학생들에게 치옥(治獄)의 법을 가르쳤다. 정나라에서 만든 형서(刑書)를 개정하여 죽간(竹簡)으로 간행했는데, 『죽형(竹刑)』이라 불린다. 사전(駟顓, 또는 자산)이 집정하면서 다른 죄로 그를 죽일 때 그의 『형서』를 이용했다. 『전한서(前漢書)』 「예문지(藝文志)」에는 윤문자(尹文子), 공손룡과

龍)』[21] · 『모공(毛公)』[22] 등 여러 편과 같은 것들은 모두 견백동이론(堅白同異論)[23]을 가지

더불어 명가(名家, 제자백가 중 하나로 사물의 명칭과 실체 사이에 나타나는 불일치를 바로 잡아야 함을 강조한 학파)의 학자로 올려놓았지만, 법가(法家)의 학설을 주로 다룬 것으로 보인다. 『열자(列子)』에는 그가 정나라 사람들을 선동해서 송사를 일으키는 것을 일삼아 국정을 문란하게 했고, 또한 자주 자산의 정치를 비난해서 처벌을 받았다고 했으며, 『회남자(淮南子)』에는 능변으로 법을 어지럽게 했다는 등 행적을 부정적으로 기록했다. 저서 『등석자(鄧析子)』는 「무후(無厚)」와 「전사(轉辭)」 2편으로 이루어져 있는데, 주로 법가의 학설을 담았다.

20 『윤문자(尹文子)』: 중국 전국시대 제나라의 윤문(尹文, 기원전 360?~기원전 280?)이 군왕의 올바른 정사에 관하여 논한 책. 윤문은 전국(戰國)시대의 철학자로 직하도가학파(稷下道家學派)의 대표적 인물이다. 직하도가학파는 제나라 선왕(宣王) 때 직하(稷下)에 거주하면서 유가(儒家)와 묵가(墨家)의 조화를 주장한 학파를 말한다. 당시 송견(宋鈃), 팽몽(彭蒙), 전변(田駢)과 더불어 명성을 떨쳤고, 명가의 공손룡과 친분이 깊었다. 『윤문자』는 그의 어록인데, 「대도상(大道上)」 · 「대도하(大道下)」의 2편으로 나누어 정치의 대요를 논하고 허정(虛靜)을 위정(爲政)의 근원으로 삼았다. 그 사상은 노자(老子)의 무위자연(無爲自然)에 바탕을 두고, 거기에 도가(道家) · 명가 · 법가의 사상을 가미하였으나, 이것은 점차 봉건화되어 가는 전국시대 당시의 사회적 배경에 의한 것으로 여겨진다.

21 『공손룡(公孫龍)』: 전국시대 조(趙)나라의 사상가인 공손룡(公孫龍, 기원전 320?~기원전 250)의 저술. 공손룡의 자는 자병(子秉)이다. 그의 행적은 『장자(莊子)』, 『여씨춘추(呂氏春秋)』, 『회남자』, 『유향별록(劉向別錄)』, 『양자법언(楊子法言)』 등에서 볼 수 있다. 저서는 『전한서』 「예문지」에 14권이라고 기록되어 있으나, 현존하는 것은 「적부편(跡府篇)」, 「백마편(白馬篇)」, 「지물론(指物論)」, 「통변론(通變論)」, 「견백론(堅白論)」, 「명실론(名實論)」의 6편뿐이다. 이 6편이 위작이라는 설도 있으나, 아마도 14권의 잔본일 것이다. 「적부편」은 후세 사람이 첨가한 공손룡의 약전이다. 따라서 나머지 5편이 공손룡이 쓴 것이다. 「백마편」, 「견백편」은 모두 물체와 속성, 내포(內包)와 외연(外延)의 문제, 「지물론」은 지시와 지시의 대상에 관한 문제, 「통변론」은 명칭 · 개념과 사물 · 실질과의 변화 문제, 「명실론」은 명과 실의 일치 문제를 다루었다. 보통 그는 명가의 한 사람으로 손꼽히며, 또한 그의 논술을 궤변이라고 하나, 단순한 궤변이 아니라, 당시의 혼란한 사회를 질서 있는 사회로 돌이키려고 하는 의욕을 찾아볼 수 있다.

22 『모공(毛公)』: 전국시대 조나라의 사상가인 모공(毛公, ?~?)의 저술. 공손룡과 함께 평원군(平原君)의 식객이었다. 저술로 『모공』 9편이 있었다고 하나, 지금은 망실되고 전하지 않는다.

23 견백동이(堅白同異): 전국시대 조나라의 논변가 공손룡이 주장한 궤변으로, 단단하고 흰 돌

고 명칭과 의(義)를 변별하여 말을 만들었으니, 이것이 바로 명가의 설이 유래하게 된 경로이다. 한대(漢代) 후기의 유학자들로 말할 것 같으면 오히려 명칭을 숭상해서 명물(名物)이니, 명의(名義)니, 명상(名象)이니 하다가, 점차 골똘하더니 진실을 잃고 말았다. 진(晉)나라 때 노승(魯勝)[24]이 주석한 『묵변(墨辨)』 한 권에 이르면, 명리(名理)를 깊이 논하면서 '명칭[名]이란 같고 다름을 열거하고 옳고 그름을 밝히는 도의(道義)의 문이며, 정치 교화의 표준이며 법칙이다. 공자는 말하길, "반드시 명칭을 바로잡을 것"이라고 운운했다. 묵자(墨子)는 『변경』을 저술하여 명칭의 근본을 확립했는데, 순경(荀卿)이나 장주(莊周)의 무리는 모두 그것을 비난했지만, 끝내는 그 이론을 바꿀 수 없었다.'라고 했다. 그 「서문」이 아직도 『진사(晉史)』에 남아 있으니, 대략 4백~5백 마디의 말로, 은현(隱顯)과 허실(虛實)과 동이(同異)와 진사(眞似)의 변별을 극언(極言)했는데, 아주 세밀하고 자상하여 모든 것이 다 분석되어 있고, 그 글도 매우 분명하다. 그렇다면 여기에서 명칭이라고 일컫는 명칭은 단지 한 구절이지만 하는 일 모두가 명칭이 아님이 없다."라고 했다.

鄭此「注」云: "正名謂正書字也. 古者曰名, 今世曰字. 「禮記」曰: '百名已上, 則書之於策.' 孔子見時教不行, 故欲正其文字之誤." 陳氏鱣『古訓』曰: "『周禮』'外史'掌達書名於四方', 「注」, '古曰名, 今曰字, 使四方知書之文字, 得能讀之.' 賈「疏」, '古者文字少, 直曰名; 後代文字多, 則曰字. 字者, 滋也. 滋益而生, 故更稱曰字. 正其名字, 使四方知而讀之也.' 「大行人」'九歲屬瞽史, 諭書名', 「注」, '書名, 書之字也. 古曰名, 「聘禮」曰"百名以上".' 此「注」引

이 있을 경우, 단단함[堅]과 흰색[白]과 돌[石] 세 가지를 동시에 충족할 수 있는가라는 질문에 공손룡이 그것은 불가능하고 두 가지를 충족시키는 것은 가능하다고 하였다. 눈으로 보면 색이 '흰 돌'이라는 것만 알 수 있고, 손으로 만져 보면 '단단한 돌'이라는 것만 알 수 있다는 것이다. 이를 바탕으로 결국 단단한 돌과 흰 돌은 서로 다른 것이요, 절대로 같은 것이 될 수 없다고 하였다. 요컨대 사실상 같은 것을 다른 것으로 만들고, 다른 것을 같은 것으로 만드는 괴상한 논리를 말한다.

24 노승(魯勝, ?~?): 서진시대의 사상가. 자는 숙시(叔時)이다. 일찍이 좌저작랑(佐著作郎)을 역임하였고, 진(晉) 혜제(惠帝) 원강(元康) 초년에 건강령(建康令)으로 천거되었지만, 오래지 않아 시국이 맞지 않아 집에 은거하면서 지냈다. 조정에서 박사관(博士官)으로 초빙하기도 했으나 모두 거절하였다. 저서로는 『묵변주(墨辯注)』 서문이 남아 있다.

'「禮記」'者,「聘禮」「記」文. 彼云'百名以上書於策, 不及百名書於方.'「注」, '名, 書文也, 今謂之字.' 賈「疏」引此「注」, 以證是文字通謂之名."

정현은 여기의 「주」에서 "정명(正名)이란 글자[書字]를 바로잡는다는 말이다. 옛날에는 명(名)이라고 했고, 지금의 세상에서는 자(字)라고 한다. 『의례(儀禮)』「빙례(聘禮)」의 「기」에 '1백 글자 이상은 책(策)에다 쓴다.'[25]라고 했다. 공자는 당시에 가르침이 행해지지 않는 것을 보았기 때문에 그 문자의 잘못을 바로잡고자 했다."라고 했다. 진전의『논어고훈』에 "『주례(周禮)』「춘관종백하(春官宗伯下)·외사(外史)」에 '서명(書名)을 사방에 전달하는 일을 관장한다.'라고 했는데, 「주」에 '옛날에는 명(名)이라 했고, 지금은 자(字)라 하니, 사방으로 하여금 문서의 글자[文字]를 알게 해서 읽을 수 있도록 한 것이다.'라고 했고, 가공언(賈公彦)의 「소」에 '옛날에는 글자가 적어서 다만 명(名)이라고만 했고, 후대에는 글자가 많아져 자(字)라고 했다. 자(字)란 불어난다[滋]는 뜻이다. 점점 불어나 더 생겨났기 때문에 다시 걸맞게 자(字)라고 한 것이다. 그 글자[名字]를 바로잡는다는 것은 사방으로 하여금 알아서 읽도록 하는 것이다.'라고 했다. 『주례』「추관사구하(秋官司寇下)·대행인(大行人)」에 '9년마다 악사와 사관(史官)을 소집하여 서명을 깨우치게 한다.'라고 했는데, 「주」에 '서명(書名)은 글자[書之字]이다. 옛날에는 명(名)이라고 했으니, 『의례』「빙례」에 "1백 글자 이상[百名以上]"이라 하였다.'라고 했다. 여기의 「주」에서 인용한 '「예기(禮記)」'는 『의례』「빙례」「기」의 글이다. 거기에는 '1백 글자 이상은 책에다 쓰고, 1백 글자에 미치지 못하면 널빤지에 쓴다.'라고 했는데, 「주」에 '명(名)은 글자[書文]이니, 지금은 자(字)라 한다.'라고 했다. 가공언의 「소」는 이 「주」를 인용해서 이 글자[文字]를 통틀어 명(名)이라 한다는 것을 증명한 것이다."라고 했다.

臧氏庸 鄭「注」輯本釋云: "孔子書字, 必從保氏所掌古文爲正, 病時不行, 故衛君待子爲政, 而子以是爲先也. '君子於其所不知, 蓋闕如也.' 卽史闕文之意.『說文解字』「敍」引此二句, 是許君同以爲文字." 又云: "正名, 乃爲政之本, 與刪『詩』·『書』, 定禮·樂, 同一垂敎萬世, 不可以空言視之也.『隋』「經籍志·小學類」'「正名」一卷',「敍」云: '孔子曰: "必也正

25 『의례(儀禮)』「빙례(聘禮)」의 「기(記)」에는 "百名以上書於策."으로 되어 있다.

名乎!" 名謂書字'云云. 『釋文』「敍」同, 是隋以前俱鄭學."

장용(臧庸)의 정현 「주」 집본에서 해석하기를, "공자는 글을 쓸 때 반드시 보씨(保氏)[26]가 담당하는 고문(古文)을 따르는 것이 옳다고 여겼지만, 병이 들었을 때 떠나지 못했기 때문에 위나라 군주가 공자를 머물게 해서 정치를 한다면 공자는 이것을 급선무로 삼겠다고 한 것이다. '군자는 자기가 알지 못하는 것에 대해서는 놓아두는 것이다.'라는 것은 바로 사관이 글을 빼놓는다는 뜻이다. 『설문해자』「서」에 이 두 구절을 인용했는데, 이는 허군(許君)도 똑같이 글재文字]라고 여겼다는 것이다."라고 했다. 또 "정명(正名)은 바로 위정(爲政)의 근본이니, 바로 『시경(詩經)』과 『서경』을 산삭하고 예(禮)와 악(樂)을 정하는 것과 함께 똑같이 만세에 가르침을 드리우는 것이므로 빈말로 가르쳐서는 안 된다. 『수서(隋書)』「경적지(經籍志)·소학류(小學類)」에 '「정명(正名)」 1권'이라고 했는데, 「서」에 '공자가 말하길, "반드시 글재名]를 바로잡을 것이다!'라고 했는데, 명(名)은 글재書字]를 이른다.'라고 운운했다. 『경전석문』의 「서」에도 같으니, 수(隋)나라 이전에는 모두가 정학(鄭學)이다."라고 했다.

梁氏玉繩『庭立紀聞』引『魏書』世祖「造新字詔」, 江式『文字表』, 『北齊書』「儒林傳」李鉉「字辨」, 俱引孔子語. 今案, 『風俗通』「正失篇」, "樂正后夔有'一足'之論, '晉師己亥渡河'有'三豕'之文, 非夫大聖至明, 孰能原析之乎?『論語』, '名不正, 則言不順.' 『易』稱'失之毫釐, 差以千里.' 故糾其謬曰: '正失'也." 亦與鄭同.

양옥승(梁玉繩)의 『정립기문(庭立紀聞)』에는 『위서(魏書)』 세조(世祖)의 「조신자조(造新字詔)」와 강식(江式)[27]의 『문자표(文字表)』, 『북제서(北齊書)』「유림전(儒林傳)」, 이현(李

---

26 보씨(保氏): 사씨(師氏)의 밑에 있으면서 왕을 보좌하고 나쁜 점을 간하며 도(道)로써 사람을 가르치는 직책. 실용적인 교육을 담당하는 두 번째 직책이다. 『주례(周禮)』「지관사도하(地官司徒下)·보씨(保氏)」에 "보씨는 왕의 나쁜 점을 간하고 공경대부의 아들들을 도로써 양성하여 육예(六藝)를 가르치는 일을 관장한다.[保氏, 掌諫王惡, 而養國子以道, 乃敎之六藝.]"라고 했다.

27 강식(江式, ?~523): 북위(北魏)시대 관리이자 서법가. 자는 법안(法安)이다. 가학(家學)을 이어받고 고문자학(古文字學)을 전문적으로 연구했다. 벼슬은 사도장겸행참군(司徒長兼行

鉉)²⁸의 「자변(字辨)」을 인용했는데, 모두 공자의 말을 인용하였다. 지금 살펴보니, 『풍속통
(風俗通)』 「정실(正失)」에 "악정(樂正)인 후기(后夔)²⁹는 '외발一足」'이라는 논란이 있었고,
'진(晉)나라 군사가 기해(己亥)에 황하를 건넜다(晉師己亥渡河」'라는 문장을 '삼시(三豕)'라
는 글자로 읽었다는 말이 있는데,³⁰ 위대한 성인의 지극한 명석함이 아니면 누가 그것을 근
본부터 분석해서 밝힐 수 있겠는가? 『논어』에 '명칭[名]이 바르지 않으면 말이 순조롭지 못
하다.'라고 했고, 『주역』에 '털끝만 한 잘못으로 천 리나 차이 나게 된다.'라고 하였다. 그러

参軍), 검교어사(檢校禦史), 부절령(符節令) 등을 역임했고, 전서(篆書)를 쓰기 좋아했는데,
당시 낙양궁전(洛陽宮殿) 등 여러 현판에 그가 쓴 것이 많았다.

28 이현(李鉉, ?~?): 북조 북제(北齊) 발해(渤海, 하북성) 남피(南皮) 사람. 자는 보정(寶鼎)이
다. 집안이 가난해서 봄과 여름에는 농사를 짓고 가을과 겨울에 공부했다. 스승을 따라 『시
경(詩經)』과 『서경』, 삼례(三禮), 『좌씨춘추(左氏春秋)』 등을 배웠다. 대유(大儒) 서준명(徐
遵明)에게 5년 동안 수학하여 고제(高弟)로 인정받았다. 『효경(孝經)』과 『논어(論語)』, 『모
시(毛詩)』, 삼례의 의소(義疏)와 삼전(三傳)의 이동(異同) 등을 찬정하여 30여 권으로 묶었
다. 수재(秀才)로 천거되어 태학박사(太學博士)를 지냈다. 고환(高歡)이 고징(高澄)을 시켜
뛰어난 학자를 선발해 자제들을 가르치게 할 때 그를 천거해 진양(晉陽)에 나갔다. 강학하
는 여가에 『자변(字辨)』을 편찬하여 육경(六經) 주소(注疏)의 오자(誤字)를 산정했다. 선문
제(宣文帝) 때 국자박사(國子博士)가 되었다. 이주인(李周仁)에게 『모시(毛詩)』와 『상서(尙
書)』를, 유자맹(劉子猛)에게 『예기』를, 방과(房蝎)에게 『주례』와 『의례』를, 선우영복(鮮于
靈馥)에게 『춘추좌씨전』을 전수받았으며, 서준명에게는 경학의 요지를 터득했다. 저서에
『효경의소(孝經義疏)』와 『모시의소(毛詩義疏)』, 『삼례의소(三禮義疏)』, 『주역의례(周易義
例)』 등이 있다.

29 후기(后夔, ?~?): 순(舜)임금 당시의 음악(音樂)을 맡았던 신하.

30 『여씨춘추(呂氏春秋)』 권22, 「찰전(察傳)」: "자하(子夏)가 진(晉)나라로 가는 도중에 위나
라를 거치면서 『사기(史記)』를 읽고 있는 자를 만났는데, 그 사람이 '진사삼시섭하(晉師三
豕涉河)'라고 읽었다. 그러자 자하가 보고는 말하기를, '틀렸다. 이는 진사기해섭하(晉師己
亥涉河)로 읽어야 한다. 무릇 기(己) 자와 삼(三) 자가 서로 비슷하고, 해(亥) 자와 시(豕) 자
가 서로 비슷해서 뒤바뀌 쓴 것이다.' 하였다. 그 뒤에 진나라에 도착해서 물어보니, 과연 '진
나라 군사가 기해에 하수를 건넜다'라고 하였다.[子夏之晉過衛, 有讀『史記』者, 曰: '晉師三
豕涉河.' 子夏曰: 非也. 是己亥也. 夫己與三相近; 豕與亥相似. 至於晉而問之, 則曰'晉師己亥
涉河也.']"

므로 그 그릇된 것을 바로잡는 것을 '잘못을 바로잡는다[正失]'라고 하는 것이다."라고 했는데, 역시 정현의 해석과 같다.

蓋正文字是正名之一端, 鄭君此義, 亦馬「注」"百事"所得包也. 然馬注『古論』而但渾言 "百事", 不用「世家」, 依衛事言之, 則與安國旨趣稍異, 抑別有注, 爲『集解』所刪佚耶? 若鄭氏固篤信『公』·『穀』"以王父命辭父命"之說, 宜其解"正名"不及衛父子爭國事也.

대체로 글자를 바로잡는 것도 정명(正名)의 일단이니, 정군의 이 뜻 역시 마융「주」의 "모든 사물[百事]"에 포함될 수 있는 것이다. 그러나 마융은 『고논어』를 주석하면서 단지 "모든 사물[百事]"이라고만 흐릿하게 말하였을 뿐, 「공자세가」를 인용하지 않고, 위나라의 일에 의거해서 말하였으니, 공안국의 취지와 조금 차이가 나거나, 아니면 별다른 주석이 있어서 『논어집해(論語集解)』에서 산삭되어 없어진 것인가? 만약 정씨(鄭氏)가 진실로 『춘추공양전』과 『춘추곡량전』의 "왕부의 명 때문에 아버지의 명을 사양했다"라는 말을 독실하게 믿었다면 마땅히 그는 "정명(正名)"을 해석하면서 위나라가 부자간에 나라를 다투었던 일은 언급하지 않았어야 했다.

子路曰: "有是哉, 子之迂也! 奚其正?" 【注】包曰: "'迂', 猶遠也, 言孔子之言遠於事." 子曰: "野哉由也! 【注】孔曰: "'野', 猶不達." 君子於其所不知, 蓋闕如也. 【注】包曰: "君子於其所不知, 當闕而勿據, 今由不知正名之義, 而謂之迂遠." 名不正, 則言不順; 言不順, 則事不成; 事不成, 則禮樂不興; 禮樂不興, 則刑罰不中; 刑罰不中, 則民無所措手足. 【注】孔曰: "禮以安上, 樂以移風, 二者不行, 則有淫刑濫罰." 故君子名之必可言也, 言之必可行也. 【注】王曰: "所名之事, 必可得而明言, 所言之事, 必可得而遵行." 君子於其言, 無所苟而已矣.

자로가 말했다. "이러하십니다. 선생님께서는 뜻이 지나치게 크십니다! 어떻게 그것을 바로잡을 수 있겠습니까?"【주】포함이 말했다. "'우(迂)'는 멀다[遠]는 뜻과 같으니, 공자의 말이 사정과 거리가 멀다는 말이다." 공자가 말했다. "촌스럽구나, 유(由)야!【주】공안국이 말했다. "'야(野)'는 이해하지 못했다[不達]는 뜻과 같다." 군자는 자기가 알지 못하는 것에 대해서는 놓아두는 것이다.【주】포함이 말했다. "군자는 자기가 알지 못하는 것에 대해서는 마땅히 놓아두고서 근거로 삼지 말아야 하는데, 지금 유는 정명(正名)의 뜻을 알지도 못하면서 명칭을 바로잡겠다는 것에 대해 사정을 모른다고 한 것이다." 명칭이 바르지 못하면 말이 순조롭지 못하고, 말이 순조롭지 못하면 일이 이루어지지 않으며, 일이 이루어지지 않으면 예악이 일어나지 않고, 예악이 일어나지 않으면 형벌이 알맞지 않으며, 형벌이 알맞지 않으면 백성들은 손발을 둘 곳이 없어진다.【주】공안국이 말했다. "예로써 윗사람을 편안하게 하고, 음악으로써 풍속을 변화시키니, 두 가지가 행해지지 않으면 형벌이 지나치게 남용된다." 그러므로 군자가 명칭을 바로잡으면 반드시 말을 할 수 있고, 말을 하면 반드시 행할 수 있는 것이다.【주】왕숙이 말했다. "명칭을 바로잡은 일은 반드시 분명하게 말할 수 있고, 분명하게 말한 일은 반드시 따라서 행할 수 있다." 군자는 그 말에 구차함이 없을 뿐이다."

원문 正義曰:『釋文』云: "迂, 鄭本作于, 云: '于, 狂也.'" 案, 「文王世子」"況于其身以善其君乎?" 鄭「注」, "于讀爲迂." 又「檀弓」"于則于", 孔「疏」, "于音近迂, 迂是廣大之義."『莊子』「應帝王」, "其臥徐徐, 其覺于于." 司馬彪「注」, "于于, 無所知貌." 是"于"・"迂"義近, 字亦通用.

역문 정의에서 말한다.『경전석문』에 "우(迂)는 정현본에 우(于)로 되어 있는데, '우(于)는 뜻이 너무 크다[狂는 뜻이다].'라고 하였다."라고 했다. 살펴보니, 『예기』「문왕세자(文王世子)」에 "하물며 자기 몸을 크게 해서 그 군주를 선하게 함에 있어서이겠는가?[況于其身以善其君乎?]"라고 했는데, 정현의 「주」에 "우(于)는 우(迂)의 뜻으로 읽는다."라고 했고, 또 「단궁하(檀弓下)」에 "거창하게 예를 행할 경우에는 거창하게 행하였다"라고 했는데, 공영달의 「소」에 "우(于)는 발음이 우(迂)에 가까우니, 우(迂)는 광대(廣大)하다는 뜻이다."라고 했다. 『장자(莊子)』「응제왕(應帝王)」에 "누워 잠잘 적에는 느긋했고, 깨어 있을 때에는 멍청했다[于于]."라고 했는데, 사마표(司馬彪)의 「주」에 "우우(于于)는 아는 것이 없는 모양이다."라고 했는데, 이때의 "우(于)"와 "우(迂)"는 뜻이 가까우니, 글자도 역시 통용된다.

원문 鄭以"正名"爲正文字, 而訓"于"爲狂, 狂者, 疏闊之意, 或鄭亦讀此"于"爲迂也. 校『釋文』者, 或以"狂"爲"枉"之誤, 或以"狂"爲"往"之誤, 均須改字, 殆未然矣.

역문 정현은 "정명(正名)"을 글자를 바로잡는 것이라고 하고, "우(于)"를 광(狂)의 뜻으로 풀이했는데, 광(狂)이란 소활(疏闊)하다는 뜻이니, 어쩌면 정현도 이 "우(于)"를 우(迂)의 뜻으로 읽은 듯하다. 『경전석문』을 교정한 사람이 어쩌면 "광(狂)"을 "광(枉)"의 오자로 여겼거나, 혹은 "광(狂)"을 "왕(往)"의 오자로 여겨서 똑같이 글자를 고쳐야만 했었던 듯싶은데, 전혀 옳지 않은 듯하다.

원문 "蓋闕如"者, <u>段氏玉裁</u>「說文敍」「注」云: "『論語』言如, 或單字, '孛如'·'躩如'是; 或重字, '申申如'·'夭夭如'是; 或疊韻雙聲字, '踧踖如'·'鞠躬如'·'蓋闕如'是. '蓋', 舊音如割.『漢書』「儒林傳」曰: '疑者丘蓋不言.' <u>蘇</u>

林曰: '不言者, 不言所不知之意也.' 如淳曰: '齊俗以不言所不知爲丘蓋.'
'丘蓋', 荀卿書作'區蓋'. 丘·區·闕三字雙聲."

역문 "개궐여(蓋闕如)"

　　단옥재(段玉裁)의 「설문해자서(說文解字敍)」의 「주」에 "『논어』에서 말
하는 여(如)자는 더러 단자(單字)에 붙기도 하니 '발여(孛如)'³¹와 확여(矍
如)가 그것이고, 더러는 중첩된 글자에 붙기도 하니, '신신여(申申如)'와
'요요여(夭夭如)'가 그것이며, 혹은 2글자로 된 숙어 중에 글자의 운(韻)이
같고 각 글자의 첫 자음이 같은[疊韻雙聲] 글자에 붙는 경우도 있으니, '축
적여(踧踖如)'와 '국궁여(鞠躬如)'와 '개궐여(蓋闕如)'가 그것이다. '개(蓋)'의
옛 발음은 할(割)과 같다. 『전한서』「유림전(儒林傳)」에 '의심나는 것은
놓아두고 말하지 않는다.[疑者丘蓋不言.]'라고 했는데, 소림(蘇林)이 말하
길, '구개(丘蓋)란 알지 못하는 것을 말하지 않는다는 뜻이다.'³²라고 했
고, 여순(如淳)이 말하길, '제나라에서는 속칭 알지 못하는 것을 말하지
않는 것을 구개(丘蓋)라 한다.'³³라고 했다. '구개(丘蓋)'는 순경의 글에는

31　『설문해자』에 두 번 "발여(孛如)"라는 문구를 인용했는데, 한 번은 "발(孛)"로 되어 있고, 또
　　한 번은 "불(艴)"로 되어 있다. 『설문해자』 권6에 "발(浡)은 성하다[葷]는 뜻은 패(米)로 구
　　성되었고, 사람의 안색이라는 뜻은, 자(子)로 구성되었다. 『논어』에 '얼굴빛은 기운이 왕성
　　하였다.'라고 했다. 포(蒲)와 매(妹)의 반절음이다.[浡, 葷也, 從米; 人色也, 從子. 『論語』曰:
　　'色孛如也.' 蒲妹切.]"라고 했고, 『설문해자』 권9에 "불(艴)은 얼굴빛이 발끈한다는 뜻이다.
　　색(色)으로 구성되었고 불(弗)이 발음을 나타낸다. 『논어』에 '얼굴빛은 기운이 왕성하였다
　　[色艴如也]'라고 했다. 포(蒲)와 몰(没)의 반절음이다.[艴, 色艴如也. 從色弗聲. 『論語』曰: '色
　　艴如也.' 蒲没切.]"라고 했다.

32　『논어정의(論語正義)』에는 "蘇林曰: '不言者'"라고 되어 있는데, 『전한서』 권88, 「유림전(儒
　　林傳)」의 「주」에는 "소림이 말했다. '구개(丘蓋)는 알지 못하는 것을 말하지 않는다는 뜻이
　　다.'[蘇林曰: '丘蓋, 不言不知之意也.']"라고 했다. 『전한서』를 근거로 "不言者"를 "구개(丘
　　蓋)"로 고쳐서 해석했다.

33　『전한서』 권88, 「유림전」의 「주」에는 "여순이 말했다. '제나라에서는 속칭 모르는 것을 구

'구개(區蓋)'로 되어 있다. 구(丘)와 구(區)와 궐(闕) 세 글자는 글자의 첫 자음이 같다[雙聲]."라고 했다.

원문 宋氏翔鳳『過庭錄』, "『荀子』「大略篇」, ‘言之信者, 在乎區蓋之間. 疑則不言, 未問則不立.’ 『漢書』「儒林傳」, ‘疑者丘蓋不言.’ ‘丘’古音同區, ‘丘蓋’卽區蓋. ‘區’・‘闕’聲之轉. 『論語』之‘蓋闕’, 卽『荀子』之‘區蓋’, 爲未見闕疑之意. 故曰‘蓋闕如也’, 與‘踧踖如也’同辭. 讀『論語』以‘闕如’連文者, 非也."

역문 송상봉의 『과정록(過庭錄)』에 "『순자(荀子)』「대략편(大略篇)」에 ‘말의 신뢰란 알지 못하는 것과 의심스러운 것을 말하지 않는 데[區蓋] 달려 있다. 의심스러운 것은 말하지 않고 아직 질문해서 확인하지 않은 것은 말하지 않아야 한다.’라고 했고, 『전한서』「유림전」에 ‘의심나는 것은 놓아두고 말하지 않는다.[疑者丘蓋不言.]’라고 했는데, ‘구(丘)’의 옛 발음은 구(區)와 같으니, ‘구개(丘蓋)’는 바로 구개(區蓋)이다. ‘구(區)’와 ‘궐(闕)’은 발음이 바뀌어서 달라진 것이다. 『논어』의 ‘개궐(蓋闕)’은 바로 『순자』의 ‘구개(區蓋)’이니, 아직 보지 못했으면 의심나는 것은 놓아둔다는 뜻이다. 그러므로 ‘놓아두는 것이다[蓋闕如也]’라고 말한 것이니, ‘축적여야(踧踖如也)’라는 말과 같은 말이다. 『논어』를 읽을 때 ‘궐여(闕如)’를 연문(連文)해서 읽는 것은 잘못이다."라고 했다.

원문 "刑罰不中"者, 『周官』「職金」"掌受士之金罰・貨罰." 「注」, "罰, 罰贖也." 『說文』, "刑, 罰辠也. 罰, 辠之小者." "罰"是小辠, 則"刑"爲辠大可知. 『釋文』云: "中, 丁仲反." 孫氏志祖『讀書脞錄』, "中當如字讀, 刑罰之所重

(丘)라 한다.[如淳曰: ‘齊俗以不知爲丘.’]라고 했다.

者中. 「呂刑」一篇言中者十. 『周禮』「鄕士」'獄訟成, 士師受中.' 鄭司農
云: '中者, 刑罰之中也.'" 今案, 『後漢書』「梁統傳」, "上言曰: '『經』曰:
"爰制百姓于刑之衷." 孔子曰: "刑罰不衷, 則民無所厝手足." 衷之爲言,
不輕不重之謂也.'""衷"與"中"古字通.

역문 "형벌이 알맞지 않음[刑罰不中]"

　　『주례』「추관사구상(秋官司寇上)・직금(職金)」에 "사(士)가 벌금형으로
배상하는 금으로 내는 벌금이나 재화로 내는 벌금을 받는 일을 관장한
다."라고 했는데,「주」에 "벌(罰)은 재물을 바치고 죄를 면제받는 것[罰
贖]이다."라고 했다. 『설문해자』에 "형(刑)은 잘못을 벌한다[罰辠]는 뜻이
다.³⁴ 벌(罰)은 잘못이 작은 것이다.³⁵" 라고 했으니, 그렇다면 "형(刑)"은
잘못이 큰 것이 됨을 알 수 있다. 『경전석문』에 "중(中)은 정(丁)과 중(仲)
의 반절음이다."라고 했다. 손지조(孫志祖)의 『독서좌록(讀書脞錄)』에 "중
(中)은 마땅히 본래 음대로 읽어야 하니, 형벌이 무거운 자에게 알맞다
는 뜻이다. 『서경』「여형(呂刑)」한 편에 중(中)을 말한 것이 10회이다. 『주
례』「추관사구상・향사(鄕士)」에 '옥사(獄事)나 송사(訟事)가 종결되면 사
사(士師)는 형벌에 알맞은 판결문을 받는다.'라고 했는데, 정사농(鄭司農)
이 이르길, '중(中)이란 형벌이 알맞다는 뜻이다.'라고 하였다."라고 했
다. 이제 살펴보니, 『후한서(後漢書)』「양통전(梁統傳)」에 "양통(梁統)³⁶이

34　『설문해자』권5: 형(㓝)은 잘못을 벌한다[罰辠]는 뜻이다. 정(井)으로 구성되었고, 도(刀)로
　　구성되었다. 『역』에 "정(井)은 법(法)이다."라고 했다. 정(井)이 또한 발음을 나타낸다. 호
　　(戶)와 경(經)의 반절음이다.[㓝, 罰辠也. 從井從刀. 『易』曰: "井, 法也." 井亦聲. 戶經切.]

35　『설문해자』권4: 벌(劅)은 잘못이 작은 것이다. 도(刀)로 구성되었고 이(詈)로 구성되었다.
　　아직 칼로 해치는 않고 다만 칼을 가지고 꾸짖으면, 응벌인 것이다. 방(房)과 월(越)의 반절
　　음이다.[劅, 辠之小者. 從刀從詈. 未以刀有所賊, 但持刀罵詈, 則應罰. 房越切.]

36　양통(梁統, ?~?): 후한(後漢) 초기의 무장이며 정치가. 자는 중영(仲寧)이며, 안정군(安定郡)

상소하여 말했다. '『경』에 말하길, "백성을 잘 다스리는 것은 형벌을 알
맞게 하는 데 달려 있다." 하였고, 공자께서 말씀하시길 "형벌이 알맞지
않으면 백성이 손발을 둘 곳이 없어진다." 하였습니다. 알맞다[衷]는 말
은 가볍지도 않고 무겁지도 않다는 말입니다.'"라고 했는데, "충(衷)"과
"중(中)"은 옛날에는 글자가 통용되었다.

원문 "無所錯手足"者, "錯", 皇本作"措", 『釋文』, "錯, 本又作措." 『說文』,
"措, 置也." "措"本字, "錯"假借字. 皇「疏」云: "刑罰旣濫, 故下民畏懼. 刑
罰之濫, 所以蹐天蹐地, 不敢自安, 是無所自措立手足也."

역문 "손발을 둘 곳이 없어진다[無所錯手足]"

　　"조(錯)"는 황간본에는 "조(措)"로 되어 있고, 『경전석문』에 "조(錯)는
판본에 따라 또 조(措)로도 되어 있다."라고 했다. 『설문해자』에 "조(措)
는 둔다[置]는 뜻이다."[37]라고 했으니, "조(措)"가 본자(本字)이고, "조(錯)"
는 가차자(假借字)이다. 황간의 「소」에 "형벌이 이미 남용되기 때문에 아
래 백성들이 두려워한다. 형벌이 남용되면 그 때문에 두려워 몸 둘 바를
몰라[蹐天蹐地][38] 감히 스스로 편안하지 못하게 되니, 이러한 상황이 바로
'스스로 손발을 둘 곳이 없다'라는 것이다."라고 했다.

오씨현(烏氏縣) 사람이다.

37 『설문해자』권12: 조(措)는 버려둔다는 뜻이다. 수(手)로 구성되었고 석(昔)이 발음을 나타
　　낸다. 창(倉)과 고(故)의 반절음이다.[措, 置也. 從手昔聲. 倉故切.]

38 국천척지(蹐天蹐地): 『시경(詩經)』「소아(小雅)·정월(正月)」에 "하늘이 높다 하나 몸을 굽
　　히지 않을 수 없고, 땅이 두텁다 하나 살살 걷지 않을 수 없다.[謂天蓋高, 不敢不局; 謂地蓋
　　厚, 不敢不蹐.]"라고 한 것에서 온 말로, 머리가 하늘에 부딪힐 것을 두려워하여 허리를 굽혀
　　걷고, 땅이 꺼질 것을 두려워하여 발로 긴다는 뜻. 즉 두려워서 몸 둘 바를 모른다는 뜻이다.

원문 案, "事不成", "禮樂不興", "刑罰不中", 皆推言"名不正, 則言不順"之失. "言"者, 所以出令布治也. 『呂氏春秋』「審分覽」, "夫名多不當其實, 而事多不當其用者, 故人主不可以不審名分也. 今有人於此, 求牛則名馬, 求馬則名牛, 所求必不得矣. 而因用威怒, 有司必誹怨矣, 牛馬必擾亂矣. 百官, 衆有司也; 萬物, 群牛馬也. 不正其名, 不分其職, 而數用刑罰, 亂莫大焉. 故名不正, 則人主憂勞勤苦, 而官職煩亂悖逆矣. 國之亡也, 名之傷也, 從此生矣."『呂覽』此言名不正, 則刑罰失亂, 與此文意同.

역문 살펴보니, "일이 이루어지지 않음", "예악이 일어나지 않음", "형벌이 알맞지 않음"은 모두 "명칭이 바르지 못하면 말이 순조롭지 못한" 잘못이다. "말[言]"이란 명령을 내고 정치를 펼치는 수단이다. 『여씨춘추』「심분람」에 "그 실상에 합당하지 않은 명칭이 많고, 그 운용에 합당하지 않은 일이 많기 때문에 임금은 명칭과 직분[名分]이 실상과 운용에 합당한지를 살피지 않으면 안 된다. 지금 여기에 어떤 사람이 있는데 소를 구하면서 말의 명칭으로 부르고, 말을 구하면서 소의 명칭으로 부르면, 구하는 것을 절대로 얻지 못할 것이다. 그러면서도 여전히 위세와 분노로써 추궁한다면 담당자[有司]는 반드시 비난하면서 원망할 것이고, 소와 말의 구분은 반드시 어지럽고 난잡하게 될 것이다. 이런 측면에서 보면 백관(百官)은 많은 담당자[有司]에 해당하고, 만물(萬物)은 여러 소와 말에 해당한다. 그 명칭을 바로잡지 않고 그 직분을 구분하지 않고서 형벌을 자주 사용하면 혼란함이 이보다 더 큰 것이 없게 될 것이다. 그러므로 명칭이 바르지 못하면, 임금이 근심스럽게 노력하고 수고롭게 힘쓰더라도, 관직은 번거롭고 혼란스러우며 어그러질 것이니, 나라가 망하는 것도, 명칭이 손상되는 것도 이로부터 생겨나는 것이다."라고 했는데, 『여람(呂覽: 여씨춘추)』의 이 말은 명칭이 바르지 못하면 형벌이 잘못되고 어지러워진다는 말이니, 『논어』의 이 글과 뜻이 같다.

원문 黃氏式三『後案』云: "王道不外彝倫, 而家人莫重於父子. 孟子曰: '人人親其親, 長其長, 而天下平.' 又曰: '瞽瞍底豫, 而天下之爲父子者定.' 王者本孝出治, 父子之倫爲重也. 治國者, 不正一家父子之名, 而欲正一國之父子, 無諸己而求諸人, 則一己多忌諱之私, 而事亦阻窒而不成矣. 禮樂·刑罰, 事之大也. 禮莫大於父子之序, 樂莫大於父子之和, 刑罰莫大於不孝. 三者失, 而事之不成甚矣. 故治世之要務, 在彝倫攸敍."

역문 황식삼(黃式三)의 『논어후안(論語後案)』에 "왕도(王道)는 떳떳한 인륜에서 벗어나지 않고, 가족은 부모 자식보다 중한 것이 없다. 맹자가 말하길, '사람마다 각기 자기 어버이를 친애하고, 자기 어른을 어른으로 섬기면 천하가 화평하게 될 것이다.'라고 했고, 또 '고수(瞽瞍)가 기뻐하게 되자 천하의 부자간이 안정되었다.'라고 했으니, 왕자(王者)가 효를 근본으로 정치를 펼치는 것은 부자간의 윤리가 중하기 때문이다. 나라를 다스리는 자가 한 집안의 부자간의 명칭을 바로잡지도 못하면서 한 나라의 부자간의 인륜을 바로잡고자 하고, 자기 자신에게는 선(善)이 없으면서 남에게 선하기를 요구한다면 자기 한 사람에게만 꺼리고 피하는 사사로움이 많은 것이어서 일 또한 험난함에 막혀 이루어지지 않을 것이다. 예악(禮樂)과 형벌(刑罰)은 일 중에서도 큰 것이다. 예는 부자간의 순서보다 더 큰 것이 없으며, 악은 부자간의 화합보다 더 큰 것이 없고, 형벌은 불효보다 더 큰 것이 없다. 세 가지가 잘못되면 일이 이루어지지 않는다는 것은 분명하다. 그러므로 세상을 다스리는 핵심적인 일은 떳떳한 인륜이 질서 있게 펼쳐지는 데 달려 있다."라고 했다.

- 「注」, "迂猶遠也."

- 正義曰:『說文』, "迃, 避也." 此云"猶遠"者, 引申之義.『呂覽』「篇」, "寡人以爲迂言也." 高誘

「注」, "迂, 遠也."

○ 「주」의 "우(迂)는 멀다[遠]는 뜻과 같다."

○ 정의에서 말한다.

『설문해자』에 "우(趂)는 피한다[避]는 뜻이다."[39]라고 했으니, 여기에서 "멀다[遠]는 뜻과 같다"라고 한 것은 의미가 확대된 것이다. 『여람』「선기(先己)」에 "과인은 이것을 실정과 거리가 먼 말[迂言]이라고 여깁니다."라고 했는데, 고유(高誘)의 「주」에 "우(迂)는 멀다[遠]는 뜻이다."라고 했다.

● 「注」, "孔曰"至"濫罰".

● 正義曰: 皇本作"包注". 『孝經』云: "安上治民, 莫善於禮; 移風易俗, 莫善於樂." 「樂記」, "樂也者, 聖人之所樂也, 而可以善民心, 其感人深, 其移風易俗, 故先王著其敎焉."

○ 「주」의 "공왈(孔曰)"부터 "남벌(濫罰)"까지.

○ 정의에서 말한다.

황간본에는 "포함의 주[包注]"로 되어 있다. 『효경(孝經)』에 "웃어른을 편안하게 하고 백성을 다스림은 예보다 더 좋은 것이 없고, 풍속을 옮기고 바꾸는 데는 음악보다 더 좋은 것이 없다."라고 했으며, 『예기』「악기(樂記)」에 "음악이란 성인(聖人)이 즐거워하는 것이면서 또한 백성의 마음을 선하게 할 수 있으니, 사람의 마음을 깊이 감동시키고 풍속을 옮기고 바꾸기 때문에 선왕이 그 교화를 밝게 드러낸 것이다."라고 했다.

13-4

樊遲請學稼, 子曰: "吾不如老農." 請學爲圃, 曰: "吾不如老

---

39 『설문해자』 권2: 우(趂)는 피한다[避]는 뜻이다. 착(辵)으로 구성되었고 우(于)가 발음을 나타낸다. 억(憶)과 구(俱)의 반절음이다.[趂, 避也. 從辵于聲. 憶俱切.]

圃.”【注】馬曰: “樹五穀曰‘稼’, 樹菜蔬曰‘圃’.” <u>樊遲</u>出, 子曰: “小人哉, <u>樊須</u>也! 上好禮, 則民莫敢不敬; 上好義, 則民莫敢不服; 上好信, 則民莫敢不用情.【注】孔曰: “‘情’, 情實也, 言民化於上, 各以實應.” 夫如是, 則四方之民, 襁負其子而至矣, 焉用稼?”【注】包曰: “禮義與信, 足以成德, 何用學稼以敎民乎? 負者以器曰‘襁’.”

번지(樊遲)가 농사짓는 법을 배우기를 청하자, 공자가 말했다. “나는 늙은 농부보다 못하다.” 채소 가꾸는 법을 배우기를 청하자, 공자가 말했다. “나는 늙은 원예사보다 못하다.”【주】마융이 말했다. “오곡(五穀)을 심어 가꾸는 것을 ‘가(稼)’라 하고, 채소(菜蔬)를 심어 가꾸는 것을 ‘포(圃)’라 한다.” 번지가 나가자, 공자가 말했다. “소인(小人)이구나, 번수(樊須)여! 윗사람이 예를 좋아하면 백성들은 감히 공경하지 아니함이 없고, 윗사람이 의를 좋아하면 백성들은 감히 복종하지 아니함이 없으며, 윗사람이 믿음을 좋아하면 백성들이 감히 실정대로 하지 않음이 없다.【주】공안국이 말했다. “‘정(情)’은 실정(實情)이니, 백성들이 윗사람의 교화에 감화되어 각각 실정대로 대응한다는 말이다.” 이와 같이 된다면 사방의 백성들이 자기 자식을 포대기에 싸서 업고 올 것인데, 농사짓는 법을 뭣에 쓰겠는가?”【주】포함이 말했다. “예(禮)와 의(義)와 신(信)을 좋아하면 덕(德)을 이루기에 충분하니, 어찌하여 농사짓는 법을 배워서 백성을 가르치려 하는가? 아이를 업는 자가 쓰는 기구를 ‘포대기[襁]’라고 한다.”

원문 正義曰: 『說文』云: “農, 耕也.” 今字作“農”, 隸變. 『漢書』「食貨志」, “辟土植穀曰農.” 當春秋時, 世卿持祿, 廢選擧之務, 賢者多不在位, 無所

得祿, 故樊遲請夫子學稼·學圃, 蓋諷子以隱也.

역문 정의에서 말한다.

『설문해자』에 "농(農)은 밭을 간다[耕는 뜻이다.]"[40]라고 했는데, 지금 글자가 "농(農)"으로 된 것은 예서(隸書)로 변한 글씨체이다. 『전한서』 「식화지(食貨志)」에 "토지를 개간해서 곡식을 심는 것을 농(農)이라 한다."라고 했다. 춘추시대를 당해 대대로 세습한 경[世卿]은 하는 일 없이 녹봉만 유지하고, 인재를 가려서 등용하는 일이 폐지되어 현자(賢者)들이 대부분 지위에 있지 못해서 봉록을 얻을 곳이 없었기 때문에 번지가 공자에게 농사짓는 법과 채소 가꾸는 법을 배우기를 청한 것이니, 아마도 공자에게 은근히 은거할 것을 간한 것인 듯싶다.

원문 『書』「無逸」云: "知稼穡艱難, 則知小人之依." 又云: "舊爲小人, 爰曁小人." 是小人卽老農·老圃之稱. 『孟子』「滕文公篇」"有大人之事, 有小人之事." 與此同也.

역문 『서경』「무일(無逸)」에 "농사일의 어려움을 알고 나서야 소인이 의지하는 바를 알게 될 것이다."라고 했고, 또 "옛날에는 소인이었으므로 이에 소인들과 함께 행동했다."라고 했는데, 이때의 소인은 바로 늙은 농부[老農]와 늙은 원예사[老圃]를 일컬은 것이다. 『맹자』「등문공상」에서 "대인의 일이 있고 소인의 일이 있다."라고 한 것도 이 글과 같은 뜻이다.

---

40 『설문해자』 권3: 농(農)은 밭을 간다[耕는 뜻이다. 신(晨)으로 구성되었고 신(囟)이 발음을 나타낸다. 농(農)은 농(農)의 주문(籒文)인데 임(林)으로 구성되었다. 농(农)은 농(農)의 고문이다. 농(莀)은 또 농(農)의 고문이다. 노(奴)와 동(冬)의 반절음이다.[農, 耕也. 從晨囟聲. 農, 籒文農從林. 农, 古文農. 莀, 亦古文農. 奴冬切.] 『논어정의』에는 "耕人"으로 되어 있는 것을 『설문해자』를 근거로 "耕"으로 고쳤다.

원문 古者四民各有恒業, 非可見異而遷. 若士之爲學, 則由成己以及成物, "己欲立而立人, 己欲達而達人." 但當志於大人之事, 而行義達道, 以禮‧義‧信自治其身, 而民亦向化而至, 安用此學稼‧圃之事, 徒潔身而廢義哉? 『孝經』曰: "君子言思可道, 行思可樂, 德義可尊, 作事可法, 容止可觀, 進退可度, 以臨其民. 是以其民畏而愛之, 則而象之. 故能成其德敎, 而行其政令." 是"上好禮, 則民咸知敬"也.

역문 옛날에 사민(四民)들은 각기 일정한 생업이 있었으니, 다른 것을 보고 옮길 수 있는 것이 아니었다. 사가 학문을 하는 것으로 말할 것 같으면 자기를 완성시킴으로 말미암아 남을 완성시켜 줌에 이르는 것이고[41] "자기가 서고자 하면 남을 서게 하고, 자기가 통달하고자 하면 남을 통달하게 하는 것"[42]이다. 그러나 마땅히 대인의 일에 뜻을 두고 의를 행하여 도를 달성하고, 예(禮)와 의(義)와 신(信)으로써 스스로 자기 자신을 다스려야 백성들 역시 교화를 향해 이르게 되니, 어찌 이러한 농사짓는 법이나 채소 가꾸는 일을 배워 한갓 자기 자신만 깨끗이 하면서 의를 폐하겠는가? 『효경』에 "군자는 말을 함에 도리에 맞을 것을 생각하고, 행동을 함에 즐거움을 줄 만한 일을 생각하며, 덕행과 도리는 존경받을 수 있고, 일을 함에 남의 본보기가 될 수 있으며, 용모와 행동거지는 우러러볼 수 있고, 들어가고 나아감에 남이 법도로 삼을 수 있게 해서 그 백성들에게 다가간다. 그런 까닭에 백성들은 그를 경외하면서도 사랑하고 준거로 삼아 본을 받는다. 그러므로 그가 하고자 하는 덕으로써 교화함을 이루고 정치와 교령을 시행할 수 있는 것이다."라고 했는데, 이것이

---

41 『중용(中庸)』 제25장: 성(誠)은 자신을 이룰 뿐만 아니라 남을 이루어 주는 것이다.[誠者, 非自成己而已也, 所以成物也.]

42 『논어』 「옹야(雍也)」.

"윗사람이 예를 좋아하면 백성들은 모두 공경할 줄 안다"라는 것이다.

원문 『荀子』「王霸篇」, "之所與爲之者之人, 則擧義士也; 之所以爲布陳於國家刑法者, 則擧義法也; 主之所極然帥群臣而首向之者, 則擧義志也. 如是, 則下仰上以義矣, 是綦定也." 是"上好義, 則民服"也.

역문 『순자』「왕패편(王霸篇)」에 "그가 더불어 함께해야 할 사람은 모두가 의로운 선비여야 하고, 국가에 반포하고 시행해야 할 형법은 모두가 의로운 법이어야 하며, 군주가 민첩하게 여러 신하를 거느리고 제일 먼저 향해야 할 것은 모두가 의로운 뜻이어야 한다. 이와 같이 하면 아랫사람들이 윗사람을 바라보기를 의로써 할 것이니, 이것이 근본[43]이 정해진 것이다."라고 했으니, 이것이 "윗사람이 의를 좋아하면 백성들이 복종한다"라는 것이다.

원문 「晉語」箕鄭曰, "信於君心, 則美惡不踰; 信於名, 則上下不干; 信於令, 則時無廢功; 信於事, 則民從事有業." 「禮運」曰: "故天不愛其道, 地不愛其寶, 人不愛其情. 則是無故. 先王能修禮以達義, 體信以達順故. 此順之實也." "愛"者隱也, 人不隱其情, 由於上能修禮體信. 是"上好信, 則民莫敢不用情"也.

역문 『국어』「진어(晉語)」에 기정(箕鄭)[44]이 말하길, "임금의 마음에 있어서 신의로 하면 아름다움과 추악함이 서로 타 넘지 않을 것이고, 명분에 있

---

43 "綦"는 양경(楊倞)의 「주」에, "기(綦)는 마땅히 기(基)가 되어야 하니, 근본[基本]이다.[綦, 當爲基, 基本也.]"라고 했다.

44 기정(箕鄭, ?~?): 춘추시대 진(晉)나라 대부. 진나라에 기근이 들어 군주가 기근 해결책을 기정에게 묻자, 기정이 백성들에게 신뢰받는 것의 중요함을 강조했다.

어서 신의로 하면 위와 아래가 서로 침범하지 않을 것이며, 정령에 있어서 신의로 하면 어느 때이건 성공을 폐함이 없을 것이고, 일에 있어서 신의로 하면 백성들이 일을 따르는 데에 차례[45]가 있게 될 것입니다."라고 했고, 『예기』「예운(禮運)」에 "그러므로 하늘은 그 도를 아끼지 않고 땅은 그 보배를 아끼지 않으며 사람은 그 정을 아끼지 않는다. 이것은 다른 까닭이 아니다. 선왕이 능히 예를 닦아서 의에 통달하고 신을 체득하여 순조로움[順]에 통달한 까닭이다. 이것이 순조로움[順]의 실효이다."라고 했는데, "아낀다[愛]"라는 것은 숨긴다[隱]는 뜻이니, 그 정을 숨기지 않는 것은 위에서 예를 닦고 신을 체득할 수 있는 데서 말미암는다. 이것이 "윗사람이 믿음을 좋아하면 백성들이 감히 실정대로 하지 않음이 없다."라는 것이다.

원문 皇本"請學爲圃"下有"子"字. "襁負", 『釋文』云: "襁, 居丈反, 又作繦, 同." 張參『五經文字』曰: "作繦非. 段氏玉裁『說文注』云: 『五經文字』非也, '古繈·緥字從系, 不從衣.' 『說文』'繦'字, 乃淺人妄增."

역문 황간본에는 "청학위포(請學爲圃)" 아래 "자(子)" 자가 있다. "강부(襁負)"는 『경전석문』에 "강(襁)은 거(居)와 장(丈)의 반절음인데, 또 강(繦)으로 되어 있는 것도 같은 뜻이다."라고 했는데, 장삼(張參)의 『오경문자(五經文字)』에 "강(繦)으로 된 것은 틀린 것이다."라고 했고, 단옥재의 『설문해자주(說文解字注)』에 『오경문자』가 틀렸으니, '옛날의 강(繈)과 보(緥) 자는 계(系)로 구성되었지, 의(衣)로 구성되지 않았다.'라고 했으니, 『설문해자』의 '강(襁)' 자는 바로 천박한 사람들이 망령되게 불러 놓은 것이

---

45 『국어(國語)』「진어(晉語)」 위소(韋昭)의 「주」에 "업(業)은 차례[次]와 같다.[業, 猶次也.]"라고 했다.

다."라고 했다.

- 「注」, "樹五穀曰稼, 樹菜蔬曰圃."
- 正義曰: "樹"與"尌"同, 謂種植也. "五穀", 禾‧黍‧稷‧稻‧麥也. 『詩』「伐檀」「傳」, "種之曰稼."『周官』「司稼」「注」, "種穀曰稼." 是凡樹穀曰稼也.『說文』, "圃, 所以種菜曰圃."『周官』「大宰」"九職", "二曰園圃, 毓草木."「注」, "樹果蓏曰圃." 蓏兼有菜蔬.『禮記』「射義」「注」云: "樹菜蔬曰圃." 與此訓同.

○ 「주」의 "오곡(五穀)을 심어 가꾸는 것을 '가(稼)'라 하고, 채소(菜蔬)를 심어 가꾸는 것을 '포(圃)'라 한다."

○ 정의에서 말한다.

"수(樹)"는 "수(尌)"와 같은 글자이니, 씨를 뿌리고 심는다는 말이다. "오곡(五穀)"은 찰벼[禾]‧기장[黍]‧피[稷]‧벼[稻]‧보리[麥]이다.『시경』「벌단(伐檀)」의 「전(傳)」에 "씨를 뿌려서 심는 것을 가(稼)라 한다."라고 했고,『주례』「지관사도하(地官司徒下)‧사가(司稼)」의 「주」에 "곡식을 심는 것을 가(稼)라 한다."라고 했으니, 대부분의 곡식을 심고 가꾸는 것을 가(稼)라 한다.『설문해자』에 "포(圃)는 채소를 심는 것을 포(圃)라 한다."[46]라고 했다.『주례』「천관총재상(天官冢宰上)‧태재(大宰)」의 "구직[九職]"에 "둘째는 원포(園圃)이니, 채소와 나무를 기르게 한다."라고 했고, 「주」에 "과실수나 열매가 열리는 식물을 심고 가꾸는 것을 포(圃)라 한다."라고 했는데, 나(蓏)는 채소를 아우른다.『예기』「사의(射義)」의 「주」에 "채소를 심고 가꾸는 것을 포(圃)라 한다."라고 했으니, 여기의 뜻풀이와 같다.

- 「注」, "情, 情實也."

---

46 『설문해자』권6: 포(圃)는 채소를 심는 것을 포(圃)라 한다. 국(囗)으로 구성되었고 보(甫)가 발음을 나타낸다. 박(博)과 고(古)의 반절음이다.[圃, 種菜曰圃. 從囗甫聲. 博古切.]『설문해자주(說文解字注)』에 "포(圃)는 채소를 심는 것을 포(圃)라 하는데, '소이(所㠯)' 두 글자는 지금 보충한 것이다.[圃, 所㠯種菜曰圃, '所㠯'二字今補.]"라고 했다.

● 正義曰: 情者, 好惡之誠, 無所欺隱, 故曰情實. 下篇"如得其情", 亦謂所犯罪之實也.

○「주」의 "정(情)은 실정[情實]이다."

○ 정의에서 말한다.

정(情)이란 좋아함과 미워함이 성실해서 속이거나 숨김이 없기 때문에 실정[情實]이라고 한다. 아래「자장」에서 "만일 그 실정을 알았다면[如得其情]"이라고 한 것도 역시 죄를 범한 실정을 말하는 것이다.

●「注」, "禮義"至"曰襁".

● 正義曰:「注」以學稼·學圃爲因敎民, 是逆探下文爲此語, 殆未然也. "負者以器曰襁",「弟子傳」「集解」引作"負子之器曰襁", 皇「疏」引「注」亦作"負子". 又引李充曰: "負子以器", 則 "負者"乃"負子"之譌. 『說文』, '繈, 㭒類也.' 段「注」, "『呂覽』「明理篇」'道多繈緥', 高「注」, '繈, 褸格上繩也.' 又「直諫篇」「注」, '繈, 褸格繩.' 褸卽縷, 格卽絡, 織縷爲絡, 以負之於背, 其繩謂之繈. 高說最分明. 『博物志』云'織縷爲之, 廣八寸, 長二尺', 乃謂其絡, 未及其繩也."

○「주」의 "예의(禮義)"부터 "왈강(曰襁)"까지.

○ 정의에서 말한다.

「주」에서는 농사짓는 법을 배우는 것과 채소 가꾸는 법을 그것에 따라 백성을 가르치는 것이라고 여겼는데, 이는 아래 글을 거슬러 살펴보더라도 전혀 옳지 않은 것이다. "아이를 업는 자가 쓰는 기구를 '포대기[襁]'라고 한다."라고 했는데, 『사기』「중니제자열전(仲尼弟子列傳)」의 「집해(集解)」에 인용한 것에는 "자식을 업는 데 쓰는 기구를 '포대기[襁]'라 한다"라고 되어 있고, 황간의 「소」에서 인용한 「주」에도 "자식을 업다[負子]"로 되어 있다. 또 이충(李充)을 인용하면서 "자식을 업는 데 쓰는 기구[負子以器]"라고 했으니, 그렇다면 "부자(負者)"는 곧 "부자(負子)"가 잘못된 것이다. 『설문해자』에 "강(繈)은 거친 실마디[㭒類]이다."[47]라고 했는데, 단옥재의 「주」에 "『여람』「명리(明理)」에 '길거리에 강보(繈緥)에 싸여 버려진 아기가 많다'라고 했는데, 고유의 「주」에 '강(繈)은 누격(褸格) 위의 끈이다.'라고 했고, 또 「직

---

47 『설문해자』권13: 강(繈)은 거친 실마디[㭒類]이다. 사(糸)로 구성되었고 강(强)이 발음을 나타낸다. 거(居)와 양(兩)의 반절음이다.[繈, 㭒類也. 從糸强聲. 居兩切.]

간(直諫)」의 「주」에 '강(繦)은 누격(樓格)의 끈이다.'라고 했는데, 누(樓)는 바로 실오라기[縷]이고 격(格)은 바로 띠[絡]이니, 실을 짜서 띠를 만들어 등에 어린아이를 업는데, 그 끈을 강(繦)이라 한다. 고유의 설명이 가장 분명하다. 『박물지(博物志)』에 '실을 짜서 만드는데, 너비가 여덟 치이고 길이가 두 자이다'라고 했으니, 결국 그 띠[絡]를 말한 것이지, 그 누격의 끈[繩]을 언급하지 않았다.」라고 했다.

案, 顏師古『漢書』「宣紀」「注」, "繦, 卽今之小兒繦也." 李奇曰: "以繒布爲之." 李賢『後漢書』「淸河孝王慶傳」「注」, "以繒帛爲之." 皇「疏」云: "以竹爲之, 或云以布爲之. 今蠻夷猶以布帊裹兒負之背也." 皆各據所見言之. 小兒繦兼有絡繩, 蓋統名繦, 後起之義也. 『史記』「魯周公世家」, "成王少在强葆之中." 『索隱』曰: "强葆卽繦褓, 假借用之."

살펴보니, 안사고(顏師古)의 『전한서』「선제기(宣帝紀)」의 「주」에 "강(繦)은 바로 지금의 어린아이를 감싸는 포대기[繦]이다."라고 했고, 역시 『전한서』「선제기」의 「주」에 이기(李奇)[48]가 말하길, "비단과 베를 가지고 만든다."라고 했으며, 이현(李賢)의 『후한서』「청하효왕경전(淸河孝王慶傳)」의 「주」에 "비단으로 만든다."라고 했고, 황간의 『논어집해의소(論語集解義疏)』의 「소」에 "대나무를 가지고 만드는데, 혹자는 베를 가지고 만든다고 한다. 지금 만이(蠻夷)의 나라에서는 오히려 베를 가지고 어린아이를 싸서 등에 업는다."라고 했는데, 모두가 각각 본 것을 근거로 말한 것이다. 어린아이를 감는 것에는 띠[絡]와 누격의 끈[繩]이 아울러 있으니, 아마도 이것을 통틀어 포대기[繦]라고 부른 것은 후대에 생겨난 뜻인 듯싶다. 『사기』「노주공세가(魯周公世家)」에 "성왕(成王)은 어려서 아직 강보에 싸여 있었다.[成王少在强葆之中.]"라고 했는데, 『사기색은(史記索隱)』에 "강보(强葆)는 바로 강보(繦褓)이니, 가차해서 쓴 것이다."라고 했다.

---

48 이기(李奇, ?~?): 남양인(南陽人) 정도로만 알려져 있고, 그 외의 행적은 자세하지 않다.

13-5

子曰: "誦『詩』三百, 授之以政, 不達, 使於四方, 不能專對, 雖
多, 亦奚以爲?"【注】 "專", 猶獨也.

공자가 말했다. "『시경』 3백 편을 외우더라도 정치를 맡겼을 때
에 제대로 해내지 못하고, 사방에 사신으로 나가 혼자서 대처하
지 못한다면, 비록 많이 외운다 한들 뭣에 쓰겠는가?"【주】 "전(專)"
은 혼자[獨]와 같다.

원문 正義曰: "誦詩"者, 『周官』「大司樂」"以樂語敎國子, 興・道・諷・誦・
言・語", 「注」, "倍文曰諷, 以聲節之曰誦." 謂但以樂聲節之, 不用樂也. 『墨
子』「公孟篇」, "誦『詩』三百, 弦『詩』三百, 歌『詩』三百, 舞『詩』三百." 是
學『詩』有誦・弦・歌・舞之法. 此但及誦『詩』者, 主於口讀, 尋繹其義恉
也. 『毛詩』「序」云: "先王以是經夫婦, 成孝敬, 厚人倫, 美敎化, 移風俗."
是『詩』之理可通政事, 故宜達也.

역문 정의에서 말한다.

"시를 외다[誦詩]"

『주례』「춘관종백하・대사악(大司樂)」에 "음악과 가사로써 국자(國子)
를 가르치는데, 선한 물건으로 선한 일을 비유하고, 옛일을 말하여 지금
의 일을 풍자하며, 등을 돌리고 문장을 외고, 큰 소리로 창하며 절주를
맞추며, 화제(話題)를 꺼내 말하고, 답하여 서술하게 한다."라고 했는데,
「주」에 "등을 돌리고 문장을 외는 것을 풍(諷)이라 하고, 큰 소리로 창하
며 절주를 맞추는 것을 송(誦)이라 한다."라고 했으니, 다만 음악의 소리

를 가지고 절주를 맞출 뿐, 음악을 쓰지는 않는다는 말이다. 『묵자(墨子)』
「공맹(公孟)」에 "『시경』 3백 편을 외고, 『시경』 3백 편을 연주하며, 『시
경』 3백 편을 노래하고, 『시경』 3백 편을 춤춘다."라고 했으니, 이는
『시경』을 배움에 암송과 연주와 노래와 춤추는 방법이 있다는 것이다.
여기에서 다만 『시경』을 외는 것만 언급한 것은 입으로 읽고서 그 뜻을
연구하고 따지는 것을 위주로 한 것이다. 『모시(毛詩)』의 「서」에 "선왕
(先王)은 이 경전을 가지고 부부를 다스리고 효와 공경을 이루고 인륜을
후하게 하고 교화를 아름답게 하고 풍속을 바꾸었다."라고 했으니, 이
『시경』의 이치는 정사(政事)에 통할 수 있는 것이기 때문에, 마땅히 통달
해야만 하는 것이다.

원문 "使於四方能專對"者, 謂得『詩』溫柔敦厚之敎, 則能應對賓客也. 閻氏
若璩『釋地又續』, "專, 擅也, 卽『公羊傳』'聘禮, 大夫受命, 不受辭, 出竟有
可以安社稷·利國家者, 則專之可也.'" 案, 『漢書』「王莽傳」"選儒生能顓
對者", 「注」曰: "顓與專同, 專對, 謂應對無方, 能專其事." 「聘」「記」云:
"辭無常, 孫而說." 「注」云: "孫, 順也. 大夫使受命, 不受辭, 辭必順且說."
「疏」云: "謂受君命, 聘於隣國, 不受賓主對答之辭. 必不受辭者, 以其口
及, 則言辭無定准, 故不受之也." 此卽專對之義.

역문 "사방에 사신으로 나가 혼자서 대처할 수 있다"라는 것은, 『시경』의
온유하고 돈독하며 두터운 가르침을 터득하게 되면 빈객을 응대할 수
있다는 말이다. 염약거(閻若璩)의 『사서석지우속(四書釋地又續)』에 "전(專)
은 마음대로 한다[擅]는 뜻이니, 바로 『춘추공양전』 「장공(莊公)」 19년에
'빙례(聘禮)에 대부가 명만 받고 구체적인 지시 사항을 받지 않은 채 국
경 밖으로 나갔을 때, 사직을 이롭게 하고 국가를 이롭게 할 일이 있으
면 전권을 행사하는 것도 가능하다.'라고 하였다."라고 했다. 살펴보니,

『전한서』「왕망전(王莽錢)」에 "유생 가운데 혼자서 응대할 수 있는 자를 선발했다"라고 했는데, 「주」에 "전(顓)은 전(專)과 같은 뜻이니, 전대(專對)란 모든 방면으로 응대해서 그 일을 혼자서 처리할 수 있다는 말이다."라고 했다. 『의례』「빙례」의 「기」에 "사신(使臣)이 전대하는 말에는 일정하게 정해진 법식이 없고 질문에 따라 응대하여 말한다.[辭無常, 孫而說.]"라고 했는데, 「주」에 "손(孫)은 따른다[順]는 뜻이다. 대부가 사신을 갈 때에는 명령은 받지만 가서 할 말까지 받지는 않으니, 말은 반드시 질문에 따라 응대하고 또 말한다."라고 했고, 「소」에 "임금의 명령을 받고서 이웃 나라에 빙문을 갈 때 빈객과 주인이 대답할 말은 받지 않는다는 말이다. 반드시 사신으로 가서 할 말을 받지 않는 것은 그의 입김이 미치는 것은 언사에 정해진 법도가 없기 때문에 받지 않는 것이다."라고 했는데, 이것이 바로 혼자서 대처한다는 뜻이다.

원문 "孫而說", 亦所習於『詩』敎然也. 『韓詩外傳』, "齊景公使人於楚, 楚王與之上九重之臺, 顧使者曰: '齊有臺若此乎?' 使者曰: '吾君有治位之坐, 土階三等, 茅茨不翦, 樸椽不斲者, 猶以謂爲之者勞, 居之者泰, 吾君惡有臺若此者?' 使者可謂不辱君命, 其能專對矣." 此事正可擧證.

역문 "질문에 따라 응대하여 말한다[孫而說]"라는 것도 『시경』의 가르침을 익혀서 그런 것이다. 『한시외전』에 "제나라 경공이 사람을 시켜 초나라로 사신을 보내자 초왕(楚王)이 그와 더불어 구중궁궐의 누대에 올라 사자(使者)를 돌아보며 말했다. '제나라에도 이와 같은 누대가 있습니까?' 사자가 말했다. '우리 임금은 통치하는 자리가 있는데, 흙으로 섬돌을 세 칸 올렸고, 띠로 지붕을 얹으면서 가지런하게 자르지도 않았으며, 통나무로 서까래를 얹으면서 깎지도 않은 것인데도 오히려 그것을 만드는 자들이 고생하고 거기에 차지하고 있는 자들은 태평하다고 하는데, 우리 임금께서 어찌 이와 같은 누대를 소유할 수 있겠습니까?'라고 했으니, 이러한 사자는 임금의 명을 욕되게 하지 않고 능히 혼자서 잘 대처했다고 말할 수 있다."라고 했으니, 이 일이야말로 참으로 증거로 들 만하다.

원문 鄭「注」云: "誦習此道, 不能爲用, 雖多, 亦奚以爲也?" 案, "多"謂『詩』三百也. 黃氏式三『後案』以"多"指未刪之『詩』, 誤.

역문 정현의 「주」에 "이 도(道)를 외고 익히더라도 써먹지 못한다면, 비록 많이 외고 익힌들 또한 뭣에 쓰겠는가?"라고 했다. 살펴보니, "많다[多]"라는 것은 『시경』 3백 편을 말한다. 황식삼의 『논어후안』에는 "많음[多]"을 아직 산정하지 않은 『시』라고 했는데, 잘못이다.

- 「注」, "專, 猶獨也."
- 正義曰: 『左』「襄」十九年「傳」服「注」, "專, 獨也." 此常訓. 胡炳文『四書通』, "古者遣使, 有正有介, 正使不能達, 則介使助之, 如正使自能致辭, 不假衆介之助, 是謂能專對." 卽此"專"訓"獨"之義. 閻氏若璩『釋地又續』非之云: "果爾? 先王遣聘, 只使者一人足矣, 胡爲而從以上介及衆介耶? 蓋應對之事, 使者固多, 而上介ㆍ次介ㆍ末介, 亦非嘿無語者, 「聘禮」一篇可見."
- 「주」의 "전(專)은 혼자[獨]와 같다."
- 정의에서 말한다.
  『춘추좌씨전』「양공(襄公)」 19년 「전」 복건(服虔)의 「주」에 "전(專)은 혼자[獨]라는 뜻이다."라고 했는데, 이것이 일반적인 해석이다. 호병문의 『사서통』에 "옛날에 사신을 파견할 때, 정사(正使)가 있고 개사[介使: 부사(副使)]가 있으니, 정사가 제대로 대처하지 못하면 개사가 도와주고, 만일 정사가 스스로 말을 잘하여 여러 개사의 도움을 필요로 하지 않으면 이것을 혼자서 처리를 잘한다[專對]고 이른다."라고 했으니, 바로 이것이 "전(專)"을 "혼자[獨]"

라는 뜻으로 풀이한 것이다. 염약거는 『사서석지우속』에서 이것을 비난하면서 "과연 그럴까? 선왕이 빙문을 보낼 때 단지 사자 한 사람만으로도 충분한 것이라면, 어째서 상개(上介)와 뭇 부사(衆介)를 딸려 보냈겠는가? 대체로 응대하는 일은 사자에게는 진실로 많지만, 상개와 차개(次介)와 말개(末介) 역시 입 다물고 아무 말도 없는 자가 아니라는 것은 「빙례」 한 편에서도 알 수 있다."라고 했다.

13-6

子曰: "其身正, 不令而行; 其身不正, 雖令不從."【注】"令", 教令也.

공자가 말했다. "자기 자신이 바르면 명령하지 않아도 행해지고, 자기 자신이 바르지 않으면 비록 명령한다 하더라도 따르지 않는다."【주】"영(令)"은 교령(教令)이다.

원문 正義曰: 『漢書』「公孫弘傳」, "上古堯·舜之時, 不貴爵賞而民勸善, 不重刑罰而民不犯, 躬率以正而遇民信也. 末世貴爵厚賞而民不勸, 深刑重罰而奸不止, 其上不正, 遇民不信也." 『淮南子』「主術訓」, "是故有諸己不非諸人; 無諸己不求諸人, 所立於下者不廢於上; 所禁於民者不行於身. 所謂亡國, 非無君也, 無法也. 變法者, 非無法也; 有法者而不用, 與無法等. 是故人主之立法, 先自爲檢式儀表, 故令行於天下. 孔子曰云云. 故禁勝於身, 則令行於民矣." 「繆稱訓」, "無諸己, 求諸人, 古今未之聞也. 同言而民信, 信在言前也; 同令而民化, 誠在令外也. 聖人在上, 民遷而化, 情以先

之也. 動於上, 不應於下者, 情與令殊也."

역문 정의에서 말한다.

『전한서』「공손홍전(公孫弘傳)」에 "옛날 요(堯)·순시대에 관작과 상을 귀하게 여기지 않아도 백성들이 선을 권면[49]하고, 형벌을 무겁게 하지 않아도 백성들이 죄를 범하지 않았던 것은 군주가 몸소 올바름으로 솔선하고 백성들을 대우하기를 믿음으로 하였기 때문이었습니다. 말세(末世)에는 관작을 귀하게 내리고 상을 후하게 내려도 백성들이 권면하지 않고, 형벌을 각박하고 무겁게 내려도 간악함이 그치지 않는 것은 윗사람이 바르지 못하고 백성을 대우하기를 불신으로 하였기 때문이라고 합니다."라고 했고, 『회남자(淮南子)』「주술훈(主術訓)」에 "이런 까닭에 자신에게 있다고 하더라도 다른 이들에 대해 비난을 일삼지 않고, 자신에게 없다고 하더라도 남에게서 요구하지 않으며, 아래에서 세운 것을 위에서 폐하지 않고, 백성들에게 금지된 것을 자신에게 행하지 않는다. 이른 바 망한 나라란 군주가 없는 것이 아니라 법이 없는 것이고, 법을 변화시킨다는 것은 법이 없다는 것이 아니라 법이라는 것이 있는데도 제대로 적용되지 않아서 법이 없는 것과 같은 것이다. 이런 까닭에 군주는 법을 세움에 먼저 스스로 법을 검열하고 의표(儀表)가 되기 때문에 명령이 천하에 행해지는 것이다. 그러므로 공자도 말하길 그렇게 운운한 것이다.[50] 그러므로 금지하는 것이 자기 자신을 이기면 명령이 백성에게 행해질 것이다."라고 했다. 또 「무칭훈(繆稱訓)」에 "자신에게 없다고 해

---

49 『논어정의』에는 "觀"으로 되어 있다. 『전한서』 권58, 「공손홍복식아관전(公孫弘卜式兒寬傳)」을 근거로 고쳤다.

50 『회남자』「주술훈(主術訓)」에는 "孔子曰: '其身正, 不令而行; 其身不正, 雖令不從.'"이라고 하여 본문이 그대로 인용되었으나, 유보남이 인용하면서 "孔子曰云云"으로 생략한 것이다.

서 남에게서 요구한다는 것은 옛날이나 지금이나 아직 듣지 못했다. 말이 동일하매, 백성들이 믿는 것은 믿음이 말의 앞에 있기 때문이고, 명령이 동일하매, 백성들이 교화되는 것은 진실이 명령의 밖에 있기 때문이다. 성인이 위에 있으매, 백성들이 선으로 옮겨 가 교화되는 것은 실정을 가지고 솔선하기 때문이다. 위에서 움직이는데도 아래서 응하지 않는 것은 실정과 명령이 다르기 때문이다."라고 했다.

원문 『新序』「雜事」四, "唱而不和, 動而不隨, 中必有不全者矣. 夫不降席而匡天下者, 求之己也. 孔子曰云云. 先王之所以拱揖指揮, 而四海賓者, 誠德之治, 已形於外. 故『詩』曰'王猶允塞, 徐方旣來', 此之謂也." 諸文竝足發明此章之旨.

역문 『신서(新序)』「잡사(雜事)」 4에, "선창하는 데 화답하지 않고, 선동하는 데 따르지 않는다면 마음속에 반드시 온전하지 못한 것이 있기 때문일 것이다. 자리에서 내려오지 않고서도 천하를 바로잡는 것은 자기에게서 구하기 때문이다. 그러므로 공자도 말하길 그렇게 운운한 것이다.[51] 선왕이 공손한 자세로 공수(拱手)하고 읍(揖)하며 지휘(指揮)하면서 천하[四海]를 손님처럼 예우한 것은 성덕(誠德)의 다스림이 이미 밖으로 드러난 것이다. 그러므로 『시경』「대아(大雅)·상무(常武)」에 '왕(王)의 도(道)가 진실로 충실하니 서방(徐方)이 이미 와서 복종하도다.'라고 했으니, 이것을 이르는 것이다."라고 했는데, 여러 글이 모두 이 장의 취지를 충분히 발명하였다.

---

51 유향(劉向)의 『신서(新序)』「잡사(雜事)」 제4에도, 주 49)와 같이 『논어』의 본문이 그대로 인용되었으나, 유보남이 인용하면서 "孔子曰云云"으로 생략한 것이다.

- 「注」, "令, 敎令也."
- 正義曰:『說文』云: "令, 發號也."『鹽鐵論』「詔聖篇」, "令者, 敎也, 所以導民人."
○ 「주」의 "영(令)은 교령(敎令)이다."
○ 정의에서 말한다.
　　『설문해자』에 "영(令)은 호령을 내린대[發號]는 뜻이다."[52]라고 했고,『염철론(鹽鐵論)』「조성(詔聖)」에 "영(令)이란 교령[敎]이니, 인민을 인도하는 것이다."라고 했다.

13-7

子曰: "魯·衛之政, 兄弟也." 【注】 包曰: "魯, 周公之封; 衛, 康叔之封. 周公·康叔, 旣爲兄弟, 康叔睦於周公, 其國之政, 亦如兄弟."

공자가 말했다. "노나라와 위나라의 정치가 형제간이다." 【주】 포함이 말했다. "노나라는 주공(周公)이 봉해 받은 나라이고, 위나라는 강숙(康叔)이 봉해 받은 나라이다. 주공과 강숙은 이미 형제였고, 강숙은 주공과 화목했기 때문에 그 나라들의 정치도 형제처럼 비슷하였다."

원문 正義曰: 皇本無"也"字.

역문 정의에서 말한다.
　　황간본에는 "야(也)" 자가 없다.

---

52 『설문해자』 권9: 영(令)은 호령을 내린다[發號]는 뜻이다. 집(亼)과 절(卪)로 구성되었다. 역(力)과 정(正)의 반절음이다.[令, 發號也. 從亼卪. 力正切.]

- 「注」, "魯周"至"兄弟".
- 正義曰:『史記』「世家」, "周公旦者, 周武王弟也. 衛康叔名封, 周武王同母少弟也."『左』「定」六年「傳」, "公叔文子曰: '大姒之子, 惟周公・康叔爲相睦也.'" 是周公・康叔爲兄弟最睦也.

○「주」의 "노주(魯周)"부터 "형제(兄弟)"까지.

○ 정의에서 말한다.

『사기』「노주공세가」에 "주공 단(旦)은 주나라 무왕(武王)의 동생이다. 위 강숙은 이름이 봉(封)이고, 주나라 무왕과 같은 어머니에게서 태어난 동생이다."[53]라고 했고,『춘추좌씨전』「정공(定公)」 6년의 「전」에 "공숙 문자(公叔文子)가 말했다. '태사(大姒)의 아들 중에 오직 주공과 강숙만이 서로 화목했다.'"라고 했으니, 이것이 주공과 강숙이 형제 중에서 가장 화목했다는 것이다.

方氏觀旭『偶記』, "包「注」不就衰亂言. 案,『左氏』「定」四年「傳」, '皆啓以商政.'「注」, '皆, 魯・衛也.' 又夫子嘗言'魯一變至於道', 而五至衛國, 則有'三年有成'之語. 又論子賤而以魯爲多君子, 與季札稱'衛多君子', 辭若一轍. 齊 大陸子方曰: '何以見魯・衛之士?' 竝見二國之政俗, 末世猶賢於他國. 更證之『漢書』「馮奉世傳」人歌立與野王, 曰: '大馮君・小馮君, 兄弟繼踵相因循, 聰明賢知惠吏民, 政如魯・衛德化均. 周公・康叔猶二君.' '政如魯・衛'二句, 正用『魯論語』, 漢世之解如此." 今案, 方說深得經「注」之意. 朱子『集注』就衰世言, 則語涉詼謔, 非其理矣.

방관욱(方觀旭)의『논어우기(論語偶記)』에 "포함의 「주」는 쇠란(衰亂)의 입장에서 말하지 않았다. 살펴보니,『춘추좌씨전』「정공」 4년의 「전」에 '모두 상(商)나라 정치제도로써 백성을 개도했다.[皆啓以商政.]'라고 했는데,「주」에 '모두[皆]란 노나라와 위나라이다.'라고 했고, 또 공자는 일찍이 '노나라가 한 번 변하면 도(道)에 이른다.'[54]라고 하면서 다섯 번이나 위나라에 갔으니, '3년이라야 성공함이 있을 것'[55]이라는 말을 했던 것이다. 또 자천(子賤)을

---

53 "衛康叔"부터 "少弟也"까지는『사기(史記)』「위강숙세가(衛康叔世家)」의 글이다.

54 『논어』「옹야」.

55 『논어』「자로」.

논하면서 노나라에 군자가 많다고 여겼고,[56] 계찰(季札)과 함께 '위나라에 군자가 많음'[57]을 칭하였는데, 말이 하나의 궤적처럼 똑같다. 제나라의 대륙자방(大陸子方)이 '무슨 낯으로 노나라와 위나라의 인사(人士)들을 볼 수 있겠습니까?'[58]라고 했으니, 모두 노와 위 두 나라의 정치 풍속이 말세에 오히려 다른 나라보다 현명했음을 보여 준다. 더욱이 『전한서』「풍봉세전(馮奉世傳)」에서 사람들이 풍립(馮立)[59]과 풍야왕(馮野王)[60]을 노래한 것에서 증명해 보

---

56 『논어』「공야장(公冶長)」: 공자가 자천(自賤)을 평하였다. "군자로구나, 이 사람이여! 노나라에 군자가 없었다면 이 사람이 어디에서 이런 덕을 취했겠는가?"[子謂子賤. "君子哉若人! 魯無君子者, 斯焉取斯?"]

57 『춘추좌씨전』「양공」 29년.

58 『춘추좌씨전』「애공」 14년: 성자(成子)가 대륙자방[大陸子方: 동곽고(東郭賈)]을 죽이려 하자 진역(陳逆)이 요청하여 그를 사면시켰다. 자방이 제 간공(齊簡公)의 명을 핑계로 도중에서 행인의 수레를 탈취하여 타고서 내(邴)로 가니, 진씨의 무리가 거짓 핑계임을 알고서 동쪽으로 가게 하였다. 자방이 옹문(雍門)을 나오니 진표(陳豹)가 그에게 수레를 주었는데, 자방은 받지 않으며 말하기를, "진역은 나를 위해 사면을 청하고 진표는 나에게 수레를 주었으니, 이는 내가 진씨와 사사로이 교분을 맺었기 때문입니다. 자아(子我)를 섬기면서 그 원수와 사사로이 교분을 맺었으니, 무슨 낯으로 노나라와 위나라의 인사(人士)들을 볼 수 있겠습니까?"라고 하고서 동곽고는 위나라로 도망하였다.[成子將殺大陸子方, 陳逆請而免之. 以公命取車於道, 及邴, 衆知而東之. 出雍門, 陳豹與之車, 弗受曰: "逆爲余請, 豹與余車, 余有私焉. 事子我而有私於其讎, 何以見魯衛之士?" 東郭賈奔衛.]

59 풍립(馮立, ?~?): 전한 상당로[上黨潞, 산서성 장야시(長治市)] 사람. 자는 성경(聖卿)이고, 풍봉세(馮奉世)의 아들이다. 부음(父蔭)으로 낭(郞)이 되었다. 원제(元帝) 말에 왕의 장인으로 오원속국도위(五原屬國都尉)를 지냈고, 서하태수(西河太守)와 상군태수(上郡太守) 등을 역임했다. 가는 곳마다 치적(治積)을 거두었다. 가학인 『춘추』를 계승했다.

60 풍야왕(馮野王, ?~?): 전한 상당로 사람. 자는 군경(君卿)이고, 풍봉세의 아들이다. 부음으로 태자중서인(太子中庶人)이 된 뒤 우풍익(左馮翊), 농서태수(隴西太守) 등을 지냈다. 경사(京師)에서 위엄과 신뢰로 칭송을 받아 대홍려(大鴻臚)로 옮겼다. 원제(元帝) 때 어사대부(御史大夫)에 결원이 생겼는데 능력으로 그를 따를 사람이 없었고 여러 사람이 추천했지만, 여동생이 소의(昭儀)여서 황제 후궁의 친족을 기피해 임용되지 못했다. 이에 탄식하며 "다른 사람은 여자 덕분에 총애를 받아 귀해지는데, 우리 형제만 천해지는구나.[人以女寵貴 我兄弟獨以賤.]"라고 말했다. 성제(成帝)가 즉위하자 왕구(王舅)로 상군태수(上郡太守)로 나갔다가 병으로 사직하고 귀향했다. 경학박사(經學博士)에게 수업을 받아 『시경』에 통달했다.

면, '대풍군(大馮君)과 소풍군(小馮君)[61]은 형제가 뒤를 잇고 서로 따르고, 총명함과 현명한 지혜로 백성들에게 은혜를 베풀어, 정치는 노나라와 위나라처럼 덕화(德化)가 균등하였으니, 주공과 강숙 두 임금과 같았네.'라고 했는데, '정치가 노나라와 위나라 같았다.'라는 두 구절은 바로 『노논어(魯論語)』를 인용한 것이니, 한나라시대의 해석이 이와 같다."라고 했다. 이제 살펴보니, 방관욱의 설이 경전 「주」의 뜻을 깊이 이해하고 있다. 주자(朱子)의 『논어집주(論語集註)』는 쇠하고 혼란한 시대적 측면에서 말한 것이라서 말이 조롱하고 희롱한 듯한데, 그럴 리가 없다.

13-8

子謂衛公子荊. "善居室. 【注】王曰: "荊與蘧瑗·史鰌並爲君子." 始有, 曰: '苟合矣.' 少有, 曰: '苟完矣.' 富有, 曰: '苟美矣.'"

공자가 위나라의 공자 형(荊)을 평하였다. "집에 거처하면서 일 처리를 잘하였다. 【주】 왕숙이 말했다. "형(荊)과 거원(蘧瑗)과 사추(史鰌)가 모두 군자이다." 처음 부유해졌을 때에는 '참으로 예에 부합한다.'라고 하였고, 다소 부유해졌을 때에는 '참으로 기용(器用)이 완비되었다.'라고 하였으며, 부유하게 되었을 때에는 '참으로 꾸밈을 다했다.'라고 하였다."

---

61 대풍군(大馮君)과 소풍군(小馮君): 한(漢)나라 풍야왕과 풍립 형제가 연달아 상군태수가 되어 훌륭한 치적을 이루었으므로 백성들이 그들의 공을 기려 형인 풍야왕을 대풍군이라고 하고 동생인 풍립을 소풍군이라고 칭했다.

원문 正義曰: 云"衛公子荊"者, 金氏文淳『蛾術篇』謂"魯亦有公子荊, 哀公庶子. 見『左』「哀」二十五年「傳」. 故『論語』特加衛以別白之." 是也.

역문 정의에서 말한다.

"위나라 공자 형[衛公子荊]"이라고 말한 것은, 김문순(金文淳)[62]의 『아술편』에 "노나라에도 공자 형(公子荊)이 있는데, 애공의 서자(庶子)이다. 『춘추좌씨전』「애공」 25년의 「전」에 보인다. 그러므로 『논어』에서 특별히 위(衛) 자를 보태서 특별히 밝힌 것이다."라고 했는데, 옳다.

원문 "善居室"者, 皇「疏」云: "居其家能治, 不爲奢侈, 故曰'善'也.""有"者, 有財也.『列子』「說符篇」, "羨施氏之有." 張湛「注」, "有, 猶富也." 公子荊仕衛得祿, 終致富有. "苟"者, 誠也, 信也. "合"者, 言己合禮, 不以儉爲嫌也. "完"者, 器用完備也. "美"者, 盡飾也. 公子荊處衛富庶之時, 知國奢當示之以儉, 又深習驕盈之戒, 故言"苟合"·"苟完"·"苟美". 言其意已足, 無所復歎也.

역문 "선거실(善居室)"은 황간의 「소」에 "자기 집에 거처하면서 잘 다스려 사치를 하지 않았기 때문에 '잘했다'라고 한 것이다."라고 했다. "소유함[有]"이란 재물을 소유한다는 뜻이다. 『열자』「설부」에 "시씨(施氏)의 부유함을 부러워했다.[羨施氏之有.]"라고 했는데, 장담(張湛)[63]의 「주」에 "유(有)는 부유함[富]과 같다."라고 했다. 공자 형(公子荊)은 위나라에서 벼슬하여 봉록을 받아 끝내 부유함을 이루었다. "구(苟)"란 진실함[誠]이며 신

62　김문순(金文淳, ?~?): 미상.

63　장담(張湛, ?~?): 동진(東晋) 시기의 기공양생가(氣功養生家)로 자(字)는 처도(處度), 양생(養生)의 도(道)에 정통했다. 저서는 『양생요집(養生要集)』, 『열자주(列子注)』, 『충허지덕진경주(衝虛至德眞經注)』 등이 있다.

실함[信]이다. "합(合)"이란 자기가 예에 부합해서 검소함을 가지고는 혐의하지 않는다는 말이다. "완(完)"이란 기용(器用)이 완비되었다는 뜻이다. "미(美)"란 꾸밈을 다했다는 뜻이다. 공자 형(公子荊)은 위나라의 부자로 있던 때에 나라가 사치하면 마땅히 검소함을 보여 줘야 함[64]을 알았고, 또 교만하고 가득 찼을 때의 경계를 깊이 익혔기 때문에 "참으로 예에 부합한다[苟合]"·"참으로 기용이 완비되었다[苟完]"·"참으로 꾸밈을 다했다[苟美]"라고 한 것이니, 그가 생각하기에 이미 만족스러워서 다시 부족함이 없음을 말한 것이다.

- 「注」, "荊與蘧瑗·史鰌並爲君子."
- 正義曰:『左氏傳』, "吳公子札適衛, 說蘧瑗·史狗·史鰌·公子荊·公叔發·公子朝, 曰: '衛多君子, 未有患也.'" 此「注」所本.
- ○「주」의 "형(荊)과 거원(蘧瑗)과 사추(史鰌)가 모두 군자이다."
- ○ 정의에서 말한다.

  『춘추좌씨전』「양공」29년의 「전」에 "오나라 공자(公子) 계찰(季札)이 위나라에 가서 거원(蘧瑗)과 사구(史狗)와 사추(史鰌)와 공자 형(公子荊)과 공숙 발(公叔發)과 공자 조(公子朝)를 좋아하여 말하기를, '위나라에는 군자가 많으니 환난이 없을 것입니다.'라고 하였다."라고 했는데, 이를 왕숙의 「주」에서 근거로 하였다.

---

64 『예기』「단궁하(檀弓下)」: 나라가 사치하면 검약함을 보여야 한다.[國奢示之以儉.]

子適衛, 冉有僕. 【注】孔曰: "孔子之衛, 冉有御." 子曰: "庶矣哉!"
【注】孔曰: "'庶', 衆也, 言衛人衆多." 冉有曰: "旣庶矣, 又何加焉?"
曰: "富之." 曰: "旣富矣, 又何加焉?" 曰: "敎之."

공자가 위나라로 갈 때에 염유(冉有)가 수레를 몰았다. 【주】공안국
이 말했다. "공자가 위나라로 갈 때 염유가 수레를 몬 것이다." 공자가 말했다.
"많구나!" 【주】공안국이 말했다. "'서(庶)'는 많다[衆]는 뜻이니, 위나라의 인민이
많다는 말이다." 염유가 말했다. "이미 많으면 또 거기에 무엇을 더해
야 합니까?" 공자가 말했다. "부유하게 해 주어야 한다." 염유가
말했다. "이미 부유하게 되었으면 또 거기에 무엇을 더해야 합니
까?" 공자가 말했다. "가르쳐야 한다."

원문 正義曰: "冉有", 皇本作"冉子". 阮氏元『校勘記』, "『春秋繁露』「仁義法
篇」·『論衡』「問孔篇」·『風俗通義』「十反」卷, 竝作冉子." 『說苑』「建本
篇」, "子貢問爲政, 孔子曰: '富之. 旣富, 乃敎之也.'" 與此問答略同, 或傳
聞之異.

역문 정의에서 말한다.

"염유(冉有)"는 황간본에는 "염자(冉子)"로 되어 있다. 완원(阮元)의 『십
삼경주소교감기』에 "『춘추번로』「인의법」과 『논형』「문공편」과 『풍속
통의』「십반」에는 모두 염자(冉子)로 되어 있다."라고 했다. 『설원』「건
본」에 "자공(子貢)이 정치하는 것을 묻자 공자가 말했다. '부유하게 해
주어야 한다. 부유하게 되었거든 곧 가르쳐야 한다.'"라고 했는데, 여기

의 문답과 대략 같으니, 어쩌면 전해 듣는 과정에서 말이 서로 달라진 듯하다.

원문 孫氏奇逢『四書近指』, "漢荀悅云: '人不畏死, 不可懼以罪: 人不樂生, 不可勸以善. 故在上者, 先豊民財, 以定其志, 是謂養生. 禮敎榮辱, 以加君子, 化其情也; 桎梏鞭朴, 以加小人, 化其刑也. 若敎化之廢, 推中人而墜於小人之域, 敎化之行, 引中人而納於君子之塗, 是謂章化.'" 按悅此語, 與孔子富敎之說相發明.

역문 손기봉(孫奇逢)의 『사서근지』에 "한의 순열(荀悅)[65]이 말했다. '사람이 죽음을 두려워하지 않으면 죄를 가지고 겁을 줄 수 없고, 사람이 삶을 즐겁게 여기지 않으면 선을 가지고 권면할 수 없다. 그러므로 위에 있는 자는 먼저 백성들의 재산을 풍족하게 함으로써 그들의 뜻을 안정되게 갖도록 해야 되니 이것을 일러 양생(養生)이라 한다. 예교(禮敎)와 영욕(榮辱)을 군자에게 가해서 그들의 마음을 감화시키고, 질곡(桎梏)과 채찍을 소인에게 가해서 그들의 형벌[66]을 다스려 감화시켜야 한다. 만약 교

---

65 순열(荀悅, 148~209): 후한 말기 영천(潁川) 영음(潁陰) 사람. 자는 중예(仲豫)고, 순숙(荀淑)의 손자이다. 일족에 조부 순숙과 숙부 순상(荀爽), 종제(從弟) 순욱(荀彧) 등 저명한 사람이 많았다. 12살 때 『춘추』에 통했지만, 성장해서는 병약하여 세상에 나가기를 싫어했다. 성격은 침착하고 조용했으며, 저술하기를 좋아했다. 영제(靈帝) 때 병을 이유로 은거했다. 조조(曹操)의 부름을 받고 황문시랑(黃門侍郞)이 되어 헌제(獻帝)에게 강의를 했고, 비서감(秘書監)과 시중(侍中)에 올랐다. 때마침 조조가 실권을 잡고 후한 왕조가 쇠퇴하자, 인의를 바탕으로 하여 시폐(時弊)를 구제하려는 정책을 논한 『신감(申鑒)』5편을 저술했다. 헌제가 반고가 쓴 『전한서(前漢書)』가 문장이 번잡하고 이해하기 어렵다고 여겨 그에게 『춘추』와 같이 간편한 편년체로 고치라고 지시해 『한기(漢紀)』 30권을 편찬했다. "문장은 간략하지만 일은 상세하고 논변이 대개 적중했다.(詞約事詳 論辨多美.)"라는 평을 들었다. 그 밖의 저서에 『숭덕(崇德)』과 『정론(正論)』 등이 있다.

화가 폐지되면 중간 수준의 사람들을 몰아 소인의 지경으로 떨어뜨리게 되고, 교화가 행해지면 중간 수준의 사람을 이끌어 군자의 길로 들어서게 해 주니 이를 일러 장화(章化)라 한다.'"라고 했다. 순열(荀悅)의 이 말을 살펴보니, 공자의 부유하게 해 주고 가르쳐야 한다는 말과 서로 발명이 된다.

원문 今案, 『管子』「治國」云: "凡治國之道, 必先富民. 民富則易治也, 民貧則難治也. 奚以知其然也? 民富則安鄕重家. 安鄕重家, 則敬上畏罪; 敬上畏罪, 則易治也. 民貧則危鄕輕家. 危鄕輕家, 則敢陵上犯禁; 陵上犯禁, 則難治也." 亦言爲政宜先富民也.

역문 지금 살펴보니, 『관자』「치국」에 "무릇 나라를 다스리는 도리는 먼저 반드시 백성을 부유하게 해야 한다. 백성이 부유하면 다스리기 쉽지만, 백성이 가난하면 다스리기 어렵다. 어떻게 그렇다는 것을 아는가? 백성은 편안하면 고향을 편히 여기고 집안을 중시한다. 고향을 편히 여기고 집안을 중시하면 윗사람을 공경하고 죄를 두려워하며, 윗사람을 공경하고 죄를 두려워하면 다스리기 쉽다. 백성은 가난하면 고향을 위태롭게 여기고 집안을 경시한다. 고향을 위태롭게 여기고 집안을 경시하면 감히 윗사람을 능멸하고 금법을 범하며, 윗사람을 능멸하고 금법을 범하면 다스리기 어렵다."라고 했는데, 역시 정치를 함에 마땅히 먼저 백성을 부유하게 해야 함을 말한 것이다.

원문 『孟子』「梁惠王篇」, "是故明君制民之産, 必使仰足以事父母, 俯足以畜

---

66 『논어정의』에는 "形"으로 되어 있다. 『후한서(後漢書)』 권92, 「순열전(荀悅傳)」을 근거로 "刑"으로 바로잡았다.

妻子, 樂歲終身飽, 凶年免於死亡. 然後趨而之善, 故民之從之也輕."明富
民當制民之産, 民得恒産, 乃易敎也.

역문 『맹자』「양혜왕상」에 "그러므로 현명한 군주는 백성의 생업을 제정해
주되, 반드시 위로는 부모를 충분히 섬길 수 있고 아래로는 처자식을 충
분히 기를 수 있어서, 풍년에는 1년 내내 배부르고 흉년에는 죽음을 면
할 수 있게 해 줍니다. 그런 뒤에야 백성들을 몰아서 선(善)으로 나아가
게 하므로 백성들이 따르기가 쉬운 것입니다."라고 했으니, 백성을 부유
하게 하려면 마땅히 백성의 생업을 제정해 주어야 하니, 백성들이 일정
한 생업을 얻어야 쉽게 감화됨을 밝힌 것이다.

원문 『荀子』「大略篇」, "不富無以養民情, 不敎無以理民性. 故家五畝宅, 百
畝田, 務其業而勿奪其時, 所以富之也; 立大學, 設庠序, 修六禮, 明十敎,
所以道之也.『詩』曰: '飮之食之, 敎之誨之.' 王事具矣."

역문 『순자』「대략편」에 "부유하지 않으면 백성들의 뜻을 기를 수 없고, 가
르치지 않으면 백성들의 본성을 다스릴 수 없다. 그러므로 집집마다 다
섯 묘(畝)의 택지에 100묘의 밭을 주어 각자 농업에 힘쓰게 하고 그들이
농사짓는 때를 빼앗지 않는 것은 그들을 부유하게 해 주는 방법이고, 대
학(大學)을 세우고 학교[庠序]를 설치해 육례(六禮)를 닦게 하고 십교(十敎)
를 밝히는 것은 백성들을 인도 하는 방법이다. 『시경』에 '나를 마시게
해 주고 먹여 주며, 나를 가르치고 깨우쳐 준다.'[67]고 했으니, 왕의 일이
여기에 다 갖추어져 있는 것이다."라고 했다.

---

67 『시경』「소아 · 도인사지십(都人士之什) · 면만(綿蠻)」.

- 「注」, "孔子之衛, 冉有御."
- 正義曰:『說文』云: "僕, 給事者." 御車亦以給事, 故通稱僕.『周官』有"大僕"·"戎僕".
- 「주」의 "공자가 위나라로 갈 때 염유가 수레를 몬 것이다."
- 정의에서 말한다.

  『설문해자』에 "복(僕)은 시중꾼[給事者]이다."[68]라고 했는데, 수레를 모는 것 역시 시중을 드는 것이기 때문에 복(僕)으로 통칭한다.『주례』「하관사마상」에 "대복(大僕)"과 "융복(戎僕)"이라는 직책이 있다.

- 「注」, "庶, 衆也."
- 正義曰: "庶, 衆",『爾雅』「釋詁」文.『說文』, "庶, 屋下衆也."
- 「주」의 "서(庶)는 많다[衆]는 뜻이다."
- 정의에서 말한다.

  "서(庶)가 많다[衆]는 뜻"이라는 것은『이아』「석고」의 글이다.『설문해자』에 "서(庶)는 지붕 아래 있는 무리라는 뜻이다."[69]라고 했다.

13-10

子曰: "苟有用我者, 期月而已可也, 三年有成." 【注】 孔曰: "言誠

---

68 『설문해자』권3: 복(僕)은 시중꾼[給事者]이다. 인(人)으로 구성되었고 복(菐)으로 구성되었는데, 복(菐)이 또한 발음을 나타낸다. 복(䑑)은 복(僕)의 고문인데, 신(臣)으로 구성되었다. 포(蒲)와 옥(沃)의 반절음이다.[僕, 給事者. 從人從菐, 菐亦聲. 䑑, 古文從臣. 蒲沃切.]
69 『설문해자』권9: 서(庶)는 지붕 아래 있는 무리라는 뜻이다. 엄(广)과 광(炗)으로 구성되었다. 광(炗)은 광(光) 자의 고문이다. 상(商)과 서(署)의 반절음이다.[庶, 屋下衆也. 從广炗. 炗, 古文光字. 商署切.]

有用我於政事者, 期月而可以行其政敎, 必三年乃有成功."

공자가 말했다. "진실로 나를 등용해 주는 자가 있다면 1년만 등용하더라도 괜찮을 것이니, 3년이면 이루어짐이 있을 것이다."
【주】 공안국이 말했다. "진실로 나를 정사(政事)에 등용하는 이가 있다면 1년이라도 정치와 교화를 행할 수 있지만, 반드시 3년이라야 성공함이 있다는 말이다."

원문 正義曰:『史記』「孔子世家」云: "靈公老, 怠於政, 不用孔子. 孔子喟然歎曰: '苟有用我者, 朞月而已, 三年有成.'" 是此語爲在居衛時, 故次於適衛章之後. 當春秋時, 魯・衛之政, 尙爲兄弟, 故夫子去魯後, 獨久居衛, 願治之也.

역문 정의에서 말한다.

『사기』「공자세가」에 "영공(靈公)이 늙고 정무에 게을러서 공자를 등용하지 않았다. 공자는 '아!' 하고 탄식하면서 '진실로 나를 등용하는 사람이 있다면 1년만이라도 괜찮을 것이니, 3년이면 이루어짐이 있을 것이다!'라고 했으니, 이 말은 위나라에 거처하고 있을 때 한 말이기 때문에, 적위장(適衛章)의 뒤에 둔 것이다. 춘추시대를 당하였지만 노나라와 위나라의 정치가 여전히 형제간이었기 때문에 공자는 노나라를 떠난 후에 유독 위나라에 오래 머물면서 그곳을 다스리기를 원했던 것이다.

원문 『說文』, "朞, 復其時也. 從禾其聲. 期, 會也. 從月其聲." 訓義略同. "會"者, 合也. "復其時", 仍合於此月也. 積月成年, 故周年謂之期年, 又謂之期月, 言十二月至此一合也. 『漢書』「食貨志」, "民三年耕, 則餘一年之畜.

衣食足而知榮辱, 廉讓生而爭訟息. 故三載考績. 孔子曰: '苟有用我者, 期月而已可也, 三年有成.' 成此功也." 然則 "三年有成", 兼有富敎之術. 故上章載夫子與冉有語, 備文見之. 凡善人王者, 不外此術也.

역문 『설문해자』에 "기(稘)는 때가 되돌아왔다는 뜻이다. 화(禾)로 구성되었고 기(其)가 발음을 나타낸다.[70] 기(期)는 모인다[會]는 뜻이다. 월(月)로 구성되었고 기(其)가 발음을 나타낸다.[71]"라고 했으니, 훈(訓)과 뜻이 대략 같다. "회(會)"는 모인다[合]는 뜻이다. "때가 되돌아옴[復其時]"은 그대로 이달에 모인다는 뜻이다. 달이 쌓여 1년을 이루기 때문에 1주년을 기년(期年)이라고 하고, 또 기월(期月)이라고 하는 것이니, 열두 달이 여기에 이르러 한 번 모인다는 말이다. 『전한서』「식화지」에 "백성이 3년 동안 농사를 지으면 1년 동안의 저축을 남기게 된다. 의식이 풍족하고 영욕(榮辱)을 알며, 염치와 겸양이 생겨나고 다툼과 송사가 그치게 된다. 그러므로 3년마다 한 번씩 공적을 평가하는 것이다. 공자가 말하길, '진실로 나를 등용해 주는 자가 있다면 1년만 등용하더라도 괜찮을 것이니, 3년이면 이루어짐이 있을 것이다.'라고 했는데, 이러한 공을 이룬다는 것이다."라고 했다. 그렇다면 "3년이면 이루어짐이 있을 것"이라는 것은 백성을 부유하게 하고 가르치는 방법을 아우른 것이다. 그러므로 앞 장에서 공자와 염유가 나눈 대화를 기재하고 문장을 갖추어 드러낸 것이다. 무릇 왕 노릇을 잘한다는 것은 이 방법에서 벗어나지 않는다.

---

70 『설문해자』권7: 기(稘)는 때가 되돌아왔다는 뜻이다. 화(禾)로 구성되었고 기(其)가 발음을 나타낸다. 『서경』「우서」에 "기(稘)는 360날이다."라고 했다. 거(居)와 지(之)의 반절음이다.[稘, 復其時也. 從禾其聲. 「虞書」曰: "稘三百有六旬." 居之切.]

71 『설문해자』권7: 기(期)는 모인다[會]는 뜻이다. 월(月)로 구성되었고 기(其)가 발음을 나타낸다. 기(朞)는 기(期)의 고문인데, 일(日)과 기(丌)로 구성되었다. 거(渠)와 지(之)의 반절음이다.[期, 會也. 從月其聲. 朞, 古文期從日丌. 渠之切.]

子曰: "'善人爲邦百年, 亦可以勝殘去殺矣.'【注】王曰: "'勝殘',
勝殘暴之人, 使不爲惡也, '去殺', 不用刑殺也." 誠哉, 是言也!"【注】孔
曰: "古有此言, 孔子信之."

공자가 말했다. "'선한 사람이 나라 다스리기를 백 년 동안 하면
잔인한 사람을 이기고 사형 제도를 없앨 수 있다.'라고 하니,
【주】 왕숙이 말했다. "'승잔(勝殘)'은 잔인하고 포악한[殘暴] 사람을 이겨서 악한 짓
을 하지 못하게 한다는 것이고, '거살(去殺)'은 사형 제도를 쓰지 않는다는 것이다."
진실하구나, 이 말이여!"【주】 공안국이 말했다. "옛날부터 이러한 말이 있었
는데, 공자가 이 말을 믿은 것이다."

원문 正義曰: 鄭「注」云: "善人居中, 不踐迹, 不入室也. 此人爲政, 不能早有
成功, 百年乃能無殘暴之人." 案, "居中"者, 對下"王者"言之. 上不及"王
者", 下不同時君, 故言"中"也.

역문 정의에서 말한다.

　　정현의 「주」에 "선인(善人)은 중간 수준을 자처해서 성인의 자취를 밟
지 않아 성인의 방에 들어가지 못한다. 이러한 사람이 정치를 하면 일찍
성공함이 있을 수 없고, 100년이라야 잔인하고 포악한 사람을 없앨 수
있다."라고 했다. 살펴보니, "중간수준을 자처함[居中]"이란 아래 경문(經
文)의 "왕도정치를 실행하는 자[王者]"를 상대해서 한 말이다. 위로 "왕도
정치를 실행하는 자[王者]"에 미치지 못하고, 아래로 같은 시기의 군주와
는 같지 않기 때문에 "중(中)"이라고 말한 것이다.

원문 上篇言"善人之道, 不踐迹, 亦不入於室", 此「注」本之. 而以"入室"喩"王者". 『漢書』「刑法志」, "孔子曰: '如有王者, 必世而後仁. 善人爲國百年, 可以勝殘去殺矣.' 言聖王承衰撥亂而起, 被民以德敎, 變而化之, 必世然後仁道成焉. 至於善人不入於室, 然猶百年勝殘去殺矣. 此爲國者之程式也." 竝謂善人旣未入室, 不能早有成功, 故必期之百年也.

역문 앞의 「선진」에 "선인의 도(道)는 성인의 자취를 밟지 않으면 또한 성인의 방에 들어가지 못한다"라고 했는데, 이 장의 「주」는 그것에 근거한 것이고, "방에 들어감[入室]"을 "왕도정치를 실행하는 자[王者]"에 비유했다. 『전한서』「형법지」에 "공자가 말하길, '만일 왕도정치를 실행하는 자[王者]가 있더라도 반드시 한 세대 이후에야 백성들이 인해질 것이다. 선한 사람이 나라 다스리기를 백 년 동안 하면 잔인한 사람을 이기고 사형 제도를 없앨 수 있다.'라고 했는데, 성왕(聖王)이 쇠퇴함을 이기고 혼란을 다스려 일어나 백성들에게 덕의 교화를 입혀 변화시키더라도 반드시 한 세대 이후에야 인(仁)의 도(道)가 이루어질 것이라는 말이다. 심지어 선한 사람은 성인의 방에 들어가지 않지만, 그래도 오히려 백 년이 지나야 잔인한 사람을 이기고 사형 제도를 없앨 수 있다. 이것이 나라를 다스리는 자의 표준이 되는 방식[程式]이다."라고 했는데, 모두 선한 사람은 이미 성인의 방에 들어가지 않아서 일찍 성공함이 있을 수 없기 때문에 반드시 백 년을 기약해야만 한다는 말이다.

- 「注」, "勝殘"至"殺也".
- 正義曰: 『說文』, "殘, 賊也." 『孟子』「梁惠王篇」, "賊義者謂之殘." 言善人爲邦百年, 殘暴之人不能盡絶, 但其政治足以勝之, 使不爲惡, 故亦不至用刑殺也. 殺是重刑, 言"去殺", 明諸輕刑未能免矣.

○ 「주」의 "승잔(勝殘)"부터 "살야(殺也)"까지.

○ 정의에서 말한다.

『설문해자』에 "잔(殘)은 해친대[賊]는 뜻이다."[72]라고 했고, 『맹자』「양혜왕하」에 "의(義)를 해치는 자를 잔(殘)이라 한다."라고 했으니, 선한 사람이 나라 다스리기를 백 년 동안 하더라도 잔인하고 포악한 사람을 다 끊어 버리지 못하고, 단지 그 정치는 충분히 그들을 이길 수 있어서, 악한 짓을 하지 못하게 할 수 있기 때문에 또한 사형 제도를 쓰는 데는 이르지 않는다는 말이다. 사형은 중형이므로, "사형 제도를 없앤대[去殺]"라고 말했지만, 분명 여러 가벼운 형벌은 면할 수 없을 것이다.

13-12

子曰: "如有王者, 必世而後仁." 【注】孔曰: "三十年曰'世'. 如有受命王者, 必三十年仁政乃成."

공자가 말했다. "만일 왕도정치를 실행하는 사람이 있더라도 반드시 한 세대 이후에야 인(仁)의 도(道)가 이루어진다." 【주】 공안국이 말했다. "30년을 '한 세대[世]'라 한다. 만일 천명(天命)을 받아 왕도정치를 실행하는 사람[王者]이 있다 하더라도 반드시 30년이 지나야 인정(仁政)이 이루어진다."

원문 正義曰: 臧·宋輯本鄭「注」云: "周自太王·王季·文王·武王, 賢聖相承四世." 又云: "周道至美, 武王伐紂, 至成王乃致太平, 由承殷紂敝化之

---

72 『설문해자』 권4: 잔(殘)은 해친다[賊]는 뜻이다. 알(歺)로 구성되었고 전(戔)이 발음을 나타낸다. 작(昨)과 간(干)의 반절음이다.[殘, 賊也. 從歺戔聲. 昨干切.]

後故也." 案,『御覽』四百十九引鄭此「注」又云: "聖人受命而王, 必父子相承, 而後天下之民能仁也." 鄭以周之王業, 肇基大王, 歷三世至武王, 受命而有天下. 武王承大亂之後, 勝殷未久而崩, 至成王六年, 乃制禮作樂, 功致太平. 由成王上溯大王, 多有歷年, 則以周承殷紂之後, 俗敝已久, 難可卒化, 與尋常受命而王, 其事勢有不同也. 云"必父子相承"者, 以三十年未必適當一君, 故兼父子計之.『荀子』「大略篇」, "文王誅四, 武王誅二, 周公卒業, 至成·康則案無誅已." 亦謂成王時, 民已能仁, 故無誅也.

역문 정의에서 말한다.

장용과 송상봉이 집본(輯本)한 정현의 「주」에 "주나라는 태왕(太王)·왕계(王季)·문왕(文王)·무왕(武王)으로부터 현성(賢聖)이 네 세대[四世]를 서로 계승했다."라고 했고, 또 "주나라의 도는 지극히 훌륭해서 무왕이 주(紂)를 정벌하고 성왕(成王)에 이르러 끝내 태평을 이루었으니, 은(殷)나라의 주(紂)가 교화를 무너뜨린 이후를 이어받음을 말미암은 까닭이다."라고 했다. 살펴보니,『태평어람』권490에 정현의 이 「주」를 인용해서 또 "성인이 천명을 받아 왕도정치를 실행하더라도 반드시 아버지와 자식이 서로 계승한 뒤라야 천하의 민중들이 인(仁)해질 수 있다."라고 했으니, 정현은 주나라의 왕업은 태왕이 기초를 처음 닦았고 세 세대를 지나 무왕에 이르러 천명을 받아 천하를 소유했다고 여긴 것이다. 무왕은 큰 난리의 뒤를 이었으나 은나라를 이긴 지 오래지 않아 죽었고, 성왕 6년에 이르러서야 이에 예를 제정하고 음악을 만들어 공이 이루어지고 태평해졌다. 성왕으로부터 태왕까지 거슬러 올라가면 지나온 햇수가 많으니, 그렇다면 주나라는 은나라 주(紂)의 뒤를 이었으므로 풍속이 무너진 지 이미 오래되어 마침내 교화하기 어렵게 되었으니, 일반적으로 천명을 받아 왕도정치를 시행하는 것과는 그 일의 형세가 같지 않음이 있는 것이다.

"반드시 아버지와 자식이 서로 계승해야 한다"라고 말한 것은, 30년이 반드시 한 명의 군주가 재위하는 기간으로 정당한 것은 아니기 때문에 아버지와 자식을 겸해서 계산한 것이다. 『순자』「대략편」에 "문왕은 네 사람을 처벌하고[73] 무왕은 두 사람을 처형했는데,[74] 주공이 왕업의 기초를 마치고 성왕과 강왕(康王)에 이르러서야 안정되어 처형하는 일이 없게 되었다."라고 했는데, 역시 성왕 때가 되어서야 민중들이 인해질 수 있었기 때문에 처형하는 일이 없게 되었다는 말이다.

원문 包氏愼言『溫故錄』, "『漢書』「食貨志」云: '三年耕則餘一年之畜, 衣食足而知榮辱, 廉讓興而爭訟息, 故三載考績. 三考黜陟, 餘三年食, 進業曰登. 再登曰平, 餘六年食. 三登曰太平, 二十七歲, 餘九年食. 然後以德化流洽, 禮樂成焉. 故曰"如有王者, 必世而後仁." 繇此道也.' 案, 依「志」言 '必世後仁', 蓋謂養而後敎. 食者, 民之本. 饑寒竝至, 雖堯·舜在上, 不能使民無寇盜; 貧富兼竝, 雖皐陶制法, 不能使强不凌弱. 故王者初起, 必先制田里, 敎樹畜, 使民家給人足, 然後以禮義化導之. 言'必世'者, 量民力之所能, 不迫切之也. 「刑法志」亦引此經解之云: '言王者乘衰撥亂而起, 被民以德敎, 變而化之, 必世然後仁道成焉.' 義亦略同." 案, 包說乃探原之論, 可補鄭義.

역문 포신언(包愼言)의 『논어온고록』에 "『전한서』「식화지」에 '백성이 3년 동안 농사를 지으면 1년 동안의 저축을 남기게 된다. 의식이 풍족하고 영욕(榮辱)을 알며, 염치와 겸양이 생겨나고 다툼과 송사가 그치게 된다. 그러므로 3년마다 한 번씩 공적을 평가하는 것이다. 세 번 상고하여 내

---

73 밀(密)과 완(阮)과 공(共)과 숭(崇)을 죽인 것을 가리킨다.
74 주(紂)와 달기(妲己)를 죽인 것을 가리킨다.

쫓거나 올려 주는 기간에 3년 동안의 먹을 것을 여분으로 두게 되어 농사의 공적을 진상하는 것을 등(登)이라 한다. 두 번 진상하는 것을 평(平)이라 하니, 6년 동안의 먹을 것을 여분으로 두게 된다. 세 번 진상하는 것을 태평(泰平)이라 하니 27년 동안 9년 동안의 먹을 것을 여분으로 남기게 된다. 그런 뒤에야 덕으로 다스리는 교화가 흡족하게 유포되어 예악이 이루어지는 것이다. 그러므로 "만일 왕도정치를 실행하는 사람이 있더라도 반드시 한 세대 이후에야 인(仁)의 도(道)가 이루어진다."라고 한 것이니, 이 도를 따른 것이다.'라고 했다. 살펴보니, 「식화지」에서 '반드시 한 세대 이후에야 인(仁)의 도(道)가 이루어진다'라고 한 것은 아마도 부양(扶養)한 뒤에 교화한다는 말인 듯싶다. 먹을 것은 민중의 근본이다. 굶주림과 추위가 한꺼번에 닥친다면 비록 요임금이나 순임금이 윗자리에 있다 하더라도 민중들로 하여금 도적질과 절도가 없게 할 수 없을 것이며, 가난함과 부유함이 아울러 존재하면 비록 고요(皐陶)가 법을 제정한다 하더라도 강포한 자로 하여금 약한 자를 능멸하지 않도록 할 수 없을 것이다. 그러므로 왕도정치를 시행하는 자[王者]는 처음 일어나면 반드시 먼저 토지와 주택을 제정하고 심고 기르는 법을 가르쳐 주어 민중으로 하여금 집집마다 넉넉하고 사람마다 풍족하게 해 준 뒤에 예와 의로써 교화하고 인도했던 것이다. '반드시 한 세대[必世]'라고 말한 것은 민중의 힘으로 할 수 있는 것을 헤아려 박절하게 하지 않는다는 말이다. 『전한서』「형법지」에도 이 경문을 인용해서 해석하기를, '성왕(聖王)이 쇠퇴함을 이기고 혼란을 다스려 일어나 백성들에게 덕의 교화를 입혀 변화시키더라도 반드시 한 세대 이후에야 인(仁)의 도(道)가 이루어질 것이라는 말이다.'라고 했으니, 뜻이 또한 대략 같다."라고 했다. 살펴보니, 포신언의 설명이 근원을 탐구한 이론으로 정현의 뜻을 보충할 수 있다.

- 「注」, "三十"至"乃成".

- 正義曰:『漢書』「平當傳」引此文解之云: "三十年之間, 道德和洽, 制禮興樂, 災害不生, 禍亂不作." 是世爲三十年也. "受命"者, 受天命也. "仁政乃成"者, 言民化於仁, 是上之仁政有成功也.

○ 「주」의 "삼십(三十)"부터 "내성(乃成)"까지.

○ 정의에서 말한다.

『전한서』「평당전」에 이 글을 인용하고 해석하기를, "30년 사이에 도와 덕이 조화롭고 넉넉하게 젖어들고 예를 제정하고 음악을 일으킴에 재앙이 생겨나지 않고 화란(禍亂)이 일어나지 않는다."라고 했으니, 이 세대가 30년이 된다는 것이다. "수명(受命)"이란 천명(天命)을 받는다는 뜻이다. "인정(仁政)이 이루어진다"라는 것은 민중이 인에 교화된다는 말이니, 윗사람의 인정(仁政)이 성공함이 있다는 뜻이다.

13-13

子曰: "苟正其身矣, 於從政乎何有? 不能正其身, 如正人何?"

공자가 말했다. "진실로 그 자신을 바르게 하면 정치에 종사함에 무슨 어려움이 있겠으며, 그 자신을 바르게 하지 못한다면 남을 바르게 함에 어쩔 수 있겠는가?"

원문 正義曰: "政"者, 正也, 言爲政當先正其身也. 皇「疏」云: "其身不正, 雖令不從, 故云'如正人何?'也."

역문 정의에서 말한다.

"정(政)"이란 바르게 한다는 뜻이니, 정치를 함에 마땅히 먼저 그 자신을 바르게 해야 한다는 말이다. 황간의 「소」에 "그 자신이 바르지 않으면 비록 명령하더라도 따르지 않기 때문에 '남을 바르게 함에 어쩔 수 있겠는가?'라고 한 것이다."라고 했다.

13-14

冉子退朝, 【注】 周曰: "謂罷朝於魯君." 子曰: "何晏也?" 對曰: "有政." 子曰: "其事也. 如有政, 雖不吾以, 吾其與聞之!" 【注】 馬曰: "政者, 有所改更匡正; '事'者, 凡行常事. '如有政', 非常之事, 我爲大夫, 雖不見任用, 必當與聞之."

염자(冉子)가 조정에서 물러 나오자, 【주】 주생렬이 말했다. "노나라 군주를 조회함을 마쳤다는 말이다." 공자가 말했다. "어찌 늦었느냐?" 염자가 대답했다. "정사가 있었기 때문입니다." 공자가 말했다. "그것은 대부 집안의 일[事]이었겠지. 만약 정사가 있었다면 비록 나를 써 주지 않았으나 내가 참여하여 들었을 게야!" 【주】 마융이 말했다. "'정(政)'이란 고쳐서 바로잡음이 있는 것이고, '사(事)'란 늘상 행하는 평범한 일이다. '만약 정사가 있었다[如有政]'라는 것은 예사롭지 않은 일이니, 나는 대부이므로 비록 임용되지 않았더라도 반드시 당연히 참여해 들었을 것이라는 말이다."

원문 正義曰: 冉子卽冉有. 稱"子"者, 著其爲師也. "晏"者, 『說文』云: "晏, 天清也." 此文訓日暮, 當是引申之義. 解者謂"晏"爲"旰"之叚借, 亦通.

역문 정의에서 말한다.

염자(冉子)는 바로 염유이다. "자(子)"를 칭한 까닭은 기록하는 자가 그가 스승임을 드러낸 것이다. "안(晏)"은 『설문해자』에 "안(晏)은 하늘이 맑다[天淸]는 뜻이다."[75]라고 했는데, 이 글에서는 날이 저물었다는 뜻으로 풀이했으니, 당연히 의미가 확대된 것이다. 해석가들 중에는 "안(晏)"을 "간(旰)"의 가차라고도 하는데 역시 통한다.

원문 毛氏奇齡『稽求篇』, "凡朝無晏退之禮, 晏則必問. 『國語』, '范文子暮退於朝. 武子曰: "何暮也?"' 與子問正同." 方氏觀旭『偶記』, "『禮』「玉藻」云: '揖私朝, 煇如也, 登車則有光矣.' 「注」, '揖其臣乃行.' 「玉藻」又云: '朝, 辨色始入.' 案, 先視私朝, 然後朝君, 猶當辨色之時, 則家臣之退, 自然宜蚤, 此子所以問冉有退朝之晏."

역문 모기령의 『논어계구편』에 "모든 조회에는 저물녘에 물러 나오는 예가 없으니, 늦었다면 반드시 묻는 것이다. 『국어』「진어」에 '범문자(范文子)가 저녁에 조정에서 퇴근하자, 무자(武子)가 말했다. "어찌 늦었느냐?"라고 했는데, 공자의 질문과 똑같다."라고 했고, 방관욱의 『논어우기』에 "『예기』「옥조」에 '대부가 자기 집의 사조(私朝)에서 그 가신들과 읍(揖)할 때에는 용모나 태도가 성대하고, 수레에 올라 임금의 조정에 갈 때는 그 용의에 광채가 있다.'라고 했는데, 「주」에 '그 가신들과 읍(揖)하고 나서 조정으로 가는 것이다.'라고 했고, 「옥조」에 또 '조회[朝]는 날이 새어 색이 구별될 무렵에 신하들이 처음 들어온다.'라고 했다. 살펴보니, 먼저 사조(私朝)에서 조회를 보고 그런 뒤에 임금에게 조회를 하는 것이니, 그래도 날이 새어 색이 구별될 무렵에 해당한다면 가신의 퇴

---

75 『설문해자』 권7: 안(晏)은 하늘이 맑다[天淸]는 뜻이다. 일(日)로 구성되었고 안(安)이 발음을 나타낸다. 오(烏)와 간(諫)의 반절음이다.[晏, 天淸也. 從日安聲. 烏諫切.]

근은 마땅히 이른 것이 자연스러우니, 이것이 공자가 염유에게 조정에서 물러 나옴이 늦은 까닭을 질문한 이유이다."라고 했다.

- 「注」, "周曰: '謂罷朝於魯君.'"
- 正義曰: 『釋文』云: "周生烈曰: '君之朝.'" 是此"周"爲周生也. 鄭「注」云: "朝於季氏之私朝." 與周生異.
- 「주」의 "주생렬이 말했다. '노나라 군주를 조회함을 마쳤다는 말이다.'"
- 정의에서 말한다.

『경전석문』에 "주생렬(周生烈)이 말했다. '군주를 조회한 것이다.'"라고 했으니, 여기의 "주(周)"는 주생렬이다. 정현의 「주」에는 "계씨(季氏)의 사조(私朝)에서 조회한 것이다."라고 했으니, 주생렬의 주와는 다르다.

方氏觀旭『偶記』, "案『左氏』「哀」十一年「傳」, '季孫使冉子從於朝, 俟於黨氏之溝.' 可見家臣從大夫之公朝, 僅得俟於朝中之地, 無朝魯君之事. 其朝於大夫之私朝者, 『左氏』「襄」三十年「傳」, '鄭伯有嗜酒, 朝至, 未已. 朝者曰: "公焉在?"」「魯語」, '公父文伯之母如季氏, 康子在其朝, 與之言, 弗應, 康子辭於朝而入.' 「注」云: '辭其家臣.' 是其證也. 從鄭說是."

방관욱의 『논어우기』에 "『춘추좌씨전』「애공」11년의 「전」을 살펴보니, '계손(季孫)이 염자(冉子)에게 자기를 따라 함께 조정으로 가서 당씨(黨氏)의 구(溝)라는 곳에서 기다리게 했다.'라고 했으니, 가신이 대부를 따라 공조(公朝)로 갈 때는 겨우 조정 안의 한 장소에서 기다릴 뿐이니, 노나라 군주를 조회한 일이 없었다는 것을 알 수 있다. 그는 대부의 사조(私朝)에서 조회를 했던 것이니, 『춘추좌씨전』「양공」30년의 「전」에 '정(鄭)나라 백유(伯有)가 술을 즐겨, 조회 때가 이르도록 그치지 않자, 조회하기 위해 온 가신들이 말했다. "공(公)은 어디에 계시는가?"라고 했고, 『국어』「노어」에 '공보문백(公父文伯)의 어머니가 계씨(季氏)의 집에 갔는데, 계강자(季康子)가 그의 외조(外朝)에 있다가 말을 올려도 응답하지 않자, 강자가 외조에서 사유를 말하고서 들어갔다.'라고 했는데, 「주」에 '그 가신들에게 말하고서 들어가 경강(敬姜)을 알현하였다는 말이다.'라고 했으니, 이것이 그 증거이다. 정현의 말을 따르는 것이 옳다."라고 했다.

陳氏鱣『古訓』謂"'其事', '其'字卽指<u>季氏</u>." 自餘若閻氏若璩・毛氏奇齡・宋氏翔鳳, 皆以鄭
「注」爲然. 「魯語」云: "自卿以下, 合官職於外朝, 合家事於內朝." 韋「注」, "外朝, 君之公朝
也; 內朝, 家朝也." 此<u>冉子</u>退朝, 卽是大夫內朝, 在正寢門外.

진전의 『논어고훈』에 "'기사(其事)'에서 '기(其)' 자는 바로 계씨(季氏)를 가리킨다."라고 했
다. 나머지 염약거・모기령・송상봉과 같은 경우는 모두 정현의 「주」를 옳다고 여긴다. 『국
어』 「노어」에 "경으로부터 이하는 관청의 일을 외조(外朝)에서 살피고, 대부 집안의 일은 내
조(內朝)에서 살핀다."라고 했는데, 위소(韋昭)의 「주」에 "외조(外朝)는 군주의 공조(公朝)
이고, 내조(內朝)는 대부 집안의 조정[家朝]이다."[76]라고 했으니, 여기에서 염자(冉子)가 조
정에서 물러 나왔다는 것은 바로 대부의 내조(內朝)로서 정침(正寢)의 문밖에 있다.

- 「注」, "政者"至"聞之".
- 正義曰: <u>馬</u>以政大事小, 而政亦是事, 故云"非常之事". 政旣非常之事, 故或有改更匡正, 當
  集衆卿大夫竝議之. 夫子反魯, 雖不見用, 然猶從大夫之後, 故云"我爲大夫, 當與聞之."『左』
  「哀」十一年「傳」, "<u>季氏</u>欲以田賦, 使<u>冉</u>有訪諸仲尼曰: '子爲國老, 待子而行.'" 是其證也. 鄭
  「注」云: "君之敎令爲政, 臣之敎令爲事也. 故云'其事也'." 與<u>馬</u>「注」異.

○ 「주」의 "정자(政者)"부터 "문지(聞之)"까지.

○ 정의에서 말한다.

  마융은 정치는 크고 일은 작다고 여겼지만 정치 역시 일이기 때문에, "예사롭지 않은 일[非常
  之事]"이라고 한 것이다. 정치는 이미 예사롭지 않은 일이기 때문에 혹 고쳐서 바로잡아야
  할 경우가 있으면 당연히 여러 경과 대부를 모아 함께 의논해야 하는 것이다. 공자가 노나라
  로 되돌아왔을 때 비록 등용되지는 않았지만 그래도 대부의 뒤를 좇았기 때문에 "나는 대부
  이므로 당연히 참여해서 들었을 것이다."라고 한 것이다. 『춘추좌씨전』 「애공」 11년의 「전」

『국어(國語)』 권5, 「노어하(魯語下)」의 위소(韋昭)의 「주」에는 "가(家)는 대부이니, 내조
  (內朝)는 대부 집안의 조정[家朝]이다.[家, 大夫也, 內朝, 家朝也.]"라고 되어 있다.

에 "계씨(季氏)가 전묘(田畝)의 많고 적음에 따라 토지세를 징수하고자 하여 염유를 보내어 중니(仲尼)를 방문하게 하면서 다음과 같이 말했다. '그대는 국가의 원로라서 그대의 대답을 기다려 일을 처리하려 한다.'"라고 했으니, 이것이 그 증거이다. 정현의「주」에 "군주의 교령(敎令)은 정치가 되고, 신하의 교령은 일이 된다. 그러므로 '그것은 대부 집안의 일[事]이었겠지.'라고 한 것이다."라고 했으니, 마융의「주」와는 다르다.

『左』「昭」二十五年「傳」, "爲政・事・庸・力・行・務, 以從四時." 杜「注」, "在君爲政, 在臣爲事." 是政・事各別.「魯語」所云"官職", 謂政也; 所云"家事", 謂事也. 但政・事對文異, 散文亦通. 故仲弓爲季氏宰"問政", 而『詩』亦言"王事", 是政・事不分別也.

『춘추좌씨전』「소공」25년의「전」에 "정치[政]와 일[事]과 백성의 직무[庸]와 정치의 직무[力]와 덕의 교화를 시행하는 것[行]과 시대의 요구에 힘쓰는 것[務]의 규정을 제정하되, 네 계절을 따라 맞게 한다."라고 했는데, 두예의「주」에 "군주에게는 정치[政]가 되고 신하에게는 일[事]이 된다."라고 했으니, 이때의 정치[政]와 일[事]은 각각 구별이 된다. 『국어』「노어」에서 말한 "관직(官職)"은 정치를 말하는 것이고, "가사(家事)"는 일을 말하는 것이다. 그러나 정(政)과 사(事)가 서로를 상대적 개념으로 파악하는 글자[對文]로 쓰일 때는 다르지만, 운율이나 음절의 수 등에 얽매이지 않고 자유롭게 쓴 글[散文]일 경우에는 역시 통용된다. 그러므로 중궁이 계씨(季氏)의 가신이 되었을 때 "정치를 물었다[問政]"라고 한 것이고,『시경』에서도 "왕의 일[王事]"이라고 하니, 이때는 정(政)과 사(事)를 구별하지 않은 것이다.

揆鄭之意, 當以政・事有公・私之別, 故夫子辨之, 亦正名・定分之意. 若以政大事小, 則無與於名分, 非其義矣.『魏書』「高閭傳」解此文云: "政者, 君上之所施行, 合於法度, 經國治民之屬皆謂之政. 臣下奉敎承旨, 作而行之謂之事." 此與鄭義又異. 然承奉君敎, 仍是君事, 於義非也.

정현의 의도를 헤아려 보면, 마땅히 정(政)과 사(事)는 공(公)과 사(私)의 구별이 있기 때문에 공자가 구별한 것이니, 역시 정명(正名)과 정분(定分)의 뜻이다. 만약 정치[政]는 크고, 일[事]는 작기 때문이라면 명분과는 아무런 상관이 없으니 뜻에 맞지 않는 것이다.『위서』「고려전」에는 이 글을 해석하면서 "정(政)이란 임금이 시행한 것이 법도에 합당한 것과 나라를

경영하고 백성을 다스리는 등속을 모두 정(政)이라 한다. 신하가 교령을 받들고 임금의 뜻을

받들어 집행하고 시행하는 것을 사(事)라 한다."라고 했으니, 이는 정현의 뜻과는 또 다르다.

그러나 군주의 교령을 받드는 것은 그대로가 군주의 일[事]이니, 뜻에 있어서는 잘못이다.

13-15

定公問. "一言而可以興邦', 有諸?" 孔子對曰: "言不可以若
是, 其幾也. 【注】王曰: "以其大要一言, 不能正興國. '幾', 近也, 有近一言
可以興國." 人之言曰: '爲君難, 爲臣不易.' 如知爲君之難也, 不
幾乎一言而興邦乎?" 【注】孔曰: "事不可以一言而成, 如知此, 則可近也."

정공(定公)이 물었다. "'한마디의 말로 나라를 일으킬 수 있다'라
고 하는데, 그러한 말이 있습니까?" 공자가 대답했다. "말이 그와
똑같을 수는 없지만, 그에 가까운 말은 있습니다." 【주】왕숙이 말했
다. "큰 요체가 되는 한마디의 말로써는 나라를 올바로 일으킬 수 없다는 말이다. '기
(幾)'는 가깝다[近]는 뜻이니, 나라를 일으킬 수 있는 데 가까운 한마디의 말이 있다는
뜻이다." 사람들이 하는 말에 '임금 노릇하기가 어려우며 신하 노릇
하기가 쉽지 않다.'라고 하는데, 만약 임금 노릇하기가 어렵다는
것을 안다면 한마디의 말로 나라를 일으키는데 가깝지 않겠습니
까?" 【주】공안국이 말했다. "일은 한마디의 말로써 이룰 수 없지만, 만일 이것을
안다면 한마디의 말로써 나라를 일으키는 데 가까울 수는 있다."

원문 正義曰: 皇本"如知爲君"下無"之"字. 『韓詩外傳』, "傳曰: 言爲王之不易

也. 大命之至, 其太宗·太史·太祝, 斯素服執策, 北面而弔乎天子曰: '大命旣至矣, 如之何憂之長也?' 授天子策一矣. 曰: '敬享以祭, 永主天命, 畏之無疆, 厥躬無敢寧.' 授天子策二矣. 曰: '敬之, 夙夜伊祝, 厥躬無怠. 萬民望之.' 授天子策三矣. 曰: '天子南面受於帝位, 以治爲憂, 未以位爲樂也.' 『詩』曰: '天難諶斯, 不易惟王.'"

역문 정의에서 말한다.

황간본에는 "여지위군(如知爲君)" 아래 "지(之)" 자가 없다. 『한시외전』에 "전해 오는 말에 '왕노릇 하기 쉽지 않다.'라고 한다. 대명(大命)이 이르자 그 태종(太宗)과 태사(太史)와 태축(太祝)이 이에 소복(素服) 차림에 대책(對策)을 가지고 북면(北面)하고서 천자를 위로하며 말하길, '대명(大命)이 이미 이르렀는데 어찌 오래토록 근심을 하십니까?'라고 하고 천자에게 첫 번째 대책을 주었다. 대책에 '경건히 제향을 올리고, 길이 천명을 주로 하며 끝없이 두려워해서 그 몸을 감히 편히 함이 없도록 하라.' 하였다. 천자에게 두 번째 대책을 주었다. 대책에 '경건히 하여 아침 일찍부터 밤늦도록 기도하여 그 몸이 나태함이 없도록 하라. 만민이 바라보고 있다.' 하였다. 천자에게 세 번째 대책을 주었다. 대책에 '천자는 남면(南面)하고 제위(帝位)를 받아 다스릴 것을 근심하고 제위를 즐거움으로 삼지 말라.' 하였다. 『시경』에서 말하였다. '하늘의 뜻 참으로 알기 어려우니, 오직 왕 노릇 하는 것이 쉽지 않네.'"라고 했다.

● 「注」, "以其"至"興國".

● 正義曰: "一言"只是大要, 不能正興國, 此釋"言不可以若是"之文也. "幾, 近", 『爾雅』「釋詁」文. 『易』"月幾望", 『詩』"維其幾矣", "幾"並訓近, 此謂有一言近於興國也. 王氏若虛『論語辨惑』, "其幾也'三字, 自爲一句. 一言得失, 何遽至於興喪? 然有近之者." 孟氏夢恂『四書辨疑』, "經文兩'其幾也', 皆三字爲句, 舊「注」文亦是作兩句說."

○ 「주」의 "이기(以其)"부터 "흥국(興國)"까지.

○ 정의에서 말한다.

"한마디의 말"은 단지 큰 요체일 뿐이지 바로 나라를 일으킬 수는 없으니, 이는 "말이 그와 똑같을 수는 없다"라는 글을 풀이한 것이다. "기(幾)는 가깝다[近]는 뜻"은 『이아』 「석고」의 글이다. 『주역』에 "달이 거의 보름이 되었다[月幾望]"라고 했고, 『시경』 「대아·첨앙」에 "그 시기가 가까웠다[維其幾矣]"라고 했는데, "기(幾)"는 모두 가깝다[近]는 뜻으로 풀이하니, 이는 나라를 일으키는 데 가까운 한마디의 말이 있다는 말이다. 왕약허(王若虛)[77]의 『논어변혹』에 "'기기야(其幾也)' 세 글자는, 그 자체로 한 구절이 된다. 말 한마디의 잘잘못으로 어찌 대번에 나라를 일으키고 잃는 지경에 이르겠는가? 하지만 거기에 가까운 것은 있다."라고 했고, 맹몽순(孟夢恂)[78] 『사서변의』에 "경문(經文)에 두 번의 '기기야(其幾也)'라고 한 것은 모두 세 글자가 한 구절이 되니, 옛 「주」의 글에서도 역시 두 구절이라고 말했다."라고 했다.

---

[77] 왕약허(王若虛, 1174~1243): 중국 금(金)나라 고성(藁城) 사람. 호는 용부(慵父) 또는 호남유로(滹南遺老)고, 자는 종지(從之). 장종(章宗) 영안(永安) 2년(1197) 경의진사(經義進士)가 되어 부주녹사(鄜州錄事)와 저작좌랑(著作佐郎), 평량부판관(平涼府判官)을 역임했고, 한림직학사(翰林直學士)까지 올랐다. 금나라가 망하자 은거한 채 저술에 전념했다. 시문(詩文)에 대해 논하면서 사달이순(辭達理順)을 주장하고 험괴조탁(險怪雕琢)하는 태도에 반대했다. 강서시파(江西詩派)를 비판하고 두보(杜甫)와 백거이(白居易), 소동파(蘇東坡)의 창작 태도를 높이 평가했다. 저서에 『호남유로집(滹南遺老集)』 45권과 『오경변혹(五經辨惑)』, 『용부집(慵夫集)』 등이 있다.

[78] 맹몽순(孟夢恂, 1283~1356): 중국 원(元)나라 태주(台州) 황암(黃巖) 사람. 자는 장문(長文)이고, 호는 삼벽(森碧). 양각(楊珏)과 진천서(陳天瑞)에게 배웠다. 경사(經史)를 깊이 연구했으며, 성리학에도 정통했다. 경학으로 천거되어 태주학록(台州學錄)을 지냈다. 순제(順帝) 지정(至正) 중에 등사랑(登仕郎)을 거쳐 상주로의흥주판관(常州路宜興州判官)에 올랐지만 부임하기 전에 죽었다. 시호는 강정선생(康靖先生)이다. 저서에 『사서변의(四書辨疑)』와 『성리본지(性理本旨)』, 『한당회요(漢唐會要)』, 『필해잡록(筆海雜錄)』 등이 있다.

曰: "'一言而喪邦', 有諸?" 孔子對曰: "言不可以若是, 其幾也.
人之言曰: '予無樂乎爲君, 唯其言而莫予違也.'【注】孔曰: "言
無樂於爲君, 所樂者, 唯樂其言而不見違." 如其善而莫之違也, 不亦善
乎? 如不善而莫之違也, 不幾乎一言而喪邦乎?"【注】孔曰: "人
君所言善, 無違之者, 則善也, 所言不善, 而無敢違之者, 則近一言而喪國."

정공이 말했다. "'한마디의 말로 나라를 잃을 수 있다'라고 하는
데, 그러한 말이 있습니까?" 공자가 대답했다. "말이 그와 똑같을
수는 없지만, 그에 가까운 말은 있습니다. 사람들이 하는 말에
'나는 임금 노릇 하는 것에는 즐거움이 없고, 오직 내가 하는 말
에 대하여 아무도 나를 어기지 않을 뿐이다.'라고 합니다. 【주】 공
안국이 말했다. "임금 노릇 하는 것에는 즐거움이 없고, 즐거운 것은 오직 내가 말을
하면 어기지 않는 것이라는 말이다." 만약 그 임금의 말이 선(善)해서 아
무도 그것을 어기지 않는다면 또한 좋지 않겠습니까? 만약 그 임
금의 말이 불선한데도 아무도 그것을 어기지 않는다면 한마디의
말로 나라를 잃는 데 가깝지 않겠습니까?"【주】 공안국이 말했다. "임
금이 한 말이 선(善)해서 그것을 어기는 자가 없다면 좋겠지만, 임금이 한 말이 불선
한데도 감히 그것을 어기는 자가 없다면 이 한마디 말로 나라를 잃는 데 가깝다."

원문 正義曰: "違"者, 背也, 言臣下不從君言, 有所違背也. 「周語」云: "故天
子聽政, 使公卿至於列士獻詩, 瞽獻典, 史獻書, 師箴, 瞍賦, 矇誦, 百工諫,
庶人傳語, 近臣盡規, 親戚補察, 瞽史敎誨, 耆艾修之, 而後王斟酌焉. 是
以事行而不悖." 是爲君冀有人諫諍, 不嫌有予違也. 「吳語」云: "申胥曰:

'今王播棄黎老, 而近孩童焉比謀. 曰: "餘令而不違." 夫不違, 乃違也, 夫不違, 亡之階也.'" 『韓非子』「外儲說」, "晉平公與群臣飮, 飮酣, 乃喟然歎曰: '莫樂爲人君, 惟其言而莫之違.' 師曠侍坐於前, 援琴撞之. 曰: '啞! 是非君人者之言也.'" 皆以言"莫予違"爲非也.

역문 정의에서 말한다.

"위(違)"는 등진다[背]는 뜻이니, 신하가 주군의 말을 따르지 않고 어기고 등짐[違背]이 있다는 말이다. 『국어』「주어」에 "그러므로 천자가 정치를 처리할 때 삼공(三公)과 구경(九卿)에서 열사(列士)[79]까지는 시(詩)를 바치게 하고, 소경 악사[瞽]는 음악을 바치게 하며, 외사(外史)[80]는 고대의 전적을 바치게 하고, 소사(小師)로서 악관[師]은 잠언(箴言)을 올리게 하며, 눈동자 없는 소경[矇]은 풍간(諷諫)하는 시를 낭송하게 하고, 눈동자 있는 소경[矇]은 잠언(箴言)을 외게 하며, 각종 수공예인[百工]은 간언(諫言)을 올리게 하고, 평민들은 거리의 여론을 남을 통하여 간접 전달하게 하며, 가까운 신하는 마음을 다해 규간(規諫)하게 하고, 왕의 종친과 인척은 돕고 감찰하게 하며, 소경인 악관의 우두머리[太師]와 태사(太史)는 음악과 예법으로 가르치게 하고, 연령이 높은 사부(師傅)는 수양하는 말을 하게 한 뒤에 왕이 이를 헤아려서 취사하고 시행합니다. 이러므로 모든 일이 잘 시행되어 사리에 어긋나지 않게 됩니다."라고 했는데, 이는 군주를 위해 누구든 간쟁을 해서 나를 어김이 있더라도 혐의하지 않기를

---

79   열사(列士): 상사(上士)・중사(中士)・하사(下士) 의 통칭.

80   외사(外史): 주나라 관직 중에 춘관(春官) 대종백(大宗伯)에 딸리어 외방(外方)의 지지(地誌)와 왕령의 선포를 관장하던 벼슬.(『주례(周禮)』「춘관종백상(春官宗伯上)・대종백(大宗伯)」.) 『국어(國語)』「주어상(周語上)」 위소의 「주」에 는 "사(史)는 외사(外史)이니, 주관(周官)의 외사(外史)는 고대 삼황(三皇)과 오제(五帝)의 전적을 관장한다.[史, 外史也, 周官外史, 掌三皇・五帝之書.]"라고 했다.

바라는 것이다.

『국어』「오어」에 "신서(申胥)[81]가 말했다. '지금 군왕(君王)께서는 노인을 내쳐 버리고 어린애들과 가까이 어울려 함께 국사를 도모하며 말씀하시기를, "내가 내린 명령을 너희들은 어기지 말라."라고 하시니, 이렇게 어기지 않는 것이 결국은 도의(道義)를 위배하는 것이니, 어기지 않는 것은 멸망으로 가는 계단입니다.'"라고 했고, 『한비자』「외저설」에 "진 평공(晉平公)이 여러 신하들과 술을 마시다가 술이 얼큰해지자 '아!' 하고 탄식하며 말하였다. '임금 노릇 하는 것 즐거울 것이 없고, 오직 내가 하는 말에 대하여 아무도 나를 어기지 않을 뿐이다.' 사광(師曠)[82]이 앞에서 모시고 앉아 있다가 거문고를 끌어당겨 타면서 말했다. '아! 이는 임금이란 자가 할 말이 아니다.'"라고 했는데, 모두 "아무도 나를 어김이 없

---

81 신서(申胥, ?~ 기원전 484): 춘추시대 초나라 사람인 오자서(伍子胥)이다. 오나라에 망명하여 살았다. 이름은 운원(국어사전 등)(員)이고, 자는 자서(子胥)다. 오나라의 대부를 지냈다. 초평왕(楚平王)이 소인의 참소(讒訴)를 듣고 오자서의 아버지 오사(伍奢)와 형 오상(伍尙)을 죄 없이 죽이자 오나라로 망명하여 장수가 되어 초나라를 쳤다. 초나라를 격파한 공으로 그는 신(申: 지금의 황포강黃浦江 하류 일대)에 봉해졌으며, 이로 인해 그를 신서(申胥)라고도 한다. 이미 평왕이 죽은 다음이라 묘를 파내어 시체를 매질하여 아버지와 형의 복수를 했다. 나중에 오나라로 하여금 패권을 잡게 했다. 그 뒤 오나라 왕 부차(夫差)가 서시(西施)의 미색에 빠져 정사를 게을리하고 오히려 간하던 오자서에게 칼을 주어 자살하게 했다. 오자서는 자살하면서 자기의 눈을 오나라 성의 동문(東門)에 걸어서 자기의 말을 듣지 않고 자기를 죽이는 오나라가 멸망하는 것을 보도록 하라는 유언을 남겼다. 그로부터 9년 뒤 월나라가 오나라를 멸망시켰다.

82 사광(師曠, ?~?): 춘추시대 진(晉)나라 사람. 자는 자야(子野)다. 진 평공(晉平公) 때 악사(樂師)를 지냈다. 전하는 말로 태어날 때부터 눈이 멀었는데, 음률(音律)을 잘 판별했고 소리로 길흉(吉凶)까지 점쳤다고 한다. 제나라가 진나라를 침공했는데, 새소리를 듣고 제나라 군대가 이미 후퇴한 것을 알아냈다. 평공이 큰 종을 주조했는데 모든 악공(樂工)들이 음률이 정확하다고 했지만 그만 그렇지 않다고 판단했다. 나중에 사연(師涓)이 이 사실을 확인했다. 『금경(禽經)』을 지었다고 전해진다.

다"라고 말하는 것을 잘못이라고 여긴 것이다.

원문 <u>黃氏式三</u>『後案』, "言'莫予違', 則讒諂所蔽, 禍患所伏, 而人莫之告. 自古喪國之禍, 多由於此, <u>陸敬輿</u>所謂'天下大慮, 在於下情不通', 所謂'忽於戒備, 逸於居安, 憚忠鯁之咈心, 甘諛詐之從欲, 不聞其失, 以致大失'也."

역문 황식삼의『논어후안』에 "'아무도 나를 어기지 않는다'라는 것은, 참소와 아첨에 가려지고 재앙과 근심에 엎어져 아무도 말하지 않는다는 말이다. 예로부터 나라를 잃는 재앙은 이를 말미암은 것이 많으니, 육경여(陸敬輿)[83]의 이른바 '천하의 큰 근심거리는 아랫사람들의 뜻이 통하지 못하는 데 있다.'[84]는 것과 이른바 '경계와 대비에 소홀하고 편안한 처지에서 나태하며, 충성과 굳은 절개를 꺼리는 어그러진 마음으로, 아첨과 거짓을 달게 여겨 욕심을 따르면서 그 잘못을 듣지 않아 큰 잘못을 이룬

---

83 육경여(陸敬輿, 754~805): 당나라 소주(蘇州) 가흥(嘉興) 사람인 육지(陸贄)로, 경여(敬輿)는 그의 자이다. 대종(代宗) 대력(大曆) 6년(771) 진사(進士)가 되고, 박학홍사과(博學鴻詞科)에 올랐다. 덕종(德宗)이 즉위하자 감찰어사(監察御史)에서 불러 한림학사(翰林學士)가 되었다. 건중(建中) 4년(783) 주차(朱泚)가 반란을 일으키자 덕종을 따라 봉천(奉天)으로 달아나 조서(詔書)를 지었는데, 문장이 간절하여 무부한졸(武夫悍卒)조차 읽고 눈물을 흘리며 감동하지 않는 사람이 없었다. 정원(貞元) 7년(791) 병부시랑(兵部侍郎)에 올랐다. 다음 해 중서시랑(中書侍郎)과 동문하평장사(同門下平章事)를 지냈다. 재상으로 있을 때 폐정(弊政)을 없애고, 가혹한 세금을 폐지했다. 10년(794) 겨울 호부시랑(戶部侍郎) 배연령(裵延齡)의 술책으로 재상직에서 파직되었다. 다음 해 충주별가(忠州別駕)로 쫓겨났다. 순종(順宗) 때 죽었고, 시호는 선(宣)이다. 재주가 남달랐으며, 민정(民情)을 몸소 살폈고, 성품이 강직했다. 문장 또한 배우(排偶)를 잘 활용해 유창했다. 저서에『육씨집험방(陸氏集驗方)』50권이 있고,『시문별집(詩文別集)』15권이 있었지만 전하지 않는다.『한원집(翰苑集)』등도 있다.

84 『한원집(翰苑集)』권13,「주초3(奏草三)·봉천청수대군신겸허령론사장(奉天請數對羣臣兼許令論事狀)」.

다.'⁸⁵는 것이다."라고 했다.

13-16

葉公問政. 子曰:"近者說, 遠者來."

섭공(葉公)이 정치에 대해 묻자, 공자가 말했다. "가까이 있는 자들을 기뻐하도록 해 주면 먼 곳에 있는 자들이 옵니다."

원문 正義曰:『釋文』, "葉, 舒涉反. 本今作葉." 盧氏『考證』以"葉"爲唐人避諱所改, 本今作"葉", 則宋人校語是也.

역문 정의에서 말한다.

『경전석문』에 "섭(葉)은 서(舒)와 섭(涉)의 반절음이다. 판본에 따라 지금은 섭(葉)으로 되어 있다."라고 했다. 노문초(盧文弨)의 『경전석문고증』에는 "섭(葉)"을 당대(唐代)의 사람이 피휘(避諱)해서 고친 것으로 판본에 따라 지금은 "섭(葉)"으로 되어 있다고 했으니, 그렇다면 송대(宋代)의 사람이 교정한 것이 맞다.

원문 『韓非子』「難篇」, "葉公子高問政於仲尼, 仲尼曰: '政在悅近而來遠.'" 又曰: "葉都大而國小, 民有背心, 故曰'政在悅近而來遠.'" 言使近民歡說, 則遠人來至也. 『墨子』「耕柱篇」, "葉公子高問政於仲尼曰: '善爲政者若

---

85 『한원집』권12, 「주초2(奏草二)・봉천론전소답주미시행장(奉天論前所答奏未施行狀)」.

之何?' 仲尼對曰: '善爲政者, 遠者近之, 而舊者新之.'" 語異義同.

역문 『한비자』「난」에 "섭공 자고(葉公子高)가 중니에게 정치에 대해 묻자 중니가 말했다. '정치는 가까이 있는 자들이 기뻐하고 먼 곳에 있는 자들이 오는 데 달려 있습니다.'"라고 했고, 또 "섭(葉) 땅은 서울은 크지만 나라가 작아 백성들이 등지려는 마음이 있기 때문에 '정치가 가까이 있는 자들이 기뻐하고 먼 곳에 있는 자들이 오는 데 달려 있다'라고 말한 것입니다."라고 했는데, 가까이 있는 백성들이 기뻐하도록 해 주면 먼 곳에 있는 자들이 와서 이르게 된다는 말이다. 『묵자』「경주」에 "섭공 자고(葉公子高)가 중니에게 정치에 대해 묻기를, '정치를 잘하는 자는 어떠합니까?'라고 하자, 중니가 대답했다. '정치를 잘하는 자는 멀리 있는 자를 가까이 오게 하고, 낡은 것을 새롭게 합니다.'"라고 했는데, 말이 다르지만 뜻은 같다.

원문 『管子』「版法解」, "凡衆者, 愛之則親, 利之則至." 又云: "愛施俱行, 則說君臣, 說朋友, 說兄弟, 說父子. 愛施所設, 四固不能守." 又云: "愛施之德, 雖行而無私. 內行不修, 則不能朝遠方之君. 是故正君臣・上下之義, 飾父子・兄弟・夫婦之義, 飾男女之別, 別疏數之差, 使君德臣忠, 父慈子孝, 兄愛弟敬, 禮義章明. 如此, 則近者親之, 遠者歸之."

역문 『관자』「판법해」에 "무릇 민중이란 사랑해 주면 친해지고, 이롭게 해 주면 다가온다."라고 했고, 또 "사랑과 이익이 모두 베풀어지면 군주와 신하를 기쁘게 하고, 벗을 기쁘게 하며, 형제를 기쁘게 하고, 부모와 자식을 기쁘게 한다. 사랑과 이익이 함께 베풀어지는 나라는 사방이 견고한 나라라도 막을 수 없다."라고 했고, 또 "민중을 사랑하고 이익을 베푸는 덕이 비록 시행되더라도 사사로움이 없어야 하니, 안으로는 시행하되 수신(修身)하지 않으면 먼 지방의 군주를 조회하러 오게 할 수 없다.

이런 까닭에 군신·상하의 의리를 바르게 하고, 부자·형제·부부의 의리를 다스리며, 남녀의 의리를 다스리고, 친소의 차이를 구별해야 군주는 덕이 있고 신하는 충성하며, 부모는 자식을 사랑하고 자식은 부모에게 효도하며, 형은 아우를 사랑하고 아우는 형을 공경하게 해서 예의가 밝게 빛나게 된다. 이와 같이 하면 가까이 있는 자들은 친해지고 먼 곳에 있는 자들은 돌아오게 된다."라고 했다.

13-17

子夏爲莒父宰, 問政, 【注】 鄭曰: "舊說云'莒父, 魯下邑.'" 子曰: "無欲速, 無見小利. 欲速, 則不達; 見小利, 則大事不成." 【注】 孔曰: "事不可以速成. 而欲其速, 則不達矣. 小利妨大, 則大事不成."

자하가 거보(莒父)의 읍재가 되어 정치에 대해 묻자, 【주】 정현이 말했다. "옛말에 이르길, '거보(莒父)는 노나라 시골의 작은 읍[下邑]이다.'라고 했다."

공자가 말했다. "속히 하려고 하지 말고, 조그만 이익을 보지 말아야 한다. 속히 하려고 하면 제대로 하지 못하고, 조그만 이익을 보면 큰일을 이루지 못한다." 【주】 공안국이 말했다. "속히 이룰 수 없는 일인데도 속히 이루려고 하면 달성하지 못할 것이다. 작은 이익은 큰일에 방해가 되니, 큰일을 이루지 못한다."

원문 正義曰: 『爾雅』 「釋詁」, "速, 急也." 此常訓. 『大戴禮』 「子張問入官篇」, "故君子蒞民, 不道以遠." 又云: "道以數年之業, 則民疾, 疾則辟矣." 「注」云: "使成數年之業, 則民困矣." 『荀子』 「致士篇」, "臨事接民而以義變應,

寬裕而多容, 恭敬以先之, 政之始也; 然後中和察斷以輔之, 政之隆也; 然後進退誅賞之, 政之終也. 故一年與之始, 三年與之終." 竝言爲政不可欲速也.

역문 정의에서 말한다.

『이아』「석고」에 "속(速)은 빠르다[急]는 뜻이다."라고 했는데, 이것이 일반적인 해석이다. 『대대례』「자장문입관」에 "그러므로 군자가 민중에게 임할 때는 먼 것을 가지고 말하지 않는다."라고 했고, 또 "여러 해의 사업을 가지고 이끌면 민중들은 골병이 들고 골병이 들면 피하게 될 것이다."라고 했는데,「주」에 "여러 해가 걸리는 사업을 속히 이루도록 다 그치면 백성들이 괴로워할 것이다."라고 했다. 『순자』「치사편」에 "정사(政事)에 임하고 백성을 대할 때는 도의(道義)로써 변화에 맞게 대응하고, 너그러움과 관대함으로 용납하고, 공손하고 경건한 자세로 솔선수범하는 것이 정치의 시작이다. 그런 다음에 중화(中和)로 관찰하고 결단하여 이것을 보충해 나가는 것이 정치의 융성이며, 그런 다음에 등용하고 물러나게 하며 상벌(賞罰)을 내리는 것이 정치(政治)의 끝이다. 그러므로 1년은 이러한 방법으로 정치를 시작하게 하고, 3년은 이러한 방법으로 정치를 마치게 하는 것이다."라고 했는데, 모두 정치를 함에 있어 속히 하고자 해서는 안 됨을 말한 것이다.

원문 "利"謂便國益民也. 爲政者見有大利, 必宜興行, 但不可見於小耳. 『大戴禮』「四代篇」, "好見小利妨於政." 『呂覽』「勸勳篇」, "利不可兩, 忠不可兼. 不去小利, 則大利不得; 不去小忠, 則大忠不至. 故小利, 大利之殘也; 小忠, 大忠之賊也." 竝與此文義相發.

역문 "이익[利]"은 나라를 편리하게 하고 민중을 유익하게 함을 이른다. 위정자는 큰 이익이 있는 것을 보고서 반드시 떨쳐 일어나 시행함이 마땅하나, 다만 작은 이익을 보아서는 안 될 뿐이다. 『대대례』「사대」에 "작은 이익을 보는 것을 좋아하면 정치에 해가 된다." 하였고, 『여람』「권훈」에 "이익은 양립할 수 없고 충성은 겸할 수 없다. 작은 이익을 없애지 않으면 큰 이익을 얻을 수 없고, 작은 충성을 제거하지 않으면 큰 충성이 이르지 않는다. 그러므로 작은 이익은 큰 이익을 해치는 것이고, 작은 충성은 큰 충성을 해치는 것이다."라고 했는데, 모두 이 글의 뜻과 서로 발명된다.

원문 『釋文』, "'毋欲', 音無, 本今作無." 皇本上字作"毋", 下字作"無".

역문 『경전석문』에 "'무욕(毋欲)'은 발음이 무(無)인데, 판본에 따라 지금은 무(無)로 되어 있다."라고 했다. 황간본에는 앞의 글자는 "무(毋)"로 되어 있고, 아래 글자는 "무(無)"로 되어 있다.

- 「注」, "舊說云'莒父, 魯下邑.'"
- 正義曰: 稱"舊說"者, 著所自也. 『春秋』「定公」十四年, "城莒父及霄." 杜「注」, "莒父, 魯邑. 公叛晉, 助范氏, 故懼而城二邑." 閻氏若璩『釋地』, "是時荀寅 · 士吉射據朝歌, 晉人圍之, 魯與齊 · 衛謀救之. 朝歌在魯正西, 將八百里. 則莒父屬魯之西鄙." 此亦據杜「注」約略言之. 其實杜氏備晉之說, 本屬臆測, 難爲據也.
- 「주」의 "옛말에 이르길, '거보(莒父)는 노나라 시골의 작은 읍[下邑]이다.'라고 했다."
- 정의에서 말한다.
  "구설(舊說)"이라고 일컬은 것은 유래한 곳을 밝힌 것이다. 『춘추』「정공」 14년에 "거보(莒父)와 소(霄)에 성을 쌓았다."라고 했는데, 두예의 「주」에 "거보(莒父)는 노나라의 읍(邑)이다. 정공은 진(晉)나라를 배반하고 범씨(范氏)를 도왔기 때문에 두려워서 두 읍에 성을 쌓은 것이다."라고 했다. 염약거의 『사서석지』에 "이때 순인(荀寅)[86]과 사길역(士吉射)[87]이 조가(朝歌)를 근거지로 해서 반란을 일으킴에 진인(晉人)이 포위하자, 노나라와 제나라와 위나라가 구원할 것을 도모했다. 조가는 노나라의 정서(正西) 쪽에 있는데, 8백 리를 차지하고 있다. 그렇다면 거보(莒父)는 노나라의 서쪽 시골에 속한다."라고 했는데 이 또한 두예의 「주」를 근거로 대략 말한 것이다. 그러나 사실 두씨(杜氏)의 말은 진(晉)나라의 침공을 대비한 말로서 본래는 억측(臆測)에 속하니 근거로 삼기는 어렵다.

<u>顧氏棟高</u>『春秋大事表』, "莒係以'父', 魯人語音, 如梁父・亢父・單父是也. 今爲<u>沂州府莒</u><u>州</u>地."『山東通志』云: "莒始封在萊州府高密縣東南, 乃莒子之都, 而子夏所宰之<u>莒父</u>也. 春秋時, 莒子遷於城陽. 漢始封劉章爲城陽王, 置莒縣, 卽今靑州府之<u>莒州</u>. <u>莒</u>父之邑, 蓋以<u>莒</u><u>子</u>始封得名耳." 案,『通志』與『大事表』異,『通志』較可據.

고동고(顧棟高)의『춘추대사표』에 "거(莒)에 '보(父)'를 연결한 것은, 노나라 사람들의 말투이니, 예를 들면 양보(梁父)나 항보(亢父)나 선보(單父)와 같은 것이 그것이다. 지금의 기주부(沂州府) 거주(莒州) 지역이다."라고 했다.『산동통지』에 "거(莒)는 봉토가 처음에 내주부(萊州府) 고밀현(高密縣) 동남쪽에 있었으므로 결국에는 거자(莒子)의 도읍이 되었으니, 자하가 읍재로 있던 거보(莒父)이다. 춘추시대에 거자(莒子)는 성양(城陽)으로 천도했다. 한나라 시대 때 처음으로 유장(劉章)[88]을 성양왕(城陽王)으로 봉하고 거현(莒縣)을 설치했으

---

86 순인(荀寅, ?~?): 중행문자(中行文子)로도 불린다. 춘추시대 진(晉)나라 사람. 순오지(荀吳之)의 아들이다. 경공(頃公) 때 하경(下卿)이 되어 중군(中軍)을 관할했다. 조앙(趙鞅)을 따라 여수(汝水)의 강가에 성을 쌓을 때 진나라 각 고을에 쇠를 부과하여 형정(刑鼎)을 주조했다. 정공 15년 범길역(范吉射)과 조앙을 정벌하여 진양(晉陽)에서 포위했다. 순력(荀躒) 등이 정공의 명을 받들어 순인과 범길역을 치자 조가(朝歌)로 달아났다. 20년 조앙이 조가를 포위하자 두 사람은 다시 한단(邯鄲)으로 달아났다. 다음 해 조앙이 한단을 포위하자 선우(鮮虞)로 달아났다가 백인(柏人)으로 들어갔다. 다음 해 진나라가 백인을 포위하자 제나라로 달아났다. 시호는 문(文)이다.

87 사길역(士吉射, ?~?): 중국 춘추시대 진(晉)나라의 장수이자 정치인. 성은 기(祁)이고 사(士)는 씨(氏)인데, 봉지(封地)를 상고해 보면 범씨(範氏)라고도 하고, 이름이 길역(吉射)이다. 시호가 소(昭)이므로 또 범소자(範昭子)라고도 부른다.

88 유장(劉章, ?~기원전 177): 전한의 종실(宗室). 한고조(漢高祖) 유방(劉邦)의 손자이고, 제도혜왕(齊悼惠王) 유비(劉肥)의 아들이다. 고후(高后) 때 주허후(朱虛侯)에 봉해지고, 여록(呂

니, 바로 지금의 청주부(靑州府) 거주(莒州)이다. 거보읍(莒父邑)은 아마도 거자(莒子)가 처음 봉해짐으로 인해 얻게 된 명칭일 뿐인 듯싶다."라고 했다. 살펴보니,『산동통지』와『춘추대사표』가 다른데,『산통통지』가 비교적 근거할 만하다.

13-18

葉公語孔子曰: "吾黨有直躬者, 【注】孔曰: "'直躬', 直身而行." 其父攘羊, 而子證之." 【注】周曰: "有因而盜曰'攘'." 孔子曰: "吾黨之直者異於是. 父爲子隱, 子爲父隱, 直在其中矣."

섭공이 공자에게 말했다. "우리 고을에 직궁(直躬)이라는 자가 있는데, 【주】 공안국이 말했다. "'직궁(直躬)'은 몸가짐을 정직하게 해서 행동함이다." 그의 아버지가 양을 훔치자 아들이 고해바쳤습니다." 【주】 주생렬이 말했다. "원인이 있어서 도둑질하는 것을 '양(攘)'이라 한다." 공자가 말했다. "우리 고을의 정직한 자는 그와 다릅니다. 아버지는 자식을 위하여 숨겨 주고 자식은 아버지를 위하여 숨겨 주니, 정직함은 그 가운데에 있습니다."

祿)의 딸을 아내로 맞았다. 유방의 비인 여태후(呂太后)가 정권을 천단할 때 연회가 열렸는데, 군법에 따라 술을 돌려 여씨 일족 가운데 한 사람이 술에 취했다. 술을 피해 달아나니 그가 쫓아가 죽였는데, 이때부터 여씨들이 그를 두려워했다. 여태후가 죽은 뒤 주발(周勃) 등과 함께 여씨 일족을 죽이고 유항(劉恒)을 맞아 문제(文帝)로 옹립했다. 성양왕(城陽王)에 봉해졌다. 시호는 경(景)이다.

원문 正義曰:『說文』云:"證, 告也."『韓非子』「五蠹篇」, "楚之有直躬, 其父竊羊而謁之吏, 令尹曰: '殺之.' 以爲直於君而屈於父, 執而罪之."『呂氏春秋』「當務篇」, "楚有直躬者, 其父竊羊而謁之上. 上執而將誅之, 直躬者請代之, 將誅矣, 告吏曰: '父竊羊而謁之, 不亦信乎? 父誅而代之, 不亦孝乎? 信且孝而誅之, 國將有不誅者乎?' 荊王聞之, 乃不誅也. 孔子聞之曰: '異哉, 直躬之爲信也! 一父而載取名焉.' 故直躬之信, 不若無信." 高誘「注」, "謁, 告也."

역문 정의에서 말한다.

『설문해자』에 "증(證)은 고자질[告]이라는 뜻이다."[89]라고 했다. 『한비자』「오두」에 "초나라의 직궁(直躬)이라는 자가 그 아버지가 양을 훔치자 관리에게 밀고를 하니, 영윤(令尹)이 '죽여라.'라고 했다. 임금에게는 정직하지만 아비에게는 옳지 않다는 취지로 판결해서 잡아서 그에게 벌을 준 것이다."라고 했고, 『여씨춘추』「당무」에 "초나라에 직궁(直躬)이라는 자가 있었는데 그 아버지가 양을 훔치자 왕에게 이를 일러바쳤다. 왕이 그 아비를 잡아서 죽이려 하자 직궁(直躬)이라는 자가 아비를 대신해서 자신을 죽여 달라고 청해서 장차 그를 죽이려 하자, 이번에는 관리에게 말하길, '아버지가 양을 훔쳐서 이를 신고했으니, 또한 신(信)이 아니겠습니까? 아버지가 죽게 되어서 자식으로서 그 죽음을 대신하겠다고 했으니 또한 효(孝)가 아니겠습니까? 진실하고도 효성스러운데도 죽인다면 나라에 장차 주살되지 않을 자가 있겠습니까?'라고 했다. 형왕(荊王)은 이 말을 듣고 결국에는 죽이지 않았다. 공자는 이 말을 듣고 '이상하구나, 직궁(直躬)이 진실을 행함이여! 하나의 아비이거늘 두 번씩이나 이

---

89 『설문해자』 권3: 증(證)은 알린다[告]는 뜻이다. 언(言)으로 구성되었고 등(登)이 발음을 나타낸다. 제(諸)와 응(應)의 반절음이다.[證, 告也. 從言登聲. 諸應切.]

름을 팔다니.'라고 했다. 따라서 직궁의 진실함이란 진실함이 없는 것과
같다."라고 했다. 고유의 「주」에 "알(讕)은 아뢰다[告]라는 뜻이다."라고
했다.

원문 宋氏翔鳳『過庭錄』, "兩書所記, 一誅一不誅, 異者. 蓋其始, 楚王不誅,
而躬以直聞於楚, 葉公聞孔子語, 故當其爲令尹而誅之." 案, 宋說是也. 鄭
此「注」云: "攘, 盜也. 我鄕黨有直人名弓, 父盜羊則證其罪." 據「注」, 是
鄭本作'直弓', 必出『古』·『魯』·『齊』異文.

역문 송상봉의『과정록』에 "두 책에서 기록한 것은 한 번은 죽였다 하고,
한 번은 죽이지 않았다고 한 것이 다르다. 아마도 처음에는 초왕(楚王)이
죽이지 않은 것은 몸소 정직함으로써 초왕에게 알렸기 때문이지만, 섭
공(葉公)은 공자의 말을 들었기 때문에 당연히 그가 영윤(令尹)이 되자 죽
인 것이다."라고 했다. 살펴보니, 송상봉의 말이 옳다. 정현은 이 구절에
대한 「주」에서 "양(攘)은 훔친다[盜]는 뜻이다. 우리 고을에 이름을 궁
(弓)이라고 하는 정직한 사람이 있는데, 아버지가 양을 훔치자 그 죄를
증언했다는 말이다."라고 했는데, 「주」에 의거해 보면 정현본에 '직궁
(直弓)'이라고 되어 있으니, 반드시『고논어』·『노논어』·『제논어』에서
나온 것으로 표현을 달리한다.

원문 『隸續』「陳寔殘碑」, "寔字仲躬." 史傳雜書 ·『蔡中郞集』竝作仲弓, 是
"躬"·"弓"古多通用. 鄭以弓爲人名. 高誘『淮南』「氾論訓」「注」亦云: "直
躬, 楚葉縣人也." 躬蓋名其人, 必素以直稱者, 故稱直躬. 直擧其行, 躬擧
其名, 直躬猶狂接輿 · 盜跖之比. 僞孔以爲直身而行, 非也.

역문 『예속』「진식잔비」에, "진식(陳寔)[90]은 자가 중궁(仲躬)이다."라고 했는
데, 사전잡서(史傳雜書)나『채중랑집』에는 모두 중궁(仲弓)으로 되어 있

으니, "궁(躬)"과 "궁(弓)"은 옛날에는 많이 통용되었다. 정현은 궁(弓)을 인명(人名)으로 봤다. 고유의 『회남자』「범론훈」「주」에도 "직궁(直躬)은 초나라 섭현(葉縣) 사람이다."라고 했으니, 궁(躬)은 아마도 그 사람을 부르는 이름인데, 분명 평소에 정직하다고 일컫던 자였기 때문에 직궁(直躬)이라고 칭한 듯하다. 직(直)은 그의 행실을 든 것이고, 궁(躬)은 그의 이름을 든 것이니, 직궁(直躬)은 광접여(狂接輿)나 도척(盜跖)을 그렇게 명칭하는 것과 같다. 위공(偽孔)은 자신을 정직하게 해서 행하는 것이라고 했는데, 아니다.

원문 "隱"者, 『說文』云: "蔽也." 「檀弓」云: "事親, 有隱而無犯." 鄭「注」, "隱謂不稱揚其過失也." 蓋子之事親, 當時微諫, 諭父母於道, 不致有過誤. 若不幸而親陷不義, 亦當爲諱匿. 『公羊』「文」十五年, "齊人來歸子叔姬, 閔之也. 父母之于子, 雖有罪, 猶若其不欲服罪然." 何休「注」引此文, 說之云 "所以崇父子之親", 是也.

역문 "은(隱)"이란 『설문해자』에 "가린다[蔽]는 뜻이다."[91]라고 했다. 『예기』「단궁상」에 "어버이를 섬김에 은미하게[隱] 간함은 있으나 안색을 범하

---

90 진식(陳寔, 104~187): 후한 영천(潁川) 허(許) 사람. 자는 중궁(仲躬)이고, 『채중랑집(蔡中郎集)』에는 중궁으로 되어 있다. 젊어서 현리(縣吏)가 되었지만 배움에 뜻을 두자 현령(縣令) 등소(鄧邵)가 태학(太學)에 수업하게 했다. 환제(桓帝) 때 태구장(太丘長)에 임명되었는데, 송사(訟事)를 판정하는 것이 매우 공정했다. 당고(黨錮)의 화(禍)가 일어나자 다들 재난을 피하기에 바빴지만 홀로 투옥을 자청하고 수금(囚禁)당했다. 나중에 사면되어 풀려났다. 집에서 죽었을 때 조문객이 3만여 명에 이르렀고, 상복을 입은 사람이 수백을 헤아릴 정도였다고 한다. 시호는 문범선생(文范先生)이다. 아들 진기(陳紀), 진심(陳諶)과 함께 명성을 얻어 '삼군(三君)'으로 불렸다.

91 『설문해자』 권14: 은(隱)은 은폐함[蔽]이다. 부(阜)로 구성되었고 은(㥼)이 발음을 나타낸다. 어(於)와 근(謹)의 반절음이다.[隱, 蔽也. 從阜㥼聲. 於謹切.]

면서 간함은 없다."라고 했는데, 정현의 「주」에 "은(隱)은 그 과실을 대
놓고 드러내지 않는다는 말이다."라고 했으니, 대체로 자식이 어버이를
섬김에 때에 맞게 은미하게 간하고, 부모를 도(道)에 맞도록 깨우쳐 과
오에 이르지 않게 해야 한다. 만약 불행히 어버이가 불의에 빠지더라도
역시 숨기는 것이 마땅하다. 『춘추공양전』「문공」 15년에 "제나라 사람
이 와서 자숙희(子叔姬)⁹²를 돌려주었는데, 가엽게 여긴 것이다. 자식에
게 있어 부모는 비록 죄가 있더라도 오히려 죄를 받기를 바라지 않는 것
과 같은 것이다."라고 하였고, 하휴(何休)의 「주」에 이 글을 인용하고 해
설하기를, "부모와 자식 간의 친함을 숭상한 것이다."라고 했는데, 옳다.

원문 『鹽鐵論』「周秦篇」, "父母之於子, 雖有罪, 猶匿之. 豈不欲服罪? '子爲
父隱, 父爲子隱', 未聞父子之相坐也." 漢宣「詔」曰: "自今子首匿父母, 妻
匿夫, 孫匿大父母, 皆勿坐. 其父母匿子, 夫匿妻, 大父母匿孫, 殊死皆上
請." 足知漢法凡子匿父母等, 雖殊死皆勿坐; 父母匿子等, 殊死以下, 皆不
上請, 蓋皆許其匿可知. 皇「疏」云"今王法則許期親以上, 得相爲隱, 不問
其罪." 是也. 『白虎通』「諫諍篇」, "君不爲臣隱, 父獨爲子隱何? 以爲父子
一體, 榮恥相及." 明父子天屬, 得相隱, 與君臣異也.

역문 『염철론』「주진」에 "자식에게 있어 부모는 비록 죄가 있더라도 오히
려 숨겨 주는 것이다. 어찌 죄를 받기를 바라지 않아서이겠는가? '자식
은 부모를 위해 숨겨 주고, 부모는 자식을 위해 숨겨 주는 것이니', 부모
와 자식이 서로 연좌된다는 것은 아직 들어 보지 못했다."라고 했다. 한
나라 선제(宣帝)의 「조칙」에 "지금부터 자식이 제일 먼저 부모를 숨겨

---

92 자숙희(子叔姬, ?~?): 춘추시대 노나라 여자로서 제나라 소공(昭公)의 부인이 되어 아들 사
(舍)를 낳았다.

주거나 아내가 남편을 숨겨 주거나, 손자가 조부모를 숨겨 주는 것은 모두 연좌하지 말라. 그 부모가 자식을 숨겨 주거나, 남편이 아내를 숨겨 주거나, 조부모가 손자를 숨겨 주는 것은 목을 베어 죽일 만한 죄만 모두 상청(上請)하라."[93]라고 했으니, 한나라 시대의 법에는 무릇 자식이 부모를 숨겨 주는 것 등은 비록 목을 베어 죽일 만한 죄라도 모두 연좌하지 않았다는 것을 충분히 알 수 있고, 부모가 자식을 숨겨 주는 것 등이라도 목을 베어 죽일 만한 죄 이하는 모두 상청(上請)하지 않았으니, 대체로 그 숨김을 허용했다는 것을 알 수 있다. 황간의 「소」에 "지금의 왕법(王法)은 기년복(期年服)을 입는 친족 이상은 서로를 위해 숨겨 줄 수 있으니 그 죄를 문책하지 않음을 허용한다."라고 한 것이 이것이다. 『백호통의』「간쟁」에 "군주는 신하를 위해 숨겨 주지 않는데, 부모는 유독 자식을 위해 숨겨 주는 것은 어째서인가? 부모와 자식은 한 몸이어서 영광(榮光)과 치욕(恥辱)이 서로 미치기 때문이라고 여겨진다."라고 했는데, 무모와 자식은 천륜이므로 서로 숨겨 줄 수 있으니 군주와 신하 간의 관계와는 다름을 밝힌 것이다.

원문 程氏瑤田『論學小記』, "人有恒言, 輒曰'一公無私.' 此非過公之言, 不及公之言也. 此一視同仁, 愛無差等之敎也. 其端生於意·必·固·我, 而其弊必極於父攘子證, 其心則陷於欲博大公之名, 天下之人, 皆枉己以行其私矣. 而此一人也, 獨能一公而無私, 果且無私乎? 聖人之所難. 若人之所易, 果且易人之所難乎? 果且得謂之公乎? 公也者, 親親而仁民, 仁民而愛物, 有自然之施爲, 自然之等級, 自然之界限, 行乎不得不行, 止乎不得不止, 時而子私其父, 時而弟私其兄. 自人視之, 若無不行其私者, 事事生分

---

93 『전한서(前漢書)』권8, 「선제기(宣帝紀)」.

別也, 人人生分別也, 無他. 愛之必不能無差等, 而仁之不能一視也. 此之謂公也, 非'一公無私'之謂也. 『儀禮』「喪服」「傳」之言'昆弟'也, 曰'昆弟之義無分. 然而有分者, 則辟子之私也. 子不私其父, 則不成其子.' 孔子之言直躬也, 曰'父爲子隱, 子爲父隱, 直在其中.' 皆言以私行其公. 是天理人情之至, 自然之施爲 · 等級 · 界限, 無意必固我於其中者也. 如其不私, 則所謂公者, 必不出於其心之誠然. 不誠, 則私焉而已矣."

역문 정요전(程瑤田)의 『논학소기』에 "사람들이 항상 하는 말 중에 걸핏하면 '한결같이 공정하고 사사로움이 없다.'라고 하는데, 이는 공정함을 넘어서는 말이 아니라, 공정함에 미치지 못하는 말이다. 이는 모든 사람을 평등하게 여겨 똑같이 사랑해서[一視同仁] 사랑에 차등이 없다는 가르침이다. 그 단서는 억측[意]과 꼭 하고자 하는 것[必]과 고집[固]과 '나'라는 것을 내세움[我]에서 생겨나고 그 폐단은 반드시 아버지가 양을 훔치면 자식이 고해바치는 것보다 극단적이어서 그 마음은 크게 공정하다는 이름을 넓히고자 하는 데 빠져 천하의 사람들이 모두 자기를 왜곡시켜 그 사사로움을 행하게 될 것이다. 그런데 이 한 사람이 홀로 한결같이 공정하고 사사로움이 없을 수 있다고 해서, 과연 사사로움이 없는 것이겠는가? 성인도 어렵게 여기는 것이다. 사람들이 쉽게 여기는 것으로 말할 것 같으면 과연 남이 어렵게 여기는 것을 쉽게 여기는 것이겠는가? 과연 그것을 공정하다고 할 수 있겠는가? 공정함이란 어버이를 친히 하면서도 민중을 사랑하고, 민중을 사랑하면서도 만물을 사랑해서 자연스럽게 시행됨과 자연스러운 등급과 자연스러운 한계가 있어 행하지 않을 수 없는 데서 행하고 그치지 않을 수 없는 데서 그쳐 때로는 자식이 그 부모를 사사롭게 여기기도 하고 때로는 아우가 그 형을 사사롭게 여기기도 하는 것이다. 남들이 보기에는 마치 그 사사로움을 행하지 않음이 없고 사사건건이 분별을 낳고 사람마다 분별을 낳는 것처럼 보이는 것은 다른 이유에서가 아니다. 사랑하더라도 반드시 차등이 없을 수 없고, 사랑하더라도 모든 사람들을 평등하게 여길 수 없기 때문이다. 이것을 공정함이라고 하는 것이지, '한결같이 공정해서 사사로움이 없음'을 이르는 것이 아니다. 『의례』「상복」의 「전」에서 '곤제(昆弟)'를 말한 것도 '형제[昆弟]의 의리[義][94]에는 구분이 없다. 그럼에도 구분을 두는 것은 자식의 사사로움을 피함이다. 자식이 그 부모를 사사롭게 여기지 않으면 자식이 되지 못한다.'라고 했다. 공자가 직궁(直躬)을 말하면서 역시 '아버지는 자식을 위하여 숨겨 주고 자식은 아버지를 위하여 숨겨 주니, 정직함은 그 가운데에 있다'라고 했는데, 모두 사사로움으로써 공정함을 행함을 말한 것이다. 이것이 천리(天理)와 인정(人情)의 지극함이고, 자연스러운 시행과 등급과 한계이니, 그 가운데에는 억측[意]과 꼭 하고자 하는 것[必]과 고집[固]과 '나'라는 것을 내세우는 것[我]이 없다.[95] 만일 부모와 자식 간에 사사롭지 않다면 이른바 공정함이란 반드시 마음이 정성스러운 데서 나오지 않았을 것이다. 정성스럽지 않다면 사사로울 따름인 것이다"라고 했다.

- 「注」, "有因而盜曰攘."
- 正義曰 高誘『淮南』「注」云: "凡六畜自來而取之, 曰攘也." 卽此「注」"有因而盜"之義. 『爾雅』「釋詁」, "儴 · 仍, 因也." 郭「注」皆謂"因, 緣." 案, "儴"與"攘"同. 樊 · 孫引此文釋之云: "因來而盜曰攘."

---

94 『논어정의』에는 "道"로 되어 있으나, 『의례(儀禮)』「상복(喪服)」「전(傳)」에는 "義"로 되어 있다. 『의례』를 근거로 고쳤다.

95 『논어』「자한(子罕)」 공자는 네 가지 일을 끊었다. 억측함이 없었으며, 꼭 하고자 하는 것이 없었으며, 고집이 없었으며, '나'라는 것을 내세움이 없었다.[子絶四: 毋意, 毋必, 毋固, 毋我.]

○ 「주」의 "원인이 있어서 도둑질하는 것을 '양(攘)'이라 한다."

○ 정의에서 말한다.

고유의 『회남자』「주」에 "무릇 여섯 가지 가축이 스스로 와서 취한 것을 '양(攘)'이라 한다."[96]고 했는데, 바로 이 「주」의 "원인이 있어서 도둑질하는 것"의 뜻이다. 『이아』「석고」에 "양(儴)과 잉(仍)은 인하다[因]는 뜻이다."라고 했는데, 곽박(郭璞)의 「주」에 모두 "인(因)은 인연한다[緣]는 뜻이다."라고 했다. 살펴보니, "양(儴)"과 "양(攘)"은 같은 글자이다. 번광(樊光)[97]과 손염(孫炎)[98]은 이 글을 인용해서 해석하기를, "원인이 있어서 옴에 도둑질하는 것을 양(攘)이라 한다."[99]라고 했다.

13-19

樊遲問仁, 子曰: "居處恭, 執事敬, 與人忠. 雖之夷狄, 不可棄也." 【注】包曰: "雖之夷狄, 無禮義之處, 猶不可棄去而不行."

96　『회남자(淮南子)』 어느 편에도 고유(高誘)의 「주」에는 이러한 표현을 볼 수 없다. 유보남이 무엇을 근거로 한 것인지 자세하지 않다.

97　번광(樊光, ?~?): 동한시대 경조[京兆; 지금의 섬서성(陝西省) 서안(西安) 동쪽] 사람. 저술로는 『이아주(爾雅注)』 6권이 있다.

98　손염(孫炎, ?~?): 삼국시대 위나라 낙안(樂安) 사람. 자는 숙연(叔然)이고, 정현(鄭玄)의 제자에게 배워 동주대유(東州大儒)로 일컬어졌다. 왕숙(王肅)이 정현의 「성증론(聖證論)」을 비판한 것에 대해 다시 반박한 「박성증론(駁聖證論)」이 있으며, 반절주음(反切注音)의 시초인 『이아음의(爾雅音義)』를 편찬하기도 했다. 저서에 『주역례(周易例)』와 『춘추례(春秋例)』, 『모시주(毛詩注)』, 『예기주(禮記注)』, 『춘추삼전주(春秋三傳注)』, 『국어주(國語注)』, 『이아주(爾雅注)』가 있는데, 대부분 전하지 않고 『옥함산방집일서(玉函山房輯逸書)』에 일부만 남아 있을 뿐이다.

99　『이아주소(爾雅注疏)』 권1, 「석고(釋詁)」의 「주」와 『경전석문』 권29, 「이아(爾雅)·석고(釋詁)」의 「주」에 보인다.

번지(樊遲)가 인(仁)에 대해 묻자, 공자가 말했다. "거처할 때 공손하게 하며, 일을 집행할 때 경건하게 하며, 사람을 대할 때 진실하게 하는 것이니, 이것은 비록 이적(夷狄)의 나라에 가더라도 버려서는 안 된다." 【주】 포함이 말했다. "비록 이적(夷狄)에게 가서 예의가 없는 곳에 처하더라도, 그래도 버리고 행하지 않아서는 안 된다."

원문 正義曰: "居處"謂所居之處. "執"猶行也. 此章所言, 亦"克己復禮爲仁"之意. "恭"·"敬",『說文』俱訓"肅".『爾雅』「釋詁」, "恭, 敬也." 二字訓同, 此對文稍異.『漢書』「五行志」, "內曰恭, 外曰敬."

역문 정의에서 말한다.

"거처(居處)"란 기거하는 장소를 말한다. "집(執)"은 행함[行]과 같다. 이 장에서 말하는 것 역시 "자기를 다스려 예로 돌아가는 것이 인(仁)을 행하는 것"이라는 뜻이다. "공(恭)"과 "경(敬)"은『설문해자』에 모두 "공경함[肅]"[100]이라고 뜻을 새겼다.『이아』「석고」에 "공(恭)은 공경[敬]이다."라고 했으니, 두 글자는 뜻이 같은데, 여기에서는 글자를 대치시킨 것이 조금 다르다.『전한서』「오행지」에 "내면적으로는 공(恭)이라 하고 외면적으로는 경(敬)이라 한다."라고 했다.

---

100 『설문해자』권10: 공(恭)은 공경한다는 뜻이다. 심(心)과 공(共)으로 구성되었고, 발음은 구(俱)와 용(容)의 반절음이다.[恭, 肅也. 從心共, 聲俱容切.]

『설문해자』권9: 경(敬)은 공경함[肅]이다. 문(攴)과 구(苟)로 구성되었다. 거(居)와 경(慶)의 반절음이다.[敬, 肅也. 從攴苟. 居慶切.]

子貢問曰: "何如斯可謂之士矣?" 子曰: "行己有恥, 【注】孔曰: "'有恥'者, 有所不爲." 使於四方, 不辱君命, 可謂士矣." 曰: "敢問 其次." 曰: "宗族稱孝焉, 鄕黨稱弟焉." 曰: "敢問其次." 曰: "言 必信, 行必果, 硜硜然小人哉, 抑亦可以爲次矣.【注】鄭曰: "'行 必果', 所欲行必果敢爲之. '硜硜'者, 小人之貌也. '抑亦其次', 言可以爲次."

자공이 물었다. "어떠해야 곧 관리[士]라고 말할 수 있습니까?" 공자가 말하였다. "몸가짐에 염치가 있으며, 【주】공안국이 말했다. "'염치가 있다'라는 것은 하지 않는 바가 있다는 뜻이다." 사방에 사신으로 가서 임금의 명을 욕되게 하지 않으면 관리라고 할 수 있다." 자공이 말했다. "감히 그다음의 수준을 묻겠습니다." 공자가 말했다. "종족들이 효성스럽다고 칭찬하고, 고을에서 공손하다고 칭찬하는 사람이다." 자공이 물었다. "감히 그다음의 수준을 묻겠습니다." 공자가 말했다. "말을 함에 진실만을 말할 것을 기필(期必)하고, 행동함에 과감하게 할 것을 기필하는 것은 빡빡한 소인이지만, 그러나 또한 다음의 수준이 될 수 있다." 【주】정현이 말했다. "'행필과(行必果)'는 행하고자 하는 바를 과감하게 할 것을 기필함이다. '경경(硜硜)'은 소인의 모양이다. '억역기차(抑亦其次)'는 그다음이 될 수 있다는 말이다."

원문 正義曰: "士"謂已仕者也. 聘使之事, 士爲擯相, 故言"使於四方". 又子貢 問今之從政, 從政者, 士之從仕於大夫而爲政也.

역문 정의에서 말한다.

"사(士)"는 이미 벼슬하는 사람을 말한다. 빙문이나 사신의 일은, 사가 빈상(擯相)[101]이 되기 때문에 "사방에 사신으로 간다"라고 한 것이다. 또 자공은 지금 정치에 종사함[從政]에 대해 질문했는데, 정치에 종사한다[從政]는 것은 사가 대부에게서 벼슬하며 정치를 하는 것이다.

원문 "行己有恥"者, 皇「疏」云: "言自行己身, 恒有可恥之事, 故不爲也."「曾子制言上」, "夫行也者, 行禮之謂也." 又曰: "故君子不貴興道之士, 而貴有恥之士也. 夫有恥之士, 富而不以道, 則恥之; 貧而不以道, 則恥之." 皆言士所恥事也.

역문 "몸가짐에 염치가 있다[行己有恥]"

황간의 「소」에 "스스로 자기 자신의 몸가짐을 행함에 항상 염치를 차릴 만한 일이 있기 때문에 하지 않는다는 말이다."라고 했다. 『대대례』「증자제언상」에 "행함[行]이라고 하는 것은 예(禮)를 행한다는 말이다."라고 했고, 또 "그러므로 군자는 도(道)를 일으키는 선비를 귀하게 여기지 않고 염치가 있는 선비를 귀하게 여긴다. 염치가 있는 선비는 부유하다 하더라도 도로써 하지 않았다면 부끄러워하고 가난하다 하더라도 도로써 하지 않았다면 부끄러워한다."라고 했는데, 모두 선비가 부끄러워하는 일을 말한 것이다.

원문 "不辱君命"者, 君命已出, 使當守禮達辭, 不使君命見凌辱也. 『毛詩』「序」云"皇皇者華", 言臣出使, 能揚君之美, 延其譽於四方, 則爲不辱命也.「聘義」云: "使者聘而誤, 主君弗親饗食也, 所以愧厲之也." "誤"者, 謂失

---

101 빈상(擯相): 빈(擯)은 내빈을 인도하는 것이고, 상(相)은 상주를 도와서 손님을 접대하는 것이다.

禮儀應對之節. 當春秋時, 最重邦交, 故能不辱命, 乃爲士之上矣.

역문 "임금의 명을 욕되게 하지 않음[不辱君命]"

　임금의 명령이 이미 내려지면 마땅히 예를 지켜 말이 전달되도록 해야 하고 임금의 명이 능욕을 당하도록 하지 않아야 한다. 『모시』「서」에 "반짝반짝 빛나는 꽃[皇皇者華]"이라고 했는데, 신하가 사신으로 나가 임금의 훌륭함을 드날리고 그 명예를 사방에 떨치면 임금의 명을 욕되게 하지 않음이 될 수 있음을 말한 것이다. 『예기』「빙의」에 "사자(使者)가 빙문할 때 예를 그르치는 일이 있으면 주군이 친히 향사하지 않으니, 부끄럽게 여겨 면려하게 하는 것이다."라고 했는데, "그르치는 일[誤]"이란 예의(禮儀)와 응대(應對)의 예절을 그르친다는 말이다. 춘추시대를 당하여는 국가 간의 외교를 가장 중요한 것으로 여겼기 때문에 주군의 명을 욕되게 하지 않을 수 있어야 최고의 관리[士]가 되었던 것이다.

원문 "宗族"者, 『白虎通』「宗族篇」, "宗者何謂也? 宗者, 尊也. 爲先祖主者, 宗人之所尊也. 大宗能率小宗, 小宗能率群弟, 通其有無, 所以紀理族人者也. 族者何也? 族者, 湊也, 聚也, 謂恩愛相流湊也. 上湊高祖, 下至玄孫, 一家有吉, 百家聚之, 合而爲親, 生相親愛, 死相哀痛, 有會聚之道, 故謂之族."

역문 "종족(宗族)"

　『백호통의』「종족」에 "종(宗)이란 무엇을 이르는 것인가? 종(宗)이란 높다[尊]는 뜻이다. 선조(先祖)를 모시는 주인이 되고, 종친의 사람들[宗人]이 높이는 대상이다. 대종(大宗)[102]은 소종(小宗)을 잘 거느리고 소종은 여

---

102 대종(大宗): 종법(宗法)에 적통의 큰아들이 대종이 되고, 그 나머지 아들은 소종(小宗)이 된다.

러 아우들을 잘 거느려 집안에 있고 없는 것을 유통하는 것이 족인(族人)을 거느리고 다스리는 것이다. 족(族)이란 무엇인가? 족(族)이란 모은다[湊]는 뜻이며 모인다[聚]는 뜻이니, 은혜와 사랑이 서로 흘러서 모인다는 말이다. 위로는 고조(高祖)에 모이고, 아래로는 현손(玄孫)에 이른다. 한 집안에 좋은 일이 있으면 온 집안이 모여 함께 친목을 다지고, 살아서는 서로 친애하고, 죽어서는 서로 애통해하며 모이는 도리가 있으니, 그러므로 족(族)이라고 한다."라고 했다.

원문 "偁"與"偁"同. 『說文』, "偁, 揚也." 『廣雅』 「釋訓」, "偁, 譽也." 今經典通用"稱"字, "稱, 銓也." 別一義.

역문 "칭(稱)"은 "칭(偁)"과 같다. 『설문해자』에 "칭(偁)은 날린다[揚]는 뜻이다."[103]라고 했고, 『광아』 「석훈」에 "칭(偁)은 기린다[譽]는 뜻이다."라고 했는데, 지금의 경전에서는 "칭(稱)" 자로 통용되니, "칭(稱)은 저울[銓]이다."라는 것은 일반적인 의미와는 다르다.

원문 趙氏佑 『溫故錄』, "此以鄕擧里選之法言. 『周禮』 自比・閭・族・黨・六鄕・六遂皆立學. 鄕師・鄕大夫'各受敎法於司徒, 以敎其所治, 考其德行道藝', 黨正'各掌其黨, 以屬民, 正齒位', 族師'掌書其孝友睦婣有學者', 以次而升于大學. 士之造就, 必由此爲正. 案, 春秋之時, 卿大夫皆世官, 選擧之法已廢, 此文所言猶是舊法. 故子貢復問'今之從政', 明前所擧皆是昔時有然也. 稱孝稱弟, 卽孟子所謂'一鄕之善士', 此雖德行之美, 然孝弟爲人所宜盡, 不必待學而能. 故夫質性之善者, 亦能行之, 而非爲士職分之

---

103 『설문해자』 권8: 칭(偁)은 날린다[揚]는 뜻이다. 인(人)으로 구성되었고 칭(再)이 발음을 나타낸다. 처(處)와 릉(陵)의 반절음이다.[偁, 揚也. 從人再聲. 處陵切.]

所盡也, 故以爲次. 『荀子』「子道篇」以'入孝出弟'爲'人之小行', '志以禮安, 言以類使'爲儒道之極, 與此章義相發. 志以禮安, 則知所恥; 言以類使, 則能出使不辱君命矣. '言必信, 行必果', 謂不度於義, 而但守小忠小信之節也. 『孟子』「離婁篇」, '孟子曰: "大人者, 言不必信, 行不必果, 唯義所在."' 明大人言行皆視乎義. 義所在, 則言必信, 行必果: 義所不在, 則言不必信, 行不必果. 反是者爲小人. 趙岐『孟子注』云: '大人仗義, 義有不得必信其言, 子爲父隱也; 有不能得果行其所欲行者, 若親在不得以其身許友也.'"

역문 조우(趙佑)의 『온고록』에 "이것은 향거이선법(鄕擧裏選法)[104]을 가지고 한 말이다. 『주례』에 따르면 원래 비(比)·여(閭)·족(族)·당(黨)·육향(六鄕)·육수(六遂)에 모두 학교를 세웠다. 향사(鄕師)와 향대부(鄕大夫)의 직책은 '각각 사도(司徒)에게 교육의 법을 받아 그들이 다스리는 곳의 백성을 가르치고 그 덕행과 도예(道藝)를 살피고,'[105] 당정(黨正)[106]의 직책은 '각각 그 당(黨)의 정령(政令)과 교치(敎治)를 관장해서 그 다스리는 곳의

---

104 향거이선(鄕擧里選): 주나라 때에 향(鄕)마다 향대부(鄕大夫)를 두어 육덕(六德)·육행(六行) 등을 가르친 다음, 3년마다 현능(賢能)한 자를 중앙에 천거하는 것. 5가(家)를 비(比), 5비를 여(閭), 4려를 족(族), 5족을 당(黨), 5당을 향(鄕), 5향을 국(國)으로 하여, 각 여(閭)에는 숙(塾), 각 당에는 상(庠), 각 향에는 서(序), 국(國)에는 학(學)을 두는데, 향의 우수한 선비를 사도(司徒)에게 올린 것을 선사(選士), 사도가 선사 중에 우수한 자를 학(學)에 올린 것을 준사(俊士)라 하며, 사도에게 올려진 자에게는 향(鄕)의 요역(徭役)이 면제되고, 학(學)에 올려진 자에게는 사도(司徒)의 요역이 면제되는데, 이를 조사(造士)라 한다. 대악정(大樂正)이 조사 중에 우수한 자를 임금에게 고하면 관원 후보(候補)에 보충되며, 이를 진사라 하는데, 사마(司馬)가 관원 재목을 분간, 그 중에 우수한 자를 임금에게 고하고 관직을 제수했다.

105 『주례(周禮)』「지관사도상(地官司徒上)·향대부(鄕大夫)」.

106 당정(黨正): 주나라 때 지방 조직의 장관(長官)으로, 500가(家)가 당(黨)이 되고 당의 장(長)을 당정이라 하였다.

백성을 모아서 나이에 따라 정해지는 자리의 차례[齒位]를 바로잡으며,'[107] 족사(族師)의 직책은 '그 효도하고 우애하며 화목하고 내외척 간의 친목하고 학문이 있는 자를 기록하는 일을 관장해서,'[108] 차례로 대학에 올린다. 관리[士]의 양성[造就]은 반드시 이를 말미암아야 바르게 된다. 살펴보니, 춘추시대에는 경대부들이 모두 대체로 관직을 세습하여 인재를 선발해서 등용하는 일이 이미 폐하여졌으니, 이 글에서 말한 것은 이미 낡은 법이다. 따라서 자공이 '지금 정치에 종사하는 것'을 다시 질문한 것이니, 앞서 거론한 것은 모두 옛날에 그런 것이 있었다는 것을 분명히 한 것이다. 효성스럽다는 칭찬과 공손하다는 칭찬은 바로 맹자의 이른바 '한 고을의 훌륭한 선비[一鄕之善士]'[109]라는 것인데, 이는 비록 덕행을 찬미한 것이긴 하지만, 효제(孝弟)는 사람으로서 마땅히 극진히 해야 하는 것으로 반드시 배워야만 할 수 있는 것은 아니다. 그러므로 대부분 타고난 본성이 선(善)한 자라면 또한 할 수 있는 것이지, 관리된 직분으로서 극진히 할 것은 아니기 때문에 그다음의 수준이라고 여긴 것이다. 『순자』「자도편」에서는 '집에 들어가서는 효도하고 밖에 나가서는 공손함'을 '사람으로서 보잘것없는 행실'이라고 하였고, '뜻하는 것이 예에 따라서 편안하고, 말하는 것이 법도에 따라 쓰여짐'[110]을 유도(儒道)의 극치라고 했으니, 이 장의 뜻과 서로 발명이 된다. 뜻하는 것이 예에 따라서 편안하면 염치를 차릴 줄 알고 말하는 것이 법도에 따라 쓰여지면 사신으로 나가 임금의 명을 욕되게 하지 않을 수 있다. '말을 함에 진

---

107 『주례』「지관사도상 · 당정(黨正)」.

108 『주례』「지관사도상 · 족사(族師)」.

109 『맹자』「만장하(萬章下)」.

110 『논어정의』에는 "從"으로 되어 있다. 『순자(荀子)』「자도(子道)」를 근거로 고쳤다. 아래도 같다.

실만을 말할 것을 기필하고, 행동은 과감하게 할 것을 기필함'이라는 것
은 의(義)를 헤아리지 않고 단지 작은 성실[小忠]과 작은 진실[小信]의 도리
만 지킬 뿐이라는 말이다. 『맹자』「이루하」에 '맹자가 말했다. "대인(大
人)은 말을 함에 진실만을 말할 것을 기필하지 않고, 행동함에 과감하게
할 것을 기필하지 않으며, 오직 의(義)가 있는 곳이면 그에 따라 말하고
행동한다."라고 했으니, 대인의 언행은 모두 의(義)를 본받음을 분명히
한 것이다. 의가 있는 곳이라면 말을 함에 진실만을 말할 것을 기필하고
행동함에 과감하게 할 것을 기필해야 하지만, 의가 있지 않은 곳이라면
말을 함에 진실만을 말할 것을 기필하지 않고, 행동함에 과감하게 할 것
을 기필하지 않는 것이다. 이것을 반대로 하는 자는 소인이 된다. 조기
(趙岐)의 『맹자주』에 '대인은 의(義)에 입각하는 것이니, 의에는 그 말을
진실만을 말할 것을 기필할 수 없는 것이 있기 때문에 자식이 아비를 위
해 숨겨 주는 것이고, 그가 행하고자 하는 것을 과감하게 행할 수 없는
것이 있기 때문에 만약 부모가 살아 계시면 벗을 위해 목숨을 바치는 일
을 허락하지 못하는 것이다."라고 했다.

원문 "硜硜", 『孟子』「公孫丑下」, "悻悻然見於其面." 趙「注」引此文作"悻
悻", 孫奭「音義」, "悻悻, 字或作悾悾." 案, "悾"·"硜"同, 『論語』作"悻",
當出『齊』·『古』異文.

역문 "경경(硜硜)"

『맹자』「공손추하」에 "씩씩거리며[悻悻然] 얼굴에 나타낸다."라고 했는
데, 조기의 「주」에 이 문장을 인용했는데, "행행(悻悻)"으로 되어 있고,
손석(孫奭)[111]의 「음의」에 "행행(悻悻)은 글자가 더러 행행(悾悾)으로 되어

---

111 손석(孫奭, 962~1033): 북송(北宋) 박주(博州) 박평(博平) 사람. 자는 종고(宗古). 태종 단공

있다."라고 했다. 살펴보니, "행(悎)"과 "경(硜)"은 같은 글자이고, 『논어』에 "행(悻)"으로 되어 있는 것은 당연히 『제논어』와 『고논어』에서 나온 것으로 표현을 다르게 한 것이다.

- 「注」, "行必"至"爲次".
- 正義曰: "果"與"悎"同. 『蒼頡篇』, "悎, 憨也." "憨"卽"敢"字. 皇本作"必敢爲之", "必"下脫"果"字. "硜硜", 堅確之意. 小人賦性愚固, 故有此貌. 下篇"鄙哉硜硜乎!" 義異訓同. 『史記』「樂書」"石聲硜", 「樂記」作"石聲磬". 『說文』, "磬, 古文從巠." 是"硜"卽"磬"字. 『釋名』「釋樂器」, "磬, 罄也. 其聲罄罄然堅緻也."

○ 「주」의 "행필(行必)"부터 "위차(爲次)"까지.

○ 정의에서 말한다.

"과(果)"는 "과(悎)"와 같다. 『창힐편』에 "과(悎)는 과감[憨]이다."라고 했는데, "감(憨)"은 바로 "감(敢)" 자이다. 황간본에는 "과감하게 할 것을 기필함[必敢爲之]"이라고 해서, "필(必)" 아래 "과(果)" 자가 빠져 있다. "경경(硜硜)"은 단단하고 굳다는 뜻이다. 소인은 타고난 성품이 어리석고 고루하기 때문에 이러한 모습이 있다. 아래 「헌문」에 "천박하구나, 땅땅거리는

(端拱) 2년(989) 구경(九經)으로 급제하고, 거현주부(莒縣主簿)가 되었다. 국자감직강(國子監直講)과 공부낭중(工部郎中)을 역임하고, 용도각대제(龍圖閣待制)에 발탁되어 진종(眞宗)이 천서(天書)를 맞이하고 분음(汾陰)에 제사하는 일에 대해 극력 간언을 올렸다. 밀주(密州)와 연주(兗州)의 지주(知州)로 나갔다. 인종(仁宗) 때 한림시강학사(翰林侍講學士)로 국자감을 관리했고, 『진종실록』을 편찬했다. 다시 병부시랑과 용도각학사를 지냈다. 태자소부(太子少傅)로 치사(致仕)했다. 황제의 칙명으로 형병(邢昺), 두호(杜鎬) 등과 함께 제경정의(諸經正義)와 『장자』 및 『이아(爾雅)』의 석문(釋文)을 교정하고, 『상서』, 『효경』, 『논어』, 『이아』 등을 고정(考正)했다. 또한 조기의 『맹자주(孟子注)』를 교정하고, 육덕명(陸德明)의 『경전석문(經典釋文)』의 부족한 부분을 보충했다. 저서에 『경전휘언(經典徽言)』과 『오경절해(五經節解)』, 『오복제도(五服制度)』, 『숭사록(崇祀錄)』, 『악기도(樂記圖)』 등이 있었지만 모두 전해지지 않는다. 그 밖의 저서에 『맹자음의(孟子音義)』와 『맹자소(孟子疏)』가 있는데, 주희(朱熹)는 『맹자소』가 그의 저술이 아니라고 고증했다.

소리여![鄙哉硜硜乎!]"라고 한 것은 뜻은 다르지만 새김이 같다. 『사기』「악서」에 "돌 소리가 땅땅거리다[石聲硜]"라고 했고, 『예기』「악기」에 "돌 소리가 맑은 경쇠 소리이다[石聲磬]"라고 했다. 『설문해자』에 "경(磬)은 고문(古文)이 경(㲒)으로 구성되었다."[112]라고 했으니, "경(硜)"은 바로 "경(磬)" 자이다. 『석명』「석악기」에 "경(磬)은 경쇠[罄]이다. 그 소리가 땅땅[罄罄]거리는 것이 딱딱하고 촘촘하다."라고 했다.

『莊子』「至樂篇」, "誙誙乎如將不得已." 『釋文』引李云: "趣死貌. 本又作脛脛." 『漢書』「楊敞傳」, "脛脛者未必全也." 師古曰: "脛脛, 直貌也." 『爾雅』「釋詁」, "掔, 固也." 郝氏懿行 『義疏』, "掔轉爲鵛. 『玉篇』, '鵛, 口耕切, 別作硜.'" 是誙·脛·掔·鵛竝與硜同也.

『장자』「지락」에 "죽을 둥 살 둥 마치 장차 그만두려야 그만둘 수 없어서 하는 것 같다.[誙誙乎如將不得已.]"라고 했는데, 『경전석문』에 이이(李頤)[113]를 인용해서 경경(誙誙)을 "죽음으로 달려가는 모양이다. 판본에 따라 또 경경(脛脛)으로 되어 있다."라고 했다. 『전한서』「양창전」에 "정직한[脛脛] 사람이라고 해서 반드시 온전한 것은 아니다."라고 했는데, 안사고의 「주」에 "경경(脛脛)은 정직한 모양[直貌]이다."라고 했다. 『이아』「석고」에 "견(掔) 견고하다[固]는 뜻이다."라고 했는데, 학의행(郝懿行)의 『이아의소』에 "견(掔)이 바뀌어 갱(鵛)이 되었다. 『옥편』에 '갱(鵛)은 구(口)와 경(耕)의 반절음이다. 별도로 경(硜)으로 쓴다.'라고 했다."라고 했으니, 경(誙)과 경(脛)과 견(掔)과 갱(鵛)은 모두 경(硜)과 같은 뜻이다.

"抑亦其次", 「注」是隱括經文. 孔氏廣森 『經學卮言』 "疑鄭所據本如此." 非也.

"그러나 또한 다음의 수준이 될 수 있다[抑亦其次]"

---

112 『설문해자』 권9: 경(磬)은 악기를 만드는 돌이다. 석(石)과 성(殸)으로 구성되었다. 매단 쇠북 걸이 틀 기둥의 모양을 상형했다. 수(殳)는 그것을 치는 것이다. 옛날 모구씨(母句氏)가 석경(磬)을 제작했다. 성(殸)은 주문(籒文)인데 생략형이다. 경(硜)은 경(磬)의 고문인데 경(㲒)으로 구성되었다. 고(苦)와 정(定)의 반절음이다.[磬, 樂石也. 從石殸. 象縣虡之形. 殳, 擊之也. 古者母句氏作磬. 殸, 籒文省. 硜, 古文從㲒. 苦定切.]

113 이이(李頤, ?~?): 진대(晉代) 영천(潁川) 양성(襄城) 사람이다. 자는 경진(景眞), 자호(自號)는 현도자(玄道子). 진(晉)의 승상참군(丞相參軍)을 지냈다.

「주」는 경문(經文)을 고쳐서 바로잡은 것이다. 공광삼(孔廣森)의 『경학치언』에 "아마도 정현이 근거로 삼은 저본이 이와 같을 듯싶다."라고 했는데, 아니다.

曰: "今之從政者何如?" 子曰: "噫! 斗筲之人, 何足算也?"

【注】鄭曰: "'噫', 心不平之聲. '筲', 竹器, 容斗二升. '算', 數也."

자공이 말했다. "지금 정사에 종사하는 자들은 어떠합니까?" 공자가 말했다. "아아! 한 말이나 한 말 두 되 정도의 식견을 가진 보잘것없는 자들의 수를 무어 족히 세어 볼 것이 있겠는가?"

【주】정현이 말했다. "'희(噫)'는 마음이 평안치 못한 소리이다. '소(筲)'는 대그릇이니, 한 말 두 되를 수용한다. '산(算)'은 수를 센다[數]는 뜻이다."

원문 正義曰: "斗筲之人", 言今之從政, 但事聚斂也. 『釋文』云: "算, 本或作筭." 案, 『說文』, "筭, 長六寸許, 計歷數者. 從竹從弄. 算, 數也. 從竹從具. 讀若筭." 二字義略同.

역문 정의에서 말한다.

"두소지인(斗筲之人)"이란 지금 정치에 종사하는 자들은 단지 세금을 긁어모으는 것[聚斂]만 일삼을 뿐이라는 말이다. 『경전석문』에 "산(算)은 판본에 따라 더러 산(筭)으로 되어 있다."라고 했다. 살펴보니, 『설문해자』에 "산(筭)은 길이가 여섯 치 남짓 되는데, 역수(歷數)를 셈하는 것이다. 죽(竹)으로 구성되었고 농(弄)으로 구성되었다.[114] 산(算)은 수를 센다[數]는 뜻이다. 죽(竹)으로 구성되었고 구(具)로 구성되었다. 산(筭)과 같이 발음한다.[115]"라고 했으니, 두 글자의 뜻이 대략 같다.

원문 『漢書』「公孫賀傳」「贊」, "斗筲之徒, 何足選也?" 『鹽鐵論』「雜論」作 "何足算哉?" "選"·"算"一聲之轉. 此當出『齊』·『古』異文. 『詩』「柏舟」"不 可選也", 朱穆『絶交論』作"不可算也". 『周官』「大司馬」, "撰車徒." 鄭「注」, "撰讀曰算, 算車徒, 謂數擇也." 是"選"·"算"音近通用.

역문 『전한서』「공손하전」의 「찬」에 "한 말이나 한 말 두 되 정도의 보잘것 없는 무리를 무어 족히 가릴 것이 있겠는가[何足選也]?"라고 했는데, 『염 철론』「잡론」에 "무어 족히 수를 세어 볼 것이 있겠는가[何足算哉]?"라고 되어 있으니, "선(選)"과 "산(算)"은 같은 발음이었다가 바뀌어 달라진 것 이다. 이것은 당연히 『제논어』와 『고논어』에서 나온 것으로 표현을 달 리한 것이다. 『시경』「백주」의 "불가선야(不可選也)"가 주목(朱穆)[116]의 『절 교론』에는 "불가산야(不可算也)"로 되어 있다. 『주례』「하관사마상·대 사마」에 "수레와 보병을 선발한다[撰車徒]."라고 했는데, 정현의 「주」에 "찬(撰)은 산(算)의 뜻으로 읽어야 하니, 수레와 보병의 수를 센다[算車徒] 는 것은, 수를 세어서 선택한다는 말이다."라고 했으니, "선(選)"과 "산 (算)"은 발음이 비슷해서 통용된다.

---

114 『설문해자』 권5: 산(算)은 길이가 여섯 치인데, 역수(歷數)를 셈하는 것이다. 죽(竹)으로 구 성되었고 농(弄)으로 구성되었다. 항상 제 마음대로 다루어야 실수하지 않는다는 말이다. 소(蘇)와 관(貫)의 반절음이다.[算, 長六寸, 計歷數者. 從竹從弄. 言常弄乃不誤也. 蘇貫切.]

115 『설문해자』 권5: 산(算)은 수를 센다[數]는 뜻이다. 죽(竹)으로 구성되었고 구(具)로 구성되 었다. 산(筭)과 같이 발음한다. 소(蘇)와 관(管)의 반절음이다.[算, 數也. 從竹從具. 讀若筭. 蘇管切.]

116 주목(朱穆, 100~163): 동한(東漢) 남양군(南陽郡) 완(宛: 지금의 하남성河南省 남양시南陽 市) 사람. 시어사(侍御史)가 되어 당시 경박한 풍속에 격분하여 가슴을 치고 숭후론(崇厚 論)·절교론(絶交論)을 제창하였음. 충간자(忠諫者)의 비유로 쓰임.

- 「注」, "噫心"至"數也".

- 正義曰: "噫"是歎聲. 心有所不足, 故不能平也. "斗"·"筲", 皆器名. 『說文』, "斗, 十升也. 象形, 有柄." 鄭以"斗"是量名, 人所共知, 故不具釋. 或鄭亦有「注」, 『集解』刪佚之耳. "筲"字從竹, 故云"竹器". 『儀禮』「旣夕」云: "筲三: 黍·稷·麥." 下文又有"菅筲", 以菅草爲之, 亦得名筲者, 草竹同類也. 鄭彼「注」云: "筲, 畚種類也, 其容蓋與簋同一觳." 賈「疏」云: "豆實三而成觳." 「昭」三年, "晏子云: '四升爲豆,'" 則觳受斗二升, 此"筲"與"觳"同, 盛黍稷稷約同之.

○ 「주」의 "희심(噫心)"부터 "수야(數也)"까지.

○ 정의에서 말한다.

"희(噫)"는 탄성(歎聲)이다. 마음에 만족스럽지 못한 것이 있기 때문에 평안할 수 없는 것이다. "두(斗)"와 "소(筲)"는 모두 용기의 명칭이다. 『설문해자』에 "두(斗)는 열 되[十升]이다. 상형(象形)이고 자루가 있다."[117]라고 했다. 정현은 "두(斗)"가 도량형(度量衡)의 명칭으로 사람들이 똑같이 아는 것이라고 생각했기 때문에 구체적으로 해석하지 않은 것이다. 어쩌면 정현도 「주」가 있을 법하나, 『논어집해』에서 빼먹거나 빠뜨렸을 뿐일 수도 있다. "소(筲)" 자는 죽(竹)으로 구성되었기 때문에 "대그릇[竹器]"이라고 한 것이다. 『의례』「기석례」에 "소(筲) 셋에는 찰기장[黍]과 메기장[稷]과 보리[麥]를 담는다."라고 했고, 아래 문장에 또 "관소(菅筲)"라는 것이 있는데, 골풀[菅草]을 사용해서 만들지만 역시 소(筲)라고 명칭을 붙일 수 있는 까닭은 풀[草]이나 대나무[竹]가 같은 종류이기 때문이다. 정현은 「기석례」의 「주」에서 "소(筲)는 삼태기[畚] 종류이니, 그 용량은 대체로 궤(簋)와 같은 1곡(觳)이다."라고 했고, 가공언의 「소」에 "3두(豆)를 채우면 1곡(觳)을 이룬다."라고 했다. 『춘추좌씨전』「소공」 3년에 "안자(晏子)가 말했다. '넉 되[四升]가 1두(豆)가 된다.'[118]라고 했으니, 1곡(觳)은 한 말 두 되를 수용하고, 이래서 "소(筲)"와 "곡(觳)"이 같은 용량이며, 찰기장[黍]과 메기장[稷]을 담는

---

117 『설문해자』 권14: 두(斗)는 열 되[十升]이다. 상형(象形)이고 자루가 있다. 모든 두(斗)부에 속하는 한자는 다 두(斗)의 의미를 따른다. 당(當)과 구(口)의 반절음이다.[斗, 十升也. 象形, 有柄. 凡斗之屬皆從斗. 當口切.]

118 『논어정의』에는 "四升爲豆"라고 되어 있다. 『춘추좌씨전』「소공」을 근거로 "曰"을 "爲"로 고쳤다.

것도 대략 같은 양인 것이다.

案,『說文』"籍"下云: "飯筥也. 受五升. 從竹稍聲. 秦謂筥曰'籍'." "籍"下云: "一曰飯器, 容五升." "筥, 籍也. 從竹呂聲."
살펴보니, 『설문해자』의 "소(籍)" 아래 "밥 담는 광주리이다. 다섯 되[五升]를 수용한다. 죽(竹)으로 구성되었고 초(稍)가 발음을 나타낸다. 진(秦)에서는 광주리[筥]를 '소(籍)'라 한다."[119]고 했고, 소(籍) 아래 "일설에서는 '밥그릇[飯器]'이라고 하니, 다섯 되를 수용한다."라고 했으며, "거(筥)는 대밥그릇[籍]이다. 죽(竹)으로 구성되었고 여(呂)가 발음을 나타낸다."[120]라고 했다.

『方言』, "筶, 南楚謂之莆, 趙·魏之郊謂之笭筶." 郭曰: "筶, 盛餠筥也. 今建平人呼莆音鞭鞘." "筶"卽"筥"字, "莆"卽"籍"字.『說文』"筥", "籍", 據段說"籍"當作"籍".
『방언』에 "대밥그릇[筶]을 남초(南楚)에서는 소(莆)라 한다. 조(趙)나라와 위(魏)나라의 교외에서는 그것을 거려(笭筶)라 한다."라고 했는데, 곽박이 말하길, "여(筶)는 떡을 담는 광주리이다. 지금의 건평(建平) 사람들은 소(莆)를 부를 때 편초(鞭鞘)라고 발음한다."라고 했으니, "여(筶)"는 바로 "거(筥)" 자이고, "소(莆)"는 바로 "소(籍)" 자이다.『설문해자』의 "거(筥)"는 "소(籍)"인데, 단옥재의 설에 의거하면 "소(籍)"는 마땅히 "소(籍)"가 되어야 한다.

「士昏禮」鄭「注」云: "筥形蓋如今之筥·筤蘆." "筤蘆"卽"笭筶"也.『說文』, "△盧, 飯器. 以柳爲之, 象形. 笭, △或從竹, 去聲." 又『廣雅』「釋器」, "嵥峽, 莆筶也."『太平御覽』引『纂文』云: "嵥峽, 大筥也." 據此, 則筶·筶·筤蘆·嵥峽, 皆卽莆之異名, 用以盛飯, 故與"斗"連稱, 而"籍"本爲飯帝, 又爲箸桶, 皆是別義, 與『論語』無涉. 惟許·鄭言"莆"容數各異.

---

119 『설문해자』권5: 소(籍)는 밥 담는 광주리이다. 다섯 되[五升]를 수용한다. 죽(竹)으로 구성되었고 초(稍)가 발음을 나타낸다. 진(秦)에서는 광주리[筥]를 '소(籍)'라 한다. 산(山)과 추(樞)의 반절음이다.[籍, 飯筥也. 受五升. 從竹稍聲. 秦謂筥曰"籍". 山樞切.]

120 『설문해자』권5: 거(筥)는 대밥그릇[籍]이다. 죽(竹)으로 구성되었고 여(呂)가 발음을 나타낸다. 거(居)와 허(許)의 반절음이다.[筥, 籍也. 從竹呂聲. 居許切.]

『의례』「사혼례」 정현의 「주」에 "번(笄)의 모양은 지금의 거(筥)나 거로(莒蘆)와 같다."라고
했는데, "거로(莒蘆)"는 바로 "거려(筥簾)"이다. 『설문해자』에 "거로(△盧)는 밥그릇이다.
버드나무로 만드니, 상형(象形)이다.[121] 거(筥)는 거(△)의 혹체자인데 죽(竹)으로 구성되었
으며, 거(去)가 발음을 나타낸다."[122]라고 했다. 또 『광아』「석기」에 "혜계(蹊峡)는 소려(筲
簾)이다."라고 했고, 『태평어람』에 『찬문』을 인용해 "혜계(蹊峡)는 커다란 대밥그릇[大筥]이
다."라고 했으니, 이에 의거해 보면, 거(筥)·여(簾)·거로(莒蘆)·혜계(蹊峡)는 모두 바로
소(筲)의 다른 이름인데, 밥을 담는 데 사용하기 때문에 "두(斗)" 자와 연결해서 일컬은 것이
고, "소(筲)"는 본래 밥주걱[飯帚]으로 삼거나 또는 수저통[著桶]으로 삼는 것으로, 모두 별개
의 뜻이니, 『논어』와 관련이 없다. 다만 허신(許慎)과 정현이 말한 "소(筲)"의 용량의 수가
각각 다를 뿐이다.

宋氏翔鳳『過庭錄』以爲"『論語』先言'斗', 後言'筲', 筲量宜更小於斗, 則作五升爲是. 「旣夕」
用筲, 禮亦殺, 不必定容斗二升." 今案『後漢書』「禮儀志」更云"筲八, 盛容二升.", 或後世大
小異制. 若顏師古『漢書』「公孫賀等傳」「贊」「注」, 及『文選』「王命論」「注」引『漢書音義』,
並以筲受一斗, 則謂筲·斗同量, 非矣.
송상봉의 『과정록』에 "『논어』에서 먼저 '두(斗)'를 말하고 '소(筲)'를 뒤에 말했는데, 소(筲)
의 용량은 당연히 두(斗)보다 더욱 작으니, 그렇다면 다섯 되[五升]가 되어야 옳다. 『의례』
「기석례」에도 소(筲)를 사용하는데, 예(禮)란 또한 감쇄하는 것이니, 반드시 한 말 두 되를
수용한다고 단정지을 필요는 없다."라고 했다. 지금 『후한서』「예의지」를 살펴보니, 다시
"소(筲)가 여덟이니, 담는 용량이 두 되[二升]이다."라고 했는데, 아마도 후세에는 크고 작음
이 제도가 달라진 듯싶다. 안사고의 『전한서』「공손하등전」「찬」의 「주」 및 『문선』「왕명론」
의 「주」에 인용한 『한서음의』와 같은 경우에는 모두 소(筲)를 한 말[一斗]을 수용한다고 했

---

121 『설문해자』 권5: 거(凵)는 거로(△盧)이니 밥그릇이다. 버드나무로 만든다. 상형(象形)이
다. 모든 거(△)부에 속하는 한자는 다 거(△)의 의미를 따른다. 거(去)와 어(魚)의 반절음이
다.[凵, △盧, 飯器, 以柳爲之. 象形. 凡△之屬皆從凵. 去魚切.]

122 『설문해자』 권5 거(筥)는: 거(△)의 혹체자인데 죽(竹)으로 구성되었으며, 거(去)가 발음을
나타낸다.[筥, △或從竹 去聲.]

으니, 그렇다면 소(䈽)와 두(斗)가 용량이 같다는 말은 틀린 것이다.

"算, 數", 『爾雅』 「釋詁」 文. 『說文』 云: "數, 計也."
"산(算)은 수를 센다[數]는 뜻"이라는 것은 『이아』 「석고」의 글이다. 『설문해자』에 "수(數)는
계산한다[計]는 뜻이다."[123]라고 했다.

13-21

子曰: "不得中行而與之, 必也狂狷乎! 【注】包曰: "'中行', 行能得
其中者. 言不得中行, 則欲得狂狷者." 狂者進取, 狷者有所不爲也."
【注】包曰: "狂者, 進取於善道; 狷者, 守節無爲. 欲得此二人者, 以時多進退,
取其恒一."

공자가 말했다. "중용(中庸)의 도(道)에 의거해서 행하는 군자를
얻어서 함께할 수 없다면 반드시 뜻이 큰 사람이나 뜻이 굳센 사
람과 함께할 것이다. 【주】 포함이 말했다. "'중행(中行)'은 행실이 거뜬히 중
용(中庸)의 도(道)를 얻을 수 있는 자이다. 중용(中庸)의 도(道)에 의거해서 행하는
군자를 얻지 못하면 뜻이 큰 사람[狂者]이나 뜻이 굳센 사람[狷者]을 얻고 싶다는 말
이다." 뜻이 큰 사람은 진취적이고, 뜻이 굳센 사람은 하지 않는 바
가 있다." 【주】 포함이 말했다. "뜻이 큰 사람[狂者]은 선도(善道)에 적극적으로
나아가 일을 이룩하고, 뜻이 굳센 사람[狷者]은 절도를 지키고 작위적으로 행함이 없
다. 이런 두 종류의 사람을 얻고자 한 것은 당시에 나아가고 물러나는 사람이 많았기

---

123 『설문해자』 권3: 수(數)는 계산한다[計]는 뜻이다. 복(攴)으로 구성되었고 루(婁)가 발음을
나타낸다. 소(所)와 구(矩)의 반절음이다.[數, 計也. 從攴婁聲. 所矩切.]

> 때문에, 그 떳떳하고 한결같음을 취한다는 것이다."

원문 正義曰: 凌氏鳴喈『論語解義』云: "'中行'者, 依中庸而行者. 在『易』「復」
四·「益」三·四稱'中行', 謂孚中以行, 可與之自治治人也. 孚化萬邦, 中
庸鮮能, 故不得隱怪, 鄉原又不可與, 故必也狂狷乎."

역문 정의에서 말한다.

능명개(凌鳴喈)의 『논어해의』에 "'중행(中行)'이란 중용(中庸)에 의거해
서 행하는 사람이다. 『주역』「복괘」육사(六四)의 효사(爻辭)와 「익괘」의
육삼(六三)·육사(六四)의 효사에 '중행(中行)'을 일컫은 것이 있는데, 중
용의 도를 성실히 행하면 더불어 스스로를 다스릴 수 있고 남을 다스릴
수 있다는 말이다. 만방(萬邦)을 성실하게 교화시킴에 중용에 능한 이가
드물기 때문에 숨어 있거나 후미진 이치를 찾으며 지나치게 괴이한 짓
을 행하는 자는 얻을 수 없는 노릇이고, 향원(鄉原)은 더더욱 함께할 수
없기 때문에 반드시 뜻이 큰 사람이나 뜻이 굳센 사람과 함께해야 하는
것이다."라고 했다.

원문 案, 『說文』無"狷"字, "獧"下云: "疾跳也. 一曰'急'也." 段氏玉裁「注」云:
"獧·狷古今字. 今『論語』作'狷', 『孟子』作'獧'. 大徐別增'狷'篆, 非." 又
「心部」, "懁, 急也. 從心睘聲. 讀若絹." 段「注」, "『論語』'狷', 『孟子』作
'獧', 其實當作'懁'."

역문 살펴보니, 『설문해자』에 "견(狷)" 자는 없고, "견(獧)" 아래 "빠르게 뛴
다[疾跳]는 뜻이다. 일설에는 '급하다[急]는 뜻이다'라고 한다."[124]고 했는
데, 단옥재의 「주」에 "견(獧)과 견(狷)은 고금자(古今字)의 관계이다. 지금

『논어』에는 '견(狷)'으로 되어 있지만, 『맹자』에는 '견(獧)'으로 되어 있다. 대서(大徐)[125]는 별도로 '견(狷)'의 전자(篆字)를 더했는데, 잘못이다."라고 했고, 또 「심부(心部)」에 "견(悁)은 급하다[忿]는 뜻이다. 심(心)으로 구성되었고 경(睘)이 발음을 나타내니, 견(絹)과 같은 발음으로 읽어야 한다."[126]고 했는데, 단옥재의 「주」에 "『논어』의 '견(狷)'은 『맹자』에 '견(獧)'으로 되어 있으나, 사실은 '환(悁)'으로 쓰는 것이 마땅하다."라고 했다.

원문 今案, "忿"與"急"同. 獧者性褊急, 則有所謹畏不爲也.『孟子』「盡心下」, "萬章問曰: '孔子在陳, 何思魯之狂士?' 孟子曰: '孔子, 不得中道而與之, 必也狂獧乎, 狂者進取, 獧者有所不爲也. 孔子豈不欲中道哉? 不可必得,

---

124 『설문해자』 권10: 견(獧)은 빠르게 뛴다[疾跳]는 뜻이다. 일설에는 "급하다[急]는 뜻이다"라고 한다. 견(犬)으로 구성되었고 경(睘)이 발음을 나타낸다. 고(古)와 현(縣)의 반절음이다. [獧, 疾跳也. 一曰"急"也. 從犬睘聲. 古縣切.]

125 대서(大徐): 북송 양주(揚州) 광릉(廣陵) 사람인 서현(徐鉉, 917~992)을 가리킨다. 자는 정신(鼎臣)이고, 서연휴(徐延休)의 아들이다. 젊었을 때 한희재(韓熙載)와 이름을 나란히 해서 강동(江東)에서 '한서(韓徐)'라 불렸다. 동생 서개(徐鍇)와 함께 '이서(二徐)'로도 불렸다. 오대(五代) 때 오(吳)나라에서 벼슬해 교서랑(校書郞)이 되고, 남당(南唐)에서는 지제고(知制誥)와 한림학사(翰林學士), 이부상서(吏部尙書) 등을 역임했다. 송나라에 들어 태자율갱령(太子率更令)이 되었다. 태종 태평흥국(太平興國) 초에 학사원(學士院)에 근무하면서 급사중(給事中)을 지냈다. 좌우(左右) 산기상시(散騎常侍)를 각각 거쳤다. 순화(淳化) 2년(991) 정난군(靜難軍) 행군사마(行軍司馬)로 폄적(貶謫)되었다가 빈주(邠州)에서 죽었다. 시문에 능했고, 문자의 훈고(訓詁)에 정통했다. 일찍이 『설문해자(說文解字)』를 다시 교정하고, 『문원영화(文苑英華)』의 편찬에도 참여했다. 저서에 『기성집(騎省集)』과 『서문공집(徐文公集)』 30권이 전한다.

126 『설문해자』 권10: 환(悁)은 급하다[忿]는 뜻이다. 심(心)으로 구성되었고 경(睘)이 발음을 나타내니, 견(絹)과 같은 발음으로 읽어야 한다. 고(古)와 현(縣)의 반절음이다.[悁, 急也. 從心睘聲, 讀若絹. 古縣切.]

故思其次也.'‘敢問何如斯可謂狂矣?’曰:‘如琴張·曾晳·<u>牧皮</u>者, <u>孔子</u>之所謂狂矣.'‘何以謂之狂也?’曰:‘其志嘐嘐然, 曰: "古之人, 古之人!" 夷考其行, 而不掩焉者也. 狂者又不可得, 欲得不屑不潔之士而與之, 是獧也, 是又其次也.'" <u>趙岐</u>「注」, "中道, 中正之大道也. 狂者能進取, 獧者能不爲不善, 時無中道之人, 以狂獧次善者, 故思之也. 嘐嘐, 志大言大者也. 重言‘古之人’, 欲慕之也. 考察其行, 不能掩覆其言, 是其狂也. 屑, 潔也. 旣不能得狂者, 欲得有介之人, 能耻賤汙行不潔者, 則可與言矣. 是獧人次於狂者也."

역문 이제 살펴보니, "급(恖)"과 "급(急)"은 같은 글자이다. 견자(獧者)는 성격이 편협하고 조급하니, 삼가고 두려워해서 하지 않는 바가 있다. 『맹자』「진심하」에, "만장(萬章)이 물었다. ‘공자께서는 진(陳)나라에 계시면서 어찌하여 노나라의 뜻이 큰 선비[狂士]들을 생각하셨습니까?’ 맹자가 말했다. ‘공자께서는 중용(中庸)의 도(道)에 의거해서 행하는 군자를 만나서 함께할 수 없다면 반드시 뜻이 큰 사람[狂者]이나 뜻이 굳센 사람[獧者]과 함께할 것이니, 뜻이 큰 사람은 진취적이고, 뜻이 굳센 사람은 하지 않는 바가 있다고 하셨는데, 공자께서 어찌 중용의 도를 행하는 사람을 원하지 않으셨겠는가? 반드시 얻을 수는 없었기 때문에 그다음의 인물을 생각하신 것이라네.’ 만장이 말했다. ‘감히 여쭙겠습니다. 어떠하여야 뜻이 크다[狂]고 이를 수 있습니까?’ 맹자가 말했다. ‘금장(琴張)·증석(曾晳)·목피(牧皮)와 같은 자가 공자의 이른바 뜻이 큰[狂] 자라네.’ ‘어찌하여 뜻이 크다[狂]고 일컫습니까?’ 맹자가 말했다. ‘그 뜻이 높고 커서[嘐嘐然] 말만 했다 하면 "옛사람이여, 옛사람이여!" 하나, 평소에 그들의 행실을 살펴보면 행실이 말한 바를 다 실천하지 못하기 때문이라네. 뜻이 큰 자를 또 얻지 못하면 청렴하지 않은 것을 좋게 여기지 않는 선비를 얻어서 함께하고자 하셨으니, 이것이 뜻이 굳센[獧] 것이니, 또한 그다음이 된다네.'"라고 했는데, 조기의 「주」에 "중도(中道)란 중정(中正)한 큰 도[大道]이다. 뜻이 큰 사람[狂者]은 진취적일 수 있고, 뜻이 굳센 사람[獧者]은 불선을 행하지 않을 수 있으니, 당시에 중정한 큰 도를 행하는 사람이 없어, 뜻이 큰 사람과 뜻이 굳센 사람을 차선(次善)이라고 여겼기 때문에 그들을 생각한 것이다. 교교(嘐嘐)는 뜻고 크고 말도 큰 것이다. 거듭 '옛사람이여'라고 한 것은, 사모하고자 한 것이다. 그들의 행실을 곰곰이 생각하고 살펴보면, 그들이 한 말을 가리지 못하니, 이것이 그 뜻이 크다[狂]는 것이다. 설(屑)은 깨끗함[潔][127]이다. 이미 뜻이 큰 사람을 얻지 못하기 때문에 절개가 있는 사람을 얻고자 한 것이니, 더러운 행실과 청렴치 못함을 수치스럽고 천하게 여길 수 있는 자라면 함께 말할 수 있을 것이니, 이것이 뜻이 굳센 사람[獧人]으로 뜻이 큰 사람[狂者]의 다음인 것이다."라고 했다.

원문 『後漢書』「獨行傳」「序」, "孔子曰: '與其不得中庸, 必也狂狷乎.' 此蓋失於周全之道, 而取諸偏至之端者也. 然則'有所不爲', 亦將有所必爲者矣; 既云'進取', 亦將有所不取者矣."

역문 『후한서』「독행전」「서」에 "공자가 말했다. '중용의 도를 행하는 군자를 얻어 함께하지 못한다면 반드시 뜻이 큰 사람이나 뜻이 굳센 사람과 함께할 것이다.'라고 했으니, 이는 아마도 온전한 도리를 행하는 군자를 잃었기 때문에 한쪽 방면으로라도 지극한 여러 사람을 취하려는 단서인 듯하다. 그렇다면 '하지 않는 바가 있다'라는 것 역시 장차 반드시 하는 바가 있을 것이라는 뜻이고, 이미 '진취적'이라고 한 것 역시 장차 취하

---

127 『논어정의』에는 '絜'로 되어 있다. 『맹자주소(孟子注疏)』 권14하 「진심하(盡心下)」 조기(趙岐)의 「주」를 근거로 고쳤다.

지 않는 바가 있을 것이라는 뜻인 듯싶다."라고 했다.

- 「注」, "狂者"至"恒一".
- 正義曰:『左氏傳』, "曹子臧曰: ‘前志有之曰: "聖達節, 次守節, 下失節."’" 狷者慎守一節, 雖不能進取, 亦自不爲不善, 故云"無爲".
- 「주」의 "광자(狂者)"부터 "항일(恒一)"까지.
- 정의에서 말한다.

『춘추좌씨전』「성공」 15년에 "조(曹)나라의 자장(子臧)이 말했다. ‘옛 기록에 "성인은 모든 행위가 절도에 맞고, 그다음 수준의 사람은 절도를 지키고, 하우(下愚)는 절도를 잃는다."라고 했다.’"라고 했으니, 뜻이 굳센 사람[狷者]은 한 가지 절도는 삼가 지키므로, 비록 진취적이지 못하더라도 또한 스스로 불선을 행하지는 않기 때문에 "작위적으로 행함이 없다[無爲]"라고 한 것이다.

"時多進退", 謂無恒之人, 或進或退也. 狂狷雖未得中道, 然其性情恒一, 使人知其所失, 易反之於中道, 故願與之也. 『禮』「中庸」云: "道之不行也, 我知之矣: 知者過之, 愚者不及也." 狂近知, 狷近愚. 彼言"道不行", 卽謂中庸之道. 知愚雖未得中, 然皆可與之, 此夫子所以思有恒也.

"당시에 나아가고 물러나는 사람이 많았다[時多進退]"라는 것은 항상된 마음[恒心]이 없는 사람이 혹 나아가기도 하고 혹 물러나기도 했다는 말이다. 뜻이 큰 사람이나 뜻이 굳센 사람[狂狷]은 비록 아직은 중용의 도를 얻지는 못했더라도 그들의 성정(性情)은 떳떳하고 한결같아서 사람들로 하여금 그들의 잘못을 알게 해서 중용의 도로 되돌리기 쉽기 때문에 그들과 함께하기를 원했던 것이다. 『예기』「중용」 4장에 "도(道)가 행해지지 않는 이유를 내가 아니, 지혜로운 자는 지나치고 어리석은 자는 미치지 못하기 때문이다."라고 했는데, 뜻이 큰 사람은 지혜로운 자에 가깝고, 뜻이 굳센 사람은 어리석은 자에 가깝다. 『중용』에서 말한 "도가 행해지지 않음[道不行]"은 바로 중용의 도를 말하는 것이다. 지혜로운 자와 어리석은 자가 비록 아직은 중용의 도를 얻지는 못했지만, 그러나 모두 함께할 수는 있으니, 이것이 공자가 항상된 마음이 있는 사람을 생각한 까닭이다.

『詩』「載馳」「正義」引鄭此「注」, "狂者仰法古制, 不顧時俗." "仰法古制", 則孟子所稱狂者之
言"古之人, 古之人!"也; "不顧時俗", 言不顧時俗之所宜而合之也. 若鄉原, 則閹然媚世, 所
謂"非之無擧, 刺之無刺, 同乎流俗, 合乎汙世", 與狂狷者異矣.
『시경』「재치」의 「정의」에 정현의 이 「주」를 인용해서 "뜻이 큰 사람[狂者]은 우러러 옛 제
도를 본받아 시속(時俗)을 돌아보지 않는다."라고 했는데, "우러러 옛 제도를 본받음"은 바로
맹자가 뜻이 큰 사람을 일컬어 "옛사람이여, 옛사람이여!"라고 한 것이고, "시속(時俗)을 돌
아보지 않음"은 당시 풍속의 마땅함을 돌아보고 그와 영합하지 않는다는 말이다. 향원(鄉原)
으로 말할 것 같으면 속마음을 감추고 세상에 아첨하는 자로서, 이른바 "비난하려 해도 들추
어낼 것이 없으며, 풍자하려 해도 풍자할 것이 없고, 유속(流俗)과 동화하고 더러운 세상에
영합하는 자"이니, 뜻이 크거나 뜻이 굳센 사람[狂狷]과는 다르다.

13-22

子曰: "南人有言曰: '人而無恒, 不可以作巫 · 醫.' 【注】孔曰:
"'南人', 南國之人也." 鄭曰: "言巫·醫不能治無恒之人." 善夫!"【注】包曰:
"善南人之言也."

공자가 말했다. "남쪽 나라 사람들의 말에 '사람으로서 항상된 덕
[恒德]이 없으면 무당이나 의사도 될 수 없다.'라고 하는 말이 있
는데, 【주】공안국이 말했다. "'남인(南人)'은 남쪽 나라 사람이다." 정현이 말했
다. "무당이나 의사도 항상된 덕[恒德]이 없는 사람을 치료할 수 없다는 말이다." 좋
은 말이다."【주】포함이 말했다. "남쪽 나라 사람들의 말을 좋게 여긴 것이다."

원문 正義曰: 『說文』, "巫, 祝也. 女能事無形, 以舞降神者也." 『公羊』「隱」
四年「傳」「注」, "巫者, 事鬼神禱解, 以治病請福者也. 男曰覡, 女曰巫."
案, 巫·覡對文異, 散文通. 『周官』, "司巫, 中士二人. 男巫無數, 女巫無
數, 其師, 中士四人." 是男女皆稱巫也. 『說文』, "醫, 治病工也." 『周官』,
"醫師, 上士二人, 下士二人. 食醫, 中士二人. 疾醫, 中士八人. 瘍醫, 下士
八人." 是巫·醫皆以士爲之, 世有傳授, 故精其術, 非無恒之人所能爲也.

역문 정의에서 말한다. 『설문해자』에 "무(巫)는 무당[祝]이다. 여자 중에 형
체 없는 것을 섬겨서 춤을 추어 신(神)을 강림하게 할 수 있는 자이
다."[128]라고 했고, 『춘추공양전』「은공」4년「전」의「주」에 "무당이란 귀
신을 섬기며 빌고 기도해서 병을 다스리고 복을 청하는 자이다. 남자를
박수[覡]라 하고 여자를 무당[巫]이라 한다."라고 했다. 살펴보니, 무당[巫]
과 박수[覡]는 대문(對文)으로 쓸 때는 다르지만, 산문(散文)으로 쓸 때는
통한다. 『주례』「춘관종백상」에 춘관종백 산하의 직제 편성에 "사무(司
巫)는 중사(中士)가 2인이다. 남무(男巫)는 수의 제한이 없고, 여무(女巫)도
수의 제한이 없는데, 그 사(師)에는 중사(中士)가 4인이다."라고 했으니,
이는 남자 무당과 여자 무당을 모두 무(巫)라고 일컬은 것이다. 『설문해
자』에 "의(醫)는 병을 다스리는 기술자이다."[129]라고 했다. 『주례』「천관

---

128 『설문해자』권5: 무(巫)는 무당[祝]이다. 여자 중에 형체 없는 것을 섬겨 춤을 추어 신(神)을
   강림하게 할 수 있는 자이다. 사람의 두 소매가 춤추는 모양을 상형했다. 공(工)과 문자의
   구성 원리가 같다. 옛날에 무함(巫咸)이 처음으로 무당이 되었다. 모든 무(巫)부에 속하는
   한자는 다 무(巫)의 뜻을 따른다. 무(覡)는 무(巫)의 고문이다. 무(武)와 부(扶)의 반절음이
   다.[巫, 祝也. 女能事無形, 以舞降神者也. 象人兩褎舞形. 與工同意. 古者巫咸初作巫. 凡巫之
   屬皆從巫. 覡, 古文巫. 武扶切.]
129 『설문해자』권14: 의(醫)는 병을 다스리는 기술자이다. 예(殹)는 나쁜 모양[惡姿]이며, 의사
   의 성격이 그렇다. 술을 얻어서 사용하기 때문에 유(酉)로 구성되었다. 왕육(王育)이 말하
   길, "일설에 '예(殹)는 앓는 소리이다. 술은 병을 치료하는 것이다.'라고 한다."라고 했다. 『주

총재하」에 산하의 직제 편성에 "의사(醫師)에는 상사(上士)가 2인, 하사(下士)가 2인이다. 사의(食醫)에는, 중사(中士)가 2인이다. 질의(疾醫)에는 중사(中士)가 8인이다. 양의(瘍醫)에는 하사(下士)가 8인이다."라고 했으니, 무당이나 의사는 모두 사(士)가 담당을 하고, 대대로 전수되기 때문에 그 솜씨가 정밀해서 항덕(恒德)이 없는 사람이 제대로 할 수 있는 일이 아니다.

원문 「楚語」, "古者民神不雜. 民之精爽不攜貳者, 而又能齊肅衷正, 其智能上下比義, 其聖能光遠宣朗, 其明能光照之, 其聰能聽徹之, 如是, 則明神降之, 在男曰覡, 在女曰巫. 是使制神之處位次主, 而爲之牲器時服."

역문 『국어』「초어」에 "옛날에는 백성의 일을 맡은 벼슬과 신(神)의 일을 맡은 벼슬이 뒤섞이지 않았습니다. 백성 중에는 정일(精一)하고 고명(高明)하며 전일(專一)한 자이면서, 또 한결같이 엄숙하고 경건하며 정성스럽고 올발라서 그 지혜가 위아래의 천지로 하여금 마땅한 자리를 얻게 할 수 있는데 가깝고, 성스럽고 명철함은 밝은 광채를 멀리 쏘아 밝게 비출 수 있으며, 밝은 눈은 밝게 사물을 비추고, 밝은 귀는 사방의 모든 일을 들어 통달하는 사람이 있습니다. 이와 같은 사람에게는 밝은 신령이 그에게 내려오는데, 남자에게 내려와 있으면 박수[覡]라 하고, 여자에게 내려와 있으면 무당[巫]이라 합니다. 이들에게 신령의 거처와 제사 지내는 순위 및 신주(神主)의 존비를 배치하는 일을 제정하게 하고, 희생(犧牲)과 제기(祭器)와 사시에 맞는 복색(服色)을 만들게 하였습니다."라고 했다.

례』에 치료용 술[醫酒]이 있다. 옛날 무팽(巫彭) 처음으로 의사가 되었다. 어(於)와 기(其)의 반절음이다.[醫, 治病工也. 殹, 惡姿也; 醫之性然. 得酒而使, 從酉. 王育說, "一曰: '殹, 病聲. 酒所以治病也.'"『周禮』有醫酒. 古者巫彭初作醫. 於其切.]

원문 楊泉『物理論』, "夫醫者, 非仁愛不可託, 非聰明達理不可任, 非廉潔淳良不可信. 古之用醫, 必選名姓之後." 又云: "其德能仁恕博愛, 其智能宣暢曲解, 知天地神祇之次, 明性命吉凶之數, 處虛實之分, 定順逆之理, 原疾量藥, 貫微達幽." 觀此, 則巫・醫皆抱道懷德, 學徹天人. 故必以有恒之人爲之解者, 或以巫・醫爲賤役, 非也.

역문 양천(楊泉)[130]의 『물리론』에 "의사란 인애(仁愛)를 바탕으로 가진 자가 아니면 몸을 맡길 수 없고, 총명함이 이치에 통달한 사람이 아니라면 치료를 맡길 수 없으며, 청렴결백하고 인정이 도타우며 어진 자가 아니라면 믿을 수 없다. 옛날에 의사를 채용할 때는 반드시 명망 있는 성씨의 후예를 가려서 채용했다."라고 했고, 또 "그 덕은 능히 인서(仁恕)하고 박애(博愛)로우며 그 지혜는 거뜬히 사실과 어긋나게 잘못 이해하고 있는 것을 세상에 드러내어 널리 알리고, 천지신명의 차서를 알며, 성명(性命)과 길흉(吉凶)의 도수(度數)에 밝고, 허실(虛實)의 구분을 처리하며, 순리(順理)와 역리(逆理)를 정하고, 병의 원인을 진단해서 약처방을 헤아리며, 은미한 이치에 관통하고 숨은 이치에 통달해야 한다."라고 했으니, 이를 살펴보면 무당이나 의사는 모두 도(道)를 안고 덕(德)을 품고 있으면서 학식은 하늘과 사람의 이치를 꿰뚫어 본다. 그러므로 반드시 항덕(恒德)

---

130 양천(楊泉, ?~?): 서진(西晉) 양국(梁國) 사람. 자연철학자. 자는 덕연(德淵). 왕충(王充) 이후의 유물주의 학설을 계승, 합리적인 자연관과 인간관을 전개했다. 만물의 근본인 물에서 갖가지 성질을 지닌 원기(元氣)가 생기고, 그것이 자연현상을 형성한다고 주장했다. 또한 그 기(氣)의 일원적 자연관으로부터 육체가 없는 영혼의 존재를 부정했다. 노장파(老莊派)의 현학(玄學)을 비판하기도 하고, 농업과 공업 기술에 관심을 보이는 등 자세 또한 실용적이었다. 진한제자(秦漢諸子)들의 학설을 모아 편찬한 『물리론(物理論)』은 천문과 지리, 공예, 농업, 의학에 관해 연구한 책인데, 일부분만 전한다. 그 밖에 『태현경(太玄經)』과 문집이 있었지만 모두 없어졌다.

을 가진 사람으로 해결하도록 한 것이니, 간혹 무당이나 의사를 천박한 일로 여기는 것은 잘못이다.

원문 『禮記』「緇衣」云: "子曰: '南人有言曰: "人而無恒, 不可以爲卜筮." 古之遺言與. 龜筮猶不能知也, 而況於人乎? 『詩』云: "我龜旣厭, 不我告猶." 「兌命」曰: "爵無及惡德. 民立而正, 事純而祭祀, 是爲不敬. 事煩則亂, 事神則難." 『易』曰: "不恒其德, 或承之羞. 恒其德, 貞, 婦人吉, 夫子凶.""" 鄭「注」云: "'猶', 道也, 言褻而用之, 龜厭之, 不告以吉凶之道也. '惡德', 無恒之德. 純猶皆也. 言君祭祀, 賜諸臣爵, 毋與惡德之人也. 民將立以爲正, 言倣傚之疾, 事皆如是, 而以祭祀, 是不敬鬼神也. 惡德之人, 使事煩, 事煩則亂. 使事鬼神, 又難以得福也. '純'或爲煩."

역문 『예기』「치의」에 "공자가 말했다. '남쪽 나라 사람들의 말에 "사람으로서 항상된 덕[恒德]이 없으면 점을 칠 수 없다."라고 하니, 예로부터 내려오는 말인 듯하다. 거북점이나 시초점으로도 오히려 알 수 없는데 하물며 사람이겠는가? 『시경』에 "내 거북이 이미 염증을 낸지라 나에게 계책을 말해 주지 아니한다."라고 했고, 『서경』「열명131」에 "작위가 악덕(惡德)에게 미치게 않게 해야 됩니다. 그렇게 되면 백성132이 일어나 이것을 정당한 일이라 여겨 본받게 되니, 모든 일을 이와 같이 하고서 제사 지내면 이것은 불경(不敬)이 됩니다. 일이 번거로우면 혼란해서, 신을 섬기더라도 복을 얻기 어렵습니다."라고 했다. 『주역』「항괘」에 "그 덕(德)을 항구히 하지 않으면, 부끄러움이 혹 이를 것이다. 그 덕을 항구히

---

131 열명(兌命):『예기』「학기(學記)」,「문왕세자(文王世子)」,「치의(緇衣)」에는 "說命"이 "兌命"으로 되어 있다.

132 『논어정의』에는 "名"으로 되어 있다. 『예기』「치의」를 근거로 "民"으로 고쳤다.

하면 정(貞)하니, 부인(婦人)은 길(吉)하고 남자는 흉(凶)할 것이다."라고
했다.'"라고 했는데, 정현의 「주」에 "유(猶)는 도(道)이니, 점을 더럽게 사
용하면 거북이 염증을 내어 길흉(吉凶)의 도(道)를 일러 주지 않는다는
말이다. '악덕(惡德)'은 항상됨이 없는 덕이다. 순(純)은 모두[皆]와 같다.
군주가 제사를 지내고 여러 신하에게 벼슬을 내리되 악덕한 사람과 함
께하지 말라는 말이다. 백성들이 장차 일어나 정당한 일이라고 여기게
된다는 것은 본뜨거나 본받게 되는 병통을 말한 것이니, 모든 일을 이와
같이 하고서 제사 지내는 것은 귀신을 공경하지 않는 것이다. 악덕한 사
람은 일을 번거롭게 하고, 일이 번거로워지면 혼란해진다. 그렇게 되면
가령 귀신을 섬기더라도 또한 복을 얻기 어렵다. '순(純)'은 혹자는 번(煩)
이라고 한다."라고 했다.

원문 案,「緇衣」與『論語』, 文異意同, 當由記者各據所聞述之. 龜曰卜, 蓍曰
筮, 二者皆有守職, 宜以有恒之人爲之. 無恒之人, 不常厥性, 故雖以龜筮
之先知, 猶不能知其爲人, 而況於凡人乎? 夫龜筮旣厭其人, 不告以卦兆
吉凶, 而其所以不可爲卜人・筮人也. 下文引『詩』言, 正以無恒之人, 雖欲
褻用之而不可得, 是不可爲卜筮明矣. 又下文引「說命」言惡德之人不可事
神, 故云"事神則難". 此正不可爲卜筮之證. 以其文略與『論語』同, 故具釋
之, 可互明也.

역문 살펴보니, 「치의」와 『논어』가 글은 다르지만 뜻이 같으니, 당연히 기
록한 자가 각각 들은 것에 따라 기술했기 때문이다. 거북점을 복(卜)이
라 하고, 시초점을 서(筮)라고 하는데, 두 가지 모두 맡고 있는 직책이 있
으니, 항덕(恒德)이 있는 사람으로 하여금 담당하게 하는 것이 마땅하다.
항덕이 없는 사람은 그 성품을 일정하게 유지하지 못하기 때문에 비록
거북점이나 시초점으로 앞서서 안다 하더라도 오히려 그 사람 됨됨이를

알 수 없는데, 하물며 평범한 사람에 있어서이겠는가? 거북점이나 시초
점이 이미 그 사람에게 염증을 느끼면 점괘(占卦)과 징조(徵兆)의 길흉을
일러 주지 않아서 그 때문에 거북점을 치는 사람[卜人]이든 시초점을 치
는 사람[筮人]이든 될 수가 없다. 아래 문장에 인용한 『시경』의 말은 바
로 항덕이 없는 사람이기 때문에 비록 점을 무람없이 이용하고자 하더
라도 할 수 없다는 말이니, 이에 점을 칠 수 없다는 것이 분명하다. 또
아래 문장에 인용한 「열명」의 말은 악덕한 사람은 신(神)을 섬길 수 없
다는 말이니, 그러므로 "신을 섬기더라도 복을 얻기 어렵다"라고 한 것
이다. 이것이 바로 점을 칠 수 없다는 증거이다. 문장이 『논어』와 대략
같기 때문에 구체적으로 해석한 것이니, 서로서로 발명해 볼 만하다.

원문 『金樓子』「立言篇」引『論語』作"不可卜筮", 此誤以「緇衣」文合『論語』.
支允堅『異林』又疑"巫"卽"筮"字, 古通用, 尤妄說.

역문 『금루자』[133] 「입언편」에는 『논어』를 인용하면서 "점을 칠 수 없다[不可
卜筮]"라고 했는데, 이것은 잘못해서 『예기』「치의」의 글을 『논어』에다

---

133 『금루자(金樓子)』: 중국 남북조시대 양(梁)나라의 제4대 황제인 양원제(梁元帝) 소역(蕭繹,
508~554)이 지은 책. 소역(蕭繹)의 자는 세성(世誠)이고, 소자(小字)는 칠부(七符). 남조 양
무제(梁武帝)의 일곱 번째 아들이다. 무제 천감(天監) 13년(514) 상동왕(湘東王)에 봉해졌
다. 왕승변(王僧辯)에게 명해 후경(侯景)을 평정하게 하고, 강릉(江陵)에서 즉위했다. 당시
주군(州郡)의 태반이 서위(西魏)로 넘어갔고, 호적상 인구도 3만 명을 넘지 못했다. 승성(承
聖) 3년(554) 서위의 군대가 공격해 오는데도 용광전(龍光殿)에서 『노자』를 강독했는데, 백
관들은 군복을 입고 들었다. 위나라 군대가 도착해도 시부(詩賦) 읊기를 그치지 않았다. 성
이 함락되자 위나라 사람에게 살해당했다. 3년 동안 재위했고, 묘호는 세조(世祖)다. 어렸을
때 눈 한쪽을 잃었지만 책 읽기를 좋아했고, 서화에도 뛰어났다. 장서만 14만 권에 이르렀는
데, 성이 함락될 때 모두 불타 버렸다. 그가 지은 시부는 경염기미(輕艶綺靡)하여 형 소강
(蕭綱)과 닮아 있다. 저작이 아주 많았다. 원래 문집이 있었지만 없어졌고, 지금은 『금루자
(金樓子)』와 『양원제집(梁元帝集)』 편집본만 남아 있다.

합쳐 놓은 것이다. 지윤견(支允堅)[134]의 『이림』에는 또 "무(巫)"는 바로 "서(筮)" 자라고 의심하고 옛날에는 통용되었다고 했는데, 더더욱 망설(妄說)이다.

- 「注」, "南人"至"之人".
- 正義曰: 南人, 爲南國之人, 猶『詩』言"東人"·"西人"之比. 『禮記』「疏」以爲"殷掌卜之人", 未知所本. "巫·醫不能治無恒之人", 言巫·醫之事, 皆能治疾, 獨不能治無恒之人, 故無恒者不可以作巫醫, 言不能以巫醫自治, 必不能爲人治疾也. 「緇衣」「注」云: "'不可爲卜筮', 言卦兆不能見其情, 定其吉凶也." "不能見其情, 定其吉凶", 正言龜筮不能知無恒之人也, 與此「注」可互證.
- 「주」의 "남인(南人)"부터 "지인(之人)"까지.
- 정의에서 말한다.
  남인(南人)은 남국(南國)의 사람이니, 『시경』에서 말하는 "동인(東人)"·"서인(西人)"의 비유와 같다. 『예기』「치의」 공영달의 「소」에 남인(南人)을 "은나라 시대 점을 담당한 사람"이라고 했는데, 어디에 근거한 것인지 모르겠다. "무당이나 의사도 항상된 항덕[恒德]이 없는 사람을 다스릴 수 없다"라는 것은 무당이나 의사의 일은 모두 질병을 치료하는 것인데, 유독 항상된 덕이 없는 사람을 치료할 수 없기 때문에 항상된 덕이 없는 사람은 무당이나 의사도 될 수 없다는 말이니, 무당이나 의사로서 자신을 치료할 수 없다면 반드시 남을 위해 질병을 치료할 수 없다는 말이다. 「치의」의 「주」에 "'점을 칠 수 없다'라는 것은 점괘(占卦)와 징조(徵兆)로도 그 실정을 보고서 그 길(吉)·흉(凶)을 확정지을 수 없다는 말이다."라고 했는데, "그 실정을 보고서 그 길·흉을 확정지을 수 없다"라는 것은 바로 거북점이나 시초점으로도 항상된 덕이 없는 사람을 알 수 없다는 말이니, 이 「주」와 서로 증명해 볼 만하다.

---

134 지윤견(支允堅, ?~?): 명(明)나라 시대 인물. 자는 자고(子固), 호눈 매파거사(梅坡居士). 본관은 자세하지 않다. 저서에 『이림(異林)』 10권이 있다.

"不恒其德, 或承之羞." 【注】孔曰: "此『易』「恒卦」之辭, 言德無常, 則
羞辱承之." 子曰: "不占而已矣." 【注】鄭曰: "『易』所以占吉凶, 無恒之
人,『易』所不占."

"그 덕을 항상되게 갖지 않으면, 항상 수치스러운 치욕을 받게 될
것이다."라고 했는데, 【주】공안국이 말했다. "이것은 『주역』「항괘」의 효사
(爻辭)이니, 덕(德)이 항상됨이 없으면 수치스러운 치욕을 받게 된다는 말이다." 공
자가 말했다. "점을 치지 않을 따름이다." 【주】정현이 말했다. "『주역』
은 길흉(吉凶)을 점치는 것인데, 항상된 덕이 없는 사람은 『역』이 점치지 않는 대상
이다."

원문 正義曰: 皇「疏」云: "羞辱必承, 而云'或'者, 或, 常也, 言羞辱常承之也.
『詩』, '無不爾或承.' 鄭曰: '或, 常也.'『老子』, '湛兮似或存.' 河上公「注」,
'或, 常也.'" 案,『易』「象傳」云: "不恒其德, 無所容也." 言無恒之人, 無所
容身, 將承羞辱也.

역문 정의에서 말한다.

황간의 「소」에 "수치스러운 치욕을 반드시 받게 되는데도 '혹(或)'이라
고 한 것은, 혹(或)이 항상[常]이라는 뜻이기 때문이니 수치스러운 치욕을
항상 받게 될 것이라는 말이다. 『시경』「천보」에 '그대를 항상 계승하지
않음이 없도다.[無不爾或承].'라고 했는데, 정현이 말하길, '혹(或)은 상(常)
이다.'라고 했고, 『노자』에 '담담함이 마치 언제나 있는 듯하다.[湛兮似或
存].'라고 했는데, 하상공(河上公)[135]의 「주」에 '혹(或)은 상(常)이다.'라고
했다."라고 하였다. 살펴보니, 『주역』「항괘」 구삼효(九三爻)의 「상」에

"그 덕을 항상되게 갖지 않으면 용납할 곳이 없다."라고 했으니, 항상된 덕이 없는 사람은 몸을 용납할 곳이 없어 장차 수치스러운 치욕을 받게 될 것이라는 말이다.

원문 『後漢書』「馬援傳」「注」, "「恒卦」「巽」下「震」上. 鄭玄「注」云: '巽爲進退, 不恒其德之象. 又互體爲「兌」, 兌爲毁折, 後或有羞辱也.'" 張氏惠言『周易虞氏義』, "「恒」九三, '不恒其德, 或承之羞, 貞吝.' 卦變成「益」, 三·上失位, 三宜立不易方, 則上亦不變而「旣濟」定, 所謂'聖人久於其道, 而天下化成'也. 乾爲德, 坤爲恥, 三不守乾, 則二·四與爲坤, 故或承之羞. 至承羞而後貞, 雖正猶吝." 此鄭·虞『易』義以互體解之也, 惟張氏以"或"指二·四, 與皇「疏」訓"常"不同, 似皇「疏」說勝.

역문 『후한서』「마원전」의 「주」에 "「항(䷟)」은 아래가 「손(☴)」이고 위가 「진(☳)」이다. 정현의 「주」에 '손(巽)은 나아가고 물러남이 되니, 그 덕을 항상되게 갖지 못하는 형상이다. 또 「항(䷟)」의 호체(互體)[136]는 「태(☱)」가 되는데, 태(兌)는 훼손되고 꺾이기 때문에 뒤에 항상 수치와 치욕이 있다.'라고 했다."라고 하였다. 장혜언(張惠言)의 『주역우씨의』에 "「항괘」 구삼(九三)에 '그 덕을 항상되게 갖지 못하면 항상 수치스러운 치욕

---

135 하상공(河上公, ?~?): 전한 때 사람. 성명(姓名)은 알 수 없다. 문제(文帝) 때 하빈(河濱)에 초가집을 짓고 살아 사람들이 하상공이라 불렀다고 한다. 황제가 『노자(老子)』를 읽기 좋아했는데, 읽다가 모르는 곳이 나와도 대답할 사람이 없었다. 그가 『노자』의 뜻을 안다는 말을 듣고 직접 가 물어보니 황제에게 『소서(素書)』 2권을 주었다. 이를 세심히 살핀 결과 의심스러운 곳이 다 풀렸다고 한다.

136 호체(互體): 3획괘를 거듭한 6획괘가 이미 이루어졌으면 6효의 형체는 서로 이어져 있게 된다. 2효에서 4효에 이르기까지, 3효에서 5효에 이르기까지 각각 1괘를 이루는데, 이것이 호체互體이다. 따라서 「항(䷟)」의 3효에서 5효까지가 「태(☱)」인 것이다.

을 받게 될 것이니, 바르더라도 부끄러울 것이다.'라고 했다. 괘가 변하면 「익(☲)」이 되는데, 육삼(六三)과 상구(上九)가 자리를 잃었을 때, 육삼이 마땅히 보고 서서 방위를 바꾸지 않으면 상구도 변하지 않아 「기제(☲)」가 정해지는 것이니, 이른바 '성인이 도(道)를 오래하여 천하가 교화되어 이루어진다'[137]는 것이다. 건(乾)이 덕(德)이 되고 곤(坤)이 수치[恥]가 되니, 「항괘」의 구삼이 건(乾)을 지키지 않으면, 구이와 구사가 함께 곤(坤)이 되기 때문에 항상 수치스러운 치욕을 받게 된다. 수치스러운 치욕을 받은 뒤에 바르게 되는데, 비록 바르게 되더라도 오히려 부끄러운 것이다."라고 했는데, 이 정현과 우번(虞翻)의 『주역』의 뜻은 호체(互體)를 가지고 해석한 것이고, 오직 장혜언만 "혹(或)"을 구이와 구사효를 가리킨다고 했는데, 황간의 「소」에서 "상(常)"이라고 뜻풀이한 것과는 같지 않으니, 황간 「소」의 설명이 더 뛰어난 것 같다.

- 「注」, "易所"至"不占".
- 正義曰:『說文』云: "占, 視兆問也." 『周官』「占人」「注」: "占蓍龜之卦兆吉凶." 無恒之人, 有凶無吉, 故云 "或承之羞, 貞吝." "吝"者, 羞也. 惟無恒, 雖貞而終吝, 故 『易』 亦不占之也. 六五云: "恒其德貞, 婦人吉, 夫子凶." 此則有恒之人吉凶皆占之. 「象傳」云: "婦人貞吉, 從一而終也; 夫子制義, 從婦凶也." 婦人貞壹之行, 以恒爲吉. 義者, 宜也, "言不必信, 行不必果, 惟義所在". 夫子制義, 而從婦人之貞壹, 雖恒德亦爲凶也, 此別是一義, 所謂 『易』 無達占" 也. 鄭注「緇衣」以"夫子凶"爲無恒之人, 誤.
- ○ 「주」의 "역소(易所)"부터 "부점(不占)"까지.
- ○ 정의에서 말한다.

　　『설문해자』에 "점(占)은 징조를 보고 묻는대[視兆問]는 뜻이다."[138]라고 했고, 『주례』 「춘관

---

137 『주역(周易)』 「항(恒) · 단(彖)」.

증백하·점인」의 「주」에 "시초와 거북의 점괘와 징조를 보고 길흉(吉凶)을 점친다."라고 했다. 항상된 덕이 없는 사람은 흉(凶)함만 있고 길(吉)함이 없기 때문에 "항상 수치스러운 치욕을 받게 될 것이니, 바르더라도 부끄러울 것[貞吝]이다."라고 한 것이다. "인(吝)"이란 부끄럽다[羞]는 뜻이다. 오직 항상된 덕이 없으면 비록 바르더라도 끝내는 부끄럽기 때문에 『주역』에서도 점치지 않는 것이다. 「항괘」 육오(六五)에 "그 덕을 항상되게 하면 바르니, 부인(婦人)은 길하고 남자는 흉하다."라고 했으니, 이는 항상된 덕이 있는 사람의 길흉은 모두 점친다는 것이다. 「항괘」 육오의 「상전」에 "부인은 올발라서 길하니 하나를 따라 마치기 때문이요, 남자는 의(義)로 제어해야 하니 부인의 도(道)를 따르면 흉(凶)하다."라고 했는데, 부인의 바르고 한결같은 행실은 항상된 덕을 길함으로 삼는다. "의(義)"란 마땅함[宜]이니, "말을 함에 진실만을 말할 것을 기필하지 않고, 행동함에 과감하게 할 것을 기필하지 않으며, 오직 의(義)가 있는 곳이면 그에 따라 말하고 행동한다."[139]는 것이다. 남자가 의(義)로 제어하면서도 부인의 바르고 한결같은 덕을 따르면 비록 항상된 덕이 있더라도 흉하게 된다는 것은 별개의 뜻으로 이른바 "『주역』에는 확정된 점이 없다"[140]는 것이다. 정현은 『예기』 「치의」를 주석하면서 "남자는 흉하다[夫子凶]"를 항상된 덕이 없는 사람이라고 했는데, 잘못이다.

13-23

子曰: "君子和而不同, 小人同而不和."【注】君子心和. 然其所見各異, 故曰"不同". 小人所嗜好者則同. 然各爭利, 故曰"不和".

---

138 『설문해자』 권3: 점(占)은 징조를 보고 묻는다[視兆問]는 뜻이다. 복(卜)으로 구성되었고 구(口)로 구성되었다. 직(職)과 염(廉)의 반절음이다.[占, 視兆問也. 從卜從口. 職廉切.]

139 『맹자』 「이루하(離婁下)」.

140 『춘추번로(春秋繁露)』 「정화(精華)」.

공자가 말했다. "군자는 조화를 이루지만 부화뇌동하지 않고, 소인은 부화뇌동하지만 조화를 이루지는 않는다."【주】 군자는 마음이 화평하다. 그러나 그 소견이 각기 다르기 때문에 "부화뇌동하지 않는다"라고 한 것이다. 소인이 좋아하는 것은 같다. 그러나 각기 이익을 다투기 때문에 "조화를 이루지는 않는다"라고 한 것이다.

원문 正義曰: 和因義起, 同由利生. 義者宜也, 各適其宜, 未有方體, 故不同. 然不同因乎義, 而非執己之見, 無傷於和. 利者, 人之所同欲也. 民務於是, 則有爭心, 故同而不和. 此君子·小人之異也.

역문 정의에서 말한다.

조화를 이룸[和]은 의(義)로 인해 일어나고, 부화뇌동은 이익을 말미암아 생겨난다. 의(義)란 마땅함[宜]이니, 각각 그 마땅함에 알맞아서 일정한 방소나 고정된 형체가 없기 때문에 부화뇌동하지 않는 것이다. 그러나 부화뇌동하지 않음이 의(義)에 따른 것이지, 자기의 견해를 고집하는 것이 아니라면 조화를 이룸에 나쁠 것이 없다. 이익이란 사람들이 똑같이 바라는 것이다. 민중이 이것에 힘쓰면 경쟁심을 갖게 되기 때문에 부화뇌동하지만 조화를 이루지는 않는다. 이것이 군자와 소인의 차이이다.

원문 「鄭語」史伯曰: "今王去和而取同. 夫和實生物, 同則不繼. 以他平他謂之'和', 故能豊長而物生之. 若以同裨同, 盡乃棄矣. 故先王以土與金·木·水·火雜, 以成百物. 是以和五味以調口, 剛四支以衛體, 和六律以聰耳, 正七體以役心, 平八索以成人, 建九紀以立純德, 合十數以訓百體. 出千品, 具萬方, 計億事, 材兆物. 收經入, 行姟極. 故王者居九畡之田, 收經

入以食兆民, 周訓而能用之, 和樂如一. 夫如是, 和之至也. 於是乎先王聘
後於異姓, 求財於有方, 擇臣取諫工而講以多物, 務和同也. 聲一無聽, 物
一無文, 味一無果, 物一不講. 王將棄是類也, 而與剸同, 天奪之明. 欲無
弊, 得乎?"

역문 『국어』「정어」에 사백(史伯)[141]이 말했다. "지금 왕께서는 조화를 버리
고 부화뇌동을 취하고 계십니다. 조화는 실상 만물을 낳지만 부화뇌동
은 계속되지 않습니다. 다른 것을 가지고 다른 것과 화평하게 하는 것을
'조화'라고 합니다. 그러므로 풍부하게 생장시키고 사물도 그곳에서 삶
을 영위할 수 있는 것입니다. 만일 똑같은 것을 가지고 똑같은 것에 보
태면 둘 모두를 결국은 버리게 됩니다. 그러므로 선왕은 오행(五行)의 토
(土)를 금(金)·목(木)·수(水)·화(火)와 버무려 온갖 사물을 만들어 내셨
습니다. 그러므로 다섯 가지 맛[五味][142]을 조화시켜 입맛에 맞게 하고, 사
지(四支)를 강건하게 해서 몸을 보호하게 하고, 육률(六律)[143]을 조화시켜
귀가 밝아지도록 하고, 칠체(七體)[144]를 바르게 해서 마음을 위해 일하게

---

141 사백(史伯, ?~?): 서주(西周) 말기 때 사람. 일명 태사백(太史伯) 또는 태사백양(太史伯陽)이
라고 한다. 일설에는 본명은 영(穎)이고, 자는 석보(碩父)라고 한다. 유왕(幽王) 때 태사(太
史)를 지냈다. 희우(姬友, 鄭桓公)와 정치를 논하면서 천하 만물의 복잡성을 오행설(五行說)
로 풀이했고, 천명사상보다 유물주의를 펼쳤다. 정환공이 주사도(周司徒)에 임명되어 유왕
이 포사(褒姒)와 음행을 일삼는 등 왕실에 일이 어지러운 것을 보고 그에게 어느 곳으로 가
야 목숨을 구할 수 있겠냐고 묻자 제락하영(濟洛河潁) 사이로 가라고 일러 주었다. 이 말에
따라 희우는 하수(河水)와 낙수(洛水) 부근으로 가 정나라를 세웠다고 한다.

142 오미(五味): 다섯 가지 맛. 신맛[酸]·쓴맛[苦]·단맛[甘]·매운맛[辛]·짠맛[鹹].

143 육률(六律): 십이율 중 양성(陽聲)에 속하는 여섯 가지 소리. 곧, 태주(大蔟), 고선(姑洗), 황
종(黃鐘), 이칙(夷則), 무역(貿易), 유빈(蕤賓).

144 칠체(七體): 얼굴에 있는 7개의 구멍. 즉 두 눈, 두 개의 콧구멍, 두 개의 귓구멍, 한 개의 입
을 이른다. 또 제사의 희생물 중에 양쪽 넓적다리, 양쪽 어깨, 양쪽 갈비와 등골을 합해 칠체
(七體)라 한다.

하고, 팔색(八索)¹⁴⁵을 화평하게 해서 사람의 외모를 완전하게 하고, 아홉 장기¹⁴⁶의 기능을 건강하게 하여 순수한 덕(德)을 확립시키고, 열 등급의 숫자¹⁴⁷를 모아 백관(百官)에 딸린 관속들을 가르치고 인도합니다. 여기에서 1천 자리의 벼슬이 나오고 1만 가지의 방법과 길이 갖추어지며, 억만 가지 일들이 계산되며 1조(兆) 단위로 헤아려지는 사물들이 재단(裁斷)됩니다. 이러한 속에 왕이 일정한 수입을 거두어들여, 수치상 최대치로 헤아려지는¹⁴⁸ 일들을 실행하게 됩니다. 그러므로 천하에 왕노릇 하는 자는 9주(州)의 전답을 차지하고서 일정한 수입을 거두어들여 억조창생(億兆蒼生)을 먹이고, 두루 충(忠)과 신실(信實)로써 가르치고 잘 운용하여 화락하기가 마치 한집안 같습니다. 이 같은 것이 조화(調和)의 지극함입니다. 이러한 가운데 선왕은 왕후를 이성(異姓)의 집안에서 맞이해 오고, 재물을 구하는 데에 일정한 지역이 있었으며, 신하를 뽑으면서는 간관(諫官)을 취하여 많은 일들을 바로잡게 하니, 조화와 부화뇌동을 구별하여 조화에 힘쓴 것입니다. 음악이 오성(五聲)¹⁴⁹ 중의 한 소리로만 구성되어 있으면 들을 수 없고, 사물이 하나만 있으면 문채가 이루어지지 아니하고, 음식이 오미(五味) 중 한 가지 맛만 있으면 맛이 없고, 물품이 하

---

145 팔색(八索): 사람 몸의 여덟 기관을 『周易』의 八卦에 대응시켜 이른 말이니, 머리는 건괘(乾卦), 배는 곤괘(坤卦), 발은 진괘(震卦), 다리는 손괘(巽卦), 눈은 이괘(離卦), 입은 태괘(兌卦), 귀는 감괘(坎卦), 손은 간괘(艮卦)에 해당한다.

146 9개의 장기(臟器)이니, 심장, 폐, 신장, 간, 지라의 오장(五臟)의 다섯 가지에 위, 방광, 장, 쓸개를 더한 것이다.

147 왕(王)으로부터 시작하여 10등급의 지위를 이르니, 왕은 공(公)을, 공은 대부를, 대부는 사를, 사는 조(皂)를, 조는 여(輿)를, 여는 예(隷)를, 예는 요(僚)를, 요는 복(僕)을, 복은 대(臺)를 신하로 삼는 것을 이른다.

148 해(姟)는 조(兆)의 백 배이니, 수의 최대 단위로 본 것이다.

149 오성(五聲): 음률의 다섯 가지 음. 궁(宮), 상(商), 각(角), 치(徵), 우(羽).

나만 있으면 품평할 수 없습니다. 왕께서 이러한 조화가 되는 것들을 버리고서 오로지 부화뇌동하는 자들만 친근히 하고 있으니 하늘이 임금의 총명함을 빼앗아 가 버린 것입니다. 패망하지 않고자 한들 될 수 있겠습니까?"라고 했다.

원문 『左』「昭」二十年「傳」齊侯論子猶云: "'惟據與我和夫!'晏子對曰: '據亦同也, 焉得爲和?' 公曰: '和與同異乎?' 對曰: '異. 和如羹焉. 水・火・醯・醢・鹽・梅, 以烹魚肉, 燀之以薪, 宰夫和之, 齊之以味, 濟其不及, 以洩其過. 君子食之, 以平其心. 君臣亦然. 君所謂可而有否焉, 臣獻其否以成其可; 君所謂否而有可焉, 臣獻其可以去其否. 是以政平而不幹, 民無爭心. 先王之濟五味・和五聲也, 以平其心, 成其政也. 聲亦如味, 一氣・二體・三類・四物・五聲・六律・七音・八風・九歌, 以相成也. 淸・濁, 小・大, 短・長, 疾・徐, 哀・樂, 剛・柔, 遲・速, 高・下, 出・入, 周・疎, 以相濟也. 君子聽之, 以平其心, 心平德和. 今據不然. 君所謂可, 據亦曰可; 君所謂否, 據亦曰否. 若以水濟水, 誰能食之, 若琴瑟之專壹, 誰能聽之? 同之不可也如是.'"

역문 『춘추좌씨전』「소공」 20년의 「전」에 제후(齊侯)가 자유[子猶: 양구거(梁丘據)]를 논하기를, "'오직 양구거[150]만이 나와 조화를 맞추는군!' 안자가 대답했다. '양구거 역시 부화뇌동하는 것이지 어찌 조화를 맞추는 것이

---

150 양구거(梁丘據, ?~?): 춘추시대 제나라 사람. 경공(景公) 때의 대부. 자는 자유(子猶) 또는 자장(子將)이다. 경공의 총애를 받았다. 경공이 학질에 걸려 1년이 지나도록 낫지 않았다. 이에 내축고(乃祝固)와 사은(史嚚)의 죄 때문에 귀신을 섬겨도 효과가 없으니 주륙(誅戮)할 것을 청했다. 경공이 안영(晏嬰)에게 물으니 귀신 섬기는 일을 중지할 것을 간했다. 경공이 노나라 정공 10년 제나라와 노나라가 협곡(夾谷)에서 회동할 때 경공을 따라 그 자리에 참석했다.

될 수 있겠습니까?' 제경공(齊景公)이 말했다 '조화와 부화뇌동이 다른가?' 안자가 대답했다. '다릅니다. 조화를 맞추는 것은 국을 끓이는 것과 같습니다. 물과 불, 식초와 젓국, 소금과 매실을 넣어 생선과 고기를 삶음에 땔나무로 불을 때고, 요리사가 맛을 맞춤에 조미료를 가지고 맛을 고르게 하여 부족한 맛을 채우고 지나친 맛을 덜게 합니다. 군자는 그것을 먹고 그 마음을 화평하게 하는 것입니다. 임금과 신하 역시 그렇습니다. 임금이 괜찮다[可]고 말하는 것 가운데 괜찮지 않은 것이 있으면 신하는 괜찮지 않은 것을 말씀드려 그것이 괜찮은 것을 이루게 하는 것이고, 임금이 괜찮지 않다고 말하는 것 중에서 괜찮은 것이 있으면 신하는 괜찮은 것을 말씀드려 괜찮지 않은 것을 제거하게 하는 것입니다. 그렇게 함으로써 정치가 공평하게 되어 정도를 벗어나지 않고, 백성들은 다투는 마음이 없게 되는 것입니다. 선왕이 오미(五味)을 갖추고 오성(五聲)을 조화롭게 하는 것은 그렇게 함으로써 그 마음을 화평하게 하여 그 정치를 이룩하기 위함입니다. 소리 역시 맛과 같아서 일기(一氣)[151]와 이체(二體),[152] 삼류(三類)[153]와 사물(四物),[154] 오성(五聲)·육률(六律)·칠음(七

---

151 일기(一氣):『춘추좌씨전』「소공」 20년. 두예의 「주」에 "기를 기다려 흥동하는 것이다.[須氣以動.]"라고 했는데, 육덕명(陸德明)의『경전석문』에는 "일기란, 두예는 인기(人氣)라고 해석하였고, 복건은 가기(歌氣)라고 하였으며, 공영달의 「소」에는 '사람이 음악을 제작할 때 모두 기를 기다려 흥동하는 것이니, 복건과 다르지 않다.[一氣, 杜解以爲人氣也. 服云, 歌氣也. 孔穎達「疏」, 人作諸樂, 皆須氣以動, 則與服不異.]'라고 하였다."라고 했다.

152 이체(二體): 두예의 「주」에서는 "춤에는 문무와 무무가 있다.[舞者有文武.]"라고 하였고, 공영달의 「소」에는 "음악이 몸을 움직이게 하는 것은 오직 춤일 뿐이다. 문무는 깃과 피리를 들고 무무는 방패와 도끼를 드니, 춤이라는 것은 문무와 무무의 두 체가 있다.[樂之動身體者, 唯有舞耳. 文舞執羽籥, 武舞執干戚. 舞者有文武之二體.]"라고 하였다.

153 삼류(三類): 두예의 「주」에서는 "풍·아·송이다.[風雅頌.]"라고 하였고, 공영달의 「소」에는 "『시경』에는 풍·아·송이 있으니, 그 종류가 각각 구별이 된다. 따라서 여기에서 말하는

音)[155] · 팔풍(八風)[156] · 구가(九歌)[157]로써 서로 이루어집니다. 맑은 소리 · 탁한 소리, 작은 소리 · 큰 소리, 짧은 음 · 긴음, 빠른 소리 · 느린 소리, 슬픈 소리 · 즐거운 소리, 강한 음 · 부드러운 음, 더딘 음 · 날랜 음, 높은 음 · 낮은 음, 날 소리 · 들 소리, 주밀한 소리 · 성긴 소리가 서로 어울려 조화를 이룹니다. 군자는 그 소리를 듣고서 그 마음을 평온하게 하니, 마음이 평온해짐에 덕이 조화를 이루는 것입니다. 그런데 지금 양구거의 경우는 그렇지 않습니다. 임금께서 "괜찮다[可]"라고 하시는 것은 양구거 역시 무조건 괜찮다고 하고, 임금께서 "아니다."라고 하시는 것은 구거 역시 무조건 "아니다."라고 합니다. 만약 물을 가지고 물의 간

삼류란 풍 · 아 · 송임을 알 수 있다.[『詩』有風雅頌, 其類各別. 知三類是風雅頌也.]"라고 하였다.

154 사물(四物): 사방에서 모은 악기 만드는 재료. 공영달의 「소」에 "음악에서 사용하는 팔음의 악기는 쇠 · 돌 · 가는 죽 · 박 · 흙 · 가죽 · 나무인데 그것들은 한 곳에서 다 갖출 수 있는 것이 아니다. 그러므로 사방의 물건들을 섞어 사용하여 악기를 만드는 것이다.[樂之所用, 八音之器. 金 · 石 · 絲 · 竹 · 匏 · 土 · 革 · 木, 其物非一處能備, 故雜用四方之物以成器.]"라고 하였다.

155 칠음(七音): 陸德明의 『경전석문』에 "칠음은 궁, 상, 각, 치, 우에 변궁과 변치이다[七音, 宮商角徵羽, 變宮變徵也]."라고 하였다.

156 팔풍(八風): 『춘추좌씨전』 「은공」 5년에 "음악이 팔음을 한 마디로 하는 것은 팔풍을 행하기 때문이다.[夫舞所以節八音, 而行八風.]"라고 하였는데, 이에 대해 陸德明의 『경전석문』에 "팔방의 풍이란 동방의 곡풍, 동남의 청명풍, 남방의 개풍 서방의 양풍, 서방의 창합풍, 서북의 부주풍, 북방의 황막풍, 동북방의 융풍이다.[八方之風, 謂東方谷風, 東南淸明風, 南方凱風, 西南涼風, 西方閶闔風, 西北不周風, 北方廣莫風, 東北方融風.]"라고 하였다.

157 구가(九歌): 고대의 악곡. 우임금 때의 악가. 『춘추좌씨전』 「문공」 7년에 "구공(九功)의 덕은 모두 노래 부를 수 있으니, 그것을 일러 구가라 한다.[九功之德, 皆可歌也, 謂之九歌.]"라고 하였고, 『楚辭 · 離騷』에 "구가를 타고 구소에 춤추며, 잠시 시간 빌려 노니노라.[奏九歌而舞韶兮, 聊假日以婾樂.]"라고 하였는데, 왕일(王逸)의 「주」에 "구가는 구덕(九德)의 노래이니 우임금의 음악이다.[九歌, 九德之歌, 禹樂也.]"라고 하였다.

을 맞춘다면 누가 그것을 먹을 수 있겠으며, 만약 거문고나 비파가 오로지 한 가지 소리만 낸다면 누가 그 소리를 들을 수 있겠습니까? 부화뇌동[同]이 불가(不可)하다는 것은 이와 같은 것입니다."라고 했다.

13-24

子貢問曰: "鄕人皆好之, 何如?" 子曰: "未可也." "鄕人皆惡之, 何如?" 子曰: "未可也. 不如鄕人之善者好之, 其不善者惡之."【注】孔曰: "善人善己, 惡人惡己, 是善善明, 惡惡著."

자공이 물었다. "고을 사람들이 모두 좋아한다면 어떻습니까?" 공자가 말했다. "아직은 괜찮지 않다." "고을 사람들이 모두 미워한다면 어떻습니까?" 공자가 말했다. "아직은 괜찮지 않다. 고을 사람 중에 선한 자가 좋아하고, 불선한 자가 미워하는 것만 못하다."【주】공안국이 말했다. "선한 사람이 자기를 좋아하고 악한 사람이 자기를 미워하니, 이는 선(善)을 선하게 여김이 분명해지고 악(惡)을 미워함이 드러나는 것이다."

원문 正義曰: 『公羊』「莊」十七年「傳」「注」引此文, 徐彦「疏」, "'一鄕之人, 皆好此人, 此人何如?' 子曰: '未可卽以爲善. 何者? 此人或者行與衆同, 或朋黨矣.' 子貢又曰: '若一鄕之人, 皆惡此人, 此人何如?' 子曰: '未可卽以爲惡也. 何者? 此人或者行與衆異, 或孤特矣. 不若鄕人之善行者善之, 惡行者惡之.' 與善人同, 復與惡人異, 道理勝於前. 故知是'實善'云云之說, 備於鄭「注」."

역문 정의에서 말한다.

『춘추공양전』「장공」 17년 「전」의 「주」에 이 글을 인용했는데, 서언(徐彦)[158]의 「소」에 "'한 고을의 사람들이 모두 좋아하는 사람이라면 이 사람은 어떻습니까?' 공자가 말했다. '곧바로 선(善)한 사람이라고 여기기에는 아직 괜찮지 않다. 왜냐면, 이 사람은 어쩌면 행실이 민중들과 부화뇌동하는 것이거나, 혹은 붕당을 지은 것일 수도 있기 때문이다.' 자공이 또 말했다. '만약 한 고을의 사람들이 모두 이 사람을 미워하면 이 사람은 어떻습니까?' 공자가 말했다. '곧바로 악한 사람이라고 여기기에는 아직 괜찮지 않다. 왜냐면, 이 사람은 어쩌면 행실이 대중과 다르거나, 혹은 독특하고 특별한 것일 수도 있기 때문이다. 고을 사람들 중에 선행을 하는 자가 좋게 여기고 악행을 저지르는 자가 미워하는 것만 못하다.'라고 했는데, 선한 사람과 같고, 다시 악한 사람과 다르다는 말이니, 도리가 이전보다 뛰어나다. 따라서 여기에서 '실제로 선하다[實善]'라고 운운한 말은 정현의 「주」보다 잘 갖추어졌음을 알 수 있다."라고 했다.

원문 案, 「疏」依鄭爲說, 則"朋黨"·"孤特"亦皆鄭「注」之義, 宋氏輯本止取 "與善人同"以下四句, 非也.

역문 살펴보니, 『춘추공양전주소』의 「소」가 정현을 근거로 말한 것이라면, "붕당(朋黨)"이니, "독특하고 특별하다[孤特]"느니 하는 것 역시 모두 정현 「주」의 뜻인데, 송상봉의 정현 「주」 집본에는 단지 "선한 사람과 같다[與善人同]" 이하의 네 구절만 취하였으니, 잘못이다.

---

158 서언(徐彦, ?~?): 당나라 때 사람. 북위(北魏)의 서준명이라고도 하는데, 자세하지 않다. 현존하는 십삼경주소(十三經注疏) 중의 『춘추공양전소(春秋公羊傳疏)』를 지었다.

- 「注」, "善人"至"惡著".
- 正義曰: "善人善己, 惡人惡己." 是此人眞善, 而我之善善明也, 反是而善人惡己, 惡人善己, 是此人眞惡, 而我之惡惡著也.
- 「주」의 "선인(善人)"부터 "악저(惡著)"까지.
- 정의에서 말한다.

  선한 사람이 자기를 좋아하고 악한 사람이 자기를 미워한다면, 이는 이 사람이 진실로 선해서 내가 선을 좋아함이 분명해진다는 것이고, 이와 반대로 선한 사람이 자기를 미워하고 악한 사람이 자기를 좋아하면 이는 이 사람이 진짜로 악해서 내가 악을 미워함이 드러난다는 것이다.

13-25

子曰: "君子易事而難說也. 【注】孔曰: "不責備於一人, 故易事." 說之不以道, 不說也; 及其使人也, 器之. 【注】孔曰: "度才而官之." 小人難事而易說也. 說之雖不以道, 說也; 及其使人也, 求備焉."

공자가 말했다. "군자는 섬기기는 쉬우나 기쁘게 하기는 어렵다. 【주】공안국이 말했다. "한 사람에게 모든 기량을 갖출 것을 요구하지 않기 때문에 섬기기가 쉽다." 기쁘게 하기를 정당한 방법으로써 하지 않으면 기뻐하지 않고, 그가 사람을 부림에 미쳐서는 기량(器量)에 맞게 부린다. 【주】공안국이 말했다. "재능을 헤아려 관직을 준다." 소인은 섬기기는 어려우나 기쁘게 하기는 쉽다. 기쁘게 하기를 정당한 방법으로써 하지 않아도 기뻐하고, 사람을 부림에 미쳐서는 모든 기량을 갖출 것을 요구한다."

正義曰: "君子"・"小人", 皆謂居位者. 『釋文』云: "'說', 音悅." 謂投以
所好也. "說之不以道"四句, 卽申釋易事難說之故. 蓋不可說以非道, 所以
難說; 使人器之, 所以易事也. 『禮記』「曲禮」云: "禮不妄說人." 鄭「注」,
"爲近佞媚也. 君子說之不以其道, 則不說也.""不以其道"卽是佞媚, 卽是
妄說. 孔「疏」以"言說"解之, 非矣.

역문 정의에서 말한다.

　"군자"와 "소인"은 모두 지위에 있는 자를 말한다. 『경전석문』에 "'說'
은 발음이 열(悅)이다."라고 했으니, 좋아하는 것을 던져 준다는 말이다.
"기쁘게 하기를 정당한 방법으로써 하지 않는다[說之不以道]"라고 한 네
구절은 바로 섬기기 쉽고 기쁘게 하기 어려운 까닭을 거듭 풀이한 것이
다. 정당한 방법이 아닌 것으로 기쁘게 할 수 없으니, 그래서 기쁘게 하
기 어려운 것이고, 기량에 맞게 사람을 부리기 때문에 섬기기 쉬운 것이
다. 『예기』「곡례상」에 "예는 망녕되게 사람을 기쁘게 하지 않는다."라
고 했는데, 정현의 「주」에 "아첨꾼을 가까이하기 때문이다. 군자는 기
쁘게 하기를 정당한 방법으로써 하지 않으면 기뻐하지 않는다."라고 했
는데, "정당한 방법으로써 하지 않는다[不以其道]"라는 것은 바로 아첨이
며, 바로 망녕되게 기쁘게 하는 것이다. 공영달의 「소」에는 "언설(言說)"
로 풀이했는데, 잘못이다.

원문 『荀子』「大略篇」, "知者明於事, 達於數, 不可以不誠事也. 故曰: '君子
難說, 說之不以道, 不說也.'"

역문 『순자』「대략편」에 "지혜로운 자는 일에 밝고 도에 통달했기 때문에,
진실하지 않은 것으로 섬길 수 없다. 그러므로 '군자는 기쁘게 하기 어
려우니, 기쁘게 하기를 정당한 방법으로써 하지 않으면 기뻐하지 않는
다.'라고 한 것이다."라고 했다.

- 「注」, "不責備於一人, 故易事."

- 正義曰:「微子篇」云: "周公謂魯公曰: '無求備於一人.'" 求, 卽責也. 『說苑』「雜言篇」, "曾子曰: '夫子見人之一善, 而忘其百非, 是夫子之易事也.'"

○ 「주」의 "한 사람에게 모든 기량을 갖출 것을 요구하지 않기 때문에 섬기기가 쉽다."

○ 정의에서 말한다.

『논어』「미자」에 "주공이 노공(魯公)에게 말했다. '한 사람에게 다 갖추기를 요구하지 아니한다.'"라고 했는데, 요구함[求]이 바로 책(責)의 뜻이다. 『설원』「잡언」에 "증자(曾子)가 말했다. '선생님께서는 남의 한 가지 선(善)을 보시면 그의 백 가지 잘못한 일은 잊으시니, 이것이 선생님을 섬기기 쉬운 까닭입니다.'"라고 했다.

- 「注」, "度才而官之."

- 正義曰:『大戴記』「子張問入官篇」, "短長, 人得其量, 故治而不亂."

○ 「주」의 "재능을 헤아려 관직을 준다."

○ 정의에서 말한다.

『대대례』「자장문입관편」에 "단점과 장점을 사람들이 헤아릴 수 있기 때문에 다스려져 어지럽지 않은 것이다."라고 했다.

13-26

子曰: "君子泰而不驕, 小人驕而不泰." 【注】君子自縱泰, 似驕而不驕; 小人拘忌, 而實自驕矜.

공자가 말했다. "군자는 느긋하지만 교만하지 않으며, 소인은 교만하고 느긋하지 못하다." 【주】군자는 본래 느긋하고 여유로워 교만한 것

같지만 교만하지 않고, 소인은 자신을 속박하고 모든 일을 꺼리지만 실은 스스로 교만하고 뽐낸다.

● 「注」, "君子"至"驕矜".

● 正義曰: 焦氏循『補疏』, "案泰者, 通也. 君子所知所能, 放而達之於世, 故云'縱泰似驕', 然實非驕也. 小人所知所能, 匿而不露, 似乎不驕, 不知其拘忌正其驕矜也. 君子不自矜, 而通之於世; 小人自以爲是, 而不據通之於人. 此驕泰之分也."

○ 「주」의 "군자(君子)"부터 "교긍(驕矜)"까지.

○ 정의에서 말한다.

초순(焦循)의 『논어보소』에 "살펴보니, 태(泰)란 통한다[通]는 뜻이다. 군자는 아는 것과 능한 것을 드러내고 온 세상에 두루 알려져 있기[達] 때문에 '느긋하고 여유로워 교만한 것 같다'라고 했지만 실은 교만함이 아니다. 소인은 아는 것과 능한 것을 숨겨 놓고 드러내지 않아 교만하지 않은 것 같지만 자신을 속박하고 모든 일을 꺼리는 것이 바로 교만하고 뽐내는 것임을 모르는 것이다. 군자는 스스로를 자랑하지 않지만 온 세상에 통하고, 소인은 스스로를 옳다고 여기지만 사람에게조차 근거로 통하지 않는다. 이것이 교만과 느긋함의 구분이다."라고 했다.

今案, "泰"訓"通", 見『易』「序卦傳」, 『漢書』「劉向傳」, "泰者, 通而治也." 「堯曰篇」云: "君子無衆寡, 無小大, 無敢慢, 斯不亦泰而不驕乎?" 衆寡 · 小大, 則君子達之於世也, 皆無敢慢, 則無驕可知.

지금 살펴보니, "태(泰)"를 "통(通)"의 뜻으로 풀이한 것은 『주역』「서괘」에 보인다. 『전한서』「유향전」에 "태(泰)는 통(通)해서 다스린다는 뜻이다."라고 했다. 『논어』「요왈」에 "군자는 많거나 적거나 크거나 작거나 관계없이 감히 태만하게 대함이 없으니, 이것이 또한 느긋하면서도 태만하지 않은 것이 아니겠느냐?"라고 했는데, 많고 적음과 작고 큼에 대해서라면 군자가 세상에 두루 통달한 것인데, 모두 감히 오만함이 없다면 교만함이 없다는 것을 알 수 있다.

13-27

子曰: "剛·毅·木·訥近仁." 【注】王曰: "'剛', 無欲; '毅', 果敢; '木',
質樸; '訥', 遲鈍, 有斯四者, 近於仁."

공자가 말했다. "강하고 굳세며, 질박하고 어눌함이 인(仁)에 가
깝다." 【주】왕숙이 말했다. "'강(剛)'은 욕심이 없음이고, '의(毅)'는 과감함이고,
'목(木)'은 질박(質樸)함이고, '눌(訥)'은 굼뜨고 둔함이니, 이러한 네 가지가 있으면
인(仁)에 가깝다."

- 「注」, "剛無"至"於仁".
- 正義曰: 上篇言申棖欲不得爲剛, 是剛爲"無欲"也. "果敢"謂作事見義必爲. 故曾子言士當弘
  毅也. 『中庸』言"力行近乎仁." "力行"卽謂"剛"·"毅"也. 『漢書』「周勃傳」, "勃爲人木强敦
  厚." 「張周傳」「贊」, "周昌, 木强人也." 「酷吏傳」, "尹齊木强少文." 顔師古以爲"强直如木
  石", 是謂"木"爲樸質無文也. "訥"卽"訥於言"之訥, 故曰"仁者其言也訥." 「注」云"遲鈍", 謂其
  言遲鈍, 不致妄說也. 『後漢書』「吳漢傳」「論」引此文, 李賢「注」云"訥, 忍於言也", 是也. 李
  又云: "四者皆仁之質, 若加文, 則成仁矣, 故曰近仁." 案, "加文"者, 謂文以禮樂也.
- 「주」의 "강무(剛無)"부터 "어인(於仁)"까지.
- 정의에서 말한다.
  앞 「공야장」에서 신정(申棖)은 욕정이 많은 사람이라 강(剛)한 사람이 될 수 없다고 했으니,
  이래서 강(剛)을 "욕심이 없음[無欲]"이라고 한 것이다. "과감[果敢]"은 일을 함에 의(義)를 보

면 반드시 행함을 의미하는 것이다. 그러므로 증자가 선비는 당연히 뜻이 크고 의지가 굳세야 된다[159]고 한 것이다. 『중용』 20장에서 "힘써 행함은 인(仁)에 가깝다."라고 했는데, "힘써 행함[力行]"은 바로 "강함[剛]"과 "굳셈[毅]"을 이르는 것이다. 『전한서』 「주발전」에 "주발(周勃)[160]은 사람됨이 질박하고 강하며 돈독하고 후하였다."라고 했고, 「장주전」의 「찬」에 "주창(周昌)[161]은 질박하고 강한 사람이다."라고 했으며, 「혹리전」에, "윤제(尹齊)[162]는 질박

---

159 『논어』 「태백(泰伯)」: 증자가 말했다. "선비는 뜻이 크고 의지가 굳세지 않으면 안 되니, 임무가 무겁고 길이 멀기 때문이다."[曾子曰: "士不可以不弘毅, 任重而道遠."]

160 주발(周勃, ?~기원전 169): 전한 초기 사수(泗水) 패(沛) 사람. 시호는 무후(武侯)다. 진(秦)나라 때 박곡(薄曲, 양잠할 때 쓰는 도구)으로 옷감을 짜면서 생계를 꾸렸다. 또 항상 통소를 불어 남의 장례(葬禮)를 도와주었다. 나중에 중연(中涓)으로 유방(劉邦)을 좇아 패에서 일어나 여러 차례 진나라 군대를 격파했다. 항우(項羽)를 공격하는 데 따라가 천하를 평정했다. 고조(高祖) 6년(기원전 201) 강후(絳侯)에 봉해졌다. 한나라 초기 유방을 따라 한신(韓信)과 진희(陳豨) 및 노관(盧綰)의 반란을 진압했다. 사람됨이 질박하면서도 강직했고, 돈후(敦厚)하여 고조가 큰일을 많이 맡겼다. 혜제(惠帝) 때 태위(太尉)에 임명되었다. 여후(呂后)가 죽은 뒤 여씨들이 유씨(劉氏)들을 위협할 때 진평(陳平)과 함께 여씨들을 주살(誅殺)하고 한나라 왕실을 안정시켰다. 문제(文帝)를 옹립한 뒤 우승상(右丞相)에 올랐다. 공이 높으면 재앙을 초래한다고 여겨 차츰 정치를 등한히 하다가 병을 핑계로 사직했다. 진평이 죽자 다시 재상이 되었지만 곧 그만두었다.

161 주창(周昌, ?~기원전 192): 한나라 패현(沛縣) 사람. 주가(周苛)의 종제(從弟)다. 진(秦)나라 때 사수졸사(泗水卒史)를 지냈다. 나중에 유방(劉邦)을 따라 패현에서 봉기하여 입관(入關)했고 진나라를 격파하여 중위(中尉)가 되었다. 내사(內史)로 오창(敖倉)을 견고하게 방어하여 어사대부(御史大夫)가 되고, 항우(項羽)를 격파했다. 유방이 제위에 오르자 6년(기원전 201) 분음후(汾陰侯)에 봉해졌다. 사람됨이 고집이 세 직언을 서슴지 않았고 말을 더듬었다. 고조가 태자(太子, 惠帝)를 폐하고 여의(如意)를 세우려고 하자 한사코 이를 막았다. 여후(呂后)가 조왕(趙王)을 독살하자 병이라 하여 입조(入朝)하지 않았다. 시호는 도(悼)다.

162 윤제(尹齊, ?~?): 전한 중기의 관료로, 동군 치평현(茌平縣) 사람이다. 본래 말단 관리였으나, 승진을 거듭하여 어사(御史)가 되어 장탕을 섬겼다. 장탕은 윤제의 청렴함과 무용을 높이 사 도적을 잡도록 하였고, 윤제는 죄인을 처형할 때에 신분의 고하를 따지지 않았다. 관도위(關都尉)로 전임된 후에는 영성보다도 잔혹하다는 평판이 있었다. 무제는 윤제가 유능하다고 여겨 그를 중위에 임명하였다. 윤제는 꾸밈없고 강직한 자여서, 간악한 관리들은 스스로 움츠러들었지만 선량한 관리들 또한 일을 제대로 처리하지 못하게 되었다. 결국 윤제

하고 강해서 꾸밈이 적었다."라고 했는데, 안사고는 "강직함이 나무나 돌과 같다는 것이다."
라고 했으니, 이것은 "목(木)"은 질박해서 꾸밈이 없다는 뜻이 된다는 말이다. "어눌함[訥]"은
바로 "말에 굼뜨다[訥於言]"[163]고 할 때의 어눌함[訥]이다. 그러므로 "인(仁)이란 그 말을 차
마 하지 못하듯 하는 것이다."[164]라고 한 것이니,「주」의 "굼뜨고 둔함[遲鈍]"이란 그 말이 굼
뜨고 둔해서 망녕된 말을 하지 않는다는 말이다.『후한서』「오한전」의「논」에 이 글을 인용
했는데, 이현의「주」에 "눌(訥)은 말을 참는다는 뜻이다."라고 했는데, 옳다. 이현은 또 "네
가지는 모두 인(仁)의 바탕이니, 만약 문식(文飾)을 더한다면 인(仁)을 이루게 될 것이므로
인에 가깝다고 한 것이다."라고 했다. 살펴보니, "문식을 더함[加文]"이란 예(禮)와 악(樂)을
가지고 문식한다는 말이다.

13-28

子路問曰: "何如, 斯可謂之士矣?" 子曰: "切切偲偲, 怡怡如
也, 可謂士矣." 【注】馬曰: "'切切偲偲', 相切責之貌; '怡怡', 和順之貌."
朋友切切偲偲, 兄弟怡怡.

자로가 물었다. "어떻게 하면 선비라고 이를 수 있습니까?" 공자
가 말했다. "간절하게 선(善)을 요구하고, 화락하고 순종하면 선

는 법에 걸려 해임되었고, 전임자인 왕온서가 다시 중위가 되었다. 왕온서가 죽고 몇 년 후
회양도위를 지내다가 병들어 죽었고, 집안에 남은 돈은 50금이 채 되지 않았다. 윤제에게 주
살된 자가 회양 땅에 특히 많아, 주살된 자의 유족들이 시신을 불태우려 하니, 아내가 시신
을 들고 달아나 장사 지냈다.

163 『논어』「이인(里仁)」: 공자가 말했다. "군자는 말에는 굼뜨고 행동에는 민첩하고자 한다."
[子曰: "君子欲訥於言而敏於行."]

164 『논어』「안연(顏淵)」.

비라고 이를 수 있다.”【주】 마융이 말했다. “‘절절시시(切切偲偲)’는 서로 간
절하게 요구하는 모양이고, ‘이이(怡怡)’는 화락하고 순종하는[和順] 모양이다.” 벗
사이에는 간절하게 선(善)을 요구하고, 형제간에는 화락하고 순
종해야 한다.

원문 正義曰: 朋友以義合, 兄弟以恩合, 處之各有所宜. 此盡倫之事, 非凡民
不學者所能, 故如此乃可稱士也. “斯可謂之士矣”, 皇本無“之”字.

역문 정의에서 말한다.

벗 사이에는 의(義)로써 화합하고, 형제간에는 은혜로써 화합하는 것
이니, 대처함에 각각 마땅함이 있는 것이다. 이것은 인륜의 일을 극진히
한 것으로 배우지도 않은 모든 민중들이 할 수 있는 것이 아니기 때문에
이와 같이 해야 비로소 선비라고 이를 수 있는 것이다. “사가위지사의
(斯可謂之士矣)”에서 황간본에는 “지(之)” 자가 없다.

원문 『釋文』, “偲音絲, 本又作㥚.” 『集韻』云: “偲, 或作㥚,” 則“偲”·“㥚”一
字. “切切偲偲, 怡怡如也, 可謂士矣”, 夫子語止此, 當時皆習見語, 故夫子
總言之. 記者恐人不明, 故釋之曰: “朋友切切偲偲, 兄弟怡怡.” 所謂“七十
子之大義”也.

역문 『경전석문』에 “시(偲)는 음이 사(絲)인데, 판본에 따라서는 또 새(㥚)로
되어 있다.”라고 했고, 『집운』에는 “시(偲)는 간혹 새(㥚)로 쓰기도 한
다.”라고 했으니, 그렇다면 “시(偲)”와 “새(㥚)”는 같은 글자이다. “간절하
게 선(善)을 요구하고, 화락하고 순종하면 선비라고 말할 수 있다.[切切偲
偲, 怡怡如也, 可謂士矣.]”라고 했는데, 공자의 말은 여기까지니, 당시에는
모두 익히 보던 말이기 때문에, 공자가 총괄해서 말한 것이다. 기록하는

자가 아마도 사람들이 분명하게 이해하지 못할까 걱정되었기 때문에 이 것을 풀어서 "벗 사이에는 간절하게 요구하고, 형제간에는 화락하고 순종해야 한다."라고 말한 듯하니, 이른바 "70제자의 대의[七十子之大義]"라는 것이다.

원문 皇本"兄弟怡怡"句末, 有"如也"二字. <u>高麗本</u>同. <u>阮氏元</u>『校勘記』, "『文選』「求通親親表」「注」・「初學記」十七・「藝文類聚」二十一・「太平御覽」四百十六引此文, 竝有'如也'二字."

역문 황간본에는 "형제이이(兄弟怡怡)" 구절의 끝에 "여야(如也)" 두 글자가 있다. 고려본(高麗本)도 마찬가지다. 완원의 『십삼경주소교감기』에 "『문선』「구통친친표」의 「주」와 「초학기」 권17과 「예문류취」 권21과 「태평어람」 권416에 이 글을 인용했는데, 모두 '여야(如也)' 두 글자가 있다."라고 했다.

원문 『大戴禮』「曾子立事篇」, "宮中雍雍, 外焉肅肅, 兄弟憘憘, 朋友切切, 遠者以貌, 近者以情. 友以立其所能, 而遠其所不能. 苟無失其所守, 亦可與終身矣." "憘"與"怡"音義略同.

역문 『대대례』「증자입사」에 "집 안에서는 화락하고, 밖에서는 엄숙하며, 형제간에는 기뻐하고, 벗 사이에는 간절하며, 소원한 자에게는 예모로써 대하고, 친근한 자에게는 정으로써 대하며, 벗에게는 그가 잘하는 것으로써 대하고, 소원한 자에게는 그가 능하지 못한 것으로써 대하라. 진실로 그가 지키는 것을 잃지 않으면 또한 종신토록 함께할 수 있을 것이다."라고 했는데, "희(憘)"는 "이(怡)"와 발음과 뜻이 대략 같다.

원문 案, <u>孟子</u>言父子"不責善", "責善, 朋友之道也. 父子責善, 賊恩之大者."

合夫子此語觀之, 是兄弟亦不可責善, 當時諷諭之於道, 乃得宜也.

역문 살펴보니, 맹자(孟子)는 부모와 자식 간에는 "선(善)을 요구하지 않으니,"[165] "선을 요구하는 것은 친구 간의 도리이다. 부모와 자식 간에 선을 요구하는 것은 은혜를 크게 해치는 일이다."[166]라고 했는데, 공자의 이 말과 합쳐서 살펴보면, 형제간에도 선을 요구해서는 안 되니, 당시에 도리를 풍자해서 깨우쳐 줌이 매우 합당했다.

- 「注」, "切切"至"之貌".
- 正義曰: 『說文』云: "切, 刌也." 引申之, 凡以物相摩按謂之切, 故切有責訓. 『後漢書』「陳忠傳」「注」, "切, 責也." 「竇憲傳」「注」, "切切, 猶勤勤也." 勤勤, 亦責勉之義. 『爾雅』「釋訓」, "丁丁・嚶嚶, 相切直也." 郭「注」以爲"喩朋友切磋相正". 『廣雅』「釋訓」, "切切, 敬也." "敬" 與"儆"同, 謂儆戒也. 鄭「注」云: "切切, 勸競貌." "勸兢"卽切責之意, 鄭與馬同也.

○ 「주」의 "절절(切切)"부터 "지모(之貌)"까지.

○ 정의에서 말한다.

『설문해자』에 "절(切)은 자른다[刌]는 뜻이다."[167]라고 했는데, 이 뜻이 확대되어 모든 물건을 가지고 서로 비비고 눌러 대는 것을 절(切)이라 하기 때문에 절(切)에는 요구한다[責]는 뜻풀이가 있는 것이다. 『후한서』「진충전」의 「주」에 "절(切)은 요구함[責]이다."라고 했고, 「두헌전」의 「주」에 "절절(切切)은 근근(勤勤)과 같다."라고 했는데, 근근(勤勤)은 역시 요구하고 권면한다[責勉]는 뜻이다. 『이아』「석훈」에 "정정(丁丁)과 앵앵(嚶嚶)은 서로 간절하고

---

165 『맹자』「이루상(離婁上)」: 부모와 자식 간에는 선(善)을 요구하지 않으니, 선하라고 요구하면 정(情)이 떨어지게 된다. 부자간에 정이 떨어지게 되면 이보다 더 나쁜 것이 없다.[父子之間, 不責善, 責善則離, 離則不祥, 莫大焉.]

166 『맹자』「이루하(離婁下)」.

167 『설문해자』 권4: 절(刧)은 자른다[刌]는 뜻이다. 도(刀)로 구성되었고 칠(七)이 발음을 나타낸다. 천(千)과 결(結)의 반절음이다.[刧, 刌也. 從刀七聲. 千結切.]

정직하다는 뜻이다."라고 했는데, 곽박의 「주」에 "벗 사이에 절차탁마해서 서로 바르게 되는 것과 같다."라고 했고, 『광아』 「석훈」에 "절절(切切)은 경계한다[敬는 뜻이다."라고 했는데, "경(敬)"은 "경(儆)"과 같은 글자이니, 경계(儆戒)한다는 말이다. 정현의 「주」에 "절절(切切) 은 권경하는 모습[勸競貌]이다."라고 했는데, "권경(勸競)"은 바로 간절하게 선(善)을 요구한 다는 뜻이니, 정현의 해석은 마융의 해석과 같은 것이다.

又云: "怡怡, 謙順貌." "謙順"卽和順. 『說文』云: "怡, 和也." 台, 樂也. 『爾雅』 「釋詁」, "怡, 樂也." 和・樂義同. 『毛詩』 「常棣」 「傳」, "兄弟尙恩, 熙熙然; 朋友以義, 切切節節然." 孔 「疏」 云: "兄弟之多則尙恩, 其聚集則熙熙然; 朋友之交則以義, 其聚集切切節節然. '切切節節'者, 相切磋勉勵之貌. 『論語』云: '朋友切切偲偲, 兄弟怡怡.' 此'熙熙'當彼'怡怡', '節節'當彼'偲 偲'也. 定本'熙熙'作'怡怡', '節節'作'偲偲'. 依『論語』則俗本誤."

또 "이이(怡怡)는 겸손하고 순종하는 모양[謙順貌]이다."라고 했는데, "겸손하고 순종함[謙 順]"은 바로 화락하고 순종함[和順]이다. 『설문해자』에 "이(怡)는 화락하다[和는 뜻이다."[168] 라고 했는데, 태(台)는 화락하다[樂]는 뜻이다. 『이아』 「석고」에 "이(怡)는 화락함[樂]이다." 라고 했으니, 화(和)와 낙(樂)은 뜻이 같다. 『모시』 「상체」의 「전(傳)」에 "형제는 은혜를 숭 상해서 서로 화락하고 기뻐하며, 벗 사이에는 의로써 대하여 도덕으로써 간절하게 선을 요 구하고[權儆] 입신양명으로써 서로를 면려(勉勵)하는 것이다."[169]라고 했는데, 공영달의 「소」

---

168 『설문해자』 권10: 이(怡)는 화락하다[和는 뜻이다. 심(心)으로 구성되었고, 태(台)가 발음을 나타낸다. 여(與)와 지(之)의 반절음이다.[怡, 和也. 從心台聲. 與之切.]

169 『모시주소(毛詩注疏)』 권16, 「소아(小雅)・녹명지십(鹿鳴之什)・상체(常棣)」의 「소」에 "'절 절절절연(切切節節然)'은 서로 도덕으로써 간절하게 선을 요구하고[權儆] 입신양명을 가지 고 서로 면려해서 날마다 얻는 바가 있게 하는 것이다. 그러므로 형제는 벗과 같지 않은 것 이다. '절절절절(切切節節)'이란 서로 절차탁마하고 면려하는 모양이다. 『논어』에 '벗 사이 에는 간절하게 선(善)을 요구하고, 형제간에는 화락하고 순종해야 한다.'라고 했는데, 「주」 에 "'절절(切切)"은 간절하게 선(善)을 요구하는 모양이고, "이이(怡怡)"는 겸손하고 순종하 는 모양'이라고 했다. 여기의 '희희(熙熙)'는 『논어』의 이이(怡怡)에 해당하고, '절절(節節)' 은 『논어』의 시시(偲偲)에 해당하는 것이다.['切切節節然', 相勸競以道德, 相勉勵以立身, 使 其日有所得. 故兄弟不如友生也. '切切節節'者, 相切磋勉勵之貌. 『論語』云: '朋友切切偲偲,

에 "형제가 많으면 은혜를 숭상하는 것이니, 모여 있을 때에는 화락하고 순종하며[熙熙然], 친구와의 사귐은 의로써 하는 것이니, 모여 있을 때에는 절절절절(切切節節)하듯 하는 것이다. '절절절절(切切節節)'이란 서로[170] 절차탁마하고 면려(勉勵)하는 모양이다. 『논어』에 '벗 사이에는 간절하게 선(善)을 요구하고, 형제간에는 화락하고 순종해야 한다.'라고 했는데, 여기의 '희희(熙熙)'는 『논어』의 이이(怡怡)에 해당하고, '절절(節節)'은 『논어』의 시시(偲偲)에 해당한다. 정본(定本)의 '희희(熙熙)'는 '이이(怡怡)'로 되어 있고, '절절(節節)'은 '시시(偲偲)'로 되어 있다. 『논어』에 의거해 보면 속본(俗本)이 잘못이다."라고 했다.

此「疏」所載「傳」言甚明晰, 但"熙"·"怡"義同, "節"·"偲"聲轉, 俗本亦不誤也. 解者因疑"節節熙熙"是『古論語』, "切切怡怡"是『魯論語』, 說亦近之. "節"者, 限制也. 『荀子』「彊國篇」, "內節於人." 「注」云: "節卽謂限禁也." 朋友相勉, 不使爲非, 其告語節節然有所限制也. 『詩』「卷阿」「疏」引『白虎通』說"鳳雄鳴曰節節", 亦狀其聲之相似.

이 공영달의 「소」에 기재되어 있는 「전」의 말이 매우 분명한데, 단지 "희(熙)"와 "이(怡)"는 뜻이 같고, "절(節)"과 "시(偲)"는 소리가 변한 것일 뿐이니, 속본(俗本) 역시 잘못이 아니다. 해석하는 자가 "절절희희(節節熙熙)"는 『고논어』이고, "절절이이(切切怡怡)"는 『노논어』라고 의심했기 때문인 것 같은데, 이 말도 근사하기는 하다. "절(節)"이란 제한한다[限制]는 뜻이다. 『순자』「강국편」에 "안으로 사람을 절제시킨다[內節於人]."라고 했는데, 「주」에 "절(節)은 바로 제한하고 금지한다[限禁]는 뜻이다."라고 했다. 친구 사이에는 서로 권면해서 잘못을 저지르지 않도록 하는 것이니, 그 일러 주는 말이 간절하게 선을 요구하듯[節節然] 해서 제한하는 것이 있는 것이다. 『시경』「권아」의 「소」에는 『백호통의』을 인용해서 "봉황의 수컷은 울음소리를 '절절(節節)'하고 낸다."라고 했는데, 역시 그 소리가 서로 비슷함을 형용한 것이다.

兄弟怡怡.' 「注」云: "'切切', 勸競貌, '怡怡', 謙順貌.' 此'熙熙', 當彼'怡怡', '節節', 當彼'偲偲'也.]"라고 했다.

170 『논어정의』에는 "皆"로 되어 있다. 『모시주소』를 근거로 "相"으로 고쳤다.

> ## 13-29
>
> 子曰: "善人敎民七年, 亦可以卽戎矣." 【注】曰: "'卽', 就也; '戎', 兵也, 言以攻戰."
>
> ---
>
> 공자가 말했다. "선한 사람이 7년 동안 백성을 가르치면 또한 전쟁에 나아가게 할 수 있다." 【주】 포함이 말했다. "'즉(卽)'은 나아감이고, '융(戎)'은 전쟁이니, 그렇게 함으로써 전쟁을 벌인다는 말이다."

원문 正義曰: 朱子『集注』云: "敎民者, 敎之以孝弟忠信之行, 務農講武之法." 吳氏嘉賓『說』, "'七年', 謂其久也. 凡以數爲約者, 皆取諸奇, 若一, 若三, 若五, 若七, 若九. 九者, 數之究也. 古人三載考績, 三考而後黜陟, 皆中間一年而考, 五年則再考, 七年則三考. 故三年爲初, 七年爲終. 「記」曰: '中年考校.'"

역문 정의에서 말한다.

주자의 『논어집주』에 "백성을 가르친다는 것은 효제충신(孝悌忠信)의 행실(行實)과 농사(農事)를 힘쓰고 무예(武藝)를 강마(講磨)하는 법을 가르치는 것이다."라고 했다. 오가빈(吳嘉賓)의 『사서설』에 "'7년'이란 그 오래됨을 말한 것이다. 대체로 숫자를 가지고 기약할 때는 모두 홀수[奇]에서 취하니, 예를 들면, 1·3·5·7·9와 같은 것이다. 9는 수의 끝이다. 옛사람들은 3년마다 한 번씩 공적을 평가하고, 세 번 공적을 평가한 뒤에 어리석은 자를 내치고 현명한 자를 승진시켰는데, 중간 한 해를 걸러 첫 번째 공적을 평가하고, 5년에 두 번째 공적을 평가하며, 7년에 세 번째 공적을 평가한다. 그러므로 3년이 처음이 되고 7년이 끝이 되는 것이다. 『예기』「학기」에 말했다. '한 해를 걸러 학교의 성적을 평가한다.'"
라고 했다.

- 「注」, "卽, 就也. 戎, 兵. 言以攻戰."
- 正義曰: "卽, 就", 此常訓.『說文』, "戰, 兵也. 從戈從甲." 今作"戎", 隸省.『御覽』二百九十
  六引鄭此「注」云: "可就兵攻戰也." 與包義同.
- 「주」의 "즉(卽)은 나아감이고, 융(戎)은 전쟁이니, 그렇게 함으로써 전쟁을 벌인다는 말
  이다."
- 정의에서 말한다.
  "즉(卽)은 나아감[就]"이라고 했는데, 이것이 일반적인 해석이다. 『설문해자』에 "융(戰)은 병
  기[兵]이다. 과(戈)로 구성되었고 갑(甲)으로 구성되었다."[171] 지금 "융(戎)"으로 되어 있는
  것은 예서체가 생략된 자형이다. 『태평어람』 권296에 정현의 이 「주」를 인용해서 "군대에
  나아가 전쟁할 수 있는 것이다."라고 했는데, 포함의 뜻과 같다.

13-30

子曰: "以不敎民戰, 是謂棄之."【注】馬曰: "言用不習之民, 使之攻
戰, 必破敗, 是謂棄之."

공자가 말했다. "가르치지 않은 백성을 이용해서 전쟁을 하게 하
면 이를 일러 '백성을 버리는 것'이라 한다."【주】마융이 말했다. "군사

---

171 『설문해자』 권12: 융(戰)은 병기[兵]이다. 과(戈)로 구성되었고 갑(甲)으로 구성되었다. 여
  (如)와 융(融)의 반절음이다.[戰, 兵也. 從戈從甲. 如融切.]

훈련을 익히지 않은 백성을 이용하여 전쟁을 하게 하면 반드시 깨지고 패전할 것이니, 이를 일러 '백성을 버리는 것'이라 한다는 말이다."

원문 正義曰: "棄"謂絶去之也. 『穀梁』「僖」二十三年「傳」, "宋公玆父卒. 玆父之不葬, 何也? 失民也. 其失民何也? 以其不敎民戰, 則是棄其師也. 爲人君而棄其師, 其民孰以爲君哉?" 據彼文, 則此言"棄之", 亦謂棄其師也. 『孟子』「告子下」, "魯欲使愼子爲將軍, 孟子曰: '不敎民而用之, 謂之殃民.'" 與此同意.

역문 정의에서 말한다.

"기(棄)"는 끊어 버린다는 말이다. 『춘추곡량전』 「희공」 23년의 「전」에 "송나라 군주인 공작 자보(玆父)가 세상을 떠났다. 자보를 장사 지낸 것을 기록하지 않은 것은 어째서인가? 백성을 잃었기 때문이다. 백성을 잃었다는 것은 무엇인가? 가르치지 않은 백성을 이용해서 전쟁을 하게 했기 때문이니, 이는 그의 군사를 버린 것이다. 남의 임금이 되어서 그 군사를 버렸다면 그 백성들 누가 임금이라고 여기겠는가?"라고 했는데, 이 글에 의거해 보면 『논어』에서 "기지(棄之)"라고 한 것 역시 그 군사를 버린다는 말이다. 『맹자』 「고자하」에 "노나라가 신자(愼子)를 장군(將軍)으로 삼고자 하자, 맹자가 말했다. '백성을 가르치지 않고 이용하는 것을 일러 백성에게 재앙을 입힌다고 한다.'"라고 했는데, 이것과 같은 의미이다.

- 「注」, "言用"至"棄之".
- 正義曰: "習"謂肄習之也. 范寧『穀梁集解』, "何休曰: '所謂敎民戰者, 習之也.'" 『公羊』「桓」

六年「傳」, "秋八月壬午, 大閱. 大閱者何? 簡車徒也. 何以書? 蓋以罕書也." 何休「注」, "孔子曰: '以不敎民戰, 是謂棄之.' 故比年簡徒謂之蒐, 三年簡車謂之大閱, 五年大簡車徒謂之大蒐. 存不忘亡; 安不忘危." 徐彦「疏」云: "何氏之意, 與鄭別."

○ 「주」의 "언용(言用)"부터 "기지(棄之)"까지.

○ 정의에서 말한다.

"습(習)"은 군사훈련을 익힌다는 말이다. 범녕의 『춘추곡량전집해』에 "하휴가 말했다. '이른바 백성을 가르쳐 전쟁하게 한다는 것이 익힌다는 것이다.'"라고 했다. 『춘추공양전』「환공」6년의 「전」에 "가을 8월 임오(壬午)에 군대를 크게 검열했다. 군대를 크게 검열했다는 것은 무엇인가? 전차와 보병을 검열했다는 것이다. 어째서 기록했는가? 대체로 드문 일이기 때문에 기록한 것이다."라고 했는데, 하휴의 「주」에 "공자가 말하길, '가르치지 않은 백성을 이용해서 전쟁을 하게 하면 이를 일러 백성을 버리는 것이라 한다.'라고 했다. 따라서 해마다 보병을 검열하는 것을 수(蒐)라 하고, 3년에 한 번 전차를 검열하는 것을 대열(大閱)이라 하며, 5년에 한 번 전차와 보병을 크게 검열하는 것을 대수(大蒐)라 한다. 나라가 건재할 때는 망하게 될 것을 잊지 않아야 하고, 편안한 때에는 위태로움을 잊지 않아야 한다."라고 했는데, 서언(徐彦)의 「소」에 "하씨(何氏)의 뜻은 정현의 뜻과는 다르다."라고 했다.

宋氏翔鳳輯本鄭『論語注』謂'何以敎民爲習戰, 而「疏」謂'何與鄭別', 則鄭謂敎民以禮義, 不謂敎民習戰也. 愚謂鄭「注」今已亡, 無由知其說. 然古人敎戰, 未始不敎以禮義. 觀子犯對晉文語, 雖霸國急用其民, 亦必示之義 · 信與禮, 而後用之. 故『白虎通』「三敎篇」云: '敎者, 效也, 上爲之, 下效之. 故『孝經』曰, "先王見敎之可以化民." 『論語』曰: "不敎民戰, 是謂棄之."' 則言'敎', 而二者已賅之矣. 『周官』「大司馬」, '中春敎振旅, 司馬以旗致民, 平列陳, 如戰之陳.' 鄭「注」, '兵者, 守國之備. 孔子曰: "以不敎民戰, 是謂棄之." 兵者凶事, 不可空設, 因蒐狩而習之. 凡師出曰治兵, 入曰振旅, 皆習戰也. 四時各敎民以其一焉.'" 觀此, 則鄭與何同. 『公羊』「疏」所云"何與鄭別", 或鄭別有一說, 非如宋君所測也.

송상봉이 집본(輯本)한 정현의 『논어주』에 이르길, "하휴는 백성을 가르치는 것을 전쟁을 익히는 것이라고 했는데, 「소」는 '하휴와 정현이 다르다'라고 했으니, 정현은 예의를 가지고 백성들을 가르친다고 말한 것이지 백성들에게 전쟁을 익히도록 가르쳤다는 말이 아니다. 내가 생각하기에 정현의 「주」는 지금 이미 없으니 그의 말을 알 길이 없다. 그러나 옛사람들은 전쟁을 가르칠 때 애초에 예의를 가르치지 않은 적이 없었다. 자범(子犯)[172]이 진 문공(晉文公)에게 대답한 말을 살펴보면, 비록 패자(霸者)의 나라에서 그 백성들을 급히 동원하려 할 때라도 역시 반드시 도의(道義)와 신의(信義)와 예를 보인 뒤에 사용하는 것이다.[173] 그러므로 『백호통의』「삼교편」에 '교(敎)란 본받음이니, 윗사람이 하는 것을 아랫사람이 본받는 것이다. 그러므로 『효경』「삼재」에 "선대 임금들은 교화(敎化)를 통해서 백성들을 교화시킬 수 있음을 알았다."라고 했고, 『논어』에 "가르치지 않은 백성을 이용해서 전쟁을 하게 하면

---

172 자범(子犯, ?~?): 중국 춘추전국시대 진(晉)나라 대부. 이름은 호언(狐偃). 자범은 그의 자이며, 또 다른 자는 구범(舅犯, 咎犯)이다. 호돌(狐突)의 아들로, 진나라의 공자 중이(重耳, 晉文公)의 장인이다. 대부가 되어 중이를 따라 19년 동안 함께 망명 생활을 했다. 주 양왕(周襄王) 16년 중이를 도와 귀국하여 중이가 왕위에 오르니, 그가 진 문공(晉文公)이다. 상군좌(上軍佐)에 임명되었다. 나중에 진 문공이 주 왕실의 내란을 평정하고 패자(霸者)가 되었을 때 그의 지략이 큰 도움이 되었다. 성복(城濮) 전투에서 형 호모(狐毛)와 함께 초나라 군대를 격파했다.

173 『춘추좌씨전』「희공」27년: 진후(晉侯)가 처음 귀국했을 때부터 백성들을 가르쳤는데, 가르친 지 2년 만에 문공(文公)이 이들을 사용해 전쟁하려 하니, 자범(子犯)이 말했다. "백성들이 아직 도의(道義)를 몰라 그 생활을 불안하게 여기고 있습니다." 이에 문공은 출병하여 양왕(襄王)의 위치를 안정시키고 환국(還國)하여 백성을 이롭게 하는 정치에 힘을 쓰니, 백성들이 생활을 편안히 여겼다. 문공이 다시 이들을 사용해 전쟁하려 하니 자범이 말하였다. "백성들이 아직 신의(信義)를 몰라 시행할 방법을 분명하게 알지 못합니다." 이에 문공은 원(原)을 쳐서 백성들에게 신의를 보이니, 물자를 교역하는 백성들이 많은 이익을 구하지 않고 약속한 말을 분명한 증거로 삼았다. 문공이 "이제 사용해도 되겠는가?"라고 하니 자범이 말하였다. "백성들이 아직 예(禮)를 몰라 공경하는 마음이 생기지 않습니다." 이에 문공은 군사훈련을 대대적으로 거행하여 예를 보이고, 집질(執秩)을 설치하여 관작의 등급을 바로잡으니, 백성들이 상사의 명을 따라 의심하지 않았다. 그런 뒤에 이들을 사용하여 곡(穀)에 주둔한 초나라의 수병(戍兵)을 축출하고 송나라의 포위를 풀었다.[晉侯始入而教其民, 二年, 欲用之, 子犯曰: "民未知義, 未安其居." 於是乎出定襄王, 入務利民, 民懷生矣. 將用之, 子犯曰: "民未知信, 未宣其用." 於是乎伐原以示之信, 民易資者, 不求豊焉, 明徵其辭, 公曰: "可矣乎?" 子犯曰: "民未知禮, 未生其共." 於是乎大蒐以示之禮, 作執秩以正其官, 民聽不惑. 而後用之, 出穀戍, 釋宋圍.]

이를 일러 백성을 버리는 것이라 한다.'"라고 했으니, '교(敎)'를 말함에는 가르침과 본받음 두 가지 뜻이 이미 갖추어진 것이다. 『주례』「하관사마상·대사마」에 '중춘(中春)에 군사 훈련을 지도하는데, 사마(司馬)는 기(旗)로써 백성을 소집해서 고르게 진(陳)을 펴는데, 마치 전시(戰時)에 진을 치는 것과 같이 한다.'라고 했는데, 정현의 「주」에 '군대란, 나라를 지키는 방비이다. 공자가 말했다. "가르치지 않은 백성을 이용해서 전쟁을 하게 하면 이를 일러 백성을 버리는 것이라 한다." 군대는 흉한 일을 대비하기 위한 것이어서 함부로 설치해서는 안 되니, 사냥 등을 통한 군사훈련을 통해 군사훈련을 익혀야 한다. 무릇 군대가 출동하는 것을 치병(治兵)이라 하고, 군대를 거두는 것을 진려(振旅)라 하니, 모두 전투를 익히는 것이다. 네 계절마다 각각 그 한 가지를 가지고 백성들을 가르치는 것이다.'"라고 했다. 이것을 살펴보면 정현의 뜻과 하휴의 뜻이 같다. 『춘추공양전』의 「소」에서 말한 "하씨의 뜻은 정현의 뜻과는 다르다"라는 것은 아마도 정현에게 별도의 한 가지 설이 있다는 것이지, 송군이 추측한 것과 같은 것은 아니다.

논어정의 권17

論語正義卷十七

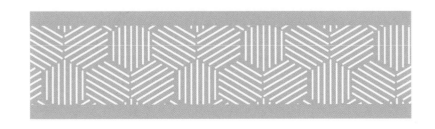

憲問第十四(헌문 제14)

○●○

集解(집해)

○●○

凡四十四章(모두 44장이다)

14-1

憲問恥, 子曰: "邦有道, 穀, 【注】孔曰: "'穀', 祿也. 邦有道, 當食祿."
邦無道, 穀, 恥也."【注】孔曰: "君無道而在其朝, 食其祿, 是恥辱."

원헌(原憲)이 치욕에 대해서 묻자, 공자가 말했다. "나라에 도(道)
가 있을 때 녹을 먹는 것이니, 【주】 공안국이 말했다. "'곡(穀)'은 녹(祿)이
다. 나라에 도가 있을 때 녹을 먹는 것은 당연한 일이다." 나라에 도가 없는 데
에도 녹을 먹는 것이 치욕이다."【주】 공안국이 말했다. "임금이 무도(無
道)한데도 그의 조정에 있으면서 그 임금이 주는 녹을 먹는 것이 치욕이다."

원문 正義曰: 憲不稱氏, 疑此篇卽憲所記. 吳氏嘉賓『說』, "憲之狷介, 雖邦有
道, 且不願祿, 觀其辭子之與粟可見也. 故曰: '邦有道, 穀.' 廣之也."

정의에서 말한다.

헌(憲)은 성씨를 칭하지 않았는데, 아마도 이 편은 헌(憲)이 기록한 것이어서인 듯싶다. 오가빈(吳嘉賓)의 『사서설』에 "원헌의 굳은 지조는 비록 나라에 도가 있더라도 또한 녹을 원하지 않았을 것이니, 그가 공자가 준 곡식을 사양한 것을 보면 알 수 있다.[1] 그러므로 '나라에 도가 있을 때 녹을 먹는 것이다.'라고 하여 넓혀 준 것이다."라고 했다.

● 「注」, "邦有道, 當食祿."

● 正義曰:「泰伯篇」, "子曰: '天下有道則見.'" 又曰: "邦有道, 貧且賤焉, 恥也."

○ 「주」의 "나라에 도가 있을 때 녹을 먹는 것은 당연한 일이다."

○ 정의에서 말한다.

『논어』「태백」에 "공자가 말했다. '천하에 도가 있으면 자신을 드러내는 것이다.'"라고 했고, 또 "나라에 도가 있을 때에 가난하고 천한 것이 부끄러운 일이다."라고 했다.

"克·伐·怨·欲不行焉, 可以爲仁矣?"【注】馬曰: "'克', 好勝人; '伐', 自伐其功; '怨', 忌小怨; '欲', 貪欲也." 子曰: "可以爲難矣, 仁則吾不知也."【注】包曰: "四者行之難, 未足以爲仁."

"남을 이기기를 좋아하는 마음, 자기의 공을 자랑하는 마음, 원망

---

1 『논어(論語)』「옹야(雍也)」 원사(原思)가 가상(家相)이 되었을 때, 공자가 그에게 곡식 900을 주었으나, 사양했다.[原思爲之宰, 與之粟九百, 辭.]

하는 마음, 탐욕스러운 마음이 행해지지 않으면 인(仁)이라고 할 수 있습니까?"【주】마융이 말했다. "'극(克)'은 남을 이기기를 좋아함이고, '벌(伐)'은 스스로 자기의 공을 자랑함이며, '원(怨)'은 작은 원망까지 증오함이고,[2] 욕(欲)은 탐욕(貪欲)이다." 공자가 말했다. "어렵다고는 할 수 있겠으나, 인(仁)인지는 내가 모르겠다."【주】포함(包咸)이 말했다. "네 가지는 행하기 어렵지만 인(仁)이라 하기에는 부족하다."

원문 正義曰: 『史記』「弟子列傳」"克伐"上有"子思曰"三字. "可以爲仁矣", "矣"與"乎"同義. 『管子』「法法」云: "行有難而非善者." 又云: "行必思善, 不苟爲難." 『荀子』「不苟篇」, "君子行不貴苟難, 唯其當之爲貴."

역문 정의에서 말한다. 『사기』「중니제자열전」에는 "극벌(克伐)" 앞에 "자사왈(子思曰)" 세 글자가 있다. "인이라 할 수 있습니까(可以爲仁矣)"에서 "의(矣)"는 "호(乎)"와 같다. 『관자』「법법」에 "행하기에 어려움이 있으면 좋은 일이 아니다."라고 했고, 또 "행할 때에는 반드시 잘할 것을 생각하고 구차하게 어려운 것을 하지 않아야 한다."라고 했으며, 『순자』「불구편」에 "군자의 행실은 구차하게 어렵게 하는 것을 귀하게 여기지 않고, 오직 예의에 합당함을 귀하게 여긴다."라고 했다.

---

2 기소원(忌小怨): 『춘추좌씨전(春秋左氏傳)』「희공(僖公)」 10년의 「전」에 "비표(丕豹)가 진(秦)나라로 도망가서 진백(秦伯)에게 말하였다. '진후(晉侯)가 대주(大主)를 배반하고 작은 원한까지 증오하니 백성들이 돕지 않습니다. 그를 치신다면 반드시 축출할 것입니다.'[丕豹奔秦, 言於秦伯曰: '晉侯背大主而忌小怨, 民弗與也. 伐之, 必出.']"라고 했다.

● 「注」, "克好"至"小怨".

● 正義曰:『說文』, "克, 肩也." 謂以肩任事也, 引申之有勝義.『爾雅』「釋詁」, "剋, 勝也." "剋" 與"克"同.『說文』, "忌, 憎惡也." 『詩』「瞻卬」「傳」, "忌, 怨也." 輾轉相訓, 故"怨"亦爲"忌". 但"怨"有恚怒之意, "忌"則只心有所諱惡, 故爲"小怨"也.「注」文"怨" · "忌"當讀斷.

○ 「주」의 "극호(克好)"부터 "소원(小怨)"까지.

○ 정의에서 말한다.

『설문해자』에 "극(克)은 어깨[肩]이다."[3]라고 했는데, 어깨[肩]로 일을 맡아 해낸다는 말이니, 의미가 확장되어 이긴대勝]는 뜻이 있게 되었다.『이아』「석고」에 "극(剋)은 이긴대勝]는 뜻 이다."라고 했는데, "극(剋)"과 "극(克)"은 같은 글자이다.『설문해자』에 "기(忌)는 증오함[憎 惡]이다."[4]라고 했고,『시경』「첨앙」의「전(傳)」에 "기(忌)는 원망함[怨]이다."라고 했으니, 번갈아 가며 서로 뜻풀이가 되기 때문에 "원(怨)"은 또 "기(忌)"의 뜻이 되기도 한다. 다만 "원(怨)"에는 성내고 노여워한다는 뜻이 있다면, "기(忌)"에는 단지 마음속으로 꺼리고 미워 하는 마음이 있을 뿐이므로 작은 "증외小怨]"라고 한 것이다.「주」의 "원(怨)"과 "기(忌)"는 마땅히 끊어 읽어야 한다.

● 「注」, "包曰"至"爲仁".

● 正義曰:『史記集解』引此「注」作"鄭曰". 阮氏元『論仁篇』, "此但能無損於人, 不能有益於人, 未能立人 · 達人, 所以孔子不許爲仁." 案, 四者不行, 已近忠恕, 但可以求仁, 不可遽謂 仁也.

○ 「주」의 "포왈(包曰)"부터 "위인(爲仁)"까지.

---

3 『설문해자(說文解字)』권7: 극(亭)은 어깨[肩]이다. 지붕 아래에 있는 깎은 나무의 모양을 상 형하였다. 모든 극(克)부에 속하는 한자는 다 극(克)의 뜻을 따른다. 극(亭)은 극(克)의 고문 이다. 극(㲻)도 극(克)의 고문이다. 고(苦)와 득(得)의 반절음이다.[亭, 肩也. 象屋下刻木之 形. 凡克之屬皆從克. 亭, 古文克. 㲻, 亦古文克. 苦得切.]

4 『설문해자』권10: 기(忌)는 증오함[憎惡]이다. 심(心)으로 구성되었고 기(己)가 발음을 나타 낸다. 거(渠)와 기(記)의 반절음이다.[忌, 憎惡也. 從心己聲. 渠記切.]

○ 정의에서 말한다.

『사기집해』에 이 「주」를 인용했는데, 거기에는 "정왈(鄭曰)"로 되어 있다. 완원(阮元)의『논

인편』에 "이는 단지 남에게 손해를 끼침이 없을 수 있을 뿐, 남을 유익하게 해 줄 수 없고, 남

을 서게 해 주거나 남을 통달하게 해 줄 수도 없기 때문에 공자가 인(仁)이 됨을 인정하지 않

은 것이다."라고 했다. 살펴보니, 네 가지가 행해지지 않으면 이미 충서(忠恕)에 가깝지만,

단지 인(仁)을 추구할 수 있을 뿐, 대번에 인이라고 할 수는 없다.

14-2

子曰: "士而懷居, 不足以爲士矣." 【注】 士當志道, 不求安, 而懷其
居, 非士也.

공자가 말했다. "선비로서 편안한 거처를 그리워하면 선비라 하
기에 부족하다." 【주】 선비란 마땅히 도에 뜻을 두고, 편안함을 구하지 않아야
하니, 편안한 거처를 생각한다면 선비가 아니다.

- 「注」, "士當"至"士也".
- 正義曰: 士志仁義, 大人之事備, 不得但懷居, 惟耽樂之是從也.『左』「僖」二十三年「傳」, "懷
  與安, 實敗名." 吳氏英『經句說』, "士初生時, 設弧於門左, 爲將有事於四方也. 膂力方剛, 經
  營四方, 士之志也. 若系念所居, 乃偸安而無意人世者, 故孔子警之."
- ○「주」의 "사당(士當)"부터 "사야(士也)"까지.
- ○ 정의에서 말한다.

선비라면 인의(仁義)에 뜻을 두어야 대인의 일이 구비되는 것이니, 단지 편안한 거처만을 그

리워하고 오직 쾌락을 탐닉할 것을 좇아서는 안 된다. 『춘추좌씨전』「희공」 23년의 「전」에 "거처를 편안히 여기는 것은 실로 공명을 무너뜨리는 것이다.[懷與安, 實敗名.]"라고 하였다. 오영(吳英)의 『경구설』에 "선비가 처음 태어났을 때 문 왼쪽에 활을 걸어 놓는 것은 장차 세상에서 할 일이 있기 때문이다. 체력과 힘을 한창 굳세게 해서 세상을 경영하는 것이 선비의 뜻이다. 만약 편안한 거처에만 연연한다면 결국에는 안일함만 구차하게 탐해서 세상에 뜻을 두는 사람이 없어지기 때문에 공자가 경계한 것이다."라고 했다.

14-3

子曰: "邦有道, 危言危行; 【注】 包曰: "'危', 屬也. 邦有道, 可以屬言行也." 邦無道, 危行言孫." 【注】 "孫", 順也. 屬行不隨俗, 順言以遠害.

공자가 말했다. "나라에 도(道)가 있을 때에는 말과 행동을 고상하게 하고, 【주】 포함이 말했다. "'위(危)'는 높다[屬]는 뜻이니 나라에 도가 있을 때에는 말과 행동을 고상하게 할 수 있다." 나라에 도가 없을 때에는 행동을 고상하게 하되 말은 공손해야 한다." 【注】 "손(孫)"은 공순(恭順)함이다. 행동을 고상하게 해서 세속을 따르지 않아야 하고, 말을 공순하게 해서 해(害)를 멀리해야 한다.

원문 正義曰: 行貴有恒, 不以有道無道異也. 戴氏望『注』曰: "正行以善經, 言孫以行權."

역문 정의에서 말한다.

행실은 항심(恒心)이 있음을 귀하게 여기니, 도가 있고 도가 없는 것 때문에 달라지지 않는다. 대망(戴望)의 『논어주』에 "바른 행실은 선(善)을 항상된 법[經]으로 삼고, 말을 공손하게 해서 권도(權道)를 행해야 한다."라고 했다.

- 「注」, "危, 厲也. 邦有道, 可以厲言行也."
- 正義曰:『詩』「民勞」「傳」, "厲, 危也." 展轉相訓. 故"危"亦爲"厲". 『廣雅』「釋詁」, "厲, 高也, 上也." 邦有道, 得行其志, 申其說, 故可厲言行也. 鄭「注」云: "危猶高也. 據時高言高行者皆見危, 故以爲諭也."
- 「주」의 "위(危)는 높다[厲]는 뜻이니 나라에 도가 있을 때에는 말과 행동을 고상하게 할 수 있다."
- 정의에서 말한다.

  『시경』「민로」의 「전(傳)」에 "여(厲)는 높다[危]는 뜻이다."라고 했으니, 이리저리 서로 간에 돌려 가며 뜻을 새긴 것이다. 따라서 "위(危)"는 또한 "여(厲)"의 뜻이 되기도 하는 것이다. 『광아』「석고」에 "여(厲)는 높다[高]는 뜻이며, 위[上]라는 뜻이다."라고 했는데, 나라에 도가 있으면 그 뜻을 실행할 수 있고 그 말을 거듭 되풀이할 수 있기 때문에 말과 행실을 고상하게 할 수 있는 것이다. 정현의 「주」에 "위(危)는 고상함[高]과 같다. 당시에 말을 고상하게 하고 행실을 고상하게 하는 자들은 모두 위난(危難)을 당했기 때문에 비유로 삼은 것이다."라고 했다.

  案, 『說文』, "危, 在高而懼也." 『莊子』「盜跖篇」, "去其危冠." 李「注」, "危, 高也." 凡高多致險, 故又有險難之義. 鄭所云"高言高行皆見危"者, 此"危"謂危難也. 高言高行, 皆見危難, 「注」兼二義, 爲引申矣.

  살펴보니, 『설문해자』에 "위(危)는 높은 곳에 있어서 두렵다[在高而懼]는 뜻이다."[5]라고 했

다. 『장자』「도척」에 "높은 관을 벗어던지대[去其危冠]."라고 했는데, 이이(李頤)의 「주」에 "위(危)는 높대[高]는 뜻이다."라고 했다. 대체로 높으면 대부분 위험스럽기 때문에 또 험난하다는 뜻이 있다. 정현이 "말을 고상하게 하고 행실을 고상하게 하는 자들은 모두 위난을 당했대[高言高行皆見危]"라고 했는데, 이때의 "위(危)"는 위난(危難)을 말하는 것이다. 말을 고상하게 하고 행실을 고상하게 하면 모두 위난을 당했다고 했으니, 「주」에서 두 개의 뜻을 겸한 것은 의미를 확대한 것이다.

"諭"猶言也. 鄭與包意亦當同. 錢氏坫『後錄』云: "孫星衍曰: '『廣雅』, 〃危, 正也〃. 釋此爲長.'"

"유(諭)"는 언(言)과 같다. 정현과 포함의 뜻도 역시 당연히 같다. 전점(錢坫)의 『논어후록』에 "손성연(孫星衍)[6]이 말했다. '『광아』에 〃위(危)는 바르대[正]는 뜻이다."라고 했으니, 이 장을 해석한 것 중에는 가장 뛰어나다.'"라고 했다.

- 「注」, "順言以遠害."
- 正義曰: "順言"者, 無所違犯也. 『荀子』「臣道篇」, "迫脅於亂時, 窮居於暴國, 而無所避之, 則崇其美, 揚其善, 違其惡, 隱其敗, 言其所長, 不稱其所短, 以爲成俗." 『繁露』「楚莊王篇」, "義不訕上, 智不危身. 故遠者以義諱, 近者以智畏. 畏與義兼, 則世逾近而言逾謹矣. 此定·

따른다. 어(魚)와 위(爲)의 반절음이다.[危, 在高而懼也. 從厃, 人在厓上, 自卪止之. 凡危之屬皆從危. 魚爲切.]

6 손성연(孫星衍, 1753~1818): 나라의 고전학자로, 강소성(江蘇省) 양호(陽湖) 사람. 자는 연여(淵如), 호는 방무산인(芳茂山人). 이름난 수재로 14세 때 《문선(文選)》을 모두 암기하였고 많은 사람들로부터 지우(知遇)를 받았다. 1787년 진사에 합격, 한림원편수(翰林院編修)가 되었다. 형부주사(刑部主事) 등 사법관이 되어 명성을 떨치고, 산동(山東)의 독량도(督糧道)로서 치수(治水)와 식량을 감독하여 공적을 남기고 1806년에 사임하였다. 전대흔(錢大昕)에게서 배워 넓은 학식을 지니고 특히 여러 서지(書誌)의 교정(校定)에 힘써 『상서금고문주소(尙書今古文注疏)』(30권), 『창힐편(蒼頡篇)』, 『시자(尸子)』 등을 집대성하고, 금석학(金石學)에도 뛰어나 『환우방비기(寰宇訪碑記)』를 썼고 『방무산인시록(芳茂山人詩錄)』 등을 합쳐 『평진관총서(平津館叢書)』 및 『대남각총서(岱南閣叢書)』로서 간행하였다.

哀之所以微其辭, 以故用則天下平, 不用則安其身. 『春秋』之道也." 二文與此「注」義相發. 漢 · 明之末, 學者知崇氣節, 而持之過激, 釀爲黨禍, 毋亦昧於遠害之旨哉?

○ 「주」의 "말을 공순하게 해서 해(害)를 멀리해야 한다."

○ 정의에서 말한다.

"말을 공순하게 한다[順言]"라는 것은, 어기거나 어긋남이 없다는 것이다. 『순자』「신도편」에 "혼란한 시대에 협박을 당하고 포악한 나라에서 궁핍하게 거처하면서 피할 곳이 없으면, 그 아름다움을 높이고 그 선함을 선양하며 그 악을 피하고 그 부패를 숨기며, 그 장점을 말하고 그 단점을 일컫지 않는 것을 옛날부터 전해져 온 완성된 미덕으로 삼아야 한다."라고 했다. 『춘추번로』「초장왕」에 "의로우면 윗사람을 헐뜯지 않고 지혜로우면 자신을 위태롭게 하지 않는다. 그러므로 멀리 있는 사람에게는 의로써 그의 잘못을 숨겨 주고, 가까이 있는 사람에게는 지혜로써 경외감을 나타낸다. 경외심과 의를 겸비하면 시대가 가까워지면 가까워질수록 말이 더욱 신중하게 되는 것이다. 이것이 정공(定公)과 애공(哀公)에 대해서는 그 말을 은미하게 한 까닭이니, 따라서 이러한 글쓰기의 원칙이 쓰여지면 천하가 화평하게 되고, 쓰여지지 않더라도 제 자신을 안전하게 할 수 있다. 이것이 바로 『춘추』의 원칙이다."라고 했는데, 『순자』와 『춘추번로』의 두 글은 여기 「주」의 뜻과 서로 발명이 된다. 한(漢)나라와 명(明)나라의 말기에는 학자들이 기개와 절도를 숭상할 줄 알았으나, 지킴이 과격해서 당파의 화를 빚게 되었는데, 또한 해(害)를 멀리하는 가르침에 어두웠기 때문이 아니겠는가?

14-4

子曰: "有德者必有言, 有言者不必有德. 【注】德不可以億中, 故必有言. 仁者必有勇, 勇者不必有仁."

공자가 말했다. "덕(德)이 있는 자는 반드시 훌륭한 말이 있지만, 훌륭한 말이 있는 사람이라고 해서 반드시 덕(德)이 있는 것은 아니다. 【주】 덕(德)은 억측해서 적중할 수 없기 때문에 반드시 말이 있는 것이다. 인(仁)한 사람은 반드시 용기가 있지만, 용기가 있는 사람이라고 해서 반드시 인(仁)이 있지는 않다."

원문 正義曰: 德不以言見, 仁不以勇見, 而此云"必有"者, 就人才性所發見推之也.『荀子』「非相篇」, "法先王, 順禮義, 黨學者, 然而不好言, 不樂言, 則必非誠士也. 故君子之於言也, 志好之, 心安之, 樂言之. 故君子必辨." 又曰: "故仁言大矣. 起於上所以道於下, 正令是也; 起於下所以忠於上, 謀救是也. 故君子之行仁也無厭." 又「性惡篇」, "仁之所在, 無貧窮; 仁之所亡, 無富貴. 天下知之, 則欲與天下同苦樂之; 天下不知之, 則傀然獨立天地之間而不畏, 是上勇也." 二文竝足發明"德必有言, 仁必有勇"之旨.

역문 정의에서 말한다.

덕은 말로써 드러나지 않고, 인은 용기로써 드러나지 않는데, 여기에서 "반드시 있다[必有]"라고 한 것은 사람의 재성(才性)이 드러난 곳에 나아가 추측한 것이다.『순자』「비상편」에 "선왕(先王)을 본받고, 예의를 따르며, 학자와 친밀하지만 그러나 말하기를 좋아하지 않고, 말하기를 즐거워하지 않으면 반드시 성실한 선비가 아니다. 그러므로 군자는 말에 있어서 뜻은 그것을 좋아하고, 마음은 그것을 편히 여겨서[7] 말하는 것을 즐거워하는 것이다. 그러므로 군자는 반드시 변설을 하는 것이다."라고 했고, 또 "그러므로 인(仁)한 말이야말로 중대한 것이다. 위에서 인한 말을 일으키는 것은 아랫사람들을 인도하기 위한 것이니, 정령

---

7 "心安之"는『순자』「비상편(非相篇)」에는 "行安之"로 되어 있다.

(正令)이 이것이고, 아래에서 인한 말을 일으키는 것은 윗사람에게 충성하기 위한 것이니, 훌륭한 계책을 올려 바로잡고 구제하는 것[謀救][8]이 이것이다. 그러므로 군자는 인을 행함에 싫어함이 없는 것이다.”라고 했다.

또 「성악편」에 “인이 있는 곳에는 가난과 궁핍함이 없고, 인이 없는 곳에 부유함과 귀함이 없다. 천하가 이것을 알면 천하와 더불어 고락(苦樂)을 함께하고자 할 것이지만, 천하가 이것을 모르면 천지의 사이에 우뚝 홀로 서더라도 두려워하지 않을 것이니, 이것이 최상의 용기이다.”라고 했는데, 두 개의 글 모두 “덕이 있는 자는 반드시 훌륭한 말이 있고, 인한 사람은 반드시 용기가 있다”라는 취지를 충분히 발명해 준다.

원문 若夫有言者或但口給以禦人, 勇者或但逞血氣之彊, 故知有言者不必有德, 勇者不必有仁也.

역문 훌륭한 말이 있는 자로 말할 것 같으면 간혹 재빠른 말재주로 남의 말문을 막고, 용기 있는 자로 말할 것 같으면 간혹 단지 혈기의 굳셈만을 펼치기도 하기 때문에, 훌륭한 말이 있는 자라고 해서 반드시 덕이 있는 것이 아니며, 용기가 있는 사람이라고 해서 반드시 인이 있는 것이 아니라는 것을 알 수 있다.

- 「注」, “德不可以億中, 故必有言.”
- 正義曰: 邢「疏」云: “德不可以無言億中, 故必有言也.” 案, 「注」義甚晦, 邢「疏」解之, 亦

---

8 모구(謀救): 『순자』「비상편」양경(楊倞)의 「주」에 “모구(謀救)는 훌륭한 계책을 올려 바로잡고 구제한다는 말이다[謀救, 謂嘉謀匡救.]”라고 했다.

不憭.

○「주」의 "덕(德)은 억측해서 적중할 수 없기 때문에 반드시 말이 있는 것이다."

○ 정의에서 말한다.

형병의 「소」에 "덕은 말없이 억측으로 적중할 수 없기 때문에 반드시 말이 있는 것이다"라고 했다. 살펴보니, 「주」의 뜻은 너무 모호하고 형병이 「소」에서 해석했으나 역시 명료하지 않다.

14-5

南宮适問於孔子曰: "羿善射, 奡盪舟, 俱不得其死然. 【注】 孔曰: "适, 南宮敬叔, 魯大夫. 羿, 有窮國之君, 篡夏后相之位, 其臣寒浞殺之, 因其室而生奡. 奡多力, 能陸地行舟, 爲夏后少康所殺. 此二子者, 皆不得以壽終." 禹·稷躬稼而有天下." 夫子不答, 【注】 馬曰: "禹盡力於溝洫, 稷播百穀, 故曰'躬稼'. 禹及其身, 稷及後世, 皆王. 适意欲以禹·稷比孔子, 孔子謙, 故不答也." 南宮适出, 子曰: "君子哉, 若人! 尙德哉, 若人!" 【注】 孔曰: "賤不義而貴有德, 故曰君子."

남궁 괄(南宮适)이 공자에게 물었다. "예(羿)는 활을 잘 쏘았고, 오(奡)는 배를 끌고 다녔지만, 모두 제대로 된 죽음을 얻지 못했습니다. 【주】 공안국이 말했다. "괄(适)은 남궁 경숙(南宮敬叔)이니 노(魯)나라 대부이다. 예(羿)[9]는 유궁국(有窮國)의 임금으로 하나라 임금 상(相)의 왕위를 찬탈

---

9 예(羿, ?~?): 후예(后羿) 또는 이예(夷羿)로도 쓴다. 유궁씨(有窮氏) 부락의 수령. 요(堯)임금의 신하였다. 하(夏)나라 임금 태강(太康)을 내쫓고 그 땅을 점령했는데, 나중에 한착(寒浞)에게 살해당했다. 활을 잘 쏘았다고 한다. 전설에 따르면 요임금 때 하늘에 해가 열 개나 나

하였는데, 그의 신하 한착(寒浞)[10]이 예를 죽이고서 그 아내를 취하여 오(奡)[11]를 낳았다. 오는 힘이 세어 육지에서 배를 끌고 다닐 정도였으나, 하나라 임금 소강(少康)에게 살해되었다. 이 두 사람은 모두 천수를 다한 제대로 된 죽음을 얻지 못하였다." 그러나 우(禹)임금과 직(稷)은 몸소 농사를 지으면서도 천하를 소유하였습니다." 공자가 대답하지 않다가 【주】 마융이 말했다. "우는 치수(治水) 사업에 힘을 다하고, 직(稷)은 온갖 곡식의 씨앗을 뿌렸기 때문에 '몸소 농사를 지었다[躬稼]'라고 한 것이다. 우는 자신의 대(代)에, 직은 후손의 대에 미쳐 모두 왕이 되었다. 남궁 괄(南宮适)의 생각은 우와 직을 공자에 빗대고자 한 것인데, 공자는 겸손하기 때문에 대답하지 않은 것이다." 남궁 괄이 밖으로 나가자 공자가 말했다. "군자로구나, 이 사람은! 덕을 숭상하는구나, 이 사

타나서 곡식과 초목이 다 말라죽어 사람들이 굶주리게 되었다. 게다가 맹수와 긴 뱀[장사(長蛇)]까지 나타나 해를 끼쳤다. 요임금이 그에게 활로 아홉 개의 해를 떨어뜨리게 하고 맹수와 긴 뱀도 죽이게 하자 백성들이 모두 기뻐했다. 『맹자(孟子)』「이루하(離婁下)」에 "방몽(逢蒙)이 예(羿)에게 활 쏘는 법을 배워 예의 기술을 다 배우고는 천하에 오직 예만이 자기보다 낫다고 여겨 예를 죽였다."라고 했다. 예의 아내 항아(姮娥)가 남편이 먹던 불사약을 먹고는 달로 달아났다고 한다.

10 한착(寒浞, ?~?): 하나라 때 사람. 전하는 말로 한(寒)에서 살았다고 하며, 성씨는 의(猗)씨다. 참언(讒言)을 잘해 임금 백명(伯明)에게 쫓겨났다. 유궁국(有窮國)의 임금 후예(后羿)에게 몸을 맡겨 중용되었다. 후예가 하군(夏君)의 지위를 빼앗은 뒤 상(相)에 올랐다. 나중에 가중(家衆)을 이용해 후예를 죽이고 왕이 되어 후예의 처첩을 차지하고 두 아들 요(澆)와 희(豷)를 낳았다. 요가 하후상(夏后相)을 공격해 살해했다. 나중에 하후상의 아들 소강(少康)이 부족을 규합해 하 왕조를 부활시켰다.

11 오(奡, ?~?): 한착(寒浞)이 하나라 임금 상(相)의 왕위를 찬탈하고 그의 아내를 취해서 얻은 아들. 중국 고대의 장사로 육지에서 배를 끌고 다닐 정도로 힘이 셌다고 한다. 『논어』「헌문」에 "예(羿)는 활을 잘 쏘았고, 오(奡)는 힘이 세어 육지에서 배를 끌고 다녔지만 모두 제명에 죽지 못했다.[羿善射; 奡盪舟, 俱不得其死.]"라고 하였고, 한유(韓愈)의 「천사(薦士)」에 "허공을 가로지르듯 경어를 구사하니, 그 어려운 글자를 온당하게 놓는 힘은 오를 밀어낼 정도이다.[橫空盤硬語, 妥帖力排奡.]"라고 했다.

람은!"【주】공안국이 말했다. "의롭지 못한 자들을 천하게 여기고 덕이 있는 이들을 귀하게 여겼기 때문에 '군자'라고 한 것이다."

원문 正義曰: 南宮者, 氏也. 閻氏若璩『釋地續』, "古者命士以上, 父子皆異宮. 故『儀禮』言'有東宮, 有西宮, 有南宮, 有北宮.' 世之氏'某宮'者, 應各以所居之宮. 應劭'或氏於宮', 正謂此."

역문 정의에서 말한다.

남궁(南宮)은 성씨[氏]이다. 염약거(閻若璩)의 『사서석지우속』에 "옛날에 명사(命士) 이상은 아버지와 아들이 모두 궁(宮)을 달리한다.[12] 그러므로 『의례』에 '동궁(東宮)이 있고, 서궁(西宮)이 있으며, 남궁(南宮)이 있고, 북궁(北宮)이 있다.'라고 했으니, 세대 간에 '무슨 무슨 궁[某宮]'을 씨(氏)로 삼는 것은 응당 각자가 거처하는 궁(宮)을 가지고 했던 것이다. 응소(應劭)의 '간혹 궁(宮)을 성씨로 삼기도 한다'라는 것이 바로 이것을 말하는 것이다."라고 했다.

원문 『釋文』, "适, 本又作括."『說文』「羽部」, "翆, 羽之翆風, 亦古諸侯也. 一曰射師. 從羽幵聲."「弓部」, "䮵, 帝嚳䠶官, 夏少康滅之. 從弓幵聲.『論語』曰: '䮵善䠶.'" 案, "䮵"·"翆"一字, 今作"羿", 隸體省變. 許所據『論語』, 當出安國古文. 其以"䮵"爲帝嚳時射官之名, 則意翆之後世襲其職. 凡在堯時, 在夏少康時, 所稱之翆, 皆是擧其官矣.

역문 『경전석문』에 "괄(适)은 판본에 따라 또 괄(括)로 쓰기도 한다."라고

---

12 『예기(禮記)』「내칙(內則)」: 명사(命士) 이상은 아버지와 아들이 모두 궁(宮)을 달리한다.[由命士以上, 父子皆異宮.]

했다. 『설문해자』「우(羽)부」에 "예(羿)는 날개로 바람을 타고 날아오른다는 뜻이며, 또한 옛날의 제후(諸侯)이기도 하다. 일설에는 사사(射師)라고도 한다. 우(羽)로 구성되었고 견(幵)이 발음을 나타낸다."[13]라고 했고, 「궁(弓)부」에 "예(羿)는 제곡(帝嚳)[14]의 사관(躬官)인데, 하(夏)나라 소강(少康)이 그를 멸망시켰다. 궁(弓)으로 구성되었고 견(幵)이 발음을 나타낸다. 『논어』에 '예(羿)는 활을 잘 쏘았다.'라고 했다."[15]라고 하였다. 살펴보니, "예(羿)"와 "예(羿)"는 같은 글자인데, 지금 "예(羿)"로 되어 있는 것은 예서체 생략형의 변형된 자형이다. 허신(許愼)이 근거한 『논어』는 당연히 공안국의 고문(古文)에서 나온 것이다. "예(羿)"를 제곡(帝嚳) 당시

---

13 『설문해자』권4: 예(羿)는 날개로 바람을 타고 날아오른다는 뜻이며, 또한 옛날의 제후(諸侯)이기도 하다. 일설에는 사사(射師)라고도 한다. 우(羽)로 구성되었고 견(幵)이 발음을 나타낸다. 오(五)와 계(計)의 반절음이다.[羿, 羽之羿風. 亦古諸侯也. 一曰射師. 從羽幵聲. 五計切.]

14 제곡(帝嚳, 기원전 2480?~기원전 2345?): 성은 희(姬)이고, 이름은 준(俊), 호는 곡(嚳), 고신씨(高辛氏)이다. 중국 고대 부족장이자 제왕으로 중국인의 시조라 불리는 황제의 증손이다. 황제, 전욱, 요, 순과 더불어 '오제(五帝)'로 일컬어진다. 조부는 현효(玄囂)이고, 부친은 교극(蟜極), 모친은 악부(握裒)이며, 전욱은 그의 백부이다. 『사기(史記)』「오제본기(五帝本紀)」에 태어날 때부터 자신의 이름을 말할 수 있는 명석한 사람이었다고 기록되어 있을 정도로 어려서부터 총명하고 행실이 고상해서 12세에 이미 이름을 알렸다. 15세 때 백부 전욱[현제(玄帝)]이 자신의 조수로 받아들여 공을 세우자 신후(辛侯)에 봉했다. 전욱이 사망하자 조카 고신(高辛)이 즉위하니 그가 곧 제곡이다. 즉위한 후에는 명석한 판단력과 민의를 따르는 마음으로 백성을 생각하니 천하의 백성이 그에게 복종했다. 해와 달 그리고 별을 관장하면서 백성을 이롭게 했고, 토지의 산물을 아껴서 사용했다. 또 시세의 운행을 잘 살피고 기운을 잘 다스려 농업생산을 발전시키는 데 공헌했다. 특히 홍수의 재난을 막기 위해 노력하여 태평성대를 누렸다. 재위 70년에 105세까지 살았으며 죽어서는 전욱과 마찬가지로 복양(濮陽) 돈구성(頓丘城) 밖 남쪽의 대음야(臺陰野)에 장사 지냈다고 한다.

15 『설문해자』권12: 예(羿)는 제곡(帝嚳)의 사관(躬官)인데, 하나라 소강(少康)이 그를 멸망시켰다. 궁(弓)으로 구성되었고 견(幵)이 발음을 나타낸다. 『논어』에 "예(羿)는 활을 잘 쏘았다."라고 했다.[羿, 帝嚳躬官, 夏少康滅之. 從弓幵聲. 『論語』曰: "羿善躬." 五計切.]

사관(射官)의 이름이라고 했으니, 그렇다면 아마도 예(羿)의 후예는 그 직책을 세습했을 것이다. 따라서 요임금이 재위하던 당시와 하나라 소강이 재위하던 당시에 일컬어지던 예(羿)는 모두 그 관직을 거론한 것이다.

원문 "奡", 舊音工到反. 王逸『楚辭』「天問」「注」引"奡"作"澆", 此聲近通用字. "盪", 『說文』「夰部」引作"湯". 『漢書』「天文志」「注」引晉灼曰: "湯猶盪滌也." 古"盪滌"字祇作"湯", "盪"字『說文』所無也.

역문 "오(奡)"는 예전에는 공(工)과 도(到)의 반절음으로 읽었다. 왕일(王逸)의 『초사』「천문」의 「주」에 인용된 "오(奡)"는 "요(澆)"로 되어 있는데, 이는 발음이 비슷해서 통용된 글자이다. "탕(盪)"은 『설문해자』「호(夰)부」에 인용한 데에는 "탕(湯)"으로 되어 있다.[16] 『전한서』「천문지」의 「주」에는 진작(晉灼)[17]을 인용해서 "탕(湯)은 탕척(盪滌)[18]과 같다."라고 했는데, 옛날의 "탕척(盪滌)"이라는 글자는 단지 "탕(湯)"으로만 썼고, "탕(盪)"자는 『설문해자』에는 없다.'

원문 顧氏炎武『日知錄』, "『竹書紀年』'帝相二十七年, 澆伐斟鄩, 大戰於濰,

---

16 『설문해자』 권10: 오(奡)는 오만하다[嫚]는 뜻이다. 수(百)로 구성되어 었고 호(夰)로 구성되었는데, 호(夰)가 또한 발음을 나타낸다. 『우서(虞書)』에 "단주(丹朱)처럼 오만하다[奡]." 라고 했으니, 오(傲)와 같은 뜻으로 읽어야 한다. 『논어』에 "오(奡)는 배를 끌고 다녔다[湯舟]."라고 했다. 오(五)와 도(到)의 반절음이다.[奡, 嫚也. 從百從夰, 夰亦聲. 『虞書』曰: "若丹朱奡." 讀若傲. 『論語』: "奡湯舟." 五到切.]

17 진작(晉灼, ?~?): 진(晉)나라 하남(河南) 사람으로, 상서랑(尙書郎)을 지냈으며, 저서로는 『한서음의(漢書音義)』17권이 있었으나, 지금은 일실되었고, 서목(書目)이 『수서(隋書)』「예문지(藝文志)」와 『당서(唐書)』「예문지(藝文志)」에 보인다.

18 탕척(盪滌): 죄나 허물 또는 더러운 것을 씻어 주어 깨끗하게 함.

覆其舟滅之.'『楚辭』「天問」, '覆舟斟鄩, 何道取之?' 正謂此也." 又云:
"古人以左右衝殺爲盪陣, 其銳卒謂之跳盪, 別帥謂之盪主.『晉書』「載紀」,
'隴上健兒歌曰: "丈八蛇矛左右盪, 十盪十決無當前."' '盪舟'蓋兼此義, 與
蔡姬之乘舟盪公者不同."

역문 고염무(顧炎武)의 『일지록』에 "『죽서기년』에 '하나라의 임금인 상(相)
27년에 요(澆)가 짐심(斟鄩)[19]을 쳐서 유(濰) 땅에서 크게 싸워 그들의 배
를 뒤집어엎고서 그들을 멸망시켰다.'라고 했는데,『초사』「천문」에 '요
(澆)의 힘 짐심(斟鄩)의 배를 뒤집어엎고서 멸망시킬 정도인데, 소강(小
康)은 그를 어떻게 죽였는가?'라고 한 것은, 바로 이것을 말하는 것이
다."라고 했다. 또 "옛사람들은 좌우에서 협공해서 죽이는 전투를 탕진
(盪陣)이라 하고, 그 날랜 군사들을 도탕(跳盪)이라 하며, 별수(別帥)를 탕
주(盪主)라 한다. 『진서』「재기」에 '농상건아가(隴上健兒歌)[20]에 "장팔사모
(丈八蛇矛)[21]를 좌우로 휘두르며 열 번 싸워 열 번을 이기니 맞설 사람이
없구나."라고 했다.'라고 하였으니, '탕주(盪舟)'는 아마도 이런 뜻을 겸
하고 있는 것으로, 채희(蔡姬)[22]가 배를 타고서 제 환공을 흔들어 댄 것과
는 같지 않다.[23]"라고 했다.

---

19 짐심(斟鄩): 중국 고대의 나라 이름. 하나라 때 하와 동성(同姓)의 제후국. 지금의 산동성(山
東省) 유현(濰縣)의 서남쪽에 위치하였음.

20 농상건아가(隴上健兒歌): 일반적으로 농상가(隴上歌)라고 한다. 악부(樂府) 잡곡(雜曲)으
로, 진(晉)나라 장군 진안(陳安)이 지금의 감숙성(甘肅省) 농서(隴西) 지역인 농성(隴城)의
협곡에서 전조(前趙) 유요(劉曜)의 군사들과 싸우다가 장렬하게 전사하였는데, 당시 사람들
이 그의 용맹을 추모하여 지은 노래이다.

21 장팔사모(丈八蛇矛):『삼국지연의(三國志演義)』에서 장비가 사용했다는 무기. 1장(丈) 8척
(尺)이나 되는 길이에 창날의 모양이 뱀이 입을 벌리고 달려드는 듯 구불구불한 모습으로
알려졌지만 원작에는 관련 언급이 없다.

22 채희(蔡姬, ?~?): 춘추시대 채목후(蔡穆侯)의 누이이자 제 환공(齊桓公)의 아내.

원문 凌氏鳴喈『解義』, "适疾時君好力戰, 不修民事而問, 夫子爲尊者諱, 故 不答. 夫子善其不斥言時事, 得古人援古諷今之義, 知有天下以德服, 不以 力服也."

역문 능명개(凌鳴喈)의 『논어해의』에 "남궁 괄은 당시 임금이 전쟁에 힘쓰 기를 좋아하고 백성을 다스리는 정사(政事)를 닦지 않는 것을 미워해서 질문을 했으나, 공자는 존자(尊者)를 위해 숨겼기 때문에 대답하지 않은 것이다. 공자는 그가 당시의 일을 적시해서 직접 배척하여 말하지 않고, 옛사람들이 옛것을 가져다 지금을 풍자하는 뜻을 터득해서 천하를 소유 함은 덕으로써 복종시키는 것이지 힘으로써 복종시키는 것이 아님을 알 고 있음을 훌륭하게 여긴 것이다."라고 했다.

- ●「注」, "适南"至"壽終".
- ● 正義曰:「注」以适爲南宮敬叔, 誤. 辨見「公冶長」「疏」.
- ○「주」의 "괄남(适南)"부터 "수종(壽終)"까지.
- ○ 정의에서 말한다.

  「주」에서 괄(适)을 남궁 경숙(南宮敬叔)이라고 한 것은 잘못이다. 구별이 『논어집해의소』 「공야장」의 「소」에 보인다.

  『左』「襄」四年「傳」, "魏絳曰: '昔有夏之方衰也, 后羿自鉏遷于窮石, 因夏民以代夏政, 恃其 射也, 不修民事, 而淫於原獸, 棄武羅 · 伯因 · 熊髡 · 尨圉, 而用寒浞. 寒浞, 伯明氏之讒子

---

23 채희가 남편인 제 환공과 더불어 궁궐 안에 있는 연못에서 뱃놀이를 하게 됐는데, 채희는 물 가에서 자라 물에 익숙했기 때문에 배를 일부러 흔들며 환공을 희롱했다. 환공은 겁을 내며 저지했으나 채희는 더욱 재미있어 하면서 배를 흔들었다. 이 일로 성이 난 환공이 채희를 친 정인 채로 돌려보내자 채에서는 재혼을 시켜 버렸다.

弟也, 伯明后寒棄之, 夷羿收之, 信而使之, 以爲己相. 浞行媚于內, 而施賂于外, 愚弄其民, 而虞羿于田, 樹之詐慝, 以取其國家, 外內咸服. 羿猶不悛, 將歸自田, 家衆殺而亨之, 以食其子, 其子不忍食諸, 死于窮門. 靡奔有鬲氏. 浞因羿室, 生澆及豷. 恃其讒慝詐僞, 而不德于民, 使澆用師, 滅斟灌及斟鄩氏, 處澆于過, 處豷于戈. 靡自有鬲氏收二國之燼, 以滅浞而立少康, 少康滅澆于過, 后杼滅豷于戈, 有窮由是遂亡.'"

『춘추좌씨전』「양공」 4년의 「전」에 "위강(魏絳)[24]이 말했다. '옛날 하나라가 쇠퇴할 때 하나라의 임금인 예[后羿]가 서(鉏)에서 궁석(窮石)으로 옮겨 와서 하나라 백성을 이용해 하나라를 대신해 정권을 잡고는 자기의 활 솜씨만을 믿고서 백성을 다스리는 정사를 닦지 않고 들판에서 사냥하는 일에만 빠졌으며, 무라(武羅)·백인(伯因)·웅곤(熊髡)·방어(尨圉) 등 현자를 버리고 한착(寒浞)을 등용하였습니다. 한착은 백명씨(伯明氏)의 자식으로 간사하였기 때문에 한국(寒國)의 임금[寒后] 백명(伯明)이 그를 버렸는데 후예(后羿)가 그를 거두어 길러, 믿고서 부려 자기의 승상으로 삼았습니다. 한착은 안으로는 궁중의 여인들에게 아첨하고, 밖으로는 관리들에게 뇌물을 뿌리며, 백성을 우롱하고 예(羿)를 사냥에 빠지게 하고서 조정에 사특한 무리들을 심어 그 나라를 탈취하니 안팎이 모두 복종하였습니다. 그런데도 예(羿)는 여전히 고칠 생각을 하지 않자, 사냥에서 돌아올 때 집안의 대중들[家衆]이 그를 살해해서 삶아 그 아들에게 먹이니, 그 아들은 차마 먹을 수 없어 도망해 궁문(窮門)으로 가서 자살하고, 하나라의 유신(遺臣)으로 예(羿)를 섬기던 미(靡)는 유격씨(有鬲氏)로 달아났습니다. 한착은 예의 아내와 첩을 취해 요(澆)와 희(豷)를 낳았습니다. 그는 사악하고 간사한 속임수를 믿고서 백성들에게 덕은 베풀지 않고, 요(澆)에게 군대를 거느리고 가서 짐관(斟

灌)과 짐심씨(斟尋氏)를 격멸(擊滅)하게 하고는 요(澆)를 과(過)나라에 살게 하고 희(豷)를 과(戈)나라에 살게 하였습니다. 미(靡)가 유격씨(有鬲氏)로부터 두 나라의 유민을 수합해서 한착을 멸망시키고 소강(少康)을 세우니, 소강이 과(過)나라에서 요(澆)를 명망시키고, 임금인 제[后杼]가 과(戈)나라에서 희(豷)를 멸망시켰습니다. 유궁국(有窮國)은 이를 말미암아 마침내 멸망되었습니다.'"라고 했다.

又「哀」元年「傳」, "<u>伍員</u>曰: '昔有<u>過澆</u>殺<u>斟灌</u>, 以伐<u>斟鄩</u>, 滅夏后相. 后緡方娠, 逃出自竇, 歸于<u>有仍</u>, 生<u>少康</u>焉, 爲<u>仍</u>牧正, 惎<u>澆</u>能戒之, <u>澆</u>使<u>椒</u>求之, 逃奔<u>有虞</u>, 爲之庖正, 以除其害. <u>虞思於是妻之以二姚</u>, 而邑諸<u>綸</u>, 有田一成, 有衆一旅, 能布其德, 而兆其謀, 以收夏衆, 撫其官職, 使<u>女艾</u>謀<u>澆</u>, 使<u>季杼</u>誘<u>豷</u>, 遂滅<u>過</u>·<u>戈</u>, 復<u>禹</u>之績, 祀夏配天, 不失舊物.'" 此其事也.

또 「애공」 원년의 「전」에 "오원(伍員)이 말하였다. '옛날에 과국(過國)의 요(澆)가 짐관(斟灌)을 죽이고서 짐심(斟鄩)을 공격하여 하나라의 임금 상(相)을 멸망시켰습니다. 이때 상(相)의 아내 후민(后緡)이 임신 중이었는데 수챗구멍으로 도망쳐 나와 잉(仍)나라로 가서 소강(少康)을 낳았는데, 그는 뒤에 잉나라의 목정(牧正)이 되어 요(澆)를 미워하여 철저히 경계하니, 요는 그 신하 초(椒)를 시켜 소강을 잡아 오게 하니, 소강은 우(虞)나라로 도망가서 우나라의 주방장이 되어 그 위해를 면하였습니다. 우나라 임금 사(思)는 이때 두 딸을 소강의 아내로 주고 윤(綸) 땅을 봉읍으로 주니, 소강은 토지 1성(成)과 민중 1려(旅)를 차지하고는, 백성들에게 은덕을 베풀고 비로소 하나라를 회복할 계획을 세워 하나라 민중들을 불러 모으고 관직에 있는 자들을 위무(慰撫)하는 한편, 여애(女艾)를 간첩으로 보내어 요(澆)의 동정을 살피게 하고, 계저(季杼)를 보내어 요의 아우 희(豷)를 유인하게 해서 마침내 요의 과국(過國)과 희의 과국(戈國)을 멸망시키고서 우왕(禹王)의 업적을 수복하고는 하나라의 선조를 천제(天帝)와 합사(合祀)하여 옛 제도[舊物]를 잃지 않았습니다.'"라고 했으니, 이것이 바로 그 일이다.

「注」以<u>奡</u>爲<u>澆</u>, 甚是. 而云"陸地行舟", 似假『書』「益稷」所云"罔水行舟"語附合之, 此則誤解『書』及『論語』之義矣.

여기의 「주」에서는 오(奡)를 요(澆)로 본 것인데, 매우 옳다. 그리고 "육지에서 배를 끌고 다녔다[陸地行舟]"라는 것은, 『서경』「익직」의 "물이 없는 곳에서 배를 끌고 다녔다[罔水行舟]"라는 말을 빌려다 가져다 붙인 것 같으니, 이것은 『서경』과 『논어』의 뜻을 오해한 것이다.

吳仁傑『兩漢刊誤補遺』, "陶·唐·夏后氏各有一羿. 孟氏書, '逢蒙學射於羿, 思天下惟羿爲愈己, 乃殺羿.' 此堯時羿也. 寒浞虞羿于田, 殺而亨之, 此有窮后羿也. 二人俱嘗爲射官, 又皆不得其死, 故世或以爲一人, 正自不然. 而奡亦非所謂澆者, 奡在禹·稷之前, 與堯時羿竝世. 『書』稱'毋若丹朱傲. 惟嫚遊是好, 傲虐是作, 罔水行舟, 朋淫於家.' 按此文上又云'丹朱傲', 下又云'傲虐', 傲雖凶德, 一言足以盡之, 何至申言之乎? 陸德明于'丹朱傲'云: '字又作奡.' 乃知丹朱·奡爲兩人名. '朋淫'云者, 指此兩人言之. 南宮适言'奡盪舟', 則'罔水行舟'之事. 奡在禹前, 故禹擧之以戒舜. 南宮适擧之, 亦先羿·奡而後禹·稷也.'"

오인걸(吳仁傑)의 『양한간오보유』에 "요임금의 시대[陶]와 순임금의 시대[唐] 및 하후씨(夏后氏)의 시대에 각각 한 명씩의 예(羿)가 있었다. 맹씨(孟氏)의 책에 '방몽(逢蒙)이 예(羿)에게서 활쏘기를 배우고는 천하에 오직 예만이 자기보다 낫다고 생각하여 이에 예를 죽였다.'[25]고 했는데, 이가 요임금 때의 예(羿)이다. 한착(寒浞)이 후예(后羿)를 사냥에 빠지게 하고서 살해하여 삶아서 그 아들에게 먹였는데, 이는 유궁국(有窮國)의 임금인 예[后羿]이다. 두 사람은 모두 일찍이 사관(射官)이 되었고, 또 모두 제대로 된 죽음을 얻지 못하였기 때문에, 세상에서는 더러 한 사람으로 여기기도 하는데 본래부터가 옳지 않다. 오(奡) 역시도 이른바 요(澆)라는 자가 아니고, 오(奡)는 우와 직(稷)의 전에 있었으니, 요임금 때의 예(羿)와 같은 시대의 인물이다. 『서경』에 '단주(丹朱)처럼 오만하게 하지 마십시오. 그들은 오직 음란하게 놀기를 좋아했으며, 오만하고 잔악한 짓을 하였고, 물이 없는 곳에서 배를 끌고 다녔으며, 떼거리로 집에서 음란한 짓을 하였습니다.'[26]라고 했는데, 이 글의 앞에서 '단주오(丹朱傲)'라 하고, 아래에서 또 '오학(傲虐)'이라고 한 것을 살펴보면, 오만함[傲]이 비록 흉한 덕이기는 하지만, 한마디 말이면 충분히 다 할 수 있는데 어찌 거듭 그것을 말했겠는가? 육덕명(陸德明)은 '단주오(丹朱傲)'에 대해 '오(傲) 지는 또 오(奡)로 쓰기도 한다.'[27]고 했으

---

25 『맹자』「이루하(離婁下)」.
26 『서경(書經)』「우서(虞書)·익직(益稷)」.

니, 결국은 단주(丹朱)와 오(奡)는 두 사람의 이름이 된다는 것을 알 수 있다. '떼거리로 음란한 짓을 하였다[朋淫]'라는 것은 이 두 사람을 가리켜서 한 말이다. 남궁 괄(南宮适)이 '오(奡)가 배를 끌고 다녔다'라고 한 것은 바로 '물이 없는 곳에서 배를 끌고 다녔다'라는 일이다. 오(奡)는 우 이전의 인물이기 때문에 우가 그를 거론해서 순(舜)을 경계시킨 것이다. 남궁 괄(南宮适)이 거론한 것 역시 예(羿)와 오(奡)를 먼저 거론하고 우와 직(稷)을 나중에 거론한 것이다."라고 하였다.

案, 如吳說, 是以『論語』之羿, 卽堯時羿也. 王應麟『困學紀聞』, "『說文』, '奡, 嫚也.' 引「虞書」'若丹朱奡', 『論語』'奡盪舟'. 按『書』有'罔水行舟'之語, 則'奡盪舟'者, 恐卽謂丹朱." 二說並與僞孔異. 孫氏志祖『讀書脞錄』·李氏惇『群經識小』·趙氏翼『陔餘叢考』, 並從吳說.

살펴보니, 오인걸(吳仁傑)의 설과 같은 경우는 『논어』의 예(羿)는 바로 요임금 때의 예이다. 왕응린(王應麟)의 『곤학기문』에 "『설문해자』에 '오(奡)는 오만하다[嫚]는 뜻이다.'[28]라고 하면서 『서경』 「우서·익직」의 '단주처럼 오만하다[若丹朱奡]'라는 내용과, 『논어』의 '오(奡)는 배를 끌고 다녔다[奡盪舟]'라는 내용을 인용했다. 『서경』에 '물이 없는 곳에서 배를 끌고 다녔다[罔水行舟]'라는 말이 있는 것을 살펴보면, '오(奡)가 배를 끌고 다녔다[奡盪舟]'라는 것은 아마도 바로 단주(丹朱)를 이르는 것인 듯싶다."라고 했으니, 오인걸(吳仁傑)과 왕응린(王應麟) 두 사람의 설이 모두 위공(僞孔)과는 다르다. 손지조(孫志祖)의 『독서좌록』과 이돈(李惇)『군경식소』와 조익(趙翼)[29]『해여총고』는 모두 오인걸(吳仁傑)의 설을 따랐다.

---

27 『상서주소(尙書注疏)』권4, 「우서·익직」육덕명(陸德明)의 음의.

28 『설문해자』권10: 오(奡)는 오만하다[嫚]는 뜻이다. 백(百)으로 구성되었고 호(夰)로 구성되었으며, 호(夰)가 또한 발음을 나타낸다. 「우서」에 "단주(丹朱)처럼 오만하다."라고 했으니 오(傲)와 같은 뜻으로 읽어야 한다. 『논어』에는 "오만하게[奡] 배를 끌고 다녔다."라고 했다. 오(五)와 도(到)의 반절음이다.[奡, 嫚也. 從百從夰, 夰亦聲. 「虞書」曰: "若丹朱奡." 讀若傲. 『論語』: "奡盪舟." 五到切.]

29 조익(趙翼, 1727~1814): 청나라 강소(江蘇) 양호(陽湖) 사람. 자는 운송(耘松) 또는 운송(雲崧), 호는 구북(甌北)이다. 건륭(乾隆) 26년(1761) 진사 시험에 3등으로 급제하여, 편수(編修)에 올랐다. 광서(廣西) 진안지부(鎭安知府)를 거쳐 귀서도(貴西道)까지 올랐다. 일찍이 양광총독(兩廣總督) 이시요(李侍堯)의 막부에서 보좌했다. 만년에 안정서원(安定書院) 주

梁氏玉繩『漢書古今人表考』不從吳氏·王氏之說, 謂"澆"·"奡"·"傲"三字古多通借, 則以
『論語』之羿·奡, 卽「人表」所載第九列之羿·浞·奡也.

양옥승(梁玉繩)의『한서고금인표고』는 오씨나 왕씨의 설을 따르지 않고, "요(澆)"와 "오
(奡)"와 "오(傲)" 세 글자는 옛날에는 대체로 통용하여 가차해서 썼다고 하니, 그렇다면『논
어』의 예(羿)와 오(奡)는 바로『전한서』「고음인표」에 실려 있는 제9열의 예(羿)와 착(浞)과
오(奡)인 것이다.

周氏柄中『典故辨正』亦云: "逢蒙殺羿之羿, 乃是有窮之君.『春秋傳』所謂'家衆殺之'者, 堯
時之羿.『淮南子』稱其有功於天下, 死爲宗布, 人皆祀之, 無不得其死之說. 傲之爲奡, 古字
通用.『說文』, '奡, 嫚也.' 引『書』'若丹朱奡', 並不是人名. 至南宮适之問意, 本在禹·稷, 故
語分賓主, 非以時代先後爲序也. 斗南旣以丹朱·奡爲兩人, 指爲羿·奡之奡, 王伯厚又疑
『論語』'奡盪舟', 卽指丹朱, 總以'罔水行舟'之語而傳會之, 不知'盪舟'與'罔水行舟'本是兩事.
鄭康成曰: '丹朱見洪水時, 人乘舟, 今水已治, 猶居舟中, 使人額額推行之.' 此丹朱'罔水行
舟'之事, 卽『孟子』'從流忘反'之義也.『竹書』'帝相二十七年, 澆伐斟鄩, 大戰於濰, 覆其舟滅
之.' 此奡盪舟之事, 卽古人以左右沖殺爲盪陣之義也. 孔氏於『尚書』·『論語』俱以'陸地行
舟'解之, 遂啓後誤. 夫丹朱非不得其死者, 而謂奡卽丹朱, 豈可通乎?"

주병중(周柄中)의『사서전고변정』에도 "방몽(逢蒙)이 예(羿)를 죽였다고 할 때의 예(羿)는
바로 유궁(有窮)의 군주이다.『춘추좌씨전』의 이른바 '집안의 대중들이 그를 죽였다'라는 것
은 요임금 때의 예(羿)이다.『회남자』에는 그가 천하에 공이 있어서 죽은 뒤에 종포신(宗布
神)[30]이 되었고, 사람들이 모두 그를 제사 지낸다고 칭하고 있는데,[31] 제대로 된 죽음을 얻지

강(主講)을 지냈다. 칙선서(勅選書)『통감집람(通鑑輯覽)』의 편집에 참여했다.『이십이사
차기(二十二史箚記)』36권은 정사의 고증이고,『해여총고(陔餘叢考)』43권은 언어와 사물
의 기원과 전거(典據)를 기록한 청나라 고증학을 대표하는 저작의 하나이다. 시에도 뛰어나
원매(袁枚), 장사전(蔣士銓)과 함께 '건륭삼대가(乾隆三大家)'라 불린다.『구북시화(甌北詩
話)』는 이백(李白)과 두보(杜甫) 등 역대 시인을 논평한 책이다. 그 밖의 저서에『황조무공
기성(皇朝武功紀盛)』과『첨폭잡기(恕曝雜記)』, 시집『구북시초(甌北詩鈔)』,『구북집(甌北
集)』53권 등이 있다.

못했다는 말은 없다. 오(傲)를 오(奡)로 쓴 것은 옛날에는 글자를 통용했기 때문이다. 『설문해자』에 '오(奡)는 오만하다[嫚]는 뜻이다.'라고 하면서 『서경』의 '단주처럼 오만하다[若丹朱奡]'라는 내용을 인용했으니, 모두 인명(人名)이 아니다. 심지어 남궁 괄(南宮适)이 질문한 의도도 본래는 우와 직(稷)에 있었기 때문에 말이 빈주(賓主)로 나뉜 것이지, 시대의 선후를 가지고 순서를 삼은 것이 아니다. 두남(斗南: 오인걸의 자)은 이미 단주(丹朱)와 오(奡)를 두 사람이라고 하면서 예(羿)와 오(奡)라고 할 때의 오(奡)라고 지목했고, 왕백후(王伯厚)는 또 『논어』의 '오탕주(奡盪舟)'는 바로 단주(丹朱)를 가리킨다고 의심했는데, 모두 '물 없는 곳에서 배를 끌고 다녔다[罔水行舟]'라는 말로 견강부회(牽强傅會)한 것으로, '탕주(盪舟)'와 '망수행주(罔水行舟)'가 본래 두 가지 일임을 모른 것이다. 정강성(鄭康成)은 '단주(丹朱)가 홍수(洪水)를 만났을 때는 사람들이 배를 탔는데, 이제 물이 이미 다스려지자 오히려 배 안에 거주하면서 사람들로 하여금 밤낮없이 끌고 다니게 한 것이다.'라고 했는데, 이것이 단주(丹朱)가 '망수행주(罔水行舟)'한 일이니, 바로 『맹자』의 '물길을 따라 흘러가서 돌아올 줄 모르는 것[從流忘反]'[32]의 뜻인 것이다. 『죽서기년』에 '하나라 임금인 상(相)의 27년에 요(澆)가 짐심(斟鄩)을 쳐서 유(濰) 땅에서 크게 싸워 그들의 배를 뒤집어엎고서 그들을 멸망시켰다.'라고 했는데, 이것은 오(奡)가 배를 뒤집어엎은 일이니, 바로 옛사람들이 좌우에서 협공해서

---

30 『회남자(淮南子)』「범론훈(氾論訓)」고유(高誘)의 「주」에 "예(羿)는 요임금 때의 제후(諸侯) 이다. 하백(河伯)이 사람들을 익사시키자, 예가 화살로 그의 왼쪽 눈을 쏘아 맞추었고, 풍백(風伯)이 남의 집을 무너뜨리자 예가 화살을 쏘아 그의 무릎을 적중시켰다. 또 구영(九嬰)과 알유(窫窳)의 무리를 죽여 천하에 공이 있었다. 그러므로 죽고 나서 제사의 종포신(宗布神)에 위탁되었다.[羿, 堯時之諸侯. 河伯溺殺人, 羿射其左目, 風伯壞人屋室, 羿射中其膝. 又誅九嬰窫窳之屬, 有功於天下. 故死託於祀宗布.]"라고 했다.

31 『회남자』「범론훈」: 예(羿)는 천하의 해로운 것을 제거했는데 죽어서는 종포(宗布)가 되었으니, 이것이 귀신을 세운 까닭이다.[羿除天下之害, 而死爲宗布, 此鬼神之所以立.]

32 『맹자』「양혜왕하(梁惠王下)」: 뱃놀이에 빠져 물길을 따라 아래로 내려가서 돌아올 줄 모르는 것을 '유(流)'라 하고, 물길을 거슬러 위로 올라가서 돌아올 줄 모르는 것을 '연(連)'이라 하고, 사냥에 빠져 만족함이 없는 것을 '황(荒)'이라 하고, 술에 빠져 만족함이 없는 것을 '망(亡)'이라 합니다.[從流下而忘反, 謂之流; 從流上而忘反, 謂之連, 從獸無厭, 謂之荒; 樂酒無厭, 謂之亡.]

죽이는 전투를 탕진(盪陣)이라 한다고 할 때의 뜻인 것이다. 공씨(孔氏)가 『상서』와 『논어』
에서 모두 '육지에서 배를 끌고 다녔다[陸地行舟]'라고 해석하는 바람에 결국 뒷날 오류의 시
작이 된 것이다. 단주(丹朱)는 제대로 된 죽음을 얻지 못한 자가 아니니, 오(奡)가 바로 단주
(丹朱)라고 하는 것이 어찌 통할 수 있겠는가?"라고 하였다.

今案, 梁·周二說皆是, 而周說尤辨. 孔氏廣森『經學后言』, "丹朱與敖是二人, 敖即象也. 「帝
繫」曰: '瞽瞍産重華及産象敖.' 象爲人傲很, 因以爲號, 若共工稱康回, 鯀稱檮杌之比. 漆書
古文作'奡'. 『論語』'奡盪舟', 即所謂'罔水行舟'者也." 自注, "『管子』曰: '若敖之在堯.' 劉景升
「與袁譚書」曰: '昆弟相嫌, 未若重華之于象敖.'"

이제 살펴보니, 양옥승(梁玉繩)과 주병중(周柄中) 두 사람의 설이 모두 옳은데, 주병중의 설
이 더욱 분명하다. 공광삼(孔廣森)의 『경학치언』에 "단주(丹朱)와 오(敖)는 두 사람이니, 오
(敖)는 바로 상(象)이다. 『대대례』「제계」에 '고수(瞽瞍)가 산중화(産重華)와 산상오(産象
敖)를 낳았다.'라고 했는데, 상(象)은 사람 됨됨이가 오만하고 패려궂어 이를 따라 호칭으로
삼았으니, 마치 공공(共工)을 강회(康回)라 칭하고, 곤(鯀)을 도올(檮杌)이라 칭하는 것과
같다. 칠서고문(漆書古文)에는 '오(奡)'로 되어 있다. 『논어』의 '오탕주(奡盪舟)'는 바로 이
른바 '물 없는 곳에서 배를 끌고 다녔다'라는 것이다."라고 하고, 스스로 주석을 달기를, "『관
자』에 '오(敖)가 요에 있어서와 같이[若敖之在堯].'[33]라고 했고, 유경승(劉景升)[34]의 「여원담
서」에 '형제간에 서로 싫어한 것은 중화(重華)의 상오(象敖)에 대한 것만 같은 것이 없다'[35]

---

33 『관자(管子)』 권4, 「주합(宙合)」.

34 유경승(劉景升, 142~208): 후한 말기 산음(山陰) 고평(高平) 사람인 유표(劉表). 경승(景升)
은 그의 자(字). 노공왕(魯恭王)의 후손이다. 헌제(獻帝) 초평(初平) 원년(190) 형주자사(荊
州刺史)가 되었다. 형주 호족의 지지를 얻어 호북(湖北)과 호남(湖南) 지방을 장악했다. 이
각(李傕)과 곽사(郭汜)가 장안(長安)에 들어왔을 때 그를 진남장군(鎭南將軍)과 형주목(荊
州牧)에 임명하고 성무후(成武侯)에 봉했다. 조조(曹操)와 원소(袁紹)가 관도(官渡)에서 대
치하고 있을 때 원소가 그에게 구원을 청했지만, 어느 쪽도 도와주지 않았다. 혼전에 가담하
지 않고 주민을 돌보면서 조용히 자신을 지켰다. 조조가 원소를 물리치고 정벌하러 왔지만
도착하기 전에 병으로 죽었다. 아들 유종(劉琮)이 조조에게 항복했다. 저서에 『역주(易注)』
와 『역장구(易章句)』, 『후정상복(后定喪服)』 등이 있다.

고 하였다."라고 했다.

今案, 象固稱敖, 然「堯典」言"象傲克諧", 則象後亦感化爲善, 故封之有庳, 富貴終身, 何爲
有不得其死之事? 則知孔說亦誤也.『說文』"奡, 嫚", 是本訓. 其引『書』"丹朱奡", 正爲"奡,
嫚"之證. 故下云"讀若傲", 明"奡"・"傲"一也. 又下引『論語』"奡盪舟", 此兼存異義, 謂『古論』
叚奡爲澆, 與"奡, 嫚"之義無涉, 故著其文於"讀若傲"之下. 則『論語』與『書』義異, 許氏固不
誤也.

이제 살펴보니, 상(象)은 본래 오(敖)라 일컬었지만,『서경』「요전」에 "상(象)은 오만했지만
잘 화합했다"라고 했으니, 그렇다면 상도 나중에는 역시 감화되어 착하게 되었으므로 유비
(有庳)에 봉해 주어 부귀하게 일생을 마쳤으니, 어찌 제대로 된 죽음을 얻지 못한 일이 있다
고 할 수 있겠는가? 그렇다면 공광삼의 설 역시 잘못이라는 것을 알 수 있다.『설문해자』에
"오(奡)는 오만하다[嫚]는 뜻이다."라고 했으니, 이것이 본래의 해석이다. 거기에『서경』의
"단주오(丹朱奡)"를 인용했으니, 바로 "오(奡)는 오만하다[嫚]는 뜻이다"의 증거가 된다. 그
러므로 아래에서 "오(傲)와 같은 뜻으로 읽어야 한다"라고 했으니, 분명 "오(奡)"와 "오(傲)"
는 같은 글자인 것이다. 또 그 아래에는『논어』의 "오탕주(奡盪舟)"를 인용했는데, 여기에는
다른 뜻이 겸존(兼存)하니,『고논어』에서는 오(奡)를 가차해서 요(澆) 자로 썼다는 말이지,
"오(奡)는 오만함[嫚]"이라는 뜻과는 상관이 없기 때문에 이 글을 "오(傲)와 같은 뜻으로 읽어
야 한다[讀若傲]"의 다음에 쓴 것이다. 따라서『논어』와『서경』의 뜻이 다르니, 허씨(許氏)
가 본래 틀린 것이 아니다.

- 「注」, "禹盡"至"答也".
- 正義曰: "盡力溝洫",「泰伯篇」文.『書』「益稷」云: "禹曰: '予濬畎澮, 距川, 暨稷播, 奏庶艱食
  鮮食, 烝民乃粒.'"「禹貢」亦言"辨土作貢", 是禹治水兼及農事. 故曰"躬稼"也.「舜典」, "帝
  曰: '棄, 黎民阻飢, 汝后稷播時百穀.'" 鄭「注」, "時讀曰蒔." 此「注」云: "播殖, 卽播蒔也. 稷
  者, 五穀之長, 故以名官, 稱后稷焉."

---

35 『후한서(後漢書)』「유표열전(劉表列傳)」.

o 「주」의 "우진(禹盡)"부터 "답야(答也)"까지.

o 정의에서 말한다.

"치수사업에 힘을 다하였다[盡力溝洫]"라는 말은 『논어』「태백」의 글이다. 『서경』「익직」[36]
에 "우가 말했다. '제가 밭도랑이나 봇도랑을 깊이 파서 하천에 이르게 하였으며, 직(稷)과
더불어 파종하여 여러 가지 말린 음식과 날음식을 장만하니 백성들이 곡식을 먹게 되었습니
다.'"라고 했고, 「우공」에도 "토질을 분별해서 공물을 제정한 것"을 말했으니, 이는 우의 치수
(治水) 사업에 농사일도 함께 언급한 것이다. 그러므로 "몸소 농사를 지었다[躬稼]"라고 한
것이다. 「순전」에 "순임금이 말했다. '기(棄)야! 백성들이 곤궁하여 굶주리고 있다. 너는 후
직이니, 백곡을 파종하도록 하라.'"라고 했는데, 정현의 「주」에 "시(時)는 시(蒔)의 뜻으로 읽
어야 한다."라고 했고, 여기의 「주」에 "파식(播殖)이니 바로 씨를 뿌리고 모종을 심는다는 뜻
이다. 기장[稷]은 5곡 중에서 으뜸이기 때문에 관의 이름을 후직(后稷)이라고 칭한 것이다."
라고 했다.

案, 适之言, 乃降祥降殃之理, 其稱禹 · 稷, 正以諷時君當盡心民事也. 「注」謂"以禹 · 稷比
孔子", 誤.

살펴보니, 남궁 괄(南宮适)의 말은 바로 상서(祥瑞)를 내리고 재앙을 내리는 이치인데, 우와
직(稷)을 일컬은 것은 바로 그것을 가지고 당시 임금이 마땅히 백성의 일에 마음을 다해야
함을 풍자한 것이다. 「주」에서 "우와 직을 공자에 빗대고자 한 것"이라는 말은 잘못이다.

● 「注」, "賤不義而貴有德, 故曰君子."
● 正義曰: 不義者不得其死; 有德者皆有天下, 此天道福善禍淫. 适兩擧之, 是賤不義而貴有德
也. 若夫不義者不得禍, 或反得福, 有德者不得福, 或反得禍, 變數也. 君子不以變數疑常數,
故『荀子』「榮辱篇」云: "仁義 · 德行, 常安之術也, 然而未必不危也; 汙僈突盜, 常危之術也,
然而未必不安也. 故君子道其常, 而小人道其怪."

---

36 『논어정의(論語正義)』에는 "皋陶謨"로 되어 있다. 『서경』「익직」을 근거로 "益稷"으로 고
쳤다.

○ 「주」의 "의롭지 못한 자들을 천하게 여기고 덕이 있는 이들을 귀하게 여겼기 때문에 '군자'라
  고 한 것이다."

○ 정의에서 말한다.

  의롭지 못한 자는 제대로 된 죽음을 얻지 못하고, 덕이 있는 자는 모두 천하를 소유하니, 이
  는 하늘의 도(道)로서, 선한 일을 하는 자에게는 복을 내리고 음란한 일을 하는 자에게는 재
  앙을 내리는 것이다. 남궁 괄(南宮适)은 이 두 가지를 다 거론했으니, 이는 의롭지 못한 자들
  을 천하게 여기고 덕이 있는 이들을 귀하게 여긴 것이다. 의롭지 못한 자가 화를 얻지 않고
  혹 도리어 복을 얻는다거나, 덕이 있는 자가 복을 받지 못하고 혹 도리어 화를 얻는 것으로
  말할 것 같으면 변수(變數)이다. 군자는 변수를 가지고 상수(常數)를 의심하지 않기 때문에
  『순자』「영욕편」에 "인의(仁義)와 덕행(德行)이 언제나 안전한 방법이지만 반드시 위태롭지
  않은 것은 아니고, 마음이 바르지 못하고 도둑질을 일삼는 것이 언제나 위태로운 방법이지만
  반드시 불안한 것만은 아니다. 그러므로 군자는 항상됨을 말하고 소인은 괴이함을 말하는
  것이다."라고 했다.

14-6

子曰: "君子而不仁者有矣夫, 未有小人而仁者也." 【注】 孔曰:
"雖曰君子, 猶未能備."

공자가 말했다. "군자이면서 인(仁)하지 않은 자는 있지만 소인이
면서 인한 자는 아직 있지 않았다." 【주】 공안국이 말했다. "비록 군자라
하더라도 오히려 완비할 수는 없다."

원문 正義曰: 仁道難成, 故以令尹子文之忠 · 陳文子之淸, 猶不得爲仁, 卽

"克伐怨欲不行", 亦言"不知其仁", 故雖君子有不仁也. 『易』「繫辭傳」, "小人以小善爲無益而弗爲也; 以小惡爲無傷而弗去也. 故惡積而不可掩; 罪大而不可解." 是小人必無有仁也.

역문 정의에서 말한다.

인(仁)의 도(道)는 이루기 어렵기 때문에 영윤(令尹)인 자문(子文)의 진실함과 진 문자(陳文子)의 청렴함으로도 오히려 인(仁)이 될 수 없으므로 바로 "남을 이기기를 좋아하는 마음, 자기의 공을 자랑하는 마음, 원망하는 마음, 탐욕스러운 마음이 행해지지 않더라도" 역시 "그런 사람이 인(仁)에 있어서는 어떠한지 모르겠다."[37]고 했으니, 따라서 비록 군자라 할지라도 인(仁)하지 않은 자가 있는 것이다. 『주역』「계사하」에 "소인은 작은 선행을 무익하다고 여겨 행하지 않고, 작은 악을 해로울 것이 없다고 여겨 버리지 않는다. 그러므로 악이 쌓여 가릴 수 없고 죄가 커져서 풀 수가 없다."라고 했으니, 이에 소인은 반드시 인(仁)이 없는 것이다.

14-7

子曰: "愛之, 能勿勞乎? 忠焉, 能勿誨乎?" 【注】孔曰: "言人有所愛, 必欲勞來之; 有所忠, 必欲敎誨之."

---

37 『논어』「공야장(公冶長)」: 어떤 사람이 말했다. "옹(雍)은 인(仁)한데에도 말재주를 피우지 않는다." 공자가 말했다. "말재주를 어디에 쓰겠는가? 수다스럽고 재빠른 말재주로 남의 말문을 막다가 자주 남에게서 미움을 받으니, 그런 사람이 인(仁)에 있어서는 어떠한지 모르겠으나, 말재주를 어디에 쓰겠는가?"[或曰: "雍也仁而不佞." 子曰: "焉用佞? 禦人以口給, 屢憎於人, 不知其仁, 焉用佞?"]

공자가 말했다. "사랑한다면 힘써 생각하지 않을 수 있겠는가? 충성한다면 가르치지 않을 수 있겠는가?"【주】공안국이 말했다. "사람은 사랑하는 상대가 있으면 반드시 그를 위로해 오게 하고자 하고, 충성하는 상대가 있으면 반드시 그를 가르치고자 한다는 말이다."

원문 正義曰: 此爲勞者·誨者表也. 不欲愛, 卽勿勞; 不能忠, 卽勿誨. 故夫言者旣竭懷以達誠, 聞者亦宜原心以容直也.

역문 정의에서 말한다.

이것은 근심하는 자와 가르치는 자를 위해서 표현한 말이다. 사랑하고 싶지 않으면 근심하지 않고, 충성할 수 없으면 가르치지 않는다. 그러므로 말하는 사람이 이미 마음을 다해 정성을 전달해야 듣는 자도 마땅히 마음에 근원을 따져 정직함을 받아들이는 것이다.

- 「注」, "言人"至"誨之".
- 正義曰: 『說文』云: "勑, 勞勑也." 今通用行來字. 王氏引之『經義述聞』解此文云: "『呂氏春秋』高「注」, '勞, 勉也.' '勉'與'誨'義相近, 故勞·誨竝稱. 『鹽鐵論』「授時篇」, '縣官之於百姓, 若慈父之於子也, 忠焉能勿誨乎? 愛之而勿勞乎?' '而'與'能'古字通. 『白虎通義』, '臣所以有諫君之義何? 盡忠納誠也. 『論語』曰: "愛之能勿勞乎? 忠焉能勿誨乎?" 自注「小雅」「隰桑篇」, '心乎愛矣, 遐不謂矣?' 「箋」曰: '謂勤也. 孔子曰: "愛之能勿勞乎? 忠焉能勿誨乎?" 襄二十七年『左傳』, '子産賦「隰桑」, 趙孟曰: "武謂受其卒章." 杜「注」曰: '趙武欲子産之見規誨.'"
- 「주」의 "언인(言人)"부터 "회지(誨之)"까지.
- 정의에서 말한다.

  『설문해자』에 "내(勑)는 위로한다[勞勑]는 뜻이다."[38]라고 했는데, 지금은 행래(行來) 자와 통용된다. 왕인지(王引之)『경의술문』에는 이 문장을 해석하면서 "『여씨춘추』 고유(高誘)의 「주」에, '노(勞)는 힘쓴다[勉]는 뜻이다.'라고 했는데, '면(勉)'과 '회(誨)'는 뜻이 서로 가깝기 때문에 노(勞)와 회(誨)를 나란히 일컬은 것이다. 『염철론』「수시」에 '백성에게 있어 현관(縣官)은 자식에게 있어 자애로운 아버지와 같으니, 충성한다면 가르치지 않을 수 있겠는가? 사랑한다면 힘쓰지[勞] 않을 수 있겠는가[愛之而勿勞乎]?'라고 했는데, '이(而)'와 '능(能)'은 옛날에는 글자를 통용했다. 『백호통의』에 '신하가 임금에게 간언해야 하는 의리가 있는 것은 어째서인가? 충성을 다하고 성실함을 바치는 것이다. 『논어』에 말하였다. "사랑한다면 힘쓰지 않을 수 있겠는가? 충성한다면 가르치지 않을 수 있겠는가?"라고 하였다. 『시경』「소아 · 습상」의 '마음에 사랑하니 어찌 힘쓰지 않으리오[心乎愛矣, 遐不謂矣.]?'를 주석하면서 「전(箋)」에 '위(謂)는 힘쓴다[勤]는 뜻이다. 공자가 말했다. "사랑한다면 힘쓰지 않을 수 있겠는가? 충성한다면 가르치지 않을 수 있겠는가?"라고 했다. 『춘추좌씨전』「양공」27년에 '자산(子産)이 「습상」을 읊자 조맹(趙孟)[39]이 말했다. "나는 그 끝 구절만을 힘써 받아들이겠습니다."'라고 했는데, 두예(杜預)의 「주」에 '조무(趙武)는 자산이 바로잡아 가르침을 보여 주기를 바란 것이다.'라고 했다."라고 하였다.

案, 王說足以發明此「注」之義. 然"勞來"與"規誨"意似重, 竊疑"勞"當訓"憂". 『淮南』「精神訓」, "竭力而勞萬民." 「氾論訓」, "以勞天下之民." 高誘「注」竝云: "勞, 憂也." 又「里仁篇」 "勞而不怨", 卽"憂而不怨", 憂者, 勤思之也, 正此處確詁.

---

38 『설문해자』 권13: 내(勑)는 위로한다[勞]는 뜻이다. 역(力)으로 구성되었고 내(來)가 발음을 나타낸다. 낙(洛)과 대(代)의 반절음이다.[勑, 勞也. 從力來聲. 洛代切.] "勞勑"는 『說文解字注』에 "勑, (勑)勞也."라고 되어 있다.

39 조맹(趙孟, ?~기원전 541): 춘추시대 진(晉)나라 사람인 조무(趙武)이다. 조문자(趙文子)로도 불린다. 대부를 지냈다. 진 경공(晉景公) 때 도안가(屠岸賈)가 조씨 집안을 주멸(誅滅)할 때 조삭의 아내 장희(莊姬, 진 경공의 누이)가 유복자로 낳았다. 정영(程嬰)과 공손저구(公孫杵臼)의 도움을 받아 목숨을 구하고 어머니 장희를 따라 공궁(公宮)에서 양육되었다. 나중에 조씨의 후사(後嗣)로 세워졌다. 진 도공(晉悼公)이 즉위하자 경(卿)에 임명되었다. 진 도공 10년 국정(國政)을 장악했고, 12년 초(楚)나라의 굴건(屈建, 子木)과 함께 종전(終戰)의 회합을 주최했다. 시호는 문(文)이다.

살펴보니, 왕인지의 말이 충분히 이 「주」의 뜻을 드러내 밝혀 주고 있다. 그러나 "노래(勞來)"와 "규회(規誨)"는 뜻이 중복된 것 같은데, 적이 생각해 보니 "노(勞)"는 마땅히 "우(憂)"의 뜻으로 풀이해야 할 듯하다. 『회남자』「정신훈」에 "힘을 다해 만민을 걱정한다[竭力而勞萬民]."라고 하였고, 「범론훈」에 "천하의 백성들을 걱정했다[以勞天下之民]."라고 했는데, 고유의 「주」에 모두 "노(勞)는 걱정한다[憂]는 뜻이다."라고 했다. 또 「이인」의 "노이불원(勞而不怨)"은 바로 "근심하되 원망하지 않아야 한다[憂而不怨]"라는 말로서, 근심[憂]이란 힘써 생각한다[勤思]는 뜻이니, 참으로 이 구절의 확실한 주석이다.

14-8

子曰: "爲命, 裨諶草創之, 【注】孔曰: "裨諶, 鄭大夫氏名也. 謀於野則獲, 謀於國則否. 鄭國將有諸侯之事, 則使乘車以適野, 而謀作盟會之辭." 世叔討論之, 行人子羽修飾之, 東里子産潤色之." 【注】馬曰: "世叔, 鄭大夫游吉也. '討', 治也. 裨諶旣造謀, 世叔復治而論之, 詳而審之. '行人', 掌使之官. 子羽, 公孫揮. 子産居東里, 因以爲號. 更此四賢而成, 故鮮有敗事."

공자가 말했다. "외교문서를 만들 때, 비침(裨諶)에게 야외에 가서 초안을 작성하게 하고, 【주】 공안국이 말했다. "비침(裨諶)은 정나라 대부의 이름이다. 야외에서 내는 계획은 훌륭했지만 국성(國城) 안에서 내는 계획은 그렇지 못하였다. 정나라에 제후(諸侯)의 외교에 관한 일이 있으면 그에게 수레를 타고 야외로 가서 모의해서 회맹(會盟)에 사용할 외교문서를 짓게 하였다." 세숙(世叔)에게 검토하여 따지게 하고, 외교관인 자우(子羽)에게 수식을 하게 하고, 동리(東里) 자산이 문장을 매끄럽게 다듬었다." 【주】 마융이 말했다. "세숙(世叔)은 정나라 대부 유길(游吉)[40]이다. '토(討)'는 치(治)의 뜻이다. 비침이 이미 만든 계획을 세숙이 다시 검토하고 따져서 자세히 살핀 것이다. '행인(行人)'은 사신의 관직을 관장한다. 자우(子羽)는 공손 휘(公孫揮)[41]이다. 자산이 동리(東里)에 거주하였으므로 그것을 따라 동리를 호(號)로 삼은 것이다. 이 네 현자의 손을 거쳐 만들어졌기 때문에 실패하는 일이 드물었다."

원문 正義曰: "裨", 鄭本作"卑". 見『群經音辨』「屮部」. 鄭司農『周官』「大祝」「注」·『後漢書』「皇後紀下」「注」引『風俗通』, 竝作"卑諶". 『漢書』「古今人表」作"卑湛". 凡作"卑", 與鄭本合. "湛"·"諶"通用字. 江氏聲『論語竢質』, "裨諶·裨竈, 當卽一人. '諶'當從火作'煁'. 『毛詩』「傳」, '煁, 烓灶也.' 則名竈字煁矣. 『左傳』於「襄」三十一年再見裨諶, 以後但有裨竈, 與子産相終始, 而裨諶更不見. 考其論議, 正是一人也.'"

역문 정의에서 말한다.

"비(裨)"는 정현본에는 "비(卑)"로 되어 있다. 『군경음변』「구부(屮部)」에 보인다. 정사농(鄭司農)의 『주례』「춘관종백하·대축」의 「주」와 『후한서』「황후기하」의 「주」에 『풍속통』을 인용했는데, 모두 "비침(卑諶)"으로 되어 있다. 『전한서』「고금인표」에는 "비담(卑湛)"으로 되어 있다.

---

40 유길(游吉, ?~기원전 507): 춘추시대 정나라 사람. 대부를 지냈다. 세숙(世叔) 또는 자태숙(子大叔), 태숙(太叔)으로도 불린다. 간공(簡公)과 정공(定公) 때 정경(正卿)을 지냈다. 전장(典章)에 밝고, 사령(辭令)에 뛰어나서 제후(諸侯)에 사신으로 가 예에 따라 직분을 온전히 수행해 허점이 없었다. 자산을 집정(執政)시켜 인정(仁政)을 베풀었다. 정 정공(鄭定公) 8년 자산의 뒤를 이어 국정을 맡았다. 당시 정나라에 도둑이 많았는데, 추부(萑苻)의 택변(澤邊)에 모여 있었다. 그가 병사를 이끌고 가 이들을 토벌했다.

41 공손 휘(公孫揮, ?~?): 춘추시대 정나라 사람. 자우(子羽)는 그의 호이다. 외교문서를 잘 작성했고, 정 간공(鄭簡公)을 섬겨 외교관이 되어, 여러 번 각 제후국에 빙문을 갔다.

대부분 "비(卑)"로 되어 있는 것은 정현본과 일치한다. "담(湛)"과 "침(諶)"
은 통용되는 글자이다. 강성(江聲)의 『논어사질』에 "비침(裨諶)과 비조(裨
竈)는 당연히 같은 사람이다. '침(諶)'은 마땅히 화(火)로 구성해서 '침(爧)'
으로 써야 한다. 『모시』「소아·자화」의 「전(傳)」에 '침(爧)은 화덕[娃竈]
이다.'라고 했으니, 그렇다면 조(竈)는 이름이고 침(爧)은 자일 것이다. 『춘
추좌씨전』에는 「양공」 31년에 비침(裨諶)이 다시 보이고, 이후에는 단지
비조(裨竈)만 보이는데, 자산과 함께 서로 외교문서 작성의 끝과 처음을
도왔고, 비침(裨諶)은 더 이상 보이지 않는다. 그들의 논의를 참고해 보
면 바로 같은 사람이다."라고 했다.

원문 "草創"者, 『釋文』云: "創依『說文』, 此是'創痍'字, '創制'之字當作刱."
案, 『說文』, "刱, 造法刱業也. 從丼, 刅聲, 讀若創." 是"創"·"刱"音同, 故
『論語』叚"創"爲"刱"也. "草"者, 言始制之, 若草蕉雜也. 『史記』「屈原列
傳」, "屬草藁未定."

역문 "초창(草創)"이란 『경전석문』에 "창(創)은 『설문해자』에 의거해 보면
이는 '무기에 다친 상처[創痍]'라는 뜻의 글자이니, '창제(創制)'라는 뜻의
글자는 마땅히 창(刱)으로 써야 한다."라고 했다. 살펴보니, 『설문해자』
에 "창(刱)은 법을 만들고 업을 만든다[造法刱業]는 뜻이다. 정(丼)으로 구
성되었고 창(刅)이 발음을 나타낸다. 창(創)과 같은 발음으로 읽어야 한
다."[42]라고 했으니, "창(創)"과 "창(刱)"은 발음이 같기 때문에 『논어』에서
"창(創)"을 가차해서 "창(刱)"의 뜻으로 사용한 것이다. "초(草)"라는 것은

---

42 『설문해자』 권5: 창(刱)은 법을 만들고 업을 만든다[造法刱業]는 뜻이다. 정(丼)으로 구성되
었고 창(刅)이 발음을 나타내니, 창(創)과 같은 발음으로 읽어야 한다. 초(初)와 (亮)의 반절
음이다.[刱, 造法刱業也. 從丼刅聲, 讀若創. 初亮切.]

처음으로 제작해서 마치 풀이 거칠게 섞여 있는 것과 같다는 말이다. 『사기』「굴원열전」에 "아직 초안도 채 완성하지 않았다."[43]라고 했다.

원문 "修飾"者, 朱子『集注』云: "謂增損之." 蓋以"增"訓"飾", 以"損"訓"修"也. "潤色"者, 『廣雅』「釋詁」, "潤, 飾也." 謂增美其辭, 使有文采可觀也.

역문 "수식(修飾)"이란 주자(朱子)의 『논어집주』에 "보충하고 삭제한다는 말이다."라고 했으니, 아마도 "보충한다[增]"라는 뜻으로 "식(飾)" 자의 뜻을 풀이하고, "삭제한다[損]"라는 뜻으로 "수(修)" 자의 뜻을 풀이한 듯하다. "윤색(潤色)"이란 『광아』「석고」에 "윤(潤)은 꾸민다[飾]는 뜻이다."라고 했으니, 말을 더욱 아름답게 꾸며서 볼 만한 문채가 있게 하는 것이다.

원문 鄭之爲命, 皆子産主之. 其裨諶·世叔·子羽, 皆子産所使. 稱東里者, 美之, 故詳之. 『書』「畢命」云: "表厥宅里."

역문 정나라에서 만든 외교문서는 모두 자산(産主)이 주관했다. 그리고 비침(裨諶)과 세숙(世叔)과 자우(子羽)는 모두 자산이 부리던 사람들이다. 동리(東里)를 일컬은 것은 찬미하기 위한 것이었기 때문에 자세하게 말한 것이다. 『서경』「필명」에 "그 집과 마을을 표시한다[表厥宅里]."[44]고 했다.

---

43 『사기(史記)』 권84, 「굴원가생열전(屈原賈生列傳)」: 회왕이 굴원에게 법령을 만들게 하여 굴평이 아직 채 초고를 완성하지 않았는데 상관대부가 그것을 보고는 자기 것으로 하고 싶어 했으나 굴평이 주지 않았다.[懷王使屈原造爲憲令, 屈平屬草藁未定, 上官大夫見而欲奪之, 屈平不與.]

44 『서경』「주서(周書)·필명(畢命)」: 선과 악을 표창하고 구별하여 거주하는 마을을 정표(旌表)한다.[旌別淑慝, 表厥宅里.] 『논어정의』에는 "呂刑"으로 되어 있다. 『서경』을 근거로 "畢命"으로 고쳤다.

- 「注」, "謀於"至"之辭".
- 正義曰: 『左』「襄」三十一年「傳」, "子産之從政也, 擇能而使之; 馮簡子能斷大事; 子大叔美秀而文; 公孫揮能知四國之爲, 而辨於其大夫之族姓・班位・貴賤・能否, 而又善爲辭令; 裨諶能謀, 謀於野則獲, 謀於邑則否. 鄭國將有諸侯之事, 子産乃問四國之爲於子羽, 且使多爲辭令, 與裨諶謀以適野, 使謀可否, 而告馮簡子使斷之, 事成, 乃授子大叔使行之, 以應對賓客. 是以鮮有敗事, 北宮文子所謂有禮也." 竝此「注」所本. 惟『傳』言子羽・裨諶同是草創, 子大叔則受而應對, 與『論語』敍述稍異耳.

○ 「주」의 "모어(謀於)"부터 "지사(之辭)"까지.

○ 정의에서 말한다.

『춘추좌씨전』「양공」 31년의「전」에 "자산이 정치에 종사할 때 현능한 자를 골라 임용했다. 풍간자(馮簡子)는 큰일을 잘 결단하였고, 자태숙(子太叔)은 용모가 아름답고 재주가 뛰어나서 말과 행동이 우아하고 고상하였으며[文], 공손 휘(公孫揮)는 사방 나라들의 고사(故事)와 습속(習俗)[爲]을 잘 알아서 그 대부들의 족성(族姓)과 조정 반열의 위차(位次)와 지위의 귀천과 재능의 유무를 밝게 알았고, 또 외교문서를 잘 작성하였으며, 비침(裨諶)은 계획을 잘 내었지만 야외에서 내는 계획은 훌륭하고 성읍(城邑)에서 내는 계획은 그렇지 못하였다. 정나라에 외교에 관한 제후(諸侯)의 일이 있으면 자산이 사방 나라들의 고사(故事)와 습속을 자위[子羽: 공손 휘(公孫揮)]에게 묻고, 또 외교문서를 대부분 그에게 짓게 하고서, 비침과 함께 수레를 타고 야외로 가서 그 일의 가부를 모의하게 한 뒤에 풍간자(馮簡子)에게 그 계획을 말해 주어 결단하게 하고, 계획이 완성되면 그 계획을 자태숙(子太叔)에게 말해 주어 실행에 옮겨 빈객(賓客)을 응대하게 하였다. 그런 까닭에 정나라는 외교에 실패하는 일이 드물었으니, 이것이 북궁문자(北宮文子)의 이른바 '예(禮)'가 있다'라는 것이다."라고 했는데, 모두 이곳의「주」에서 근거로 삼았다. 그러나 오직 『춘추좌씨전』에서만 자우(子羽)와 비침(裨諶)이 함께 야외로 가서 초안을 작성하게 하고 자태숙(子大叔)에게 계획을 받아 응대하게 했다고 말하였으니, 『논어』의 서술과는 조금 차이가 날 뿐이다.

"謀於野"・"謀於邑", 謂謀於野之人・邑之人也. 子大叔卽世叔, 世・大通用, 如世子亦稱大子之比. "謀作盟會之辭", 此釋爲命文也. 『周官』「大祝」, "二曰命." 「注」, "鄭司農云: '命,

『論語』所謂爲命."'"『公羊』「莊」十九年「傳」, "聘禮, 大夫受命不受辭." 命者, 凡聘問會盟所
受於主國之命, 其語皆有一定. 故「聘」「記」云"辭無常", 明命有常也.『左傳』言子産使子羽
多爲辭令, 則於禮命之外, 更多爲辭以爲之備, 卽『論語』所言"爲命"者, 得兼有之也.

"야외에서 내는 계획[謀於野]"과 "성읍에서 내는 계획[謀於邑]"이란 야외의 사람이나 성읍의
사람에게서 내는 계획이라는 말이다. 자태숙(子大叔)은 바로 세숙(世叔)인데, 세(世) 자와
태(大) 자는 통용되니 예컨대 세자(世子)를 또 태자(大子)라고 칭하는 예와 같다. "모의해서
회맹에 사용할 외교문서를 짓는다[謀作盟會之辭]"라고 했는데, 이를 해석한 것이 외교문서
[命文]를 짓는다는 말이다.『주례』「춘관종백하 · 대축」에 "둘째를 명(命)이라 한다."라고 했
는데,「주」에 "정사농이 이르길, '명(命)은『논어』의 이른바 외교문서를 만든다[爲命]는 것이
다.'라고 했다."라고 하였다.『춘추공양전』「장공」19년의「전」에 "빙문하는 예[聘禮]에서 대
부가 빙문을 갈 때는 외교문서[命]만 받고 구체적인 언사[辭]까지는 받지 않는다."라고 했는
데, 명(命)이란 모든 빙문(聘問)과 회맹(會盟)에서 주인 나라에서 받는 외교문서[命]이니, 그
말이 모두 일정함이 있다. 그러므로『의례』「빙례」의「기」에 "구체적인 언사는 일정하게 정
해진 것이 없다[辭無常]"라고 했으니, 외교문서[命]에는 일정하게 정해진 것[常]이 있음을 밝
힌 것이다.『춘추좌씨전』에서 자산이 자우(子羽)로 하여금 외교문서[辭令]를 대부분 그에게
짓게 했다고 했는데, 그렇다면 빙문하는 예에서의 외교문서[禮命] 이외에도 다시 대부분의
구체적인 언사[辭]도 지어서 구비하게 했다는 것이니, 바로『논어』에서 말한 "외교문서를 만
든다[爲命]"라는 것은, 외교문서와 구체적인 언사를 겸할 수 있는 말이다.

● 「注」, "世叔"至"爲號".
● 正義曰: 游吉, 游販之子, 見『左』「襄」二十二年「傳」. "討, 治", 本『說文』. 鄭「注」云: "討論整
理." 理, 亦治也. 謂整比其辭而治之也. 邢「疏」云: "『周禮』秋官有大行人 · 小行人, 皆大夫
也, 掌諸侯朝觀宗廟會同之禮儀, 及時聘會同之事. 則諸侯之行人亦然." 故云"掌使之官", 謂
掌其爲使之官也. 公孫揮, 揮與翬同, 故字子羽, 若魯大宰翬字羽父也. "東里", 里名.『列子』
「仲尼篇」, "鄭之圃澤多賢, 東里多才." 多才卽謂子産之屬. "因以爲號"者, 謂人以是號之也.
○ 「주」의 "세숙(世叔)"부터 "위호("爲號")"까지.
○ 정의에서 말한다.

유길(游吉)은 유판(游販)의 아들인데, 『춘추좌씨전』「양공」 22년의 「전」에 보인다. "토(討)는 치(治)의 뜻"이라는 것은 『설문해자』에 근거한 말이다.[45] 정현의 「주」에 "토론(討論)은 정리함[整理]이다."라고 했는데, 리(理) 역시 치(治)의 뜻이니, 그 말을 가지런히 정돈해서 다듬는다는 말이다. 형병의 「소」에 "『주례』「추관사구하」에 대행인(大行人)과 소행인(小行人)이 있는데, 모두 대부이고, 제후들의 조근(朝覲)과 종묘(宗廟)에서 회동(會同)할 때의 예의(禮儀) 및 시빙(時聘) 때 회동의 일을 관장한다. 제후의 행인(行人) 역시 그렇다." 그러므로 "사신의 관직을 관장한다[掌使之官]"라고 한 것이니, 사신의 관직을 수행하는 것을 관장한다는 말이다. 공손 휘(公孫揮)는 휘(揮)과 휘(翬)가 같기 때문에 자(字)를 자우(子羽)라고 한 것이니, 노나라 태재(大宰)인 휘(翬)의 자(字)가 우보(羽父)인 것과 같다. "동리(東里)"는 마을 이름이다. 『열자』「중니」에 "정나라 포택(圃澤)에는 현인(賢人)이 많고, 동리(東里)에는 재인(才人)이 많다."라고 했는데, 재주 있는 사람이 많다는 것은 바로 자산과 같은 부류를 말한다. "그것을 따라 호로 삼았다[因以爲號]"라는 것은, 사람들이 동리(東里)라는 마을 이름을 가지고 그를 불렀다는 말이다.

14-9

或問子産, 子曰: "惠人也." 【注】孔曰: "'惠', 愛也. 子産古之遺愛." 問子西, 曰: "彼哉! 彼哉." 【注】馬曰: "子西, 鄭大夫. 彼哉彼哉, 言無足稱. 或曰'楚令尹子西.'" 問管仲. 曰: "人也. 【注】猶『詩』言"所謂伊人". 奪伯氏騈邑三百, 飯疏食, 沒齒無怨言." 【注】孔曰: "伯氏, 齊大夫. 騈邑, 地名. '齒', 年也. 伯氏食邑三百家, 管仲奪之, 使至疏食, 而沒齒無怨言, 以其當理也."

---

45 『설문해자』 권3: 토(討)는 치(治)의 뜻이다. 언(言)으로 구성되었고 촌(寸)으로 구성되었다. 타(他)와 호(皓)의 반절음이다.[討, 治也. 從言從寸. 他皓切.]

어떤 사람이 자산에 대하여 묻자, 공자가 말했다. "은혜로운 사람이다." 【주】 공안국이 말했다. "'혜(惠)'는 사랑이다. 자산은 고인(古人)의 유풍(遺風)이 있는 인애(仁愛)한 사람이다." 자서(子西)에 대하여 묻자, 공자가 말했다. "그저 그런 사람일 뿐이지! 그저 그런 사람일 뿐이야!" 【주】 마융이 말했다. "자서는 정나라 대부이다. '피재피재(彼哉彼哉)'는 족히 일컬을 만한 것도 없다는 말이다. 어떤 이는 '초(楚)나라 영윤(令尹)인 자서(子西)이다.'라고 했다." 관중(管仲)에 대하여 묻자, 공자가 말했다. "훌륭한 사람이지! 【주】 『시경』에서 말한 "훌륭한 이 사람[所謂伊人]"[46]과 같다. 백씨(伯氏)의 병읍(騈邑) 삼백 호를 빼앗아 거친 밥을 먹게 했지만, 백씨는 평생을 마치도록 원망하는 말이 없었다." 【주】 공안국이 말했다. "백씨(伯氏)는 제(齊)나라 대부이다. '병읍(騈邑)'은 지명이다. '치(齒)'는 나이이다. 백씨의 식읍(食邑) 300가(家)를 관중이 빼앗아 백씨로 하여금 거친 밥을 먹는 지경에 이르게 했지만, 백씨가 평생을 마치도록 원망하는 말이 없었던 것은 관중의 처사가 도리에 합당했기 때문이다."

원문 正義曰: 『荀子』「大略篇」, "子謂子産惠人也, 不如管仲. 管仲之爲人, 力功不力義, 力知不力仁, 野人也, 不可以爲天子大夫." 與此文襃貶不同, 蓋傳聞之異. 『詩』「匪風」「疏」引鄭注『論語』云"人偶, 同位人偶之辭", 莫知所屬, 近輯本皆列入"人也"之下.

역문 정의에서 말한다.

『순자』「대략편」에 "공자가 말하길, '자산은 은혜로운 사람이지만 관중(管仲)만 못하다. 관중의 사람됨은 공을 세우는 데에만 힘쓰고 의(義)

를 힘쓰지 않았고, 지혜만 힘쓰고 인(仁)을 힘쓰지 않았으니, 야인(野人)이지 천자의 대부가 될 수 없다.' 하였다."라고 했으니, 이 글에서 칭찬하고 폄훼한 것과는 같지 않은데, 아마도 전해 듣는 과정에서 말이 서로 달라진 듯하다. 『시경』「비풍」의 「소」에 정현이 『논어』를 주석한 것을 인용해서 "인우(人偶)란 자리를 같이해서 남과 짝한다는 말이다[同位人偶之辭]"라고 했는데, 속한 바를 알 수 없으나 근래의 집본(輯本)에는 모두 "인야(人也)" 아래 나열해서 삽입해 놓았다.

원문 <u>宋氏翔鳳</u>『過庭錄』云: "以非常之人, 偶然得之, 謂之人偶, 言同是在位, 而<u>管仲</u>爲非帝人, 故曰'同位人偶之辭.' 鄭注「聘禮」曰: '每門輒揖者, 以相人偶爲敬.' 又注『中庸』曰: '人也, 讀如"相人偶"之人.' 言相尊敬, 故曰'相人偶'也. 此蓋漢時常言. 賈誼『新書』「匈奴篇」曰: '<u>胡</u>貴人更進, 得佐酒前上, 時人偶之.' 亦謂尊異也."

역문 송상봉(宋翔鳳)의 『과정록』에 "대단한 사람을 우연히 얻었기 때문에 그를 인우(人偶)라고 한 것이니, 지위에 있다는 것은 같지만 관중은 임금의 사람이 아니기 때문에, '자리를 같이해서 남과 짝한다는 말이다[同位人偶之辭]'라고 한 것이다. 정현은 「빙례」를 주석하면서 '문에서 만날 때마다 번번이 읍하는 것은, 서로 짝이 되는 사람으로 여겨 공경을 표한 것이다.'라고 했고, 또 『중용』을 주석하면서 '인야(人也)는 "서로 짝이 되는 사람[相人偶]"이라고 할 때의 인(人)의 뜻으로 읽어야 한다.'라고 했으니, 서로 존경한다는 말이기 때문에 '서로 짝이 되는 사람'이라고 말한 것이다. 이는 아마도 한나라 시대 때의 일상적인 용어인 듯싶다. 가의(賈誼)의 『신서』「흉노」에 '오랑캐의 귀인(貴人)이 번갈아 앞으로 나아가 술을 올리는 것을 도울 수 있도록 하며 때맞춰 서로 짝이 되게 한다.'라고 했는데, 역시 특별히 존경한다는 말이다."라고 했다.

원문 阮氏元「論仁篇」, "人偶, 猶言'爾我親愛'之辭. 『孟子』曰: '仁也者, 人也.' 謂仁之意卽人之也. 『論語』, '問管仲. 曰: "人也."' 鄭氏「注」曰: '人偶同位之辭.' 此乃直以'人也'爲'仁也'." 案, 鄭注「大射儀」・「公食大夫禮」及箋『詩』「匪風」, 皆有"人偶"之語. 宋・阮二家釋之各異, 以阮說爲近.

역문 완원의 「논인」에 "인우(人偶)는 '너와 내가 친애한다'라는 말과 같다. 『맹자』「진심하」에 '인(仁)이라고 하는 것은 사람답다[人]는 뜻이다.'라고 했으니, 인(仁)의 뜻은 바로 사람답다는 말이다. 『논어』에 '관중에 대하여 묻자, 공자가 말했다. "사람답다[人也]."'라고 했다. 정씨(鄭氏)의 「주」에 '남과 짝하여 자리를 같이한다[人偶同位]는 말이다.'라고 했는데, 이는 바로 곧장 '인야[人也]'를 '인야(仁也)'로 여긴 것이다."라고 했다. 살펴보니, 정현이 『의례』「대사의」와 「공사대부례」를 주석한 것과 『시경』「비풍」을 주석[箋]한 것에는 모두 "인우(人偶)"라는 말이 있다. 송상봉과 완원 두 학자의 해석이 각각 다른데, 완원의 설을 근사한 것으로 삼는다.

원문 『禮』「表記」云: "仁者, 人也."「注」, "人也, 謂施以仁恩也." 『釋名』「釋形體」, "人, 仁也. 仁, 生物也." 是人有仁訓. 鄭以管仲與同位皆相親愛, 而伯氏以罪見奪, 非管仲有私忿, 故不失爲仁. 朱氏彬『經傳考證』, "孔子於子産稱其惠, 於管仲稱其仁. 觀伯氏之沒齒無怨, 則仲之仁可知. 故子路・子貢疑其非仁, 而孔子特信之." 案, 朱說與阮同, 竝鄭義也.

역문 『예기』「표기」에 "인(仁)이란 사람다움이다[人]."라고 했는데, 「주」에 "사람답다는 것은 인(仁)과 은혜를 베풂을 이른다."라고 했고, 『석명』「석형체」에 "사람다움[人]이란 인(仁)이다. 인(仁)이란 만물을 살린다는 뜻이다."라고 했으니, 인(人)에는 인(仁)의 뜻이 있다. 정현은 관중이 남과 함께 자리한 것은 모두 서로 친애한 것이고, 백씨(伯氏)는 죄 때문에 병읍을 빼앗긴 것이지 관중이 사사로운 원한이 있었던 것이기 아니기 때문에 인(仁)이 되기에 잘못이 없다고 여긴 것이다. 주빈(朱彬)의 『경전고증』에 "공자는 자산에 대해서는 그의 은혜로움을 칭찬하고 관중에 대해서는 그의 인(仁)을 칭찬했다. 백씨(伯氏)가 평생을 마치도록 원망하는 말이 없었던 것을 보면 관중의 인(仁)을 알 수 있다. 그러므로 자로와 자공은 그가 인하지 않다고 의심했지만 공자는 특별히 그를 믿은 것이다."라고했다. 살펴보니, 주빈의 설과 완원의 설이 같은데, 모두 정현의 뜻이다.

원문 『釋文』, "蔬, 本今作疏." 皇本同.
역문 『경전석문』에 "소(蔬)는 판본에 따라 지금은 소(疏)로 되어 있다."라고했는데, 황간본도 같다.

- 「注」, "惠, 愛也. 子産, 古之遺愛."
- 正義曰:『左』「昭」二十年「傳」, "及子産卒, 仲尼聞之, 出涕曰: '古之遺愛也.'"
- ○ 「주」의 "'혜(惠)'는 사랑이다. 고인(古人)의 유풍(遺風)이 있는 인애(仁愛)한 사람이다."
- ○ 정의에서 말한다.
  『춘추좌씨전』「소공」 20년 「전」에 "자산이 죽자 공자가 그 소식을 듣고 눈물을 흘리며 말했다. '고인(古人)의 유풍(遺風)이 있는 인애(仁愛)한 사람이다.'"라고 했다.

- 「注」, "子西"至"子西".
- 正義曰: 鄭子西卽公子騑之子公孫夏, 楚子西卽公子申, 二人俱字子西, 故「注」兼存其義. 實則鄭子西無行事可稱, 楚子西有遜國之美德, 昭王復國, 改紀其政, 亦有大功, 故或人問之也.
- ○ 「주」의 "자서(子西)"부터 "자서(子西)"까지.
- ○ 정의에서 말한다.
  정나라의 자서(子西)는 바로 공자 사(公子騑)의 아들 공손 하(公孫夏)이고, 초나라의 자서

(子西)는 바로 공자 신(公子申)인데, 두 사람 모두 자가 자서(子西)이기 때문에 「주」에 그 뜻을 모두 남긴 것이다. 그러나 사실 정나라 자서는 이렇다 할 만한 행사가 없고, 초나라 자서는 나라를 사양한 미덕이 있고 소왕(昭王)이 나라를 회복할 때 정치를 개혁하고 기강을 세웠으니 역시 큰 공이 있었기 때문에 어떤 사람이 질문한 것이다.

"彼"者, 爾汝之稱. 子西雖功足錄, 然以囊瓦之貪庸, 不能啓悟昭王使早黜退之; 知孔子大聖, 又沮昭王封之. 其後召白公至, 喪身禍國, 斯其智仁皆無可紀, 故「注」以爲"無足稱"也.

"피(彼)"란 낮추어 함부로 일컫는 호칭이다. 자서(子西)가 비록 공(功)은 충분히 기록할 만하지만, 그러나 낭와(囊瓦)[47]가 욕심 많고 용렬했음에도 소왕(昭王)을 깨우쳐 내쫓도록 하지 못하였고, 공자(孔子)가 대성(大聖)임을 알면서도 또한 소왕이 공자를 봉해 주려는 것을 막았다.[48] 그 후에 백공(白公)을 불러오게 하였으나[49] 그에게 목숨을 잃고 나라를 화란에 빠뜨

---

47 낭와(囊瓦, ?~?): 춘추시대(春秋時代) 초나라 사람으로서 초나라 장왕(莊王)의 아들 자낭(子囊)의 후손이다. 평왕(平王)을 섬겨 영윤(令尹)이 되었는데 평왕이 죽자 소왕(昭王)을 세웠다. 그때 채(蔡)나라 소후(昭侯)가 좋은 패옥(佩玉)과 갖옷을, 당(唐)나라 성공(成公)이 두 마리의 훌륭한 말을 갖고 있었는데, 이 두 사람이 초나라로 오자 낭와가 달라고 하였으나 주지 않자 돌아가지 못하게 하고, 두 사람이 패옥과 말을 바치자 비로소 돌려보냈다. 그 뒤 오(吳)나라가 초나라를 칠 때 이 두 임금이 같이 참여하였는데, 낭와는 세 번 싸워 이기지 못하고 정나라로 달아났다.

48 『논어집주(論語集註)』「논어서설(論語序說)」: 초나라 소왕(昭王)이 서사(書社)의 땅으로 공자를 봉하려 하였으나 영윤(令尹)인 자서(子西)가 반대하자 그만두었다.[楚昭王將以書社地封孔子, 令尹子西不可, 乃止.]

49 『춘추좌씨전』「애공(哀公)」16년: 자목(子木)의 아들 승(勝)이 이때 오나라에 있었는데, 子西가 그를 불러들이려 하니, 섭공(葉公)이 말하기를, "내가 듣기로는 승은 간사하고 화란(禍亂) 일으키기를 좋아한다고 하니, 해롭지 않겠습니까?"라고 하자, 자서가 말하기를, "내가 듣기로는 승은 신의가 있고 용감하며 국가에 불리한 일을 하지 않는다고 하니, 그를 불러들여 변경에 갖다 두어 변경을 보위하게 할 것이다."라고 하였다. 그러자 섭공이 말하기를, "인(仁)을 가까이하는 것을 '신(信)'이라 하고, 의(義)를 따르는 것을 '용(勇)'이라 합니다. 내가 듣기로는 승은 승낙한 말을 실천하기 좋아하고 죽음을 두려워하지 않는 용사를 구한다고 하니, 아마도 사심이 있는 듯합니다. 옳고 그름을 따지지 않고 승낙한 말을 실천하는 것은 신

렸으니,[50] 이처럼 그의 지혜와 인(仁)은 모두 기록할 만한 것이 없기 때문에 「주」에서 "족히 일컬을 만한 것도 없다"라고 한 것이다.

『鹽鐵論』「雜論」云: "車丞相卽周·魯之列, 當軸處中, 括囊不言, 容身而去, 彼哉彼哉!" 亦是以"彼哉"爲無足稱也. 宋氏翔鳳『過庭錄』, "『公羊傳』, '陽虎曰: "夫孺子得國而已, 如丈夫何?" 睨而曰: "彼哉彼哉!" 趣駕. 旣駕, 公斂處父帥師而至.' 何休「注」曰: '望見公斂處父師, 而曰"彼哉", 再言之者, 切遽意.' '彼哉', 若彼地不可久處, 禍將及也. 楚令尹子西之治國, 足以招亂, 故孔子思速去之, 與『公羊』言'趣駕'語意同. 蓋『魯』·『齊』兩『論』也. 『廣韻』「五寘」, '彼, 哀也, 『論語』云"子西彼哉."' 言子西不若子産治政之有遺愛·管仲治齊之無怨言, 終於掩面而死, 固可哀也. 『廣韻』所載, 蓋『古文論語』之遺." 案, 宋君前說, 依『公羊』解之, 可備一義, 後說則謬甚.

『염철론』「잡론」에 "차승상(車丞相)은 바로 주(周)나라와 노나라의 반열로서 중요한 직무를 맡는 자리에 처해 있었는데도 입을 다물고 말하지 않고 몸 하나 간수하고 떠나갔으니 그저 그런 사람이다[彼哉彼哉!]"라고 했으니, 역시 "피재(彼哉)"를 족히 일컬을 만한 것이 없는 것이라고 한 것이다. 송상봉의 『과정록』에 "『춘추공양전』에 '양호(陽虎)가 "어린아이가 나라

─────────

(信)이 아니고, 죽기를 기약하는 것은 용(勇)이 아니니, 당신께서는 반드시 후회하게 될 것입니다."라고 하였으나, 자서는 그 말을 따르지 않고서 승을 불러들여 오나라와의 접경지에 주재(駐在)하게 하고서 그를 백공[白公: 백현(白縣)의 윤(尹)]으로 삼았다.[其子曰勝在吳, 子西欲召之, 葉公曰: "吾聞'勝也, 詐而亂.' 無乃害乎?" 子西曰: "吾聞'勝也, 信而勇, 不爲不利.' 舍諸邊竟, 使衛藩焉." 葉公曰: "周仁之謂信, 率義之謂勇. 吾聞'勝也, 好復言而求死士.' 殆有私乎. 復言, 非信也; 期死, 非勇也, 子必悔之." 弗從, 召之, 使處吳竟, 爲白公.]

50 上同: 오나라 사람이 신읍(愼邑)을 침공하여 정벌하니 백공(白公)이 초나라 군대를 패배시키고서 전비(戰備)를 조정에 바치기를 청하였다. 이를 허락하니, 백공은 드디어 변란을 일으켜 가을 7월에 자서(子西)와 자기(子期)를 조정에서 죽이고 혜왕(惠王)을 겁박하였다. 자서는 소매로 얼굴을 가리고 죽었고, 자기는 "과거에 나는 용력(勇力)으로 임금을 섬겼으니 용력으로 생을 마치지 않을 수 없다."라고 하고서 뜰에 있는 예장목(豫章木)을 뽑아 가지고 적을 죽인 뒤에 죽었다.[吳人伐愼, 白公敗之, 請以戰備獻. 許之, 遂作亂, 秋七月, 殺子西·子期于朝, 而劫惠王. 子西以袂掩面而死, 子期曰: "昔者吾以力事君, 不可以弗終." 抉豫章以殺人而後死.]

를 차지한 것일 뿐이니, 장부에게 어찌하겠는가?"라고 하더니, 이윽고 말하기를, "저런, 저런 [彼哉彼哉]!"이라고 하고는 급히 수레를 준비시켜 수레에 타자 공렴처보(公斂處父)가 군사를 거느리고 이르렀다.'라고 했는데, 하휴(何休)의 「주」에 '공렴처보(公斂處父)의 군사를 바라보면서 "피재[彼哉]"라고 한 것인데, 두 번 말한 것은 절박하고 갑작스러운 뜻이다.'라고 했으니, '피재(彼哉)'란 저곳은 오래 머물 수가 없다는 뜻과 같으니, 화(禍)가 장차 이를 것이라는 뜻이다. 초나라의 영윤(令尹)인 자서(子西)가 나라를 다스릴 때, 충분히 화란(禍亂)을 불러일으킬 만했기 때문에 공자가 속히 떠날 것을 생각한 것이니, 『춘추공양전』에서 말한 '급히 수레를 준비시킨 것[趣駕]'과 말의 의미가 같다. 아마도 『노논어』와 『제논어』두 『논어』의 내용인 듯하다.

『광운』「오치」에 '피(彼)는 애석하다[哀]는 뜻이니, 『논어』에 "자서는 애석하구나."라고 했다.'라고 했는데, 자서는 자산의 정치가 옛날에 백성들에게 사랑을 남긴 것만 못하고 관중이 제나라를 다스릴 때 원망하는 말이 없었던 것만 못해서 끝내는 얼굴을 가리고 죽었으니 참으로 애석할 만하다는 말이다. 『광운』에 실려 있는 것은 아마도 『고문논어』에 남아 있는 것인 듯싶다."라고 했다. 살펴보니 송군(宋君)이 앞에서 한 말은 『춘추공양전』을 근거로 해설한 것으로 한 가지 의의는 갖추었지만, 뒤에서 말한 내용은 심히 그릇된 것이다.

『埤蒼』曰: "彼, 邪也." 『廣雅』「釋詁」曰: "彼, 裒也." "邪"·"裒"一字, "裒"與"哀"形最相近, 故『廣韻』傳寫之本遂誤作"哀", 而宋君卽就而通之者也. 王氏念孫 『廣雅疏證』謂『論語』作彼, 於義爲長.". 然"彼·裒之訓, 以論子西, 不免太過, 『廣韻』所引, 未可據也."

『비창』에 "피(彼)는 간사함[邪]이다."라고 했고, 『광아』「석고」에 "피(彼)는 사악함[裒]이다."라고 했으니, "사(邪)"·"사(裒)"는 같은 글자인데, "사(裒)" 자가 "애(哀)" 자와 모양이 가장 서로 가깝기 때문에 『광운』의 베껴 쓴 판본에 마침내 "애(哀)" 자로 잘못된 것이고, 송군(宋君)이 바로 가져다 통용을 시킨 것이다. 왕염손(王念孫)의 『광아소증』에 "『논어』에 피(彼)로 되어 있는 것이 의미상 가장 낫다."라고 했다. 그러나 "피(彼)와 사(裒)의 뜻풀이를 가지고 자서(子西)를 논하기에는 너무 지나침을 벗어날 수 없고, 『광운』에 인용된 것은 근거로 삼을 만한 것은 아니다."

● 「注」, "猶『詩』言所謂伊人."

● 正義曰: 皇本作"鄭注", 誤. "所謂伊人", 『詩』「蒹葭」·「白駒」皆有其文. 鄭「箋」, "伊當作繄, 繄猶是也."『詩』云"伊人", 皆說賢人. 「注」以管仲爲夫子所賢, 故以『詩』言譬之.

○ 「주」의 "『시경』에서 말한 '훌륭한 이 사람[所謂伊人]'[51]과 같다."

○ 정의에서 말한다.

황간본에는 "정현의 주[鄭注]"라고 되어 있는데, 잘못이다. "훌륭한 이 사람[所謂伊人]"이라는 표현은 『시경』「겸가」와 「백구」에도 모두 그러한 표현이 있다. 정현의 「전(箋)」에 "윤(伊)은 마땅히 예(繄)가 되어야 하니, 예(繄)는 시(是)와 같은 뜻이다."라고 했다. 『시경』에서 말하는 "윤인(伊人)"은 모두 현인(賢人)을 말한다. 「주」에서는 관중을 공자가 현인이라고 여겼다고 본 것이기 때문에 『시경』의 말을 가지고 비유한 것이다.

● 「注」, "伯氏"至"理也".

● 正義曰: 鄭「注」云: "伯氏, 齊大夫. 駢邑三百家, 齊下大夫之制." 此僞孔所本. 皇「疏」云: "伯氏名偃." 未詳所出. 『荀子』「仲尼篇」言"齊桓公立管仲爲仲父, 與之書社三百, 而富人莫之敢距也." "書社三百", 卽駢邑三百, "富人"卽伯氏, 古以祿多爲富也.

○ 「주」의 "백씨(伯氏)"부터 "이야(理也)"까지.

○ 정의에서 말한다.

정현의 「주」에 "백씨(伯氏)는 제나라 대부인데, 병읍(駢邑) 3백가(三百家)는 제나라 하대부(下大夫)의 제도이다."라고 했는데, 이것을 위공이 근거로 한 것이다. 황간(皇侃)의 「소」에 "백씨(伯氏)의 이름은 언(偃)이다."라고 했는데, 출전이 자세하지 않다. 『순자』「중니편」에 "제 환공(齊桓公)이 관중(管仲)을 중보(仲父)로 삼고 그에게 서사(書社) 삼백 호(三百戶)를 주었는데도 부자들이 감히 막는 이가 없었다."라고 했으니, "서사 삼백 호[書社三百]"가 바로 병읍 3백(駢邑三百)이고, "부자[富人]"는 바로 백씨(伯氏)이니, 옛날에는 봉록이 많은 것을 부유하다고 여겼다.

---

51 『시경(詩經)』「국풍(國風)·진(秦)·겸가(蒹葭)」와 「소아(小雅)·기보지십(祈父之什)·백구(白駒)」에 "훌륭한 이 사람[所謂伊人]"이란 표현이 보인다.

『易』「訟」九二云: "其邑人三百戶." 鄭「注」, "小國之下大夫, 采地方一成, 其定稅三百家, 故三百戶也." 鄭以大國下大夫與小國下大夫同制, 故此「注」以"三百家"爲齊下大夫也. 「雜記」「注」云: "諸侯之大夫, 邑有三百戶之制." 是不分大國·小國. 彼「疏」引熊氏云: "下大夫三百家, 一成之地也. 一成所以三百家者, 一成九百夫, 宮室·塗巷·山澤三分去一, 餘有六百夫地, 又不易·再易, 通於一家, 而受二夫之地, 是定稅三百家也."

『주역』「송괘」구이에 "그 고을[邑] 사람이 3백 호(三百戶)이다."라고 했는데, 정현의 「주」에 "소국(小國)의 하대부는 채지(采地)가 사방 1성(成)이고 거기에서 세금을 징수하는 3백 가(三百家)를 정하기 때문에 3백 호(三百戶)인 것이다."라고 했는데, 정현은 대국(大國)의 하대부와 소국의 하대부의 제도가 같다고 여겼기 때문에 여기의 「주」에서 "3백 가"를 제나라의 하대부라고 한 것이다. 『예기』「잡기」의 「주」에 "제후의 대부는 읍(邑)마다 3백 호(三百戶)를 소유하는 제도이다."라고 했는데, 이것은 대국(大國)과 소국(小國)을 구분하지 않은 것이다. 「잡기」의 「소」에 웅안생(熊安生)을 인용해 "하대부 3백 가는 1성(成)의 토지이다. 1성이 3백 가가 되는 까닭은 1성은 9백 부(九百夫)인데, 궁실(宮室)과 도로[塗巷]와 산택(山澤) 1/3을 빼면 나머지 6백 부의 토지가 있고, 매년 경작할 수 있는 땅[不易]과 2년 간격으로 윤작[再易]하는 땅을 통틀어서 1가(家)마다 2부(夫)의 땅을 받도록 하니 이렇게 세금을 징수하는 3백을 정하는 것이다."라고 했다.

孔氏廣森『經學卮言』, "『左傳』「襄」二十七年'唯卿備百邑', '百邑'者, 四百井也. 井十爲通, 通十爲成, 四百井者, 四成也. 成出革車一乘, 四成者, 四乘之地也. 蓋侯國上卿采地如是." 今案, 大夫一成, 卿四成, 近於"卿祿四大夫"之文. 諸家皆從鄭說, 若然, 則"書社三百", 謂書駢邑社中之人三百家也.

공광삼의 『경학치언』에 "『춘추좌씨전』「양공」 27년에 '오직 경만이 1백 개의 읍(邑)을 소유할 수 있다'라고 했는데, '1백 개의 읍[百邑]'은 4백 개의 정(井)이다. 10개의 정이 1통(通)이 되고 10개의 통이 1성(成)이 되니, 4백 개의 정이 4개의 성(成)인 것이다. 1개의 성(成)에서 혁거(革車) 1승(乘)은 내니, 4개의 성은 혁거 4승의 토지인 것이다. 대체로 제후의 동산[園]과 상경(上卿)의 채지(采地)가 이와 같다."라고 했다. 지금 살펴보니, 대부는 1성이고, 경은 4성이니, "경의 녹은 대부의 4배이다"[52]라고 한 문장 가깝다. 여러 학자들은 모두 정현의 설을 따르는데, 만약 그렇다면 "서사삼백(書社三百)"이란, 병읍(騂邑)의 사중(社中)의 백성들이 호적부에 기록된 것이 모두 3백 가(家)라는 말이다.

孔云"騂邑地名"者, 『說文』, "邴, 地名." 段氏玉裁「注」, "『前志』齊郡臨朐, 應劭云: '有伯氏騂邑.' 『後志』齊郡臨朐, 有古邴邑. 按, 『春秋』「莊」元年, '齊師遷紀邴・鄑・郚.' 杜云: '邴在東莞臨朐縣東南.' 齊取其地. 然則伯氏騂邑卽此地. 騂卽邴字. 今山東青州府臨朐縣東南有邴城是也." "齒・年", 『廣雅』「釋詁」同.

공안국이 "병읍(騂邑)은 지명이다"라고 했는데, 『설문해자』에 "병(邴)은 지명이다."[53]라고 했고, 단옥재(段玉裁)의 「주」에 "『전한서』「지리지」 제군(齊郡) 임구현(臨朐縣) 조에 대해 응소가 말하길, '백씨(伯氏)의 병읍(騂邑)이 있다.'라고 했고, 『후한서』「지리지」 제군(齊郡) 임구현(臨朐縣) 조에 옛 병읍[古邴邑]이 있다. 살펴보니, 『춘추』「장공」 원년에, '제나라 군사가 기(紀)나라의 병읍(邴邑)과 자읍(鄑邑)과 오읍(郚邑)의 백성들을 이주시켰다.'라고 했는데, 두예가 말하길, '병읍(邴邑)은 동완(東莞)의 임구현(臨朐縣) 동남쪽에 있다.'라고 했는데, 제나라가 그 땅을 취한 것이다. 그렇다면 백씨(伯氏)의 병읍(騂邑)이란 바로 이 땅이다. 병(騂)은 바로 병(邴) 자이다. 지금 산동성(山東省) 청주부(青州府) 임구현(臨朐縣) 동남쪽에 있는 병성(邴城)이 이곳이다."라고 했다. "치(齒)는 나이[年]이다"라고 한 것은 『광아』「석고」에도 같다.

焦氏循 『補疏』, "『天官』「大宰」'八柄', '六曰奪, 以馭其貧.' 「注」云: '奪謂臣有大罪, 沒入家

---

52 『맹자』「만장하(萬章下)」: 큰 나라인 공(公)과 후(侯)의 나라는 땅이 사방 100리인데, 군주는 경이 받는 녹(祿)의 10배이고, 경의 녹은 대부의 4배이고, 대부는 상사(上士)의 배이고, 상사는 중사(中士)의 배이고, 중사는 하사(下士)의 배이고, 하사와 서인(庶人)으로서 관직에 있는 자는 녹이 같으니, 녹이 경작하는 수입을 충분히 대신할 만하다.[大國, 地方百里, 君十卿祿; 卿祿四大夫; 大夫倍上士; 上士倍中士; 中士倍下士; 下士與庶人在官者, 同祿, 祿足以代其耕也.]

53 『설문해자』 권6: 병(騂)은 지명이다. 읍(邑)으로 구성되었고 병(幷)이 발음을 나타낸다. 박(薄)과 경(經)의 반절음이다.[騂, 地名. 從邑幷聲. 薄經切.]

財者.' 蓋伯氏時有罪, 管仲沒其家財, 故「注」云'當理'. 『廣雅』, '理, 治也.' 治獄之官名理, '當理'謂治獄得當也. 此管氏所以爲法家之冠矣." 『經學巵言』亦云: "此奪, 義如八枋之奪, 蓋伯氏有罪, 管仲削其邑, 非奪以自益之謂也."

초순(焦循)의 『논어보소』에 "『주례』「천관총재상·태재」에 '8병(柄)'[54]을 언급했는데, '여섯째는 탈(奪)이니 이로써 그 빈(貧)을 어거한다.'라고 했는데, 「주」에 '탈(奪)은 신하가 큰 죄를 지으면 가산을 몰수하는 것을 말한다.'라고 했으니, 아마도 백씨(伯氏)가 당시에 죄를 지어 관중(管仲)이 그의 가산을 몰수했기 때문에 「주」에서 '도리에 합당했다[當理]'라고 말한 것인 듯싶다. 『광아』「석고」에 '이(理)는 다스린다[治]는 뜻이다.'라고 했는데, 옥사(獄事)를 다스리는 관직의 명칭이 이(理)이니,[55] '당리(當理)'란 옥사를 다스림이 합당함을 얻었다는 말이다. 이것이 관씨(管氏)가 법가(法家)의 으뜸이 될 수 있었던 까닭인 것이다."라고 했다.

『경학치언』에도 "여기의 탈(奪)은 뜻이 팔방(八枋)[56]의 탈(奪)과 같으니, 아마도 백씨(伯氏)

---

54 팔병(八柄): 임금이 신하를 다스리는 여덟 가지 수단. 『주례(周禮)』「천관총재상(天官冢宰上)·태재(大宰)」에 "팔병(八柄)으로써 임금을 가르쳐 보필하고 군신(群臣)을 어거하니, 첫째는 작(爵)이니 이로써 귀(貴)함을 어거하고, 둘째는 녹(祿)이니 이로써 그 부(富)를 어거하고, 셋째는 여(予)이니 이로써 그 총애[幸]를 어거하고, 넷째는 치(置)이니 이로써 그 행실[行]을 어거하고, 다섯째는 생(生)이니 이로써 그 복(福)을 어거하고, 여섯째는 탈(奪)이니 이로써 그 빈(貧)을 어거하고, 일곱째는 폐(廢)이니 이로써 그 죄(罪)를 어거하고, 여덟째는 주(誅)이니 이로써 그 허물[過]을 어거한다.[以八柄, 詔王馭群臣, 一曰爵, 以馭其貴; 二曰祿, 以馭其富; 三曰予, 以馭其幸; 四曰置, 以馭其行; 五曰生, 以馭其福; 六曰奪, 以馭其貧; 七曰廢, 以馭其罪; 八曰誅, 以馭其過.]"라고 하였다.

55 『예기』「월령(月令)」에 "옥리(獄吏)에게 명하여 피부가 상한 자를 보살펴 보고 상처가 난 자를 살펴보고 뼈가 부러진 자를 보살피며, 결단하는 것을 살피며, 옥송(獄訟)을 반드시 바르고 공평하게 처리하며, 죄가 있는 자를 죽여서 형벌을 결단함을 엄정하게 한다.[命理瞻傷, 察創視折, 審斷決, 獄訟必端平. 戮有罪, 嚴斷刑.]"라고 했는데, 명(明)의 호광(胡廣) 등이 찬(撰)한 『예기대전(禮記大全)』「월령」의 「주」에 "이(理)는 옥사를 다스리는 관직이다.[理, 治獄之官也.]"라고 했고, 『관자(管子)』「법법(法法)」에 "고요(皐陶)가 재판관이 되었다.[皐陶爲李.]"라고 했는데, 당(唐) 방현령(房玄齡)의 「주」에 "옛날 옥사를 다스리는 관원을 이처럼 이관(李官)으로 썼다.[古治獄之官, 作此李官.]"라고 했다.

56 『주례(周禮)』「춘관종백하(春官宗伯下)·내사(內史)」에 "내사(內史)는 팔방(八枋)의 법을 관장하여 임금을 가르쳐 보필하니, 첫째는 작(爵)이고, 둘째는 녹(祿)이며, 셋째는 폐(廢)이

가 죄가 있어 관중(管仲)이 그의 읍을 삭탈(削奪)한 것이지 빼앗아 자기의 이익을 삼았다는 말은 아닌 듯싶다."라고 했다.

今案, 『論語』言 "奪伯氏", 以自奪爲文, 蓋管仲執政, 桓公奪邑以與管仲, 無異於仲之自奪也. 特其奪當理, 故能使伯氏不怨. 『管子』 「正篇」, "制斷五刑, 各當其名, 罪人不怨, 善人不驚, 曰刑."

이제 살펴보니, 『논어』에서 말한 "탈백씨(奪伯氏)"는 스스로 빼앗았다는 뜻으로 문장을 쓴 것이니, 대개 관중(管仲)이 집정(執政)할 때, 환공(桓公)이 읍(邑)을 빼앗아 관중에게 준 것은 관중이 스스로 빼앗은 것과 다를 것이 없다. 다만 그 빼앗음이 도리에 합당했기 때문에 백씨(伯氏)로 하여금 원망하지 않게 할 수 있었던 것일 뿐이다. 『관자』 「정편」에 "다섯 가지 형벌을 제정하고 판단하매 각각 그 죄명에 합당해서 죄인이 원망하지 않고, 선(善)한 사람이 놀라지 않는 것을 형벌[刑]이라 한다."라고 했다.

14-10

子曰: "貧而無怨, 難; 富而無驕, 易."

공자가 말했다. "가난하면서 원망이 없기는 어렵고, 부유하면서 교만이 없기는 쉽다."

고, 넷째는 치(置)이며, 다섯째는 살(殺)이고, 여섯째는 생(生)이며, 일곱째는 여(予)이고, 여덟째는 탈(奪)이다.[內史, 掌王之八枋之灋, 以詔王治, 一曰爵, 二曰祿, 三曰廢, 四曰置, 五曰殺, 六曰生, 七曰予, 八曰奪.]"라고 했는데, 육덕명의 음의에 "방(枋)은 판본에 따라 또 병(柄)으로 되어 있다.[枋, 本又作柄.]"라고 했다.

正義曰: 習鑿齒『漢晉春秋』, "昔管仲奪伯氏騈邑三百, 沒齒而無怨言, 聖人以爲難." 焦氏循『補疏』謂"習氏所引, 連下'貧而無怨'爲一章." 若然, 則"無怨"·"無驕"謂使之無怨無驕也.

정의에서 말한다.

습착치(習鑿齒)[57]의 『한진춘추』에 "옛날 관중(管仲)이 백씨(伯氏)의 병읍(騈邑) 삼백 호를 빼앗았으나, 평생을 마치도록 원망하는 말이 없었으니, 성인이 어려운 일이라고 여겼다."라고 했는데, 초순의 『논어보소』에 이르길, "습씨(習氏)가 인용한 것은 아래 '가난하면서도 원망이 없다[貧而無怨]'와 연결되어 1장(章)이 된다."라고 했는데, 만약 그렇다면 "무원(無怨)"과 "무교(無驕)"는 원망함이 없도록 하고 교만함이 없도록 한다는 말이다.

孟子謂"制民之産, 仰足事父母, 俯足畜妻子, 然後驅而之善, 故民之從之也輕." "驅而之善", 則"無驕"也. "輕"者, 易也. 言此者, 明在位者當知小人之依, 先其難者, 後其易者, 富之而後敎之也.

맹자(孟子)는 "민중의 생업을 제정하되 위로는 부모를 충분히 섬길 수

---

57 습착치(習鑿齒, ?~ 384?): 동진(東晉) 양양(襄陽) 사람. 자는 언위(彦威), 습욱(習郁)의 후손이다. 박학다문(博學多聞)했고, 문장과 사재(史才)로 이름을 떨쳐 형주자사(荊州刺史) 환온(桓溫)의 신임을 받아, 불려 종사(從事)의 직책을 수행했고, 별가(別駕)까지 올랐다. 환온에게 모반(謀反)의 낌새가 있자 『한진춘추(漢晉春秋)』 54권을 써서 경계시켰다. 일찍이 당대의 고승 도안법사(道安法師)와 교유하면서 사해습착치(四海習鑿齒)라 자호(自號)하자, 도안도 미천석도안(彌天釋道安)이라 답했는데, 당시 사람들이 아름다운 명호수답(名號酬答)이라며 칭송했다. 효무제(孝武帝) 태원(太元) 4년(379) 진왕(秦王) 부견(苻堅)이 양양(襄陽)을 공격해 함락시킨 뒤 습착치와 도안을 포로로 잡아 장안(長安)에 와서 신하들에게 이렇게 말했다. "내가 10만의 군사로 양양을 빼앗아 오직 한 사람 반을 얻으니, 도안이 한 사람이고, 습착치가 반 사람이다.(朕以十萬之師取襄陽, 唯得一人半, 卽指道安一人, 習鑿齒半人.)"라고 말했다. 그의 아들 습벽강(習辟彊) 또한 당대의 명사(名士)로 치문석덕(緇門碩德)들과 즐겨 교유(交遊)했는데, 변론이 당당하고 날카로워 치소(緇素) 사이에 명성을 높았다.

있고 아래로는 처자식을 충분히 기를 수 있게 한 뒤에 백성들을 몰아서
선(善)으로 나아가게 하므로 백성들이 따르기가 쉬운 것이다."[58]라고 했
는데, "몰아서 선(善)으로 나아가게 함[驅而之善]"이 바로 "교만함이 없음
[無驕]"이다. 경(輕)이란 쉽다[易]는 뜻이다. 이것을 말한 것은 지위에 있는
자는 마땅히 소인(小人)이 의지하고 있는 것을 알아서 그 어려운 것을 먼
저 하고 그 쉬운 것을 뒤에 해서 부유하게 해 준 뒤에 가르쳐야 한다는
것을 분명히 한 것이다.

14-11

子曰: "孟公綽爲趙·魏老則優, 不可以爲滕·薛大夫."【注】
孔曰: "公綽, 魯大夫. 趙·魏皆晉卿. 家臣稱老. 公綽性寡欲, 趙·魏貪賢, 家老
無職, 故優. 滕·薛小國, 大夫職煩, 故不可爲."

공자가 말했다. "맹공작(孟公綽)이 조씨(趙氏)나 위씨(魏氏)의 가
신이 되기에는 넉넉하지만 등(滕)나라나 설(薛)나라의 대부가 될
수는 없다."【주】 공안국이 말했다. "맹공작은 노나라 대부이다. 조씨(趙氏)와
위씨(魏氏)는 모두 진(晉)나라의 경이다. 가신(家臣)을 일컬어 '노(老)'라고 한다. 맹
공작은 성품이 욕심이 적고, 조씨와 위씨는 현명한 인재를 탐했으니, 가신은 직책이
없으므로 가신이 되기에는 넉넉했던 것이다. 그러나 등(滕)나라와 설(薛)나라 작은
나라이고, 대부는 직무가 번잡하기 때문에 될 수 없었던 것이다."

---

58 『맹자』「양혜왕상(梁惠王上)」.

원문 正義曰:『釋文』, "綽, 本又作繛." 『汗簡』引『古論』同.『說文』, "繛, 緩 也. 綽, 繛或省." "優"者, 饒也, 亦見『說文』. 皇本"夫"下有"也"字.

역문 정의에서 말한다.

『경전석문』에 "작(綽)은 판본에 따라 또 작(繛)으로 되어 있다."라고 했고,『한간』에서 인용한『고논어』도 같다.『설문해자』에 "작(繛)은 느 슨하다[緩]는 뜻이다. 작(綽)은 작(繛)의 혹체자로서 생략된 자형이다."[59] 라고 했다. "우(優)"란 넉넉하다[饒]는 뜻이니, 역시『설문해자』에 보인 다.[60] 황간본에는 "부(夫)" 아래 "야(也)" 자가 있다.

원문『漢書』「薛宣傳」, "頻陽縣北當上郡・西河, 爲數郡湊, 多盜賊. 其令平 陵薛恭本縣孝者, 功次稍遷, 未嘗治民, 職不辦. 而粟邑小, 辟在山中, 民 謹樸易治. 令鉅鹿尹賞久郡用事吏, 宣卽以令奏賞與恭換縣, 二人視事數 月, 而兩縣皆治. 宣因移書勞勉之曰: '昔孟公綽優於趙・魏, 而不宜滕・ 薛. 故或以德顯, 或以功擧.'" 是言爲趙・魏老當以德, 爲滕・薛大夫當以 才, 故能有功也.

역문『전한서』「설선전」에 "빈양현(頻陽縣)의 북쪽은 상군(上郡)과 서하(西 河)를 마주하고 있으니, 여러 군(郡)이 모여 있어서 도적이 많았다. 그곳 의 현령(縣令)인 평릉(平陵)의 설공(薛恭)은 본래 그 고을의 효자였는데, 공로가 인정되어 차례로 벼슬에 천거되었지만 일찍이 백성들을 다스려

---

59 『설문해자』권13: 작(繛)은 느슨하다[繛]는 뜻이다. 소(素)로 구성되었고 탁(卓)이 발음을 나타낸다. 작(綽)은 작(繛)의 혹체자로서 생략된 자형이다. 창(昌)와 약(約)의 반절이다. [繛, 繛也. 從素卓聲. 綽, 繛或省. 昌約切.]

60 『설문해자』권8: 우(優)는 넉넉하다[饒]는 뜻이다. 인(人)으로 구성되었고 우(憂)가 발음을 나타낸다. 일설에는 창(倡)이라고도 한다. 어(於)와 구(求)의 반절음이다.[優, 饒也. 從人憂 聲. 一曰倡也. 於求切.]

본 경험이 없어서 직무를 제대로 수행하지 못하였다. 그러나 속읍(粟邑)은 작고, 후미진 산중에 있으며, 백성들은 정직하고 순박해서 다스리기가 쉬웠다. 속읍의 현령인 거록(鉅鹿)의 윤상(尹賞)[61]은 오랫동안 군에서 실무를 맡았는데, 설선(薛宣)[62]이 즉시 명령을 내려 윤상과 설공으로 하여금 서로 맡은 고을을 바꾸게 하자, 두 사람이 실무를 맡은 지 수개월 만에 두 고을이 모두 잘 다스려졌다. 설선(薛宣)이 이로 인해 글을 보내어 다음과 같이 위로하고 격려하였다. '옛날 맹공작은 조씨(趙氏)와 위씨(魏氏)의 가신이 되기에는 넉넉했지만 등(滕)나라와 설(薛)나라의 대부가 되기에는 마땅하지 않았다. 그러므로 어떤 이는 덕으로써 드러나기도 하고, 어떤 이는 공으로써 등용되기도 하는 것이다.'라고 했으니, 이는 조씨(趙氏)와 위씨(魏氏)의 가신이 되어서는 덕으로써 감당하고, 등나라와 설나라의 대부가 되어서는 재능으로써 감당했기 때문에 공이 있을 수 있었다는 말이다.

---

61 윤상(尹賞, ?~3): 전한 거록(鉅鹿) 양씨(楊氏) 사람. 자는 자심(子心). 군리(郡吏)로 청렴한
    것을 인정받아 누번(樓煩)의 장이 되었다. 무재(茂才)로 천거되어 읍령(邑令)이 되었다. 좌
    풍익(左馮翊) 설선(薛宣)이 관료로서 자질이 뛰어나다고 천거하여 빈양령(頻陽令)이 되었
    다. 성제(成帝) 영시(永始)와 원연(元延) 연간에 장안(長安)을 수비하던 관리들이 고을을 간
    악(奸惡)하게 다스려 체포당해 죽은 사람이 많았는데, 그가 다스리자 몇 달 만에 도적들이
    달아나서 감히 장안(長安)을 넘보지 못했다. 강하태수(江夏太守)로 옮겨 강적(江賊)을 체포
    해 죽이면서 살해한 이민(吏民)이 아주 많았다. 평제(平帝) 원시(元始) 2년(2) 우보도위(右
    輔都尉)가 되었다가 집금오(執金吾)로 옮겼는데, 삼보(三輔)의 이민(吏民)들이 모두 두려워
    했다. 다음 해 재직 중에 죽었다.
62 설선(薛宣, ?~?): 서한(西漢)시대 동해(東海) 담현(郯縣) 사람. 자는 공군(贛君). 경무공주
    (敬武公主)의 남편으로 고양후(高陽侯)에 봉해졌다. 불기현승(不其縣丞), 낙랑도위승(樂浪
    都尉丞), 완구령(宛句令) 장안령(長安令)을 역임했다. 상벌이 분명했고, 법 적용이 공평했으
    며, 인후하고 위의가 있어 백성들의 칭송을 많이 받았다.

원문 『集注』引楊氏曰: "知之弗豫, 枉其才而用之, 則爲棄人矣. 此君子所以 患不知人也."

역문 『논어집주』에는 양씨(楊氏)를 인용해서 "미리 알지 못해서 그 재능을 왜곡시켜 사용하면 인재를 버리는 것이 된다. 이것이 군자가 사람을 알 아보지 못함을 걱정하는 이유이다."라고 했다.

- 「注」, "公綽"至"可爲".

- 正義曰: 『史記』「仲尼弟子列傳」, "孔子之所嚴事於魯孟公綽." 是孟公綽爲魯人. 云"大夫" 者, 以意言之. 趙之先與秦同姓嬴, 至造父始封於趙, 今直隸趙州地, 其後入晉, 仕爲卿. "魏", 國名. 『括地志』, "魏故國在芮城縣北五里, 今解州芮城縣河北故城是也." 晉滅魏, 以其 地賜大夫畢魏, 因以爲氏, 子孫亦仕晉執政, 故曰"趙・魏皆晉卿"也.

○ 「주」의 "공작(公綽)"부터 "가위("可爲)"까지.

○ 정의에서 말한다.

『사기』「중니제자열전」에 "공자가 엄중히 섬긴 사람으로는 노나라에서는 맹공작이었다."라 고 했으니, 맹공작은 노나라 사람이다. "대부"라고 한 것은, 의도를 가지고 한 말이다. 조씨 (趙氏)의 선조는 진(秦)나라와 같은 영성(嬴姓)인데, 조보(造父)[63]에 이르러 비로소 조(趙) 땅에 봉해졌으니, 지금의 직례성(直隸省) 조주(趙州) 지역이고, 그 후에 진(晉)나라로 들어 가 벼슬하여 경이 되었다. "위(魏)"는 나라 이름이다. 『괄지지』에 "위(魏)의 옛 국토는 예성 현(芮城縣) 북쪽 5리에 있으니, 지금의 해주(解州) 예성현(芮城縣) 강 북쪽의 옛 성터가 그

---

63 조보(造父, ?~?): 주 목왕(周穆王)의 어인(御人)으로, 모두 고대의 이름난 말몰이꾼. 주목왕 (周穆王)에게 팔준마(八駿馬)를 바쳐 총애를 받았다. 목왕이 그에게 말을 몰게 하여 서쪽으 로 순수(巡狩)를 가 서왕모(西王母)를 만나 즐거움에 빠져 돌아올 줄 몰랐다. 그때 서언왕 (徐偃王)이 반란을 일으켰는데, 그가 말을 몰아 하루에 천 리를 달려 서언왕을 공격하여 대 파시켰다. 그 공으로 목왕이 그에게 조성(趙城)이란 이름을 주었고, 그리하여 조씨(趙氏)의 조상이 되었다.

곳이다."라고 했다. 진(晉)나라가 위(魏)를 멸망시키고 그 땅을 대부인 필위(畢魏)에게 하사하니 그로 인해 씨(氏)를 삼은 것이고, 자손들이 또 진(晉)나라에서 벼슬하여 집정하였기 때문에 "조씨(趙氏)와 위씨(魏氏)는 모두 진(晉)나라의 경이다."라고 한 것이다.

「士昏禮」, "授老鴈." 「注」云: "老, 群吏之尊者." 賈「疏」云: "大夫家臣稱老. 是以「喪服」公士大夫以貴臣爲室老, 『春秋傳』云'執臧氏老', 『禮記』云'大夫室老', 皆是." 是家臣稱老也. 下章言"公綽之不欲", 是"性寡欲"也.

『의례』「사혼례」에 "기러기를 가신(家臣)의 우두머리에게 준다.[授老鴈.]"라고 했는데, 「주」에 "노(老)는 여러 아전 중에 지위가 높은 자이다."라고 했고, 가공언(賈公彦)의 「소」에 "대부의 가신을 노(老)라 일컫는다. 이런 까닭에 『의례』「상복」에서 공(公)과 사(士)와 대부는 귀한 신하를 가신의 우두머리[室老]라고 했으니, 『춘추좌씨전』에 '장씨(臧氏)의 가신을 잡았다[64]고 한 것과, 『예기』「증자문」에서 '대부의 가신'이라고 한 것이 이것이다."라고 했으니, 이것이 가신(家臣)을 노(老)라고 칭한 것이다. 아래 장에서 말한 "맹공작의 탐욕하지 않음"은 바로 "성품이 욕심이 적다"라는 것이다.

"貪賢"者, 言務多賢也. 皇「疏」云: "趙·魏賢人多, 職不煩雜, 故家臣無事, 所以優也." "滕"·"薛", 二國名. 滕, 周文王子錯叔繡之後; 薛, 任姓, 奚仲之後. 『彙纂』云: "今兗州府滕縣西南十五里, 有古滕城, 即滕國也." 又云: "薛城在滕縣南四十里."

"현명한 인재를 탐했다[貪賢]"라는 것은 현명한 인재를 많이 등용하는 데 힘썼다는 말이다. 황간의 「소」에 "조씨(趙氏)와 위씨(魏氏)에게는 현명한 인재가 많아 직무가 번잡하지 않았기 때문에 가신이 일거리가 없었으므로 가신이 되기에는 넉넉했던 것이다."라고 했다. "등(滕)"과 "설(薛)"은 두 나라의 이름인데, 등(滕)나라는 주 문왕(文王)의 아들인 착숙수(錯叔繡)의 후예이고, 설(薛)나라는 임성(任姓)인데, 해중(奚仲)[65]의 후예이다. 『휘찬』에 "지금

---

64 『춘추좌씨전』「소공(昭公)」 25년.

65 해중(奚仲, ?~?): 성은 해(奚) 혹은 임(任)이다. 황제의 증손인 제곡의 후예다. 제곡은 우호(禺號, 바다와 바람의 신)를 낳았고, 우호는 음량(淫梁)을 낳았고, 음양은 번우(番禺)를 낳았

연주부(兗州府) 등현(滕縣) 서남쪽 15리 되는 곳에 옛 등성(滕城)이 있으니 바로 등나라이다."라고 했고, 또 "설성(薛城)은 등현 남쪽 40리에 있다."라고 했다.

14-12

子路問成人. 子曰: "若臧武仲之知, 【注】 馬曰: "魯大夫臧孫紇." 公綽之不欲, 【注】 馬曰: "孟公綽." 卞莊子之勇, 【注】 周曰: "卞邑大夫." 冉求之藝, 文之以禮樂, 亦可以爲成人矣." 【注】 孔曰: "加之以禮樂文成."

자로(子路)가 완성된 사람[成人]에 대해서 묻자, 공자가 말했다. "장무중(臧武仲)의 지혜와 【주】 마융이 말했다. "노나라 대부 장손 흘(臧孫紇)이다." 공작(公綽)의 탐욕하지 않음과 【주】 마융이 말했다. "맹공작이다." 변장자(卞莊子)의 용맹과 【주】 주생렬이 말했다. "변읍(卞邑)의 대부이다." 염구(冉求)의 재주에 예악(禮樂)으로 문채를 이루면 또한 완성된 사람이라 할 수 있다." 【주】 공안국이 말했다. "예악을 더해서 문채를 이룬다는 말이다."

고, 번우는 해중을 낳았다. 하나라 때 해중은 거복대부(車服大夫, 거정거정車正으로도 불린다)라는 관직을 얻었다. 하나라 군주 하우씨(夏禹氏)가 그를 설(薛) 땅에 봉하였으므로, 해중은 설나라와 설씨(薛氏)의 시조가 되었고, 설 땅에 거주하다가 나중에 비(邳) 땅으로 갔다. 상(商)나라 초기에 해중의 12세손 중훼(仲虺)가 설 땅에 거주하면서 상나라 군주 탕왕(湯王)의 좌상(左相)을 맡기도 했다.

正義曰: 『說苑』「辨物篇」, "顏淵問於仲尼曰: '成人之行何若?' 子曰: '成人之行, 達乎情性之理, 通乎物類之辨, 知幽明之故, 睹遊氣之源, 若此而可謂成人. 旣知天道, 行躬以仁義, 飭躬以禮樂, 夫仁義·禮樂, 成人之行也. 窮神知化, 德之盛也.'" 是成人爲成德之人, 最所難能. 此告子路, 但擧魯四人, 是降等論之, 故言"亦可"也.

역문 정의에서 말한다.

『설원』「변물」에 "안연(顏淵)이 중니(仲尼)에게 물었다. '완성된 사람[成人]의 행동은 어떠합니까?' 공자가 말했다. '완성된 사람의 행동은 성정(性情)의 이치에 통달하고, 각종 사물의 변화에 능통하며, 드러나지 않은 세계와 밝게 드러난 세계의 근원을 알고, 부유하는 기(氣)의 근원을 꿰뚫어 보니, 이와 같으면 완성된 사람이라고 이를 수 있다. 이미 천도(天道)를 알고, 인의(仁義)를 몸소 실천하며, 예악으로 몸을 삼가서 단속하니, 인의와 예악은 완성된 사람의 행동인 것이다. 신묘한 이치를 끝까지 궁구해서 성인(聖人)의 경지로 승화되는 세계를 아는 것은 덕(德)이 성대한 것이다.'"라고 했는데, 이는 완성된 사람이란 덕을 이룬 사람이라는 말로 제대로 하기 가장 어려운 것이다. 여기에서 자로에게 일러 준 것은 단지 노나라의 네 사람만 거론했을 뿐이지만 이는 수준을 낮춰 가면서 거론한 것이기 때문에 "또한 할 수 있다[亦可]"라고 말한 것이다.

원문 『禮』「禮器」云: "禮也者, 猶體也. 體不備, 君子謂之不成人. 設之不當, 猶不備也." 『左氏傳』, "子大叔曰: '人之能自曲直以赴禮者, 謂之成人.'" 是備禮樂乃可爲成人. 於時四子已出仕, 未嘗學問, 若能文以禮樂, 是亦後進於禮樂者也.

역문 『예기』「예기(禮器)」에 "예(禮)라는 것은 몸[體]과 같으니, 몸이 제대로 갖추어지지 못한 것을 군자는 온전하지 못한 사람이라고 한다. 예를 진

설함이 마땅하지 않은 것은 몸이 제대로 갖추어지지 못한 것과 같다."라고 했고, 『춘추좌씨전』, "자태숙(子大叔)[66]이 말했다. '사람이 스스로 굽히기도 하고 곧추세우기도 해서 예(禮)를 실천할 수 있는 사람을 일러 완성된 사람[成人]이라고 한다.'"라고 했으니, 이는 예악을 갖추어야 완성된 사람이 될 수 있다는 것이다. 당시에 네 사람은 이미 벼슬에 나아갔으니, 일찍이 학문을 익히지 않았더라도 만약 예악으로 문채를 이룰 수 있었다면, 이들 또한 뒤에 예악에 나아가 배운 자들[67]인 것이다.

- 「注」, "魯大夫臧孫紇."
- 正義曰: "武仲, 文仲之子, 紇其名."
- 「주」의 "노나라 대부 장손흘(臧孫紇)이다."
- 정의에서 말한다.
  "장무중은 장문중(臧文仲)의 아들이고, 흘(紇)은 그의 이름이다."

- 「注」, "卞邑大夫."
- 正義曰: 『左』「僖」十七年, "會于卞." 杜「注」, "魯國卞縣." 王氏鏊『地理考』, "卞在今兗州府

---

66 자태숙(子太叔, ?~기원전 507): 춘추시대 때 사람. 유씨(游氏)고, 이름은 길(吉)이며, 자가 태숙이다. 공손채(公孫蠆)의 아들이다. 정 간공(鄭簡公)과 정공 때 경이 되었고, 사령(辭令)에 뛰어났는데, 일찍이 초나라와 진(晉)나라 등에 사신을 갔다. 정 정공 8년 자산의 뒤를 이어 집정(執政)이 되었다. 당시 정나라에 도둑이 많아 갈대가 많이 자란 연못에 모여 살았는데, 그가 병사를 모아 진압하면서 모두 죽였다.
67 『논어』「선진(先進)」: 공자가 말했다. "'먼저 예악에 나아가 배운 제자들은 야인(野人)이고, 뒤에 예악에 나아가 배운 제자들은 군자(君子)이다.'라고 하니 만일 인재를 등용한다면 나는 먼저 예악에 나아가 배운 자[先進]를 따르겠다."[子曰: "'先進於禮樂, 野人也; 後進於禮樂, 君子也.' 如用之, 則吾從先進."]

泗水縣東五十里." 是卞爲魯邑也.『荀子』「大略篇」, "齊人欲伐魯, 忌卞莊子, 不敢過卞." 是
莊子仕卞爲大夫也.

○ 「주」의 "변읍(卞邑)의 대부이다."

○ 정의에서 말한다.

『춘추좌씨전』「희공」17년에 "변(卞) 땅에서 회합하였다."라고 했는데, 두예의 「주」에 "노나
라의 변현(卞縣)이다."라고 했다. 왕류(王鏊)의 『지리고』에 "변 땅은 지금의 연주부(兗州府)
사수현(泗水縣) 동쪽 50리에 있다."라고 했는데, 이 변(卞) 땅이 노나라(魯)의 읍(邑)이 된
다. 『순자』「대략편」에 "제나라 사람이 노나라를 치고 싶었지만 변장자를 꺼려서 감히 변
(卞) 땅을 지나가지 못했다."라고 했는데, 이는 변장자가 변 땅에서 벼슬하여 대부가 되었기
때문이다.

周氏柄中『典故辨正』云: "『路史』「國名紀」·「氏族大全」竝以卞爲莊子之姓, 蓋曹叔振鐸之
後, 支庶食采於卞, 因以爲氏. 然卞非曹國之地. 鄭樵『通志』嘗辨之, 則知卞姓之說誤也."
주병중(周柄中)의 『사서전고변정』에 "『노사』「국명기」와 「씨족대전」에 모두 변(卞)을 장자
(莊子)의 성(姓)이라고 했는데, 아마도 조숙진탁(曹叔振鐸)[68]의 후예 중에 서자(庶子)가 변
(卞) 땅을 식읍(食邑)으로 받았기 때문에 그에 따라 성씨(姓氏)라고 여긴 것인 듯싶다. 그러
나 변 땅은 조(曹)나라의 땅이 아니다. 정초(鄭樵)의 『통지』에 일찍이 구별을 해 놓았으니,
그렇다면 변(卞)이 성씨라는 설은 잘못임을 알 수 있다."라고 했다.

『韓詩外傳』, "卞莊子善事母, 母無恙時, 三戰而三北, 交遊非之, 國君辱之. 及母死三年, 魯
興師伐齊, 莊子請從, 遂赴敵, 獲一甲首而獻之曰: '此塞一北.' 又入獲一甲首而獻之曰: '此
塞再北.' 又入獲一甲首而獻之曰: '此塞三北.' 將軍止之. 莊子曰: '三北以養母也, 是子道也.

---

68 조숙진탁(曹叔振鐸, ?~?): 성(姓)은 희(姬)이고 이름은 진탁(振鐸)으로 주나라 문왕의 아들
    이자 무왕(武王)의 동모(同母) 아우이다. 무왕이 은(殷)나라를 이긴 뒤에 조숙진탁(曹叔振
    鐸)을 조(曹)나라에 봉하였는데, 후에 조나라가 송(宋)나라에게 멸망되었다. 후세의 자손들
    이 마침내 조(曹)를 성(姓)으로 삼았다.

今士節小具而塞責焉. 吾聞之, "節士不以辱生".' 遂反敵殺數十人而死."『新序』「義勇」
略同.

『한시외전』에 "변장자는 어머니를 잘 섬겼으나, 어머니가 근심이 없을 때 세 번 싸워서 세
번 다 패하였으므로 친구들이 그를 비난하고 나라의 임금도 그를 욕을 할 정도였다. 그러나
어머니가 돌아가신 지 3년에 이르렀을 때 노나라가 군사를 일으켜 제나라를 칠 때에 변장자
가 종군을 자청하고서 마침내 적진으로 달려가 한 갑병(甲兵)의 머리를 베어다가 바치면서
말하길, '이로써 지난날 첫 번 패한 책임을 충당한다.' 하였고, 또 한 갑병의 머리를 베어다가
바치면서 '이로써 지난날 두 번째로 패한 책임을 충당한다.' 하였으며, 또 달려들어 한 갑병
의 머리를 베어다가 바치면서 '이로써 지난 날 세 번째로 패한 책임을 충당한다.'라고 하자
장군이 그만하도록 하였다. 그러자 변장자가 말하길, '세 번씩이나 패하면서 어머니를 봉양
한 것은 자식된 도리였다. 이제 선비의 절개가 조금 갖추어짐에 책임을 다하려 하는 것이다.
내 들으니, "절개 있는 선비는 모욕적인 삶을 살지 않는다"라고 한다.'라고 하고는 마침내 적
진에 돌아가 수십 명을 죽이고 결국 죽었다."라고 했다. 『신서』「의용」에도 대략 같은 내용
이 있다.

『史記』「陳軫傳」言卞莊子有刺虎事,『國策』「秦策」作「管莊子」. "管"·"卞"古字通用, 皆言莊
子勇事也. 孔氏廣森『經學卮言』, "卞莊子始末, 不見於『左傳』, 疑卽孟莊子也.「襄公」十六
年, '齊侯圍郕, 孟孺子速徼之. 齊侯曰: "是好勇, 去之以爲之名." 速遂塞海陘而還.' 是孟莊
子有勇名. 或嘗食采於卞, 因以爲號, 若合左師·苦成叔之比. 卞本魯邑, 「檀弓」, '弁人有其
母死, 而孺子泣者.' 卽此卞也.『左傳』, '齊歸孟穆伯之喪, 卞人以告.' 則卞爲孟氏之私邑, 非
無稽言." 自注, "「楚語」'魯有弁·費', 謂孟孫·季孫也. 冕弁之'弁', 篆體作𡰿, 隸變作卞, 因
變成卞. 故『漢書』「杜欽傳」'小弁'作'小卞',「東方朔傳」以卞莊子爲弁嚴, 其實弁·卞一字."
周氏柄中『典故辨正』引江永說略同.

『사기』「진진전」에서는 변장자가 호랑이를 때려잡은 일을 언급했는데, 『국책』「진책」에는
"관장자(管莊子)"로 되어 있다. "관(管)"과 "변(卞)"은 옛날에는 통용되는 글자였으니, 모두
변장자의 용맹스러운 일을 말한 것이다. 공광삼의『경학치언』에 "변장자의 출생과 사망이
『춘추좌씨전』에는 보이지 않는데, 아마도 맹장자(孟莊子)인 듯싶다. 『춘추좌씨전』「양공」

16년에 '제후(齊侯)가 노나라의 성읍(郕邑)[69]을 포위하니, 노나라 맹유자속(孟孺子速)이 제나라 군대의 허리를 잘라 공격하였다. 제후(齊侯)가 말하기를, "이 사람은 용맹을 좋아하니 우리가 이곳을 떠나 저의 명성을 이루어 주리라."라고 하였다. 맹유자속(孟孺子速)이 드디어 해형(海陘)을 막고서 돌아왔다.'라고 했는데, 이는 맹장자(孟莊子)가 용맹으로 명성을 날린 것이다. 어쩌면 변(卞) 땅을 식읍(食邑)으로 받았기 때문에 그에 따라 호(號)로 삼은 것인 듯싶으니, 예컨대 합좌사(合左師)[70]나 고성숙(苦成叔)[71]의 예와 같은 경우이다. 변(卞) 땅은 본래 노나라의 읍(邑)이니, 『예기』「단궁하」에 '변 땅 사람 중에 그 어머니가 죽자 어린아이처럼 엉엉 우는 자가 있었다.'라고 했는데, 바로 여기의 변(卞) 땅이다. 『춘추좌씨전』에 '제나라 사람이 맹목백(孟穆伯)의 상(喪)을 노나라로 돌려보내자 변 땅의 사람이 이 일을 혜숙(惠叔)에게 알렸다.'[72]라고 했는데, 그렇다면 변(卞) 땅은 맹씨(孟氏)의 사읍(私邑)이니, 상고할 만한 말이 없는 것도 아니다."라고 하고 스스로 주석하기를, "『국어』「초어」에 '노나라에 변읍(弁邑)과 비읍(費邑)이 있다.'라고 했으니, 맹손(孟孫)과 계손(季孫)을 이르는 것이다. 면변(冕弁)이라고 할 때의 '변(弁)'은 전서체는 변(𦐑)으로 쓰고, 예서체로 변한 글씨체는

---

69 『논어정의』에는 "成"으로 되어 있으나, 『춘추좌씨전』에는 "郕"으로 되어 있다. 『춘추좌씨전』을 근거로 "郕"으로 고쳤다. 아래도 같다.

70 합좌사(合左師, ?~?): 중국 춘추시대 말기 송나라의 집정대부를 지낸 향술(向戌)을 가리킨다. 성은 자성(子姓)이고 씨(氏)는 향(向)인데, 송 환공의 증손으로 관직을 좌사(左師)를 지냈고, 그의 봉지가 합읍(合邑)이었기 때문에 합좌사(合左師)라고도 불렸다.

71 고성숙(苦成叔, ?~기원전 574): 춘추시대 진(晉)의 장군이었던 극주(郤犨)이다. 희성(姬姓)이며 씨(氏)는 극(郤), 자는 가보(家父), 죽은 뒤에 성(成)을 시호로 받아, 고성숙(苦成叔)이라고 부른다. 고(苦)는 극주가 채읍으로 받은 읍명(邑名)이고, 성(成)은 시호이며, 숙(叔)은 자이다.

72 『춘추좌씨전』「문공(文公)」 15년 경문(經文)에 "제나라 사람이 공손오(公孫敖)의 상(喪)을 돌려보냈다.[齊人歸公孫敖之喪.]"라고 했는데, 전문(傳文)에 "목백(穆伯)이 맹씨(孟氏)의 조부(祖父)이고 또 노나라의 공족(公族)이기 때문이다.[爲孟氏, 且國故也.]"라고 했고, 또 "제나라의 어떤 사람이 맹씨를 위해 계책을 내어 말하기를, '노나라는 그대의 친속(親屬)이니 관을 꾸며서 당부(堂阜)에 갖다 두면 노나라에서 반드시 가져갈 것이다.'라고 하였다. 이 말을 따라 그대로 하니 변(卞) 땅의 사람이 이 일을 혜숙(惠叔)에게 알렸다.[齊人或爲孟氏謀, 曰: '魯爾親也, 飾棺置諸堂阜, 魯必取之. 從之. 卞人以告.]"라고 하였다.

변(卞)으로 쓰는데, 변화로 인해 변(卞)이 되었다. 그러므로 『전한서』「두흠전」에 '소변(小弁)'이 '소변(小卞)'으로 되어 있고, 「동방삭전」에는 변장자를 변엄(弁嚴)이라고 했으니, 사실 변(弁)과 변(卞)은 같은 글자이다."라고 했다. 주병중(周柄中)의 『사서전고변정』에서 인용한 강영(江永)의 설도 대략 같다.

案, 孟莊子以孝稱, 而『外傳』言"莊子善事母", 亦一證也. 惟『外傳』言莊子赴敵而死, 又『荀子』言"齊侯不敢過卞", 與『左傳』"齊侯圍郕, 去之"之文不同, 竝傳聞之異. 鄭注此云"秦大夫", 不用周說. 原鄭之意, 當以陳軫對秦惠王言"管莊子", 則卞莊子爲秦人. 王氏塗『四書地理考』, "陳軫說君, 不必定引本國之人, 從魯爲長."

살펴보니, 맹장자(孟莊子)는 효로써 칭송을 받았으니, 『한시외전』에서 "장자(莊子)는 어머니를 잘 섬겼다"라고 한 것 역시 그 한 증거이다. 오직 『한시외전』에서만 맹장자가 적군으로 달려가 죽었다고만 했고, 또 『순자』에는 "제후(齊侯)가 감히 변(卞) 땅을 지나가지 못했다"라고 했으니, 『춘추좌씨전』의 "제후(齊侯)가 노나라의 성읍(郕邑)을 포위했다가 그곳을 떠났다"라는 글과는 같지 않으니, 모두 전해 듣는 과정에서 말이 달라진 것이다. 정현은 『논어』의 이 문장을 주석하면서 변장자를 "진(秦)나라의 대부"라고 하여 주생렬(周生烈)의 설을 인용하지 않았는데, 정현의 생각으로 추구해 보면 마땅히 진진(陳軫)이 진(秦)나라 혜왕(惠王)에게 대답하면서 "관장자(管莊子)"라고 한 것이니, 그렇다면 변장자는 진(秦)나라 사람이 되는 것이다. 왕류의 『사서지리고』에 "진진(陳軫)이 주군에게 유세할 때 굳이 본국의 사람을 정해서 인용할 필요는 없으니, 노나라 사람이라는 설을 따르는 것이 더 낫다."라고 했다.

● 「注」, "加之以禮樂文戉."
● 正義曰: 言加以禮樂, 乃得成文, 故曰"文之以禮樂".
○ 「주」의 "예악을 더해서 문채를 이룬다는 말이다."
○ 정의에서 말한다.
　예악을 더해야 이에 문채를 이룰 수 있다는 말이니, 그렇기 때문에 "예악을 가지고 문채를 낸다."라고 말한 것이다.

曰: "今之成人者何必然? 見利思義, 【注】 馬曰: "義然後取, 不苟得."
見危授命, 久要不忘平生之言, 亦可以爲成人矣." 【注】 孔曰:
"'久要', 舊約也, '平生'猶少時."

자로가 말했다. "지금의 완성된 사람이란 것이 어찌 꼭 그리해야
하겠는가? 이익을 보면 의(義)를 생각하고, 【주】 마융이 말했다. "의로
움에 맞은 뒤에야 취하고, 구차하게 얻지 않는다는 말이다." 위태로움을 당하
여 목숨을 바치며, 오래된 약속에 평소 어릴 때 했던 말을 잊지
않는다면, 또한 완성된 사람이라 할 수 있을 것이다." 【주】 공안국
이 말했다. "'구요(久要)'는 오래전에 한 약속이고, '평생(平生)'은 어릴 때[少時]이다."

원문 正義曰: 皇·邢「疏」以"曰"爲夫子語, 『文選』曹植「責躬詩」「注」·沈約
『別範安成詩』「注」引此文, "曰"上有"子"字, 蓋夫子移時復語也. 『集注』
引胡說, 獨以爲子路言, 於義似較長. "授命", 猶言致命. 『曲禮』云: "臨財
毋苟得; 臨難毋苟免." 案, 此皆謂忠信之人也, 雖未文以禮樂, 亦可次於成人.
역문 정의에서 말한다.

　　황간과 형병의 「소」에서는 "왈(曰)"을 공자의 말이라고 하고, 『문선』
조식(曹植)[73]의 「책궁시」「주」와 심약(沈約)[74]의 『별범안성시』「주」에 이

73　조식(曹植, 192~232): 삼국시대 위(魏)나라 패국(沛國) 초현(譙縣) 사람. 자는 자건(子建),
　　조조(曹操)의 아들이다. 일찍부터 조숙했고, 문재(文才)가 있었다. 어린 나이로 조조의 사랑
　　을 받아 평원후(平原侯)에 봉해졌다가 임치후(臨淄侯)로 옮겨 봉해졌다. 한 차례 황태자로
　　올리려 했지만 성격대로 행동하여 총애를 잃고 말았다. 형 조비(曹丕, 文帝)가 황제(文帝)가
　　되자 황초(黃初) 3년(222) 견성왕(鄄城王)에 봉해지고, 다음 해 옹구왕(雍丘王)으로 옮겨 봉

글을 인용했는데, "왈(曰)" 앞에 "자(子)" 자가 있으니, 아마도 공자가 때를 옮겨서 다시 말한 것인 듯싶다. 『논어집주』에 인용한 호인(胡寅)[75]의

해졌지만, 재주와 인품을 싫어한 문제가 시기하여 해마다 새 봉지(封地)에 옮겨 살도록 강요했다. 명제(明帝) 태화(太和) 3년(229) 동아왕(東阿王)이 되었다가 다시 진왕(陳王)에 봉해졌다. 항상 등용되기를 기대했지만 끝내 기용되지 못하고, 마지막 봉지인 진(陳)에서 죽었다. 시호가 사(思)이기 때문에 진사왕(陳思王)으로도 불린다. 시문을 잘 지어 조조, 조비와 함께 '삼조(三曹)'로 불린다. 약 80여 수의 시가 전하고, 사부(辭賦)나 산문도 40여 편 남아 있다. 「칠보시(七步詩)」가 유명하다. 송나라 때 『조자건집(曹子建集)』이 나왔다.

74 심약(沈約, 441~513): 남조 양(梁)나라 오흥(吳興) 무강(武康) 사람. 자는 휴문(休文), 시호는 은(隱)이며, 심박(沈璞)의 아들이다. 어려서부터 재난을 만나 빈곤 속에서도 학문에 힘써 시문으로 당대에 이름을 떨쳤다. 송나라 때 안서외병참군(安西外兵參軍)이 되었다. 제나라 때는 국자좨주(國子祭酒)와 사도좌장사(司徒左長史)를 지냈다. 소연(蕭衍), 사조(謝朓) 등과 함께 경릉왕(竟陵王) 소자량(蕭子良)의 서저(西邸)에 있었다. 양나라에 들어 소연[양무제(梁武帝)]을 옹립하는 데 공을 세워 상서복야(尙書僕射)와 상서령(尙書令), 좌광록대부(左光祿大夫)를 역임했다. 3대에 걸쳐 벼슬하면서 재능으로 자부했고, 영리에는 관심을 두지 않은 채 청담(淸談)을 즐겼다. 여러 차례 무제의 노여움을 사 견책을 받다가 근심 속에 죽었다. 정치가로서보다도 문인으로 뛰어나, 제나라의 문혜태자(文惠太子)와 동생 소자량의 사랑을 받아 문단의 중견이 되었고, 양나라에 들어가서도 그 세력을 유지했다. 또 불교에 능통하고 음운에도 밝아, 사성(四聲)의 구별을 명백히 하고 시의 사성팔병설(四聲八病說)을 제창했다. 그의 음운설은 영명체(永明體)의 성립과 깊은 관계가 있을 뿐 아니라 근체시(近體詩) 성립의 원인이 되기도 했다. 『사성보(四聲譜)』와 『진서(晉書)』, 『송서(宋書)』, 『제기(齊記)』, 『송세문장지(宋世文章志)』 등 저술이 많았는데, 『송서』만 전해지고 있다. 100권이나 되던 문집도 현재는 『한위육조일백삼가집(漢魏六朝一百三家集)』에 실린 『심은후집(沈隱侯集)』 2권과 『한위육조명가집(漢魏六朝名家集)』에 수록된 『심휴문집(沈休文集)』 9권 등이 남아 있을 뿐이다.

75 호인(胡寅, 1098~1156): 송나라 건녕(建寧) 숭안(崇安) 사람. 자는 명중(明仲), 학자들은 치당선생(致堂先生)이라 부른다. 호안국(胡安國)의 조카. 휘종(徽宗) 선화(宣和) 3년(1121) 진사(進士)가 되었다. 흠종(欽宗) 정강(靖康) 초에 불려 교서랑(校書郞)이 되고, 좨주(祭酒) 양시(楊時)에게 공부했다. 고종(高宗) 건염(建炎) 연간에 장준(張浚)의 천거로 기거랑(起居郞)에 발탁되었다. 상서하여 금나라에 대항할 대책을 진술하고 구차하게 화의하는 것에 반대했는데, 어조가 간절하고 강직했다. 소흥(紹興) 연간에 중서사인(中書舍人)이 되어 금나라에

설명에서만 유독 자로의 말이라고 했는데, 의미상 비교적 더 나은 것 같다. "수명(授命)"은 목숨을 바친다[致命]는 말과 같다. 『예기』「곡례상」에 "재물에 임해서 구차하게 얻으려고 하지 말며, 어려움에 임하여 구차하게 모면하려고 하지 말라."라고 했다. 살펴보니, 이는 모두 성실하고 진실한[忠信] 사람을 말한 것이니, 비록 아직 예악으로써 문채를 내지 않았다 하더라도 또한 완성된 사람의 다음은 될 수 있다.

- 「注」, "久要, 舊約也, 平生, 猶少時."
- 正義曰:『廣雅』「釋言」, "要, 約也."『周官』「小宰」, "八曰聽, 出入以要會." 鄭司農「注」, "要會, 謂計最之簿書. 月計曰要; 歲計曰會."「宰夫」, "掌官法以治要."「注」, "古者凡有約, 則書其文於簿書, 故謂要爲約也." "平生"猶言平時, 「注」言"少時"者, 以久要或由少及老也. 皇「疏」云: "言成人平生期約雖久, 至今不得忘少時之言."

○ 「주」의 "'구요(久要)'는 오래전에 한 약속이고, '평생(平生)'은 어릴 때[少時]이다."

○ 정의에서 말한다.

『광아』「석언」에 "요(要)는 약속[約]이다."라고 했다. 『주례』「천관총재상 · 소재」에 "여덟째는 나가고 들어오는 것을 청취하되 회계장부[要會]로써 한다."라고 했는데, 정사농의 「주」에 "요회(要會)는 합계를 계산하는 장부를 이른다. 매달 결산하는 회계를 요(要)라 하고, 매년 결산하는 회계를 회(會)라 한다." 했고, 「재부」에 "관법(官法)을 관장하는데, 한 해의 회계장부[要]⁷⁶를 가지고 다스린다."라고 했는데, 「주」에 "옛날에 약속하는 것이 있으면 그 글을 장

사신 보내는 것을 극력 저지하다가 엄주(嚴州)와 영주(永州)의 지주(知州)로 나갔다. 관직은 예부시랑겸직학사원(禮部侍郎兼直學士院)까지 올랐다. 진회(秦檜)가 정권을 잡자 몹시 꺼려하여 조정을 비방하고 폄하했다는 이유로 파직되어 신주(新州)에 안치되었다. 진회가 죽은 뒤 복직했다. 시호는 문충(文忠). 저서에 『논어상설(論語詳說)』과 『독사관견(讀史管見)』, 『비연집(斐然集)』이 있다.

76 『주례주소(周禮注疏)』 권3, 「천관총재상 · 재부(宰夫)」 정현(鄭玄)의 「주」에 "치요(治要)는

부에다 적어 두기 때문에 요(要)를 약(約)이라고 하는 것이다."라고 했다. "평생(平生)"은 평
상시[平時]라는 말과 같고, 「주」에서 "소시(少時)"라고 한 것은, 오랜 약속을 가지고 혹 어렸
을 때로부터 늙었을 때까지 이르렀기 때문인 듯싶다. 황간의 「소」에 "완성된 사람은 어릴 때
약속했던 것이 비록 오래되었다 하더라도 지금에 이르기까지 어렸을 때 했던 말을 잊을 수
없다는 말이다."라고 했다.

14-13

子問公叔文子於公明賈曰: "信乎, 夫子不言, 不笑, 不取乎?"
【注】孔曰: "公叔文子, 衛大夫公孫拔, '文', 謚." 公明賈對曰: "以告者
過也. 夫子時然後言, 人不厭其言: 樂然後笑, 人不厭其笑:
義然後取, 人不厭其取." 子曰: "其然? 豈其然乎?"【注】馬曰:
"美其得道, 嫌不能悉然."

공자가 공명가(公明賈)에게 공숙 문자(公叔文子)의 인품을 물었
다. "참으로 선생께서는 말하지 않고 웃지 않고 취하지 않으시는
가?"【주】공안국이 말했다. "공숙 문자는 위(衛)나라 대부 공손발(公孫拔)이다.
'문(文)'은 시호(諡號)이다." 공명가가 대답했다. "말하는 자가 지나쳤습
니다. 선생님께서는 때에 맞은 뒤에야 말씀하므로 사람들이 그의
말을 싫어하지 않으며, 즐거운 뒤에야 웃으므로 사람들이 그의
웃음을 싫어하지 않으며, 의로움에 맞은 뒤에야 취하므로 사람들

한 해의 회계장부와 같은 것이다.[治要, 若歲計也.]"라고 했다.

이 그의 취함을 싫어하지 않는 것입니다." 공자가 말했다. "반드시 그러한가? 어찌 반드시 그러하겠는가?"【주】마융이 말했다. "그가 도(道)를 얻은 것을 아름답게 여기면서도 모든 것을 그렇게 할 수 없을 것이라고 의심한 것이다."

원문 正義曰: <u>公明賈</u>, 疑亦<u>衛</u>人, <u>公明</u>氏, <u>賈</u>名也. "時"謂時當言也. "其然"者, 『<u>左</u>』「<u>襄</u>」二十三年「傳」, "<u>申豊</u>對<u>季武子</u>曰: ‘其然.’" <u>杜</u>「注」, "其然猶必爾." 義與此同. <u>皇</u>「疏」云: "其然者, ‘然’如此也, 言今汝所說者, 當如此也. 云‘豈其然乎’者, 謂人所傳‘不言’·‘不笑’·‘不取’, 豈容如此乎?" <u>皇</u>本"其言"·"其笑"·"其取"下俱有"也"字.

역문 정의에서 말한다.

공명가(公明賈)는 아마도 역시 위나라 사람으로 공명(公明)이 성씨이고 가(賈)가 이름인 듯하다. "시(時)"는 마땅히 말해야 할 때를 이른다. "기연(其然)"이란 『춘추좌씨전』 「양공」 23년의 「전」에 "신풍(申豊)이 계무자(季武子)에게 대답하였다. ‘꼭 그렇게 하시겠다면[其然]’"이라고 했는데, 두예의 「주」에 "기연(其然)은 반드시 그러하다[必爾]와 같다."라고 했으니, 뜻이 이와 같다. 황간의 「소」에 "기연(其然)이라고 했는데, ‘연(然)’은 이와 같다[如此]는 뜻이니, 지금 네가 말한 것이 마땅히 이와 같다는 말이다. ‘어찌 반드시 이와 같을 수 있겠는가[豈其然乎]’라고 한 것은, 사람들이 전한 ‘말하지 않음’과 ‘웃지 않음’·‘취하지 않음’이 어찌 이와 같을 수 있겠느냐는 말이다."라고 했다. 황간본에는 "기언(其言)"·"기소(其笑)"·"기취(其取)" 아래 모두 "야(也)" 자가 있다.

- 「注」, "公叔"至"文諡".

- 正義曰:「檀弓」「注」, "公叔文子, 衛獻公之孫, 名拔, 或作發." 孔「疏」, "按『世本』, '衛獻公 生成子當, 當生文子拔.' 拔是獻公孫也. '或作發'者, 以『左傳』作'發', 故云." 案, 據「檀弓」公 叔文子諡貞惠文子, 而止稱文者, 鄭彼「注」云: "不言'貞惠'者, '文'足以兼之."

○ 「주」의 "공숙(公叔)"부터 "문시(文諡)"까지.

○ 정의에서 말한다.
『예기』「단궁하」의 「주」에 "공숙 문자(公叔文子)는 위(衛) 헌공(獻公)의 손자로 이름이 발 (拔)인데, 더러 발(發)로 되어 있기도 하다."라고 했다. 공안국의 「소」에 "『세본』을 살펴보니 '위 헌공(衛獻公)이 성자당(成子當)을 낳고, 성자당이 문자(文子) 발(拔)을 낳았다.'라고 했 으니, 발(拔)이 헌공(獻公)의 손자인 것이다. '더러 발(發)로 되어 있기도 하다'라고 한 것은, 『춘추좌씨전』에 '발(發)'로 되어 있기 때문에 그렇게 말한 것이다."라고 했다. 살펴보니, 「단 궁하」에 의거하면 공숙 문자(公叔文子)의 시호는 정혜문자(貞惠文子)인데, 단지 '문(文)'만 칭한 것은, 정현은 이에 대한 「주」에서 "'정혜(貞惠)'를 말하지 않은 것은 '문(文)'이 충분히 정혜 두 글자를 겸하고 있기 때문이다."라고 했다.

- 「注」, "美其得道, 嫌不能悉然."

- 正義曰: 皇「疏」以此「注」爲第二說, 是「疏」不從此「注」.

○ 「주」의 "그가 도(道)를 얻은 것을 아름답게 여기면서도 모든 것을 그렇게 할 수 없을 것이라 고 의심한 것이다."

○ 정의에서 말한다.
황간의 「소」에서는 이 「주」를 두 번째의 설로 삼았으니, 이 「소」는 마융의 이 「주」를 따르 지 않은 것이다.

14-14

子曰: "臧武仲以防求爲後於魯, 雖曰'不要君', 吾不信也."

【注】孔曰: "防, 武仲故邑. '爲後', 立後也. 魯襄公二十三年, 武仲爲孟氏所譖, 出奔邾, 自邾如防, 使爲以大蔡納請, 曰: '紇非能害也, 知不足也. 非敢私請, 苟守先祀, 無廢二勳, 敢不辟邑!' 乃立臧爲, 紇致防而奔齊. 此所謂'要君'."

공자가 말했다. "장무중이 방읍(防邑)을 가지고 노나라에게 후계자를 세워 줄 것을 요구하였으니, 비록 '임금에게 강요하지 않았다'라고 말하나, 나는 믿지 않는다."【주】 공안국이 말했다. "방(防)은 무중(武仲)의 고읍(故邑)이다. '위후(爲後)'는 후계자를 세운다는 뜻이다. 노나라 양공(襄公) 23년에 무중이 맹씨(孟氏)의 참소를 입고 주(邾)나라로 도망갔다가 주나라에서 방읍(防邑)으로 가서 노나라에 장위(臧爲)를 보내어 큰 거북[大蔡]을 바치고서 후계자를 세워 줄 것을 요청하며 '제가 남을 해치려 한 것이 아니었으나, 지혜가 부족하였습니다. 종족을 위해 청하는 것이지, 감히 사사로이 청하는 것이 아니니, 진실로 선대의 제사를 지켜 할아버지 문중(文仲)과 아버지 선숙(宣叔)의 공훈이 폐기되지 않게 하신다면 어찌 감히 방읍(防邑)을 떠나지 않겠습니까?'라고 하자, 이에 노나라가 장위(臧爲)를 후계자로 세우니, 장흘[臧紇: 장무중(臧武仲)]은 방읍(防邑)을 국가에 바치고서 제나라로 망명하였다. 이것이 이른바 '임금에게 강요했다[要君]'라는 것이다."

원문 正義曰: 汪氏烜『詮義』, "'以'者, 不當以也. '於魯'者, 絶武仲於魯也." 案, "要", 約也, 言約君如己所求也. 「表記」, "子曰: '事君三違, 而不出竟, 則利祿也. 人雖曰"不要君", 吾弗信也.'"與此言"要君"義同. 『孝經』「五刑章」, "要君者無上."

역문 정의에서 말한다.

왕훤(汪烜)의 『사서전의』에 "장무중이방(臧武仲以防)이라고 할 때의 '이(以)'란 마땅히 하지 않았어야 한다[不當以]는 뜻이다. '노나라에게[於魯]'란 노나라에서 무중(武仲)과의 관계를 끊었음을 의미하는 것이다."라고 했다. 살펴보니, "요(要)"는 약속[約]이니, 자기가 요구하는 대로 임금과 약속한다는 말이다. 『예기』「표기」에 "공자가 말했다. '임금을 섬기면서 세 번이나 떠났지만 국경을 나가지 않은 것은 녹봉을 이롭게 여겨 단념하지 않았기 때문이다. 남들은 비록 "임금에게 강요하지 않았다"라고 하지만 나는 믿지 않는다.'"라고 했으니, 여기에서 말한 "임금에게 강요함[要君]"과 뜻이 같다. 『효경』「오형장」에 "임금에게 강요하는 것은 윗사람을 무시하는 것이다."라고 했다.

- 「注」, "防武"至"要君".
- 正義曰: 顧氏棟高『春秋大事表』, "「隱」九年, '公會齊侯于防.' 杜「注」, '在琅琊華縣東南.' 按, 魯有兩防, 此所謂東防也, 在今費縣東北六十里, 世爲臧氏食邑, 臧紇以防求後卽此. 「隱」十年'取防', 此所謂西防也. 杜「注」, '高平昌邑縣西南有西防城.' 宋防旣爲魯有, 欲別於臧氏之防, 故謂之西防. 在今兗州府金鄉縣西北. 又「昭」五年, '莒牟夷以防來奔.' 杜「注」, '莒邑城陽平昌縣西南有防亭.' 今靑州府安邱縣西南六十里, 有故平昌防亭."
- 「주」의 "방무(防武)"부터 "요군(要君)"까지.
- 정의에서 말한다.
  고동고(顧棟高)의 『춘추대사표』에 "『춘추좌씨전』「은공」 9년에 '은공(隱公)이 제후(齊侯)와 방(防)에서 회합하였다.'[77]고 했는데, 두예의 「주」에 '방(防) 땅은 노나라 낭야(琅琊) 화현(華縣) 동남쪽에 있다.'라고 했다. 살펴보니, 노나라에는 두 곳의 방 땅이 있는데, 이곳은 이른바 동방(東防)이라는 곳으로 지금의 비현(費縣) 동북쪽 60리에 있고 대대로 장씨(臧氏)의 식읍

---

77 『춘추좌씨전』「은공(隱公)」 9년.

(食邑)이었으니, 장흘(臧紇)이 방읍(防邑)을 가지고 나라에게 후계자를 세워 줄 것을 요구한 곳이 바로 이곳이다. 「은공」 10년에 '방읍을 취하였다'라고 했는데, 이곳은 이른바 서방(西防)이라는 곳이다. 두예의 「주」에 '고평 창읍현(高平昌邑縣) 서남에 서방성(西防城)이 있다'라고 했다. 송방(宋防)이 이미 노나라의 소유가 되자 장씨(臧氏)의 방읍과 구별하고자 했기 때문에 그곳을 서방이라 이른다. 지금의 연주부(兗州府) 금향현(金鄉縣) 서북쪽에 있다. 또 「소공」 5년에 '거(莒)나라의 모이(牟夷)가 방읍(防邑)을 가지고 노나라로 도망해 왔다.'라고 했는데, 두예의 「주」에 '거나라의 읍(邑) 중에 성양(城陽) 평창현(平昌縣) 서남에 방정(防亭)이 있다.'[78]라고 했으니, 지금의 청주부(靑州府) 안구현(安邱縣) 서남쪽 60리에 옛 평창현의 방정이 있다."라고 했다.

按, 如顧說, 是魯有三防. 「定」五年「傳」, "季孫還, 未至, 卒于房." 顧氏炎武 『左傳杜解補正』 謂此卽近費之防. 『史』・『漢』 "防"・"房" 二字多通用也.

살펴보니, 고동고의 말대로라면 노나라에는 세 곳의 방읍(防邑)이 있는 것이다. 『춘추좌씨전』「정공」 5년 「전」에 "계손(季孫)이 돌아오다가 국도(國都)에 이르지 못하고 방읍에서 죽었다."라고 했는데, 고염무(顧炎武)의 『좌전두해보정』에 이곳은 바로 비읍(費邑)에 가까운 방읍(防邑)이라고 했다. 『사기』와 『전한서』에 "방(防)"과 "방(房)" 두 글자는 대체로 통용된다.

"立後"者, 謂立爲己後. 『禮』云 "爲人後者爲之子" 是也. 『左氏傳』載此事云: "孟孫惡臧孫, 季孫愛之. 孟孫卒, 臧孫入哭, 甚哀, 多涕. 孟氏閉門, 告於季孫曰: '臧氏將爲亂, 不使我葬.' 季孫不信. 臧孫聞之, 戒. 冬十月, 孟氏將辟, 藉除于臧氏, 臧孫使正夫助之, 除於東門, 甲從己而視之. 孟氏又告季孫. 季孫怒, 命攻臧氏. 乙亥, 臧紇斬鹿門之關以出, 奔邾." 是武仲爲孟孫所譖也. "自邾如防"以下, 皆「傳」文. 臧爲, 武仲之異母兄宣叔娶于鑄所生者也. "大蔡", 龜名. "二勳" 謂文仲・宣叔.

"입후(立後)"란 세워서 자기의 후계로 삼는다는 말이다. 예(禮)에 "남의 후사(後嗣)가 된 자는 그의 아들이 되는 것이다"[79]라고 한 것이 이것이다. 『춘추좌씨전』에도 이 일을 기재하면

---

78 두예(杜預)의 「주」에는 "거읍("莒邑") 두 글자가 없다.

서 "맹손(孟孫: 장자莊子)은 장손(臧孫: 장흘臧紇)을 미워하고, 계손(季孫: 무자武子)은 장손을 좋아하였다. 맹손이 죽자 장손(臧孫)이 들어가 곡(哭)을 하는데 매우 슬퍼하면서 많은 눈물을 흘렸다. 그러자 맹씨(孟氏)는 문을 닫고서 계손에게 아뢰기를, '장씨가 장차 난을 일으키려 하여 우리에게 장사(葬事)를 지내지 못하게 합니다.'라고 하였으나 계손은 그 말을 믿지 않았다. 장손은 이 이야기를 듣고 경계하였다. 겨울 10월에 맹씨가 묘지로 가는 길을 닦으려고 장씨에게 길을 닦을 인부들을 빌리기를 청하니, 장손은 수정(遂正)이 관리하는 인부들을 보내어 돕게 하고서, 동문(東門) 밖에 묘지로 가는 길을 닦을 때 장손(臧孫)이 갑사(甲士)를 거느리고 가서 일하는 것을 시찰하였다. 맹씨가 또 계손에게 아뢰니, 계손은 노하여 명을 내려 장씨를 공격하게 하였다. 을해일(乙亥日)에 장흘(臧紇)이 녹문(鹿門)의 빗장[關]을 자르고 나아가 주(邾)나라로 달아났다."[80]라고 했는데, 이는 무중(武仲)이 맹손(孟孫)에게 참소를 당한 것이다. 「주」의 "주(邾)나라에서 방읍(防邑)으로 갔다" 이하는 모두 『춘추좌씨전』의 「전」의 글이다. 장위(臧爲)는 무중의 이복형인 선숙(宣叔)이 주(鑄)나라의 여인에게 장가들어 나은 아들이다. "대채(大蔡)"는 거북의 이름이다. "이훈(二勳)"은 문중(文仲)과 선숙을 이른다.

14-15

子曰: "晉文公譎而不正, 【注】鄭曰: "'譎'者, 詐也. 謂召天子而使諸侯朝之. 仲尼曰: '以臣召君, 不可以訓.' 故書曰: '天王狩於河陽.' 是'譎而不正'也." 齊桓公正而不譎." 【注】馬曰: "伐楚以公義, 責包茅之貢不入, 問昭王南征不還, 是'正而不譎'也."

---

79 『춘추공양전』「성공」15년.
80 『춘추좌씨전』「양공」23년.

공자가 말했다. "진 문공(晉文公)은 권도(權道)를 따르고 정법(正道)을 따르지 않았으며, 【주】정현이 말했다. "'휼(譎)'이란 속인다는 뜻이니, 천자를 불러 제후로 하여금 조현(朝見)하게 한 것을 이른다. 중니가 말하길, '신하로서 임금을 부른 것은 교훈이 될 수 없다.'[81]라고 했다. 그러므로 경문(經文)에 '천왕(天王)이 하양(河陽)에서 사냥하였다.'[82]라고 기록하였으니, 이것이 '권도를 따르고 정도를 따르지 않았다[譎而不正]'[83]는 것이다." 제 환공(齊桓公)은 정도를 따르고 권도를 따르지 않았다."【주】마융이 말했다. "공정한 의리로 초나라를 정벌해서, 단으로 묶은 띠[包茅]의 공물(貢物)을 바치지 않은 것을 꾸짖고, 주나라 소왕(昭王)이 남방(南方)을 순수(巡狩)하다가 돌아오지 못한 것을 따져 물었으니,[84] 이것이 '정도를 따르고 권도를 따르지 않았다[正而不譎]'라는 것이다."

원문 正義曰: "晉"者, 國名, 周成王弟叔虞所封也. 文公, 名重耳. 齊桓公, 名小白.

역문 정의에서 말한다.

"진(晉)"이란 나라의 이름이니, 주나라 성왕(成王)의 아우인 숙우(叔虞)가 봉해진 곳이다. 문공(文公)은 이름이 중이(重耳)이다. 제 환공(齊桓公)은 이름이 소백(小白)이다.

---

81 『춘추좌씨전』「희공」 28년.

82 상동(上同).

83 이 내용은 정현의 의도대로 해석한다면 "속이고 바르지 않았다"라고 해석해야 하나, 맥락의 연결을 위해 유보남(劉寶楠)의 해석을 따라 해석했다.

84 『춘추좌씨전』「희공」 4년: 초나라는 포모(包茅)를 바치지 않아 술을 거를 수가 없어 천왕(天王)의 제사를 지내지 못하게 하였으니, 과인이 이 죄를 묻노라. 그리고 소왕(昭王)이 남방(南方)을 순수(巡狩)하다가 돌아오지 못하였으니, 과인은 이것도 묻노라.[爾貢包茅不入, 王祭不共, 無以縮酒, 寡人是徵. 昭王南征而不復, 寡人是問.]

원문 王氏引之『經義述聞』, "『說文』, '譎, 權詐也.' 訓詐則爲惡德, 訓權則亦
可爲美德.『毛詩』「序」曰: '主文而譎諫, 言之者無罪, 聞之者足以戒.' 鄭
「注」曰: '譎諫, 詠歌依違, 不直諫.'『鹽鐵論』「力耕篇」, '昔管仲以權譎伯,
而範氏以强大亡.'『安平相孫根碑』, '仲伯撥亂, 蔡足譎權.'『春秋繁露』
「玉英篇」, '諸侯在不可以然之域者, 謂之大德, 大德無踰閑者, 謂正經. 諸
侯在可以然之域者, 謂之小德, 小德出入可也. 權, 譎也, 尙歸之, 以奉鉅
經耳.' 是也.

역문 왕인지의『경의술문』에 "『설문해자』에 '휼(譎)은 권도와 속임수[權詐]
이다.'[85]라고 했으니, 속임수[詐]라고 해석하면 악덕(惡德)이 되지만 권도
[權]라고 해석하면 또한 미덕(美德)이 될 수도 있다.『모시』「서」에 '문장
을 위주로 하면서 은근히 간하므로 그것을 말한 자는 죄가 없고 그것을
듣는 자는 충분히 경계로 삼을 수 있다.'[86]고 했는데, 정현의「주」에 '휼
간(譎諫)이란 은근히 노래를 읊조리고 직간(直諫)하지 않는 것이다.'라고
했고,『염철론』「역경」에 '옛날 관중(管仲)은 권도[權譎]를 써서 제 환공(齊
桓公)을 오패(五伯) 중의 하나로 만들었으나 범길역(范吉射)은 강성함으로
써 크게 망했다.'라고 했으며,『안평상손근비』에 '중백(仲伯)이 난을 다
스릴 때 채족(蔡足)이 권도[譎權]를 발휘했다.'라고 했고,『춘추번로』「옥
영」에 '제후는 자기가 어떻게 할 수 없는 영역에 있는 것을 큰 덕[大德]이
라고 하고, 큰 덕이 법을 넘지 않는 것을 올바른 법[正經]이라고 한다. 제
후는 자기가 어떻게 할 수 있는 영역에 있는 것을 작은 덕[小德]이라고 하

---

85 『설문해자』권3: 휼(譎)은 권모(權謀)와 속임수[權詐]이다. 익량(益梁)에서는 유기(謬欺)라
   하고 천하(天下)에서는 휼(譎)이라고 한다. 언(言)으로 구성되었고 율(矞)이 발음을 나타낸
   다. 고(古)와 혈(穴)의 반절음이다.[譎, 權詐也. 益梁曰謬欺, 天下曰譎. 從言矞聲. 古穴切.]
86 『시경』「국풍·주남(周南)·관저(關雎)」의「모서(毛序)」.

는데, 작은 덕은 넘나들어도 괜찮다.[87] 권도[權]란 속임수[譎]이긴 하지만, 오히려 거기에 의지해서 커다란 법도를 받들 뿐이다.'라고 한 것이 그것이다.

원문 『論語』'晉文公譎而不正, 齊桓公正而不譎', 譎, 權也; 正, 經也, 言晉文能行權而不能守經, 齊桓能守經而不能行權, 各有所長, 亦各有所短也.『鹽鐵論』「論儒篇」, '今硜硜然守一道, 引尾生之意, 卽晉文之譎諸侯以尊周室, 不足道, 而管仲蒙恥辱以存亡, 不足稱也.'「遵道篇」, '晉文公譎而不正, 齊桓公正而不譎, 所由不同, 俱歸於霸.'『漢書』「鄒陽傳」, '魯哀姜薨于夷, 孔子曰: "齊桓公法而不譎", 以爲過也.' 顔「注」曰: '"法而不譎"者, 言守法而行, 不能用權以免其親也.' '法'與'正'同義. 法而不譎, 古人以爲齊桓之過, 則守正爲齊桓之所長, 權譎爲齊桓之所短, 較然甚明. 然則'晉文公譎而不正', 亦是嘉其譎, 而惜其不正可知矣.

역문 『논어』에 '진 문공(晉文公)은 권도(權道)를 따르고 정도(正道)를 따르지 않았으며 제 환공(齊桓公)은 정도를 따르고 권도를 따르지 않았다'라고 했는데, 휼(譎)은 권도[權]이며, 정(正)은 떳떳한 법도[經]이니, 진 문공은 권도를 행하는 것에는 능했지만 떳떳한 법도를 지키는 것에는 능하지 못했고, 제 환공은 정도를 지키는 것에는 능했지만 권도를 행하는 것에는 능하지 못했으니, 각자가 장점이 있으면서도 또한 각각 단점이 있다는 것을 말한 것이다. 『염철론』「논유」에 '이제 잗달게 한 가지 도리만 지키면서 미생(尾生)[88]을 인용한 의도는, 곧 진 문공은 제후들을 속여서

---

87 『논어』「자장」: 대덕(大德)은 법을 넘지 않지만, 소덕(小德)은 법을 넘나들어도 괜찮다.[大德不踰閑, 小德出入可也.]

88 미생(尾生, ?~?): 서주(西周) 때 노(魯) 사람. 일설에는 미생고(微生高)라고도 한다. 『장자』

주나라 왕실을 높였으니 족히 말할 것도 없고, 관중(管仲)이 치욕을 무릅쓰고 살아남았으니 족히 칭찬할 것이 못 된다.'라고 했고, 「준도」에, '진 문공은 권도[譎]를 따르고 정도(正道)를 따르지 않았고, 제 환공은 정도를 따르고 권도를 따르지 않았으니, 말미암은 바는 같지 않지만 모두 제후의 패자(霸者)가 되었다.'라고 했다. 『전한서』「추양전」에 '노나라 애강(哀姜)이 이(夷) 땅에서 죽자[89] 공자가 말하길, "제 환공이 법을 따르고 권도[譎]를 따르지 않다"라고 했으니, 지나친 처사라고 여긴 것이다.'라고 했는데, 안사고(顔師古)의 「주」에 "'법을 따르고 권도를 따르지 않았다[法而不譎]'라는 것은 법을 지켜서 행하고 권도를 써서 그 친척을 사면하지 못했다는 말이다.'라고 했으니, '법(法)'은 '정도[正]'와 같은 뜻이다. 정도를 따르고 권도를 따르지 않은 것을 옛사람은 제 환공의 허물로 여겼으니, 그렇다면 정도를 지키는 것은 제 환공이 장점으로 삼은 바가 되는 것이고, 권도를 따르는 것은 제 환공이 단점으로 삼은 바가 된다는 것이 비교적 매우 분명하다. 그렇다면 '진 문공은 권도를 따르고 정도를 따르지 않았다'라고 한 것도 역시 그의 권도를 가상히 여기면서도 그가 정도를 따르지 않음을 애석하게 여긴 것임을 알 수 있을 것이다.

원문 『淮南』「繆稱篇」, '至德, 小節備, 大節擧. <u>齊桓</u>擧而不密, <u>晉文</u>密而不擧.' <u>高</u>「注」云: '<u>齊桓</u>有大節, 小節疏也; <u>晉文</u>有小節, 大節廢也.' 語義與

「도척(盜跖)」에 "미생이 어떤 여자와 다리 아래에서 만나기로 약속하였다가 여자가 오지 않았는데 한편 물이 자꾸 불어 올라오는데도 그 자리를 떠나지 않고 다리 기둥을 끌어안고 죽었다.[尾生與女子, 期於梁下, 女子不來, 水至不去, 抱梁柱而死.]"라고 했다.
89 『춘추좌씨전』「민공(閔公)」2년: 제나라 사람이 애강(哀姜)을 잡아 이(夷) 땅에서 죽이고 그 시체를 가지고 제나라로 돌아가니, 희공(僖公)은 제나라에 시체의 반환을 요청하여 장사 지냈다.[齊人取而殺之于夷, 以其尸歸, 僖公請而葬之.]

此相似, 皆謂各得其一偏也. 不然, 則經但云'晉文公譎'·'齊桓公正', 其義
已明, 何須又言'不正'·'不譎'乎?"

역문 『회남자』「무칭훈」에 '지극한 덕을 갖춘 군주는 작은 절도를 갖추어
큰 절도를 거행한다. 제 환공은 큰 절도를 거행하긴 했지만 작은 절도에
는 치밀하지 못했고, 진 문공은 작은 절도에는 치밀했지만 큰 절도는 거
행하지 못했다.'라고 했는데, 고유의 「주」에 '제 환공은 큰 절도는 있었
지만 작은 절도에는 소홀(疏忽)하였고, 진 문공은 작은 절도는 있었지만
큰 절도를 폐한 것이다.'라고 했으니, 어의(語義)가 여기의 글과 서로 같
은 것으로 모두 각자가 그 한쪽으로 치우칠 수 있다는 말이다. 그렇지
않다면 경문(經文)에 단지 '진 문공은 권도를 따른다'·'제 환공은 정도를
따른다'라고만 하더라도 그 뜻이 이미 분명한데, 어째서 굳이 '정도를 따
르지 않았다'느니, '권도를 따르지 않았다'느니 하는 말을 했겠는가?'라
고 했다.

원문 宋氏翔鳳『發微』云: "「鄒陽傳」作'齊桓公法而不譎.'·'法', 古文作'金',
是班『書』所引'法而不譎'爲『魯論語』. 今作'正'者, 蓋『古論語』本作'金',
後人罕見'金'字, 就法有正義, 遂改'金'爲'正'. 按, 兩'正'字皆當作'金', 同
法. '法'者, 聖人之經法也; '譎'者, 聖人之權衡也. 善用譎則爲權, 不善用
譎則爲詐. 故許君以權詐兩義解譎, 此譎字當以權爲義." 案, 王·宋說同.
惟宋以"正"當作"金", 作"正"爲後人所改, 此近臆測.

역문 송상봉의 『논어발미』에 "『전한서』「추양전」에 '제 환공이 법을 따르
고 권도를 따르지 않았다.'라고 했는데, '법(法)'은 옛 글자로는 '법(金)'으
로 쓰니, 이 반고(班固)의 『전한서』에 인용된 '법을 따르고 권도를 따르
지 않았다[法而不譎]'라는 표현은 『노논어』의 내용이 된다. 지금 '정(正)'
자로 되어 있는 것은 대체로 『고논어』에는 본래 '법(金)' 자로 되어 있던

것인데, 후대의 사람들은 '법(金)' 자를 거의 보지 못했기 때문에, 정(正) 자의 뜻이 있는 법(法) 자를 가져다 마침내 '법(金)' 자를 '정(正)' 자로 고친 것이다. 살펴보니, 두 개의 '정(正)' 자는 모두 마땅히 '법(金)' 자가 되어야 하니, 법(法) 자와 같은 글자이다. '법(法)'이란 성인의 경법(經法)이고 '휼(譎)'이란 성인의 권도[權衡]이다. 휼을 선하게 쓰면 권도가 되지만 불선하게 쓰면 속임수가 된다. 그러므로 허군(許君)은 권도와 속임수라는 두 가지 뜻으로 휼(譎) 자를 해석한 것이니, 여기서는 휼 자를 마땅히 권도의 뜻으로 보아야 한다."라고 했다. 살펴보니, 왕인지와 송상봉의 말이 같다. 다만 송상봉이 "정(正)" 자를 마땅히 "법(金)"으로 써야 하니, "정(正)" 자로 되어 있는 것은 후세 사람들이 고친 것이라고 한 것은 억측에 가깝다.

원문 應劭『風俗通』, "『春秋』說齊桓·晉文·秦繆·宋襄·楚莊是五霸也. <u>齊桓九合一匡</u>, 率成王室, 責彊楚之罪, 復菁茅之貢. <u>晉文</u>爲<u>踐土</u>之會, 修朝聘之禮, 納襄冠帶, 翼戴天子. <u>孔子</u>稱'民到于今受其賜'. 又曰:'<u>齊桓</u>正而不譎, <u>晉文</u>譎而不正.' 至於三國, 旣無歎譽一言, 而繆公·襄公·莊王皆無興微繼絶, 尊親王室之功." 是以"譎"·"正"爲歎譽, <u>漢</u>人久見及此. 先<u>晉文</u>後<u>齊桓</u>者, 明行事終歸正也.

역문 응소의 『풍속통』에 "『춘추』에서 말하는 제 환공(齊桓公)과 진 문공(晉文公)과 진 목공(秦繆公)과 송 양공(宋襄公) 초 장공(楚莊王)이 5패(霸)이다. 제 환공은 제후들을 규합해서 한 번 천하를 바로잡아 마침내 왕실(王室)을 이루었고 강력한 초나라의 죄를 꾸짖어 청모(菁茅)를 공물로 바치는 세법을 회복했다.[90] 진 문공은 천토(踐土)의 회합을 결성해서 조빙(朝聘)

---

90 청모(菁茅)를 공물로 바치는 세법[菁茅之貢]: 청모(菁茅)는 술을 거를 때 쓰는 띠인데, 청모

하는 예를 정비하고 주 양왕(周襄王)을 주나라로 들여보냈고, 왕자인 태숙 대(太叔帶)를 죽여 천자(天子)를 보좌해 추대하였다.⁹¹ 공자는 일컫기

를 공물로 바치는 세법이란 진귀한 물건은 못 되지만 천자의 제의(祭儀)에 없어서는 안 되기에 바친다는 뜻으로 말할 때 쓰는 겸사(謙辭)이다. 『춘추곡량전(春秋穀梁傳)』「희공(僖公)」 4년에 "공물로 청모를 바치지 않았기 때문에 주나라 왕실에서 제사를 지내지 못했다.[菁茅之貢不至, 故周室不祭.]"라고 하였고, 『춘추좌씨전』「희공」 4년에 "초나라는 포모(包茅)를 바치지 않아 술을 거를 수가 없어 천왕(天王)의 제사를 지내지 못하게 하였으니, 과인은 이 죄를 묻노라.[爾貢包茅不入, 王祭不共, 無以縮酒, 寡人是徵.]"라고 하였다.

91 양왕(襄王, ?~기원전 619)은 주나라 제17대 혜왕(惠王)의 아들로, 성은 희(姬), 이름은 정(鄭)이고 시호가 양왕(襄王)이다. 태숙 대(太叔帶, ?~기원전 635)는 주혜왕(周惠王)의 둘째 아들로, 양왕(襄王)의 이복동생이다. 이름은 대(帶)이며 숙대(叔帶)라고도 하고, 감(甘)을 봉읍으로 했으므로 감소공(甘昭公)이라고 불리며, 이복형인 양왕(襄王)을 쫓아내고 왕위에 올랐다가 죽임을 당해 폐위되었으므로 주왕 대(周王帶)나 폐왕 대(廢王帶) 등으로도 불린다. 어머니는 혜왕의 후비(後妃)로 진(陳)나라 출신인 혜후(惠后) 규씨(嬀氏)이다. 혜왕은 후비(後妃)인 혜후(惠后)에게서 낳은 왕자 희대(姬帶)를 총애하여 그에게 태자의 지위를 넘기려 했으나, 당시의 패자인 제나라 환공(桓公)의 반대로 양왕은 태자의 지위를 유지할 수 있었다. 기원전 652년에 아버지 혜왕이 죽자 희대는 정(鄭)나라와 초(楚)나라의 지원을 받아 왕위에 오르려 했다. 하지만 제나라 환공은 제후들을 소집해 태자인 희정(제18대 양왕)이 왕위를 잇게 했다. 그러자 희대는 기원전 649년에 융(戎)과 적(翟)의 세력을 끌어들여 반란을 일으켰다. 하지만 진(秦)나라 목공(穆公)과 진(晋)나라 혜공(惠公)이 주나라를 도와 융족 토벌에 나서면서 반란은 실패로 끝났고, 희대는 이듬해에 제나라로 달아났다. 그 뒤 희대는 계속 제나라에 머무르다가 기원전 640년이 되어서야 다시 주나라로 돌아올 수 있었다. 기원전 636년 양왕이 적후(翟后)를 폐출시키자 적나라 사람들은 이에 불만을 품고 혜왕을 공격했다. 혜후는 아들인 희대를 왕으로 세우려고 가까운 사람들과 함께 적나라 군대를 도왔고, 결국 양왕은 정나라의 범읍(氾邑)으로 쫓겨났다. 그 뒤 양왕을 대신해 주나라의 왕위에 오른 희대는 양왕이 폐출시켰던 적후를 아내로 맞이하고서 온읍(溫邑)에 머물렀다. 그러나 기원전 635년 양왕은 진(晋)나라 문공(文公)에게 도움을 요청했고, 문공은 군대를 보내 온읍을 포위했다. 그리고 양왕을 주나라의 도읍까지 호위하여 그를 다시 주나라의 왕위에 앉혔다. 그 뒤 문공은 희대를 죽였다. 다시 왕위에 오른 양왕은 진나라에 하내(河內)의 양번(楊樊) 지방을 주었고, 문공은 제나라 환공의 뒤를 이어 패자가 되어 이른바 '춘추오패(春秋五霸)' 가운데 한 명으로 불리게 되었다. 『춘추좌씨전』「희공」 24년에 "당초에 감소공은 혜

를, '백성들이 지금까지 그 혜택을 받고 있다.'[92]고 하였고, 또 '제 환공은 정도(正道)를 따르고 권도(權道)를 따르지 않았으며, 진 문공은 권도를 따르고 정도를 따르지 않았다.'라고 했고, 나머지 세 나라에 이르러서는 이미 칭찬하고 기르는 한마디 말도 없었으니, 진 목공(秦繆公)과 송 양공(宋襄公)과 초 장왕(楚莊王)은 모두 쇠미한 나라를 일으켜 주고 끊어진 세대를 이어 주며 왕실(王室)을 존친(尊親)하는 공이 없었다."라고 했는데, 여기서 "휼(譎)"과 "정(正)"을 칭찬하고 기리는 것이라고 한 것은 한나라 시대 사람들의 견해가 여기에 미친 것이다. 진 문공을 먼저 언급하고 제 환공을 뒤에 언급한 것은 일을 행함은 결국 정도(正道)로 돌아가기 마련임을 밝힌 것이다.

후(惠后)의 총애를 받았다. 혜후가 그를 왕으로 세우려 하였으나 미처 세우지 못하고 죽으니 소공(昭公)은 제나라로 도망하였다. 뒤에 왕이 그를 돌아오게 하니 돌아와서는 또 외씨(隗氏)와 사통하였으므로 왕은 외씨를 폐출하였다. 퇴숙(頹叔)과 도자(桃子)가 말하기를, '우리가 실로 적인(狄人)에게 딸을 왕후로 바치도록 시켰으니, 적인이 우리를 원망할 것이다.'라고 하고서, 드디어 태숙(太叔)을 받들어 모시고 적군(狄軍)을 거느리고서 왕을 공격하였다. 왕의 어사(御士)가 방어하려 하자 왕이 말하기를, '선후(先后)께서 나를 무어라고 하시겠느냐? 차라리 제후들에게 도모하도록 하겠다.'라고 하고서 왕은 드디어 경사(京師)를 떠나 감감(坎欿)으로 가니 나라 사람들이 도로 모셔들였다. 가을에 퇴숙(頹叔)과 ·도자(桃子)가 태숙을 받들어 모시고 적군(狄軍)을 거느리고서 주나라를 토벌하여 주군(周軍)을 대패시키고서 주공기보(周公忌父)와 원백(原伯)과 모백(毛伯)과 부진(富辰)을 포로로 잡았다. 왕이 경사(京師)를 떠나 정나라로 가서 범(氾)에 머물렀다.[初甘昭公有寵於惠后. 惠后將立之, 未及而卒, 昭公奔齊. 王復之注, 又通於隗氏, 王替隗氏. 頹叔·桃子曰: '我實使狄, 狄其怨我.' 遂奉大叔, 以狄師攻王. 王御士將禦之, 王曰: '先后其謂我何? 寧使諸侯圖之.' 王遂出, 及坎欿, 國人納之. 秋, 頹叔·桃子奉大叔以狄師伐周, 大敗周師, 獲周公忌父·原伯·毛伯·富辰. 王出適鄭, 處于氾. 大叔以隗氏居于溫.]"라고 했고, 또 「희공」 25년에 "여름 4월 정사일(丁巳日)에 왕이 왕성(王城)으로 들어가서 태숙(太叔)을 온(溫)에서 잡아 습성(隰城)에서 죽였다.[夏四月丁巳, 王入于王城, 取大叔于溫, 殺之于隰城.]"라고 했다.

92 『논어』「헌문(憲問)」.

원문 楊愼『丹鉛錄』曰: "文公之功多於桓公, 罪亦多於桓公, 事速於桓公, 義則害於桓公, 名盛於桓公, 實則衰於桓公也.『春秋』不以功蓋罪, 不以事掩義, 不以名誣實. 桓公得江·黃而不用以伐楚, 文公則謂非致秦不足與楚爭, 楚抑而秦興矣. 此桓公之所不肯爲者也. 桓公會則不邇三川, 盟則不加王人, 文會畿內則偪矣, 盟子虎則悖矣. 此桓公之所不敢爲者也. 桓公寧不得鄭, 不納子華, 懼其獎臣抑君, 不可以訓, 文公爲元咺執衛侯, 則三綱五常於是廢矣. 此又桓公之所不忍爲者也. 觀此, 則吾夫子正譎之論, 孟子獨表桓公五禁, 而不及晉文, 余謂文非桓匹, 豈一人之私言乎?"

역문 양신(楊愼)의『단연록』에 "진 문공의 공은 제 환공보다 많고 죄 역시 환공[93]보다 많으며, 일은 환공보다 신속했으나 의(義)는 환공보다 해로웠고, 명성은 환공보다 드높았으나, 실제로는 환공보다 쇠약했다.『춘추』는 공(功)을 가지고 죄를 덮지 않고, 일을 가지고 의(義)를 가리지 않으며, 명예를 가지고 사실을 속이지 않는다. 환공은 강(江)나라와 황(黃)나라를 얻었지만 그들을 이용해서 초나라를 토벌하지 않았고,[94] 진 문공

---

93 『논어정의』에는 "문공(文公)"으로 되어 있다. 양신(楊愼)의『승암집(升菴集)』과 명(明)나라의 강보(姜寶)가 찬(撰)한『춘추사의전고(春秋事義全考)』, 명나라의 탁이강(卓爾康)이 찬한『춘추변의(春秋辯義)』와 명나라의 당순지(唐順之)가 찬한『비편(稗編)』을 근거로 "환공(桓公)"으로 고쳤다.

94 『춘추좌씨전』「희공」 2년에 "가을에 관(貫)에서 결맹하였으니, 강(江)나라와 황(黃)나라가 제나라에 복종했기 때문이다.[秋, 盟于貫, 服江·黃也.]"라고 했는데, 두예의「주」에 "강(江)나라와 황(黃)나라는 초나라의 맹방이었는데, 이때 비로소 와서 제나라에 복종하였기 때문이 제후와 회합한 것이다.[江·黃, 楚與國也, 始來服齊. 故爲合諸侯.]"라고 하였고, 5년에 "초나라 투누오도(鬪穀於菟)가 현(弦)나라를 격멸하니 현자(弦子)가 황(黃)나라로 도망갔다. 이때에 강(江)·황(黃)·도(道)·백(栢)나라가 바야흐로 제나라와 화목하였으니 모두 현(弦)나라의 인척이었다.[楚鬪穀於菟滅弦, 弦子奔黃. 於是江·黃·道·栢方睦於齊, 皆弦姻也.]"라고 했다.

은 진(秦)나라를 끌어들이지 않으면 초나라와 싸움을 벌이기에 부족하므로 초나라를 억누르고 진(秦)나라를 부흥시켜야 한다고 생각했다. 이러한 일은 환공이 기꺼이 행하지 않은 것이다. 환공은 회합할 때 삼천(三川)[95]을 가까이하지 않았고, 맹약을 할 때엔 왕인(王人)을 더하지 않았는데, 문공은 기내(畿內)에서 회합할 때는 강압적이었고, 왕자 호(王子虎)와 맹약을 맺을 때는 도리에 어긋났었다. 이것은 환공이 감히 하지 않은 것이다. 환공은 차라리 정나라를 얻지 못할지언정 정나라의 태자 화(華)의 요청을 받아들이지 않았으니, 신하를 장려하고 임금을 억압함은 교훈이 될 수 없음을 두려워한 것이고, 문공은 원훤(元咺)을 위해 위후(衛侯)를 잡아 경사(京師)로 보내 유치(留置)시켰으니 삼강오상(三綱五常)이 여기에서 무너진 것이다. 이 또한 환공은 차마 하지 못한 것이다. 이러한 것들을 살펴보면 공자의 정도[正]와 권도[譎]에 관한 의논에 대해 맹자는 유독 환공의 다섯 가지 금지[五禁]만 밝히고 진 문공은 언급하지 않았으니,[96] 내가 문공은 환공에 필적할 만한 사람이 아니라고 하는 것이 어

---

95 삼천(三川): 경수(涇水)·위수(渭水)·낙수(洛水)이다. 낙수는 간혹 예수(汭水)로 되어 있기도 하다.

96 『맹자』「고자하(告子下)」: 오패(五霸) 중에 제나라 환공(桓公)이 가장 강성하였는데, 규구(葵丘)의 회맹(會盟)에서 제후들을 모아 놓고 희생을 묶어, 그 위에 맹약하는 글을 올려놓고 희생의 피를 마시는 의식을 하지 않고 명령하였다. 첫 번째 명령하기를, "불효하는 자를 처벌하며, 세자를 바꾸지 말며, 첩을 아내로 삼지 말라."라고 하였다. 두 번째 명령하기를, "현자를 높이고 인재를 길러서 덕(德)이 있는 이를 표창하라."라고 하였다. 세 번째 명령하기를, "노인을 공경하고, 어린이를 사랑하며, 손님과 나그네를 소홀히 하지 말라."라고 하였다. 네 번째 명령하기를, "선비는 관직을 세습하게 하지 말며, 관청의 일은 겸직시키지 말며, 선비를 등용하는 것은 반드시 적임자를 얻도록 하며, 멋대로 대부를 죽이지 말라."라고 하였다. 다섯 번째 명령하기를, "제방을 굽게 쌓지 말며, 쌀을 수입해 가는 것을 막지 말며, 대부들을 봉해 주고서 보고하지 않는 일이 없도록 하라."라고 하였다. 그리고 말하기를, "무릇 함께 맹약한 우리들은 맹약한 뒤에 약속한 내용을 잘 지키도록 하자." 하였다.[五霸, 桓公爲盛,

찌 한 사람의 사사로운 말이겠는가?"라고 했다.

원문 楊氏此論, 尤能持平. 蓋譎雖爲權, 然君子行事, 以正爲先, 必以正不行, 乃始用權. 故如城濮之戰, 不厭其用譎; 若衡雍召王及執衛侯之類, 此亦安用譎爲耶? 大約文公求霸過亟, 殊爲可疑. 『左氏內外傳』謂文公生十七年而亡, 又十九年反國, 實止三十六歲, 又八年而薨. 而『史記』「晉世家」言文公奔狄時, 年已四十三, 又十九歲反國, 年六十二. 何休『公羊』「注」亦云: "時晉文公年老, 恐霸功不成."云云, 則暮年行事, 或不能不欲速而行權耳.

역문 양씨(楊氏)의 이 의론은 더욱 공평함을 견지할 수 있다. 대체로 속임수[譎]가 비록 권도가 될 수는 있지만 그러나 군자가 일을 할 때는 정도[正]를 우선으로 하고, 반드시 정도로는 실행되지 않을 때라야 비로소 권도를 사용하는 것이다. 그러므로 성복(城濮)의 전투와 같은 경우는 그 속임수를 싫어하지 않은 것이고,⁹⁷ 형옹(衡雍)⁹⁸에서 왕을 부른 것⁹⁹과 위후(衛

葵丘之會, 諸侯束牲載書而不歃血. 初命曰: "誅不孝, 無易樹子, 無以妾爲妻." 再命曰: "尊賢育才, 以彰有德." 三命曰: "敬老慈幼, 無忘賓旅." 四命曰: "士無世官, 官事無攝, 取士必得, 無專殺大夫." 五命曰: "無曲防, 無遏糴, 無有封而不告." 曰: "凡我同盟之人, 旣盟之後, 言歸于好.]

97 성복(城濮)의 전투는 춘추시대 노나라 희공(僖公) 27년 진(晉)나라를 중심으로 한 제후연합군과 초나라를 중심으로 한 제후연합군이 성복에서 싸운 사건이다. 이 전투에서 진나라가 초나라를 이김으로써 진 문공은 패자가 되었고 중원에 대한 초나라의 압박을 꺾어 내었다. 홍수 전투로 초나라가 송(宋) 양공(襄公)의 패업을 좌절시키고 중원에 적극적으로 영향력을 행사하자, 송나라는 예전에 진 문공이 망명객 시절에 자국을 찾아왔을 때 환대했었고 진 문공이 당시 주나라 왕실의 내분을 안정시켜 실력을 보여 주자 진나라에 의지해 초나라의 영향력을 벗어나고자 진 문공에게 도움을 요청했다. 이에 기원전 633년, 초나라는 진(陳)나라 · 채(蔡)나라 · 정나라 · 허(許)나라와 연합하여 송나라를 공격했다. 이때 영윤 투누오도(鬪穀於菟)가 자옥(子玉)을 영윤으로 천거하고 스스로 출전하기를 고사해, 초 성왕은 자옥을 영윤으로 삼고 출전했다. 송나라가 위급함을 호소했으나 제나라와 진(秦)나라가 아직 송

나라 구원을 반대하고 있어 진 문공은 감히 초나라와 싸우려 하지 않았다. 그때 중군(中軍)을 거느리던 선진(先軫)이 위나라와 조(曹)나라를 송나라에 주어 제나라 · 진나라는 송나라를 위해 화평을 청하게 하고 초나라는 이를 거절하게 해 결국 서로 싸우도록 부추기게 했다. 진 문공은 이를 따랐다. 초 성왕(成王)은 진나라와 맞서 싸우기를 꺼렸으나 영윤 자옥이 싸우기를 주장해, 자옥이 초나라 군대 일부를 맡아 송나라를 계속 포위했다. 자옥이 초나라의 대부인 완춘(宛春)을 보내 위후(衛侯)를 회복시키고 조(曹)나라를 봉해 주면 송나라의 포위를 풀어 주겠다고 제안했다. 진 문공은 선진의 책략을 받아들여 먼저 조나라와 위나라에 초나라와의 우호를 끊으면 복국시켜 주겠다고 하고 완춘은 위나라에 억류했다. 조나라와 위나라는 이에 따랐다. 자옥은 분노해 진나라를 공격했고, 진 문공은 망명객 시절 초나라와 약속한 대로 삼사(三舍: 90리)를 물러섰다. 초나라 군중에서도 이쯤이면 충분하니 퇴각하자는 의견이 있었으나 자옥은 허락하지 않고 기어이 진나라와 싸워 물리치고자 해 성복(城濮)까지 추격했다. 진나라에서 소자 은(小子憖)을, 제나라에서 국귀보(國歸父)를 보내, 진 문공과 송 성공과 함께 성복에 주둔했다. 이즈음 진나라의 중군장(中軍將)인 극곡(郤縠)이 죽어 선진(先軫) 상군 대장이 되고 서신(胥臣)이 하군을 보좌했다. 초나라는 자옥이 중군을 맡고 자서(子西)가 좌군을, 자상(子上)이 우군을 맡았다. 서신은 말에 범 가죽을 씌우고 초나라의 우군에 속한 진나라와 채나라 군대를 공격했다. 진나라와 채나라 군대는 달아났고 초나라 우군도 붕괴했다. 한편 상군을 거느리던 호모(狐毛)는 군용 깃발의 일종인 패(斾)로 퇴각 신호를 보냈고, 하군을 거느리던 난지(欒枝)가 수레에 섶을 실어 거짓으로 달아나는 체했다. 초나라가 이를 보고 뒤쫓자 진나라 중군인 선진과 극진이 초나라 군대의 측면을 습격했고 호모와 호언도 함께 자서를 공격했다. 이렇게 초나라 좌군도 패퇴했다. 초나라의 양 날개가 모두 패배하자 자옥은 남은 군사들을 모아 진나라의 진격을 저지하고 물러났다. 이 전투의 승리로 정나라는 즉시 진나라에 귀순했고, 채나라와 진나라와 허나라도 진나라에 복종했다. 자옥이 패전한 뒤에 초왕이 사람을 보내어 자옥에게 이르기를, "대부가 만약 살아서 나라로 들어온다면 무슨 면목으로 신(申) · 식(息)의 부로(父老)들을 대하겠는가?"라고 하니, 자서(子西)와 손백(孫伯)이 말하기를, "득신(得臣)은 자살하려 하였으나 우리 두 신하가 '임금님께서 장차 패전의 죄를 처벌할 것이다.'라는 말로 그 자살을 저지하였습니다."라고 하였다. 자옥은 연곡(連穀)에 이르러 자살하였다. 진 문공은 자신을 따르는 제후들을 모으고 주나라 왕을 모셔 천토에서 회맹을 주최해 패업을 이룰 수 있었다. 『춘추좌씨전』「희공」27~28년 참조.

98 형옹(衡雍): 정나라의 지명(地名). 지금의 형양(滎陽) 권현(卷縣)이다.

99 노 희공(僖公) 28년에 선진(先軫)이 중군(中軍)을 거느리고 가서 초인(楚人)을 성복(城濮)에서 패배시키고, 천토(踐土)에서 제후와 회합(會合)하고 겨울에 온(溫)에서 복종하지 않는 나

侯)를 잡아간 것[100]과 같은 부류들, 이러한 것이 또한 어찌 속임수를 쓴 것이 되겠는가? 크게 요약하자면 문공이 패자를 추구한 것이 지나치게 빨랐다는 것은 자못 의심해 볼 만하다. 『좌씨내외전』에 따르면 문공은 태어난 지 17년 만에 망명길에 올랐다가 또 19년 만에 본국으로 돌아왔다고 하니, 실로 망명생활은 36세에 그친 것이고, 또 8년 만에 죽은 것이다. 그런데 『사기』「진세가」에 따르면 문공이 적(狄)으로 도망갔을 때 나이가 이미 43세였다고 했으니, 또 19년 만에 본국으로 돌아왔다면 나이가 62세인 것이다. 하휴의 『춘추공양전』「주」에도 "당시 진 문공(晉文公)은 나이가 노쇠했으니, 아마도 패자(霸者)의 공은 이루지 못했을 성싶다."라고 운운했으니, 그렇다면 늙은 나이에 행한 일들이었기 때문에 어

라를 징벌하기 위해 회합하였는데, 진 문공(晉文公)이 회합을 주관했다. 이때 형옹(衡雍)에서 양왕(襄王)을 부른 것이다. 『춘추좌씨전』「희공」 28년에 "갑오일(甲午日)에 형옹(衡雍)에 이르러서 천토(踐土)에 왕궁을 지었다.[甲午, 至于衡雍, 作王宮于踐土]."라고 했는데, 두예의 「주」에 "진군(晉軍)이 승전하고 돌아온다는 소식을 듣고 양왕(襄王)이 직접 가서 위로하였기 때문에 왕궁(王宮)을 지은 것이다.[襄王聞晉地勝, 自往勞之, 故爲作宮.]"라고 했고, 또 "5월 병오일(丙午日)에 진후(晉侯)가 정백(鄭伯)과 형옹(衡雍)에서 결맹하였다.[五月丙午, 晉侯及鄭伯盟于衡雍.]"라고 했으며, 또 "겨울에 온(溫)에서 회합하였으니, 이는 복종하지 않는 나라를 징벌하기 위함이었다.[冬, 會于溫, 討不服也.]"라고 했다.

100 노 희공(僖公) 25년에 위나라 문공(文公)이 죽고 아들 성공(成公)이 즉위하였다. 노 희공 28년에 진후(晉侯)가 조(曹)를 침공하고 위(衛)를 쳤는데, 위나라를 구원한 초나라 군대가 승리하지 못하자 성공이 초나라로 도망가니, 숙무(叔武)가 임금의 자리를 대리하였다. 그리고 위 성공은 위 원훤(衛元咺)을 시켜 숙무(叔武)를 모시고 천토(踐土)로 가서 맹약을 접수하게 하고는 다시 위나라로 돌아와 숙무를 죽이니 진인(晉人)이 위후(衛侯)를 잡아 경사(京師)로 보냈다. 『춘추좌씨전』「희공」 28년의 經文에 "진인이 위후를 잡아 경사로 보냈다.[晉人執衛侯, 歸之于京師.]"라고 했고, 좌씨의 「전」에 "진후(晉侯)는 사영(士榮)을 죽이고 침장자(鍼莊子)에게 월형을 가하였으나, 영유(甯兪)는 충성스럽다고 하여 형벌을 면해 주었다. 그리고 위후를 잡아 경사로 보내 유치(留置)하였다.[殺士榮, 刖鍼莊子, 謂甯兪忠而免之. 執衛侯, 歸之于京師, 寘諸深室.]"라고 했다.

쩌면 부득불 빨리하고자 해서 권도를 행한 것뿐이었을 것이다.

- 「注」, "譎者"至"正也".
- 正義曰: 鄭以"譎"爲詐, 蓋不予之也. 『春秋』「僖」二十八年, "夏五月, 盟于踐土." 後書"公朝于王所. 冬, 會于溫. 天王狩于河陽". 左「傳」云: "晉師還, 至于衡雍, 作王官于踐土. 會于溫, 討不服也. 是會也, 晉侯召王, 以諸侯見, 且使王狩." 是晉文用譎詐之事也. "仲尼"云云, 見『左傳』. 范寧於『穀梁』「會踐土」「注」云"所謂譎而不正", 亦同鄭說.
○ 「주」의 "휼자(譎者)"부터 "정야(正也)"까지.
○ 정의에서 말한다.

정현이 "휼(譎)"을 속인다[詐]는 뜻이라고 한 것은 아무래도 인정할 수 없을 것 같다. 『춘추』「희공」 28년에 "여름 5월에 천토에서 결맹하였다."라고 했고, 이어서 "공(公)이 왕의 행재소(行在所)로 가서 조현(朝見)하였다. 겨울에 온(溫) 땅에서 회합하였다. 천왕이 하양(河陽)에서 사냥하였다."라고 했는데, 좌씨(左氏)의 「전」에 "진(晉)의 군사가 환군하여 형옹(衡雍)에 이르러서 천토(踐土)에 왕궁을 지었다. 온에서 회합하였으니, 이는 복종하지 않는 나라를 징벌하기 위함이었다. 이번 회합에서 진후(晉侯)가 왕을 불러 제후를 거느리고 조현(朝見)하고, 또 왕에게 사냥하게 하였다."라고 했는데, 이것이 진 문공이 속임수[譎詐]를 사용했다는 일이다. "중니" 운운한 것은 『춘추좌씨전』에 보인다. 범녕(范寧)이 『춘추곡량전』의 "천토에서 회합하였다[會踐土]"라고 한 곳의 「주」에서 "이른바 속임수를 따르고 바르지 않았다는 것이다."라고 했으니, 역시 정현의 말과 같다.

- 「注」, "伐楚"至"譎也".
- 正義曰: 桓行事類此者多, 馬據一端言之. 『左』「僖」四年「傳」, "楚貢包茅而不入, 王祭不共, 無以縮酒, 寡人是徵. 昭王南征而不複, 寡人是問." 此齊責楚之辭也, 以王事爲言, 故近正也. 『穀梁』「僖」四年「傳」, "侵蔡而蔡潰, 以桓公爲知所侵也. 不土其地, 不分其民, 明正也." 楊「疏」, "『論語』稱'齊桓公正而不譎', 指謂伐楚. 此侵蔡亦言正者, 伐楚是責正事大, 故馬 · 鄭指之. 其實侵蔡不土其地, 不分其民, 亦是正事, 故「傳」言'正'也." 據此「疏」, 則鄭亦有「注」,

與馬同.

○ 「주」의 "벌초(伐楚)"에서 "휼야(譎也)"까지.

○ 정의에서 말한다.

환공이 행한 일은 이와 유사한 것들이 많은데, 마융은 그 한 단서만 들어서 말한 것이다. 『춘추좌씨전』「희공」 4년의 「전」에 "초나라는 포모(包茅)를 바치지 않아 술을 거를 수가 없어 천왕(天王)의 제사를 지내지 못하게 하였으니, 과인은 이 죄를 묻노라. 그리고 소왕(昭王)이 남방(南方)을 순수(巡狩)하다가 돌아오지 못하였으니, 과인은 이것도 묻노라."라고 했는데, 이는 제 환공이 초나라를 꾸짖은 말로서 천왕의 일을 가지고 말한 것이므로 정도에 가까운 것이다. 『춘추곡량전』「희공」 4년의 「전」에 "채(蔡)나라를 침공하매 채나라 군사가 흩어져 도망한 것은 환공이 침공할 곳을 안다고 여겼기 때문이다. 그 땅을 자기 영토로 삼지 않고 그 백성들을 분산시키지 않은 것은 정도를 밝힌 것이다."라고 하였는데, 양사훈(楊士勛)[101]의 「소」에 "『논어』에서 '제 환공은 정도를 따르고 권도를 따르지 않았다'라고 한 것은 초나라를 친 것을 가리켜서 말한 것이다. 여기에서 채(蔡)나라를 침공한 것 역시 정도를 따른 것이라고 말한 것은 초나라를 친 것이 정도를 따를 것을 꾸짖은 일이 컸기 때문이니, 따라서 마융과 정현이 그것을 가리킨 것이다. 사실 채나라를 침공하고서도 그 땅을 자기 영토로 삼지 않고 그 백성들을 분산시키지 않은 것 역시 일을 바로잡은 것이기 때문에 「전」에서 '정도를 따랐다'라고 한 것이다."라고 했다. 이 「소」에 의거해 보면 정현 역시 「주」가 있는데, 마융과 같다.

---

101 양사훈(楊士勛, ?~?): 생졸연대를 알 수 없는데, 『사고전서총목제요(四庫全書總目提要)』에서는 당 태종(唐太宗) 중기의 인물로 추정하고 있다. 국자박사(國子博士)가 되어 공영달(孔穎達)의 『오경정의(五經正義)』 감수에 참여해서 곡나율고(谷那律故)와 주장재(朱長才) 등과 함께 『춘추정의(春秋正義)』를 편집했다. 또 스스로 범녕(范寧)의 『춘추곡량전집해(春秋穀梁集解)』를 근거로 『곡량소(穀梁疏)』를 편찬했는데, 후에 『시삼경주소(十三經注疏)』의 계통에 두루 나열되었다.

14-16

子路曰: "桓公殺公子糾, 召忽死之, 管仲不死, 曰: '未仁'乎."

【注】孔曰: "齊襄公立, 無常. 鮑叔牙曰: '君使民慢, 亂將作矣.' 奉公子小白
出奔莒. 襄公從弟公孫無知殺襄公, 管夷吾 · 召忽奉公子糾出奔魯. 齊人殺無
知, 魯伐齊, 納子糾, 小白自莒先入, 是爲桓公, 乃殺子糾, 召忽死之." 子曰:
"桓公九合諸侯, 不以兵車, 管仲之力也, 如其仁, 如其仁."

【注】孔曰: "誰如管仲之仁."

자로가 말했다. "환공(桓公)이 공자 규(公子糾)를 죽이자, 소홀(召
忽)은 따라 죽었고, 관중(管仲)은 따라 죽지 않았으니, '인(仁)하지
않다'라고 해야 할 듯합니다." 【주】 공안국이 말했다. "제 양공(齊襄公)이
즉위하였으나 정령(政令)이 떳떳함이 없으니[無常],[102] 포숙아(鮑叔牙)가 말하기를,
'임금이 백성들을 방종하게 만들고 있으니, 장차 반란이 일어날 것이다.'라고 하고서,
공자 소백(公子小白)을 모시고 거(莒)나라로 도망갔다. 양공(襄公)의 사촌동생인 공
손무지(公孫無知)가 양공을 죽이자, 관이오(管夷吾)와 소홀(召忽)이 공자 규(公子糾)
를 모시고 노나라로 도망해 왔다. 제나라 사람이 공손무지(公孫無知)를 죽이자 노나
라가 제나라를 토벌하고 공자 규(公子糾)를 들여보내고자 하였으나, 소백(小白)이 거
(莒)나라로부터 먼저 제나라로 들어가니, 이 사람이 환공(桓公)이 되어 공자 규(公子
糾)를 죽였는데, 소홀(召忽)이 따라 죽었다." 공자가 말했다. "환공(桓公)이
아홉 번씩이나 제후(諸侯)들과 회합(會合)하면서도 무력을 사용
하지 않은 것은 관중(管仲)의 힘이었으니, 이에 그는 인(仁)한 사
람이다, 이에 그는 인(仁)한 사람이다." 【주】 공안국이 말했다. "누가 관

---

102 정령이 떳떳함이 없으니: 『춘추좌씨전』 두예의 「주」에 "政令無常"이라 했으므로, 여기도
"정령이 떳떳함이 없다"라고 해석했다.

원문 正義曰:『管子』「大匡篇」, "齊僖公生公子諸兒·公子糾·公子小白. 僖公卒, 以諸兒長得爲君, 是爲襄公."『史記』「齊世家」, "襄公弟次糾, 其母魯女也; 次弟小白, 其母衛女也."『左』「昭」十三年「傳」, "齊桓, 衛姬之子, 有寵於僖." 則公子糾與桓公爲異母昆弟也.

역문 정의에서 말한다.

『관자』「대광」에 "제나라 희공(僖公)은 공자 제아(公子諸兒)와 공자 규(公子糾)와 공자 소백(公子小白)을 낳았다. 희공이 죽자 제아(諸兒)가 가장 연장자로서 임금이 되었는데, 이가 바로 양공(襄公)이다."라고 했고, 『사기』「제세가」에 "양공(襄公)의 둘째 동생 규(糾)는 그 어머니가 노나라 여인이었고, 다음 동생인 소백(小白)은 어머니가 위나라 여인이었다."라고 했으며, 『춘추좌씨전』「소공」 13년의 「전」에 "제 환공(齊桓公)은 위희(衛姬)의 아들로서 희공(僖公)의 총애를 받았다."라고 했으니, 그렇다면 공자 규(公子糾)와 환공(桓公)은 이복형제간이다.

원문 周·秦·漢人言糾兄桓弟, 自『管子』·『史記』外, 若『莊子』·『荀子』·『韓非子』·『越絶書』·『說苑』皆是如此. 卽『公羊』以桓公爲篡, 『穀梁』以桓公爲不讓, 亦以糾是桓兄, 序當立也. 惟漢薄昭上淮南王長書言, "齊桓殺其弟以反國", 則以漢文是兄, 淮南王是弟, 不敢斥言殺兄, 故改兄作弟. 顔師古「注」引韋昭曰: "子糾, 兄也. 言弟者, 諱也." 是也.

역문 주나라와 진(秦)나라, 한나라 사람들은 공자 규가 형이고 환공이 아우라고 하는데, 『관자』나 『사기』 외에 『장자』·『순자』·『한비자』·『월

절서』·『설원』과 같은 책에서도 모두 이와 같다. 그러나 『춘추공양전』

에서는 환공이 찬탈했다고 하고, 『춘추곡량전』에서 환공이 양위(讓位)

받지 않았다고 했으니, 역시 공자 규가 환공의 형이기 때문에 순서상 당

연히 즉위한 것이다. 오직 한의 박소(薄昭)[103]가 회남왕(淮南王) 장(長)에게

간한 글에, "제 환공이 그의 아우를 죽이고 본국으로 되돌아왔다"[104]고

했으니, 그렇다면 한 문제(漢文帝)가 형이고 회남왕(淮南王)이 아우이니,

감히 형을 죽이라고 배척하여 말할 수 없었기 때문에 형을 바꾸어 아우

라고 한 것이다. 안사고의 「주」에는 위소(韋昭)를 인용하여 "공자 규(公

子糾)가 형이다. 아우라고 말한 것은 피휘(避諱)한 것이다."라고 한 것이

바로 그것이다.

원문 "曰'未仁乎'", 此起子路問詞, 故加"曰"字. 皇「疏」以爲"時議", 非也.

역문 "'인(仁)하지 않다'라고 해야 할 듯합니다.[曰'未仁乎']"

　　이것은 자로가 질문한 말을 일으킨 것이기 때문에 "왈(曰)" 자를 쓴 것

이다. 황간의 「소」에 "시의(時議)"라고 했는데, 아니다.

원문 "九合"者, "合", 會也, 謂合諸侯也.『左氏傳』言晉悼公"八年之中, 九合

---

103 박소(薄昭, ?~기원전 170): 전한(前漢) 전기의 군인이자 외척으로, 오군(吳郡) 사람이다. 문
　　제의 생모 효문태후의 동생이다. 고제 때 낭(郎)이 되어 종군하였는데, 유항(劉恒)이 대(代)
　　나라 왕으로 봉해졌을 때 효문태후와 함께 대나라로 갔다. 고후 8년(기원전 180년), 고후가
　　죽고 여씨가 주멸되어 유항이 황제로 추대되었다(문제). 중대부(中大夫) 박소는 문제를 영
　　접하였고, 문제 즉위 후 거기장군이 되고 지후(軹侯)에 봉해져 식읍 1만 호를 받았다. 회남
　　여왕이 교만하게 행동하니, 박소는 문제의 명으로 회남여왕에게 간하는 글을 보내게 하였
　　다. 문제 10년 조정의 사자를 죽인 죄로 스스로 목숨을 끊었다.

104 『전한서』 권44, 「회남형산제북왕전(淮南衡山濟北王傳)」.

諸侯." 又祁午謂趙文子"再合諸侯, 三合大夫", 皆計實數, 與此文同. 『管子』「小匡」云: "兵車之會六, 乘車之會三." 『史記』「齊世家」·「封禪書」竝云: "兵車之會三, 乘車之會六." 與『管子』互異, 均以大槪言之. 『穀梁』「莊」二十七年「傳」, "衣裳之會十有一, 未嘗有歃血之盟也, 信厚也. 兵車之會四, 未嘗有大戰也, 愛民也." 『論語』言"九合不以兵車", 則爲衣裳之會. 解者莫知所指, 鄭氏此處亦無注, 惟『釋穀梁廢疾』略存其義, 而又爲後人增亂, 莫可究詰.

역문 "규합(九合)"

"합(合)"은 회합[會]한다는 뜻이니, 제후를 회합했다는 말이다. 『춘추좌씨전』「희공」 11년에 진 도공(晉悼公)[105]이 "8년 사이에 제후들과 아홉 번 회합하였다."라고 했다. 또 「소공」 원년에 기오(祁午)[106]가 조문자(趙文子: 조맹趙孟)에게 "그동안 두 차례 제후를 회합하고, 세 차례 대부를 회합하였습니다."라고 했는데, 모두 실제의 횟수를 계산해 보면 여기의 글과 같다. 『관자』「소광」에 "병거(兵車)로 회합한 것이 여섯 번이었고 승

---

105 진 도공(晉悼公, 기원전 586~기원전 558): 춘추시대 진나라의 국군(國君). 이름은 주 또는 규(糾)고, 양공(襄公)의 증손이다. 난서(欒書)가 여공(厲公)을 살해하고 주나라에서 맞이했다. 즉위한 뒤 불신자(不臣者) 일곱 명을 내쫓았다. 공업(功業)을 닦고 덕정을 베풀면서, 제후를 모아 여러 차례 초나라와 정나라를 두고 전쟁을 벌였는데, 정나라가 항복하자 초나라도 감히 다투지 못했다. 위강(魏絳)을 보내 융(戎)과 화해하니 융인(戎人)이 직접 귀부(歸附)했다. 14년 육경(六卿)에게 제후들과 회합하여 진(秦)나라를 정벌하도록 하여 깊이 진나라 땅으로 들어가 경수(涇水)를 지나 역림(棫林)까지 이르렀지만 장수들 사이에 뜻이 맞지 않아 철수했다. 진(晉)나라가 다시 패자(覇者)가 되었다. 15년 동안 재위했다.

106 기오(祁午, ?~?): 춘추시대(春秋時代) 진(晉)나라 사람. 희성(姬姓)이고, 기씨(祁氏)이다. 대부 기해(祁奚, ?~?)의 아들. 진(晉)나라 도공(悼公)이 사람을 천거하게 하자 기해(祁奚)가 자기의 아들 기오(祁午)를 추천하여 훌륭하게 임무를 수행하게 하였다. 도공(悼公)은 기오(祁午)를 군위(軍尉)로 삼았는데 평공(平公)이 죽을 때까지 군정(軍政)에 잘못이 없었다.

거(乘車)로 회합한 것이 세 번이었다."라고 했고, 『사기』 「제세가」와 「봉
선서」에는 모두 "병거(兵車)로 회합한 것이 세 번이었고, 승거(乘車)로 회
합한 것이 여섯 번이었다."라고 했는데, 『관자』와는 서로 다르니 둘 다
대략적으로 말한 것이다. 『춘추곡량전』 「장공」 27년의 「전」에 "의상(衣
裳)의 회합은 열한 번이었는데, 일찍이 피를 마시는 맹약을 한 적이 없
었고, 신의와 후덕으로 한 것이었다. 병거(兵車)로 회합한 것이 네 번이
었는데, 일찍이 큰 싸움은 있지 않았으니, 백성을 사랑한 것이다."라고
했으니, 『논어』에서 "아홉 번씩이나 제후(諸侯)들과 회합(會合)하면서도
하되 무력을 사용하지 않았다"라고 한 것은 바로 의상(衣裳)의 회합이다. 『논
어』를 해설하는 자들은 무엇을 가리키는지도 몰랐고, 정씨(鄭氏) 역시도
여기에 대해서는 아무런 주석이 없고, 단지 그가 편찬한 『석곡량폐질』
에만 대략 그 뜻이 있을 뿐인데, 또 후세의 사람들이 혼란만 가중시켜
놓았으니, 전혀 깊이 연구해서 밝힐 수가 없다.

원문 今案, 鄭云: "自柯之明年, 葵丘以前, 去貫與陽穀, 固已九合矣." 考柯會
在莊十三年冬, 鄭不數柯而以明年爲始, 則以十四年鄄會始也. 十五年又
會鄄, 十六年盟幽, 二十七年又盟幽, 僖元年會檉, 五年會首止, 七年盟甯
母, 九年會葵丘. 是葵丘以前, 止有七合, 竝葵丘數之, 亦止有八耳. 其二
年會貫, 三年會陽穀, 鄭不據之者, 『穀梁』 「疏」 引劉炫以爲貫與陽穀非管
仲之功. 劉意以 『穀梁傳』 言 "貫之盟" 有江·黃, 管仲謂爲近楚遠齊, 齊不
能救則無以宗諸侯, 桓公不聽, 遂與之盟, 其後楚伐江滅黃, 桓公不能救.
故君子閔之. 又陽穀之會, 亦有江·黃, 二會非管仲意, 故鄭數九合, 去貫
與陽穀. 此劉申釋鄭氏, 以意知之也.

역문 이제 살펴보니, 정현(鄭玄)이 "가(柯) 땅의 결맹[107] 다음 해부터 규구(葵
丘)의 회합 이전까지, 관(貫) 땅의 결맹[108]과 양곡(陽穀)의 회합[109]을 제외

하고, 진실로 이미 아홉 번의 회합이 있었다."[110]고 했는데, 가(柯) 땅에서의 결맹이 장공 13년 겨울에 있었음을 감안해 보면 정현은 가 땅의 결맹을 치지 않고 그다음 해를 시작으로 삼았으니, 그렇다면 14년 견(鄄) 땅에서의 회합을 시작으로 삼은 것이다.[111] 15년에도 견 땅에서 회합하였고,[112] 16년에는 유(幽) 땅에서 회합하여 동맹을 맺었으며,[113] 27년에도 유(幽) 땅에서 회합하여 동맹을 맺었고,[114] 희공 원년에 정(檉) 땅에서 회맹하였으며,[115] 5년에는 수지(首止)에서 결맹하였고,[116] 7년에 영모(甯母)

---

107 『춘추(春秋)』「장공(莊公)」13년의 경문(經文)에 "겨울에 장공(莊公)이 제후(齊侯)와 회합(會合)하여 가(柯) 땅에서 결맹하였다.[冬, 公會齊侯, 盟于柯.]"라고 했다.

108 『춘추』「희공」2년: 가을 9월에 제후(齊侯)·송공(宋公)·강인(江人)·황인(黃人)이 관(貫) 땅에서 결맹하였다.[秋九月, 齊侯·宋公·江人·黃人盟于貫.]

109 『춘추』「희공」3년: 가을에 제후(齊侯)·송공(宋公)·강인(江人)·황인(黃人)이 양곡(陽穀)에서 회합하였다.[秋, 齊侯·宋公·江人·黃人會于陽穀.]

110 『춘추곡량전주소(春秋穀梁傳注疏)』권6,「장공(莊公)」27년 양사훈의「소」에 인용된 정현의「주」.

111 『춘추』「장공」14년: 겨울에 단백(單伯)이 제후(齊侯)·송공(宋公)·위후(衛侯)·정백(鄭伯)과 鄄(견) 땅에서 회합하였다.[冬, 單伯會齊侯·宋公·衛侯·鄭伯于鄄.]

112 『춘추』「장공」15년: 15년 봄에 제후(齊侯)·송공(宋公)·진후(陳侯)·위후(衛侯)·정백(鄭伯)이 견(鄄) 땅에서 회합하였다.[十有五年春, 齊侯·宋公·陳侯·衛侯·鄭伯會于鄄.]

113 『춘추』「장공」16년: 겨울 12월에 장공(莊公)이 제후(齊侯)·송공(宋公)·진후(陳侯)·위후(衛侯)·정백(鄭伯)·허남(許男)·활백(滑伯)·등자(滕子)와 회합하여 幽에서 同盟하였다.[冬十有二月, 會齊侯·宋公·陳侯·衛侯·鄭伯·許男·滑伯·滕子, 同盟于幽.]

114 『춘추』「장공」27년: 여름 6월에 장공(莊公)이 제후(齊侯)·송공(宋公)·진후(陳侯)·정백(鄭伯)과 회합하여 유(幽)에서 동맹(同盟)하였다.[夏六月에 公會齊侯·宋公·陳侯·鄭伯, 同盟于幽.]

115 『춘추』「희공」원년: 8월에 희공(僖公)이 제후(齊侯)·송공(宋公)·정백(鄭伯)·조백(曹伯)·주인(邾人)과 檉(정)에서 회맹(會盟)하였다.[八月, 公會齊侯·宋公·鄭伯·曹伯·邾人于檉.]

116 『춘추』「희공」5년: 가을 8월에 제후(諸侯)가 수지(首止)에서 결맹하였다. 정백(鄭伯)은 도

에서 회합하여 결맹하고,[117] 9년에 규구(葵丘)에서 회합하였다.[118] 이 규구(葵丘)의 회합 이전에는 일곱 번의 회합에 그치고, 규구의 회합을 아울러 세어 봐도 역시 여덟 번에 그칠 뿐이다. 그런데 희공 2년 관(貫) 땅에서의 결맹과 3년 양곡(陽穀)에서의 회합을 정현이 제외시킨 것에 대하여 『춘추곡량전』의 「소」에 유현(劉炫)을 인용해서 관 땅에서의 결맹과 양곡에서의 회합은 관중(管仲)의 공이 아니라고 하였다.[119] 유현은 아마도 『춘추곡량전』에 "관 땅에서의 결맹" 때 강인(江人)과 황인(黃人)이 있었다고 했는데, 관중이 강(江)나라와 황(黃)나라는 초나라와 가깝고 제나라와는 멀기 때문에 제나라가 구제해 주지 못하면 제후들의 으뜸이 되지 못할 것이라고 했지만, 환공(桓公)이 듣지 않고 마침내 결맹을 맺었는데, 그 후에 초나라가 강나라를 정벌하고 황나라를 멸망시켰으나 환공이 구원해 주지 못했다. 그러므로 군자(君子)가 이를 민망하게 여긴 것[120]이라

망해 돌아가고 결맹에 참여하지 않았다.[秋八月, 諸侯盟于止止. 鄭伯逃歸不盟.]

117 『춘추』「희공」5년: 가을 7월에 희공(僖公)이 제후(齊侯)·송공(宋公)·진세자 관(陳世子款)·정세자 화(鄭世子華)와 회합하여 영모(甯母)에서 결맹하였다.[秋七月, 公會齊侯·宋公·陳世子款·鄭世子華, 盟于甯母.]

118 『춘추』「희공」9년: 여름에 희공(僖公)이 재 주공(宰周公)·제후(齊侯)·송자(宋子)·위후(衛侯)·정백(鄭伯)·허남(許男)·조백(曹伯)과 규구(葵丘)에서 회합하였다.[夏, 公會宰周公·齊侯·宋子·衛侯·鄭伯·許男·曹伯于葵丘.]

119 『춘추곡량전주소』권6, 「장공」27년 양사훈의 「소」에 "선사(先師) 유현이 힐난하면서 말하길, '관(貫) 땅에서의 결맹과 양곡(陽穀)에서의 회합은 모두 관중의 공이 아니다.'라고 했다. [先師劉炫難之云: '貫與陽穀, 竝非管仲之功.']"라고 하였다.

120 희공(僖公) 11년『춘추』의 경문에 "겨울에 초인(楚人)이 황(黃)나라를 정벌하였다.[冬, 楚人伐黃.]"라고 했고, 12년에 "여름에 초인(楚人)이 황(黃)나라를 멸망시켰다.[夏, 楚人滅黃.]"라고 했는데, 12년 기사의 『춘추곡량전』에, "관(貫) 땅에서의 결맹 때 관중(管仲)이 말하길, '강(江)나라와 황(黃)나라는 제나라에서는 멀고 초나라와는 가까워 초나라가 이로움으로 삼는 나라입니다. 만약 정벌하여 능히 구제하지 않는다면 제후들의 으뜸이 되지 못할 것입니다.'라고 했다. 그러나 환공(桓公)이 듣지 않고 마침내 결맹을 맺었고, 관중은 죽었다. 그 후

고 생각한 것인 듯싶다. 또 양곡(陽穀)에서의 회합에도 역시 강인(江人)과 황인(黃人)이 있었으니, 두 번의 회맹은 관중의 뜻이 아니었기 때문에 정현이 아홉 번의 회합을 셀 때 관(貫) 땅의 결맹과 양곡(陽穀)의 회합을 제외했던 것이다. 이것은 유현이 정씨(鄭氏)를 거듭 해석하면서, 자기 생각으로 정현의 뜻을 알아낸 것이다.

원문 愚案, 鄭注『論語』"一匡天下", 以陽穀指一匡. 一匡是管仲功, 可有陽穀, 豈九合不可有陽穀耶? 九合去陽穀, 則鄭以一匡爲陽穀, 先自矛盾. 竊謂江·黃遠來就盟, 正是管仲之力. 其後齊不能救, 雖爲桓失, 不得因此而謂貫與陽穀非爲衣裳之會也. 反復思之, 疑『穀梁』「疏」所引『釋廢疾』"去貫與陽穀"五字, 當是誤衍, 「疏」家不能辨正, 而一匡指陽穀, 亦竝載其義, 而不知正與九合去陽穀之言相背, 此「疏」家之失, 非鄭指也. 若然, 鄭數兩鄄·兩幽·檉·貫·陽穀·首戴·甯母, 正符九合之數. 鄄會在柯後一年, 甯母在葵丘前二年. 故云"自柯之明年, 葵丘以前, 已有九合"也. 今就『穀梁』爲鄭疏之.

역문 내가 살펴보니, 정현은 『논어』의 "한 번 천하를 바로잡음[一匡天下]"을 주석하면서 양곡(陽穀)에서의 회합을 가지고 한 번 천하를 바로잡은 것을 가리킨다고 하였다. 한 번 천하를 바로잡은 것은 관중(管仲)의 공이고 양곡(陽穀)에서의 회합이 포함될 수 있다면 어찌해서 아홉 번의 회합에 양곡에서의 회합이 포함될 수 없다는 것인가? 아홉 번의 회합에서 양곡

에 초나라가 강나라를 정벌하고 황나라를 멸망시켰으나 환공이 구원해 주지 못했다. 그러므로 군자(君子)가 이를 민망하게 여긴 것이다.[貫之盟, 管仲曰: '江黃遠齊而近楚, 楚爲利之國也. 若伐而不能救, 則無以宗諸侯矣.' 桓公不聽, 遂與之盟, 管仲死. 楚伐江滅黃, 桓公不能救. 故君子閔之也.]"라고 했다.

을 제외하면 정현이 한 번 천하를 바로잡은 것을 양곡이라고 한 것은 먼저 자기 모순이다. 가만히 생각해 보건대, 강(江)나라와 황(黃)나라를 먼 곳에서 와서 결맹을 맺도록 한 것은 바로 관중(管仲)의 힘이다. 그 뒤에 제나라가 구원하지 못한 것은 비록 환공의 잘못이라 할지라도 이로 인해 관(貫) 땅에서의 결맹과 양곡(陽穀)에서의 회합을 의상(衣裳)의 회합이 아니라고 할 수 없다. 반복해서 생각해 보니 아마도 『춘추곡량전』의 「소」에 인용된 『석곡량폐질』의 "관 땅의 결맹과 양곡(陽穀)의 회합을 제외한다[去貫與陽穀]"라는 다섯 글자는 마땅히 실수로 불어난 글자인데, 「소」를 연구하는 학자들이 옳고 그름을 따져 바로잡지 못하고, 한 번 천하를 바로잡은 것은 양곡을 가리킨다고 한 것 역시 아울러 그 뜻을 실으면서 정말로 아홉 번의 회합에서 양곡을 제외한다는 말과 서로 배치된다는 것을 몰랐으니, 이는 「소」를 연구하는 학자들의 잘못이지 정현이 가리킨 것이 아닌 듯싶다. 만약 그렇다면 정현이 두 번의 견(鄄) 땅에서의 회합과 두 번의 유(幽) 땅에서 회합, 정(檉) 땅의 회맹과 관(貫) 땅의 결맹과 양곡의 회합, 수대(首戴)[121]에서의 결맹과 영모(甯母)에서의 결맹을 세면 바로 아홉 번 회합의 숫자와 부합한다. 견 땅에서의 회합은 가(柯) 땅에서의 결맹 1년 뒤에 있었고, 영모에서 회합은 규구(葵丘)의 회합 2년 전에 있었다. 그러므로 "가(柯) 땅의 결맹 다음 해부터 규구의 회합 이전까지, 이미 아홉 번의 회합이 있었다."라고 한 것이다. 지금의 『춘추곡량전』은 정현이 주석을 한 것[疏]으로 본다.

원문 「傳」云: "莊公十三年春, 齊人 · 宋人 · 陳人 · 蔡人 · 邾人會于北杏. 是

齊侯・宋公也, 其曰人, 何也? 始疑之. 何疑焉? 桓非受命之伯也, 將以事授之者也. 曰可矣乎? 未乎? 擧人, 衆之辭也." 是北杏之會, 諸侯尙未許桓爲伯也. 「傳」又云: "冬, 公會齊侯, 盟于柯. 曹劌之盟也, 信齊侯也. 桓盟雖內與, 不日, 信也."

역문 『춘추곡량전』「장공」 13년의 「전」에 "장공(莊公) 13년 봄에 제인(齊人)・송인(宋人)・진인(陳人)・채인(蔡人)・주인(邾人)이 북행(北杏)에서 회합했다. 이는 제후(齊侯)와 송공(宋公)인데 인(人)이라고 한 것은 어째서인가? 처음부터 의심한 것이다. 어째서 의심한 것인가? 제 환공(齊桓公)은 천자의 명을 받은 패자(霸者)가 아니지만 앞으로 모든 일을 그에게 주어 처리하게 할 자였기 때문이다. 옳다고 한 것인가? 옳지 않다고 한 것인가? 인(人)이라고 거론한 것은 많이 모였다는 말이다."라고 했는데, 이 북행(北杏)에서의 회합에서는 제후들이 오히려 아직은 제 환공을 패자(霸者)로 인정하지 않은 것이다. 「전」에서는 또 "겨울에 장공(莊公)이 제후(齊侯)와 회합하여 가(柯)에서 결맹하였다. 이는 조궤(曹劌)와 맺은 결맹인데, 제후(齊侯)를 믿은 것이다. 제 환공과의 결맹을 비록 제나라 안에서 맺었더라도 날짜를 기록하지 않은 것은 제 환공을 믿은 것이다."라고 했다.

원문 范寧『集解』, "桓公之信, 著於天下, 自柯之盟始." 其明年會鄄, 又明年會鄄, 皆謀推齊爲伯. 又明年"同盟于幽", 經書"同", 則成爲伯矣. 二十七年又"同盟于幽", 「傳」云: "于是而後授之諸侯也. 齊侯得衆也. 桓會不致, 安之也. 桓盟不日, 信之也. 信其信, 仁其仁." 觀此, 則桓伯始於柯而成於鄄, 故鄭亦不數柯, 而云"柯之明年", 則明指九合爲始鄄矣.

역문 범녕의 『춘추곡량전집해』에 "제 환공의 신뢰가 천하에 드러난 것은 가(柯)에서의 결맹으로부터 비롯된 것이다."라고 했는데, 그다음 해에 견(鄄)에서 회합하고, 또 그다음 해에도 견(鄄)에서 회합했으니, 모두 제 환공을 패자(霸者) 추대할 것을 모의했다. 또 그다음 해에 "유(幽)에서 동맹(同盟)하였다[同盟于幽]"라고 했는데, 경문(經文)에 "동(同)"이라고 썼다면 패자로의 추대가 완성되었다는 것이다. 27년에도 또 "유에서 동맹하였다"라고 했는데, 「전」에 "이 동맹을 맺은 뒤에 그에게 제후의 지위를 준 것이다. 그에게 제후의 자리를 준 것은 어째서인가?[122] 제후(齊侯)가 제후의 무리를 얻었기 때문이다. 제환공의 회합에서 정벌하지 않은 것은 편안히 여겼기 때문이고 환공의 결맹에서 날짜를 쓰지 않은 것은 믿었기 때문이다. 그의 신용을 믿은 것이고 그의 인(仁)을 인으로 여긴 것이다."라고 했는데, 이것을 살펴보면 제 환공이 패자(霸者)가 된 것은 가(柯)의 결맹에서 시작해서 견(鄄)의 회합에서 완성되었기 때문에 정현 역시도 가(柯)에서의 결맹을 세지 않고 "가 땅의 결맹 다음 해"라고 한 것이니, 그렇다면 아홉 번의 회합은 견(鄄)의 회합에서 시작되었음을 가리키는 것이 분명하다.

원문 『呂氏春秋』「貴信篇」言柯之盟, "莊公與曹劌皆懷劍劫盟"云云, 下云: "夫九合之而合, 壹匡之而聽, 皆從此生矣." 『新序』「雜事篇」亦云: "柯之盟, 齊不倍盟, 天下諸侯翕然而歸之. 爲鄄之會·幽之盟, 諸侯莫不至焉, 爲陽穀之會·貫澤之盟, 遠國皆來." 又云: "九合諸侯, 一匡天下, 功次三王, 爲五伯長, 本信起乎柯之盟也." 皆以九合在柯後, 知鄭說非無據矣.

역문 『여씨춘추』「귀신」에 가(柯) 땅에서의 결맹을 말하면서 "장공(莊公)과

---

122 『논어정의』에는 이 부분이 생략되었으나, 『춘추곡량전』「장공(莊公)」 27년의 「전」에 "그에게 제후의 지위를 준 것은 어째서인가?[其授之諸侯, 何也?]"라고 되어 있다. 문맥의 이해를 위해 『춘추곡량전』을 근거로 보충했다.

조궤(曹劌)는 모두 칼을 품고 제 환공에게 맹약을 윽박질렀다"라고 운운하고, 그 아래서 "무릇 아홉 번 회합을 소집하매 모이고 한 번 천하를 바로잡으매 듣고 따르게 된 것은 모두 이로부터 생겨났다."라고 했으며, 『신서』「잡사」에도 "가(柯) 땅의 결맹에서 제 환공이 결맹을 배반하지 않자 천하의 제후들이 흡족해하며 제환공에게 귀의했다. 견(鄄) 땅의 회합과 유(幽) 땅의 결맹에서는 참석하지 않은 제후가 없었고, 양곡(陽穀)에서의 회합과 관택(貫澤)에서의 결맹을 맺을 때는 멀리 있는 나라조차 모두 달려왔다."라고 했으며, 또 "제후들과 아홉 번 회합해서 천하를 한 번 바로잡았으니, 그 공이 3왕(王)에 버금가고, 오패(五伯) 중에 으뜸이 되니 근본 신뢰는 가 땅의 결맹에서 일어난 것이다."라고 했는데, 모두 아홉 번의 회합이 가(柯) 땅의 결맹 이후에 있었으니, 정현의 설이 근거가 없는 것이 아님을 알 수 있다.

원문 至貫之盟, 『左傳』云"服江・黃也." 『公羊傳』謂"江人・黃人不召而至." 雖『穀梁傳』有"楚伐江滅黃, 齊不能救, 君子閔之"之言, 然閔其不能救, 非不肯救也, 且以哀江・黃之服德而無援也. 此固無損於齊伯. 至陽穀之會, 『左傳』曰: "謀伐楚也." 『公羊』曰: "無障谷, 無貯粟, 無易樹子, 無以妾爲妻." 『穀梁』曰: "桓公委端搢笏而朝諸侯, 諸侯皆諭乎桓公之志." 此桓盛會, 亞於葵丘, 九合當數之無疑矣. 至檉謀救鄭, 首戴謀寧周, 甯母謀伐鄭, 皆無異辭. 至葵丘爲桓極盛, 亦於是始衰, 故鄭不數葵丘, 已有九也.

역문 관(貫) 땅의 결맹에 대하여 『춘추좌씨전』에서 "강(江)나라와 황(黃)나라가 항복했기 때문이다."[123]라고 하였고 『춘추공양전』에서는 "강인(江

---

123 『춘추좌씨전』 「희공」 2년: 가을에 관(貫)에서 결맹하였으니, 강나라・황나라가 제나라에 복종하였기 때문이다.[秋, 盟于貫, 服江・黃也.]

人)과 황인(黃人)은 초청하지도 않았는데 이르렀다."[124]라고 했으니, 비록
『춘추곡량전』에 "초나라가 강나라를 정벌하고 황나라를 멸망시켰으나
제나라가 구원해 주지 못했으므로 군자가 이를 민망하게 여겼다"[125]는
말이 있지만, 그러나 구원해 주지 못한 것을 민망하게 여긴 것은 적극적
으로 구제하지 않은 것을 비난한 것이고, 또 강나라와 황나라가 덕(德)
에 복종한 것인데도 구원이 없었음을 안타깝게 여겼기 때문이다. 이는
진실로 제나라가 패자가 되는 데 손해 될 것이 없었다. 심지어 양곡(陽
穀)의 회합에 대해 『춘추좌씨전』에 "초나라를 토벌할 것을 모의하기 위
해서였다."[126]라고 하였고, 『춘추공양전』에서는 "계곡을 막지 말 것이
며, 곡식을 비축하지 말 것이며, 세자를 바꾸지 말 것이며, 첩(妾)을 아내
로 삼지 말라."[127]고 했으며, 『춘추곡량전』에서는 "제 환공이 위엄을 갖
추고 엄숙한 태도로 홀(笏)을 꼽고서 제후들에게 조회를 받으매 제후들
은 모두 환공의 뜻을 깨달았다."[128]고 했으니, 이 환공의 성대한 회합은
규구(葵丘)의 결맹에 버금가는 것으로, 아홉 번의 회합에 마땅히 포함을

---

124 『춘추공양전』「회공(僖公)」 9년: 제 환공(齊桓公)의 결맹은 날짜를 기록하지 않는데, 여기서
　는 어찌하여 기록한 것인가? 위협을 하였기 때문이다. 어째서 위협한 것인가? 관택(貫澤)의
　회합 때 환공은 중국(中國)을 근심하는 마음이 있었는데, 초청하지도 않았는데 이른 자는
　강인(江人)과 황인(黃人)이었다. 규구(葵丘)의 회합에서 환공이 몹시 사나우면서도 교만하
　게 굴자 배반한 나라가 아홉 나라였다.[桓之盟不日, 此何以日? 危之也. 何危爾? 貫澤之會,
　桓公有憂中國之心, 不召而至者, 江人・黃人也. 葵丘之會, 桓公震而矜之, 叛者九國.]
125 『춘추곡량전』「회공」 11년.
126 『춘추좌씨전』「회공」 3년: 가을에 양곡(陽穀)에서 회합하였으니, 초나라를 토벌할 것을 모
　의하기 위해서였다.[秋, 會于陽穀, 謀伐楚也.]
127 『춘추공양전』「회공」 3년: 제 환공이 말했다. "계곡을 막지 말 것이며, 곡식을 비축하지 말
　것이며, 세자를 바꾸지 말 것이며, 첩(妾)을 아내로 삼지 말라."[桓公曰: "無障谷, 無貯粟, 無
　易樹子, 無以妾爲妻."]
128 『춘추곡량전』「회공」 3년.

시켜야 의심이 없게 될 것이다. 그리고 정(檉)에서 정나라 구원하는 일을 모의한 것[129]과 수대(首戴)에서 주나라 왕실의 안정을 모의한 것[130]과 영모(甯母)에서 정나라의 토벌을 모의한 것[131]에 이르러서도 모두 다른 말이 없다. 규구(葵丘)의 회합에 이르러서 환공이 극도로 융성했지만 역시 이때 비로소 쇠하기 시작했기 때문에 정현이 규구의 회합을 세지 않은 것이니, 이미 아홉 번의 회합은 있었던 것이다.

원문 自鄭『釋廢疾』「傳」寫有"去貫與陽穀"五字, 而申鄭者遂不得其解. 今綜各說, 以附於後. 『穀梁』「疏」引劉炫謂有洮與葵丘, 以當貫・陽穀之數, 且以『穀梁傳』洮會兵車爲誤. 李賢『後漢書』「延篤傳」「注」同, 用劉說也. 凌氏曙『典故覈』亦從其說, 謂"洮會在僖八年, 明年會葵丘, 葵丘以前皆衣裳, 用管仲也, 葵丘以後用兵車, 管仲死也."

역문 본래 정현의 『석공량폐질』의 「전」에 "관(貫) 땅의 결맹과 양곡(陽穀)의 회합을 제외한다[去貫與陽穀]"라는 다섯 글자를 써 놓은 것이 있는데, 정현의 해설을 되풀이하는 자가 마침내 그것을 이해하지 못한 것이다. 이제 각각의 설을 종합해서 뒤에 부록(附錄)으로 한다. 『춘추곡량전』의 「소」에는 유현을 인용해서 도(洮) 땅의 결맹[132]과 규구(葵丘)의 회합은 관

---

129 『춘추좌씨전』「희공」 원년에 "희공(僖公)이 제후들과 낙(犖)에서 결맹하였으니, 정나라 구원하는 일을 모의하기 위해서였다.[盟于犖, 謀救鄭也.]"라고 했는데, 두예의 「주」에 "낙(犖)은 바로 정(檉)이니, 지명이 둘이다.[犖, 卽檉也, 地有二名.]"라고 했다.

130 『춘추좌씨전』「희공」 5년: 제후가 수지(首止)에서 회합하여 왕태자 정(王太子鄭)을 회현(會見)하였으니, 이는 주나라 왕실의 안정을 모의하기 위함이었다.[會于首止, 會王大子鄭, 謀寧周也.]

131 『춘추좌씨전』「희공」 7년: 가을에 영모(甯母)에서 결맹하였으니 정나라 토벌를 모의하기 위함이었다.[秋, 盟于甯母, 謀鄭故也.]

132 『춘추』「희공」 8년: 8년 봄 주왕(周王) 정월에 희공(僖公)이 왕인(王人)・제후(齊侯)・송공

(貫)의 결맹과 양곡(陽穀) 회합의 숫자에 해당시켜야 하고, 또『춘추곡량전』에서 도(洮) 땅의 결맹이 병거(兵車)의 회합이라는 것은 잘못이라고 했다. 이현(李賢)의『후한서』「연독전」의 「주」도 같으니, 유현의 말을 이용한 것이다. 능서(凌曙)의『사서전고핵』역시 유현의 말을 따라 "도(洮) 땅의 회맹은 희공(僖公) 8년에 있었고 다음 해에 규구(葵丘)에서 회합했는데, 규구의 회합 이전은 모두 의상(衣裳)의 회합이니, 관중(管仲)을 이용한 것이고, 규구의 회합 이후에 무력[兵車]을 사용했다면 관중이 죽었다는 것이다."라고 했다.

원문 案,『穀梁』言洮會爲兵車, 合於鹹·牡丘·淮爲四會.『左傳』云: "盟于洮, 謀王室也. 襄王定位而後發喪." 其時叔帶作難, 襄王懼不立, 不發喪而告難于齊. 桓公奉王命以兵車會諸侯謀之, 此正理之所宜, 何乃以爲傳誤? 且究是傳誤, 亦爲劉義, 非康成有傳誤之言, 此一說也.

역문 살펴보니,『춘추곡량전』에서 조(洮)의 회합이 병거(兵車)의 회합이라고 했으니, 함(鹹)의 회합[133]과 모구(牡丘)의 회합[134]과 회(淮)의 회합[135]을

(宋公)·위후(衛侯)·허남(許男)·조백(曹伯)·진세자 관(陳世子款)과 회합하여 도(洮)에서 결맹하였다.[八年春王正月, 公會王人·齊侯·宋公·衛侯·許男·曹伯·陳世子款盟于洮.]

[133]『춘추』「희공」 13년: 희공(僖公)이 제후(齊侯)·송공(宋公)·진후(陳侯)·위후(衛侯)·정백(鄭伯)·허남(許男)·조백(曹伯)과 함(鹹)에서 회합하였다.[公會齊侯·宋公·陳侯·衛侯·鄭伯·許男·曹伯于鹹.]

[134]『춘추』「희공」 15년: 3월에 희공(僖公)이 제후(齊侯)·송공(宋公)·진후(陳侯)·위후(衛侯)·정백(鄭伯)·허남(許男)·조백(曹伯)과 회합하여 모구(牡丘)에서 결맹하고서, 드디어 광(匡)에 주둔하였다.[三月, 公會齊侯·宋公·陳侯·衛侯·鄭伯·許男·曹伯盟于牡丘, 遂次于匡.]

[135]『춘추』「희공」 16년: 겨울 12월에 희공(僖公)이 제후(齊侯)·송공(宋公)·진후(陳侯)·위후

합해 4회가 된다. 『춘추좌씨전』「희공」 8년의 「전」에 "도(洮)에서 결맹[136]하였으니, 이는 주나라 왕실의 안정을 모의하기 위함이었다. 양왕(襄王)이 왕위를 확정한 뒤에 혜왕(惠王)의 상(喪)을 발표하였다."라고 했는데, 당시에 왕자인 태숙 대(太叔帶)가 난리를 일으켜 양왕(襄王)이 자신이 왕위에 오르지 못할 것을 두려워하여 상(喪)을 발표하지 않고 제나라에 화난(禍難)을 통보하였다. 이에 제 환공이 왕명을 받들어 무력으로 제후를 회합하여 왕실의 안정을 모의하였으니, 이는 참으로 도리상 마땅한 것이니 어찌 전해지는 과정에서 잘못된 것이겠는가? 또 전해지는 과정에서 잘못된 것을 연구해 보면 역시 유현의 뜻이지, 정강성이 잘못 전한 말이 있었던 것이 아니니, 이것이 하나의 설이다.

원문 范寧解十三年會北杏, 十四年會鄄, 十五年又會鄄, 十六年會幽, 二十七年又會幽, 僖元年會檉, 二年會貫, 三年會陽穀, 五年會首戴, 七年會甯母, 九年會葵丘, 凡十一會. 『論語』皇「疏」引范「注」謂"鄭不取北杏及陽穀, 爲九會", 則有貫與葵丘, 又一說也.

역문 범녕의 해설에는 노나라 장공(莊公) 13년에 북행(北杏)에서 회합하고, 14년에 견(鄄)에서 회합하고, 15년에 또 견(鄄)에서 회합하였으며, 16년에 유(幽)에서 회합하고, 27년에 또 유(幽)에서 회합하였으며, 희공(僖公) 원년에 정(檉)에서 회합하고, 2년에 관(貫)에서 회합하고, 3년에 양곡(陽穀)에서 회합하고, 5년에 수대(首戴)에서 회합하고, 7년에 영모(甯母)에서 회합하였으며, 9년에 규구(葵丘)에서 회합했다고 하였으니, 모두 11번의

(衛侯)·정백(鄭伯)·허남(許男)·조백(曹伯)과 회(淮)에서 회합하였다.[冬十有二月, 公會齊侯·宋公·陳侯·衛侯·鄭伯·許男·邢侯·曹伯于淮.]

136 『논어정의』에는 "會于洮"로 되어 있다. 『춘추좌씨전』을 근거로 "盟于洮"로 고쳤다.

회합이다. 『논어』 황간의 「소」에 범녕의 「주」를 인용해서 "정현은 북행(北杏)과 양곡(陽穀)의 회합을 취하지 않았기 때문에 아홉 번의 회합이라고 한 것이다"라고 하였으니, 그렇다면 관(貫)의 회합과 규구(葵丘)의 회합이 포함된다는 것이 또 하나의 설이다.

원문 陸氏「論語釋文」云: "范寧「注」云: '十三年會北杏, 又會柯, 十四年會鄄, 十五年又會鄄, 十六年會幽, 二十七年又會幽, 僖元年會檉, 二年會貫, 三年會陽穀, 五年會首戴, 七年會甯母.' 凡十一會, 鄭不取北杏及陽穀爲九." 則有柯・貫二會, 又一說也.

역문 육덕명의 『경전석문』「논어석문」에 "범녕의 「주」에 '노나라 장공(莊公) 13년에 북행(北杏)에서 회합하고 또 가(柯)에서 회합했으며, 14년에 견(鄄)에서 회합하고, 15년에 또 견에서 회합하였으며, 16년에 유(幽)에서 회합하고, 27년에 또 유에서 회합하였으며, 희공(僖公) 원년에 정(檉)에서 회합하고, 2년에 관(貫)에서 회합하고, 3년에 양곡(陽穀)에서 회합하고, 5년에 수대(首戴)에서 회합하고, 7년에 영모(甯母)에서 회합했다.'라고 했으니, 모두 11번 회합했는데, 정현은 북행(北杏)과 양곡(陽穀)의 회합을 취하지 않았기 때문에 아홉 번이라고 한 것이다."라고 했으니, 그렇다면 가(柯) 땅과 관(貫) 땅에서의 두 회합이 포함된다는 것이 또 하나의 설이다.

원문 盧氏文弨『釋文考證』從陸氏而小變其說云: "『穀梁』「疏」引鄭『釋廢疾』云: '去貫與陽穀', 或云: '與猶數也, 言數陽穀, 故得爲九也.' 僖九年'盟于葵丘', 「疏」云: '『論語』"一匡天下", 鄭不據之, 而指陽穀者, 鄭據『公羊』之文, 故指陽穀.' 然則鄭「注」不數貫而數陽穀, 陸言鄭有貫無陽穀, 互誤." 陳氏鱣『古訓』略同, 則有柯・陽穀二會, 又一說也.

역문 노문초(盧文弨)의 『석문고증』에서는 육씨(陸氏)를 따라 그의 설을 조금 바꾸어 "『춘추곡량전』의 「소」에 정현의 『석공량폐질』을 인용해서 '관(貫) 땅의 결맹과 양곡(陽穀)의 회합을 제외한다[去貫與陽穀]'라고 했는데, 혹자는 이르길, '여(與)는 센다[數]는 뜻과 같으니, 양곡의 회합을 횟수로 세었기 때문에 아홉 번이 된다는 말이다.'라고 했다. 희공(僖公) 9년에 '규구(葵丘)에서 결맹했다'라고 했는데, 『춘추곡량전』 양사훈(楊士勛)의 「소」에 '『논어』에 "한 번 천하를 바로잡았다"라고 했는데, 정현이 이것에 의거하지 않고 양곡(陽穀)을 가리킨 것은, 정현이 『춘추공양전』의 글을 근거로 삼았기 때문에 양곡을 가리킨 것이다.'라고 했으니, 그렇다면 정현은 관(貫)의 결맹은 포함시키지 않고 양곡을 포함시킨 것으로, 육덕명의 '정현은 관의 결맹을 포함시키고 양곡을 포함시키지 않았다'라는 말은 서로 잘못된 것이다."라고 했다. 진전(陳鱣)의 『논어고훈』도 대략 같은데, 그렇다면 가(柯)와 양곡(陽穀)의 두 회합이 포함되는 것이니, 이것도 하나의 설이다.

원문 案, 北杏在柯會前, 柯會不數, 北杏安得數之? 其數柯與葵丘, 顯與鄭義不合. 又鄭『論語』此文無注, 盧誤記有注. 凡諸述鄭, 未符厥指. 至『穀梁』「疏」又列二說, "或云'葵丘會·盟異時, 故分爲二.' 或取公子結與齊桓·宋公盟爲九. 先師劉炫難之云: '若以葵丘之盟, 盟·會異時而數爲二, 則首戴之會亦可爲二也. 離會不數, 鄄盟去公子結, 則惟有齊·宋二國之會, 安得數之?'" 是前二說皆劉難, 楊「疏」所不從矣.

역문 살펴보니, 북행(北杏)의 회합은 가(柯)의 회합 전에 있었으니, 가(柯)의 회합을 포함시키지 않는다면, 북행의 회합을 어떻게 포함시킬 수 있겠는가? 가의 회합과 규구의 회합을 포함시키는 것은 현격하게 정현의 뜻과는 부합되지 않는다. 또 정현은 『논어』의 이 문장에 대해 주석한 것이 없는데, 노문초가 실수로 주석을 한 것이 있다고 기록했다. 대부분의 정현을 계승했다는 설들이 그의 취지와는 부합되지 않는다. 심지어 『춘추곡량전』의 「소」에서도 두 가지 설을 나열했는데, "혹자가 이르길, '규구(葵丘)에서는 회합과 결맹이 다른 때에 있었기 때문에 나누어 두 번으로 해야 한다.'라고 하고, 혹은 공자 결(公子結)이 제 환공(齊桓公) 및 송공(宋公)과 맺은 결맹[137]을 취해서 아홉 번으로 삼기도 한다. 선사(先師)인 유현은 이를 힐난하기를, '만약 규구의 결맹을 결맹과 화합이 다른 때에 있었다고 해서 두 번으로 센다면 수대(首戴)의 회합 역시 두 번이 될 수 있을 것이다. 회합을 빼고 세지 않고, 견(鄄)의 결맹에서 공자 결(公子結)을 제외시키면 오직 제(齊)와 송(宋) 두 나라의 회합이 될 뿐이니 어찌 포함시킬 수 있겠는가?"라고 했는데, 이 앞의 두 가지 설은 모두 유현의 힐난으로, 양사훈(楊士勛)의 「소」에서는 따르지 않은 것이다.

원문 若劉敞『意林』以始<u>幽</u>終<u>淮</u>爲九. <u>萬斯大</u>『學春秋隨筆』以<u>莊</u>二十七年會<u>幽</u>, 竝<u>檉</u>·<u>貫</u>·<u>陽穀</u>·<u>首止</u>·<u>甯母</u>·<u>洮</u>·<u>葵丘</u>·<u>鹹</u>爲九. <u>羅泌</u>『路史』以第九次合諸侯專指<u>葵丘</u>. <u>朱子</u>『集注』以"九"與"糾"通, 與『<u>左</u>』「<u>僖</u>」二十六年「傳」<u>桓公</u>"糾合諸侯"文同. 異義錯出, 難可通曉, 後之學者, 當無爲所惑矣.

역문 유창(劉敞)의 『의림』과 같은 경우는 유(幽)의 회합을 시작으로 해서 회(淮)의 회합을 끝으로 하여 아홉 번이라고 했다. 만사대(萬斯大)의 『학춘추수필』에서는 장공(莊公) 27년 유(幽)의 회합과 아울러 정(檉)·관(貫)·양곡(陽穀)·수지(首止)·영모(甯母)·조(洮)·규구(葵丘)·함(鹹)의   회합

---

[137] 『춘추』「장공」 19년: 가을에 공자 결(公子結)이 진후(陳侯)에게 출가하는 여자의 잉첩(媵妾)으로 가는 노(魯)나라의 딸을 호송해 진(陳)으로 가다가 견(鄄)에 이르러 드디어 제후(齊侯)와 송공(宋公)과 결맹하였다.[秋, <u>公子結媵陳</u>人之婦于<u>鄄</u>, 遂及<u>齊侯</u>·<u>宋</u>公盟.]

이 아홉 번의 회합이라고 하였다. 나필(羅泌)[138]의 『노사』에는 아홉 번째 제후들을 회합한 것을 오로지 규구의 회합을 가리킨다고 했다. 주자의 『논어집주』에는 "구(九)"를 "규(糾)"와 통용되는 글자라고 했으니,[139] 『춘추좌씨전』「희공」 26년의 「전」에서 환공(桓公)이 "제후를 규합했다[糾合諸侯]"[140]고 할 때의 "규(糾)"와 글자가 같다. 다른 뜻이 뒤섞여 나와 환하게 깨달아 알 수 있기가 어려우니 후세의 학자들은 마땅히 미혹됨이 없어야 할 것이다.

원문 "不以兵車", "以"者, 用也. 桓公假仁義以服諸侯, 諸侯皆來就桓會盟, 不用兵車驅迫之也. 『呂氏春秋』「勿躬篇」, "桓公令五子皆任其事, 以受令於管子, 十年九合諸侯, 一匡天下, 皆夷吾與五子之能也." 『新序』「雜事篇」, "夫管仲能知人; 桓公能任賢. 所以九合諸侯, 一匡天下, 不用兵車, 管仲之功也." 然則管仲能知人用人, 成此伯功, 所以『論語』歸美管仲也.

역문 "무력을 사용하지 않음[不以兵車]"에서 "이(以)"는 사용한다[用]는 뜻이다. 환공(桓公)이 인의(仁義)를 빌려서 제후를 복종시킴에 제후들이 모두 와서 환공의 회합과 결맹에 나아갔으니 무력으로 몰아서 다그치는 것을 사용하지 않는 것이다. 『여씨춘추』「물궁」에 "환공이 다섯 사람[141]으로

---

138 나필(羅泌, 1131~1189): 남송(南宋) 때 길주(吉州) 여릉(廬陵), 지금의 강서성(江西省) 길안(吉安) 사람. 어려서부터 학문에 힘써 시문(詩文)에 능하였고 벼슬에는 뜻이 없었다. 건도(乾道) 연간의 저서로 『노사(路史)』 47권이 있고, 이 외에도 『역설(易說)』·『육종론(六宗論)』, 『삼회상증(三匯詳證)』 등이 있다.

139 『논어집주』「헌문」의 주희 「주」: 구(九)는 『춘추전(春秋傳)』에 규(糾)로 되어 있으니, 감독한다는 뜻이다. 고자(古字)에 통용(通用)되었다.[九, 『春秋傳』, 作糾, 督也, 古字通用.]

140 『춘추좌씨전』「희공」 26년: 환공(桓公)이 이 때문에 제후를 규합하여 제후 사이의 불화(不和)를 해결할 것을 도모했다.[桓公是以糾合諸侯, 而謀其不協.]

141 다섯 사람[五子]: 춘추전국시대 제 환공(齊桓公) 밑에 있던 영속(甯遫)·습붕(隰朋)·동곽아

하여금 모두 각자의 일을 맞게 하고서 관자[管子: 관중(管仲)]로부터 명령을 받게 하여 10년 만에 제후들과 아홉 번 회합하여[九合諸侯] 한 번 천하를 바로잡았으니, 이것은 모두 이오(夷吾)와 다섯 사람의 능력 때문이었다."라고 했고, 『신서』「잡사」에 "관중은 사람을 알아보는 데 능하였고, 환공은 현명한 사람을 임용하는 데 뛰어났다. 따라서 제후들과 아홉 번 회합해서 한 번 천하를 바로잡으면서도 무력을 사용하지 않은 것은 관중의 공이다."라고 했으니, 그렇다면 관중은 사람을 알아보고 사람을 등용하는 데 능하여 이 패자(霸者)의 공을 이루었으므로 『논어』에서 관중에게 칭송을 돌린 것이다.

원문 "如其仁"者, <u>王氏引之</u>『經傳釋詞』, "如, 猶乃也." 此訓最當. 蓋不直言 "爲仁", 而言"如其仁", 明專據功業言之, 『穀梁傳』所云"仁其仁"者也. <u>胡氏紹勳</u>『拾義』據『廣雅』「釋言」訓"如"爲"均", 亦通. <u>俞氏樾</u>『諸子平議』謂 "『法言』是擬『論語』, 其中所云'如其富, 如其富', '如其智, 如其智', '如其寢, 如其寢', 皆不予之辭. 則'如其仁, 如其仁', 蓋不許其仁也, 言<u>管仲</u>但論 其事功可也, 不必論其仁也." <u>俞君</u>此說, 深得<u>楊子</u>之意, 其與『論語』本旨, 不必合也. <u>鄭</u>「注」云: "重言'如其仁'者, 九合諸侯, 功齊天下, 此仁爲大, 死節, 仁小者也."

역문 "여기인(如其仁)"

왕인지의 『경전석사』에 "여(如)는 내(乃)와 같다."라고 했는데, 이 해석이 가장 적당하다. 대체로 곧장 "인하다[爲仁]"라고 하지 않고, "이에 그는 인(仁)한 사람이다[如其仁]"라고 한 것은 오로지 공업을 근거로 말한 것임을 분명히 한 것이니, 『춘추곡량전』의 이른바 "그의 인(仁)을 인하

(東郭牙)·현장(弦章)·왕자 성보(王子成甫)의 다섯 사람.

다고 여긴 것이다."¹⁴²라는 것이다. 호소훈(胡紹勳)의 『사서습의』에는 『광아』「석언」을 근거로 "여(如)"를 "균(均)"의 뜻으로 새겼는데 역시 통한다. 유월(兪樾)의 『제자평의』에 "『법언』은 『논어』를 본뜬 것인데 그 중에서 '어찌 부유하다 하겠는가, 어찌 부유하다 하겠는가?'¹⁴³라고 한 것과 '어찌 지혜롭다 하겠는가. 어찌 지혜롭다 하겠는가?'¹⁴⁴라고 한 것, 그리고 '어찌 묻혀 버리겠는가, 어찌 묻혀 버리겠는가?'¹⁴⁵라고 한 것은 모두 인정하지 않는다는 말이다. 그렇다면 '여기인(如其仁), 여기인(如其仁)'은 아마도 그의 인(仁)을 인정하지 않는 것이니, 관중(管仲)은 단지 그가 한 일의 공을 논하는 것은 괜찮지만 굳이 그가 인(仁)함을 논할 필요는 없다는 말이다."라고 했다. 유군(兪君)의 이 말은 양자(揚子)의 뜻을 깊이 터득한 말이니, 『논어』의 본래 취지와는 굳이 부합할 필요는 없다. 정현의 「주」에 "거듭 '여기인(如其仁)'이라고 말한 것은, 아홉 번 제후들

---

142 『춘추곡량전』「장공」 27년: 환공의 결맹에서 날짜를 쓰지 않은 것은 그를 믿은 것이니, 그의 신뢰를 믿은 것이고 그의 인(仁)을 인하다고 여긴 것이다.[桓盟不日, 信之也, 信其信; 仁其仁.]

143 『법언(法言)』「학행(學行)」: 양자(揚子)가 말했다. "내가 들으니, '선생은 서로 더불어 말할 때 인(仁)과 의(義)를 화제(話題)로 삼고, 시정(市井)의 상인은 서로 더불어 말할 때 재물과 이익을 화제로 삼는다'라고 하는데, 어찌 부유하다 하겠는가, 어찌 부유하다 하겠는가?'[曰: "吾聞, '先生相與言則以仁與義, 市井相與言則以財與利.' 如其富如其富?"]

144 『법언』「오자(吾子)」: 혹자가 물었다. "굴원은 지혜로웠습니까?" 양자(揚子)가 말했다. "굴원의 깨끗한 지조와 뛰어난 재주는 옥과 같고 옥돌과 같았으나 참소를 당하여 쫓겨나자 변하여 단청(丹青)이 되었으니, 어찌 지혜롭다 하겠는가, 어찌 지혜롭다 하겠는가?"[或問, "屈原智乎?" 曰: "如玉如瑩, 爰變丹青, 如其智如其智?"]

145 『법언』「안건(顏渊)」: 혹자가 말했다. "안연과 민자건(閔子騫)은 어찌하여 묻혀 버리지 않는 것입니까?" 양자(揚子)가 말했다. "그들은 용의 비늘을 움켜잡고 봉황의 날개를 붙이고서 바람 타고 날아오르니 훨훨 기운차게 날아올라 따라잡을 수가 없으니, 어찌 묻혀 버리겠는가, 어찌 묻혀 버리겠는가?"[或曰: "淵 · 騫曷不寢?" 曰: "攀龍鱗附鳳翼, 巽以揚之, 勃勃乎其不可及乎, 如其寢如其寢?"]

과 회합한 것은 공로가 천하와 같으니, 이러한 인(仁)은 큰 것이 되지만 절개를 위해서 죽는 것은 인(仁) 중에서 작은 것이기 때문이다."라고 했다.

- 「注」, "齊襄"至"死之".
- 正義曰: "襄公立, 無常", 至"出奔魯", 見『左』「莊」八年「傳」. 襄公, 僖公之子. 公孫無知, 則僖公母弟夷仲年所生之子, 故此「注」以無知爲襄公從弟也. 無知弑襄公, 遂自立. 『左傳』云: "九年春, 齊人雍廩殺無知. 公及齊大夫盟于蔇, 齊無君也. 夏, 公伐齊, 納子糾, 桓公自莒先入. 秋, 師及齊師戰于乾時, 我師敗績. 鮑叔帥師來言曰: '子糾, 親也, 請君討之. 管 · 召, 讐也, 請受而甘心焉.' 乃殺子糾於生竇. 召忽死之. 管仲請囚, 鮑叔受之, 及堂阜而稅之."
- ○「주」의 "제양(齊襄)"부터 "사지(死之)"까지.
- ○ 정의에서 말한다.
  "제 양공(齊襄公)이 즉위하였으나 정령(政令)이 무상(無常)하니"부터 "노나라로 도망해 왔다"까지는 『춘추좌씨전』「장공」 8년의 「전」에 보인다. 제 양공(齊襄公)은 제 희공(齊僖公)의 아들이다. 공손무지(公孫無知)는 희공(僖公)의 동모제(同母弟)인 이중년(夷仲年)이 나은 자식이기 때문에 여기의 「주」에서 무지(無知)를 양공(襄公)의 사촌동생[從弟]이라고 한 것이다. 무지는 양공을 죽이고 스스로 임금이 되었다. 『춘추좌씨전』에 "9년 봄에 제나라 사람인[146] 옹름(雍廩)이 무지(無知)를 죽였다. 장공(莊公)이 제나라 대부와 기(蔇)에서 결맹하였으니, 이는 제나라에 임금이 없었기 때문이다. 여름에 장공이 제나라를 토벌하여 공자 규(公子糾)를 제나라의 임금으로 들여보내려 했었는데, 환공(桓公)이 거(莒)나라에서 먼저 제나라로 들어갔다. 가을에 노나라 군대가 제나라 군대와 건시(乾時)에서 전투하다가 노나라 군대가 대패하였다. 포숙(鮑叔)이 군대를 거느리고 와서 말하기를, '공자 규(公子糾)는 친족이니 노나라 임금께서 그를 죽이고, 관중(管仲)과 소홀(召忽)은 원수이니 우리가 인수해다가 속 시원히 원수를 갚을 것을 청한다.'라고 하였다. 이에 생두(生竇)에서 공자 규(公子糾)

---

146 『춘추좌씨전』에는 "齊人" 두 글자가 없다.

를 죽이니, 소홀은 공자 규를 따라서 죽고 관중은 제나라의 포로가 되기를 요청하였다. 포숙이 그를 인수해 가다가 당부(堂阜)에 이르러 그의 결박을 풀어 주었다."라고 했다.

『史記』「齊世家」, "小白少好善大夫, 殺無知, 高·國先陰召小白, 魯亦發兵送子糾, 而使管仲別將兵遮莒道, 射中小白帶鉤. 小白佯死, 管仲使報魯. 魯送糾者行遲, 六日至齊. 小白已入, 立爲桓公. 桓公載溫車中馳行, 又有高·國應, 故得先入立."

『사기』「제세가」에 "소백은 어려서부터 대부 고혜(高傒)를 매우 좋아했는데, 옹림(雍林)의 사람들이 무지(無知)를 죽이자, 고혜와 국의중(國懿仲)이 먼저 거(莒)나라에 있는 소백을 몰래 불러들였는데, 그러자 노나라에서도 군사를 풀어 공자 규(公子糾)를 보내는 한편 관중(管仲)에게 따로 병사를 이끌고 가서 거나라로 통하는 길을 막게 했다. 관중이 화살로 소백의 허리띠 갈고리를 쏘아 맞추자, 소백이 죽은 시늉을 했는데, 관중은 사람을 시켜 노나라에 보고하게 했다. 노나라에서는 공자 규를 호송하는 행군을 좀 늦추어 6일 만에 제나라에 당도했다. 그러나 소백이 이미 제나라로 들어와 즉위하여 환공(桓公)이 되었다. 환공은 사방을 가린 수레를 타고 내달려 갔던 것이고, 또 고혜와 국의중이 국내에서 호응하였기 때문에 먼저 들어와서 즉위할 수 있었던 것이다."라고 했다.

『管子』「大匡篇」, "齊請管仲·召忽於魯, 魯君乃遂束縛管仲與召忽. 管仲謂召忽曰: '子懼乎?' 召忽曰: '何懼乎? 吾不蚤死, 將胥有所定也. 今旣定矣, 今子相齊之左, 必令忽相齊之右. 雖然, 殺君而用吾身, 是再辱我也. 子爲生臣, 忽爲死臣, 子其勉之.' 乃行入齊境, 自刎而死, 管仲遂入. 君子聞之曰: '召忽之死也, 賢其生也; 管仲之生也, 賢其死也.'"

『관자』「대광」에 "제나라가 노나라에게 관중(管仲)과 소홀(召忽)을 요구하자, 노나라 임금이 이에 드디어 관중과 소홀을 속박하였다. 관중이 소홀에게 '그대는 두렵습니까?'라고 하자, 소홀이 대답했다. '어찌 두렵겠습니까? 내가 빨리 죽지 못하고 있었던 것은 장차 마음 정할 곳을 기다리고 있었던 것입니다. 이제 이미 마음을 정했으니, 이제부터 당신은 제나라를 돕는 좌상(左相)이 되어 반드시 나로 하여금 제나라를 돕는 우상이 되도록 할 것입니다. 비록 그렇지만 주군을 죽게 하고서 내 몸이 오히려 쓰이게 한다면 이는 재차 나를 욕되게 하는 것입니다. 당신은 살아 있는 신하가 되실 것이고, 나는 죽은 신하가 될 터이니, 당신은 힘써 주시오.'라고 하고는 이에 길을 떠나 제나라 국경에 들어가다가 스스로 목을 베어 자결하고, 관중은 마침내 제나라로 들어갔다. 군자가 이것을 듣고 말했다. '소홀은 죽어서 살아 있는 사람을 현명하게 만들었고, 관중은 살아서 죽은 사람을 현명하게 만들었다.'"라고 하였다.

14-17

子貢曰: "管仲非仁者與? 桓公殺公子糾, 不能死, 又相之." 子曰: "管仲相桓公, 霸諸侯, 一匡天下, 【注】 馬曰: "'匡', 正也. 天子微弱, 桓公帥諸侯以尊周室, 一正天下." 民到于今受其賜. 【注】 "受其賜"者, 爲不被髮左衽之惠. 微管仲, 吾其被髮左衽矣. 【注】 馬曰: "'微', 無也, 無管仲, 則君不君·臣不臣, 皆爲夷狄."

자공(子貢)이 말했다. "관중(管仲)은 인자(仁者)가 아닙니까? 환공(桓公)이 공자 규(公子糾)를 죽였는데, 따라 죽지도 못하고 도리어 환공(桓公)을 도왔습니다." 공자가 말했다. "관중이 환공을 도와 제후의 패자(霸者)가 되어 한 번 천하를 바로잡게 하였기 때문에 【주】 마융이 말했다. "'광(匡)'은 바로잡는다[正는 뜻이다. 천자가 미약해서 환공이 제후를 거느리고 주나라 왕실을 높이 받들어 한 번 천하를 바로잡았다." 백성들이 지금에 이르기까지 그의 혜택을 받고 있다 【주】 "그의 혜택을 받고 있다"라는 것은 머리를 풀어헤치고 옷깃을 왼쪽으로 여미지 않도록 한 은혜이다. 관중이 없었더라면 우리는 아마도 머리를 풀어헤치고 옷깃을 왼쪽으로 여미게 되었을 것이다. 【주】 마융이 말했다. "'미(微)'는 없다[無는 뜻이니, 관중이 없었다면 임금이 임금답지 않고 신하가 신하답지 않아서 모두 이적(夷狄)이 되었을 것이다."

원문 正義曰:『左』「莊」九年「傳」, "管仲請囚, 鮑叔受之, 及堂阜而稅之. 歸 而以告曰: '管夷吾治於高傒, 使相可也.' 公從之."『列子』「力命篇」, "桓 公遂召管仲. 魯歸之, 齊鮑叔牙郊迎, 釋其囚. 桓公禮之, 而位於高・國之 上, 鮑叔牙以身下之. 任以國政, 號曰仲父." 是管仲相齊事也.

역문 정의에서 말한다.

『춘추좌씨전』「장공」 9년의 「전」에 "관중(管仲)이 제나라의 포로가 되기를 요청하자, 포숙(鮑叔)이 그를 인수해 가다가 당부(堂阜)에 이르러 그의 결박을 풀어 주고, 돌아가서 제 환공(齊桓公)에게 고하기를, '관이오(管夷吾)는 나라를 다스리는 재능이 고혜(高傒)보다 뛰어나니, 그를 승상(丞相)으로 삼으소서.'라고 하니, 환공이 그의 말을 따랐다."라고 하였고, 『열자』「역명」에 "환공이 마침내 관중을 불러들이자 노나라에서 관중을 돌려보내니, 제나라의 포숙아(鮑叔牙)가 그를 교외에 나가 맞이하여 그의 포로의 신세를 풀어 주었다. 환공은 관중을 예우하여 고혜(高傒)와 국의중(國懿仲)보다 높은 지위에 앉히고 포숙아는 스스로 몸을 낮춰 그의 밑으로 들어갔으며, 나라의 정치를 맡기고 그를 중보(仲父)라고 불렀다."라고 하니, 이것이 관중이 제나라의 재상이 된 사건이다.

원문 鄭「注」云: "天子衰, 諸侯興, 故曰'霸'. '霸'者, 把也, 言把持王者之政教. 故其字作伯, 或作霸也." 案, 『說文』, "伯, 長也." 諸侯受命爲一州諸侯之 長, 謂之州伯, 又謂之方伯. 伯轉聲爲霸, 故其字亦作"霸". 『白虎通』「號 篇」, "霸者, 伯也. 行方伯之職, 會諸侯, 朝天子, 不失人臣之義, 故聖人與 之, 非明王之法不張. 霸猶迫也, 把也, 迫脅諸侯, 把持其政." 然則霸者, 諸侯之長, 所以爲政之名也.

역문 정현의 「주」에 "천자가 쇠약해지고 제후가 흥기하였기 때문에 '패(霸)'라고 한 것이다. '패(霸)'란 잡는다[把]는 뜻이니, 왕자(王者)의 정교(政教)

를 잡는다는 말이다. 그러므로 그 글자를 패(伯)로 쓰기도 하고 혹은 패(霸)로 쓰기도 하는 것이다."라고 했다. 살펴보니, 『설문해자』에 "백(伯)은 우두머리[長]라는 뜻이다."[147]고 했는데, 제후가 천자의 명을 받아 한 주(州)의 제후의 우두머리가 되면 그를 주백(州伯)이라고 하고 또 방백(方伯)이라고도 한다. 백(伯)의 발음이 변해서 패(霸)가 된 것이기 때문에 그 글자도 역시 "패(霸)"라고 쓴다. 『백호통의』「호」에 "패(霸)란 우두머리[伯]라는 뜻이다. 방백(方伯)의 직책을 수행하면서 제후를 회합해서 천자를 조현(朝見)하여 신하로서의 의리를 잃지 않았기 때문에 성인이 인정한 것이지, 왕도(王道)를 밝히는 법도를 확장시키지 않은 것은 아니다. 패(霸)는 다그친다[迫]는 뜻과 같고, 잡는다[把]는 뜻과 같으니, 제후를 다그치고 을러 그 정권을 잡는다는 뜻이다."라고 했다. 그렇다면 패자(霸者)는 제후의 우두머리이니, 그래서 위정자의 명칭이 되는 것이다.

원문 "把持"者, 固守之意, 固守王者之政敎, 以令於諸侯, 此文王爲西伯, 不嫌稱聖也. 春秋時, 如齊桓·晉文, 先未受命, 恃其國强, 迫脅諸侯, 雖後亦序之爲伯, 然伯道未純, 故聖門羞稱之. 鄭此「注」謂"天子衰, 諸侯興, 故曰'霸'"者, 卽據周五霸皆當衰世言之也.

역문 "잡는다[把持]"라는 것은 굳게 지킨다는 뜻인데, 왕자(王者)의 정교(政敎)를 굳게 지켜 제후에게 명령한다는 뜻이니, 이것이 문왕이 서백(西伯)이 되었을 때 성자(聖者)로 칭함을 혐의하지 않은 까닭이다. 춘추시대에 제 환공이나 진 문공 같은 경우는 먼저 천자의 명을 받지 않고 그들 나라의 강성함을 믿고서 제후를 다그치고 을렀으니 비록 후세에 방백으로

---

147 『설문해자』 권8: 백(伯)은 우두머리[長]라는 뜻이다. 인(人)으로 구성되었고 백(白)이 발음을 나타낸다. 박(博)과 맥(陌)의 반절음이다.[伯, 長也. 從人白聲. 博陌切.]

자리매김을 했지만, 그러나 패도(伯道)는 순수하지 않기 때문에 성인의 문하에서는 그것을 일컫는 것을 수치로 여긴 것이다. 정현이 이 문장의 「주」에서 "천자가 쇠약해지고 제후가 홍기하였기 때문에 '패(霸)'라 한다"라고 한 것은 주나라의 5패(霸)가 모두 천자가 쇠약했던 시대에 해당됨을 근거로 말한 것이다.

원문 "吾"者, 吾中國也. "被髮"者, 皇「疏」云: "被髮, 不結也." 禮, 男女及時, 則結髮於首, 加冠笄爲飾. 戎狄無此禮, 但編髮被之體後也. 『左』「僖」二十二年「傳」, "初, 平王之東遷也, 辛有適伊川, 見被髮而祭於野者, 曰: '不及百年, 此其戎乎, 其禮先亡矣.'" 是被髮爲戎狄俗也.

역문 "오(吾)"는 우리 중국이라는 뜻이다. "피발(被髮)"이란, 황간의 「소」에 "피발(被髮)은 터럭을 묶지 않는다는 뜻이다."라고 했다. 예(禮)에 남녀가 때가 되면 머리에 터럭을 묶고, 갓을 쓰고 쪽을 찌어 장식을 하는 것이다. 융적(戎狄)은 이러한 예가 없이 다만 머리를 땋아 몸 뒤로 늘어뜨릴 뿐이다. 『춘추좌씨전』「희공」22년의 「전」에 "당초에 평왕(平王)이 동천(東遷)할 때 신유(辛有)가 이천(伊川)에 갔다가 머리를 풀어헤치고 야외에서 제사 지내는 자를 보고 말하였다. '백 년이 되지 않아 이곳은 오랑캐[戎]가 될 것이니, 주나라의 예가 먼저 없어졌기 때문이다.'"라고 했는데, 여기서 머리를 풀어헤친 것[被髮]은 융적(戎狄)의 풍속을 행한 것이다.

원문 "左衽"者, 『說文』, "衽, 衣裣也. 裣, 交衽也." 『蒼頡』「解詁」, "衽, 衣襟也." "裣"・"襟"一字. 『聲類』, "襟, 交領也." "交領"卽交衽, 蓋衣領下屬於衣前右幅, 通稱爲衽・爲裣・爲襟. 必言"交"者, 謂領兩頭相交, 周人頸也. 領右, 則衣前幅掩向右; 領左, 則衣前幅掩向左.

역문 "좌임(左衽)"

『설문해자』에 "임(衽)은 옷깃[衣裣]이다.[148] 금(裣)은 옷깃[交衽]이다.[149]"라고 했고, 『창힐』 「해고」에 "임(衽)은 옷깃[衣襟]이다."라고 했으니, "금(裣)"과 "금(襟)"은 같은 글자이다. 『성류』에 "금(襟)은 교령(交領)이다."라고 했는데, "교령(交領)"은 바로 옷깃[交衽]이니, 대체로 윗도리 깃 아래쪽으로 상의 앞자락 오른쪽 폭에 속하는 부분인데, 통칭해서 임(衽)이라고도 하고, 금(裣)이라고도 하며, 금(襟)이라고도 한다. 굳이 "교(交)"를 말한 것은, 옷깃의 양쪽 머리 부분이 서로 교차해서 사람의 목을 감싸고 있음을 이르는 것이다. 옷깃을 오른쪽으로 여민다는 것은 윗도리의 앞쪽 폭을 가리는 옷깃이 오른쪽을 향하게 한다는 것이고, 옷깃을 왼쪽으로 여민다는 것은 윗도리의 앞쪽 폭을 가리는 옷깃이 왼쪽을 향하게 한다는 것이다.

원문 中夏禮服皆右衽, 深衣則用對襟, 對襟用直領. 故『鹽鐵論』 「散不足篇」及『釋名』 「釋衣服」所云"直領", 卽指深衣而言. 戎狄無禮服, 亦無深衣, 止隨俗所好服之, 而多是左衽, 故夫子擧爲言也. <u>毛氏奇齡</u>『四書改錯』 · <u>江氏永</u>『鄕黨圖考』皆據 「玉藻」 "衽當旁"釋此文. 彼"衽"是掩縫之用, 長二尺五寸, 綴之右腋之裳端, 以垂於下, 此深衣之制.

역문 중국[中夏]의 예복은 모두 옷깃을 오른쪽으로 여미는데, 심의(深衣)에는 옷깃이 서로 마주 보고 서 있는 대금(對襟)을 사용하고, 대금(對襟)에는 곧은 깃[直領]을 사용한다. 따라서 『염철론』 「산부족」과 『석명』 「석의

---

148 『설문해자』 권8: 임(衽)은 옷깃[衣裣]이다. 의(衣)로 구성되었고 임(壬)이 발음을 나타낸다. 여(如)와 심(甚)의 반절음이다.[衽, 衣裣也. 從衣壬聲. 如甚切.]

149 『설문해자』 권8: 금(裣)은 옷깃[交衽]이다. 의(衣)로 구성되었고 금(金)이 발음을 나타낸다. 거(居)와 음(音)의 반절음이다.[裣, 交衽也. 從衣金聲. 居音切.]

복」의 이른바 "곧은 깃[直領]"이란 바로 심의(深衣)를 가리켜서 말한 것이다. 융적(戎狄)은 예복이 없으니, 역시 심의(深衣)도 없고, 다만 세속에서 좋아하는 것을 따라 대부분 옷깃을 왼쪽으로 여미기 때문에 공자가 거론해서 말한 것이다. 모기령(毛奇齡)의 『사서개착』과 강영의 『향당도고』에는 모두 『예기』「옥조」를 근거로 "옷깃이 옆에 있다[衽當旁]"라는 것으로 이 문장을 해석했다. 저 "옷깃[衽]"은 솔기[縫]를 가리는 용도인데, 길이가 두 자 다섯 치[二尺五寸]이고, 오른쪽 겨드랑이 부분의 아랫도리 끝단에 꿰매어 아래로 드리우는데, 이것이 심의(深衣)의 제도이다.

원문 然江考朝服・祭服・喪服, 左右皆有衽, 卽深衣之裳左旁亦有衽.「玉藻」所云"續衽鉤邊"者, 江謂"在左旁縫之以合前後". 則凡裳無不左衽, 而何夷夏之別乎? 是知「玉藻」之"衽當旁", 與『論語』"左衽"名同實異,『論語』當用『說文』・『蒼頡』・『聲類』諸訓解之矣.

역문 그러나 강영은 조복(朝服)・제복(祭服)・상복(喪服)은 왼쪽과 오른쪽에 모두 옷깃이 있음을 고증했으니, 바로 심의(深衣)의 아랫도리 왼쪽 옆에도 옷깃이 있다. 『예기』「옥조」의 이른바 "옷깃을 이어서 가에 감친다[續衽鉤邊]"라는 것에 대해 강영은 "왼쪽 옆에 있는데 꿰매어 앞뒤를 합치는 것"이라고 하였다. 그렇다면 모든 아랫도리는 옷깃을 왼쪽으로 여미지 않는 것이 없는데, 어떻게 오랑캐와 중국[夷夏]을 구별할 것인가? 여기서 「옥조」의 "옷깃이 옆에 있다[衽當旁]"라는 것은 『논어』의 "옷깃을 왼쪽으로 여민다"와 이름만 같고 실제로는 다름을 알 수 있으니, 『논어』는 『설문해자』와 『창힐』과 『성류』의 여러 뜻풀이를 사용한 것에 해당한다.

원문 『漢書』「韋賢傳」引劉歆說謂, "周自幽王後, 南夷與北夷交侵, 中國不絶如線.『春秋』紀齊桓南伐楚, 北伐山戎, 孔子曰: '微管仲, 吾其被髮左衽

矣.' 是故棄<u>桓</u>之過而錄其功, 以爲伯首." 案, 被髮左衽, 乃戎狄之俗, <u>楚</u>雖
南夷, 未有此制, <u>歆</u>之言亦趁辭耳. <u>毛</u>本"衽"作"袵", 係俗體.

역문 『전한서』「위현전」에 유흠(劉歆)의 설을 인용해서 "주나라는 유왕(幽
王) 이후부터 남이(南夷)와 북이(北夷)가 번갈아 침략을 하였으나, 중국(中
國)은 실낱처럼 끊이지 않았다. 『춘추』에 제 환공이 남쪽으로 초나라를
정벌하고 북쪽으로 산융(山戎)을 토벌하자, 공자가 말하길, '관중(管仲)이
없었으면 우리는 머리를 풀어헤치고 옷깃을 왼쪽으로 여미게 되었을 것
이다.'라고 하였으니, 이런 까닭에 제 환공의 허물을 버려두고 그의 공
로만 기록하여 방백의 우두머리로 삼았던 것이다."라고 했다. 살펴보니,
머리를 풀어헤치고 옷깃을 왼쪽으로 여미는 것은 바로 융적(戎狄)의 풍
속인데, 초나라가 비록 남이(南夷)이기는 하지만 이러한 제도는 아직 없
었으니, 유흠(劉歆)의 말은 또한 공자의 말을 따른 것일 뿐이다. 모본
(毛本)[150]에는 "임(衽)"이 "임(袵)"으로 되어 있는데 속체자(俗體字)를 쓴 것
이다.

- 「注」, "匡正"至"天下".
- 正義曰: 『爾雅』「釋言」, "皇・匡, 正也." 『詩』「六月」"以匡王國", 謂正王國也. 周自東遷, 王
  室微弱, 天子之尊, 與諸侯無異. <u>齊桓</u>率諸侯, 令天下, 知尊<u>周</u>室, 故曰"一正天下". <u>馬</u>氏統論
  <u>桓</u>功, 當訓"一"爲皆也. <u>鄭</u>「注」以"一匡"指陽穀. 『穀梁』「疏」謂"<u>鄭</u>據『公羊』".
- 「주」의 "광정(匡正)"부터 "천하(天下)"까지.
- 정의에서 말한다.

---

150 모본(毛本): 명(明)나라 숭정(崇禎)(1628~1644) 연간의 모진(毛晉)의 급고각(汲古閣) 교간
   본(校刊本).

『이아』「석언」에 "황(皇)과 광(匡)은 바로잡는다[正는 뜻이다."라고 했다. 『시경』「유월」에 "이광왕국(以匡王國)"이라고 했는데, 왕국(王國)을 바로잡는다는 말이다. 주나라는 동쪽으로 옮긴 뒤로부터 왕실이 미약해져 천자의 존엄이 제후와 차이가 없었다. 제 환공이 제후를 거느리고 천하를 호령하여 주나라 왕실을 존중할 줄 알게 하였기 때문에 "한 번 천하를 바로 잡았다"라고 한 것이다. 마융(馬融)은 환공의 공로를 통론(統論)해서 마땅히 "일(一)"을 모두 [皆]의 뜻으로 새겨야 한다고 했다. 정현의 「주」에는 "한 번 바로잡은[一匡] 곳으로 양곡(陽穀)을 지목했다. 『춘추곡량전』의 「소」에 "정현은 『춘추공양전』을 근거했다."[151]라고 하였다.

案,『公羊』「僖」三年, "秋, 齊侯 · 宋公 · 江人 · 黃人會于陽穀."「傳」云: "此大會也, 曷爲末言爾? 桓公曰: '無障谷, 無貯粟, 無易樹子, 無以妾爲妻.'"『穀梁傳』亦云: "桓公委端搢笏而朝諸侯, 諸侯皆諭乎桓公之志."'"志"者, 志在尊周室也. 此桓大會, 故鄭指之. 後葵丘之會, 壹明天子之禁, 『穀梁傳』及『孟子』竝言其盛, 而鄭解"一匡"不據之者, 『公羊傳』言"葵丘之盟, 桓公震而矜之, 叛者九國." 桓伯之衰自此始.

살펴보니, 『춘추공양전』「희공」 3년에 "가을에 제후(齊侯) · 송공(宋公) · 강인(江人) · 황인(黃人)이 양곡(陽穀)에서 회합했다."라고 했는데, 「전」에서 "이것은 대규모의 회맹이었는데, 어째서 피상적[152]으로 말하였는가? 환공이 말했다. '계곡을 막지 말 것이며, 곡식을 비축하지 말 것이며, 세자를 바꾸지 말 것이며, 첩(妾)을 아내로 삼지 말라.'"라고 했고, 『춘추곡량전』에도 "제 환공이 위엄을 갖추고 엄숙한 태도로 홀(笏)을 꼽고서 제후들에게 조회를 받으니 제후들은 모두 환공의 뜻을 깨달았다."[153]라고 했는데, "뜻[志]"이란 주나라 왕실을

---

151 『춘추곡량전』「희공」 9년 "9월 무진(戊辰)에 제후가 규구(葵丘)에서 결맹하였다.[九月戊辰, 諸侯盟于葵丘.]"라고 한 곳의 양사훈의 「소」.

152 『춘추공양전주소(春秋公羊傳註疏)』 하휴(何休)의 「주」에 "말(末)이란 얇다[淺]는 뜻이니, 다만 회합[會]이라고만 하고 결맹[盟]을 말하지 않았다는 것이다. 관(貫)과 택(澤)에서는 결맹[盟]을 말했다.[末者, 淺耳, 但言會不言盟. 据貫 · 澤言盟.]"라고 했으므로, 여기에서 "末"을 "피상적"이라고 해석했다.

153 『춘추곡량전』「희공」 3년.

높이는 데 뜻이 있다는 의미이다. 이것이 환공의 큰 회합이었기 때문에 정현이 지목했던 것이다. 뒤의 규구(葵丘)의 회합은 한결같이 천자의 금지하는 명령을 밝힌 것인데 『춘추곡량전』 및 『맹자』에서도 모두 그 성대함을 언급했는데도, 정현이 "한 번 바로잡음[一匡]"을 해석하면서 규구의 회합을 근거로 삼지 않은 것은 『춘추공양전』에서 "규구(葵丘)의 회맹에서 환공이 몹시 사나우면서도 교만하게 굴자 배반한 나라가 아홉 나라였다."[154]라고 했기 때문이니, 환공이 패자(霸者)로서의 세력이 쇠한 것은 이로부터 시작되었다.

鄭依『公羊』爲言, 故不指葵丘也. 以義言之, 馬·鄭說皆通. 然"一匡"·"九合", "一"字·"九"字, 皆是計數, 則鄭義爲長. 『漢書』「郊祀志」「注」, "一匡天下, 謂定襄王爲天子之位也. 一說謂陽穀之會, 令諸侯云云, 天下皆從, 故云'一匡'者也." "一說"指鄭「注」前說, 則六朝人解義.

정현은 『춘추공양전』을 근거로 말했기 때문에 규구(葵丘)를 지목하지 않은 것이다. 뜻을 가지고 말하면 마융과 정현의 설이 모두 통한다. 그러나 "한 번 바로잡음[一匡]"과 "아홉 번의 회합[九合]"에서 "일(一)" 자와 "구(九)" 자는 모두 수를 세는 것이니, 그럴 경우에는 정현의 뜻이 더 낫다. 『전한서』「교사지」의 「주」에 "한 번 천하를 바로잡은 것은, 양왕(襄王)의 천자로서의 지위를 안정시킨 것을 이른다. 일설에는 양곡(陽穀)의 회합에서 제후들에게 호령하여 운운하자 천하가 모두 따랐기 때문에 한 번 바로잡은 것을 말한 것이다."라고 했는데, "일설"이란 정현 「주」의 앞의 설을 가리키니, 바로 6조(六朝)시대 사람들의 해의(解義)이다.

- 「注」, "微無"至"夷狄".
- 正義曰: "微·無", 常訓, 見『詩』「式微」「傳」. 『漢書』「匈奴傳」, "苟利所在, 不知禮義."「傳」「贊」云"夷狄之人, 貪而好利, 被髮左衽, 人面獸心, 其與中國殊章服, 異習俗, 飮食不同, 言語不通." 故知其人君不君·臣不臣也.「注」言此者, 見夷狄入中國, 必用夷變夏, 中國之人, 旣習於被髮左衽之俗, 必亦減棄禮義, 馴至不君不臣也.

---

154 『춘추공양전』「희공」 9년: 규구(葵丘)의 회합에서 환공이 몹시 사나우면서도 교만하게 굴자 배반한 나라가 아홉 나라였다.[葵丘之會, 桓公震而矜之, 叛者九國.]

○ 「주」의 "미무(微無)"부터 "이적(夷狄)"까지.

○ 정의에서 말한다.

"미(微)는 없다[無]는 뜻이다"라고 하는 것이 일반적인 새김이니, 『시경』「식미」의 「전」에 보인다.[155] 『전한서』「흉노전」에 "진실로 이익이 있는 곳에서는 예의(禮義)를 알지 못한다."라고 했는데, 「흉노전」의 「찬」에 "이적(夷狄)의 사람들은 탐욕스럽고 이익을 좋아하고, 머리를 풀어헤치고 옷깃을 왼쪽으로 여미며, 인면수심(人面獸心)인데다가, 중국과는 예복[章服][156]을 달리하고, 습속(習俗)을 달리하며, 음식도 같지 않고 언어도 통하지 않는다."라고 했으니, 따라서 그곳의 임금이 임금답지 않고 신하가 신하답지 않음을 알 수 있는 것이다. 「주」에서 이렇게 말한 것은 이적(夷狄)이 중국에 들어오면 반드시 이적의 도(道)로써 중국을 변화시킬 것이고, 중국의 사람들이 이미 머리를 풀어헤치고 옷깃을 왼쪽으로 여미는 데 익숙해지면 또한 반드시 예의를 없애 버리고 임금답지 않고 신하답지 않은 지경에 이르게 될 것임을 알았기 때문이다.

豈若匹夫匹婦之爲諒也, 自經於溝瀆而莫之知也?" 【注】王曰: "'經', 經死於溝瀆中也. 管仲·召忽之於公子糾, 君臣之義未正成, 故死之未足深嘉, 不死未足多非. 死事旣難, 亦在於過厚, 故仲尼但美管仲之功, 亦不言召忽不當死."

---

155 『모시주소(毛詩注疏)』「국풍(國風)·패(邶)·식미(式微)」. 「식미」에 "쇠미하고 쇠미하거늘 어이하여 돌아가지 않는고? 군주의 연고가 없다면 어이하여 이슬 가운데 있으리오?(式微式微, 胡不歸傳? 微君之故, 胡爲乎中露?)"라고 했는데, 정현의 「전(傳)」에 "미군(微君)"의 "미(微)"에 대해 "미(微)는 없다[無]는 뜻이다.[微, 無也.]"라고 했다.

156 장복(章服): 해·달·별 등의 도안을 수놓아 신분을 나타내는 예복(禮服)이다. 매 도안마다 1장(章)을 삼는데, 천자는 12장이고 신하는 품계에 따라 9·7·5·3장으로 점점 내려간다.

어찌 필부필부(匹夫匹婦)가 신의를 위하여 스스로 도랑[溝瀆]에서 목매 죽어서 자기를 알지 못하게 하듯이 하겠는가?"【주】왕숙이 말했다. "경(經)'은 밭두둑 사이 물길에서[157] 목매 죽는다는 뜻이다. 관중(管仲)과 소홀(召忽)은 공자 규(公子糾)에 대해서 임금과 신하의 의리가 아직 정식으로 성립되지 않았기 때문에 따라 죽은 것이 족히 크게 가상할 만한 것이 못 되고, 죽지 않는다 하더라도 족히 크게 비난할 것이 못 된다. 그러나 죽음이란 이미 어려운 일이니, 이 또한 공자 규를 섬김이 분수에 지나게 후하다는 데 혐의가 있기 때문에 중니가 단지 관중(管仲)의 공로만 찬미한 것이고, 또한 소홀(召忽)은 마땅히 죽지 않았어야 한다는 말은 하지 않은 것이다."

원문 正義曰: 顏師古『漢書』「敍傳」「注」, "凡言匹夫匹婦, 謂凡庶之人, 一夫一婦, 當相配匹." 宋氏翔鳳『發微』云: "『中論』「知行篇」云: '召忽伏節死難人臣之美義也, 仲尼比爲匹夫匹婦之爲諒矣.'『後漢書』「應劭傳」劭議曰: '召忽親死子糾之難, 而孔子曰: "經於溝瀆, 人莫之知."'則漢儒皆以'經於溝瀆'爲召忽事.「子罕篇」云: '匹夫不可奪志.'則'匹夫'者, 所謂獨行之士, 惜一己之節, 不顧天下者也, 非以匹夫爲賤而非之. '諒'者,『說文』, '諒, 信也.'『爾雅』「釋詁」, '亮, 信也.' '亮'與'諒'同. 匹夫匹婦以言許人, 必踐其言, 是之謂諒."

역문 정의에서 말한다.

안사고『전한서』「서전」의「주」에 "무릇 필부필부(匹夫匹婦)란 모든 보통사람 중의 한 지아비와 한 지어미를 이르니, 당연히 서로가 배필이다."라고 했다. 송상봉의『논어발미』에 "『중론』「지행」에 '소홀(召忽)이

---

157 밭두둑 사이 물길: 자세한 설명은 아래「주」에 대한 해설에서 보인다.

절개를 위해 목숨을 버리고, 국가의 위난을 극복하기 위해 죽은 것은 신하로서의 아름다운 의리인데, 중니는 필부필부(匹夫匹婦)의 신의에 비유했다.'라고 하였고,『후한서』「응소전」에서 응소가 논의하기를, '소홀(召忽)이 공자 규(公子糾)의 난에 친히 죽자 공자가 말했다. "도랑[溝瀆]에서 목매 죽어서 남이 알지 못하게 하였다.'"라고 했으니, 한대(漢代)의 유학자들은 모두 '도랑[溝瀆]에서 목매 죽은 것'을 소홀(召忽)의 일이라 여긴 것이다.『논어』「자한」에 '필부(匹夫)로부터 뜻을 빼앗을 수 없다.'라고 했으니, 그렇다면 '필부(匹夫)'란 이른바 세속을 따르지 않고 높은 지조를 지켜 자기 소신대로 행동하는 선비[獨行之士]로서 자기 한 사람의 절개를 아껴 천하를 돌아보지 않는 자이지, 필부(匹夫)를 천하게 여겨 비난한 것이 아니다. '양(諒)'이란『설문해자』에 '양(諒)은 믿음[信]이다.'[158]라고 했고,『이아』「석고」에 '양(亮)은 믿음[信]이다.'라고 했으니, '양(亮)'과 '양(諒)'은 같은 글자이다. 필부필부(匹夫匹婦)가 말로써 남에게 허락했으면 반드시 그 말을 실천하니, 이것을 일러 양(諒)이라 한다."라고 했다.

원문『發微』又云: "『左傳』'乃殺子糾于生竇', 杜「注」, '生竇, 魯地.'『史記』作'笙瀆',『集解』賈逵曰: '魯地句瀆也.'『索隱』'按鄒誕生本, 作"莘瀆".' '莘'·'笙'聲相近, '笙'如字, '瀆'音豆.『論語』作'溝瀆', 蓋後代聲轉而字異, 故諸文不同. 桓十二年, '公會宋人·燕人盟于穀丘.' 杜「注」, '穀丘, 宋地.'『左傳』作'盟于句瀆之丘', 杜「注」, '句瀆之丘, 卽穀丘也.'『水經』「濟水」「注」, '濮水又東, 與句瀆合, 句瀆首受濮水. 枝渠于句陽縣東南, 逕句陽縣故城南.'『春秋』之穀丘,『左傳』以爲句瀆之丘矣. 縣處其陽, 故縣氏焉.

158『설문해자』권3: 양(諒)은 믿음[信]이다. 언(言)으로 구성되었고 성(聲)이 발음을 나타낸다. 역(力)와 양(讓)의 반절음이다.[諒, 信也. 從言京聲. 力讓切.]

按, 句陽故城在今曹州府治北三十里, 卽穀丘也. 則在春秋爲曹地, 其境與魯相錯, 亦得有魯地. 又『左傳』「哀」六年, '齊囚王豹于句瀆之丘.' 或其時曹將亡, 齊亦侵其地而有之, 要之, 生竇·笙瀆·句瀆與溝瀆是一地, 而齊·魯·曹·宋壤地相接, 各得有其一隅, 復以聲轉而異其字也."

역문 『논어발미』에 또 "『춘추좌씨전』에 '이에 생두(生竇)에서 공자 규(公子糾)를 죽였다.'라고 했는데, 두예의 「주」에 '생두는 노나라 땅이다.'[159]라고 했고, 『사기』에는 '생독(笙瀆)'으로 되어 있는데, 『사기집해』에 '가규(賈逵)가 말했다. "노나라 땅인 구독(句瀆)이다."'[160]라고 했고, 『사기색은』에 '추탄생본(鄒誕生本)에는 "신독(莘瀆)"으로 되어 있다.'[161]고 했으니, '신(莘)'과 '생(笙)'은 발음이 서로 가깝고 '생(笙)'은 본래 음대로 읽고, '독(瀆)'은 두(豆)로 발음한다. 『논어』에 '구독(溝瀆)'으로 되어 있는 것은 아마도 후대에 소리가 변해서 글자가 달라졌기 때문에 여러 글자들이 같지 않은 것인 듯싶다. 『춘추』「환공」 12년 경문(經問)에 '환공(桓公)이 송공(宋公)과·연인(燕人)과 회합하여 곡구(穀丘)에서 결맹을 맺었다.'라고 했는데, 두예의 「주」에 '곡구(穀丘)는 송(宋)나라 땅이다.'라고 했고, 『춘추좌씨전』에는 '구독(句瀆)의 언덕에서 결맹을 맺었다'라고 했는데, 두예의 「주」에 '구독의 언덕은 바로 곡구이다.'라고 했다. 『수경』「제수」의 「주」에 '복수(濮水)는 또 동남쪽으로 흘러 구독(句瀆)과 합류하는데, 구독의 물머리에서 복수를 받아들인다. 지류는 구양현(句陽縣) 동남으로 흘러 구양현의 옛 성의 남쪽을 지나간다.'라고 했으니, 『춘추』의 곡구(穀丘)는 『춘추좌씨전』에서 구독(句瀆)의 언덕이라고 여긴 것이고, 구양현(句陽縣)

---

159 『춘추좌씨전』「장공」 9년.
160 『사기집해(史記集解)』 권32, 「제태공세가제2(齊太公世家第二)」.
161 『사기색은(史記索隱)』 권10, 「제태공계가제2(齊太公系家第二)」.

이 그 남쪽에 처해 있기 때문에 고을 이름으로 성씨를 삼은 것이다. 살펴보니 구양현의 옛 성(城)은 지금의 조주부(曹州府) 관내 북쪽 30리(里)에 있으니, 바로 곡구이다. 그렇다면 춘추시대에는 조(曹)나라 땅이었는데, 그 국경이 노나라와 서로 섞여 있어서 또한 노나라 영토를 차지하고 있었을 수도 있다. 또 『춘추좌씨전』「애공」6년에 '제나라가 왕표(王豹)를 구두(句竇)의 언덕에 가두었다.'라고 했으니, 어쩌면 그 당시 조(曹)나라가 장차 망하려 하자 제나라도 역시 그 땅을 침탈해서 차지하고 있었던 듯싶으니, 요컨대 생두(生竇)와 생두(笙瀆)와 구독(句瀆) 및 구독(溝瀆)은 한 지역인데 제나라・노나라・조(曹)나라・송나라의 국경지대가 서로 인접하고 있어서 각각 그 한 모퉁이를 차지하게 되면 다시 발음이 변해서 그 글자를 다르게 썼던 것이다."라고 했다.

원문 按, 『論語』言召忽"經死溝瀆", 而『管子』「大匡」言"入齊境, 自刎而死", 傳聞各異. "莫之知"者, 言無功績爲人所知也.

역문 살펴보니 『논어』에서는 소홀(召忽)이 "구독(溝瀆)에서 목매어 죽었다[經死溝瀆]"라고 하고, 『관자』「대광」에서는 "제나라 국경에 들어가다가 스스로 목을 베어 자결했다."라고 했으니, 전해 들은 것이 각각 다르다. "알지 못하게 한다"라는 것은 공적이 남에게 알려짐이 없게 한다는 말이다.

- 「注」, "經經"至"當死".
- 正義曰: 「晉語」"申生雉經", 『史記』「田單傳」"遂經其頸於樹枝", 『索隱』, "經, 猶繫也." 『荀子』「彊國篇」, "救經而引其足也." 楊倞「注」, "經, 縊也." "經死於溝瀆中", 此以溝瀆爲田間水道. 『爾雅』「釋地」, "水注谷曰溝, 注澮曰瀆." 是也.

○ 「주」의 "경경(經經)"부터 "당사(當死)"까지.

○ 정의에서 말한다.

『국어』「진어」에 "신생(申生)이 목매어 죽었다"라고 했고, 『사기』「전단전」에 "마침내 나뭇 가지에 목을 매었다"라고 했는데, 『사기색은』에 "경(經)은 매달다[繫]와 같다."라고 했고, 『순자』「강국편」에 "목 매단 사람을 구한다면서 그의 발을 잡아당긴다.[救經而引其足也.]"라 고 했는데, 양경(楊倞)의 「주」에 "경(經)은 목을 맨대[縊]는 뜻이다."라고 했다. "구독 가운데 (溝瀆中)에서 목매어 죽는다"라고 했는데, 이는 구독(溝瀆)을 밭 사이의 물길[田間水道]로 여긴 것이다. 『이아』「석지」에 "물이 골짜기로 주입되는 것을 구(溝)라 하고, 봇도랑[澮]으로 주입되는 것을 독(瀆)이라 한다."라고 한 것이 그것이다.

『說苑』「善說篇」, "管子者, 天子之佐, 諸侯之相也. 死之則不免爲溝中之瘠." 與此「注」合, 皆不以"溝瀆"爲地名也. 管仲·召忽, 舊爲子糾之傅, 雖糾於次當立, 而未卽位而死, 君臣之 義尙未正成, 故仲雖不死, 未足多非也.

『설원』「선설」에 "관자(管子)라는 자는 천자를 보필할 재목이고, 제후의 재상이 될 인물이 다. 죽으면 구렁텅이에서 썩는 해골 신세를 면치 못할 것이다."라고 했는데, 여기의 「주」와 일치하는 것으로, 모두 "구독(溝瀆)"을 지명으로 보지 않은 것이다. 관중(管仲)과 소홀(召 忽)은 오랫동안 공자 규(公子糾)의 스승이었으나, 비록 공자 규가 순서상 마땅히 즉위해야 하지만 즉위하지 못하고 죽었으니, 임금과 신하의 의리가 아직 정식으로 성립되지 않았기 때문에 관중이 비록 죽지 않았다 하더라도 족히 크게 비난할 것이 못 된다.

『管子』「大匡」云: "召忽曰: '百歲之後, 犯吾君命, 而廢吾君所立, 奪吾糾也, 雖得天下, 吾不生 也. 兄與我齊國之政也, 受君令而不改, 奉所立而不濟, 是吾義也.' 管仲曰: '夷吾之爲君臣 也, 將承君命, 奉社稷, 以持宗廟, 豈死一糾哉? 夷吾之所死者, 社稷破, 宗廟滅, 祭祀絶, 則 死之. 非此三者, 則夷吾生. 夷吾生, 則齊國利; 夷吾死, 則齊國不利.'"

『관자』「대광」에 "소홀(召忽)이 말하길, '백 년 뒤에 누군가가 우리 군주의 명령을 범하고 우 리가 옹립한 주군을 폐하고서 우리의 공자 규(公子糾)를 침탈한다면 비록 천하를 얻는다 하 더라도 나는 살려고 하지 않을 것입니다. 형(관중)께서 저에게 제나라의 정치를 맡기신다 하

더라도 공자 규를 옹립하라는 임금의 명령을 받았으므로 명을 바꾸지 않을 것이고, 옹립한

주군을 받들다가 성공을 이루지 못하였으니, 이것이 저의 의리입니다.'라고 하자 관중(管仲)

이 말했다. '나 이오(夷吾)가 군주의 신하가 된 까닭은 장차 임금의 명을 이어서 사직(社稷)

을 받들어, 종묘(宗廟)를 지키는 것이니, 어찌 한낱 규(糾)를 위해서 죽겠는가? 내가 죽는 것

은 사직이 무너지고 종묘가 없어지며 제사가 끊어지면 그때 죽을 것이네. 이 세 가지 경우가

아니라면 나는 살아야겠네. 내가 살아 있으면 제나라는 이로울 것이지만 내가 죽는다면 제

나라는 이롭지 못할 것이네.'"라고 했다.

觀此, 則二子之死與不死, 各自有見. <u>仲</u>志在利<u>齊國</u>, 而其後功遂濟天下, 使先王衣冠禮樂之
盛, 未淪於夷狄. 故聖人以仁許之, 且以其功爲賢於<u>召忽</u>之死矣. 然有<u>管仲</u>之功, 則可不死;
若無<u>管仲</u>之功, 而背君事仇, 貪生失義, 又遠不若<u>召忽</u>之爲諒也.

이를 보면 두 사람이 죽은 것과 죽지 않은 것은 각자 자신의 견해가 있다. 관중의 뜻은 제나

라를 이롭게 하는 데 있었고, 그 후에는 공로가 마침내 천하를 구제하여 선왕의 의관과 예악

의 성대함으로 하여금 이적(夷狄)에 빠지지 않게 하였다. 그러므로 인(仁)으로써 그를 인정

한 것이고, 또 그의 공로가 소홀의 죽음보다 현명하다고 여긴 것이다. 그러나 관중의 공이

있었으니 죽지 않은 것이 괜찮았던 것이지, 만약 관중의 공이 없이 주군을 배신하고 원수를

섬겨 삶을 탐하고 의를 버렸다면 소홀(召忽)이 신의를 지켰던 것보다 훨씬 못한 것이었을 것

이다.

14-18

<u>公叔文子之臣大夫僎</u>, 與文子同升諸公. 【注】孔曰:"大夫僎, 本
文子家臣, 薦之使與己竝爲大夫, 同升在公朝." 子聞之, 曰:"可以爲文
矣."【注】孔曰:"言行如是, 可謚爲文."

> 공숙 문자(公叔文子)의 가신인 대부 선(僎)이 문자와 함께 공조(公朝)로 올라갔다. 【주】 공안국이 말했다. "대부 선(僎)은 본래 공숙 문자(公叔文子)의 가신이었는데, 문자가 그를 추천해 자기와 더불어 나란히 대부가 되어 함께 공조(公朝)로 올라가 있도록 했다는 것이다." 공자가 그 사실을 듣고 말했다. "시호를 '문(文)'이라고 할 만하다." 【주】 공안국이 말했다. "행실이 이와 같으니 시호를 '문(文)'이라고 할 만하다는 말이다."

원문 正義曰: 毛氏奇齡『四書賸言』, "臣大夫, 卽家大夫也. 其曰'同升諸公', 則家臣升大夫之書法耳. 『左傳』, '子伯季子, 初爲孔氏臣, 新登於公.'" 又『經問』引先仲氏說謂"臣大夫"三字不分. 「檀弓」, "陳子車死於衛, 其妻與其家大夫謀以殉葬." 蓋仕於家曰家大夫, 仕於邑曰邑大夫, 而統爲臣大夫. 閻氏若璩『四書釋地』略同.

역문 정의에서 말한다.

모기령의 『사서승언』에 "신대부(臣大夫)는 바로 가대부(家大夫)이다. '함께 공조(公朝)로 올라갔다'라는 말은, 가신(家臣)이 대부에 오른 것을 기록하는 방법일 뿐이다. 『춘추좌씨전』「애공」16년에 '자백계자(子伯季子)는 당초에 공씨(孔氏)의 가신이었는데 새로 공조(公朝)의 대부가 되었다.'라고 했다."라고 하였고, 또 『경문』에서는 죽은 둘째형[162]의 말을 인용하면서 "신대부(臣大夫)" 세 글자를 구분하지 않았다. 『예기』「단궁하」에 "진자거(陳子車)가 위나라에서 죽었는데 그의 아내가 집안의 대부[家大夫: 가신]들과 함께 순장(殉葬)할 것을 도모했다"라고 했으니, 아마도 대

---

162 모기령의 둘째형인 모석령(毛錫齡, ?~?)을 가리킨다.

부의 집에서 벼슬하는 이를 "가대부(家大夫)"라 하고, 읍(邑)에서 벼슬하는 이를 "읍대부(邑大夫)"라고 하며, 이들을 통틀어서 "신대부(臣大夫)"라고 한 것인 듯싶다. 염약거의 『사서석지』도 대략 같다.

원문 今案, 家臣之中, 爵秩不同, 尊者爲大夫, 次亦爲士. 故此別之云"大夫僎", 明僎爲家臣中之爲大夫者也. 毛氏謂"臣大夫"三字不得分, 殊泥. 『漢書』「古今人表」作"大夫選", 則漢人讀不以"大夫"連"臣"字也. "僎"作"選", 通用字. 『釋文』云: "僎, 本又作撰." 「先進篇」, "異乎三子者之撰." 鄭作"僎", 是"僎"・"撰"亦通用也.

역문 이제 살펴보니, 가신들 중에는 작위의 차례가 같지 않으니, 가장 높은 자가 대부가 되고, 그다음이 또 사가 되는 것이다. 그러므로 여기에서 구별하여 "대부 선(大夫僎)"이라고 했으니, 이는 선(僎)이 가신이 된 사람 중에서 대부가 된 자임을 밝힌 것이다. 모씨(毛氏)가 "신대부(臣大夫)" 세 글자는 구분할 수 없다고 한 것은 특히 통하지 않는다. 『전한서』「고금인표」에는 "대부 선(大夫選)"이라고 되어 있는데, 그렇다면 한나라 때 사람들은 구두를 할 때 "대부"를 "신(臣)" 자와 연결해서 읽지 않았다는 것이다. "선(僎)"을 "선(選)"으로 쓴 것은 글자를 통용해서 쓴 것이다. 『경전석문』에 "선(僎)은 판본에 따라 또 찬(撰)으로도 쓴다."라고 했고, 『논어』「선진」의 "세 사람의 사리가 잘 갖추어진 대답[撰]과는 다릅니다."라고 한 문장의 "찬(撰)" 자를 정현은 "선(僎)"으로 썼으니, "선(僎)"과 "찬(撰)" 역시 통용되는 글자이다.

원문 錢氏坫『論語後錄』, "案, 『周書』「諡法」'文'有六等: 稱'經天緯地'・'道德博厚'・'學勤好問'・'慈惠愛民'・'愍民惠禮'・'錫民爵位', 竝無'修制交隣'・'不辱社稷'等例. 「檀弓」, '公叔文子卒, 其子戍請諡於君. 君曰: "夫

子聽衛國之政, 修其班制, 以與四隣交. 衛國之社稷不辱, 不亦文乎?'" 靈
公之論, 不本典制, 故夫子擧同升佚事以合之. 意深矣."

역문 전점의 『논어후록』에 "살펴보니, 『주서』「시법」에 '문(文)'에는 여섯
가지 등급이 있으니, 이를테면 '천하를 경영할 만한 탁월한 정치적 식견
을 가지고 있는 경우[經天緯地]'·'도덕(道德)이 광대(廣大)하고 심후(深厚)
한 경우[道德博厚]'·'배우기를 부지런히 하고 묻기를 좋아하는 경우[學勤
好問]'·'사랑과 은혜로 백성을 아낀 경우[慈惠愛民]'·'백성을 불쌍히 여기
고 은혜를 베풀며 예법이 있는 경우[愍民惠禮]'·'백성에게 작위를 내린
경우[錫民爵位]'인데, 모두 '제도를 정비하고 이웃과 교제하는 경우[修制交
隣]'와 '사직을 욕되게 하지 않는 경우[不辱社稷]' 등의 예는 없다. 그런데,
『예기』「단궁하」에 '공숙 문자('公叔文子')가 죽자, 그 아들인 수(戍)가 임
금에게 시호를 내려 줄 것을 청하자, 위나라 임금이 말했다. "선생께서
위나라의 정치를 맡아 하시면서 그 반열과 제도를 정비하고 사방의 이
웃 나라들과 잘 교제하여 위나라의 사직이 욕되지 않도록 하였으니 또
한 문(文)이 아니겠는가?"라고 했으니, 위 영공(衛靈公)의 의론은 전제(典
制)에 근거한 것이 아니기 때문에 공자가 함께 대부가 되어 공조(公朝)에
올랐다는 누락된 일을 거론해서 합당하게 하였으니, 뜻이 깊다."라고
했다.

- 「注」, "薦之"至"公朝".
- 正義曰:「注」意以僎因文子薦之, 同升於公爲大夫, 經言"大夫僎"者, 從後書之. 李賢『後漢』
  「吳良傳」「注」, "文子家臣名僎, 操行與文子同, 文子乃升進之於公, 與之同爲大夫." 卽本
  「注」義.
- 「주」의 "천지(薦之)"부터 "공조(公朝)"까지.

○ 정의에서 말한다.

「주」의 뜻은 선(僎)이 공숙 문자(公叔文子)의 천거로 인해 함께 공조(公朝)에 올라 대부가

되었으니, 경문(經文)에서 "대부선(大夫僎)"이라고 말한 것은 대부가 된 뒤의 상황을 좇아서

쓴 것이다. 이현의 『후한서』 「오량전」의 「주」에 "문자(文子)의 가신(家臣)은 이름이 선(僎)

인데, 조신한 행실이 문자와 같아서 문자가 이에 그를 공조(公朝)로 승진시켜 그와 함께 똑

같이 대부가 되었다."라고 했는데, 바로 「주」의 뜻을 근거로 한 것이다.

14-19

子言衛靈公之無道也, 康子曰: "夫如是, 奚而不喪?" 孔子曰:
"仲叔圉治賓客, 祝鮀治宗廟, 王孫賈治軍旅. 夫如是, 奚其
喪?" 【注】孔曰: "言雖無道, 所任者各當其才, 何爲當亡?"

공자가 위나라 영공(靈公)의 무도함을 말하자, 계강자(季康子)가
말했다. "이와 같은데도 어찌하여 임금의 지위를 잃지 않습니
까?" 공자가 말했다. "중숙 어(仲叔圉)는 빈객(賓客)을 다스리고,
축관인 타[祝鮀]는 종묘를 다스리며, 왕손가(王孫賈)가 군대를 다
스립니다. 이와 같은데 어찌 그 지위를 잃겠습니까?" 【주】공안국이
말했다. "비록 무도하였으나, 신하들에게 맡긴 직책이 각각 그 재능에 합당했으니 어
찌 지위를 잃는[亡] 경우에 해당하겠느냐는 말이다."

원문 正義曰: 記"子言"者, 謂子與康子言及之也. 『周書』 「諡法解」 "亂而不
損" · "好祭鬼神"皆曰"靈". 衛靈之諡, 當取"亂而不損"矣. 朱子 『集注』云:

"喪, 失位也."『釋文』云: "'子曰衛靈公之無道', 一本作'子言', 鄭本同."
案, 皇本作"子曰". 李賢『後漢書』「明帝紀」「注」亦是"曰"字, 邢本從鄭作
"子言", "言"字是也. 又"無道"下, 皇本有"久"字, 然考「疏」文無"久"字, 此
後人所增.

역문 정의에서 말한다.

"공자가 말했다[子言]"라고 기록한 것은 공자가 계강자와 함께 언급했
음을 이르는 것이다. 『주서』「시법해」에 따르면 "혼란한데도 혼란을 줄
이지 못한 것"·"귀신에게 제사 지내기를 좋아하는 것"을 모두 "영(靈)"
이라 한다. 위나라 영공(靈公)의 시호는 당연히 "혼란한데도 혼란을 줄이
지 못한 것"을 취한 것이다. 주자의 『논어집주』에 "상(喪)은 임금의 지위
를 잃음[失位]이다."라고 했다. 『경전석문』에 "'자왈위령공지무도(子曰衛
靈公之無道)'는 어떤 본에는 '자언(子言)'이라고 되어 있는데, 정현본도 같
다."라고 했다. 살펴보니, 황간본에는 "자왈(子曰)"로 되어 있다. 이현의
『후한서』「명제기」의 「주」에도 역시 "왈(曰)" 자로 되어 있는데, 형병본
에는 정현을 따라 "자언(子言)"으로 되어 있는데, "언(言)" 자가 옳다. 또
"무도(無道)" 아래에 황간본에는 "구(久)" 자가 있지만, 그러나 「소」의 문
장을 상고해 보면 "구(久)" 자가 없으니, 이것은 후대의 사람이 덧붙인
것이다.

14-20

子曰: "其言之不怍, 則爲之也難."【注】馬曰: "怍, 慙也. 內有其實,
則言之不慙, 積其實者, 爲之難."

공자가 말했다. "말하는 것을 부끄러워하지 않으면, 그것을 실천하기 어렵다."【주】마융이 말했다. "작(作)은 부끄러움[慙]이다. 내면에 그 진실함을 가지고 있으면 그것을 말하는 것이 부끄럽지 않지만, 그 진실함을 쌓아 나가는 것은 실천하기가 어렵다."

원문 正義曰: 皇本作"則其爲之難", 『大戴禮』「曾子立事篇」盧「注」引"其言之不作, 其後爲之難." 嚴氏杰「校」云: "所引『論語』, 當讀如『史記』'作作有芒'之作." 包氏愼言『溫故錄』, "案, 作, 起也. 勇於有爲者, 其言必有振厲奮起之色. 言不奮起, 則行必觀望, 故曰'爲之也難'." 案, 盧引『論語』, 未知何本. 或"作"卽是"怍"之誤. 嚴·包二君, 但就文說之.

역문 정의에서 말한다.

황간본에는 "즉기위지난(則其爲之難)"으로 되어 있고, 『대대례』「증자입사」노변(盧辯)의 「주」에서는 인용하기를, "말을 떨쳐 일으키지 않으면 나중에 실천하는 것이 어렵다.[其言之不作, 其後爲之難.]"라고 했는데, 엄걸(嚴杰)[163]의 「교」에 "『논어』를 인용한 부분은 마땅히 『사기』의 '위세를 떨치다[作作有芒]'[164]라고 할 때의 작(作)과 같은 뜻으로 읽어야 한다."라고 했다. 포신언(包愼言)의 『논어온고록』에는 "살펴보니, 작(作)은 일어난다[起]는 뜻이다. 실천에 용맹스러운 자는 그 말이 반드시 떨쳐 일어나는 기색이 있다. 말이 떨쳐 일어나지 않으면 행실을 반드시 관망(觀望)하기 때문에, '실천하는 것이 어렵다'라고 한 것이다."라고 했다. 살펴보니, 노변이 인용한 『논어』는 어떤 본인지 모르겠다. 어쩌면 "작(作)"은 바로

---

163 엄걸(嚴杰, ?~?): 청(淸)나라 시대 학자인 완원(阮元: 1764~1849)이 문인으로 알려져 있다.
164 『사기(史記)』 권27, 「천관서(天官書)」.

"작(怍)"의 오자(誤字)인 듯싶다. 엄걸(嚴杰)과 포신언 두 사람은 단지 글에 입각해서 말한 것일 뿐이다.

- 「注」, "怍慙"至"之難".
- 正義曰: 『說文』, "怍, 慙也. 詐, 慚語也." 段「注」謂『論語』此文當作'詐'. 今通用"怍"字. 己所能爲, 卽是"內有其實". 皇「疏」引王弼曰: "情動於中而外形於言, 情正實, 而後言之不怍." 此卽馬義.
- 「주」의 "작참(怍慙)"부터 "지난(之難)"까지.
- 정의에서 말한다.

  『설문해자』에 "작(怍)은 부끄럽다[慙]는 뜻이다.[165] 작(詐)은 말하는 것을 부끄러워한다[慚語]는 뜻이다.[166]"라고 했는데, 단옥재의 「주」에 "『논어』의 이 글자는 마땅히 '작(詐)'으로 써야 한다."라고 했는데, 지금은 "작(怍)" 자와 통용된다. 자기가 할 수 있는 것은 바로 "내면에 진실함을 가지고 있는 것"이다. 황간의 「소」에는 왕필(王弼)이 "마음속에서 감정이 움직여 말에서 밖으로 드러나니, 감정이 바르고 진실한 뒤에야 말하는 것이 부끄럽지 않게 된다."라고 한 것을 인용했는데, 이것이 바로 마융의 뜻이다.

  『後漢書』「皇甫規傳」「論」, "孔子稱'其言之不怍, 則其爲之也難'. 察皇甫規之言, 其心不怍哉. 夫其審己則干祿, 見賢則委位. 故干祿不爲貪, 而委位不求讓; 稱己不疑伐, 而讓人無懼情. 故能功成於戎狄, 身全於邦家也." 此引文以"不怍"爲美詞, 與馬義合.

  『후한서』「황보규전」의 「논」에 "공자가 일컫기를, '말하는 것을 부끄러워하지 않으면 실천

---

[165] 『설문해자』 권10: 작(怍)은 부끄럽다[慙]는 뜻이다. 심(心)으로 구성되었고, 작(作)의 생략된 자형이 발음을 나타낸다. 재(在)와 각(各)의 반절음이다.[怍, 慙也. 從心, 作省聲. 在各切.]

[166] 『설문해자』 권3: 작(詐)은 말하는 것을 부끄러워한다[慚語]는 뜻이다. 언(言)으로 구성되었고 작(作)이 발음을 나타낸다. 서(鉏)와 가(駕)의 반절음이다.[詐, 慚語也. 從言作聲. 鉏駕切.]

하는 것이 어렵다.'라고 했는데, 황보규(皇甫規)[167]의 말을 살펴보면 그는 마음으로 부끄러워하지 않은 듯하다. 그 사람은 자기를 살폈으면 녹을 구하고 현명한 사람을 보면 자리를 맡겼다. 그러므로 녹을 구하더라도 탐함이 되지 않았고, 자리를 맡기더라도 사양을 요구하지 않았으며, 자기를 칭찬하면 자랑을 의심하지 않았고 남에게 사양하면서도 두려워하는 마음이 없었다. 그러므로 융적(戎狄)에게서 공이 이루어질 수 있었던 것이며 나라와 집안에서 몸이 온전할 수 있었던 것이다."라고 했는데, 여기에서 인용한 글에서는 "부작(不怍)"을 훌륭한 말[美詞]로 여긴 것이니, 마융의 뜻과 일치한다.

「曾子立事」云: "是故君子出言以鄂鄂, 行身以戰戰, 亦殆免於戾矣." 盧「注」, "鄂鄂, 辨厲也." 竊謂"辨厲"卽"不怍"之意, "戰戰"卽"爲之也難"之意.
『대대례』「증자입사」에 "이런 까닭에 군자는 엄격하게 분별해서 말을 하고 두렵고 조심스러운 마음으로 자신을 실천하면 또한 거의 죄에서 벗어날 수 있을 것이다."라고 했는데, 노변의 「주」에 "악악(鄂鄂)은 엄격하게 분별함[辨厲]이다."라고 했으니, 가만히 생각해 보면 "엄격하게 분별함[辨厲]"은 바로 "부끄럽지 않다[不怍]"라는 뜻이고, "두렵고 조심스러운 마음[戰戰]"은 바로 "실천하는 것이 어렵다[爲之也難]"라는 뜻이다.

14-21

陳成子弑簡公, 孔子沐浴而朝, 告於哀公曰: "陳恒弑其君, 請討之." 【注】 馬曰: "成子, 齊大夫陳恒也. 將告君, 故先齊, 齊必沐浴." 公曰: "告夫三子." 【注】 孔曰: "謂三卿也." 孔子曰: "以吾從大夫之

---

167 황보규(皇甫規, 104~174): 동한(東漢) 시기의 무장(武將)으로 안정(安定) 조나(朝那) 사람이며 자는 위명(威明). 벼슬은 태산태수(泰山太守), 중랑장(中郞將), 도료장군(度遼將軍), 호강교위(護羌校尉) 등을 지냈다. 사후에 대사농(大司農)으로 추증되었다.

後, 不敢不告也. 君曰'告夫三子'者."【注】馬曰: "我禮當告君, 不當告三子. 君使我往, 故復往." 之三子告, "不可." 孔子曰: "以吾從大夫之後, 不敢不告也."【注】馬曰: "孔子由君命之三子告, '不可', 故復以此辭語之而止."

진성자(陳成子)가 간공(簡公)을 시해하자, 공자가 목욕하고 조정으로 나아가 애공에게 아뢰어 말하였다. "진항(陳恒)이 그 군주를 시해하였으니, 토벌하실 것을 청합니다."【주】마융이 말했다. "성자(成子)는 제나라 대부 진항(陳恒)이다. 장차 임금에게 아뢰려고 했기 때문에 먼저 재계(齋戒)한 것이니, 재계할 때는 반드시 목욕을 하는 것이다." 애공이 말했다. "저 세 사람에게 말하시오."【주】공안국이 말했다. "세 사람의 경을 이른다." 공자가 말했다. "내가 대부의 뒤를 따르기 때문에 감히 아뢰지 않을 수 없었는데, 임금은 '저 세 사람에게 말하라.'라고 하시는구나."【주】마융이 말했다. "나의 예(禮)로 보면 임금에게 아뢰는 것이 마땅하고 세 사람에게 말하는 것은 마땅하지 않다. 그러나 임금이 나에게 세 사람에게 가도록 했기 때문에 다시 간 것이다." 세 사람에게 가서 말하였으나, "안 된다."라고 하자, 공자가 말했다. "내가 대부의 뒤를 따르기 때문에 감히 말하지 않을 수 없었다."【주】마융이 말했다. "공자가 임금의 명(命)에 따라 세 사람에게 가서 말하였으나 '안 된다.'라고 했기 때문에 다시 이 사절하는 말을 하고서 그친 것이다."

원문 正義曰:『左』「哀」十四年「傳」, "齊陳恒弑其君壬於舒州. 孔丘三日齊, 而請伐齊. 三公曰: '魯爲齊弱久矣, 子之伐之, 將若之何?' 對曰: '陳恒弑其君, 民之不與者半. 以魯之半, 加齊之半, 可克也.' 公曰: '子告季孫.' 孔

子辭, 退而告人曰: '吾以從大夫之後也, 故不敢不言.'" 與此文略同. 壬卽
簡公名. 『周書』「諡法解」"一德不懈", "平易不訾", 皆曰"簡". 此當取"平易
不訾"爲諡也.

정의에서 말한다.

　『춘추좌씨전』「애공」 14년의 「전」에 "제나라 진항(陳恒)이 그 임금 임
(壬)을 서주(舒州)에서 시해하였다. 공자가 3일 동안 재계하고 조정으로
나아가 애공에게 제나라 토벌하기를 세 차례 청하자 애공이 말했다. '우
리 노나라는 제나라에 의해 약화된 지 오래인데, 그대는 제나라를 토벌
하라고 하니, 장차 어떻게 해야 한다는 것이오?' 공자가 대답했다. '진항
(陳恒)이 그 임금을 시해하였으니 백성 중에 그를 인정하지 않는 자가 반
은 될 것입니다. 노나라 백성 중의 반을 제나라 백성의 반에 보태면 이
길 수 있을 것입니다.' 애공이 말했다. '그대는 계손(季孫)에게 말하시오.'
공자가 사절하고 물러나와 사람들에게 일러 말하였다. '나는 대부의 뒤
를 따르기 때문에 감히 말하지 않을 수 없었다.'"라고 했으니, 여기의 글
과 대략 같다. 임(壬)은 바로 간공(簡公)의 이름이다. 『주서』「시법해」에
따르면, "한결같은 덕으로 게을리하지 않는 것[一德不懈]"과 "원만하면서
남을 헐뜯지 않는 것[平易不訾]"을 모두 "간(簡)"이라 한다. 여기서는 당연
히 "원만하면서 남을 헐뜯지 않는 것"을 취하여 시호로 삼은 것이다.

『公羊』「宣」十一年「傳」, "上無天子, 下無方伯, 天下諸侯, 有爲無道者,
臣弑君, 子弑父, 力能討之, 則討之可也." 『白虎通』「誅伐」云: "『論語』曰:
'陳恒弑其君, 孔子請討之.' 王者諸侯之子, 簒弑其君而立, 臣下得誅之者,
廣討賊之義也. 『春秋傳』曰: '臣弑君, 臣不討賊, 非臣也.'"

『춘추공양전』「선공」 11년[168]의 「전」에 "위로는 천자가 없고, 아래로
는 방백(方伯)이 없어 천하의 제후들 중에 무도(無道)함을 저지르는 자가

있어서 신하가 임금을 시해하고 자식이 아버지를 시해하면, 이를 토벌할 능력이 있으면 토벌하는 것이 옳다."라고 했고, 『백호통의』「주벌」에 "『논어』에서 말하길, '진항(陳恒)이 그 임금을 시해하자 공자가 그를 토벌할 것을 청했다.'라고 했으니, 왕자(王者)가 제후의 아들로서 그 임금을 찬탈하고 시해해서 즉위했을 경우 신하가 그를 죽일 수 있는 것은 널리 도적을 토벌하는 의리이다. 『춘추전』에 '신하가 임금을 시해했는데도 신하로서 도적을 토벌하지 않으면 신하가 아니다.'라고 했다."라고 하였다.

원문 顧氏棟高『春秋大事表』, "魯之兵權在三子, 三子之兵權在家臣. 觀陽貨·弗擾且能以其衆畔, 而冉求·季路獨不可出其兵以仗義討賊乎? 孔子能使由·求墮費·郈, 而三子靡然聽從, 豈孔子當日奉魯君之命, 命家臣出其卒, 而三子敢或梗令乎? 誠得哀公一言聽許, 委夫子以兵權, 空魯國之甲, 使家臣將之, 此時子路雖仕衛, 而冉有自在, 加以樊遲·有若, 皆勇銳之士, 移檄遠近, 聲罪致討, 四隣諸侯, 必有聞風響應, 縱不能梟陳恒之首, 亦當誅當日之推刃於齊君者, 而更定其嗣. 如此, 則國威可振, 周道可興矣, 豈空言而不可見諸實事者哉?"

역문 고동고의 『춘추대사표』에 "노나라의 병권(兵權)은 세 사람에게 있고, 세 사람의 병권은 가신(家臣)에게 있었다. 양화(陽貨)와 공산불요(公山弗擾)도 그들의 무리를 가지고 배반할 수 있었던 것을 살펴보면 염구와 계로(季路)라고 해서 유독 그들의 병력을 출동시켜 대의에 의거해서 도적을 토벌할 수 없었겠는가? 공자는 자로[由]와 염구[求]로 하여금 비읍(費

邑)과 후읍(郈邑)을 무너뜨리고 세 사람으로 하여금 바람에 초목이 쓰러지듯 듣고 따르게 할 수 있으니, 어쩌면 공자가 그날로 당장 노나라 임금의 명을 받들고, 가신들로 하여금 그들의 병졸을 출동시키도록 하는데도 세 사람이 감히 혹시라도 명을 저지할 수 있었겠는가? 진실로 애공이 한마디 말만 들어주어 공자에게 병권을 맡겨 노나라의 갑병을 비워주어 가신으로 하여금 거느리게 할 수만 있었다면, 이 당시 자로가 비록 위나라에서 벼슬하고 있었지만, 염유(冉有)가 원래부터 있었으니, 번지(樊遲)와 유약(有若)을 더하면 모두 용맹스럽고 날랜 선비들이었으니, 먼 곳이든 가까운 곳이든 격문(檄文)을 보내 죄를 성토하면서 토벌하면 사방 이웃의 제후들이 반드시 풍문으로 듣고 메아리처럼 응답하는 자들이 있을 것이니, 그렇게만 하면 비록 진항(陳恒)의 머리를 목 매달지는 못하더라도 또한 그날로 제나라 임금에게 칼을 빼든 자를 죽이고, 다시 그 후사를 정하게 할 수 있었을 것이다. 이처럼만 했다면 나라의 위엄이 떨쳐질 수 있었을 것이고, 주나라의 도(道)도 흥기할 수 있었을 것이니, 어찌 공허한 말이겠으며 실제의 일에서 볼 수 없는 것이겠는가?"라고 했다.

원문 案, 魯自四分公室, 兵衆皆在三家, 誠使哀公奮發有爲, 許夫子之請討, 則奉辭伐罪, 夫子必能得之三子, 而大服齊人. 則一擧而兩國之權奸皆有所顧忌, 斯亦亂世之一治也, 而惜乎, 哀公之終不能用孔子也! 吳氏嘉賓 『說』謂, "『春秋』絶筆於獲麟, 卽以是年夏有陳恒執君弒君之事, 當時無一人敢正其罪, 故弗忍更書之." 其說未爲無理矣.

역문 살펴보니, 노나라가 공실(公室)을 넷으로 나눈 때로부터 군대의 무리들이 모두 세 대부의 집 안에 있게 되었으니, 만약 진실로 애공이 분발해서 일을 도모하여 공자가 토벌할 것을 청한 것을 허락했다면 임금의 말을 받들고 죄지은 자들을 정벌하매 공자가 반드시 세 사람을 얻어 제나라 사람을 크게 복종시킬 수 있었을 것이다. 그렇다면 한 번 거병하매 두 나라의 권력을 휘두르는 간신들이 모두 돌아보고 꺼리는 바가 있었을 것이니, 이는 또한 어지러운 세상이 한 번 다스려지는 것이었을 터인데, 애석하구나, 애공이 끝내 공자를 쓰지 못한 것이! 오가빈의 『사서설』에 "『춘추』는 기린을 잡는 기사에서 붓을 꺾었는데, 바로 이해 여름에 진항(陳恒)이 군주를 붙잡고 군주를 시해하는 일이 있었는데, 당시에 한 사람도 감히 그의 죄를 바로잡는 이가 없었기 때문에 차마 이 일을 다시 기록하지 못한 것이다."라고 했는데, 이 말이 일리가 없는 것은 아니다.

원문 魯三家與齊陳氏情事相同, 故"不可"夫子之請. 然魯君臣釁隙雖深, 終不敢一加刃於其君, 未始非夫子之淸議有以維持之也. 此『春秋』之作, 所爲不能以已也.

역문 노나라 세 대부의 집안과 제나라 진씨(陳氏)의 사정이 서로 같았기 때문에 공자의 청을 "안 된다"라고 한 것이다. 그러나 노나라 군신 간의 틈이 비록 깊기는 하지만 끝내 감히 한 번이라도 그 임금에게 칼을 겨눌 수 없었으니, 처음부터 공자의 청의(淸議)가 임금을 유지시켜 줌이 있지 않은 것은 아니다. 이것이 『춘추』를 지음을 그만둘 수 없었던 까닭이었던 것이다.

원문 『釋文』, "弑, 本又作殺, 同音試." 案, 皇本作"殺". "告夫三子", 『唐石經』・皇本・高麗本"三"上有"二"字. 『考文』引足利本同. 下"告夫三子者"・"之三子告"竝同. 『釋文』云: "之三子告, 本或作'二三子告', 非也." 第二節 "不敢不告也", 皇本無"也"字.

역문 『경전석문』에 "시(弑)는 판본에 따라 또 살(殺)로 되어 있는데, 발음은

시(試)와 같이 한다."라고 했다. 살펴보니, 황간본에 "살(殺)"로 되어 있다. "고부삼자(告夫三子)"는 『당석경』과 황간본·고려본(高麗本)에는 "삼(三)" 앞에 "이(二)" 자가 있다. 『칠경맹자고문』에 인용한 아시카가[足利]본도 같다. 아래 "저 세 사람에게 말하라[告夫三子者]"와 "세 사람에게 가서 말했다[之三子告]"도 모두 같다. 『경전석문』에 "지삼자고[之三子告]는 판본에 따라 더러 '이삼자고(二三子告)'로 되어 있는데, 잘못이다."라고 했다. 두 번째 절의 "불감불고야(不敢不告也)"에서 황간본에는 "야(也)" 자가 없다.

- 「注」, "成子"至"沐浴".
- 正義曰: 『史記』「田敬仲完世家」, "田常卒, 常謚爲成子." 是成子卽陳恒謚也. 其「世家」上文云: "齊人歌之曰: '嫗乎采芑, 歸乎田成子!'" 此史家從後記之, 或"成"字誤衍爾. 禮於常朝不齊, 此重其事, 故先齊也.
○ 「주」의 "성자(成子)"부터 "목욕(沐浴)"까지.
○ 정의에서 말한다.

『사기』「전경중완세가」에 "전상(田常)이 죽자, 전상의 시호를 성자(成子)라 했다."라고 했으니, 성자(成子)가 바로 진항(陳恒)의 시호이다. 그 「세가」의 앞 문장에 또 "제나라 사람이 노래하기를, '할머니가 캔 나물 전성자(田成子)에게 보내리!'라고 했다."라고 하였는데, 이는 역사가들이 뒤의 설을 좇아서 기록한 것으로 아마도 "성(成)" 자는 잘못 불어난 글자일 뿐인 듯하다. 예(禮)에 평상시 조근할 때는 재계하지 않으니, 여기서는 그 일을 중히 여겼기 때문에 먼저 재계한 것이다.

「注」據『左傳』"三日齊"爲言, 明此文'沐浴'亦因齊而設. 故「玉藻」云: "將適公所, 宿齊戒, 居外寢, 沐浴." 是見君齊必沐浴也. 『說文』云: "沐, 濯髮也. 浴, 洒身也."
「주」에서는 『춘추좌씨전』의 "3일 동안 재계했다"[169]는 것을 근거로 말한 것이니, 이 글의

"목욕(沐浴)" 역시 재계로 인해 하게 된 것임을 밝힌 것이다. 그러므로 『예기』 「옥조」에 "장차 공소(公所)에 나아가려 할 때에는 하루 전에 재계하고 외침(外寢)에 거처하면서 목욕한다."라고 했으니, 임금을 만나 볼 때에는 반드시 목욕을 하는 것이다. 『설문해자』에 "목(沐)은 터럭을 씻는다[濯髮]는 뜻이다.[170] 욕(浴)은 몸을 씻는다[灑身]는 뜻이다.[171]"라고 했다.

● 「注」, "我禮"至"復往".
● 正義曰:「注」意謂夫子此語是退而語人也. "不當告三子"者, 言臣當統於君也. "君使往, 復往"者, 示君命己不敢逆也.
○ 「주」의 "아례(我禮)"부터 "부왕(復往)"까지.
○ 정의에서 말한다.

「주」는 아마도 공자의 이 말은 물러 나와서 다른 사람에게 말한 것이라고 여긴 듯하다. "세 사람에게 말하는 것은 마땅하지 않다[不當告三子]"라는 것은 신하는 마땅히 임금에게서 통솔 받아야 한다는 말이다. "임금이 가게 했기 때문에 다시 갔다"라는 것은, 임금의 명을 자기가 거스를 수 없음을 보여 준 것이다.

14-22

子路問事君, 子曰: "勿欺也, 而犯之." 【注】 孔曰: "事君之道, 義不

---

[169] 『춘추좌씨전』 「애공」 14년: 제나라 진항(陳恒)이 그 임금 임(壬)을 서주(舒州)에서 시해하였다. 공자가 3일 동안 재계하고 조정으로 나아가 애공에게 제나라 토벌하기를 세 차례 청하였다.[甲午, 齊陳恒弑其君壬于舒州. 孔丘三日齊而請伐齊三.]

[170] 『설문해자』 권11: 목(沐)은 터럭을 씻는다[濯髮]는 뜻이다. 수(水)로 구성되었고 목(木)이 발음을 나타낸다. 막(莫)과 복(卜)의 반절음이다.[沐, 濯髮也. 從水木聲. 莫卜切.]

[171] 『설문해자』 권11: 욕(浴)은 몸을 씻는다[洒身]는 뜻이다. 수(水)로 구성되었고 곡(谷)이 발음을 나타낸다. 여(余)와 촉(蜀)의 반절음이다.[浴, 洒身也. 從水谷聲. 余蜀切.]

可欺, 當能犯顏諫爭."

> 자로가 임금 섬기는 것을 묻자, 공자가 말했다. "속이지 말고 얼굴을 대놓고 간쟁해야 한다."【주】공안국이 말했다. "임금을 섬기는 도(道)는 의리상 속여서는 안 되니, 마땅히 얼굴을 대놓고 간쟁할 수 있어야 한다."

원문 正義曰: 皇本"也"作"之".

역문 정의에서 말한다.

황간본에는 "야(也)" 자가 "지(之)" 자로 되어 있다.

- 「注」, "事君"至"諫爭".
- 正義曰:「注」以"勿欺"卽謂能犯顏諫爭也. 孟子言"齊人謂其君'何足語仁義', 是爲不敬". 又言"謂其君不能者, 是賊其君", 與此言"欺"同也. 子路仕季氏, 夫子恐其爲具臣, 又季氏伐顓臾, 子路力未能諫止, 故此告子路以"勿欺", 而又嫌其意不明, 故更云"而犯之".『禮』「檀弓」云: "事君有犯而無隱." 若隱卽爲欺矣.
- ○「주」의 "사군(事君)"부터 "간쟁(諫爭)"까지.
- ○ 정의에서 말한다.

  「주」에서는 "속이지 말라[勿欺]"라는 것을 바로 얼굴을 대놓고 간쟁할 수 있는 것이라고 여긴 것이다. 맹자가 말하길, "제나라 사람 중에 그 임금을 평하여 '어찌 함께 인의를 말하기에 족하겠는가'라고 하면 이는 불경(不敬)이 되는 것이다."[172]라고 하였고, 또 말하길, "자기 임

---

172 『맹자』「공손추하(公孫丑下)」: 제나라 사람 중에 인의(仁義)를 가지고 왕과 말하는 이가 없으니, 이것이 어찌 인의를 아름답지 않게 여겨서이겠습니까? 마음속으로 "이 임금과 어찌 함께 인의를 말하기에 족하겠는가?"라고 생각해서일 뿐이니, 이렇다면 불경(不敬)함이 이보

금이 인의(仁義)를 행할 수 없다고 말하는 자는 자기 임금을 해치는 자이다."[173]라고 했는데,
여기에서 말한 "속임[欺]"과 같은 것이다. 자로가 계씨(季氏)에게서 벼슬할 때 공자는 그가
숫자만 채우는 신하[具臣]가 된 것을 걱정했고,[174] 또 계씨가 전유(顓臾)를 정벌했을 때 자로
의 능력으로는 간쟁하여 저지시킬 수 없었기 때문에 여기에서 자로에게 "속이지 말라[勿欺]"
라고 말해 주고 또 그의 의도가 명확하지 않을까 꺼림직했기 때문에 다시 "얼굴을 대놓고 간
쟁해야 한다[而犯之]"라고 한 것이다. 『예기』「단궁상」에 "임금을 섬기되 얼굴을 대놓고 간쟁
함이 있고 숨기는 것이 없다."라고 했는데, 숨기는 것 같은 것이 바로 속임이 되는 것이다.

14-23

子曰: "君子上達, 小人下達."【注】本爲上, 末爲下.

공자가 말했다. "군자는 위로 통달하고, 소인은 아래로 통달한
다."【주】근본이 위가 되고 말단이 아래가 된다.

다 더 큰 것이 없습니다.[齊人, 無以仁義與王言者, 豈以仁義爲不美也? 其心曰: "是何足與言
仁義也"云爾, 則不敬, 莫大乎是.]

173 『맹자』「공손추상(公孫丑上)」: 사람이 이 네 가지 단서인 사단(四端)을 가지고 있는 것은 사
지(四肢)를 가지고 있는 것과 같으니, 이 사단을 가지고 있으면서도 스스로 인의(仁義)를 행
할 수 없다고 말하는 자는 자신을 해치는 자이고, 자기 임금이 인의를 행할 수 없다고 말하
는 자는 자기 임금을 해치는 자이다.[人之有是四端也, 猶其有四體也, 有是四端而自謂不能
者, 自賊者也; 謂其君不能者, 賊其君者也.]

174 『논어』「선진(先進)」: 이른바 대신이란 도로써 임금을 섬기다가 안 되면 그만두는 것이니,
지금 유와 구는 자리만 채우는 신하라고 말할 수 있다.[所謂大臣者, 以道事君, 不可則止, 今
由與求也, 可謂具臣矣.]

원문 正義曰: "達", 通也. 『論語比考讖』, "君子上達, 與天合符." 言君子德能
與天合也.

역문 정의에서 말한다.

"달(達)"은 통달함[通]이다. 『논어비고참』에 "군자는 위로 통달하여 하
늘과 부합한다."라고 했는데, 군자의 덕이 하늘과 부합할 수 있다는 말
이다.

- 「注」, "本爲上, 末爲下."
- 正義曰: 皇「疏」, "'上達'者, 達於仁義也. '下達'謂達於財利, 所以與君子反也." 案, 『禮』「大
  學」云: "德者, 本也; 財者, 末也."
- ○ 「주」의 "근본이 위가 되고 말단이 아래가 된다."
- ○ 정의에서 말한다.

  황간의 「소」에 "'위로 통달한다[上達]'라는 것은 인의(仁義)에 통달함이다. '아래로 통달한다
  [下達]'라는 것은 재리(財利)에 통달한다는 말이기 때문에 군자와는 반대가 되는 것이다."라고
  했다. 살펴보니, 『예기』「대학」에 "덕(德)은 근본이고, 재물[財]은 말단이다."[175]라고 했다.

14-24

子曰: "古之學者爲己, 今之學者爲人." 【注】孔曰: "'爲己', 履而行
之, '爲人', 徒能言之."

---

[175] 『대학(大學)』 전10장.

공자가 말했다. "옛날에 배우는 자들은 자기가 그것을 실천하여 행하였는데, 지금에 배우는 자들은 다만 남을 위해서 말해 줄 수 있을 뿐이다."【주】공안국이 말했다. "'위기(爲己)'는 그것을 실천하여 행한다는 뜻이고, '위인(爲人)'은 단지 그것을 말할 수 있을 뿐이라는 뜻이다."

- 「注」, "爲己"至"言之".
- 正義曰: "徒能言之", 謂己但能稱說, 以求知於人也. 『荀子』「勸學篇」, "君子之學也, 入乎耳, 著乎心, 布乎四體, 形乎動靜, 端而言, 蝡而動, 一可以爲法則. 小人之學, 入乎耳, 出乎口. 口·耳之間則四寸耳, 曷足以美七尺之軀哉?" 又云: "古之學者爲己, 今之學者爲人. 君子之學也, 以美其身; 小人之學也, 以爲禽犢." 楊倞「注」, "禽犢, 饋獻之物也."

○ 「주」의 "위기(爲己)"부터 "언지(言之)"까지.

○ 정의에서 말한다.

"단지 그것을 말할 수 있을 뿐."이란 자기는 단지 말만 해서 남에게 알기를 요구할 수 있을 뿐이라는 말이다. 『순자』「권학편」에 "군자가 배우는 것은 귀로 들어가 마음에 붙고 온몸에 퍼져 행동으로 나타나니, 소곤소곤 말하고 공손히 움직여 모두가 법도가 될 만하다. 소인이 배우는 것은 귀로 들어가 입으로 나온다. 입과 귀 사이는 네 치밖에 안 되니, 어찌 일곱 자나 되는 몸을 아름답게 할 수 있을 것인가?"라고 했고, 또 "옛날에 배우는 자들은 자기가 그것을 실천하여 행하였는데, 지금에 배우는 자들은 다만 남을 위해서 말해 줄 수 있을 뿐이다. 군자가 배우는 것은 자기의 몸을 아름답게 하지만 소인이 배우는 것은 남에게 주는 것[禽犢]이 된다."라고 했는데, 양경의 「주」에 "금독(禽犢)은 남에게 주거나 바치는 물건이다."라고 했다.

『北堂書鈔』引『新序』云: "齊王問墨子曰: "古之學者爲己, 今之學者爲人." 何如?' 對曰: '古之學者, 得一善言, 以附其身; 今之學者, 得一善言, 務以悅人.'" 又『後漢』「桓榮傳」「論」, "孔子曰: '古之學者爲己, 今之學者爲人.' '爲人'者, 憑譽以顯揚; '爲己'者, 因心以會道." "顯揚", 邢「疏」引作"顯物", 謂顯之於物也. 諸文並與此「注」義合.

『북당서초』에 『신서』를 인용해서 "제왕(齊王)이 묵자(墨子)에게 물었다. '"옛날에 배우는 자들은 자기가 그것을 실천하여 행하였는데, 지금에 배우는 자들은 다만 남을 위해서 말해 줄 수 있을 뿐이다."라고 했는데, 어떠한 것입니까?' 묵자가 대답했다. '옛날에 배우는 자들은 한 가지 선(善)한 말을 얻으면 그것을 자기의 몸에 붙여 두었었는데, 지금에 배우는 자들은 한 가지 선(善)한 말을 얻으면 남을 기쁘게 하기에 힘씁니다.'"라고 했다. 또 『후한서』「환영전」의 「논」에 "공자가 말하길, '옛날에 배우는 자들은 자기가 그것을 실천하여 행하였는데[爲己], 지금에 배우는 자들은 다만 남을 위해서 말해 줄 수 있을 뿐이다[爲人].'라고 했는데, '위인(爲人)'이란 자신의 명예에 의거해서 남을 드러내는 것[顯揚][176]이고, '위기(爲己)'란 자신의 마음을 따라 도(道)를 이해하는 것이다."라고 했다. "현양(顯揚)"은 형병의 「소」에 "현물(顯物)"로 인용되어 있으니, 남에게서 드러나게 한다는 말이다. 여러 글들이 모두 이 문장의 「주」와 뜻이 부합한다.

14-25

蘧伯玉使人於孔子.【注】孔曰:"伯玉, 衛大夫蘧瑗." 孔子與之坐而問焉, 曰:"夫子何爲?" 對曰:"夫子欲寡其過而未能也."【注】言夫子欲寡其過, 而未能無過. 使者出, 子曰:"使乎! 使乎!"【注】陳曰:"再言'使乎'者, 善之也, 言使得其人."

거백옥(蘧伯玉)이 공자에게 심부름꾼을 보냈다.【주】공안국이 말했다. "백옥(伯玉)은 위나라 대부 거원(蘧瑗)이다." 공자가 그에게 좌석을 내어

---

176 『후한서(後漢書)』 권67, 「환영전(桓榮傳)」에는 "顯物"로 되어 있다. 유보남이 어떤 판본을 근거로 "顯揚"이라고 한 것인지 알 수 없다.

주면서 물었다. "부자(夫子)께서는 무엇을 하시는가?" 심부름꾼
이 대답했다. "부자께서는 허물을 적게 하려고 하시지만, 아직 능
하지 못하십니다."【주】부자가 자신의 허물을 적게 하려고 하지만 아직은 허
물이 없어지 못했다는 말이다. 심부름꾼이 나가자, 공자가 말했다. "훌
륭한 심부름꾼이구나! 훌륭한 심부름꾼이구나!"【주】진군이 말했다.
"거듭 '사호(使乎)'라고 말한 것은 그를 훌륭하게 여긴 것이니, 심부름꾼으로 알맞은
사람을 얻었다는 말이다."

원문 正義曰: 孔子於衛, 主蘧伯玉, 此時孔子去衛, 伯玉使人來. 使雖微者,
必與之坐, 爲賓主禮也. "與"猶授也. "夫子"者, 大夫之稱.

역문 정의에서 말한다.

공자가 위나라에 있을 때 거백옥(蘧伯玉)을 주인으로 삼았는데, 이때
공자가 위나라를 떠나자 거백옥이 심부름꾼을 보내왔다. 심부름꾼이 비
록 미천한 자이기는 하지만 반드시 그에게 좌석을 내어 준 것은 빈주(賓
主)의 예로 그를 예우한 것이다. "여(與)"는 줌[授]과 같다. "부자(夫子)"란
대부를 일컫는 말이다.

- 「注」, "伯玉, 衛大夫蘧瑗."
- 正義曰: 『陳留風俗傳』, "長垣縣有蘧伯鄉, 有蘧伯玉冢. 一曰'新鄉', 有蘧亭." 疑蘧本以邑氏
  也. 『呂覽』「召類」「注」, "伯玉, 衛大夫, 蘧莊子無咎之子瑗, 諡曰成子."
- 「주」의 "백옥(伯玉)은 위나라 대부 거원(蘧瑗)이다."
- 정의에서 말한다.
  『진류풍속전』에 "장원현(長垣縣)에 거백향(蘧伯鄉)이 있는데, 거백옥(蘧伯玉)의 무덤이 있

다. 일설에는 신향(新鄕)이라고 하는데, 거정(蘧亭)이 있다."라고 했으니, 아마도 거(蘧)는 본래 읍명(邑名)을 가지고 성씨(姓氏)로 삼은 것인 듯싶다. 『여씨춘추』「시군람·소류」의 「주」에 "백옥(伯玉)은 위나라 대부인데, 거장자(蘧莊子) 무구(無咎)의 아들인 원(瑗)으로 시호가 성자(成子)이다."라고 했다.

- 「注」, "言夫子欲寡其過, 而未能無過."
- 正義曰: 『莊子』「則陽篇」, "蘧伯玉行年六十而六十化, 未嘗不始於是之, 而卒詘之以非也. 未知今之所謂是之非五十九非也." 『淮南子』「原道訓」, "蘧伯玉年五十而知四十九年非." 觀此, 是伯玉欲寡過而常若未能無過, 亦是實語, 其平居修省不自滿假之意可見. 使者直對以實, 能尊其主, 非只爲謙辭.

o 「주」의 "부자가 자신의 허물을 적게 하려고 하지만 아직은 허물이 없애지 못했다는 말이다."
o 정의에서 말한다.
『장자』「칙양」에 "거백옥(蘧伯玉)은 살아온 나이 60이 되어 자기의 삶을 60번 바꾸었는데, 일찍이 옳다고 여기는 데서 시작했다가 마침내 그르다고 해서 물리치지 않은 적이 없었다. 그러니 60세가 된 지금 이른바 옳다고 하는 것이 59년 동안의 잘못이 아닌지 알 수 없다."라고 했고, 『회남자』「원도훈」에 "거백옥(蘧伯玉)은 50년을 살면서 49년의 잘못을 알았다."라고 했으니, 이를 살펴보면, 거백옥이 허물을 적게 하려고 하지만 항상 아직은 허물을 없애지 못한 것처럼 했다는 것 역시 진실한 말이니, 그가 평소 수신하고 성찰하여 자만하거나 허세를 부리지 않은 뜻을 알 수 있다. 심부름꾼이 사실을 가지고 정직하게 대답한 것이 그의 주인을 높일 수 있었으니, 단지 겸사를 한 것뿐만은 아니다.

- 「注」, "再言'使乎'者, 善之也. 言使得其人."
- 正義曰: 段氏玉裁『經韻樓集』"使乎使"三字逗, 下一"乎"字爲永歎之辭, 與此「注」違, 亦未必合經旨. 『漢書』「藝文志」, "子曰: '誦『詩』三百, 使於四方, 不能專對.' 孔子曰: '使乎! 使乎!' 言其當權事制宜, 受命而不受辭." 亦以此言"寡過"·"未能"非爲所受之辭, 故爲"使得其人"也. 『論衡』「問孔篇」, "孔子曰: '使乎! 使乎!' 非之也. 說『論語』者曰: '非之者, 非其代人謙也.'" 此當時駁義, 不足信.

o 「주」의 "거듭 '사호(使乎)'라고 말한 것은 그를 훌륭하게 여긴 것이니, 심부름꾼으로 알맞은 사람을 얻었다는 말이다."

o 정의에서 말한다.

단옥재의 『경운루집』에는 "사호사(使乎使)" 세 글자로 구두를 끊었고, 아래 "호(乎)" 한 글자는 감탄사라고 해서 이 「주」와는 어긋나니, 역시 반드시 경전의 취지에 부합되는 것은 아니다. 『전한서』 「예문지」에 "공자가 말하길, '『시경』 3백 편을 외우더라도 사방에 사신으로 나가 혼자서 대처하지 못한다.'[177]고 하고, '훌륭한 심부름꾼이구나! 훌륭한 심부름꾼이구나!'라고 했으니, 권도(權道)의 일을 당하면 알맞게 제어하고, 명(命)만 받고 구체적인 지시사항[辭]을 받지 않는다[178]는 말이다."라고 했는데, 역시 여기에서 말한 "허물을 적게 함[寡過]"과 "아직 능하지 못함[未能]"을 구체적으로 받은 지시사항으로 여기지 않았기 때문에 "심부름꾼으로 알맞은 사람을 얻었다"라고 한 것이다. 『논형』 「문공편」에 "공자가 말하길, '심부름꾼이여! 심부름꾼이여!'라고 했으니, 비난한 것이다. 『논어』를 설명하는 자들이 말하길, '비난했다는 것은 남을 대리해서 겸양함을 비난한 것이다.'라고 한다."라고 했는데, 이는 당시의 반박 의론[駁義]으로서 족히 믿을 만한 것이 못 된다.

14-26

子曰: "不在其位, 不謀其政." 曾子曰: "君子思不出其位."

【注】孔曰: "不越其職."

---

177 『논어』 「자로(子路)」.

178 『춘추공양전』 「장공」 19년: 대부가 명(命)만 받고 구체적인 지시사항을 받지 않은 채 국경 밖으로 나갔을 때, 사직을 이롭게 하고 국가를 이롭게 할 일이 있으면 전권을 행사하는 것도 가능하다.[大夫受命不受辭, 出竟有可以安社稷利國家者, 則專之可也.]

공자가 말했다. "그 지위에 있지 않으면 그 정치를 도모하지 않아야 한다." 증자가 말했다. "군자는 생각이 그 지위를 벗어나지 않는다."【주】공안국이 말했다. "자기의 직위를 넘지 않아야 한다는 뜻이다."

원문 正義曰: 毛氏奇齡『稽求篇』, "夫子旣言位分之嚴, 故曾子引夫子贊『易』之詞以爲證. 此與牢曰'子云"吾不試故藝"'正同." 又曰: "'思不出位', 係「艮卦」「象」辭. 世疑「象傳」多'以'字, 或古原有此語, 而夫子引以作「象辭」. 曾子又引以證'不在其位'之語, 故不署'象曰'·'子曰'二字, 亦未可知."

역문 정의에서 말한다.

모기령의 『논어계구편』에 "공자가 이미 지위와 직분의 엄격함을 말했기 때문에 증자(曾子)는 공자가 『주역』을 찬(贊)한 말을 인용하여[179] 증명한 것이다. 이는 뇌(牢)가 '선생님께서 말씀하시기를, "나는 세상에 등용되지 못했기 때문에 재주가 많다."라고 하셨다.'라고 한 것과 똑같다."라고 했고, 또 "'생각이 그 자리를 벗어나지 않는다'라는 것은 『주역』「간괘·상」에 연결된 말이다. 세상에서는 「상전」에 '이(以)' 자가 많은데, 아마도 옛날부터 원래 이 말이 있어서 공자가 인용하여 「상전」을 지었다고 생각한다. 증자가 또 이것을 인용해서 '그 자리에 있지 않다'라는 말을 증명했기 때문에 '상왈(象曰)'이라든가 '자왈(子曰)' 두 글자를 드러내지 않은 것인지는 또한 알 수 없다."라고 했다.

원문 案, 『禮』「中庸」云: "君子素其位而行, 不願乎其外. 素富貴, 行乎富貴;

---

179 『주역(周易)』「간(艮)·상(象)」: 산(山)이 거듭함이 「간」이니, 군자가 이것을 보고서 생각이 그 지위를 벗어나지 않는다.[兼山, 艮, 君子以, 思不出其位.]

素貧賤, 行乎貧賤; 素夷狄, 行乎夷狄; 素患難, 行乎患難. 君子無入而不自得焉. 在上位, 不陵下; 在下位, 不援上. 正己而不求於人, 則無怨, 上不怨天, 下不尤人." 鄭「注」, "'不願乎其外', 謂思不出其位也." 與此章義相發.

역문 살펴보니, 『예기』「중용」에 "군자는 현재 자신의 지위를 바탕으로 마땅히 해야 할 것을 행하고, 그 밖의 것을 원하지 않는다. 부유하고 귀한 처지를 바탕으로 하고 있으면 부유하고 귀한 처지에 마땅하게 행하고, 가난하고 천한 처지를 바탕으로 하고 있으면 가난하고 천한 처지에 마땅하게 행하며, 이적(夷狄)의 처지를 바탕으로 하고 있으면 이적의 처지에 마땅하게 행하고, 근심스럽고 어려운 처지를 바탕으로 하고 있으면 근심스럽고 어려운 처지에 마땅하게 행하니, 군자는 가는 곳마다 자득(自得)하지 않음이 없다. 윗자리에 있으면서 아랫사람을 업신여기지 않고 아랫자리에 있으면서 윗사람을 끌어내리지 않으며 자신을 바르게 하고 남에게 요구하지 않으면 원망이 없을 것이니, 위로는 하늘을 원망하지 않으며 아래로는 사람을 탓하지 않는다."라고 했는데, 정현의 「주」에 "'그 밖의 것을 원하지 않는다'라는 것은 생각이 그 지위를 벗어나지 않는다는 말이다."라고 했으니, 이 장의 뜻과 서로 발명이 된다.

14-27

子曰: "君子恥其言而過其行."

공자가 말했다. "군자는 말이 행실보다 지나침을 부끄러워한다."

원문 正義曰: 此與「里仁篇」"古者言之不出, 恥躬之不逮", 語意正同. 『禮』「雜記」云: "有其言而無其行, 君子恥之." 「表記」云: "君子恥有其辭而無其德, 有其德而無其行." 亦此意. 皇本"而"作"之", "行"下有"也"字.

역문 정의에서 말한다.

이는 「이인」의 "옛사람들이 말을 함부로 내지 않은 것은 자신의 행동이 미치지 못할 것을 부끄러워해서이다."라고 한 것과 말의 의미가 똑같다. 『예기』「잡기하」에 "그 말만 있고 행동이 없음을 군자는 부끄러워한다."라고 했고, 「표기」에 "군자는 말만 있고 그 덕이 없음을 부끄러워하며, 덕은 있지만 그 행실이 없음을 부끄러워한다."라고 했는데, 역시 이 뜻이다. 황간본에는 "이(而)"가 "지(之)"로 되어 있고, "행(行)" 아래 "야(也)" 자가 있다.

14-28

子曰: "君子道者三, 我無能焉: 仁者不憂, 知者不惑, 勇者不懼." 子貢曰: "夫子自道也."

공자가 말했다. "군자의 도라는 것이 세 가지인데 나는 그중에서 할 수 있는 것이 없다. 인한 사람은 근심하지 않고, 지혜로운 사람은 미혹되지 않고, 용맹한 사람은 두려워하지 않는다." 자공이 말했다. "선생님께서 스스로 갖추고 계신 도입니다."

원문 正義曰: "自道"者, 言夫子身能備道也. 孟子引子貢語, 以夫子"仁且智"

爲"旣聖", 皆所謂"智足知聖"也.

역문 정의에서 말한다.

"자도(自道)"란 공자 자신이 거뜬히 갖추고 있는 도(道)라는 말이다. 맹자는 자공의 말을 인용해서 공자의 "인(仁)하면서도 지혜로움[180]"을 가지고 "이미 성인"이라고 여겼으니,[181] 모두가 이른바 "지혜가 충분히 성인을 알아볼 수 있다"[182]는 것이다.

14-29

子貢方人. 【注】孔曰: "比方人也." 子曰: "賜也賢乎哉? 夫我則不暇." 【注】孔曰: "不暇比方人也."

자공이 사람을 비방하자 【주】 공안국이 말했다. "사람을 비교했다는 말이다." 공자가 말했다. "사(賜)는 현명한가 보구나? 나는 그럴 겨를이 없던데." 【주】 공안국이 말했다. "사람을 비교할 겨를이 없다는 뜻이다."

---

180 『논어정의』에는 "知"로 되어 있다. 『맹자』「공손추상」을 근거로 "智"로 고쳤다. 아래 "智足知聖"의 "智"도 같다.

181 『맹자』「공손추상」: 공자가 "성인의 일은 내 능하지 못하지만 나는 배우기를 싫어하지 않고 가르치기를 게을리하지 않을 뿐이다."라고 하자, 자공이 말했다. "배우기를 싫어하지 않음은 지혜이고 가르치기를 고달프다고 여겨 그만두지 않음은 인(仁)입니다. 인하고 또 지혜로우시니 선생님은 이미 성인이십니다."[孔子曰: "聖則吾不能, 我學不厭而敎不倦也." 子貢曰: "學不厭, 智也; 敎不倦, 仁也. 仁且智, 夫子旣聖矣.]

182 『맹자』「공손추상」: 재아(宰我)와 자공과 유약은 지혜가 충분히 성인을 알아볼 수 있었으니, 이들의 지혜가 낮다 해도 자기가 좋아하는 사람에게 아첨하는 데에는 이르지 않았을 것이다.[宰我 · 子貢 · 有若, 智足以知聖人, 汙不至阿其所好.]

正義曰: 『釋文』云: "方人, 鄭本作謗, 謂'言人之過惡'." 盧氏文弨『考
證』, "『古論』'謗'字作'方', 蓋以聲近通借. 子貢言人過惡, 故子曰'賜也賢
乎哉', 言'汝己身果皆賢乎! 而謗人也? 夫我則不暇謗人而自治.'"

역문 정의에서 말한다. 『경전석문』에 "방인(方人)은 정현본에 방(謗)으로 되
어 있으니, '남의 허물과 죄악을 떠벌렸다'라는 말이다."라고 했고, 노문
초의 『경전석문고증』에 "『고논어』에는 '방(謗)' 자가 '방(方)'으로 되어
있으니, 아마도 발음이 가까워서 통용하여 가차한 것인 듯싶다. 자공이
남의 허물과 죄악을 말했기 때문에 공자가 '사(賜)는 현명한가 보구나'라
고 했으니, '너 자기 자신은 과연 얼마나 현명하기에 남을 비방하는 것
이냐? 나는 남을 비방할 겨를이 없이 자신을 다스린다.'라는 말이다."라
고 했다.

원문 孫氏志祖『讀書脞錄』說此文云: "『左傳』'庶人謗', 正義云: '謗謂言其過
失, 使在上聞之而自改, 亦是諫之類也.' 「昭」四年「傳」, '鄭人謗子產.' 『國
語』, '厲王虐, 國人謗王.' 皆是言其實事, 謂之爲謗. 但傳聞之事, 有實有
虛, 或有妄謗人者, 今世遂以謗爲誣類, 是俗易而意異也."

역문 손지조의 『독서좌록』에 이 문장을 설명하면서 "『춘추좌씨전』의 '서
민들이 모여서 비방했다[庶人謗]'[183]는 기사에 대해 정의(正義)에서 이르
길, '방(謗)은 그 과실을 말함을 이르니, 가령 윗자리에 있으면서 그것을
듣고 스스로 고친다면 이 또한 간언의 종류인 것이다.'[184]라고 했고 「소
공」 4년의 「전」에 '정나라 사람이 자산을 비방했다.'[185]고 했으며, 『국어』

---

183 『춘추좌씨전』「양공」 14년.

184 『춘추좌전주소(春秋左傳注疏)』 권32, 「양공」 공영달의 「소」.

185 『춘추좌씨전』「소공(召公)」 4년: 정나라 자산이 구부법(丘賦法)을 제정하니, 나라의 사람들

「주어」에 '여왕(厲王)이 가혹한 정치를 하자 백성들이 왕을 비방하였다.'라고 했으니, 모두 그 실제 있었던 일을 말한 것인데 그것을 일러 비방한다고 말한 것이다. 그러나 전해 들은 일은 사실도 있고 허구도 있으며, 더러는 함부로 남을 비방하는 사람도 있기 때문에 오늘날의 세상에서는 마침내 비방을 무고(誣告)의 종류로 여기니, 이는 풍속이 바뀜에 의미가 달라진 것이다."라고 했다.

원문 案, 『三國志』「王昶傳」昶戒子書曰: "夫毀譽, 愛惡之原, 而禍福之機也. 是以聖人愼之. 孔子曰: '吾之於人, 誰毀誰譽? 如有所譽, 必有所試.' 又曰: '子貢方人. "賜也賢乎哉? 我則不暇."' 以聖人之德, 猶當如此, 況庸庸之徒而輕毀譽哉?" 以"方人"爲毀, 是亦讀"方"爲"謗", 用鄭義也.

역문 살펴보니, 『삼국지』「왕창전」에서 왕창이 자식을 경계시키는 편지에 "비방과 칭찬은 사랑과 미움의 근원이고 화와 복의 기틀이다. 그런 까닭에 성인께서 삼가신 것이다. 공자께서 말씀하시길 '내가 사람에 대해서 누구를 헐뜯고 누구를 칭찬하겠는가? 그럼에도 칭찬함이 있는 것은 반드시 시험해 봄이 있기 때문이다.'[186]라고 하셨고, 또 '자공이 사람을 비방하자, "사(賜)는 현명한가 보구나? 나는 그럴 겨를이 없던데."'라고 하셨다. 성인의 덕으로도 오히려 이와 같으셨는데, 하물며 용렬한 무리들이 가볍게 남을 비방하고 칭찬함에 있어서이겠느냐?"라고 했으니, "방

이 "그 아비는 길에서 죽었고, 자식은 전갈의 꼬리가 되어 국내에 명령을 내리니, 나라가 장차 어찌 되겠는가?"라고 비방하였다.[鄭子産作丘賦, 國人謗之曰: "其父死於路, 己爲蠆尾, 以令於國, 國將若之何?"]

[186] 『논어』「위령공(衛靈公)」: 공자가 말했다. "내가 사람에 대해서 누구를 헐뜯고 누구를 칭찬하겠는가? 그럼에도 칭찬함이 있는 것은 시험해 봄이 있기 때문이다."[子曰: "吾之於人也, 誰毀誰譽? 如有所譽者, 其有所試矣.]

인(方人)"을 비방[毁]이라고 한 것으로, 이 또한 "방(方)"을 "방(謗)"의 뜻으로 읽은 것이니, 정현의 뜻을 적용한 것이다.

원문 "暇"者, 『說文』云: "閑也." 皇本作"賜也賢乎我夫哉, 我則不暇", 文有誤.

역문 "가(暇)"는 『설문해자』에 "한가하다[閑]는 뜻이다."[187]라고 했다. 황간본에는 "사(賜)는 나보다 현명한가 보다? 나는 그럴 겨를이 없던데[賜也賢乎我夫哉? 我則不暇.]"라고 되어 있는데, 문장에 오자(誤字)가 들어 있다.

- ● 「注」, "比方人也."
- ● 正義曰: 『莊子』 「田子方篇」, "魯多儒者, 少爲先生方者." 是"方"訓比也. 學以相俌而成, 故朋友切磋, 最爲學道之益. 夫子嘗問<u>子貢</u>與<u>回</u>孰愈, 又<u>子貢</u>問<u>子張</u>·<u>子夏</u>孰愈, 夫子亦未斥言不當問, 是正取其能比方人也. 此文何反譏之? 「注」說誤.
- ○ 「주」의 "사람을 비교했다는 말이다."
- ○ 정의에서 말한다.

  『장자』 「전자방」에 "우리 노나라에는 공자의 가르침을 받드는 유자(儒者)들은 많은데, 당신에게 비견될 만한 이는 적소이다.[魯多儒者, 少爲先生方者.]"라고 했는데, 이때의 "방(方)"은 비교한다[比]는 뜻으로 새긴 것이다. 학문은 서로 도움으로써 이루어지는 것이기 때문에 벗들 사이의 절차탁마함이 학문의 길에 있어 가장 유익함이 된다. 공자는 일찍이 자공과 안회(顔回) 중에 누가 더 나은가를 물었고,[188] 또 자공도 자장(子張)과 자하(子夏) 중에 누가 더 나은가를 질문했는데,[189] 공자 역시도 마땅히 질문하지 않았어야 할 말을 물리치지 않았으

---

187 『설문해자』 권7: 가(暇)는 한가하다[閑]는 뜻이다. 일(日)로 구성되었고 가(叚)가 발음을 나타낸다. 호(胡)와 가(嫁)의 반절음이다.[暇, 閑也. 從日叚聲. 胡嫁切.]
188 『논어』 「공야장(公冶長)」: 공자가 자공에게 말했다. "너와 안회 중에 누가 나으냐?[子謂<u>子貢</u>曰: "女與<u>回</u>也孰愈?"]
189 『논어』 「선진(先進)」: 자공이 물었다. "사(師)와 상(商)은 누가 현명합니까?" 공자가 말했다.

니, 이것은 바로 그가 사람을 비교할 수 있다는 것을 취한 것이다. 이 글이 어찌 도리어 자공을 비난한 것이겠는가? 「주」의 설명이 틀렸다.

14-30

子曰: "不患人之不己知, 患其不能也." 【注】 王曰: "徒患己之無能."

공자가 말했다. "남이 자기를 알아주지 않음을 걱정하지 말고, 자기가 유능하지 못함을 걱정해야 한다." 【주】 왕숙이 말했다. "다만 자기의 무능함을 걱정할 뿐이다."

원문 正義曰: 皇本作 "患己無能也".

역문 정의에서 말한다.

황간본에는 "자기의 무능을 걱정해야 한다[患己無能也]"라고 되어 있다.

14-31

子曰: "不逆詐, 不億不信, 抑亦先覺者, 是賢乎!" 【注】 孔曰: "先覺人情者, 是安能爲賢乎? 或時反怨人."

"사는 지나치고 상은 미치지 못한다."[子貢問, "師與商也, 孰賢?" 子曰: "師也過, 商也不及."]

공자가 말했다. "남이 나를 속일 것이라고 미리 짐작하지 않고, 믿을 수 없는 사람이라고 억측하지 않아야 하지만 그래도 또한 먼저 깨닫는 사람이 현명한 사람일 것이다!"【주】 공안국이 말했다. "남의 마음을 먼저 깨닫는 사람이 어찌 현명한 사람이 될 수 있겠는가? 간혹 때로는 도리어 남을 원망하게 된다."

원문 正義曰:『漢書』「翟方進傳」, "上以方進所擧應科, 不得用逆詐廢正法." 顏師古「注」, "逆詐者, 謂以詐意逆猜人也. 逆, 迎也."『大戴禮』「曾子立事篇」, "君子不先人以惡, 不疑人以不信." 與此文意同.

역문 정의에서 말한다.

『전한서』「적방진전」에 "주상은 적방진(翟方進)[190]이 들추어 논죄(論罪)한 것이 죄과(罪科)에 맞는다고 생각했기 때문에 자기를 속일 것이라고 미리 짐작하지 못하고서 정법(正法)을 폐지하였다."라고 했는데, 안사고의 「주」에 "역사(逆詐)란 속인다는 생각에 미리 남을 의심한다는 말이다. 역(逆)은 맞이함[迎]이다."라고 했고,『대대례』「증자입사」에 "군자는

---

190 적방진(翟方進, ? ~ 기원전 7): 전한 여남(汝南) 상채(上蔡) 사람. 자는 자위(子威)다. 집안은 대대로 미천해 태수부(太守府)의 하급 관리를 지냈다. 사직하고 경술(經術)을 배워 석책갑과(射策甲科)에 합격하여 낭(郎)이 되었다. 성제(成帝) 하평(河平) 연간에 경학박사(經學博士)가 되고, 삭방자사(朔方刺史)로 옮겼다. 재직하면서 일을 번거롭게 하거나 가혹하지 않고도 위명(威名)을 떨쳤다. 승상사직(丞相司直)으로 옮겼다. 영시(永始) 2년(기원전 15) 어사대부(御史大夫)가 되었다. 설선(薛宣)이 재상직을 떠나자 승상(丞相)에 발탁되고, 고릉후(高陵侯)에 봉해졌다. 10년 동안 승상에 있으면서 유교의 이념으로 관리의 업무를 처리해 통명(通明)하다는 평을 들었다. 수화(綏和) 2년(기원전 7) 성제에 대한 불만으로 천상(天象)의 변이가 생겼다는 책망을 듣고 자살했다. 시호는 공(恭)이다.『춘추곡량전』과『춘추좌씨전』을 깊이 연구했다.

악으로써 남을 앞서 판단하지 않으며, 믿을 수 없는 사람이라고 남을 의심하지 않는다."라고 했는데, 이 글과 뜻이 같다.

원문 "先覺"者, 詐與不信, 未容施行, 已覺之也. 『荀子』「非相篇」, "聖人何以不欺? 曰: '聖人者, 以己度者也.' 故以人度人, 以情度情, 以類度類, 以說度功, 古今一度也. 類不悖, 雖久同理, 故鄉乎邪曲而不迷, 觀於雜物而不惑, 以此度之."

역문 "선각(先覺)"이란 속임수와 불신이 아직 시행되지 못했을 때 이미 그것을 알아차린다는 것이다. 『순자』「비상편」에 "성인은 어찌하여 속이지 못하는가? '성인이란 자기를 기준으로 헤아리는 사람이기 때문이다.' 따라서 사람을 가지고 사람을 헤아리고, 정(情)을 가지고 정을 헤아리며, 같은 종류를 가지고 같은 종류를 헤아리고, 말을 가지고 공을 헤아리는 것이 옛날이나 지금이나 한결같은 헤아림이다. 같은 종류끼리 어그러지지 않으면 비록 오래되더라도 이치가 같기 때문에 사특하고 왜곡된 곳을 향하더라도 미혹되지 않고, 잡스러운 물건을 보더라도 현혹되지 않으니, 이러한 방법을 가지고 헤아리는 것이다."라고 했다.

- 「注」, "先覺"至"怨人".
- 正義曰: 「注」以"先覺"卽逆億, 故云"是安能爲賢乎?" "反怨人", 皇「疏」謂"反受怨責", 非也. 『釋文』云: "怨, 本或作冤." 盧氏文弨『考證』, "古怨與冤通."
- ○ 「주」의 "선각(先覺)"부터 "원인(怨人)"까지.
- ○ 정의에서 말한다.

  「주」에서는 "선각(先覺)"이 곧 미리 짐작하고 억측하는 것[逆億]으로 보았기 때문에 "어찌 현명한 사람이 될 수 있겠는가?"라고 한 것이다. "반원인(反怨人)"은 황간의 「소」에 이르길, "도리어 원한과 책망을 받음"이라고 했는데, 아니다. 『경전석문』에 "원(怨)은 판본에 따라

혹 원(冤)으로 되어 있다."라고 했다. 노문초『경전석문고증』에 "옛날에 원(怨)과 원(冤)은
통용되었다."라고 했다.

14-32

微生畝謂孔子曰: "丘何爲是栖栖者與? 無乃爲佞乎?"【注】包
曰: "微生姓, 畝名." 孔子曰: "非敢爲佞也, 疾固也."【注】包曰: "病
世固陋, 欲行道以化之."

미생묘(微生畝)가 공자에게 말했다. "구(丘)는 어찌하여 이리도
허둥지둥하는가? 말재주를 구사하는 것이 아닌가?"【주】포함이 말
했다. "미생(微生)은 성(姓)이고 묘(畝)는 이름이다." 공자가 말했다. "나는 감
히 말재주를 구사하려는 것이 아니라, 고루함을 싫어하는 것입니
다."【주】포함이 말했다. "세상의 고루함이 싫어서, 도(道)를 행하여 변화시키고
자 한 것이다."

원문 正義曰: 微生稱夫子名, 當以齒長故也.『釋文』云: "'丘何', 或作'丘何
爲', 鄭作'丘何是', 本或作'丘何爲是'." "栖栖者", 邢「疏」云: "猶皇皇也."
案,『說文』, "舄, 鳥在巢上也. 象形. 日在舄方而鳥舄, 故因以爲東舄之舄.
棲, 舄或作木妻." "棲"與"栖"一字, 則"栖"亦"舄"或體也.

역문 정의에서 말한다.

미생(微生)이 공자의 이름을 일컬은 것은 당연히 나이가 공자보다 많
았기 때문이다.『경전석문』에 "'구하(丘何)'는 간혹 '구하위(丘何爲)'로 되

어 있기도 하고, 정현은 '구하시(丘何是)'라고 했으며, 판본에 따라서는 더러 '구하위시(丘何爲是)'로 되어 있다."라고 했다. "서서자(栖栖者)"는 형병의 「소」에 "황황(皇皇)과 같다."라고 했는데, 살펴보니, 『설문해자』에 "서(屬)는 새가 둥지 위에 있다[鳥在巢上]는 뜻이다. 상형자(象形字)이다. 해가 서쪽에 있으면 새가 둥지에 들기 때문에 이를 따라서 동서(東屬)라고 할 때의 서(屬)로 삼은 것이다. 서(棲)는 서(屬)의 혹체자로서 목(木)과 처(妻)로 구성되었다."[191]라고 했으니, "서(棲)"는 "서(栖)"와 같은 글자이고, 그렇다면 "서(栖)"도 "서(屬)"의 혹체자이다.

원문 『詩』"可以棲遲", 漢『嚴發碑』作"西遲", 毛「傳」, "棲遲, 遊息也." 凡人行緩急, 皆得言棲. 『文選』班固「答賓戲」曰: "棲棲遑遑, 孔席不煖." 李善「注」, "棲遑, 不安居之意也." 『詩』「六月」云: "六月棲棲", 毛「傳」, "棲棲, 簡閱貌." 義亦同.

역문 『시경』「국풍・진・형문」에 "한가로이 노닐고 쉴 수 있도다[可以棲遲]"라고 했는데, 한의 『엄발비』에는 "서지(西遲)"로 되어 있고, 모형(毛亨)의 「전」에 "서지(棲遲)는 노닐며 쉰다[遊息]는 뜻이다."라고 했으니, 무릇 사람이 완급(緩急)을 행하는 것을 모두 서(棲)라고 할 수 있다. 『문선』반고의 「답빈희」에 "불안하고 다급하여 공자의 자리가 따뜻해지지 않았다.[棲棲遑遑, 孔席不煖.]"라고 했는데, 이선(李善)의 「주」에 "서황(棲遑)은 편히

---

[191] 『설문해자』 권11: 서(屬)는 새가 둥지 위에 있다[鳥在巢上]는 뜻이다. 상형자(象形字)이다. 해가 서쪽에 있으면 새가 둥지에 들기 때문에 이를 따라서 동서(東屬)라고 할 때의 서(屬)로 삼은 것이다. 모든 서(西)부에 속하는 한자는 다 서(西)의 뜻을 따른다. 서(棲)는 서(屬)의 혹체자로서 목(木)과 처(妻)로 구성되었다. 서(卤)는 서(西)의 고문(古文)이다. 서(卤)는 서(西)의 주문(籒文)이다. 선(先)과 계(稽)의 반절음이다.[屬, 鳥在巢上. 象形. 日在西方而鳥棲, 故因以爲東西之西. 凡西之屬皆從西. 棲, 西或從木妻. 卤, 古文西. 卤, 籒文西. 先稽切.]

거처하지 못한다는 뜻이다."라고 했고, 『시경』「유월」에 "유월 달에 경황없이[六月棲棲]"라고 했는데, 모형의 「전」에 "서서(棲棲)는 낱낱이 가려서 검열하는 모양[簡閲貌]이다."라고 했으니, 뜻이 역시 같다.

원문 夫子周流無已, 不安其居, 所至皆以禮義之道陳說人主, <u>微生</u>疑夫子但爲口才以說時君, 故曰"佞"也. "<u>孔子曰</u>", 皇本"曰"上有"對"字.

역문 공자는 끊임없이 주유천하 하여 거처가 안정되지 않았으나, 이르는 곳마다 모두 예의(禮義)의 도리로써 군주에게 개진하여 설명했는데, 미생(微生)은 공자가 다만 말재주만을 가지고 당시의 군주들에게 유세한 것이라고 의심했기 때문에 "말재주[佞]"라고 한 것이다. "공자왈(孔子曰)"은 황간본에는 "왈(曰)" 앞에 "대(對)" 자가 있다.

- 「注」, "<u>微生</u>姓, <u>畝</u>名."
- 正義曰: 『漢書』「古今人表」作"尾生畮", 師古曰: "卽微生畝也, 畮, 古畝字." 翟氏灝『考異』引鄭曉說, 以畝 · 高爲一人, 畝名, 高字. 愚未敢以爲然.
- ○ 「주」의 "미생(微生)은 성(姓)이고 묘(畝)는 이름이다."
- ○ 정의에서 말한다.
  『전한서』「고금인표」에는 "미생묘(尾生畮)"로 되어 있는데, 안사고가 말하길, "바로 미생묘(微生畝)이니, 묘(畮)는 묘(畝)의 옛 글자이다."라고 했다. 적호(翟灝)의 『사서고이』에는 정효(鄭曉)[192]의 말을 인용해서 미생묘(微生畝)와 미생고(微生高)를 같은 사람으로, 묘(畝)는

---

192 정효(鄭曉, 1499~1566): 명나라 절강(浙江) 해염(海鹽) 사람. 자는 질보(窒甫), 호는 담천(淡泉), 시호는 단간(端簡). 날마다 옛 문서를 읽으며 천하의 요충지와 군사적인 허실, 강약의 상황에 대해 모두 익혔다. 상서(尙書) 김헌민(金獻民)을 위해 『구변도지(九邊圖志)』를 만들었다. 병부우시랑(兵部右侍郎)에 올라 부도어사(副都御史)를 겸했고, 조운(漕運)을 총괄했

이름이고 고(高)는 자(字)라고 했다. 그러나 나는 감히 옳다고 생각하지는 않는다.

- 「注」, "病世固陋, 欲行道以化之."
- 正義曰: "固陋"者, 眛於仁義之道, 將以習非勝是也. 夫子欲行道以化之, 不得不干人主. 此自明栖栖之意. 『呂氏春秋』「愛類篇」, "賢人之不遠海內之路, 而時往來乎王公之朝, 非以要利也, 以民爲務者也."

○ 「주」의 "세상의 고루함이 싫어서, 도(道)를 행하여 변화시키고자 한 것이다."

○ 정의에서 말한다.

"고루(固陋)"란 인의(仁義)의 도(道)에 어두워 장차 그릇된 것을 익혀 옳은 것을 이기는 것이다. 공자는 도를 행하여 변화시키고자 했기 때문에 군주에게 요구하지 않을 수 없었던 것이다. 이에 스스로 허둥지둥했던 의미를 해명한 것이다. 『여씨춘추』「애류」에 "현인(賢人)이 사해(四海) 내의 길을 멀다 여기지 않고서 끊임없이 당시에 왕공(王公)의 조정을 왕래한 것은 이익을 요구해서가 아니라 애민(愛民)을 급선무로 여겼기 때문이다."라고 했다.

14-33

子曰: "驥不稱其力, 稱其德也." 【注】 鄭曰: "'德'者, 調良之謂."

공자가 말했다. "천리마[驥]는 그 힘을 칭찬하는 것이 아니라 그 덕을 칭찬하는 것이다." 【주】 정현이 말했다. "'덕(德)'은 길이 잘 들어서 뛰

다. 배를 건조하고 성을 쌓으면서 병사를 훈련시켜 통주(通州)와 해문(海門) 등지의 왜구를 제어하는 공을 세웠다. 형부상서(刑部尙書)에 올라 군사 업무를 도왔다. 엄숭(嚴嵩)과 여러 차례 알력이 생겨 파직되자 귀향했다. 경술(經術)에 밝았고, 장고(掌故)를 잘 알았다. 저서에 『사서강의(四書講義)』와 『우공설(禹公說)』, 『우공도설(禹公圖說)』, 『오학편(吾學編)』 등이 있다.

어남을 이른다.”

원문 正義曰:『太平御覽』四百三引鄭「注」云: “驥, 古之善馬. 德者, 謂有五御之威儀.”與此「注」異, 當云: “驥, 古之善馬. 德者, 調良之謂, 謂有五禦之威儀.”『集解』節引此「注」, 文不備耳.『說文』云: “驥, 千里馬也.”『莊子』「馬蹄篇」『釋文』, “驥, 千里善馬也.”謂驥一日行千里, 此“其力”也.

역문 정의에서 말한다.

『태평어람』403권에 정현의 「주」를 인용해서 “기(驥)는 옛날의 훌륭한 말이다. 덕(德)이란 오어(五御)[193]의 법도[威儀]가 있다는 말이다.”라고 했는데, 여기의 「주」와는 다르니, 마땅히 “기(驥)는 옛날의 훌륭한 말이다. 덕(德)이란 길이 잘 들어서 뛰어남을 이르니, 오어(五御)의 법도[威儀]가 있다는 말이다.”라고 해야 한다. 『논어집해』에는 이 「주」를 한 구절만 인용했으니, 글이 구비되지 않았을 뿐이다. 『설문해자』에 “기(驥)는

---

193 오어(五御): 명화란(鳴和鸞)·축수곡(逐水曲)·과군표(過君表)·무교구(舞交衢)·축금좌(逐禽左) 등 수레를 모는 다섯 가지 방법이다. 명화란은 화[和: 식(式)에 달린 방울]와 난[鸞: 형(衡)에 달린 방울]을 울림을 말한다. 『주례주소(周禮注疏)』 권14, 「지관사도하(地官司徒下)·사씨(師氏)」 가공언의 「소」에 “한시[韓詩: 전한(前漢) 사람 한영(韓嬰)이 전(傳)을 낸시]에 ‘수레에 오르면 말이 움직이고, 말이 움직이면 난이 울리며, 난이 울리면 화가 이에 응한다.’[『韓詩』云: ‘升車則馬動; 馬動則鸞鳴; 鸞鳴則和應.]”라고 했다. 축수곡은 수세(水勢)의 굴곡(屈曲)을 좇으면서도 물에 떨어지지 않는 식으로 수레를 모는 것이다. 과군표는 수레가 군주의 앞을 지남을 말하는데, 이때에는 따로 의식(儀式)이 있어서 경의(敬意)를 표해야 한다. 무교구는 교구(交衢: 네거리)에서 수레를 몰 때에는 수레의 움직임이 무절(舞節: 춤추는 절도)에 맞음을 말한다. 축금좌는 구역(驅逆: 짐승을 반대 방향으로 모는 것)의 수레를 조종하여 금수(禽獸)를 반대 방향으로 몰아 왼편으로 가게 해서 군주가 쏠 수 있게 만들고, 군주가 왼편에서 이를 쏘는 것이다.

천리마(千里馬)이다."[194]라고 했고, 『경전석문』「장자석문·마제」에 "기(驥)는 천리(千里)를 달리는 훌륭한 말이다."라고 했는데, 기(驥)는 하루에 천 리를 간다는 말이니, 이것이 "그 힘[其力]"인 것이다.

『周官』「保氏職」"五馭", 鄭司農云: "五馭: 鳴和鸞, 逐水曲, 過君表, 舞交衢, 逐禽左." 此謂御者之容. 驥馬調良, 能有其德, 故爲善馬, 人之稱之當以此.

『주례』「지관사도·보씨직」의 "오어(五馭)"에 대해, 정사농이 이르길, "오어(五馭)란 명화란(鳴和鸞), 축수곡(逐水曲), 과군표(過君表), 무교구(舞交衢), 축금좌(逐禽左)이다."라고 했는데, 이는 수레를 모는 자의 위용(威容)을 이르는 것이다. 기마(驥馬)가 길이 잘 들어 뛰어나면 그 덕(德)이 있을 수 있기 때문에 훌륭한 말[善馬]이 되니, 사람들이 그를 칭찬하는 것은 당연히 이것 때문이다.

14-34

或曰: "以德報怨, 何如?" 子曰: "何以報德?【注】"德", 恩惠之德. 以直報怨, 以德報德."

어떤 사람이 말했다. "은덕을 베풀어 원한을 갚는 것이 어떻습니

---

194 『설문해자』 권10: 기(驥)는 천리마(千里馬)인데 손양(孫陽)이 본 것이다. 마(馬)로 구성되었고 기(冀)가 발음을 나타낸다. 천수(天水)에 기현(驥縣)이 있다. 궤(几)와 이(利)의 반절음이다.[驥, 千里馬也, 孫陽所相者. 從馬冀聲. 天水有驥縣. 几利切.]

까?” 공자가 말했다. “무엇으로 은덕에 보답하겠는가? 【주】 “덕
(德)”은 은혜(恩惠)의 덕이다. 정직함으로 원한을 갚고, 은덕으로 은덕
에 보답해야 한다.”

원문 正義曰: “報”者, 『廣雅』「釋言」, “報, 復也.” 『玉篇』, “報, 酬也, 答也.”
朱子『集注』云: “或人所稱, 今見『老子』書.” 案, 『道德經』「恩始章」, “大
小多少, 報怨以德.” 此朱子所指. 『禮』「表記」, “子曰: ‘以德報怨, 則寬身
之仁也; 以怨報德, 則刑戮之民也.’ 又曰: ‘以德報德, 則民有所勸; 以怨報
怨, 則民有所懲.’” 與此章義相發. “寬身之仁”, 所謂厚於仁者也. 雖是寬仁
而不可爲法, 故此告或人以報怨之道宜以直也. 以直不必不怨, 故「表記」
又云: “以怨報怨”矣.

역문 정의에서 말한다.

“보(報)”는 『광아』「석언」에 “보(報)는 돌려보낸다[復]는 뜻이다.”라고
했고, 『옥편』에 “보(報)는 보답한다[酬]는 뜻이니, 답함[答]이다.”라고 했
다. 주자의 『논어집주』에 “어떤 사람이 말한 것은 지금 『노자』에 보인
다.”라고 했는데, 살펴보니, 『도덕경』「은시장」에 “크든 작든 많든 적든
덕(德)으로 원한을 갚는다.”[195]라고 했는데, 이것이 주자가 가리키는 것
이다. 『예기』「표기」에 “공자가 말했다. ‘은덕으로 원한을 갚는다면 자
신을 너그럽게 하는 사람[196]인 것이고, 원한으로 덕을 갚는다면 형벌로

---

195 『도덕경(道德經)』 63장.
196 “仁”에 대해 『예기주소(禮記注疏)』「표기(表記)」 정현의 「주」에 “인(仁)은 또한 마땅히 민
(民)이라고 해야 하니, 발음 때문에 생긴 잘못이다.[仁亦當言民, 聲之誤.]”라고 했으므로, 정
현의 「주」에 따라 “仁”을 “사람”으로 해석했다.

처 죽일 사람이다.' 또 말했다. '은덕으로 은덕에 보답하면 백성이 권면
됨이 있고, 원한으로 원한을 갚으면 백성이 징계됨이 있다.'"라고 했으
니, 이 장의 뜻과 서로 발명이 된다.

"자신을 너그럽게 하는 사람[寬身之仁]"이란 이른바 인(仁)에 두터운 사
람이다. 비록 너그러운 사람[寬仁]일지라도 법(法)이 될 수 없기 때문에
여기에서 어떤 사람에게 원한을 갚는 도리는 마땅히 정직함으로써 해야
한다고 일러 준 것이다. 정직함으로써 한다고 해서 반드시 원한을 갖지
않는 것은 아니기 때문에 「표기」에서는 또 "원한으로 원한을 갚는다"라
고 한 것이다.

원문 吳氏嘉賓『說』, "'以直'者, 不匿怨而已. 人之性情, 未有不樂其直者, 至
於有怨, 則欲使之含忍而不報. 夫含忍而不報, 則其怨之本固未嘗去, 將待
其時之可報而報之耳. 至於蓄之久而一發, 將至於不可禦, 或終于不報, 是
其人之於世, 必以浮道相與, 一無所用其情者, 亦何所取哉? '以直報怨',
凡直之道非一, 視吾心何如耳. 吾心不能忘怨, 報之直也, 旣報則可以忘
矣. 苟能忘怨而不報之, 亦直也, 雖不報, 固非有所匿矣. 怨期於忘之, 德
期於不忘, 故報怨者曰'以直', 欲其心之無餘怨也; 報德者曰'以德', 欲其心
之有餘德也. 其心不能忘怨, 而以理勝之者, 亦直以其心之能自勝也. 直之
反爲僞, 必若教人以德報怨, 是教人使爲僞也. 烏乎可?"

역문 오가빈의 『사서설』에 "'정직함으로써 한다[以直]'라는 것은 원한을 숨
기지 않는 것일 뿐이다. 사람의 성정(性情)은 정직함을 좋아하지 않음이
없으니, 심지어 원한이 있다 하더라도 인내를 머금도록 해서 원한을 갚
지 않고자 한다. 인내를 머금고 원한을 갚지 않으면, 원한의 뿌리가 견
고해서 일찍이 제거되지 않았을 경우에는 장차 원한을 갚을 만한 때를
기다려 원한을 갚으면 될 뿐이다. 심지어 원한이 오랫동안 쌓였다가 한

꺼번에 폭발해서 막을 수 없는 지경에 이르렀는데도 행여 갚지도 않고 끝낸다면 세상에 그런 사람은 반드시 근본도 없는 도를 가지고 서로 함께할 것이니, 그 마음을 하나도 쓸 것도 없는 자에게서 또한 무엇을 취하겠는가? '정직함으로 원한을 갚는다'라고 했는데, 무릇 정직함의 도리는 하나가 아니니, 내 마음이 어떠한가를 살필 따름이다. 내 마음에 원한을 잊을 수 없다면 정직함으로 갚아야 하니, 이미 갚았다면 잊을 수 있을 것이다. 진실로 원한을 잊을 수 있어서 갚지 않는 것도 정직함이니, 비록 갚지 않더라도 숨기는 것이 있는 것은 아니다. 원한은 잊을 것을 기약하고 덕은 잊지 않은 것을 기약하기 때문에 원한을 갚는 것을 '정직함으로써 한다'라고 한 것이니, 그 마음에 남은 원한이 없기를 바라는 것이고, 덕에 보답하는 것을 '덕으로써 한다'라고 한 것은 그 마음에 남은 덕이 있기를 바라는 것이다. 마음은 원한을 잊지 못하더라도 이치로써 이겨 내는 사람도 역시 정직하게 그 마음의 능력을 가지고 스스로 이긴 것이다. 정직의 반대는 거짓[僞]이니, 만약 반드시 사람에게 은덕으로 원한을 갚도록 가르친다면 이는 사람에게 거짓을 행하도록 가르치는 것이다. 어찌 가당키나 하겠는가?"라고 했다.

14-35

子曰: "莫我知也夫!" 子貢曰, "何爲其莫知子也?" 【注】 子貢怪夫子言何爲莫知己, 故問. 子曰: "不怨天, 不尤人, 【注】 馬曰: "孔子不用於世而不怨天, 人不知己, 亦不尤人." 下學而上達, 【注】 孔曰: "下學人事, 上知天命." 知我者其天乎!" 【注】 聖人與天地合其德, 故曰 "唯天知己".

공자가 말했다. "나를 알아주는 사람이 없구나!" 자공이 말했다. "어찌하여 선생님을 알아주는 사람이 없는 것입니까?"【주】 자공은 공자가 어째서 자기를 알아주는 사람이 없다고 말하는지 괴이하게 여겼기 때문에 질문한 것이다. 공자가 말했다. "하늘을 원망하지 않고 남을 탓하지 않으며,【주】 마융이 말했다. "공자는 세상에 쓰이지 못해도 하늘을 원망하지 않으며, 사람들이 알아주지 않아도 남을 탓하지 않았다." 아래에서 배워서 위로 통달하니,【주】 공안국이 말했다. "아래로 사람의 일을 배워 위로 천명(天命)을 안다." 나를 알아주는 것은 하늘일 것이다!"【주】 성인은 천지(天地)와 그 덕(德)이 일치하기 때문에 "오직 하늘만이 자기를 안다"라고 한 것이다.

원문 正義曰: "莫我知"者, 夫子歎己不見用, 由世人莫我知故也. 鄭「注」云: "尤, 非也." "尤"卽"訧"省. 夫子當衰周之世, 天未欲平治天下, 而但生德於己, 正使夫子立文垂制以敎萬世. 故儀封人言"天將以夫子爲木鐸"也.

역문 정의에서 말한다.

"나를 알아주는 사람이 없다[莫我知]"라는 것은 공자가 자기가 등용되지 못한 것은 세상 사람들이 아무도 나를 알아주는 사람이 없기 때문이라고 탄식한 것이다. 정현의 「주」에 "우(尤)는 비난함[非]이다."라고 했으니, "우(尤)"는 바로 "우(訧)"의 생략된 자형이다. 공자가 주나라가 쇠약해진 세상에 처해 있을 때, 하늘이 천하를 화평하게 다스리려고 하지 않고, 다만 자기에서 덕(德)을 준 것은 바로 공자로 하여금 문(文: 법法)을 세우고 제도(制度)를 남겨 만세를 교화시키도록 한 것이다. 그러므로 의읍(儀邑)의 봉인(封人)이 "하늘이 장차 선생을 목탁(木鐸)으로 삼으실 것이다."[197]라고 한 것이다.

包氏愼言『溫故錄』, "『史記』「孔子世家」, '哀公十四年春, 狩于大野. 叔孫氏車子鉏商獲獸, 以爲不祥. 仲尼視之, 曰: "麟也." 取之. 曰: "河不出圖, 雛不出書, 吾已矣夫!" 顔淵死, 孔子曰: "天喪予!" 及西狩獲麟, 曰: "吾道窮矣!" 喟然曰: "莫我知也夫!" 子貢曰: "何爲莫知子?" 子曰: "不怨天, 不尤人, 下學上達, 知我者其天乎!"' 據『史記』此文, 莫知之歎, 蓋發於獲麟之後. 然則'不怨天'者, 知天之以己制作爲後王法也; '不尤人'者, 人事之厄, 天所命也. 孔子在庶, 而褒貶進退, 王者所取則, 故曰'下學而上達'. 達, 通也. 張衡『應間』曰: '蓋聞前哲首務, 務於下學上達, 佐國理民, 有云爲也.' 是上達者, 謂達於佐國理民之道. 史公「自敍」曰: '董生云: "周衰道廢, 孔子知言之不用, 道之不行也, 是非二百四十二年之中, 以爲天下儀表, 貶天子, 退諸侯, 討大夫, 以達王事而已矣."'" 又云: "仲尼悼禮樂廢崩, 追修經術, 以達王道, 此'上達'之義也歟!『春秋』本天以治人, '知我者其惟『春秋』, 罪我者其惟『春秋』. 故曰: '知我者其天乎!'"

포신언의 『논어온고록』에 "『사기』「공자세가」에 '애공 14년 봄에 대야(大野)에서 사냥을 했다. 숙손씨(叔孫氏)의 마부 서상(鉏商)이 짐승을 잡았는데 상서롭지 못한 짐승이라고 여겼다. 중니가 그것을 보고는 "기린이다."라고 하자 가지고 왔다. 공자가 말했다. "황하(黃河)에서 하도가 나오지 않고, 낙수(雛水)에서 서판(書版)이 나오지 않으니 나도 이제 끝이로구나!"라고 했고, 안연이 죽자, 공자가 말하길, "하늘이 나를 버리는구나!"라고 했으며, 서쪽 사냥에서 기린을 잡음에 미쳐서는 "나의 도가 다하였구나!"라고 했다. 아! 하면서 탄식하기를, "나를 알아주는 사람이 없구나!"라고 하자, 자공이 "어찌하여 선생님을 알아주는 사람이 없는 것입니까?"라고 물었다. 공자가 대답하기를, "하늘을 원망하지 않고 남

---

197 『논어』「팔일(八佾)」.

을 탓하지 않으며 아래에서 배워서 위로 통달하니, 나를 알아주는 것은 하늘일 것이다!"라고 했다. 『사기』의 이 글을 근거해 보면 알아주는 사람이 없다는 탄식은 아마도 기린을 잡은 뒤에 발언한 것인 듯싶다. 그렇다면 '하늘을 원망하지 않는다'라는 것은 하늘이 자기에게 후세의 왕을 위한 법을 제작하게 했음을 알았다는 것이고, '남을 탓하지 않는다'라는 것은 사람의 일로서 곤액은 하늘이 명한 것임을 알았다는 것이다. 공자가 보통사람으로 있으면서 칭찬하고 나무라며 진작시키고 물러나게 한 것을 왕자(王者)가 법칙으로 취하였기 때문에 '아래에서 배워서 위로 통달한다'라고 한 것이다. 달(達)은 통달한다[通]는 뜻이다. 장형(張衡)의 『응간』에 '대체로 앞선 철인(哲人)들의 급선무는 아래에서 배워서 위로 통달하여 나라를 돕고 백성을 다스려 말하고 실천함이 있는 것이다.'라고 했으니, 여기에서의 '상달(上達)'이란 나라를 돕고 백성을 다스리는 도(道)에 통달한다는 말이다. 태사공의 「자서」에 '동중서(董仲舒) 선생이 말했다. "주나라가 쇠퇴하고 도(道)과 무너지자, 공자는 자신의 말이 받아들여지지 않아 도(道)가 행해지지 않음을 알고는 242년간의 여러 나라에 대한 옳고 그름을 따져서 천하의 본보기로 삼았으며, 천자를 폄(貶)하고 제후를 물리치며 대부를 성토하여 왕의 일이 천하에 통달되도록 하였을 뿐이다.'"라고 했다." 하였고, 또 "중니는 예악이 폐지되고 무너짐을 슬퍼하여 옛 경전을 추적하고 정비해서 후대에 전하여 왕도(王道)를 통달케 하였으니, 이것이 '상달(上達)'의 뜻일 것이다!『춘추』는 하늘에 근본해서 사람을 다스리는 것이고, '나를 알아주는 것도 오직 『춘추』 때문일 것이며, 나를 죄 주는 것도 오직 『춘추』 때문일 것이다.'[198] 그러므로 '나를 알아주는 것은 하늘일 것이다!'라고 한 것이다."라고 했다.

---

198 『맹자』 「등문공하(滕文公下)」.

案, 『說苑』「至公篇」, "夫子行說七十諸侯, 無定處, 意欲使天下之民各
得其所. 而道不行, 退而修『春秋』, 采毫毛之善, 貶纖介之惡, 人事浹, 王
道備, 精和聖制, 上通於天而麟至, 此天之知夫子也. 於是喟然而歎曰: '天
以至明爲不可蔽乎, 日何爲而食? 地以至安爲不可危乎, 地何爲而動?' 天
地而尙有動蔽, 是故賢聖說於世而不得行其道, 故災異竝作也. 夫子曰:
'不怨天, 不尤人, 下學而上達, 知我者其天乎?'" 亦以此節爲獲麟而發, "下
學上達"爲作『春秋』之旨, 學通於天, 故惟天知之.

살펴보니, 『설원』「지공」에 "공자가 70이나 되는 제후들에게 다니며
유세하느라 일정한 처소가 없었던 것은 천하의 백성들로 하여금 각각
자기가 원하는 바를 얻게 하려는 생각에서였다. 그런데 도(道)가 실현되
지 않았기 때문에 물러나 『춘추』를 찬수(撰修)하여 털끝만큼 작은 선(善)
이라도 채택하고, 실낱같은 작은 악도 폄훼하니, 사람의 일이 두루 흡족
해지고 왕도(王道)가 완비되었으며, 성인이 제정한 제도를 정밀하게 조
화하여 위로 하늘에 통달하매 기린(麒麟)이 나타났으니, 이는 하늘이 공
자를 알아준 것이다. 이에 공자께서 아! 하고 탄식하며 말하기를, '하늘
은 지극히 밝아서 가릴 수가 없을 터인데 어찌하여 태양은 일식을 하는
가? 땅은 지극히 안전하여 위태로울 수가 없을 터인데 땅에는 어찌하여
지진이 일어나는가?'라고 하였으니, 따라서 천지도 오히려 지진과 가려
짐이 있는 것이고, 그런 까닭에 성현이 세상에 유세하더라도 그 도를 실
현시키지 못하기 때문에 재앙과 이변이 함께 일어나는 것이다. 공자가
말했다. '하늘을 원망하지 않고 남을 탓하지 않으며, 아래에서 배워서
위로 통달하니, 나를 알아주는 것은 하늘일 것이다.'"라고 했으니, 역시
이 구절을 기린을 잡으면서 발언한 것으로 여긴 것이고, "아래에서 배워
서 위로 통달함[下學上達]"을 『춘추』를 지은 취지라고 여긴 것으로, 학문
이 하늘에 통달했기 때문에 오직 하늘만이 그를 알아주었다는 것이다.

『論語撰考讖』云: "'下學上達, 知我者其天乎!' 通精曜也." 與『說苑』意
同. 蓋『春秋』本天治人, <u>包說"夫子上達於佐國理民之道"</u>, 卽是上通於天
也. 『漢書』「五行志」, <u>"劉向以爲如人君下學而上達, 災消而福興矣."</u> <u>顔師</u>
<u>古</u>「注」, "上達, 謂通於天道而畏威." 此雖譬引之辭, 然亦謂人君精誠格天,
則自降之福. 是'上達'爲上通於天也.

『논어찬고참』에 "'아래에서 배워서 위로 통달하니 나를 알아주는 것
은 하늘일 것이다!'라고 했는데, 통달함이 정밀하고 분명하다는 뜻이
다."라고 했으니, 『설원』과 뜻이 같다. 대체로『춘추』는 하늘에 근본해
서 사람을 다스리는 것이니, 포신언이 "공자는 위로 나라를 돕고 백성을
다스리는 도에 통달했다"라고 한 것은 바로 위로 하늘에 통달했다는 것
이다. 『전한서』「오행지」에 "유향(劉向)은 만일 임금이 아래에서 배워 위
로 통달하면 재앙이 소멸되고 복이 일어날 것이라고 생각했다."라고 했
는데, 안사고의 「주」에 "상달(上達)은 천도(天道)에 통달하여 위엄을 두
려워한다는 말이다."라고 했으니, 이는 비록 비유하고 인용한 말이기는
하지만 또한 임금의 정성이 하늘에 다다르면 저절로 복이 내린다는 말
이다. 이때의 '상달(上達)'은 위로 하늘에 통했다는 뜻이 된다.

● 「注」, "聖人與天地合其德."
● 正義曰: 『易』「文言傳」文.
○ 「주」의 "성인은 천지(天地)와 그 덕(德)이 일치한다."
○ 정의에서 말한다.
  『주역』「문언」의 문장이다.

公伯寮愬子路於季孫,【注】馬曰:"'愬', 譖也. 伯寮, 魯人, 弟子也." 子服景伯以告,【注】孔曰:"魯大夫子服何忌也. '告', 告孔子." 曰:"夫子固有惑志,【注】孔曰:"季孫信讒, 恚子路." 於公伯寮, 吾力猶能肆諸市朝."【注】鄭曰:"吾勢力猶能辨子路之無罪於季孫, 使之誅寮而肆之. 有罪旣刑, 陳其屍曰肆." 子曰:"道之將行也與, 命也; 道之將廢也與, 命也. 公伯寮其如命何?"

공백료(公伯寮)가 계손(季孫)에게 자로를 참소하자,【주】마융이 말했다. "소(愬)'는 참소함이다. 백료(伯寮)는 노나라 사람으로 공자의 제자이다." 자복경백(子服景伯)이 이 사실을 공자에게 아뢰었다.【주】공안국이 말했다. "노나라 대부 자복하기(子服何忌)이다. '고(告)'는 공자께 아뢴 것이다." "계손이 단단히 공백료에게 미혹된 마음을 가지고 있습니다만,【주】공안국이 말했다. "계손(季孫)이 참소를 믿고서 자로에게 화를 낸 것이다." 저의 힘은 오히려 그의 시체를 저잣거리나 조정에 늘어놓게 할 수 있습니다."【주】정현이 말했다. "나의 권세와 힘이 오히려 계손에게 자로의 무죄를 변론하여, 계손으로 하여금 공백료를 죽여 그의 시신을 늘어놓게 할 수 있다는 말이다. 죄가 있는 사람을 처형한 뒤에 그 시신을 늘어놓는 것을 '사(肆)'라 한다." 공자가 말했다. "도가 장차 행해지는 것도 천명이고 도가 장차 폐해지는 것도 천명이니, 공백료가 천명을 어찌하겠습니까?"

원문 正義曰:『說文』, "竂, 從穴尞聲.『論語』有公伯竂." 今作"寮",『九經字樣』謂爲隷省.『史記』「仲尼弟子列傳」作"僚",『索隱』引別本又作"繚"·作

"遼", 並通用字. "夫子", 謂季孫. 「弟子列傳」, "夫子固有惑志, 僚也." 是
"於公伯寮"四字當連上爲句, 言"夫子疑於寮之言"也. 疑寮卽是疑子路. 皇
本"於公伯寮"下有"也"字.

역문 정의에서 말한다.

　『설문해자』에 "요(竂)는 혈(穴)로 구성되었고 요(尞)가 발음을 나타낸
다.[199] 『논어』에 공백료(公伯寮)가 있다."[200]고 했는데, 지금 "요(寮)"로 된
것은 『구경자양』에서 이르길, "예서체(隷書體)의 생략된 자형"이라고 했
다. 『사기』「중니제자열전」에는 "요(僚)"로 되어 있고, 『사기색은』에는
다른 판본을 인용했는지 또 "요(繚)"로도 되어 있고 "요(遼)"로도 되어 있
는데, 모두 통용되는 글자이다. "부자(夫子)는 계손(季孫)을 이른다. 『사
기』「중니제자열전」에 "부자(夫子)가 단단히 미혹된 마음을 가지고 있었
으니, 요(僚)였던 것이다."라고 했는데, 여기의 "어공백료(於公伯寮)" 네
글자는 당연히 앞에 연결해서 구두를 끊어야 하니, "부자가 공백료의 말
에 의심을 품고 있다"라는 말이다. 공백료의 말에 의심을 품고 있다는
것은 바로 자로를 의심한다는 것이다. 황간본은 "어공백료(於公伯寮)" 아
래 "야(也)" 자가 있다.

원문 案, 子路以忠信見知於人, 不知寮何所得愬, 而季孫且信之. 朱子『或問』
以爲"在墮三都·出藏甲之時", 說頗近理. 當時必謂子路此擧, 是强公室,
弱私家, 將不利於季氏, 故季孫有惑志. 夫子言道"將行"·"將廢"者, 子路

---

199 『논어정의』에는 "從穴尞"로 되어 있다. 『설문해자』를 근거로 "聲"을 보충하고 해석했다.
200 『설문해자』 권7: 요(竂)는 뚫는다[穿]는 뜻이다. 혈(穴)로 구성되었고 요(尞)가 발음을 나타
　　낸다. 『논어』에 공백료(公伯寮)가 있다. 낙(洛)과 소(蕭)의 반절음이다.[竂, 穿也. 從穴尞聲.
　　『論語』有公伯寮. 洛蕭切.]

墮都, 是夫子使之, 今子路被愬, 是道之將廢, 而己亦不能安於魯矣. 然行
廢皆天所命, 若天不廢道, 雖寮有愬, 季孫且不聽之; 若天未欲行道, 此自
命所受宜然, 非關寮愬. 言此者, 所以慰子路而止景伯之憤也.

역문 살펴보니, 자로는 성실하고 진실함[忠信]으로 남에게 알려졌는데, 공백
료(公伯寮)가 어떻게 참소를 얻어들은 것인지, 계손(季孫)은 또 그것을 믿
게 된 것인지 알 수 없다. 주자의 『논어혹문』에는 "세 도읍의 성을 허물
고 숨겨 놓은 사병을 내놓게 했을 때에 있었던 일"[201]이라고 했는데, 말
이 사뭇 이치에 가깝다. 당시에 필시 자로의 이 거사를 두고 공실(公室)
을 강하게 하고 사가(私家)를 약화시켜 장차 계씨(季氏)에게 불리할 것이
라고 말했을 것이기 때문에 계손이 미혹된 마음을 갖게 되었을 것이다.
공자가 도(道)가 "장차 행해질 것"과 · "장차 폐해질 것"을 말한 것은, 자

---

201 『사기』「공자세가(孔子世家)」: 정공 13년 여름, 공자는 정공에게 "가신은 사병을 숨겨 두어
서는 안 되고, 대부의 담장은 100장을 넘어서는 안 됩니다."라고 하고, 중유(仲由)를 계씨의
가신으로 삼아 삼도(三都)를 허물려고 했다. 이에 숙손씨(叔孫氏)가 먼저 후(郈)를 허물고,
계씨가 비읍(費邑)을 허물려고 하자 공산불뉴와 숙손첩(叔孫輒)이 비읍(費邑)의 사람들을
이끌고 노나라를 기습했다. 정공이 계손 · 맹손 · 숙손 세 사람과 계씨의 궁으로 들어가 계무
자(季武子)의 누대로 올라갔다. 비읍(費邑)의 사람들이 그곳을 공격하여 함락시키지는 못했
으나 정공 옆까지 쳐들어왔다. 공자는 신구수(申句須)와 악기(樂頎)에게 이들을 치게 하니
비읍의 사람들이 패배했다. 국인들이 뒤좇아 고멸(姑蔑)에서 격파했다. 공산불뉴와 숙손첩
은 제로 달아났고 마침내 비를 허물었다. 성(成)의 담장을 허물려는데 공렴거보(公斂處父)
가 맹손(孟孫)에게 "성을 허물면 제 사람들이 분명히 북문에까지 쳐들어올 것이고, 성은 또
맹씨의 울타리라 성이 없으면 맹씨도 없습니다. 우리는 허물 수 없습니다."라고 했다. 12월,
정공이 성을 포위했으나 이기지 못했다.[定公十三年夏, 孔子言於定曰: "臣無藏甲, 大夫毋
百雉之城." 使仲由爲季氏宰, 將墮三都. 於是叔孫氏先墮郈. 季氏將墮費, 公山不狃 · 叔孫輒
率費人襲魯. 公與三子入于季氏之宮, 登武子之台. 費人攻之, 弗克, 入及公側. 孔子命申句
須 · 樂頎下伐之, 費人北. 國人追之, 敗諸姑蔑. 二子奔齊, 遂墮費. 將墮成, 公斂處父謂孟孫
曰: "墮成, 齊人必至于北門. 且成, 孟氏之保鄣, 無成是無孟氏也. 我將弗墮." 十二月, 公圍成,
弗克.]

로가 세 도읍의 성을 허문 것은 공자가 시킨 것이니, 지금 자로가 참소를 뒤집어쓴 것은 도가 장차 폐해지려는 것이고, 자기도 역시 노나라에서는 안전할 수 없을 것이라는 뜻이다. 그러나 도가 장차 행해지는 것이든 폐해지는 것이든 모두 하늘이 명한 것이니, 만약 하늘이 도를 폐하지 않는다면 비록 공백료의 참소가 있더라도 계손이 또한 들어주지 않을 것이고, 만약 하늘이 도를 행하고자 하지 않는다면 이는 본래 명을 받은 것이 마땅히 그런 것이지 공백료의 참소에 관련된 것이 아니다. 공자가 이렇게 말한 까닭은 자로를 위로하고 자복경백의 분을 멈추기 위한 것이었다.

원문 張氏爾岐『蒿庵閑話』云: "人道之當然而不可違者, 義也; 天道之本然而不可爭者, 命也. 貧富·貴賤·得失·死生之有所制而不可强也, 君子與小人一也. 命不可知, 君子當以義知命矣. 凡義所不可, 卽以爲命所不有也. 故進而不得於命者, 退而猶不失吾義也. 小人嘗以智力知命矣. 力不能爭, 則智邀之, 智力無可施, 而後謂之命也. 君子以義安命, 故其心常泰; 小人以智力爭命, 故其心多怨. 衆人之於命, 亦有安之矣, 大約皆知其無可奈何, 而後安之者也. 聖人之於命安之矣, 實不以命爲準也, 而以義爲準, 故雖力有可務, 勢有可圖, 而退然處之, 曰: '義之所不可也.' 義所不可, 斯曰'命'矣. 故孔子之於公伯寮, 未嘗無景伯之可恃也; 於衛卿, 未嘗無彌子瑕之可緣也. 孟子之於臧倉, 未嘗無樂正子之可力爲辨而重爲請也, 亦曰'義所不在'耳. 義所不在, 斯命所不有矣, 故聖賢之於命, 一於義者也. 安義, 斯安命矣. 衆人之於命, 不必一於義也, 而命皆有以制之. 制之至無可奈何, 而後安之. 故聖賢之與衆人安命同也, 而安之者不同也."

역문 장이기(張爾岐)[202]의 『호암한화』에 "인도(人道)의 당연하면서도 어길 수 없는 것은 의(義)이고, 천도(天道)의 본연으로서 다툴 수 없는 것은 천명

(天命)이다. 빈부와 귀천과 득실과 사생이 제한된 바가 있어서 억지로 할 수 없는 것은 군자나 소인이나 똑같다. 천명은 알 수 없으니, 군자는 마땅히 의(義)를 실천함으로써 천명을 알아야 한다. 무릇 의리상 할 수 없는 것은 곧 천명이 있지 않기 때문이다. 그러므로 나아가서 천명을 터득하지 못한 자는 물러나도 오히려 나의 의리를 잃지 않는 것이다. 소인은 일찍이 지력(智力)을 가지고 천명을 안다. 힘으로 다툴 수 없으면 지혜를 요구하는 것이니, 지력(智力)이 베풀어질 수 없게 된 뒤에 천명이라고 하는 것이다. 군자는 의(義)로써 천명을 편히 여기기 때문에 그 마음이 항상 태연하고, 소인은 지력을 가지고 천명을 다투기 때문에 그 마음에 원한이 많다. 보통사람들은 천명에 있어서 역시 편히 여김이 있는데, 대략 모두가 그것을 어찌할 수 없음을 안 뒤에 편히 여기는 것이다. 성인이 천명에 대해 편히 여기는 것은 사실 천명을 준칙으로 삼는 것이 아니라 의를 준칙으로 삼기 때문에 비록 힘쓸 만한 여력이 있고 도모할 만한 세력이 있더라도 물러나 있으면서 '의리상 할 수 없는 것이다.'라고 하니, 의리상 할 수 없는 것을 '천명(天命)'이라 하는 것이다. 그러므로 공자는 공백료에 대해서 자복경백처럼 믿을 만함이 없었던 것이 아니었고, 위나라의 경에 있어서도 미자하(彌子瑕)처럼 인연 맺을 만함이 없었던 것

---

202 장이기(張爾岐, 1612~1678): 명말청초 때 산동(山東) 제양(齊陽) 사람. 자는 직약(稷若), 호는 호암(蒿庵) 또는 한만(汗漫). 명나라 말에 제생(諸生)이 되었지만 청나라가 들어서자 벼슬하지 않고 학문 연구에 전념했다. 정주(程朱)의 이학(理學)을 독신(篤信)하고 왕양명의 양지설(良知說)을 반대했다. 『산동통지(山東通志)』를 편수할 때 고염무(顧炎武)와 사귀어 학문을 논했고, 유우생(劉友生), 이상선(李象先), 이옹(李顒), 왕굉(王宏) 등과도 절친했다. 『의례』를 정밀히 연구해 『의례정주구두(儀禮鄭注句讀)』를 지었고, 『주역』과 『시경』에도 뛰어나 『주역설략(周易說略)』과 『시경설략(詩經說略)』을 저술했다. 만년에는 『춘추』에 잠심하여 『춘추전의(春秋傳義)』를 지었지만 완성하지 못하고 죽었다. 그 밖의 저서에 『노자약설(老子略說)』과 『하소정전주(夏小正傳注)』 등이 있다.

이 아니었다.[203] 맹자도 장창(臧倉)에 대해 악정자(樂正子)만큼 극력 변론해서 거듭 만나 볼 것을 청할 만함이 없었던 것은 아니었기 때문에 역시 '의(義)가 있지 않은 곳이다'라고 한 것일 뿐이다.[204] 의가 있지 않은 곳이라면 이는 천명이 있지 않은 것이기 때문에 성현은 천명에 있어서 의(義)에 한결같았던 것이다. 의를 편히 여기면 이에 천명을 편히 여기게 될 것이다. 보통사람들은 천명에 있어서 군이 의에 한결같을 필요는 없지만 천명에 있어서는 모두 제어함이 있다. 제어해서 어찌할 수 없는 지경에 이른 뒤에 편히 여기게 된다. 그러므로 성현이 보통사람과 더불어 천명을 편히 여김은 똑같지만, 편히 여기게 하는 것은 같지 않은 것이다."라고 했다.

● 「注」, "伯寮, 魯人, 弟子也."

---

203 『맹자』「만장상(萬章上)」: 공자가 위나라에 있을 때 안수유(顔讐由)의 집에 묵고 있었는데, 위나라 임금의 총애를 받던 미자(彌子)의 아내는 자로의 아내와 형제간이었다. 그래서 미자가 자로에게 이르기를, "공자께서 우리 집에 묵으시면 위나라의 경이 되실 수 있다."라고 하기에 자로가 이 말을 아뢰자, 공자가 말했다. "벼슬하는 것은 천명(天命)에 달려 있다."[於衛, 主顔讐由, 彌子之妻, 與子路之妻兄弟也. 彌子謂子路曰: "孔子主我, 衛卿可得也." 子路以告, 孔子曰: "有命."]

204 『맹자』「양혜왕하(梁惠王下)」: 악정자가 맹자를 뵙고 말했다. "제가 임금께 아뢰자, 임금께서 선생님을 찾아뵈려고 했는데 임금께서 총애하는 장창이라는 자가 있어 임금을 만류하였습니다. 임금께서 이 때문에 결국 오시지 않았습니다." 맹자가 말했다. "갈 때 누가 시켜서 가기도 하고, 멈출 때 누가 저지하여 멈추기도 하지만, 가고 멈추는 것은 사람이 할 수 있는 것이 아니다. 내가 노나라 임금을 만나지 못한 것은 천명이니, 장씨(臧氏)의 자식이 어찌 나로 하여금 노나라 임금을 만나지 못하게 할 수 있겠는가?"[樂正子見孟子曰: "克告於君, 君爲來見也, 嬖人有臧倉者沮君. 君是以不果來也." 曰: "行或使之, 止或尼之, 行止非人所能也. 吾之不遇魯侯, 天也, 臧氏之子焉能使予不遇哉?"]

● 正義曰: 公伯復姓, 見『廣韻』. 稱"伯寮"者, 猶"冶長"・"馬遷"之比.「弟子傳」, "公伯僚, 字子周." 不云魯人, 或馬別有據也.『家語』「弟子解」無公伯寮, 有申繚, 字周, 蓋以申繚一人, 當申堂・公伯寮二人. 臧氏庸『拜經日記』譏其僞造是也. 明程敏政以寮爲聖門蟊螣, 請罷其從祀.

○ 「주」의 "백료(伯寮)는 노나라 사람으로 공자의 제자이다."

○ 정의에서 말한다.

공백(公伯)은 복성(復姓)으로 『광운』에 보인다. "백료(伯寮)"라고 칭한 것은 "야장(冶長)"・"마천(馬遷)"과 같은 비유이다. 『사기』「중니제자열전」에 "공백료(公伯寮)는 자(字)가 자주(子周)이다."라고 하고, 노나라 사람이라고는 하지 않았으니, 아마도 마융이 별도로 근거한 것이 있는 듯싶다. 『공자가어』「제자해」에는 공백료는 없고 신료(申繚)가 있는데, 자(字)가 주(周)이니, 아마도 신료(申繚) 한 사람을 신당(申堂)과 공백료(公伯寮) 두 사람에 해당시킨 것 같다. 장용(臧庸)의 『배경일기』에 그것이 위조되었음을 기롱했는데, 옳다. 명대(明代) 정민정(程敏政)[205]은 공백료를 성문(聖門)의 바구미[蟊螣]라 하여 그에 대한 문묘의 종사를 파할 것을 청하였다.

● 「注」, "魯大夫子服何忌也."

● 正義曰:『世本』, "獻子蔑生孝伯, 孝伯生惠伯, 惠伯生昭伯, 昭伯生景伯." 則景是謚也. 邢

---

205 정민정(程敏政, 1445~1499): 명나라 휘주부(徽州府, 지금의 안휘성) 휴녕(休寧) 사람. 자는 극근(克勤), 정신(程信)의 아들이다. 10살 때 이미 신동으로 한림원(翰林院)에 초청되어 책을 읽었다. 성화(成化) 2년(1466) 진사에 급제하여 편수(編修)에 임명되었다. 좌유덕(左諭德)을 지냈고, 학문이 해박한 것으로 저명해 직접 황태자를 가르치기도 했다. 한림(翰林) 가운데 학문에 해박하기로는 민정(敏政)이라 일컬었으며, 문장이 고아(古雅)하기로는 이동양(李東陽)이라고 칭해져 각자 당시의 으뜸이 되었다. 효종(孝宗) 홍치(弘治) 연간에 예부우시랑(禮部右侍郎) 겸 시독학사(侍讀學士)에 올랐다. 회시(會試)를 주관하면서 당인(唐寅)의 향시권(鄕試卷)을 보고 격찬했다. 12년(1499) 회시(會試)를 주관했는데, 시제(試題)가 외부로 유출되어 탄핵을 받고 당인 등과 함께 체포되어 투옥되었다. 출옥한 뒤 억지로 치사(致仕)하고, 오래지 않아 종기가 나서 죽었다. 시문으로 유명했는데, 문집으로『황돈집(篁敦集)』93권과『송유민록(宋遺民錄)』15권, 『영시집(咏詩集)』이 있고, 그 밖에『명문형(明文衡)』과『신안문헌지(新安文獻志)』등을 편찬했다.

「疏」, "『左傳』「哀」十三年, '吳人將囚景伯. 景伯曰: "何也立後於魯矣."' 杜「注」云: '何, 景伯名.' 然則景伯單名何, 而此「注」云'何忌', 誤也." 漢『魯峻』「石壁畫七十二子象」有子服景伯.

○「주」의 "노나라 대부 자복하기(子服何忌)이다."

○ 정의에서 말한다.

『세본』에 "헌자멸(獻子蔑)이 효백(孝伯)을 낳고, 효백이 혜백(惠伯)을 낳았으며, 혜백이 소백(昭伯)을 낳고 소백이 경백(景伯)을 낳았다."라고 했으니, 경(景)은 시호이다. 형병의 「소」에 "『춘추좌씨전』「애공」13년에 '오나라 사람이 경백(景伯)을 구금하려 하자, 경백이 말했다. "내何는 이미 노나라에 후계자를 세웠다."'라고 했는데, 두예의 「주」에 '하(何)는 경백의 이름이다.'라고 했으니, 그렇다면 경백의 외자 이름이 하(何)인데, 여기의 「주」에서 '하기(何忌)'라고 한 것은 잘못이다."라고 했다. 한대(漢代)의 『노준』「석벽화칠십이자상」에 자복경백(子服景伯)이 있다.

● 「注」, "吾勢"至"曰肆".

● 正義曰: "勢力"者, 言景伯是孟孫之族, 當有勢力能與季孫言也. "辨子路之無罪", 欲令季孫知寮之愬, 然後使季孫誅寮, 以國之常刑殺之也.

○「주」의 "오세(吾勢)"부터 "왈사(曰肆)"까지.

○ 정의에서 말한다.

"세력(勢力)"이란 경백(景伯)이 맹손(孟孫)의 족속이므로 당연히 세력이 있어서 계손(季孫)과 함께 이야기를 나눌 수 있다는 말이다. "자로의 무죄를 변론함"은 계손에게 공백료의 참소를 알게 한 뒤에 계손으로 하여금 공백료의 목을 베도록 해서 나라의 떳떳한 형벌로 그를 죽이려 한 것이다.

"陳其尸曰'肆'"者, 『說文』, "肆, 極陳也." 『周官』「鄕士」云: "協日刑殺, 肆之三日." 又「遂士」云: "協日就郊而刑殺, 各於其遂肆之三日." 「縣士」云: "協日刑殺, 各就其縣肆之三日." 又「掌戮」云: "凡殺人者, 踣于市, 肆之三日." 惟殺於甸師氏者不肆, 是周制殺人有陳尸三日之法. 故『左傳』載楚殺令尹子南于朝, 三日, 子南之子棄疾請尸, 亦以陳尸三日故也.

"그 시신을 늘어놓는 것을 '사(肆)'라 한다"

『설문해자』에 "사(肆)는 죽여서 늘어놓는다[極陳]는 뜻이다."[206]라고 했고, 『주례』「추관사구상·향사」에 "사형할 날짜를 협의하여 결정하고, 죽인 뒤에는 3일 동안 시체를 늘어놓는다."라고 했으며, 또 「수사」에 "교외에 나아가 사형할 날짜를 협의해서 결정하고, 각각 해당수(遂)에 나아가 수사가 사형을 집행하게 하며, 그 시신을 3일 동안 늘어놓는다."라고 하였고, 「현사」에 "사형할 날짜를 협의하여 결정하고, 각각 해당 현(縣)으로 나아가 현사가 사형을 집행하게 하며, 그 시신을 3일 동안 늘어놓는다."라고 하였으며, 또 「장륙」에 "무릇 사람을 죽인 자는 죽여서 그 시신을 저잣거리에 엎어 놓아 3일 동안 늘어놓는다."라고 했다. 오직전사씨(甸師氏)에게 사형당한 자만이 시신을 늘어놓지 않았으니,[207] 이것은 주나라 제도에 사람을 죽이면 시신을 3일 동안 늘어놓는 법이 있었다는 것이다. 그러므로 『춘추좌씨전』에 초나라가 영윤(令尹)인 자남(子南)을 조정에서 죽였는데, 3일 후에 자남의 아들 기질(棄疾)이 시신을 돌려줄 것을 청하였다고 기록했으니,[208] 역시 시신을 3일 동안 늘어놓았기 때문에 그랬던 것이다.

「鄕士」「疏」引『論語』「注」云: "大夫於朝, 士於市. 公伯寮是士, 止應云'肆諸市', 連言朝耳." 此鄭「注」文, 爲『集解』刪佚. 「檀弓」, "杞梁之妻曰: '君之臣不免於罪, 則將肆諸市朝, 而妻

---

206 『설문해자』 권9: 사(肆)는 죽여서 늘어놓는다[極陳]는 뜻이다. 장(長)으로 구성되었고 이(隶)가 발음을 나타낸다. 사(鬂)는 사(肆)의 혹체자인데 표(髟)로 구성되었다. 식(息)과 이(利)의 반절음이다.[肆, 極陳也. 從長隶聲. 鬂, 或從髟. 息利切.]

207 『주례(周禮)』「추관사구상(秋官司寇上)·장수(掌囚)」에 "모든 작위가 있는 자와 왕의 동족은 전사씨(甸師氏)에게 모시고 가서 처형을 기다린다.[凡有爵者與王之同族, 奉而適甸師氏, 以待刑殺爵也.]"라고 하였고, 또 「掌戮」에, "오직 왕의 동족과 작위가 있는 자만이 전사씨(甸師氏)에게 처형을 받는다.[唯王之同族, 與有爵者, 殺之于甸師氏.]"라고 하였다.

208 『춘추좌씨전』「양공」22년: 초왕(楚王)이 마침내 자남(子南)을 조정에서 죽이고 관기(觀起)를 거열(車裂)하여 그 시체를 사방에 전시하였다. 자남의 가신이 기질(棄疾)에게 이르기를, "자남의 시신을 조정에서 옮겨 오기를 요청하라."라고 하니 기질이 말하기를, "군신 사이에는 예가 있으니 대부들의 처분에 달렸을 뿐이다."라고 하였다. 3일 후에 기질이 시신을 돌려달라고 청하니 초왕이 허락하였다.[王遂殺子南於朝, 轘觀起於四竟. 子南之臣謂棄疾, 請徙子尸於朝. 曰: "君臣有禮, 唯二三子." 三日, 棄疾請尸, 王許之.]

妾執.'"「注」, "肆, 陳尸也. 大夫以上於朝, 士於市." 與『論語』「注」同.「魯語」云: "大刑用甲兵, 其次用斧鉞, 中刑用刀鋸, 其次用鑽笮, 薄刑用鞭撲, 以威民也. 故大者陳之原野, 小者致之市朝, 五刑三次, 是無隱也." 韋昭「注」, "其死刑, 大夫以上尸諸朝, 士以下尸諸市. 三處: 野·朝·市." 韋與鄭同.

『주례』「추관사구상·향사」가공언의 「소」에 『논어』의 「주」를 인용하기를, "대부는 조정에 시신을 늘어놓고, 사(士)는 저잣거리에 늘어놓는다. 공백료는 사의 신분이니, '저잣거리에 늘어놓게 할 수 있다[肆諸市]'라고 하고 그쳐야 마땅하니, 조정을 이어서 말한 것일 뿐이다." 라고 했다. 여기에 대한 정현의 「주」의 글은 『논어집해』에는 빠져 있다. 『예기』「단궁하」에 "기량(杞梁)의 처가 말했다. '군주의 신하(기량)가 죄를 면치 못한다면 시신을 시장과 조정에 늘어놓고 처첩(妻妾)인 제가 구속되어야 합니다.'"라고 했는데, 「주」에 "사(肆)는 시신을 늘어놓는다[陳尸]는 뜻이다. 대부 이상은 시신을 조정에 늘어놓고, 사는 저잣거리에 늘어놓는다."라고 했으니, 『논어』의 「주」와 같다. 『국어』「노어」에 "큰 형벌은 처형에 갑사(甲士)를 사용하고, 그다음은 도끼를 사용하고, 중간 형벌은 칼과 톱을 쓰고, 그다음은 송곳과 끌을 쓰고, 작은 형벌은 회초리를 써서 백성에게 겁을 준다. 그러므로 큰 형벌은 들에 시체를 늘어놓고, 작은 형벌은 시장이나 조정에 늘어놓으니, 다섯 가지 형벌을 세 곳에서 처벌하는 것은 숨김이 없는 것이다."라고 했는데, 위소의 「주」에 "그 사형은 대부 이상은 조정에 시체를 늘어놓고, 사 이하는 저잣거리에 시체를 늘어놓는다. 세 곳[三處]은 들[野]과 조정[朝]과 저잣거리[市]이다."라고 했으니, 위소와 정현의 주가 같다.

據『左傳』楚殺令尹子南于朝, 又晉尸三郤于朝, 明以職尊, 故肆朝也. 若晉尸雍子與叔魚于市, 孔「疏」卽云"以其賤故也". 其後董安于縊而死, 趙孟尸諸市, 亦以安于職卑. 是鄭以大夫肆朝·士肆市有明徵矣.

『춘추좌씨전』에 의거해 보면 초나라가 영윤(令尹)인 자남(子南)을 조정에서 죽이고, 또 진(晉)나라가 세 극씨(郤氏)[209]의 시신을 조정에 늘어놓았으니,[210] 분명 직책이 존귀했기 때문

---

209 삼극(三郤): 춘추시대 진(晉)나라의 거족(巨族)으로서 막대한 권력을 토대로 공실(公室)을 핍박하였던 세 명의 극씨(郤氏), 즉 즉 극기(郤錡)·극주(郤犨)·극지(郤至)를 가리킨다. 여공(厲公) 때 폐인(嬖人) 서동(胥童)에게 제거당했다.

에 시신을 조정에다 늘어놓은 것이다. 진(晉)나라가 옹자(雍子)와 숙어(叔魚)를 죽이고 시신을 저잣거리에 늘어놓은 것[211]과 같은 경우는 공영달의 「소」에서 바로 "그들의 신분이 미천했기 때문이다"라고 했다. 그 뒤에 동안우(董安于)가 스스로 목매 죽자, 조맹(趙孟)이 그의 시신을 저잣거리에 늘어놓은 것[212]도 동안우의 직책이 낮았기 때문이다. 따라서 정현이 대부는 조정에 시신을 늘어놓고, 사는 저잣거리에 시신을 늘어놓는다고 한 것은 분명한 증거가 있는 것이다.

「王制」云: "刑人于市, 與衆棄之." 無殺人于朝及肆朝之文, 說者以「王制」爲殷禮. 然『周官』「鄕」·「遂」·「縣士」及「掌戮」亦止言"肆市", 不言"肆朝". 且「掌戮」又云: "唯王之同族與有

---

210 『춘추좌씨전』「성공」 17년: 임오일(壬午日)에 서동(胥童)과 이양오(夷羊五)가 갑사(甲士) 8백을 거느리고 가서 극씨(郤氏)를 공격(攻擊)하려 하자, 장어교(長魚矯)가 군대를 사용하지 말기를 요청하니, 여공(厲公)이 청비퇴(淸沸魋)에게 장어교를 돕게 하였다. 두 사람은 창날을 뽑아 옷자락에 묶어 다투는 것처럼 위장하고서 극씨에게 갔다. 이때 세 극씨(郤氏)는 강무당(講武堂)에서 자구책을 상의하려 하였는데, 장어교가 갑자기 들어와 창으로 구백(駒伯)과 고성숙(苦成叔)을 그 자리에서 찔러 죽였다. 그러자 온계(溫季)는 "나는 죄 없이 죽음을 당하느니 도망하겠다."라고 하고서 드디어 달아나자, 장어교는 그의 수레에까지 따라가서 창으로 찔러 죽이고서, 세 사람의 시신를 가져다가 조정에 늘어놓았다.[壬午, 胥童·夷羊五帥甲八百, 將攻郤氏, 長魚矯請無用衆, 公使淸沸魋助之. 抽戈結衽, 而僞訟者. 三郤將謀於樹, 矯以戈殺駒伯·苦成叔於其位. 溫季曰: "逃威也." 遂趨, 矯及諸其車, 以戈殺之, 皆尸諸朝.]
211 『춘추좌씨전』「소공」 14년: 옹자(雍子)와 숙어(叔魚)의 시신을 저잣거리에 늘어놓았다.[屍雍子與叔魚於市.]
212 『춘추좌씨전』「정공(定公)」 14년: 동안우(董安于)가 말하기를, "내가 죽어서 진(晉)나라가 편안해지고 조씨(趙氏)가 안정된다면 무엇 때문에 살려 하겠습니까? 사람은 누군들 죽지 않겠습니까? 나는 죽음이 너무 늦었습니다."라고 하고서 스스로 목매 죽었다. 조맹은 그의 시신을 저잣거리에 벌여놓고서 지씨(知氏)에게 고하기를, "주[主: 순력(荀躒)]께서 죄인을 죽이라고 명하시니, 동안우는 이미 그 죄를 받고 죽었습니다. 이에 감히 그 사실을 아룁니다."라고 하니, 지백은 조맹에게 가서 맹약하였다. 뒤에 조씨가 안정되자 조맹은 동안우의 신위를 조씨의 사당에 모시고서 제사 지냈다.[安于曰: "我死而晉國寧, 趙氏定, 將焉用生? 人誰不死? 吾死莫矣." 乃縊而死. 趙孟尸諸市, 而告於知氏曰: "主命戮罪人, 安于旣伏其罪矣. 敢以告." 知伯從趙孟盟. 而後趙氏定, 祀安于於廟.]

爵者, 則殺之于甸師氏." "有爵"當謂大夫以上職尊者, 與「魯語」及『論語』·『左傳』之文不同, 說者多以爲疑.

『예기』「왕제」에 "저잣거리에서 사람을 처형할 때 여러 사람과 더불어 같이 처형한다."라고 했는데, 조정에서 사람을 죽이는 것과 시신을 조정에 늘어놓는다는 글은 없으니, 해설가들은 「왕제」를 은나라의 예라고 생각한다. 그러나『주례』「추관사구상」의 「향사」·「수사」·「현사」및 「장륙」에도 단지 "시신을 저잣거리에 늘어놓는다[肆市]"라고만 말하고 "시신을 조정에 늘어놓는다[肆朝]"라고는 말하지 않았다. 그리고 「장륙」에는 또 "오직 왕의 동족과 작위가 있는 자만이 전사씨(甸師氏)에게 처형을 받는다."라고 했는데, "작위가 있다"라는 것은 대부 이상 직책이 존귀한 자를 이르니,『국어』「노어」및『논어』와『춘추좌씨전』의 글이 같지 않아서 해설가들은 대부분 의심스럽게 여긴다.

<u>毛氏奇齡</u>『經問』謂, "刑士於市, 刑大夫於甸師氏. 而苟有重罪宜肆者, 則士肆市, 大夫肆朝, 而士以下各於其地刑之肆之, 未爲不可." 此說深爲得理. 若然, 則『周官』不言"肆朝", 或以事不經見, 故不載之; 抑<u>後周</u>所增制, 非<u>元公</u>舊典也!

모기령의『경문』에 "사는 저잣거리에서 처형받고 대부는 전사씨(甸師氏)에게서 처형을 받는다. 그러나 만일 무거운 죄를 범하여 마땅히 시신을 늘어놓아야 할 자라면 사는 시신을 저잣거리에 늘어놓고, 대부는 시신을 조정에 늘어놓되 사 이하는 각각 그 지역에서 처형하고 시신을 늘어놓더라도 불가할 것이 없다."라고 했는데, 이 설명이 매우 사리에 맞는다. 만약 그렇다면『주례』에서 "시신을 조정에 늘어놓는다[肆朝]"라는 말을 하지 않은 것은, 아마도 그러한 일이 경전에는 보이지 않기 때문에 기재하지 않았거나, 아니면 후주(後周) 때 늘어난 제도이지, 원공(元公)의 구전(舊典)은 아닐 것이다!

又案, 古人言"市朝", 有二解:「考工記」"面朝後市, 市朝一夫",『周官』「鄕師」"以木鐸徇于市朝",「檀弓」"遇諸市朝, 不反兵而鬪",「奔喪」"哭辟市朝",『孟子』"若撻之于市朝",『史記』「孟嘗君列傳」"日暮之後, 過市朝者", 皆謂市中官治之所.「司市」云: "掌市之治教政刑, 量度禁令, 以次敍分地而經市."「注」云: "次謂吏所治舍思次·介次也, 若今市亭然." 此卽是"市朝", 與『論語』此文"市朝"爲二, 各別也. <u>公伯寮</u>是士, 而『廣韻』稱爲"<u>魯</u>大夫", 未知所本.

또 살펴보니, 옛사람이 말하는 "시조(市朝)"에는 두 가지 해석이 있는데,『주례』「동관고공기하·장인」에 "앞쪽에는 조정이 있고 뒤쪽에는 저자가 있는데, 저자와 조정은 각각 사방으로 100보이다[面朝後市, 市朝一夫]."[213]라고 했고,『주례』「지관사도상·향사」에 "목탁(木鐸)을 가지고 시조(市朝)를 순찰하게 한다.[以木鐸徇于市朝.]"라고 했으며,『예기』「단궁상」에 "(부모의 원수를) 시조(市朝)에서 만나면 병기(兵器)를 가지러 되돌아가지 않고 싸운다."라고 하였고,「분상」에 "곡할 때에는 시조(市朝)를 피한다."라고 하였고,『맹자』「공손추상」에는 "마치 시조(市朝)에서 종아리를 맞는 것처럼 생각한다."라고 했으며,『사기』「맹상군열전」에 "날이 저문 뒤에 시조(市朝)를 지나가는 사람들"이라고 했는데, 모두 시장 안의 관리가 다스리는[官治] 장소를 이른다.『주례』「지관사도하·사시」에 "시장의 관리와 교화, 법규와 형벌, 도량형기와 금령(禁令)을 관장하여, 관사에서 차례로 땅을 나누어 시장의 경계를 정한다.[以次敍分地而經市.]"라고 한 곳의「주」에 "차(次)는 관리가 다스리는 관사를 이르니 사차(思次)와 개차(介次)로서 지금의 시정(市亭)과 같은 것이다."라고 했는데, 이것이 바로 "시조(市朝)"로,『논어』의 이 문장에서 "시조(市朝)"라고 한 것과는 다른 것이 되니, 각각 구별되는 것이다. 공백료(公伯寮)의 신분은 사인데『광운』에서 "노나라 대부"라고 한 것은 무엇을 근거로 한 것인지 모르겠다.

14-37

子曰: "賢者辟世,【注】孔曰: "世主莫得而臣." 其次辟地,【注】馬曰: "去亂國, 適治邦." 其次辟色,【注】孔曰: "色斯擧矣." 其次辟言."【注】孔曰: "有惡言乃去."

---

213 『주례주소』 권41, 「동관고공기하(冬官考工記下)·장인(匠人)」 정현의 「주」에 "一夫"는 "사방으로 각각 100보이다.[方各百步.]"라고 했다.

공자가 말했다. "현자(賢者)는 세상을 피하고, 【주】 공안국이 말했다. "세상의 군주가 신하로 삼을 수 없다는 뜻이다." 그다음은 지역을 피하고, 【주】 마융이 말했다. "어지러운 나라를 떠나 다스려지는 나라로 간다는 뜻이다." 그다음은 사람을 피하고, 【주】 공안국이 말했다. "빨리 떠나간다는 뜻이다."214 그다음은 말을 피한다." 【주】 공안국이 말했다. "나쁜 말이 있으면 바로 떠나간다는 뜻이다."

원문 正義曰: "辟", 皇本作"避". 『說文』, "避, 回也." 『蒼頡篇』, "避, 去也." 賢者所辟, 有此四者, 當由所遇不同. 『孟子』「告子下」言"古之君子, 所去三." 亦云"其次"·"其下", 與此文義同. 『呂氏春秋』「先識覽」, "凡國之亡也, 有道者必先去, 古今一也." 高「注」引此文"辟色"作"避人". 『子華子』「神氣篇」亦言"違世"·"違地"·"違人". 後篇桀溺謂子路曰: "且而與其從辟人之士也, 豈若從辟世之士哉?" "辟人"即"辟色", 當時兩稱之, 高誘或亦隨文引之耳. 『子華子』以違世爲大上, 違地·違人皆其次, 似以優劣論之, 與『論語』意不同矣.

역문 정의에서 말한다.

"피(辟)"는 황간본에는 "피(避)"로 되어 있다. 『설문해자』에 "피(避)는 회피한다[回]는 뜻이다."215라고 했고, 『창힐편』에 "피(避)는 떠나간다[去]

---

214 유보남은 앞의 「향당(鄕黨)」에서 "色斯擧矣"를 해석하면서 왕류(王瑬)의 『향당정의(鄕黨正義)』에 인용된 진덕수(眞德秀)의 설을 근거로 "'색사거의(色斯擧矣)'는 빨리 떠났다는 뜻이다.['色斯擧矣', 去之速也.]"라고 했다.

215 『설문해자』권2: 피(避)는 회피한다[回]는 뜻이다. 착(辵)으로 구성되었고 벽(辟)이 발음을 나타낸다. 비(毗)와 의(義)의 반절음이다.[避, 回也. 從辵辟聲. 毗義切.]

는 뜻이다."라고 했다. 현자(賢者)가 피하는 바에 이 네 가지가 있는데, 당연히 맞닥뜨렸을 때 마음에 맞지 않기 때문이다. 『맹자』「고자하」에 "옛날의 군자는 떠나는 경우가 세 가지였다."라고 하고, 또 "그다음은[其次]"·"그다음으로는[其下]"이라고 했는데, 여기의 글과 뜻이 같다. 『여씨춘추』「선식람」에 "무릇 나라가 멸망할 때 도(道) 있는 사람이 반드시 먼저 떠나가는 것은 예나 지금이나 마찬가지다."라고 했는데, 고유의 「주」에 이 문장의 "피색(辟色)"을 인용했는데, "피인(避人)"이라고 되어 있다. 『자화자』「신기」에도 "세상을 떠남[違世]"·"지역을 떠남[違地]"·"사람을 떠남[違人]"을 말했다. 뒤의 「미자」에 걸닉(桀溺)이 자로에게 "또 그대는 사람을 피하는 선비를 따르는 것이 어찌 세상을 피하는 선비를 따르는 것만 같겠는가?"라고 했는데, "사람을 피함[辟人]"이 바로 "피색(辟色)"이니, 당시에는 두 가지로 일컬었으므로 고유도 어쩌면 역시 글을 따라서 인용한 것일 뿐인 듯싶다. 『자화자』에서도 세상을 떠남[違世]을 최고라 하고, 지역을 떠남[違地]과 사람을 떠남[違人]을 모두 그다음으로 삼았는데, 우열을 가지고 논한 것 같으니, 『논어』의 뜻과는 같지 않다.

원문 『管子』「宙合篇」, "賢人之處亂世也, 知道之不可行, 則沈抑以辟罰, 靜默以俟免. 辟之也, 猶夏之就凊, 冬之就溫焉, 可以無及於寒暑之災矣, 非爲畏死而不忠也. 夫强言以爲僇, 而功澤不加, 進傷爲人君嚴之義, 退害爲人臣者之生, 其爲不利彌甚. 故退身不舍端, 修業不息版, 以待淸明."

역문 『관자』「주합」에 "현명한 사람은 어지러운 세상에 처했을 때 도가 행해질 수 없음을 알면 깊이 침잠하여 숨고 자신을 낮추어 겸손함으로써 형벌을 피하고, 고요히 침묵함으로써 화를 모면한다. 형벌을 피하는 것이 마치 여름에 서늘한 곳으로 나아가고, 겨울에 따뜻한 곳으로 나아가서 추위와 더위의 재앙이 닥침이 없는 것과 같으니, 이는 죽음을 두려워해서 충성하지 않는 것이 아니다. 강퍅하게 말하다가 죽임을 당해서 공과 은택이 백성들에게 미치지 못하고, 나아가서는 임금과의 지엄한 의리를 손상시키며, 물러나서도 신하된 자의 목숨을 해치게 되어 그 불리함이 더욱 심하게 된다. 그러므로 몸이 물러나도 올바름을 버리지 않고 업을 닦아 끊임없이 연구하면서 맑고 밝아지기를 기다리는 것이다."라고 했다.

- ●「注」, "世主莫得而臣."
- ● 正義曰: "世主"謂當世之主, 明非一主也.「儒行」云: "儒有上不臣天子, 下不事諸侯, 雖分國如錙銖, 不臣不仕."
- ○「주」의 "세상의 군주가 신하로 삼을 수 없다."
- ○ 정의에서 말한다.

  "세상의 군주[世主]"란 당시 세상의 군주들이라는 말이니 한 명의 군주가 아님이 분명하다. 『예기』「유행」에 "유자는 위로는 천자에게 신하노릇 하지 않고 아래로는 제후를 섬기지 않으며, 비록 나라를 나누어 주더라도 아주 보잘것없이 하찮게[錙銖] 여겨 신하노릇 하지 않고 벼슬하지 않는다."라고 했다.

- ●「注」, "有惡言乃去."
- ● 正義曰: "惡言"謂不善之言, 或言有失禮也.
- ○「注」, "나쁜 말이 있으면 바로 떠나간다는 뜻이다."
- ○ 정의에서 말한다.

  "나쁜 말[惡言]"이란 불선(不善)한 말을 이르니, 간혹 말함에 실례(失禮)가 있는 것이다.

子曰: "作者七人矣." 【注】 包曰: "'作', 爲也, 爲之者凡七人, 謂長沮, 桀溺, 丈人, 石門, 荷蕢, 儀封人, 楚狂接輿."

공자가 말했다. "그렇게 떠나간 자가 일곱 사람이다."【주】 포함이 말했다. "'작(作)'은 함[爲]이니, 그렇게 한 사람이 모두 일곱 사람으로, 장저(長沮)와 걸닉(桀溺)과 지팡이에 대바구니를 메고 갔던 노인[丈人]과, 석문(石門)의 문지기[晨門]와 삼태기를 메고 공자의 집 앞을 지나간 자[荷蕢]와, 의읍(儀邑)의 봉인(封人)과, 초나라의 광인(狂人) 접여(接輿)를 이른다."

원문 正義曰: 復稱"子曰"者, 移時乃言也. "作", 如"見幾而作"之作.

역문 정의에서 말한다. 다시 "자왈(子曰)"이라고 일컬은 것은 다른 때에 한 말이기 때문이다. "작(作)"은 "기미를 보고 떠나간다[見幾而作]"[216]고 할 때의 작(作)의 뜻이다.

- 「注」, "作爲"至"接輿".
- 正義曰: "作‧爲", 常訓. "爲之者", 謂爲"辟世"‧"辟地"‧"辟色"‧"辟言"者也. 七人所爲不同, 此「注」無所分別, 當以義難定故也. 鄭「注」云: "伯夷‧叔齊‧虞仲辟世者, 荷蓧‧長沮‧桀溺辟地者, 柳下惠‧少連辟色者, 荷蕢‧楚狂接輿辟言者也. '七'當爲'十', 字之誤也."
- 「주」의 "작위(作爲)"에서 "접여(接輿)"까지.

---

[216] 『주역』「계사하」: 군자는 기미를 보고 떠나가서 하루가 마치기를 기다리지 않는다. 『역(易)』에 이르기를, "돌처럼 절개가 굳은지라 하루를 마치지 않으니, 정(貞)하고 길(吉)하다."라고 하였다.[君子見幾而作, 不俟終日. 『易』曰: "介于石, 不終日, 貞, 吉.]

○ 정의에서 말한다.

"작(作)은 함[爲]이다."가 일반적인 해석이다. "그렇게 한 자[爲之者]"란 세상을 피하고 지역을 피하며 사람을 피하고 말을 피한 사람을 이른다. 일곱 사람의 행적이 같지 않은데, 여기의 「주」에 분별이 없는 것은 당연히 의리를 가지고 정할 수 없기 때문이다. 정현의 「주」에는 "백이(伯夷)와 숙제(叔齊)와 우중(虞仲)은 세상을 피한 자이고, 지팡이에 제초기를 둘러메고 [荷蓧] 갔던 노인[丈人]과 장저(長沮)와 걸닉(桀溺)은 토지를 피한 자이며, 유하혜(柳下惠)와 소련(少連)은 사람을 피한 자이고, 삼태기를 메고 공자의 집 앞을 지나간 자[荷蕢]와 초나라의 광인(狂人) 접여(接輿)는 말을 피한 자이다. '칠(七)'은 당연히 '십(十)'이 되어야 하니, 글자가 잘못된 것이다."라고 했다.

皇「疏」引王弼曰: "七人: 伯夷, 叔齊, 虞仲, 夷逸, 朱張, 柳下惠, 少連也." 『後漢書』「黃瓊傳」「注」引「注」云云, 卽王弼說. 蓋鄭·王據孔子以前人, 包據孔子同時人. 應劭『風俗通』「十反篇」, "孔子嘉虞仲·夷逸, 作者七人." 卽王弼所本. 陶潛『群輔錄』數七人, 前說本包, 後說本王·鄭, 又改"七人"爲"十人", 世遠義失, 難得而折衷焉.

황간의 「소」에는 왕필을 인용해서 "일곱 사람[七人]은 백이와 숙제(叔齊)와 우중(虞仲)과 이일(夷逸)과 주장(朱張)과 유하혜(柳下惠)와 소련(少連)이다."라고 했고, 『후한서』「황경전」의 「주」에 「주」에서 운운한 것을 인용했는데, 바로 왕필의 말이다. 대체로 정현과 왕필은 공자 이전의 인물에 의거하였고, 포함은 공자와 동시대 사람에 의거했다. 응소의 『풍속통』「십반」에 "공자는 우중(虞仲)과 이일(夷逸)을 가상히 여겼는데, 그렇게 떠나간 자가 일곱 사람이었다."라고 했는데, 바로 왕필이 이를 근거로 한 것이다. 도잠(陶潛)의 『군보록』에 일곱 사람의 숫자를 세었는데, 앞의 설은 포함을 근거로 하였고, 뒤의 설은 왕필과 정현을 근거로 하였으며,[217] 또 "일곱 사람[七人]"을 고쳐서 "열 사람[十人]"이라고 했으니, 시대가 멀어짐에

---

217 『군보록(群輔錄)』의 본문에 "의읍(儀邑)의 봉인(封人)과 삼태기를 메고 공자의 집 앞을 지나간 자[荷蕢]와 문지기[晨門]와 초나라의 광인(狂人) 접여(接輿)와 장저(長沮)와 걸닉(桀溺)과 지팡이에 제초기를 둘러멘 노인[荷蓧丈人]이다.[儀封人·荷蕢·晨門·楚狂接輿·長沮·桀溺·荷蓧丈人.]"라고 하였고, 주의 형식으로 "일설에는 백이와 숙제(叔齊)와 우중(虞仲)과 이일(夷逸)과 주장(朱張)과 유하혜(柳下惠)와 소련(少連)으로 되어 있다.[一作伯夷·叔齊·

따라 뜻을 잃었으므로 절충하기가 어렵다.

14-38

子路宿於石門, 晨門曰: "奚自?"【注】 "晨門"者, 閽人也. 子路曰: "自孔氏." 曰: "是知其不可而爲之者與?"【注】 包曰: "言孔子知世不可爲而彊爲之."

자로가 석문(石門)에서 유숙하였었는데, 문지기[晨門]가 물었다. "어디에서 왔는가?"【주】 "신문(晨門)"은 문지기[閽人]이다. 자로가 대답하기를, "공씨에게서 왔소."라고 하자, 그가 말했다. "바로 불가능한 줄을 알면서도 하는 분 말인가?"【주】 포함이 말했다. "공자가 세상을 어찌할 수 없음을 알면서도 억지로 그 일을 한다는 말이다."

원문 正義曰: "子路宿於石門"者, 子路時自魯外出, 晚宿石門也. 鄭「注」云: "石門, 魯城外門也. 晨門, 主晨夜開閉者." 此引見『後漢書』「蔡邕傳」「注」. 又「張皓王龔傳」「論」「注」引『論語』「注」, "晨, 主守門, 晨夜開閉也." 文小異. "外門", 當謂郭門也.

역문 정의에서 말한다.

"자로가 석문에서 유숙했다"라는 것은 자로가 당시 노나라로부터 밖으로 나갔다가 날이 저물어 석문에서 유숙했다는 말이다. 정현의 「주」

虞仲 · 夷逸 · 朱張 · 柳下惠 · 少連.」라고 했다.

에 "석문(石門)은 노성(魯城)의 외문(外門)이다. 신문(晨門)은 새벽과 밤에 성문의 개폐를 주관하는 자이다."라고 했는데, 이것을 인용한 것이 『후한서』「채옹전」의 「주」에 보인다. 또 「장호왕공전」「논」의 「주」에 『논어』의 「주」를 인용해서 "신(晨)은 문을 지키면서 새벽과 밤의 개폐를 주관하는 것이다."라고 했는데, 문장이 조금 다르다. "외문(外門)"은 당연히 외곽문[郭門]을 이르는 것이다.

원문 『水經』「洙水」「注」, "洙水北流, 逕孔里, 又西南, 枝津出焉. 又西南逕瑕丘城東, 而南入石門. 門右結石爲水門, 跨於水上." 閻氏若璩『釋地』謂 "此即子路宿處"是也. 『太平寰宇記』, "古魯城凡有七門, 次南第二門名石門." 此似指城門, 恐未然. 『周官』司門是下大夫, 又"每門下士二人." 賈「疏」謂下士是"在門開閉者". 故其職云: "掌授管鍵, 以啓閉國門." 授者, 下大夫授之下士. 然則此"晨門"即謂下士在門開閉者矣.

역문 『수경』「수수」의 「주」에 "수수(洙水)는 북쪽으로 흘러 공리(孔里)를 지르고, 또 서남쪽으로 지류[枝津]가 나타난다. 또 거기서 서남쪽으로 하구성(瑕丘城) 동쪽을 질러 남쪽으로 석문(石門)으로 들어간다. 문 오른쪽으로 돌을 다져서 수문(水門)을 만들어서 물 위를 타넘는다."라고 했다. 염약거의 『사서석지』에 "이곳이 바로 자로가 유숙했던 곳"이라고 했는데, 맞다. 『태평환우기』에 "옛 노성(魯城)은 모두 일곱 개의 문이 있었으니, 두 번째로 남쪽에 제2의 문이 있는데 이름이 석문(石門)이다."라고 했는데, 이는 성문을 가리키는 것 같지만 아마도 그렇지는 않은 것 같다. 『주례』「지관사도하 · 사문」에서 사문(司門)의 직책은 하대부이고, 또 "매 문마다 하사가 두 사람이다."라고 했는데, 가공언의 「소」에 하사(下士)는 "문에 있으면서 열고 닫는 자이다."라고 했다. 그러므로 그 직책에 대해 "문빗장과 자물쇠를 주어 나라의 문을 열고 닫게 하는 일을 관장한다."

라고 했는데, 주는 것[授者]은 하대부가 하사(下士)에게 주는 것이다. 그렇다면 여기의 "신문(晨門)"이란 바로 하사로서 문에 있으면서 문을 열고 닫는 자일 것이다.

원문 『說文』, "晨, 早昧爽也. 從臼辰. 辰, 時也."『爾雅』「釋詁」, "晨, 早也." 晨門職司晨夜之啓閉, 故稱"晨門".「高士傳」, "石門守者, 魯人也, 亦避居不仕, 自隱姓名, 爲魯守石門." 皇本"晨門"上重"石門"二字.

역문 『설문해자』에 "신(晨)은 먼동이 트는 이른 새벽[早昧爽]이다. 구(臼)와 진(辰)으로 구성되었다. 진(辰)은 때[時]를 나타낸다."²¹⁸라고 했고, 『이아』「석고」에 "신(晨) 새벽[早]이다."라고 했으니, 신문(晨門)의 직책은 새벽과 밤에 문을 열고 닫는 것을 담당하기 때문에 "신문(晨門)"이라고 칭한 것이다. 『고사전』「석문수(石門守)」에 "석문(石門)의 문지기는 노나라 사람으로 역시 숨어 살면서[避居] 벼슬하지 않고 스스로 성명(姓名)을 숨기고 노나라 석문(石門)의 문지기가 되었다."라고 했다. 황간본에는 "신문(晨門)" 앞에 "석문(石門)" 두 글자가 중복되었다.

원문 "孔氏"猶言孔家, 以居相近, 人所習知, 故不擧名字也. "知其不可而爲之者", 謂知世衰亂不可與共事, 而猶冀己見用爲治之也. 下篇夫子云: "吾非斯人之徒與而誰與? 天下有道, 丘不與易也.""易"者, 治也, 言丘之與易,

---

218 『설문해자』 권3: 신(晨)은 먼동이 트는 이른 새벽[早昧爽]이다. 구(臼)로 구성되었고 진(辰)으로 구성되었다. 진은 때[時]를 나타낸다. 진(辰)은 또한 발음을 나타내기도 한다. 극(臼)과 석(夕)을 가지고 숙(夙) 자를 만든 것과, 구(臼)와 진(辰)을 가지고 신(晨) 자를 만든 것은 모두 구성 원리가 같다[同意]. 모든 신(晨)부에 속하는 글자는 다 신(晨)의 뜻을 따른다. 식(食)과 인(鄰)의 반절음이다.[晨, 早昧爽也. 從臼從辰. 辰, 時也. 辰亦聲. 臼夕爲夙, 臼辰爲晨, 皆同意. 凡晨之屬皆從晨. 食鄰切.]

正以天下無道之故, 卽此意.

역문 "공씨(孔氏)"는 공가(孔家)라는 말과 같은데, 거리가 서로 가깝고 사람 간에 익숙히 알기 때문에 이름자를 들지 않은 것이다. "불가능한 줄을 알면서도 하는 분"이란, 세상이 쇠하고 어지러워 더불어 함께 일할 수 없음을 알면서도 오히려 자기가 등용되어 세상을 다스릴 것을 바란다는 말이다. 아래「미자」에서 공자가 말했다. "내가 이 사람의 무리와 더불어 함께하지 않고 누구와 함께하겠는가? 천하에 도가 있다면, 나는 더불어 함께 다스리려 하지 않았을 것이다.[丘不與易也.]"라고 했는데, "이(易)"란 다스린다[治]는 뜻으로, 내가 그들과 함께 다스리는 것은 바로 천하에 도가 없기 때문이라는 말이니, 바로 이 장의 뜻이다.

- 「注」, "晨門者, 閣人也."
- 正義曰:『周官』"閣人, 王宮每門四人."「注」云: "閣人, 司昏晨以啓閉者." 賈「疏」, "昏時閉門, 則此名閣人也, 晨時啓門, 則『論語』謂之'晨門'也, 皆以時事爲名耳." 案, 閣人爲主宮門之稱, 若司城郭諸門, 則名司門.「注」以閣人例"晨門", 非謂"晨門"卽閣人也.

○「주」의 "신문(晨門)은 문지기[閣人]이다."

○ 정의에서 말한다.

『주례』「천관총재하 · 혼인」에 "혼인(閣人)은 왕궁의 모든 문마다 각각 네 명씩이다."라고 했는데, 「주」에 "혼인(閣人)은 저녁과 새벽에 궁중의 문을 열고 닫는 것을 맡은 자이다."라고 했고, 가공언의「소」에 "저녁 때 문을 닫으면 이를 혼인(閣人)이라 부르는 것이고, 새벽에 문을 열면, 『논어』에서는 이를 '신문(晨門)'이라고 하였으니, 모두 때에 맞춰 하는 일을 가지고 명명한 것일 뿐이다."라고 했다. 살펴보니, 혼인(閣人)은 궁문을 위주로 한 명칭이니, 만약 성곽의 여러 문을 담당했다면 사문(司門)이라고 명명했을 것이다.「주」에서는 혼인(閣人)을 "신문(晨門)"의 예로 들었으나, "신문(晨門)"이 바로 혼인(閣人)이라는 말은 아니다.

子擊磬於衛, 有荷蕢而過孔氏之門者, 曰: "有心哉, 擊磬乎!"
【注】"蕢", 草器也. "有心", 謂契契然. 旣而曰: "鄙哉, 硜硜乎! 莫己
知也, 斯己而已矣. 【注】 此"硜硜"者, 徒信己而已, 言亦無益. 深則厲,
淺則揭." 【注】 包曰: "以衣涉水爲厲. '揭', 揭衣也, 言隨世以行己, 若過水
必以濟, 知其不可, 則當不爲." 子曰: "果哉! 末之難矣." 【注】 未知己
志, 而便譏己, 所以爲"果". "末", 無也, 無難者, 以其不能解己之道.

공자가 위나라에서 경쇠를 두드리고 있었는데, 삼태기를 메고 공
씨(孔氏)의 문을 지나가던 자가 말했다. "근심하고 괴로워하는구
나, 경쇠를 두드리는 것이여!" 【주】 "궤(蕢)"는 풀로 만든 그릇이다. "유심
(有心)"은 근심하고 괴로워하는 모양[契契然]을 이른다. 한참 있다가 또 말했
다. "천박하구나, 땅땅거리는 소리여! 자기를 알아주는 사람이 없
으면 자기 자신을 선(善)하게 하면 그만이다. 【주】 이 "땅땅거리는 소
리[硜硜]"란 단지 자기만을 믿을 뿐이라는 뜻이니, 역시 유익함이 없다는 말이다. 물
이 깊으면 옷을 입은 채로 건너고, 얕으면 옷을 걷고 건너는 것이
다." 【주】 포함이 말했다. "옷을 입은 채로 물을 건너는 것을 '여(厲)'라 한다. '게
(揭)'는 옷을 걷는다는 뜻이니, 세상의 형편에 따라 자기의 처신을 행하는 것이 마치
물을 지날 때 반드시 이러한 방법으로 물을 건너는 것처럼 해서, 불가능하다는 것을
알았으면 마땅히 하지 않아야 한다는 말이다." 공자가 말했다. "과감하구나,
어려울 것이 없구나!" 【주】 공자 자신의 뜻을 알지도 못하면서 별안간 자기를
비난하였기 때문에 과감하다고 한 것이다. "말(末)"은 없다[無]는 뜻이니, 어려울 것
이 없는 것은 그가 공자의 도(道)를 이해하지 못하기 때문이다.

원문 正義曰: 『釋文』, "荷蕢, 本又作河." 『漢書』「古今人表」作"何蕢". 『說文』, "何, 儋也." "何"本字. "荷, 芙蕖葉." 別一義. 『說文』, "臾, 古文蕢. 『論語』有荷臾." 則許所見壁中文也. "孔氏"皇本作"孔子". 『御覽』五百七十六引『論語』「注」云: "'子擊磬'者, 樂也. '蕢', 草器也. 荷此器, 賢人辟世也. '有心哉', 善其音有所病於世." 不言「注」爲何人, 諸家皆以爲鄭「注」.

역문 정의에서 말한다.

『경전석문』에 "하궤(荷蕢)는 판본에 따라 또 하(河)로도 되어 있다."라고 했고, 『전한서』「고금인표」에는 "하괴(何蕢)"로 되어 있다. 『설문해자』에 "하(何)는 멘다[儋]는 뜻이다."[219]라고 했으니, "하(何)"가 본자(本字)이다. "하(荷)는 연꽃잎[芙蕖葉]"[220]이니, 일반적인 의미와는 다르다. 『설문해자』에 "궤(臾)는 궤(蕢)의 고문(古文)이다. 『논어』에 '하괴[荷臾]'라는 표현이 있다."[221]라고 했으니, 허신이 본 것은 『벽중서(壁中書)』[222]의 글이

---

[219] 『설문해자』 권8: 하(何)는 멘다(儋)는 뜻이다. 인(人)으로 구성되었고 가(可)가 발음을 나타낸다. 호(胡)와 가(歌)의 반절음이다.[何, 儋也. 從人可聲. 胡歌切.]

[220] 『설문해자』 권1: 하(荷) 연꽃잎[芙蕖葉]이다. 초(艸)로 구성되었고 하(何)가 발음을 나타낸다. 호(胡)와 가(哥)의 반절음이다.[荷, 芙蕖葉. 從艸何聲. 胡哥切.]

[221] 『설문해자』 권1: 궤(蕢)는 풀로 만든 그릇[艸器]이다. 초(艸)로 구성되었고 귀(貴)가 발음을 나타낸다. 궤(臾)는 궤(蕢)의 고문(古文)인데 상형자(象形字)이다. 『논어』에 "삼태기를 메고 공씨(孔氏)의 문을 지나가던 자가 있었다."라고 했다. 구(求)와 위(位)의 반절음이다.[蕢, 艸器也. 從艸貴聲. 臾, 古文蕢, 象形. 『論語』曰: "有荷臾而過孔氏之門." 求位切.]

[222] 벽중서(壁中書): 한대(漢代)에 공씨(孔氏)의 집 벽 속에서 발견한 장서(藏書)를 말하는데, 여기서는 『고논어(古論語)』를 지칭하는 말로 쓰였다. 『벽중서(壁中書)』 혹은 『벽경(壁經)』이라고도 한다. 『전한서(前漢書)』 권30「예문지(藝文志)」에 "한 무제(漢武帝) 말년에 노 공왕(魯共王) 유여(劉餘)가 공자의 옛집을 헐고 궁실을 넓히려다가 고문으로 된 『상서』, 『예기』, 『논어』, 『효경』 등 수십 편을 얻었는데, 모두 고자(古字)였다.[武帝末, 魯共王, 壞孔子宅, 欲以廣其宮, 而得『古文尚書』·『禮記』·『論語』·『孝經』凡數十篇, 皆古字也.]"라는 말이 나온다. 이 장서는 진 시황이 분서갱유(焚書坑儒)할 때에 공자의 8세손인 공부(孔鮒)가 벽 속에 감춰 둔 책으로 전해진다. 고자(古字)는 옛날 창힐(蒼頡)이 지었다는 과두 문자(蝌蚪文字)를

다. "공씨(孔氏)"는 황간본에는 "공자"로 되어 있다. 『태평어람』 권576에
『논어』「주」를 인용하면서 "'공자가 경쇠를 두드렸다'라는 것은 음악을
연주했다는 것이다. 궤(簣)는 풀로 만든 그릇이다. 이 그릇을 멘 것은 현
인(賢人)으로서 세상을 피했다는 것이다. '유심재(有心哉)'란 그 소리에 세
상을 아파함이 있음을 훌륭하게 여긴 것이다."라고 했는데, 누가 「주」
를 단 것인지 언급하지 않았으나, 여러 학자들은 모두 정현의 「주」일 것
이라고 생각한다.

원문 『說文』, "擊, 攴也." "攴"卽"扑"字. 又"磬, 樂石也. 象縣虡之形. '殳', 擊
之. 籀文省爲殸." 『孟子』「告子」云: "我知其不爲蕢也." 趙「注」, "蕢, 草
器." 『漢書』「何武等傳」「贊」"以一蕢障江 · 河", 顏師古「注」: "蕢, 織草爲
器, 所以盛土也." 上篇言"爲山未成一簣", 蕢·簣同.

역문 『설문해자』에 "격(擊)은 친다[攴]는 뜻이다."²²³라고 했는데, "복(攴)"은
바로 "복(扑)" 자이다. 또 "경(磬)은 돌로 만든 악기[樂石]이다. 쇠북걸이
틀 기둥에 매단 모양을 상형했다. '수(殳)'는 그것을 치는 것이다. 주문
(籀文)은 생략된 자형으로 경(殸)으로 쓴다."²²⁴라고 했다. 『맹자』「고자상」
에 "나는 그것이 삼태기[蕢]가 되지 않을 것을 안다."라고 했는데, 조기

가리킨다.

223 『설문해자』 권12: 격(擊)은 친다[攴]는 뜻이다. 수(手)로 구성되었고 격(毄)이 발음을 나타낸
다. 고(古)와 역(歷)의 반절음이다.[擊, 攴也. 從手毄聲. 古歷切.]

224 『설문해자』 권9: 경(磬)은 돌로 만든 악기[樂石]이다. 석(石)과 성(殸)으로 구성되었다. 쇠북
걸이 틀 기둥에 매단 모양을 상형했다. '수(殳)'는 그것을 치는 것이다. 옛날 모구씨(母句氏)
가 경쇠[磬]를 만들었다. 성(殸)은 경(磬)의 주문(籀文)인데 생략된 자형이다. 경(硜)은 경
(磬)의 고문인데 경(巠)으로 구성되었다. 고(苦)와 정(定)의 반절음이다.[磬, 樂石也. 從石
殸. 象縣虡之形. 殳, 擊之也. 古者母句氏作磬. 殸, 籀文省. 硜, 古文從巠. 苦定切.]

(趙岐)의 「주」에 "궤(蕢)는 풀로 만든 그릇[草器]이다."라고 했다. 『전한서』 「하무등전」의 「찬」에 "한 삼태기[蕢]로 양자강과 황하를 막았다."라고 했는데, 안사고의 「주」에: "궤(蕢)는 풀을 엮어서 만든 그릇인데, 흙을 담기 위한 것이다."라고 했다. 앞의 「자한」에 "산을 만듦에 흙 한 삼태기를 완성시키지 않고[爲山未成一簣]"라고 했는데, 궤(蕢)와 궤(簣)는 같은 글자이다.

원문 「注」云"荷此器, 賢人辟世"者, 鄭注上章, 以"荷蕢"爲辟地, 不爲辟世, 或隨文變稱與?"有所病於世"者, 病猶患也, 憂也. 『禮』「樂記」云: "樂者, 音之所由生也, 其本在人心之感於物也." 夫子感時衰亂, 其心一寓於音, 荷蕢聞知其聲, 故善之也.

역문 『태평어람』에 인용한 정현 「주」의 "이 그릇을 멘 것은 현인(賢人)으로서 세상을 피했다는 것이다.[荷此器, 賢人辟世.]"

정현은 앞의 문장을 주석하면서 "삼태기를 멘 것[荷蕢]"을 토지를 피한 것[辟地]이라 했지, 세상을 피한 것[辟世]이라고 하지 않았는데, 혹 문장에 따라 명칭을 바꾼 것인가? "세상을 아파함이 있다[有所病於世]"라고 했는데, 병(病)은 환(患)과 같으니, 근심한다[憂]는 뜻이다. 『예기』「악기」에 "음악[樂]이란 소리가 말미암아서 나온 것이니, 그 근본은 사람의 마음이 사물에 감응함에 달려 있다."라고 했으니, 공자가 당시의 쇠락하고 혼란함에 느끼는 바가 있어 그 마음을 오롯이 음악에 붙였는데, 삼태기를 메고 가던 사람이 그 소리를 듣고 알아차렸기 때문에 훌륭하게 여겼다는 것이다.

원문 "旣", 終也, 卒也. 言荷蕢又有言也. "鄙哉硜硜"者, 謂音也. 『釋名』「釋州國」, "鄙, 否也. 小邑不能遠通也." 趙岐『孟子』「盡心」「注」, "鄙, 狹也."

「樂記」云: "其哀心感者, 其聲噍以殺." 「注」云: "噍, 踧也." 踧猶踧踖, 不安舒之貌. 殺, 減也. 凡感於哀心, 其聲衰減, 抑而不揚, 故荷蕢以爲鄙也.

역문 "기(旣)"는 끝난다[終]는 뜻이며 마친다[卒]는 뜻이니, 삼태기를 멘 자가 또 말을 했다는 말이다. "천박하구나, 땅땅거림이[鄙哉硜硜]"라고 한 것은 소리를 이르는 것이다. 『석명』「석주국」에 "비(鄙)는 비루하다[否]는 뜻이다. 작은 읍은 멀리까지 통할 수 없다."라고 했다. 조기의 『맹자』「진심하」「주」에 "비(鄙)는 편협하다[狹]는 뜻이다."라고 했다. 『예기』「악기」에 "그 슬픈 마음이 느껴지는 자는 그 소리가 씹어먹히듯 줄어든다."라고 했고, 「주」에 "초(噍)는 축(踧)이다."라고 했는데, 축(踧)은 경건하고 공손한 모양[踧踖]이니, 편안하고 느긋하지 못한 모양이다. 쇄(殺)는 줄어든다[減]는 뜻이다. 무릇 슬픈 마음에 감응하면 그 소리가 감쇄(減衰)되어 억눌리고 펼쳐지지 못하기 때문에 삼태기를 멘 자가 천박하다고 여긴 것이다.

원문 『說文』, "硜, 古文磬." 『史記』「樂書」"石聲硜", 今「樂記」作"磬", 然則磬是以聲名之矣. 『釋名』「釋樂器」, "磬, 罄也, 其聲罄罄然堅緻也." "罄"與"磬"·"硜"並通.

역문 『설문해자』에 "갱(硜)은 경(磬)의 고문(古文)이다."라고 했고, 『사기』「악서」에 "돌소리가 경(硜)이다"라고 했는데, 지금 『예기』「악기」에는 "경(磬)"으로 되어 있으니, 그렇다면 경(磬)은 소리를 가지고 명명했을 것이다. 『석명』「석악기」에 "경(磬)은 경쇠[罄]이니, 그 소리가 땅땅거리는 것이 견고하고 치밀하다"라고 했으니, "경(罄)"과 "경(磬)"과 "경(硜)"이 모두 통한다.

원문 "莫己知"者, 言人莫知夫子而用之也. 翟氏灝『考異』云: "「世家」繫此事

於三至衛時. 蓋靈公老, 怠於政, 不用孔子, 故荷蕢有'莫己知'之語."『釋文』, "'莫己', 音紀. 下'斯己'同."『唐石經』尚不誤. "斯己"者, 言但當爲己, 不必爲人, 卽孟子所云"獨善其身"者也. 朱子『集注』讀"斯己"爲"以", 非是.

역문 "자기를 알아주는 사람이 없다[莫己知]라는 것은 사람들 중에서 공자를 알아 그를 등용하는 사람이 없다는 말이다. 적호의『사서고이』에 "『사기』「세가」에서는 이 일을 세 번째 위나라에 갔을 때에 연결시켰다. 대체로 영공(靈公)이 늙어 정치에 게을러져서 공자를 등용하지 못했기 때문에 삼태기를 멘 자가 '자기를 알아주는 사람이 없다'라는 말을 한 것이다."라고 했다.『경전석문』에 "'막기(莫己)'의 '기(己)'는 발음이 기(紀)이다. 그 아래 '사기(斯己)'도 같다."라고 했으니,『당석경』이 오히려 틀리지 않았다. "사기(斯己)"란 다만 마땅히 자기를 위할 뿐이지 굳이 남을 위할 필요가 없다는 것이니, 바로 맹자의 이른바 "홀로 자기 자신을 선(善)하게 한다"[225]는 것이다. 주자의『논어집주』에서는 "사기(斯己)"의 "기(己)"를 "이(以)" 발음으로 읽었는데,[226] 옳지 않다.

원문 "深則厲, 淺則揭." 衛詩「匏有苦葉」文. 荷蕢之言, 亦"天下有道則見, 無道則隱"之意. 朱氏彬『經傳考證』, "'果哉'六字爲句, 自成韻語. '末', 無也, 蔑也, 言其所見小也. 「檀弓」'末之, 上也!' 曾子曰: '微與', 詞意皆相類." 戴氏望『論語注』云: "果, 信也, 之, 往也, 信如其言, 無所復往, 行道難矣."

---

[225] 『맹자』「진심상(盡心上)」: 옛사람들은 자신의 뜻을 이루면 은택이 백성에게 더해지고, 자신의 뜻을 이루지 못하면 몸을 닦아 세상에 자신을 드러냈으니, 곤궁하면 홀로 자기 몸을 선(善)하게 하고, 출세하면 천하 사람들을 모두 선하게 하였다.[古之人, 得志, 澤加於民; 不得志, 修身見於世, 窮則獨善其身, 達則兼善天下.]

[226] 『논어집주』에 "'막기(莫己)'의 '기(己)'는, 발음이 기(紀)이고, 나머지는 발음이 이(以)이다.['莫己'之'己', 音紀, 餘音以.]"라고 했다.

案, 朱·戴說皆通.

역문 "물이 깊으면 옷을 입은 채로 건너고, 얕으면 옷을 걷고 건너는 것이다."라는 위나라 시(詩)인 『시경』「국풍·패·포유고엽」의 글이다. 삼태기를 멨다[荷蕢]는 말은 역시 "천하에 도가 있으면 자신을 드러내고 도가 없으면 숨는다."[227]는 뜻이다. 주빈의 『경전고증』에 "'과재(果哉)'는 여섯 글자로 구두를 끊어야 자연스럽게 운율에 맞는 말이 된다. '말(末)'은 무(無)이고 멸(蔑)이니, 소견이 적다는 말이다. 『예기』「단궁상」에 '형편없구나, 복국(卜國)이여![末之, 卜也!]'[228]라고 했고, 「단궁하」에서 증자가 '하찮은 일[微與]'[229]이라고 했는데, 말뜻이 모두 서로 유사하다."라고 했다.

---

227 『논어』「태백(太伯)」.

228 『예기』「단궁상(檀弓上)」: 노나라 장공(莊公)이 송나라 사람과 노나라 승구(乘丘) 땅에서 전쟁을 할 때 현분보(縣賁父)가 장공의 수레를 몰고 복국(卜國)이 오른쪽에 타는 병사가 되었었는데, 말이 놀라는 바람에 수레가 전복되어 공이 수레에서 떨어지자, 예비 수레[佐車]에서 수레 손잡이 끈을 드리니, 장공이 말하기를, "형편없구나. 복국(卜國)이여!"라고 하자, 현분보가 말하기를, "이전에는 전쟁에서 수레가 전복된 적이 없었는데, 오늘은 수레가 전복되었으니, 이는 용맹이 없는 것이다."라고 하고, 마침내 마침내 전투에서 죽었다.[魯莊公, 及宋人, 戰于乘丘, 縣賁父御, 卜國, 爲右, 馬驚敗績, 公隊, 佐車授綏, 公曰: "末之, 卜也!" 縣賁父曰: "他日, 不敗績而今敗績, 是無勇也." 遂死之.]

229 『예기』「단궁하」: 제나라에 큰 흉년이 들자, 검오(黔敖)가 길가에서 음식을 만들어 굶주린 사람들을 기다렸다가 그들에게 먹였는데, 어떤 굶주린 사람이 소매로 얼굴을 가리고 모두걸음으로 고개를 떨구고 비실비실 걸어오자, 검오가 왼손으로 음식을 받들고 오른손으로는 음료를 잡고서 "쯧쯧쯧, 와서 드시오!" 라고 하니, 그 사람이 눈을 치켜올려 그 검오를 보면서 "나는 오로지 쯧쯧거리면서 와서 먹으라는 음식을 먹지 않아서 이 지경에 이르게 되었소." 라고 하자, 검오가 좇아가 사과하였지만 그는 끝내 먹지 않고 죽었다. 증자가 이 이야기를 듣고 말했다. "이는 너무 하찮은 일이구나! 쯧쯧거릴 때에는 주는 음식을 거절하고 떠나갈 만한 이유가 될 수 있겠으나, 그가 사과를 했으면 먹을 수도 있는 것이다."[齊大饑, 黔敖爲食於路, 以待餓者而食之. 有餓者, 蒙袂輯屨, 貿貿然來. 黔敖左奉食, 右執飮曰: 嗟來食. 揚其目而視之曰: 予唯不食嗟來之食, 以至於斯也. 從而謝焉, 終不食而死. 曾子聞之曰: 微與! 其嗟也, 可去; 其謝也, 可食.]

대망의 『논어주』에 "과(果)는 신(信)의 뜻이고, 지(之)는 간다[往]는 뜻이니, 참으로 그의 말대로라면 다시 갈 곳이 없어서 도를 행하기 어려울 것이다."라고 했다. 살펴보니, 주빈과 대망의 말이 모두 통한다.

● 「注」, "'有心', 謂契契然."
● 正義曰: 『詩』「大東」云: "契契寤歎, 哀我憚人." 毛「傳」, "契契, 憂苦也." 「擊鼓」「傳」, "契闊, 勤苦也." 『廣雅』「釋訓」, "挈挈, 憂也." "挈"·"契"同.
○ 「주」의 "'유심(有心)'은 근심하고 괴로워하는 모양[契契然]을 이른다."
○ 정의에서 말한다.
　『시경』「대동」에 "근심하고 괴로워하다 잠깨어 탄식하니 우리 백성들 가엾구나.[契契寤歎, 哀我憚人.]"라고 했는데, 모형의 「전」에 "계계(契契)는 근심하고 괴로워함[憂苦]이다."라고 했고, 「격고」의 「전」에 "계활(契闊)은 근심하고 괴로워함[勤苦]이다."라고 했으며, 『광아』「석훈」에 "계계(挈挈)는 근심한다[憂]는 뜻이다."라고 했으니, "계(挈)"와 "계(契)"는 같은 글자이다.

● 「注」, "此'硜硜'者, 徒信己而已. 言亦無益."
● 正義曰: "此'硜硜'者", 亦謂磬聲也. "徒信己", 卽釋"斯己"二字, 言夫子止可自信諸己, 人不能知而用之, 故不能有益於人.
○ 「주」의 "이 '땅땅거리는 소리[硜硜]'란 단지 자기만을 믿을 뿐이라는 뜻이니, 역시 유익함이 없다는 말이다."
○ 정의에서 말한다.
　"이 '땅땅거리는 소리[硜硜]'란"은 역시 경쇠 소리를 말하는 것이다. "단지 자기만을 믿을 뿐[徒信己]"이란, 바로 "사기(斯己)" 두 글자를 해석한 것이니, 공자는 단지 자기 자신에 대해서 스스로만 믿을 수 있을 뿐 남이 알아서 등용하지 못하기 때문에 남에게 유익함이 있을 수 없다는 말이다.

● 「注」, “以衣”至“不爲”.

● 正義曰:『爾雅』「釋水」云: “‘濟有深涉. 深則厲, 淺則揭.’ ‘揭’者, 揭衣也. 以衣涉水爲厲, 繇膝 以下爲揭, 繇膝以上爲涉; 繇帶以上爲厲.”『爾雅』釋“厲”字具二義, 包用第一義也. 鄭「注」 云: “由膝以上爲厲.” “由膝以上”, 與涉同. 孫炎注『爾雅』云: “‘以衣涉水’, 濡禪也.” 水但濡禪, 卽是“由膝以上”; 卽是“以衣涉水”, 則鄭同包用第一義矣.

○ 「주」의 “이의(以衣)”부터 “불위(不爲)”까지.

○ 정의에서 말한다.

『이아』「석수」에 “‘건너는 곳 깊은 물턱이 있도다. 깊으면 옷을 입은 채로 건너고 얕으면 옷을 걷고 건넌다.[濟有深涉. 深則厲, 淺則揭.]’²³⁰라고 했는데, ‘게(揭)’란 옷을 걷는다[揭衣]는 뜻이다. 옷을 입은 채로 물을 건너는 것을 여(厲)라 한다. 무릎 이하 되는 물을 건너는 것을 게(揭)라 하고, 무릎 이상 되는 물을 건너는 것을 섭(涉)이라 하며, 허리 이상 되는 물을 건너는 것을 여(厲)라 한다.”라고 했으니, 『이아』에서 “여(厲)” 자를 해석한 것은 두 개의 뜻이 있는데, 포함은 첫 번째 뜻을 적용한 것이다. 정현의 「주」에 “무릎 이상을 여(厲)라 한다[由膝以上爲厲].”라고 했는데, “무릎 이상[由膝以上]”은 섭(涉)과 같다. 손염(孫炎)은 『이아』를 주석하면서 “옷을 입은 채로 물을 건넌다[以衣涉水]는 것은 홑옷[禪]을 적신다는 뜻이다.”라고 했는데, 물을 건널 때 단지 홑옷만을 적시는 것은 바로 “무릎 이상[由膝以上]”인 것이고, 바로 “옷을 입은 채로 물을 건너는 것[以衣涉水]”이니, 그렇다면 정현도 포함과 똑같이 첫 번째 뜻을 적용시킨 것이다.

『說文』, “砅, 履石渡水也.” 引『詩』“深則砅”, 此當本三家, 別一義, 亦得通也. 『詩』毛「傳」 云: “遭時制宜, 如遇水, 深則厲, 淺則揭矣.” 『後漢書』「張衡傳」, “深厲淺揭, 隨時爲義.” 厲 · 揭皆視時所宜, 無一定也. 「注」云“必以濟”者, 謂必以此法濟也, 言夫子知世不可, 而猶 爲之, 不能適淺深之宜.

『설문해자』에 “예(砅)는 돌을 밟고 물을 건넌다는 뜻이다.”²³¹라고 하면서 『시경』「국풍 ·

---

230 『시경』「국풍 · 패 · 포유고엽(匏有苦葉)」.

231 『설문해자』권11: 예(𣲽)는 돌을 밟고 물을 건넌다는 뜻이다. 수(水)로 구성되었고 석(石)으

패·포유고엽」의 "심즉례(深則砅)"를 인용했는데, 이는 당연히 세 사람을 근거로 하여 일반적인 의미와는 다르지만 역시 통할 수는 있는 것이다. 『시경』 모형의 「전」에 "때에 따라 적절하게 하는 것이니, 예를 들어 물을 만났을 때 깊으면 옷을 입은 채로 건너고 얕으면 옷을 걷고 건너는 것이다."라고 했고, 『후한서』 「장형전」에 "깊으면 옷을 입은 채로 건너고 얕으면 옷을 걷고 건너듯 때에 따라 뜻을 삼는 것이다."라고 했으니, 옷을 입은 채로 건너는 것[厲]과 옷을 걷고 건너는 것[揭]은 모두 때의 마땅함을 보는 것이지 일정하게 정해진 것은 없다. 「주」의 "필이제(必以濟)"는 반드시 이러한 방법으로 물을 건너야 함을 이르는 것이니, 공자가 세상이 불가능한 줄을 알면서도 오히려 그렇게 하려고 하였으니, 깊고 얕음에 적절하게 대처하지 못하고 있음을 말한 것이다.

- 「注」, "未知"至"之道".
- 正義曰: "果"與"惈"同. 孫炎『爾雅』「注」, "果, 決之勝也." 夫子以荷蕢所言, 不知己志而輒譏己, 是爲果也. "末·無", 常訓. 夫子言"天下有道, 丘不與易." 是其不能忘天下, 正以世亂不可以已耳. 出處之際, 夫子以道爲衡, 若但如涉水之厲揭, 則亦無所難矣. 此正荷蕢不能解夫子之道也.

○ 「주」의 "미지(未知)"부터 "지도(之道)"까지.
○ 정의에서 말한다.

"과(果)"는 "과감[惈]"과 같은 뜻이다. 손염(孫炎)의 『이아』 「주」에 "과(果)는 결정이 뛰어나다[決之勝]는 뜻이다."라고 했으니, 공자가 삼태기를 메고 가는 사람이 말한 것은 자기의 뜻도 모르고 별안간 자기를 비난한 것으로 이것을 과감함으로 여겼다는 것이다. "말(末)은 없다[無]는 뜻이다"라고 한 것은 일반적인 해석이다. 공자는 "천하에 도가 있다면, 나는 함께 다스리려 하지 않았을 것이다."[232]라고 했는데, 이는 그가 천하를 잊지 못한 것으로 참으로 세상이 혼란했기 때문에 그만둘 수 없을 뿐이었던 것이다. 나아가고 물러가는 즈음에 공자가

로 구성되었다. 『시경』에 "깊으면 징검다리로 건넌다.[深則砅.]"라고 했다. 예(灖)는 예(砅)의 혹체자인데 여(厲)로 구성되었다. 역(力)과 제(制)의 반절음이다.[砅, 履石渡水也. 從水從石. 『詩』曰: "深則砅." 灖, 砅或從厲. 力制切.]

[232] 『논어』 「미자(微子)」.

도(道)를 저울로 삼아서 만약 단지 물을 건널 때 옷을 입은 채로 건너거나 옷을 걷고 건너는 것처럼만 했다면 역시 어려울 것이 없었을 것이다. 이것이 바로 삼태기를 메고 가던 사람이 공자의 도를 이해하지 못했다는 것이다.

14-40

子張曰: "『書』云: '高宗諒陰, 三年不言.' 何謂也?" 【注】孔曰: "高宗, 殷之中興王武丁也. '諒', 信也. '陰', 猶默也."

자장이 말했다. "『서경』에 '고종(高宗)이 초상(初喪)을 치르는 여막[諒陰]에서 3년 동안 말을 하지 않았다.'라고 했는데, 무슨 말입니까?" 【주】 공안국이 말했다. "고종(高宗)은 은나라를 중흥시킨 왕 무정(武丁)이다. '양(諒)'은 진실로[信]이고 '암(陰)'은 침묵[默]과 같다."

원문 正義曰: "書云"者, 伏生『大傳』「說命篇」, "『書』曰: '高宗梁闇, 三年不言', 何爲'梁闇'也? 「傳」曰: '高宗居凶廬, 三年不言, 此之謂"梁闇".'" 是此『書』文在「說命篇」. 『禮記』「喪服四制」所引, 亦其文也. 「坊記篇」, "高宗云: '三年, 其惟不言, 言乃讙.'" 鄭「注」, "高宗, 殷王武丁. 名篇在『尙書』." 謂在『尙書』「說命篇」也. 稱高宗者, 「說命」, 高宗所作也. 江氏聲『尙書集注音疏』未檢伏「傳」, 遂以此文立「高宗之訓」一篇, 誤矣.

역문 정의에서 말한다.

"서운(書云)"이라고 했는데, 복생(伏生)의 『상서대전』「열명」에 "『서경』에서 '고종(高宗)이 초상을 치르는 여막[梁闇]에서 3년 동안 말을 하지 않왔다.'라고 했는데, 어째서 '양암(梁闇)'이라고 한 것인가?「전」에서 말했다. '고종(高宗)이 천자가 초상 때 거처하는 여막인 흉려(凶廬)에 거처하면서 3년 동안 말하지 않았는데, 이것을 일러 "양암(梁闇)"이라고 한 것이다.'"라고 했으니, 이『서경』의 문장은 「열명」에 있는 것이다.『예기』「상복사제」에 인용된 것도 역시 그 문장이다.[233]「방기」에 "고종(高宗)이 말했다. '3년을 말하지 않았으나, 말하자 백성들이 이에 기뻐했다.'"라고 했는데, 정현의 「주」에 "고종(高宗)은 은왕(殷王) 무정(武丁)이다. 편(篇)을 명명한 것은『상서』에 있다."라고 했으니,『상서』「열명」에 있다는 말이다. 고종(高宗)이라고 일컬은 것은 「열명」이 고종이 지은 것이기 때문이다. 강성(江聲)의『상서집주음소』에는 복생(伏生)의 「전」을 검토해 보지도 않고 느닷없이 이 문장을 가지고 「고종지훈」 1편을 지었는데, 잘못이다.

원문 「楚語」白公曰: "昔殷武丁能聳其德, 至於神明, 於是乎三年默以思道. 卿士患之, 曰: '王言以出令也, 若不言, 是無所稟令也.' 武丁於是作『書』, 曰: '以余正四方, 余恐德之不類, 玆故不言如是.' 而又使以象夢求四方之賢聖, 得傅說." 賈 · 唐云: "『書』, 「說命」也."『呂氏春秋』「重言篇」, "人

---

233 『예기』「상복사제(喪服四制)」: 부모가 처음 죽거든 효자가 3일 동안 태만하지 않으며 3개월 동안 게으르지 않으며 1년 동안 슬퍼하며 3년 동안 근심하니, 은혜가 줄어드는 것이다. 성인이 줄어듦을 인하여 절도를 만드셨으니, 이것이 상을 3년 동안 하는 이유이다. 어진 사람도 3년을 넘을 수 없고 불초한 사람도 3년에 미치지 않을 수 없다. 이는 상복의 중용이니, 왕자(王者)가 항상 행하는 바이다.『서경』에 이르기를, '고종(高宗)이 초상을 치르는 여막[諒闇]에서 3년 동안 말하지 않았다.' 하였으니, 이를 훌륭하게 여긴 것이다.[始死, 三日不怠, 三月不解, 期悲哀, 三年憂, 恩之殺也. 聖人因殺以制節, 此喪之所以三年, 賢者不得過, 不肖者不得不及. 此喪之中庸也, 王者之所常行也.『書』曰: "高宗諒闇, 三年不言", 善之也.]

主之言, 不可不愼. 高宗, 天子也, 卽位諒闇, 三年不言, 卿大夫恐懼患之.
高宗乃言曰: '以余一人正四方, 余恐言之不類也, 茲故不言.'" 皆「說命」佚文.

역문 『국어』「초어」에서 백공(白公)[234]이 말했다. "옛날 은나라 무정(武丁)은
자신의 덕(德)을 공경히 지녀 신명(神明)과 통하는 경지에 이를 수 있었
는데, 이때 삼년상을 지내며 침묵하면서 나라를 다스릴 방도를 생각하
였습니다. 그러자 경사(卿士)들이 걱정하여 말하기를, '임금님의 말씀으
로 국가의 명령을 내리는 것이니, 만약 말씀을 하지 않으신다면 명령을
받을 곳이 없습니다.'라고 하자, 무정이 이에 『상서』「열명」을 지어 말
하기를, '내가 사방을 바로잡아야 하는데, 나는 나의 덕이 선(善)하지 못
함을 걱정하고 있으니, 이런 까닭에 이처럼 말을 하지 않고 있었노라.'
라고 하고서 또 한편으로 꿈에 본 사람의 형상을 그려 사방으로 그런 현
성(賢聖)한 사람을 찾도록 하여 부열(傅說)을 얻었다."라고 했는데, 가규
와 당고(唐固)[235]가 말하길, "『서』는 「열명」이다."라고 했다. 『여씨춘추』

---

234 백공(白公, ?~?): 초나라 백읍(白邑)의 대부. 이름은 승(勝)으로, 초나라 태자 건(建)의 아들
이고 평왕(平王)의 손자이다. 초나라의 오자서(伍子胥)가 오나라로 도망칠 때 따라가서 오
나라에 있었는데, 초나라의 영윤(令尹)으로 있던 자서(子西)가 데려다가 백공으로 삼았다.
초나라로 돌아온 백공은 정나라가 자기 아버지를 죽인 것을 원망하여 정나라를 치려고 하였
는데, 군대가 출발하기 전에 진나라가 정나라를 치니, 정나라에서 초나라에 구원을 요청했
다. 이에 초나라가 자서를 보내 정나라를 구원하게 하고 동맹을 맺고 돌아오자, 백공이 노하
여 말하기를, "정나라가 원수가 아니고, 자서가 원수이다."라고 하면서 자서를 죽이려고 하
였다. 백공이 몸소 칼을 갈고 있는데, 어떤 사람이 묻기를, "무엇을 하려고 하는가?" 하니,
"자서를 죽이고자 한다." 하였다. 자서는 그 소식을 듣고도 무시하고 있었는데, 4년 뒤에 백
공이 자서를 습격해서 죽였다.

235 당고(唐固, 155?~ 225): 삼국시대 오(吳)나라 단양(丹楊) 사람. 자는 자정(子正)이다. 손권
(孫權)이 오왕(吳王)이 되었을 때 의랑(議郞)을 지냈다. 황무(黃武) 4년(225) 상서복야(尙書
僕射)를 역임했다. 학문에 힘쓰고 수신(修身)에 전념하여 유자(儒者)로서의 풍모를 갖추었
다. 『춘추』를 정밀하게 연구하여 『춘추공양전주(春秋公羊傳注)』와 『춘추곡량전주(春秋穀

「중언」에 "군주의 말은 삼가지 않을 수 없다. 고종(高宗)은 천자인데 초상을 치르는 여막[梁闇]에 나아가 자리에 있으면서 3년 동안 말을 하지 않자, 경과 대부들이 두려워하며 걱정하였다. 이에 고종이 말하였다. '나 한 사람이 사방을 바로잡아야 하는데, 나는 나의 말이 선(善)하지 못함을 걱정하고 있으니, 이런 까닭에 말을 하지 않고 있었노라.'"라고 했는데, 모두 「열명」의 일문(佚文)이다.

원문 『書』「無逸」云: "其在高宗時, 舊勞於外, 爰曁小人. 作其卽位, 乃或亮陰, 三年不言, 言乃雍." 此本「說命篇」言高宗之事. 鄭注此云: "諒闇, 謂凶廬也." 其「無逸」「注」云: "諒闇轉作梁闇. 楣謂之梁; 闇謂廬也." 又云: "三年之禮, 居倚廬, 柱楣." 注「喪服四制」云: "諒古作梁. 楣謂之梁, 闇讀如 '鶉鷔'之鷔. 闇謂廬也. 廬有梁者, 所謂柱楣也." 如鄭此說, 是伏「傳」作 "梁"用正字, 作"亮"・作"諒"皆叚借. 又『漢書』「五行志」・何休『公羊』「注」作"涼", 亦叚借也. "闇"從音, 與"陰"聲最近.

역문 『서경』「무일」에 "고종(高宗) 때에 있어서는 밖에서 오랫동안 고생하면서 소인들과 함께 있었는데, 발탁되어 즉위하여서는 초상을 치르는 여막[亮陰]에서 3년 동안 말하지 않았지만, 말하면 이에 온화하였다."라고 했는데, 이는 「열명」을 근거로 고종의 일을 말한 것이다. 정현은 여기에 주석을 하면서 "양암(諒闇)은 천자가 초상 때 거처하는 여막인 흉려(凶廬)를 이른다."라고 했고, 「무일」의 「주」에 "양암(諒闇)은 양암(梁闇)으로 바꿔서 쓴다. 도리[楣]를 양(梁)이라 하고, 암(闇)은 여막(廬幕)을 이른다."라고 하였고, 또 "3년상을 치르는 예는 의려(倚廬)에 거처하면서 의

梁傳注)』,『춘추외전국어당씨주(春秋外傳國語唐氏注)』를 저술했다. 『국어(國語)』에도 주를 달았다.

려(倚廬)의 지도리를 들어 기둥으로 바친다."라고 했으며, 「상복사제」를 주석하면서 "양(諒)은 고문(古文)에 양(梁)으로 되어 있으니, 도리[楣]를 양(梁)이라 한다. 암(闇)은 메추라기[鶉鷯]라고 할 때의 '암(鷯)'과 같이 읽으니, 암(闇)은 여막(廬幕)을 이른다. 여막에 양(梁)이 있는 것은 여막의 도리를 들어 기둥으로 받친 것이다."라고 했으니, 정현의 이 말대로라면 복생(伏生)의 「전」에 "양(梁)"으로 되어 있는 것은 정자(正字)를 쓴 것이고, "양(亮)"으로 되어 있거나 "양(諒)"으로 되어 있는 것은 모두 가차(假借)이다. 또 『전한서』「오행지」와 하휴의 『춘추공양전』「주」에 "양(涼)"으로 되어 있는 것 역시 가차이다. "암(闇)"은 소리를 따른 것으로, "음(陰)"과 발음이 가장 가깝다.

원문 惠氏士奇『禮說』, "葛洪曰: '橫一木長梁于東墉下著地, 以草被之. 旣葬則翦去草, 以短柱拄起長梁, 謂之柱楣, 楣亦名梁. 旣葬泥之, 障以蔽風.' 愚謂古之闇, 今之庵也. 『釋名』曰: '草圓屋曰蒲, 又謂之庵. 庵, 掩也, 所以自覆掩也.' 誅茅爲屋, 謂之翦屛, 非庵而何? 庵讀爲陰, 猶南讀爲任, 古今異音. 『廣雅』'庵'與'廬', 皆舍也. 倚廬不塗, 旣葬塗廬. 塗近乎堊. 『釋名』曰: '堊, 亞也, 次也. 先泥之, 次乃飾以白灰.' 康成謂'堊室者, 壘墼爲之.' 蓋柱楣倚壁爲一偏, 壘墼成屋爲兩下. 然則旣葬除之, 旣練壘之加堊, 旣祥又加黝, 總謂之廬. 故『尙書大傳』曰: '高宗有親喪, 居廬三年.' 此之謂也. 唐禮, 小祥, 毁廬爲堊室. 堊猶廬也, 焉用毁哉? 然則大夫居廬, 士居堊室, 何也? 曰: 非親且貴者不廬. 廬, 嚴者也. 不言不笑謂之嚴. 百官備, 百物具, 不言而事行, 非親且貴者乎? 言而後事行, 及身自執事而後行者, 故不廬也."

역문 혜사기(惠士奇)의 『예설』에 "갈홍(葛洪)[236]이 말했다. '하나의 나무로 된 긴 도리[梁]를 동쪽 담벼락 아래 땅에 붙여서 가로로 대고 풀로 그것을 덮는다. 이미 장사를 지내고 나면 풀을 잘라 버리고 짧은 기둥으로 긴 도리[梁]를 일으켜 떠받치는데 그것을 주미(柱楣)라 하니, 미(楣) 역시 도리[梁]를 명명하는 것이다. 이미 장사를 지내고 나서 진흙을 발라 막아서 바람을 가린다.'라고 했는데, 내가 생각하기에 암(闇)은 지금의 초막[庵]이다. 『석명』「석궁실(釋宮室)」에 '둥근 초가집[草圓屋]을 포(蒲)라 하는데, 그것을 또 암(庵)이라고도 하는데, 암(庵)은 초막[掩]이니, 스스로를 덮고 가리기 위한 것이다.'라고 했다. 띠를 베어 만든 집을 전병(翦屛)이라 하니 초막[庵]이 아니고 무엇이겠는가? 암(庵)은 음(陰)의 뜻으로 읽으니 남(南)을 읽을 때 임(任)의 뜻으로 읽는 것과 같으니, 옛날에는 같은 뜻으로 쓰였으나 지금에는 발음에 따라 뜻이 달라진 것이다. 『광아』에서는 '암(庵)'과 '여(廬)'는 모두 집[舍]이라는 뜻이다. 의려(倚廬)에는 진흙을 바르지 않고 이미 장사를 지내고 나면 여막에 진흙을 바른다. 진흙을 바르는 것은 회칠에 가깝다. 『석명』「석궁실」에 '악(堊)은 버금[亞]이라는 뜻이며, 다음[次]이라는 뜻이다. 먼저 진흙을 바르고 다음으로 백회(白灰)를 가지고 꾸민다.'라고 했고, 정강성은 '악실(堊室)[237]이라는 것은 굽지 않은

---

236 갈홍(葛洪, 283~343?): 동진(東晉) 단양(丹陽) 구용(句容) 사람. 연단가(煉丹家). 자는 아천(雅川)이고, 호는 포박자(抱朴子). 많은 책을 두루 읽었고, 특히 신선도양(神仙導養)의 술법을 좋아했다. 정은(鄭隱)과 포현(鮑玄)에게 배워 그 법을 얻었다. 혜제(惠帝) 태안(太安) 연간에 석빙(石冰)을 격파한 공으로 복파장군(伏波將軍)에 임명되었다. 나중에 향리로 돌아왔고, 관내후(關內侯)에 봉해졌다. 동진이 들어서자 교지구루(交阯句漏, 베트남 북방 경계)에 단사(丹砂)가 난다는 소식을 듣고 영(令)을 자원하여 광주(廣州)를 지나 임지로 부임하던 중 나부산(羅浮山)에 들어가 저술과 연단에 전념했다. 저서에 『포박자(抱朴子)』와 『신선전(神仙傳)』, 『금궤약방(金匱藥方)』, 『집이전(集異傳)』 등이 있다.

237 악실(堊室): 상을 당하여 중문(中門) 밖의 추녀 밑에 굽지 않은 벽돌을 쌓아 축조한 상막(喪幕)으로, 흰 상태로 두고 아무런 장식을 하지 않는다. 『예기』「상대기(喪大記)」에 "상주가 소상(小祥)이 끝나면 악실에서 지내는데, 남과 함께하지 않는다.[旣練, 居堊室, 不與人居.]"

벽돌로 만든다.'²³⁸라고 했으니, 아마도 도리[楣]를 기둥으로 받쳐서 벽에 기대게 해서 한쪽으로 치우치게 하고, 굽지 않은 벽돌을 쌓아 처마를 만들어 양쪽으로 처지게 하는 것인 듯싶다. 그렇다면 이미 장사를 지내고 나면 제거하고, 연제(練祭)를 마치고 난 다음에 악실을 쌓아서 백토[堊]를 바르고, 대상(大祥)을 치르고 나면 또 악실의 바닥에 검은색 진흙을 바르는데, 이것을 통틀어 여막[廬]이라고 한다. 그러므로 『상서대전』에서 '고종(高宗)이 부친의 초상이 있었을 때 여막에서 3년을 거처했다.'라고 한 것은 이것을 이르는 것이다. 당(唐)나라의 예(禮)는 소상(小祥) 때 여막을 헐고 악실(堊室)을 짓는다. 악실은 여막과 같은 것인데 어째서 여막을 헐어 내는 것인가? 그렇다면 대부는 여막에 거처하고 사는 악실에 거처하는 것은 어째서인가? 친하면서도 존귀한 자가 아니면 여막에 거처하지 않으니, 여막이란 엄중한 것이다. 말하지 않고 웃지 않는 것을 엄중함[嚴]이라고 한다. 모든 관직이 구비되고 온갖 물건이 갖추어져서 말하지 않아도 상사가 행해지는 자이니, 친하면서도 존귀한 자가 아니겠는가? 말을 한 뒤에야 상사가 행해지고, 몸소 직접 일을 집행한 뒤에야 상사가 행해지는 자이기 때문에 여막에 거처하지 않는 것이다."라고 했다.

원문 案, 『白虎通』「喪服篇」, "所以必居倚廬何? 孝子哀, 不欲聞人之聲, 又不欲居故處, 居中門之外, 倚木爲廬, 質反古也. 不在門內何? 戒不虞故也. 故『禮』「間傳」曰: '父母之喪, 居倚廬.' 於中門外東牆下戶北面, 練居堊室,

---

라고 했다.

238 『의례주소(儀禮注疏)』권11, 「상복(喪服)」 정현의 「주」에 "중문(中門) 밖의 추녀 밑에 굽지 않은 벽돌을 쌓아 진흙을 칠하지 않으니, 이른바 악실(堊室)이다.[於中門之外屋下, 壘墼爲之, 不塗墍, 所謂堊室也.]"라고 했다.

無飾之室." 又曰: "天子七日·公諸侯五日·卿大夫三日而服成, 居外門內
東壁下爲廬." 然則廬是倚木爲之, 別以一木橫臥於地, 以上承所倚之木,
卽葛洪所謂"下著地"者也. 孝子於所倚木兩旁出入, 或以苫蔽其一旁耳. 旣
葬, 則以短柱將所橫臥於地之長梁拄起, 若爲半屋然. 則所謂柱楣者, 謂有
柱有楣也. 梁闇以喪廬稱之, 『文選』「閑居賦」「注」以爲"寒凉幽闇之處", 此
望文爲義, 非古訓也.

역문 살펴보니, 『백호통의』「상복」에 "반드시 의려(倚廬)에 거처하는 것은
어째서인가? 효자가 애통해지면 남의 소리를 듣고자 하지 않고 또 기존
의 자리에 거처하고자 하지 않아서 중문(中門) 밖에 거처하며 나무에 기
대어 여막을 만드니 옛날 태어난 근원을 돌이키는 데 바탕을 둔 것이다.
문안에 있지 않는 것은 어째서인가? 뜻밖의 변고에 대비하기 위해서이
다. 그런 까닭에 『예기』「간전」에 '부모의 상에는 의려(倚廬)에 거처한
다.'라고 한 것이니, 중문(中門) 밖 동쪽 담장 아래 지게문 북쪽을 향해
연제(練祭)를 마치면 악실(堊室)에서 지내는데 장식이 없는 방이다."라고
했고, 또 "천자는 7일, 공과 제후는 5일, 경과 대부는 3일 만에 상복을 갖
추어 입고서 외문(外門) 안 동쪽 담벼락 아래 여막을 짓고서 거처한다."
라고 했으니, 그렇다면 여막은 나무에 의지해서 만든 것으로, 별도로 하
나의 나무를 땅에 가로로 눕혀서 기댈 나무에 들어 올리는 것이니 바로
갈홍(葛洪)의 이른바 "담벼락 아래 땅에 붙여서"라는 것이다. 효자는 나
무를 기대놓은 양쪽 옆으로 출입하는데, 더러는 거적때기로 한쪽 옆을
가릴 뿐이다. 이미 장사를 지내고 나면 짧은 기둥을 가지고 땅에 가로로
눕혔던 긴 도리를 지탱해서 떠받쳐 일으키는데, 마치 반쪽짜리 집을 짓
는 것처럼 한다. 그렇다면 이른바 주미(柱楣)라고 하는 것은 기둥도 있고
문설주도 있는 것을 이른다. 양암(梁闇)은 초상의 여막을 일컫는 것이니,
『문선』「한거부」의 「주」에 "서늘하고 어두운 곳"[239]이라고 했는데, 이는

글자만 보고 뜻으로 삼은 것으로 고훈(古訓)이 아니다.

원문 "三年"者, 喪期也. "不言"者, 不言政事也. 「喪服四制」謂"百官備, 百物具, 不言而事行者, 扶而起." 則謂天子諸侯居喪皆不言矣. 「四制」又云: "斬衰之喪, 唯而不對; 齊衰之喪, 對而不言." 此自卿大夫以下與賓客之禮. 若「雜記」云"三年之喪, 言而不語, 對而不問." 此所言謂喪事.「喪大記」・「喪服四制」・「旣夕」「記」竝謂父母之喪, "非喪事不言", 是也.

역문 "3년(三年)"이라는 것은 상기(喪期)이다. "말하지 않았다[不言]"라는 것은 정사(政事)를 말하지 않았다는 말이다. 『예기』「상복사제」에 "모든 관직이 구비되고 온갖 물건이 갖추어져서 말하지 않아도 상사가 행해지는 자는 깊은 병이 허락되니 남의 부축을 받아 일어난다."라고 했는데, 천자와 제후로서 초상을 치르는 자는 모두 말하지 않음을 이르는 것이다. 「상복사제」에서는 또 "참최복(斬衰服)을 입는 상에서는 '예!'라고 빨리 대답하되 응대하지 않으며, 자최복(齊衰服)을 입는 상에서는 응대는 하되 말하지 않는다."라고 했는데, 이는 경과 대부로부터 그 이하와 빈객의 예이다. 『예기』「잡기」에서 "3년상에서는 자기 일은 말하되 남을 위해 논설하지 않고 대답은 하되 묻지 않는다."라고 한 것으로 말할 것 같으면, 여기에서 말하는 것은 상사(喪事)를 이르는 것이다. 「상대기」와 「상복사제」와 『의례』「기석례」의 「기」에서는 모두 부모의 상이라고 했는데, "상사가 아니면 말하지 않는다."라고 한 것이 이것이다.

---

239 『문선(文選)』 권16, 「한거부(閒居賦)・반안인(潘安仁)」에 "지금 천자가 양암(諒闇)에서의 제사에서[今天子諒闇之際]"라고 했는데, 이선(李善)의 「주」에 "양암(諒闇)은 지금의 흉려(凶廬) 안의 서늘하고 어두운 곳을 이른다. 그러므로 '양암(諒闇)'이라고 한 것이다.[諒闇, 今謂凶廬裏寒涼幽闇之處. 故曰'諒闇'.]"라고 했다.

원문 『孟子』「滕文公篇」文公居定公之喪, "五月居廬, 未有命戒." "五月"者, 定公葬時也. 五月未有命戒, 則旣葬後有命戒, 此時勢之異, 非得已矣. 若然, 三年不言政事, 乃天子居喪之禮, 而高宗謂"恐德不類, 故不言"者, 自辟孝名而承之以謙也. 『大傳』云: "高宗有親喪, 居廬三年. 然未嘗言國事, 而天下無背叛之心者, 何也? 及其爲大子之時, 盡以知天下人民之所好惡, 是以雖不言國事也, 知天下無背叛之心." 由『大傳』言觀之, 高宗深悉民情, 當時家宰必亦能不失民好惡, 故能守禮, 不亟言也.

역문 『맹자』「등문공상」에 등 문공(滕文公)이 등 정공(滕定公)의 상을 치르면서, "5개월 동안 여막에 거처하면서 명령과 경계를 내리지 않았다."라고 했는데, "5개월[五月]"이란 정공의 장사를 지낼 때이다. 5개월 동안 명령과 경계를 내리지 않았다면 이미 장사를 지내고 난 뒤에는 명령과 경계를 내렸다는 것인데, 이는 당시 권세가 달라서 마지못한 것이었을 것이다. 만약 그렇다면 3년 동안 정사를 말하지 않는 것은 바로 천자가 초상을 치르는 예인데, 고종(高宗)이 "나의 덕이 선(善)하지 못함을 걱정하고 있으니, 이런 까닭에 말을 하지 않고 있다"라고 말한 것은 스스로 효성스럽다는 명예를 피하여 겸손으로써 받든 것이다. 『상서대전』에 "고종이 부친의 상사가 있을 때 3년 동안 여막에 거처했다. 그러나 일찍이 국사(國事)를 말하지 않았는데도 천하에 배반하려는 마음이 없었던 것은 어째서인가? 그가 태자가 되었을 때에 미처 천하의 인민들이 좋아하고 싫어하는 것을 완전히 알았으니, 이런 까닭에 비록 국사를 말하지 않더라도 천하에 배반하는 마음이 없을 것임을 알았던 것이다."라고 했으니, 『상서대전』의 말을 따라서 살펴보면 고종은 인민들의 마음을 깊이 살폈고, 당시의 총재도 반드시 또한 인민들이 좋아하고 싫어하는 것을 잃지 않을 수 있었기 때문에 예를 지키고 성급하게 말하지 않을 수 있었던 것이다.

원문 子張問"何謂"者, 鄭注「檀弓」云: "時人君無行三年喪之禮, 問有此與? 怪之也." 則此言"何謂", 亦是怪而問之, 以起夫子之敎也.

역문 자장이 "무슨 말이냐?"라고 물은 것

정현은 『예기』「단궁하」를 주석하면서 "당시의 임금은 3년상을 치르는 예가 없었으니, 그러한 일이 있었냐고 물은 것은 괴이하게 여겼기 때문이다."[240]라고 했으니, 여기에서 "무슨 말이냐?"라고 말한 것 역시 괴이하게 여겨서 질문하여 공자의 가르침을 일으킨 것이다.

- 「注」, "高宗"至"默也".
- 正義曰:「喪服四制」, "高宗諒闇, 三年不言', 善之也. 王者莫不行此禮, 何以獨善之也? 曰: '高宗者, 武丁; 武丁者, 殷之賢王也. 繼世卽位, 而慈良於喪, 當此之時, 殷衰而復興, 禮廢而復起, 故善之; 善之, 故載之『書』中而高之. 故謂之高宗.'"
- ○「주」의 "고종(高宗)"부터 "묵야(默也)"까지.
- ○ 정의에서 말한다.

『예기』「상복사제」에 "'고종(高宗)이 초상을 치르는 여맥[諒闇]에서 3년 동안 말하지 않았다.' 하였으니, 이를 훌륭하게 여긴 것이다. '왕자(王者)'가 이 예를 행하지 않는 이가 없는데, 어찌하여 유독 고종만 가륵하게 여긴 것인가?' '고종은 무정(武丁)이고, 무정은 은나라의 어진 왕이다. 대를 이어 즉위해서 상중에 자애의 효성을 다하였으니, 이때를 당하여 은나라가 쇠하였다가 다시 일어나고 예가 폐지되었다가 다시 일어났기 때문에 훌륭하게 여긴 것이요, 훌륭하게 여겼기 때문에 이것을 『서경』가운데에 실어서 높인 것이다. 그러므로 고종(高宗)이라고 부른 것이다.'"라고 했다.

---

240 『예기』「단궁하」에 "자장이 물었다. '『서경』에서 이르기를, "고종(高宗)이 3년 동안 말을 하지 않았으나 마침내 말하면 백성들이 기뻐했다."라고 했는데, 그러한 일이 있었습니까?[子張問曰: '『書』云: "高宗三年不言, 言乃讙." 有諸?']"라고 한 것에 대한 정현의 「주」.

「殷本紀」, "帝小乙崩, 子帝武丁立. 武丁修政行德, 天下咸驩, 殷道復興." 又『漢書』「五行志」
云: "劉向以爲殷道旣衰, 高宗承敝而起, 盡涼陰之哀, 天下應之也." 是高宗爲殷之中興王,
故『孟子』言"武丁朝諸侯, 有天下矣." 馬融『書』「注」云: "亮, 信也; 陰, 默也, 爲聽於冢宰, 信
默而不言." 此僞孔所本.

『사기』「은본기」에 "소을(小乙)왕이 죽자 아들인 무정(武丁)왕이 즉위했다. 무정왕이 정치
를 바로잡고 덕을 행하니, 천하가 모두 기뻐하고 은나라의 도(道)가 부흥했다." 하였고, 또
『전한서』「오행지」에 "유향(劉向)은 은나라의 도가 이미 쇠하였으나 고종(高宗)이 무너진
나라를 계승하여 일으키고, 초상을 치르는 여막[涼陰]에서의 슬픔을 극진히 하니, 천하가 그
에게 호응하였다."라고 했으니, 바로 고종은 은나라를 부흥시킨 왕이었기 때문에 『맹자』「공
손추상」에서 "무정이 제후들에게 조회받고 천하를 소유했다."라고 한 것이다. 마융의 『서
경』「주」에 "양(亮)은 진실로[信]이고, 음(陰)은 침묵[默]이니, 백관이 총재에게서 명을 받기
때문에 진실로 침묵을 지키면서 말하지 않은 것이다."라고 했는데, 이것을 위공이 근거로 한
것이다.

「楚語」言高宗云: "於是乎三年默以思道." 此但釋"不言"之義, 其不言在居喪時, 故鄭從伏
「傳」作"梁闇", 解爲"喪廬", 不用其師說也.

『국어』「초어」에 고종에 대해 말하기를, "이에 삼년 동안 침묵하면서 나라를 다스릴 방도를
생각했다."라고 했는데, 이는 단지 "말하지 않았다[不言]"라는 뜻만 해석했을 뿐, 초상을 치
를 때 있었던 일임을 언급하지 않았기 때문에 정현이 복생의 「전」을 따라 "양암(梁闇)"이라
고 쓰고 "초상을 치를 때 거처하는 여막[喪廬]"이라고 해석하였으니, 그 스승[마융(馬融)]의
말을 따르지 않은 것이다.

子曰: "何必高宗? 古之人皆然. 君薨, 百官總己,【注】馬曰: "己',
百官." 以聽於冢宰三年."【注】孔曰: "'冢宰', 天官卿, 佐王治者. 三年喪

畢, 然後王自聽政."

공자가 말했다. "어찌 반드시 고종(高宗)뿐이었겠느냐? 옛사람들
은 모두 그리하였다. 임금이 죽으면 백관(百官)이 자신의 직무를
총괄해서, 【주】마융이 말했다. "기(己)'는 백관(百官)이다." 3년 동안 총재
(冢宰)에게서 명을 들었느니라." 【주】공안국이 말했다. "총재(冢宰)'는 천
관(天官)의 경으로 왕을 보좌해 정치하는 자이다. 3년의 상(喪)을 마친 뒤에야 왕이
직접 정무(政務)를 처리한다."

원문 正義曰: "古之人皆然", 謂皆諒闇三年不言也. 高宗之先, 殷道稍衰, 或
不能守不言之禮, 至高宗慈良於喪, 故『書』載高宗深美之. "君薨"者, 「曲
禮」云: "天子死曰崩, 諸侯曰薨." 鄭「注」, "自上顚壞曰崩薨, 顚壞之聲."『說
文』, "薨, 公侯殘也." 上得兼下, 故此文稱"君薨"也. "百官"者, 衆辭. "總
己"猶言率己.『說文』云: "總, 聚束也." 李賢『後漢』「和帝紀」「注」"百官總
己之職事以聽於冢宰." 是也.

역문 정의에서 말한다.

"옛사람들이 모두 그러했다"라는 것은 모두 초상을 치르는 여막[諒闇]
에서 3년 동안 말하지 않았다는 말이다. 고종(高宗)의 선대에는 은나라
의 도가 차츰 쇠하여 더러 말하지 않는 예를 지키지 못하였는데, 고종이
초상에서 자애로운 정성을 극진히 했기 때문에『서경』에 고종의 기재
하여 깊이 찬미한 것이다. "임금이 죽었다[君薨]"라는 것은『예기』「곡례
하」에 "천자가 죽은 것을 붕(崩)이라 하고, 제후가 죽은 것을 훙(薨)이라
한다."라고 했는데, 정현의 「주」에 "위로부터 엎어져 무너지는 것을 붕

홍(崩薨)이라 하니, 엎어져 무너지는 소리이다."라고 했고, 『설문해자』
에 "홍(薨)은 공후의 죽음(公侯殂)이라는 뜻이다."[241]라고 했는데, 윗사람
은 아랫사람을 겸할 수 있기 때문에 이 글에서 일컫기를, "군홍(君薨)"이
라고 한 것이다. "백관(百官)"이란 많다는 말이다. "총기(總己)"는 솔기(率
己)라는 말과 같다. 『설문해자』에 "총(總)은 모아서 묶는다[聚束]는 뜻이
다."[242]라고 했으니, 이현의 『후한서』「화제기」「주」에 "백관(百官)이 자
기의 직무와 일을 총괄해서 총재(冢宰)로부터 명을 듣는다."라고 한 것이
이것이다.

『白虎通』「爵篇」, "所以聽於冢宰三年者何? 以爲冢宰職在制國之用,
是以由之也. 故「王制」曰: '冢宰制國用.'" 案, 『周官』云: "乃立天官冢宰,
使帥其屬而掌邦治, 以佐王均邦國." 是平時邦治掌於冢宰, 而因喪攝政,
則凡事皆當聽之. 『白虎通』止以財用爲言, 於義隘矣. 『書大傳』, "孔子曰:
'古者君薨, 王世子聽于冢宰三年, 不敢服先王之服·履先王之位而聽焉. 以
民臣之義, 則不可一日無君矣. 不可一日無君, 猶不可一日無天也. 以孝子
之隱乎, 則孝子三年弗居矣. 故曰: "義者彼也, 隱者此也." 遠彼而近此,
則孝子之道備矣.'"

역문 『백호통의』「작」에 "총재에게서 3년 동안 명을 듣는 것은 어째서인
가? 총재의 직무가 나라의 재용을 통제하는 데 있다고 여기기 때문에 그
를 따르는 것이다. 그러므로 『예기』「왕제」에서 '총재는 나라의 재용을

---

241 『설문해자』 권4: 홍(薨)은 공후의 죽음[公侯殂]이라는 뜻이다. 사(死)로 구성되었고 몽(瞢)
   의 생략형이 발음을 나타낸다. 호(呼)와 굉(肱)의 반절음이다.[薨, 公侯殂也. 從死, 瞢省聲.
   呼肱切.]

242 『설문해자』 권13: 총(總)은 모아서 묶는다[聚束]는 뜻이다. 사(糸)로 구성되었고 총(悤)이 발
   음을 나타낸다. 작(作)과 공(孔)의 반절음이다.[總, 聚束也. 從糸悤聲. 作孔切.]

통제한다.'라고 한 것이다."라고 했다. 살펴보니, 『주례』「천관총재상」
에 "천관(天官)인 총재(冢宰)를 세워 그 소속 관리들을 거느리고 나라의
다스림을 관장하여, 왕을 도와 나라와 국가를 고르게 한다."라고 했는
데, 이는 평상시의 나라 정치가 총재에게서 관장되는 것이니, 초상으로
인해 섭정(攝政)하게 되면 모든 일을 다 마땅히 그에게 들어야 하는 것이
다. 『백호통의』는 다만 재용만 가지고 말한 것일 뿐이어서 뜻이 협소하
다. 『상서대전』에 "공자가 말했다. '옛날 임금이 죽으면 왕세자(王世子)
는 3년 동안 총재에게서 명을 듣는데, 감히 선왕의 옷을 입지 못하고, 선
왕의 자리를 밟지 못한 채로 총재에게서 명을 듣는 것이다. 백성과 신하
의 의리를 가지고 보면 하루라도 임금이 없을 수 없다. 하루라도 임금이
없을 수 없는 것은 하루라도 하늘이 없을 수 없는 것과 같다. 효자의 애
통함[243]을 가지고 보면, 효자는 3년 동안 어버이의 자리를 자처하지 않
는다. 그러므로 "의(義)는 저기[民臣]에 있는 것이고, 애통함은 여기[孝子]
에 있는 것이다."라고 한 것이니, 저것을 멀리하고 이것을 가까이하면
효자의 도리가 구비될 것이다.'"라고 했다.

- 「注」, "冢宰"至"聽政".
- 正義曰: 『周官』「天官」「目錄」云: "象天所立之官. 冢, 大也. 宰者, 官也. 天者, 統理萬物. 天
  子立冢宰, 使掌邦治, 亦所以總御衆官, 使不失職." 又"大宰, 卿一人." 「注」云: "變冢言大,

---

[243] 송나라의 황간(黃幹)이 찬(撰)한 『의례경전통해속(儀禮經傳通解續)』권5, 「상대기상5(喪大
記上五)・상례(喪禮)」의 「주」와 『문헌통고(文獻通考)』권120, 「왕례고(王禮考)・국휼(國
恤)」의 「주」 및 명나라의 양신(楊愼)이 찬한 『단연총록(丹鉛總錄)』권16, 「예악류(禮樂
類)・고종양암(高宗梁闇)」의 「주」에 모두 "은(隱)은 애통함[痛]이다. 글자를 간혹 은으로 쓴
다.[隱, 痛也. 字或爲殷.]"라고 했다.

進退異名也. 百官總焉, 則謂之冢; 列職於王, 則稱大. 冢, 大之上也, 山頂曰冢." 又「曲禮」

云: "天子建天官, 先六大, 曰大宰."「注」, "此蓋殷時制也." 則天官之制, 殷·周皆同. 故此

「注」但云"冢宰, 天官卿." 卽據『周官』釋之矣. "三年喪畢, 然後聽政"者, 明喪未畢, 君不聽

政也.

○「주」의 "총재(冢宰)"부터 "청정(聽政)"까지.

○ 정의에서 말한다.

『주례』「천관총재상」의 「목록」에 "하늘을 본떠 세운 관직이다. 총(冢)은 크다[大]는 뜻이고,

재(宰)는 주관한다[官]는 뜻이다. 천(天)이란 만물을 통틀어 다스린다는 뜻이다. 천자(天子)

가 총재를 세워 나라의 통치를 관장하게 하는 것도 여러 관직을 총괄적으로 다스려 직책을

잃지 않게 하기 위함이다."라고 했고, 또 "태재(大宰)이니 경 1인이다."라고 한 곳의 「주」에

"총(冢)을 바꿔서 태(大)라고 한 것이니, 나아가고 물러남에 명칭을 달리한 것이다. 백관을

거느릴 때는 총(冢)이라 하고, 왕에게 직책을 나열할 때는 태(大)라고 칭한다. 총(冢)은 큰

것 중에서 가장 높은 것이니, 산 정상[山頂]을 총(冢)이라 한다."라고 했다. 또 『예기』「곡례

하」에 "천자가 천관(天官)을 설치함에 있어 6태(六大)를 먼저 두니, 태재(大宰)이다."[244]라

고 했는데, 「주」에 "이것은 대체로 은나라 시대의 제도이다."라고 했으니, 천관(天官)의 제도

는 은나라와 주나라 모두 동일했다. 그러므로 여기의 「주」에도 다만 "총재(冢宰)는 천관(天

官)의 경이다."라고 했으니, 바로 『주례』「천관총재상」을 근거로 해석한 것이다. "3년의 상

(喪)을 마친 뒤에야 왕이 직접 정무(政務)를 처리한다."라는 것은 상기(喪期)를 아직 마치지

않았으면 임금은 정무를 처리하지 않는다는 것을 분명히 한 것이다.

『孟子』「萬章篇」, "舜相堯二十有八載, 堯崩, 三年之喪畢, 舜避堯之子於南河之南. 舜薦禹

於天十有七年, 舜崩, 三年之喪畢, 禹避舜之子於陽城. 禹薦益於天, 七年, 禹崩, 三年之喪

畢, 益避禹之子於箕山之陰." 夫不於堯·舜·禹始崩之時避政而去, 而必俟三年之後, 明三

年之喪, 王世子不言, 而皆爲冢宰攝政也. 其後如武王崩, 周公攝政, 亦是此禮. 據「閔予小

---

244 『예기』「곡례하(曲禮下)」: 천자가 천관(天官)을 설치함에 있어 6태(六大)를 먼저 두니, 태재

(大宰)·태종(大宗)·태사(大史)·태축(大祝)·타사(大士)·태복(大卜)으로, 이들이 6전(六

典)을 주관한다.[天子建天官, 先六大, 大宰·大宗·大史·大祝·大士·大卜, 典司六典.]

子詩」「序」, 則嗣王除喪, 初朝於廟. 而**成王**此時, 尙未能親政, 故周公復攝行之. 管·蔡所以疑**周公**者, 正因**成王**除喪, 猶聽政於**周公**故也. 於『禮』天子·諸侯在喪, 皆自稱"子", 明子道未終也.

『맹자』「만장상」에 "순이 28년 동안 요임금을 돕다가 요임금이 죽자 3년상을 마치고 순은 요임금의 아들을 피해 남하(南河)의 남쪽으로 갔다. 순임금이 우를 하늘에 천거한 지 17년 만에 순이 죽자 3년상을 마치고 우가 순임금의 아들을 피해 양성(陽城)으로 갔다. 우임금이 익(益)을 하늘에 천거한 지 7년 만에 우임금이 죽자 3년상을 마치고 익이 우임금의 아들을 피해 기산(箕山)의 북쪽으로 갔다."라고 했는데, 요와 순과 우가 처음에 막 죽었을 때 정무를 피하여 떠나간 것이 아니라 반드시 3년을 기다린 뒤에 정무를 피해 떠나갔으니, 3년의 상기 동안에 왕세자는 말하지 않고 모두 총재가 되어 섭정한 것임을 밝힌 것이다. 그 뒤에 무왕(武王)이 죽자 주공(周公)이 섭정한 것과 같은 것도 역시 이러한 예(禮)였던 것이다. 『시경』「송·주송·민여소자」의「서」에 근거해 보면, 뒤를 이은 왕이 상을 벗고 처음으로 사당에 조례하는 내용의 시이다. 그런데 성왕(成王)은 이때 오히려 직접 정무를 다스릴 수 없었기 때문에 주공이 다시 정무를 대신해서 집행했던 하였다. 관숙(管叔)과 채숙(蔡叔)이 주공을 의심했던 것은 바로 성왕이 상을 벗었는데도 오히려 주공에게서 정무를 보고받았기 때문에 그랬던 것이다. 『예』에서 천자와 제후가 상중에 있으면서 모두 스스로를 "아들[子]"이라고 일컫은 것은 자식된 도리가 아직 끝나지 않았음을 밝힌 것이다.

『白虎通』「爵篇」, "『春秋傳』曰'天子三年然後稱王'者, 謂'稱王統事發號令'也. 『論語』曰云云, 緣孝子之心, 則三年不忍當也. 三年除喪, 乃卽位統事, 踐阼爲主, 南面朝臣下, 稱王以發號令也." 是言喪畢, 然後王自聽政也.

『백호통의』「작」에 "「춘추공양전」「문공」9년에서 '천자(天子)는 3년이 지난 뒤에야 왕이라 칭한다'라고 한 것은 '왕이라 칭하면서 정사를 총괄하고 명령을 내린다'라는 말이다. 『논어』에서 '임금이 죽으면 백관(百官)이 자신의 직무를 총괄해서 3년 동안 총재(冢宰)에게서 명을 들었다'[245]고 했는데, 효자의 성심(誠心)을 따른다면 3년 동안은 차마 정무를 담당할 수 없다

---

245 『논어정의』에는 "『論語』曰云云"으로 되어 있으나, 『백호통의(白虎通義)』「작(爵)」에는 "『論

는 것이다. 3년상을 벗고 나서야 이에 즉위하여 정사를 총괄하는데, 왕위에 올라 군주가 되어 남쪽을 향하여 신하들에게 조회를 받으면 왕이라 칭하여 명령을 내리는 것이다.”라고 했는데, 이는 상을 마치고 난 뒤에 왕이 직접 정무를 처리함을 말한 것이다.

14-41

子曰: "上好禮, 則民易使也." 【注】 民莫敢不敬, 故易使.

공자가 말했다. "임금이 예(禮)를 좋아하면 백성들은 부리기 쉽다." 【주】 백성이 감히 아무도 공경하지 않음이 없기 때문에 부리기가 쉽다.

원문 正義曰: 『易』「象傳」云: "上天下澤, 履, 君子以辨上下, 定民志." 『春秋繁露』「立元神」云: "夫爲國, 其化莫大於崇本. 崇本則君化若神, 不崇本則君無以兼人. 無以兼人, 雖峻刑重誅而民不從, 是所謂驅國而棄之者也, 患孰甚焉?" 又曰: "是故郊祀致敬, 共事祖禰, 舉顯孝弟, 表異孝行, 所以奉天本也. 秉耒躬耕, 采桑親蠶, 墾草殖穀, 開辟以足衣食, 所以奉地本也. 立辟廱庠序, 修孝悌敬讓, 明以敎化, 感以禮樂, 所以奉人本也. 三者皆奉, 則民如子弟, 不敢自專, 邦如父母, 不待恩而愛, 不須嚴而使."

역문 정의에서 말한다.

『주역』「이괘」의 「상」에 "위는 하늘이고 아래는 못인 것이 이(履)이니, 군자가 이것을 보고서 상하(上下)를 분별하여 백성의 마음을 안정시

語』'君薨, 百官總已, 聽於冢宰三年.'"으로 되어 있다.

킨다.”라고 했고, 『춘추번로』「입원신」에 “나라를 다스림에 그 교화는 근본을 중시하는 것보다 더 큰 것이 없으니, 근본을 중시하면 군주의 교화가 신의 교화와 같아지지만, 근본을 중시하지 않으면 군주가 남보다 앞설 수가 없다. 남보다 앞설 수 없으면 비록 엄한 형벌이나 중한 처벌을 내린다 하더라도 백성들은 따르지 않을 것이니, 이것이 이른바 나라를 마구 내몰아 버린다는 것이니, 이보다 더 큰 병통이 무엇이겠는가?”라고 했다.

또 말했다. “이런 까닭에 들에서는 하늘에 지내는 제사에 공경을 다하고 사당에서는 조상의 제사를 공손하게 지내어 효도와 공손함을 크게 드러내고 효행을 특별히 표창하는 것은 하늘의 근본을 받드는 것이다. 쟁기를 잡고 몸소 농사를 짓고, 뽕잎을 따다가 몸소 누에를 치며, 잡초를 베어 내고 개간하여 곡식을 심고, 토지를 넓혀 입고 먹을 것을 풍족하게 해 주는 것은 국토의 근본을 받드는 것이다. 중앙의 태학[辟雍]과 지방의 국립학교[庠序]를 세워 효도와 공손함, 공경과 겸양을 닦아 교화를 통해 인륜을 밝히며 예와 음악으로써 감화시키는 것은 사람의 근본을 받드는 것이다. 세 가지를 모두 받들면 백성들은 마치 자제(子弟)처럼 감히 자기 멋대로 행동하지 않으며, 나라는 마치 부모처럼, 은혜를 기대하지 않고 사랑하며, 위엄을 부리지 않고도 일을 시킬 수 있다.”라고 했다.

14-42

子路問君子, 子曰: “修己以敬.” 【注】孔曰: “敬其身.” 曰: “如斯而已乎?” 曰: “修己以安人.” 【注】孔曰: “‘人’, 謂朋友九族.” 曰: “如斯而已乎?” 曰: “修己以安百姓. 修己以安百姓, 堯·舜其猶病諸!"【注】孔曰: "'病', 猶難也."

자로가 군자에 대하여 묻자, 공자가 말했다. "자기를 수양해서 경건히 해야 한다."【주】공안국이 말했다. "자기 자신을 경건히 함이다." "이와 같을 뿐입니까?" "자기를 수양해서 사람들을 편안하게 해야 한다."【주】공안국이 말했다. "사람들[人]'이란 친구와 구족(九族)을 이른다." "이와 같을 뿐입니까?" "자기를 수양해서 백성을 편안하게 해야 한다. 자기를 수양해서 백성을 편안하게 하는 것은 요순께서도 오히려 어렵다고 여기셨느니라."【주】공안국이 말했다. "'병(病)'은 어렵게 여김[難]과 같다."

원문 正義曰: "君子", 謂在位者也. "修己"者, "修身"也; "以敬"者, "禮無不敬" 也; "安人"者, "齊家"也; "安百姓", 則"治國平天下"也. 『易』「家人」「象傳」 云: "家人, 女正位乎內; 男正位乎外." 此"安人"之義也. 凡"安人"·"安百 姓", 皆本於修己以敬, 故曰"君子篤恭而天下平".

역문 정의에서 말한다.

　"군자(君子)"란 정치적으로 높은 지위에 있는 자이다. "수기(修己)"는 수신(修身)의 의미이며, "이경(以敬)"은 예에 맞아 경건하지 않음이 없다는 뜻이고, "안인(安人)"은 제가(齊家)의 의미이며, "안백성(安百姓)"은 바로 "치국평천하(治國平天下)"의 의미이다. 『주역』「가인괘」의 「단」에 "가인(家人)은 여자는 안에서 위치를 바르게 하고, 남자는 밖에서 위치를 바르게 한다."라고 했는데, 이것이 "안인(安人)"의 뜻이다. 무릇 "사람들을 편안하게 함"과 "백성을 편안하게 함"은 모두 자기를 수양해서 경건하게 하는 것에 근본하기 때문에 "군자가 공손함을 돈독히 하매 천하가 화평해지는 것이다."[246]라고 했다.

14-43

原壤夷俟,【注】馬曰: "原壤, 魯人, 孔子故舊. '夷', 踞; '俟', 待也, 踞待孔子." 子曰: "幼而不孫弟, 長而無述焉, 老而不死, 是謂賊." 【注】 "賊", 謂賊害. 以杖叩其脛. 【注】 孔曰: "'叩', 擊也, '脛', 腳脛."

원양(原壤)이 웅크리고 앉아서 공자를 기다리기만 하자, 【주】 마융이 말했다. "원양(原壤)은 노나라 사람으로 공자의 오랜 벗이다. '이(夷)'는 웅크린다[踞]는 뜻이고, '사(俟)'는 기다린다는 뜻이니, 웅크리고 앉아서 공자를 기다린 것이다." 공자가 "어려서는 공손하지 않고, 장성해서는 칭찬할 만한 일이 없으며, 늙어서도 죽지 않는 것이 바로 적(賊)이다."라고 하고, 【주】 "적(賊)"은 법을 파괴하고 해친다[賊害]는 말이다. 지팡이로 그의 정강이를 두드렸다. 【주】 공안국이 말했다. "'고(叩)'는 두드린다는 뜻이고, '경(脛)'은 정강이 아래 발목에 가까운 부분[腳脛]이다."

원문 正義曰: 『說文』, "幼, 少也." 『釋名』「釋長幼」, "幼, 少也, 言生日少也." "不孫弟"者, 言事長上不恭順也. "無述"者, 言無德爲人所稱述也.

역문 정의에서 말한다.

『설문해자』에 "유(幼) 어리다[少]는 뜻이다."[247]라고 했고, 『석명』「석장

---

246 『중용(中庸)』 제33장.

유」에 "유(幼)는 어리다[少는 뜻이니, 태어난 날이 적다는 말이다."라고 했다. "불손제(不孫弟)"란, 어른과 상관을 섬김에 공순(恭順)하지 않다는 말이다. "무술(無述)"이란 남에게 칭찬받을 만한 덕(德)이 없다는 말이다.

원문 案, 原壤母死, 登木而歌, 夫子若爲弗聞而過之. 及此夷俟, 乃嚴責之者, 母死登木而歌, 乃罪惡之大者, 當在誅殛之法, 非祇以言相責, 故惟若弗聞而過之, 可全親故也. 至此夷俟, 不嫌重責. 所云"不孫弟"者, 當卽指登木而歌之事, 所以隱責其不孝也. 一寬之, 一嚴之, 聖人之仁至而義盡也. 『大戴禮』「曾子立事篇」, "少稱不弟焉, 恥也; 壯稱無德焉, 辱也; 老稱無禮焉, 罪也." 與此文略同.

역문 살펴보니, 원양(原壤)이 어머니가 돌아가셨을 때 곽을 만들던 나무에 올라가 노래를 불렀는데도 공자는 못 들은 척하고 지나갔다.[248] 그런데 여기서 웅크리고 앉아서 공자를 기다림에 미쳐서는 엄히 꾸짖은 것은 어머니가 돌아가셨는데도 나무에 올라가 노래를 부른 것은 곧 죄악 중

---

247 『설문해자』 권4: 유(㓜)는 어리다[少는 뜻이다. 요(幺)로 구성되었고 역(力)으로 구성되었다. 이(伊)와 유(謬)의 반절음이다.[㓜, 少也. 從幺從力. 伊謬切.]

248 『예기』 「단궁하」: 공자의 옛 친구를 원양(原壤)이라 하는데, 그 어머니가 죽자 공자가 그를 도와 외곽(外槨)을 손질하였는데, 원양이 그 치목(治木)한 목곽 위에 올라가서 말하기를, "오래되었구나, 내가 감정을 음률에 의탁하지 못한 지도!"라고 하고는, 노래를 부르기를, "너구리 머리마냥 아롱지며, 말아 쥔 여인의 손을 잡는 듯하여라!"라고 하였다. 공자가 못 들은 척하며 그곳을 지나가자, 수행하는 자가 말하길, "선생님께서는 그와 절교할 만하지 않습니까?"라고 하니, 공자가 말했다. "내가 듣자 하니, '친족이란 비례를 행하더라도 갑자기 친족이 됨을 잃어버려서는 안 되고, 옛 친구란 비례를 행하더라도 갑자기 친구가 됨을 잃어버려서는 안 된다.'라고 하더라."라고 하였다.[孔子之故人曰原壤, 其母死, 夫子助之沐槨, 原壤登木曰: "久矣, 予之不託於音也!" 歌曰: "貍首之斑然, 執女手之卷然이." 夫子爲弗聞也者而過之, 從者曰: "子未可以已乎?" 夫子曰: "丘聞之, 親者, 毋失其爲親也, 故者, 毋失其爲故也."]

에서도 큰 것으로 목을 베어 죽여야 하는 법에 해당되는 것이지, 단순하게 말로 꾸짖을 일이 아니기 때문에 못 들은 척하고 지나쳐서 친척이 된 정(情)과 친구가 된 교분(交分)을 온전히 할 수 있었던 것이다. 여기서 웅크리고 앉아서 공자를 기다림에 미쳐서는 엄중히 꾸짖음을 혐의하지 않은 것이다. 이른바 "공손하지 않다[不孫弟]"라는 것은 당연히 나무에 올라가 노래 부른 일을 가리키는 것이니, 그가 효성스럽지 못함을 크게 꾸짖은 것이다. 한편으로는 너그러우면서도 한편으로는 엄격하니, 성인의 인(仁)의 지극함이면서 의(義)의 극진함인 것이다. 『대대례』「증자입사」에 "어려서 공손하지 못하다고 일컬어지면 부끄러운 일이고, 장성해서 덕이 없다고 일컬어지면 치욕스러운 일이며, 늙어서 예가 없다고 일컬어지면 죄스러운 일이다."라고 했는데, 여기의 글과 대략 같다.

- 「注」, "原壤"至"孔子".
- 正義曰:「檀弓」云: "孔子之故人曰原壤, 其母死, 夫子助之沐槨." 是原壤爲孔子故舊也. 云 "魯人"者, 以意言之.
- ○「주」의 "원양(原壤)"부터 "공자"까지.
- ○ 정의에서 말한다.

『예기』「단궁하」에 "공자의 옛 친구를 원양(原壤)이라 하는데, 그 어머니가 죽자 공자가 그를 도와 외곽(外槨)을 손질하였다."라고 했으니, 이래서 원양을 공자의 옛 친구라고 한 것이다. "노나라 사람[魯人]"이라고 한 것은 마융이 자기 마음대로 말한 것이다.

"夷, 踞"者, "夷"與"跠"同. 『廣雅』「釋詁」, "跠, 踞也." 王延壽『魯靈光殿賦』, "却負戴而蹲跠." "蹲跠"連文同義. 『說文』, "居, 蹲也. 蹲, 居也." 段氏玉裁「注」謂, "今人居處字, 古只作尻; 今人蹲居字, 古祇作居." 又謂"古人跪與坐, 皆跧著於席. 而跪聳其體, 坐下其臀若蹲. 則足底著地, 而下其臀, 聳其胎, 曰蹲. 其字亦作竢. '原壤夷俟', 謂蹲踞而待, 不出迎也." 段氏此說, 即馬義也. 『爾雅』「釋詁」, "竢, 待也." "竢"與"俟"同.

"이(夷)는 웅크린다[踞]는 뜻이다."라고 했는데, "이(夷)"는 "이(跠)"와 같은 뜻이다. 『광아』
「석고」에 "이(跠)는 웅크린다[踞]는 뜻이다."라고 했다. 왕연수(王延壽)의 『노영광전부』에
"도리어 지고 이고서 웅크리고 있다.[卻負戴而蹲跠.]"라고 했는데, "준이(蹲跠)"는 같은 뜻의
글자를 이어붙인 것이다. 『설문해자』에 "거(居)는 웅크린다[蹲]는 뜻이다.[249] 준(蹲)은 웅크
린다[居]는 뜻이다.[250]"라고 했는데, 단옥재의 「주」에 "지금 사람들의 거처(居處)를 의미하
는 글자는 옛날에는 다만 거(尻) 자로만 썼고, 지금 사람들의 웅크리고 앉음[蹲居]을 의미하
는 글자는 옛날에는 다만 거(居) 자로만 썼다."라고 했고, 또 "옛사람들의 궤(跪) 자와 좌(坐)
자는 모두 무릎이 자리에 닿도록 앉는 것이다. 그런데 궤(跪)는 그 몸을 솟구치게 해서 웅크
리듯 넓적다리를 낮춰서 앉는 것이다. 그렇게 하면 발바닥이 바닥에 닿고 넓적다리를 낮추
고 무릎이 솟아오르는데, 그렇게 앉는 것을 준(蹲)이라고 한다. 그 글자를 또 사(竢)로 쓰기
도 하는 것이다. 그렇다면 '원양이사(原壤夷俟)'는 웅크리고 앉아서 기다리기만 하고 나가서
맞이하지 않았다는 말인 것이다."라고 했는데, 단씨(段氏)의 이 말이 바로 마융의 뜻이다.
『이아』「석고」에 "사(竢)는 기다린다[待]는 뜻이다."라고 했으니, "사(竢)"와 "사(俟)"는 같은
글자이다.

『穀梁』「莊」八年「傳」, "俟, 待也." 此常訓. 焦氏循『補疏』, "案『法言』「五百篇」'如夷俟倨
肆', 宋咸『注』云: '皆驕倨之謂.'『廣雅』云: '蹲・跠・屬・啓・肆, 踞也.' '夷俟'卽是'踞肆',
'俟'・'肆'音相近. '夷俟'猶'跠肆', 與'鞠躬'爲'匊竆'同, '鞠躬'雙聲也; '夷俟'疊韻也." 案, 焦說
亦通.
『춘추곡량전』「장공」8년의 「전」에 "사(俟)는 기다린다[待]는 뜻이다."라고 했는데, 이것이
일반적인 해석이다. 초순의 『논어보소』에 "살펴보니, 『법언』「오백」에 '웅크리고 앉거나 오

---

249 『설문해자』 권8: 거(居)는 웅크린다[蹲]는 뜻이다. 시(尸)와 고(古)로 구성된 글자 중에 거
(居)는 고(古)로 구성되었다. 거(踞)는 속자(俗字)가 거(居)인데 족(足)으로 구성되었다. 구
(九)와 어(魚)의 반절음이다.[居, 蹲也. 從尸古者, 居從古. 踞, 俗居從足. 九魚切.]

250 『설문해자』 권2: 준(蹲)은 웅크린다[居也]는 뜻이다. 족(足)으로 구성되었고 존(尊)이 발음
을 나타낸다. 조(徂)와 존(尊)의 반절음이다.[蹲, 居也. 從足尊聲. 徂尊切.]

만방자하게 앉거나[如夷俟倨肆]'라고 했는데, 송함(宋咸)의 「주」에 '모두 교만하고 거만하게 앉아 있는 것을 말한다.'라고 했다. 『광아』에 '준(蹲)·이(跠)·이(屐)·계(啓)·사(肆)는 웅크린다[踞]는 뜻이다.'라고 했으니, '이사(夷俟)'는 바로 '웅크리고 앉아 있다[踞肆]'라는 뜻이다. '사(俟)'와 '사(肆)'는 발음이 서로 가깝다. '이사(夷俟)'는 '이사(跠肆)'와 같으니, '국궁(鞠躬)'을 '국궁(翰匊)'이라고 하는 것과 같은데, '국궁(鞠躬)'은 앞뒤 글자 발음이 다 같이 자음(子音)으로 되는 쌍성(雙聲)이고, '이사(夷俟)'는 두 글자로 된 숙어에서 두 자가 모두 같은 운(韻)을 지니는 첩운(疊韻)인 것이다.'라고 했다. 살펴보니, 초순의 말 역시 통한다.

● 「注」, "賊, 謂賊害."
● 正義曰: 『左』「文」十八年「傳」, "毁則爲賊." 『荀子』「修身篇」, "保利棄義謂之至賊." 原壤放恣無禮, 時人或競傚之, 將爲世道害也.
○ 「주」의 "'적(賊)'은 법을 파괴하고 해친다[賊害]는 말이다."
○ 정의에서 말한다.
　　『춘추좌씨전』「문공」18년의 「전」에 "법을 파괴하는 재[毁]를 적(賊)이라 한다."라고 했고, 『순자』「수신편」에 "이익을 지키고 의를 버리는 것[251]을 지극한 적[至賊]이라 한다."라고 했으니, 원양(原壤)의 방자하고 무례함을 당시 사람들이 혹시라도 다투어 본받게 되면 장차 세도(世道)의 해가 될 수도 있는 것이다.

● 「注」, "'叩', 擊也. '脛', 脚脛."
● 正義曰: 『說文』無"叩"字, "敂"下云"擊也", 卽此義. 『說文』, "脛, 胻也. 胻, 脛耑也." 『釋名』「釋形體」, "脛, 莖也. 直而長, 似物莖也." 脛是人股之名. 此云"脚脛"者, 謂脛之下近脚者也.
○ 「주」의 "'고(叩)'는 두드린다는 뜻이고, '경(脛)'은 정강이이다."
○ 정의에서 말한다.
　　『설문해자』에는 "고(叩)" 자가 없고, "구(敂)" 자 아래 "두드린다[擊]는 뜻"[252]이라고 했는데,

---

251 『논어정의』에는 "保利非義"로 되어 있으나, 『순자』「수신편(修身篇)」에는 "保利棄義"로 되어 있다. 『순자』를 근거로 고쳤다.

바로 여기에서의 뜻이다. 『설문해자』에 "경(脛), 정강이[胻]이다.[253] 행(胻)은 정강이[脛耑]
이다.[254]"라고 했고, 『석명』 「석형체」에 "경(脛)은 줄기[莖]이다. 곧고 긴 것이 물건의 줄기와
같은 것이다."라고 했으니, 경(脛)이란 사람의 정강이를 이른다. 여기의 "각경(脚脛)"이라고
하는 것은 정강이 아래 발목에 가까운 부분을 말하는 것이다.

14-44

<u>闕黨童子將命</u>, 【注】 馬曰: "'闕黨之童子將命'者, 傳賓主之語出入." 或問
之曰: "益者與?" 子曰: "吾見其居於位也, 【注】 童子隅坐無位, 成
人乃有位. 見其與先生並行也, 非求益者也, 欲速成者也." 【注】 包
曰: "'先生', 成人也. '並行', 不差在後, 違禮. 欲速成人者, 則非求益也."

궐당(闕黨)의 동자가 명(命)을 전하자, 【주】 마융이 말했다. "'궐당(闕黨)
의 동자가 명을 전달했다'는 것은 손님과 주인 사이에서 오고 가는 말을 전했다는 뜻
이다." 어떤 사람이 묻기를, "이익을 추구하는 자입니까?"라고 하
자, 공자가 말했다. "내가 그가 자리에 거처하는 것을 보고, 【주】
동자는 구석에 앉아야 해서 정해진 자리가 없고, 성인(成人)이 되어야 정해진 자리가

---

252 『설문해자』 권3: 구(敂)는 두드린다[擊]는 뜻이다. 복(攴)으로 구성되었고 구(句)가 발음을
    나타낸다. 구(扣)처럼 읽는다. 고(苦)와 후(候)의 반절음이다.[敂, 擊也. 從攴句聲. 讀若扣.
    苦候切.]

253 『설문해자』 권4: 경(脛)은 정강이[胻]이다. 육(肉)으로 구성되었고 경(巠)이 발음을 나타낸
    다. 호(胡)와 정(定)의 반절음이다.[脛, 胻也. 從肉巠聲. 胡定切.]

254 『설문해자』 권4: 행(胻)은 정강이[脛耑]이다. 육(肉)으로 구성되었고 행(行)이 발음을 나타
    낸다. 호(戶)와 갱(更)의 반절음이다.[胻, 脛耑也. 從肉行聲. 戶更切.]

있다. 그가 선생(先生)과 나란히 걸어가는 것을 보니, 이익을 추구하는 자가 아니라 빨리 성인이 되고자 하는 자이다."【주】포함이 말했다. "'선생(先生)'은 성인을 이른다. '나란히 걸어감[竝行]'은 차이를 두고 뒤에 있지 않은 것이니 예(禮)에 어긋난다. 빨리 성인이 되고자 하는 자이니, 그렇다면 이익을 추구하는 사람은 아닌 것이다."

원문 正義曰:『荀子』「儒效篇」, "仲尼居於闕黨, 闕黨之子弟罔不分, 有親者取多, 孝悌以化之也." 闕黨是孔子所居.『漢書』「梅福傳」, "今仲尼之廟, 不出闕里." 師古曰: "闕里, 孔子舊里也." 闕里卽闕黨.『寰宇記』云: "孔子家在魯故城中歸德門內, 闕里之中, 背洙面泗, 矍相圃之東北, 所謂洙・泗之間也." 是也.

역문 정의에서 말한다.

『순자』「유효편」에 "중니가 궐당(闕黨)에 거처하고 있을 때 궐당의 자제들이 고기를 잡아 나눌 때 어버이가 살아 계신 자가 많이 가져가게 했으니, 효도와 공손함으로써 교화시켰기 때문이다."라고 했으니, 궐당은 공자가 거처했던 곳이다.『전한서』「매복전」에 "지금 중니의 사당이 궐리(闕里)를 벗어나지 못하고 있다."라고 했는데, 안사고가 말하길, "궐리(闕里)는 공자의 옛 고을이다."라고 했으니, 궐리가 바로 궐당(闕黨)이다.『태평환우기』에 "공자의 집은 노나라의 옛 성 중에서 귀덕문(歸德門) 안의 궐리(闕里) 가운데 수수(洙水)를 등지고 사수(泗水)를 향한 확상포(矍相圃) 동북쪽에 있으니, 이른바 수수(洙水)와 사수(泗水) 사이라는 것이다."라고 했는데, 맞다.

원문『漢書』「古今人表」作"厥黨童子""厥"・"闕"聲形相近, 未知誰是, 其命

名之義, 不能深究. 漢『史晨饗孔廟後碑』"望見闕觀", 此指孔廟之闕觀. 漢
高帝以大牢祠孔子, 當時廟貌用王侯制也. 『水經』「泗水」「注」, "孔廟東南
五百步, 有雙石闕, 即靈光之南闕, 北百餘步即靈光殿基." 二者與闕里無
涉. 閻氏若璩混三者爲一, 非也. 說本宋氏翔鳳『四書釋地辨證』.『兗州府
志』滋陽縣東北一里有闕黨, 此出後世傅會.

역문 『전한서』「고금인표」에는 "궐당동자(厥黨童子)"라고 되어 있는데, "궐
(厥)"과 "궐(闕)"은 소리와 모양이 서로 가까워서 어느 것이 옳은지는 알
수 없고, 그렇게 명명한 의미도 깊게 궁구해 볼 수도 없다. 한대(漢代)의
『사신향공묘후비』에 "멀리 궐리(闕里)의 경관을 바라본다[望見闕觀]"라고
했는데, 이는 공자의 사당이 있는 궐리(闕里)의 경관을 가리킨다. 한의
고제(高帝)는 태뢰(大牢)를 써서 공자를 제사 지냈는데, 당시 사당의 모양
은 왕후(王侯)의 제도를 사용했다. 『수경』「사수」의 「주」에 "공자의 사
당에서 동남쪽으로 5백 보 되는 곳에 쌍석궐(雙石闕)이라고 있는데, 바로
영광(靈光)의 남궐(南闕)이고, 북쪽으로 1백 보 정도 되는 곳이 바로 영광
전(靈光殿)의 기단이다."라고 했는데, 두 곳은 궐리(闕里)와는 상관이 없
다. 염약거는 세 곳을 섞어서 한 곳이라고 했는데, 잘못이다. 이 말은 송
상봉의 『사서석지변증』에 근거한 것이다. 『연주부지』에 따르면 자양현
(滋陽縣) 동북쪽 1리에 궐당(闕黨)이 있는데, 이는 후세의 견강부회에서
나온 것이다.

원문 "將命"者, 此童子自爲黨人將命也. 或疑爲"益者", 疑爲求益也. "居於
位"者, 居於成人位也. 鄭「注」云: "「玉藻」'無事則立主人之北, 南面.'" 謂
童子侍長者, 皆立而不坐. 今此童子儼居成人之位, 不復面立, 與禮異也.
皇本"命"下有"矣"字.

역문 "명을 전함[將命]"

이는 동자가 스스로 당인(黨人)을 위해 명을 전달한 것이다. 혹자가 "익자(益者)"라고 의심한 것은, 이익을 추구하는 것이냐고 의심한 것이다. "거어위(居於位)"란 성인의 자리에 거처한다는 뜻이다. 정현의 「주」에 "『예기』「옥조」에 '일이 없으면 주인의 북쪽에서 남쪽을 향해 서 있는다.'"라고 했는데, 어른을 모시는 동자는 모두 서 있고 앉지 않는다는 말이다. 그런데 지금 이 동자는 성인의 자리에 엄연하게 앉아서 다시 남쪽을 향해 서 있지 않으니, 예와는 다른 것이다. 황간본에는 "명(命)" 아래 "의(矣)" 자가 있다.

- 「注」, "闕黨"至"出入".
- 正義曰: 據「士相見禮」, 請見用贄, 賓主致辭, 皆將命者達之. 又云: "主人曰: '甚者, 吾子辱, 使某見, 請還贄於將命者.'" 「注」, "將猶傳也, 傳命者, 謂擯相也." 又"賓對曰: '某也非敢求見, 請還贄於將命者.' 主人對曰: '敢固辭.' 賓對曰: '某不敢以聞, 固以請於將命者.'" 是賓主紹介皆稱"將命", 故鄭以擯相釋之. 此「注」"傳賓主之語", 亦兼二者而言.
- 「주」의 "궐당(闕黨)"부터 "출입(出入)"까지.
- 정의에서 말한다.
  『의례』「사상견례」에 의거하면 만나 보기를 청할 때는 폐백을 사용하는데 손님과 주인의 치사(致辭)는 모두 명을 전하는 자가 전달한다. 또 "주인은 '지난번에 우리 그대께서 욕되게도 저의 집에 왕림하셔서 제가 뵈올 수가 있었습니다. 청컨대 이 폐백을 명을 전하는 자에게 되돌려드릴 수 있도록 허락해 주십시오.'라고 한다."라고 했는데, 「주」에 "장(將)은 전함(傳)과 같으니, 명을 전하는 자(傳命者)란 빈상(擯相)을 이른다."라고 했고, 또 "손님이 대답하기를, '제가 감히 뵙기를 구함이 아니라, 청컨대 이 폐백을 명을 전하는 자에게 되돌려드릴 수 있도록 허락해 주십시오.'라고 하면, 주인이 대답하기를, '감히 거듭 사양합니다.'라고 하고, 손님은 대답하기를, '제가 감히 들으려 함이 아니라, 폐백을 명을 전달하는 자에게 돌려드리기를 거듭 청하고자 함입니다.'라고 한다." 했는데, 손님과 주인의 소개(紹介)를 모두 "장명(將

命)"이라고 칭하기 때문에, 정현이 빈상(擯相)이라고 해석을 한 것이다. 여기의 「주」에서 "손님과 주인의 말을 전한다[傳賓主之語]"라는 것 역시 두 사람을 겸해서 말한 것이다.

- 「注」, "童子隅坐無位, 成人乃有位."
- 正義曰: "隅坐", 謂當隅處坐也. 「檀弓」云: "曾子寢疾病, 童子隅坐而執燭." 「注」, "'隅坐', 不與成人竝." 疑童子凡坐皆不當位中, 與成人異也. 「注」此義亦通.
- 「주」의 "동자는 구석에 앉아야 해서 정해진 자리가 없고, 성인이 되어야 정해진 자리가 있다."
- 정의에서 말한다.

  "구석에 앉는다[隅坐]"라는 것은 구석에 해당되는 자리에 앉는다는 말이다. 『예기』「단궁상」에 "증자가 병이 위독하여 누워 있을 때 동자가 구석에 앉아 촛불을 잡고 있었다."라고 했는데, 「주」에 "구석에 앉았다[隅坐]는 것은 성인과 나란히 있지 않았다는 뜻이다."라 했으니, 아마도 동자는 모든 좌석이 다 자리의 가운데에 해당되지 않으니 성인과는 다른 것이다. 「주」의 이 뜻도 역시 통한다.

- 「注」, "先生"至"益也".
- 正義曰: 『爾雅』「釋親」, "男子先生爲兄, 後生爲弟." 兄旣先己而生, 故稱先生. 「注」以"成人"解之者, 正以先生先此童子而生, 當爲成人也. 年十六以上爲成人. 「曲禮」「記」云: "五年以長, 則肩隨之." 「注」云: "'肩隨'者, 與之竝行差退." 「王制」云: "父之齒隨行, 兄之齒雁行." 竝言成人之禮. "肩隨"卽雁行也. 若童子, 則卽五年之長及兄齒皆宜隨行, 「注」所云"差在後"也. 今此童子與先生竝行, 不差在後, 用成人之禮, 故爲欲速成也.
- 「주」의 "선생(先生)"부터 "익야(益也)"까지.
- 정의에서 말한다.

  『이아』「석친」에 "남자가 먼저 태어나면 형이 되고, 뒤에 태어나면 아우가 된다."라고 했으니, 형은 이미 자기보다 먼저 태어났기 때문에 선생이라고 칭하는 것이다. 「주」에서 "성인"이라고 해석한 것은 바로 선생(先生)은 이 동자보다 먼저 태어났으므로 당연히 성인이 되기 때문이다. 16살 이상이 성인이 된다. 『예기』「곡례상」에 "다섯 살이 많으면 어깨를 나란히 하고 걷되 조금 뒤처져서 따라간다.”라고 했는데, 「주」에 “‘견수(肩隨)’란 나란히 하고 걷되 조금 뒤처진다는 뜻이다.”라고 했고, 「왕제」에 “아버지의 연배에 대해서는 그 사람의 뒤를 따라가고[父之齒隨行], 형의 연배에 대해서는 나란히 걷되 약간 뒤에 위치한다[兄之齒雁 行].”라고 했는데, 모두 성인의 예를 말한 것이다. “견수(肩隨)”가 바로 안행(雁行)이다. 동자 (童子)와 같은 경우는 바로 5년의 연장자 및 형의 연배로서 모두 뒤를 따라가는 것이 마땅하 니, 「주」의 이른바 “차이를 두고 뒤에 있다”라는 것이다. 지금 이 동자는 선생과 함께 나란히 가면서 차이를 두고 뒤에 있지 않으니, 성인의 예를 쓴 것이기 때문에 “빨리 성인이 되고자 하는 자”라고 말한 것이다.

색 인

인명 색인

ㄱ

가공언(賈公彦)　56, 143, 248, 377, 387, 389

가규(賈逵)　317, 402

가의(賈誼)　232

간공(簡公)　329, 330

갈홍(葛洪)　404, 407

감소공(甘昭公)　272

강성(江聲)　226, 401

강숙(康叔)　84, 87

강식(江式)　57

강영(江永)　310

강왕(康王)　101

강인(江人)　287

강회(康回)　217

강희(江熙)　44

거백옥(蘧伯玉)　340, 341

거원(蘧瑗)　87, 89, 340

거장자(蘧莊子)　342

걸닉(桀溺)　384

경강(敬姜)　32, 106

경공(景公)　38, 79

경백(景伯)　375

계강자(季康子)　106, 324

계무자(季武子)　260

계손(季孫)　52, 106, 254, 264, 265, 330, 368~370, 375

계씨(季氏)　34, 106, 108, 337, 370

계저(季杼)　212

계찰(季札)　86, 89

고동고(顧棟高)　121, 263, 331

고성숙(苦成叔)　254

고수(瞽叟)　217

고수(瞽瞍)　67

고염무(顧炎武)　209, 264

고요(皐陶)　36

고유(高誘)　68, 75, 124, 130, 223

고종(高宗)　400, 403, 406, 409~412

고혜(高傒)　304, 306

곤(鯀)　217

공(共)　101

공가(孔家)　389

공공(共工)　217

공광삼(孔廣森)　141, 217, 218, 239, 253

공렴처보(公斂處父)　237

공명가(公明賈)　259

공백료(公伯僚)　369, 372, 374, 377

공백료(公伯寮)　368, 370, 380

공보문백(公父文伯)　106

공산불요(公山弗擾)　331

공손무지(公孫無知)　281, 303

공손발(公孫拔)　259

공손 하(公孫夏)　234

공손 휘(公孫揮)　225, 228, 230

공숙 문자(公叔文子)　85, 259, 261, 321, 323

공숙 발(公叔發) 89

공씨(孔氏) 386, 389, 390

공안국(孔安國) 29, 34, 39, 60, 69, 95, 97, 99, 109, 112, 118, 122, 132, 152, 160, 170, 172, 193, 205, 220, 222, 224, 231, 240, 244, 249, 256, 260~262, 281, 321, 329, 336, 339, 340, 347, 352, 363, 368, 381, 400, 412, 419

공영달(孔穎達) 39, 61, 159, 173, 182, 183, 378

공자 결(公子結) 299

공자 규(公子糾) 281, 303, 305, 315, 319

공자 사(公子駟) 234

공자 소백(公子小白) 281

공자 신(公子申) 235

공자 영(公子郢) 42

공자 제아(公子諸兒) 282

공자 조(公子朝) 89

공자 형(公子荊) 88, 89

공작(公綽) 249

공회(孔悝) 50

곽박(郭璞) 130, 144, 182

관숙(管叔) 416

관이오(管夷吾) 281, 306

관자(管子) 301, 319

관장자(管莊子) 253, 255

관중(管仲) 231, 234, 238, 241~243, 267, 269, 281, 287, 301~303, 305, 306, 311, 315

괄(适) 204, 210

광접여(狂接輿) 125

괴외(蒯聵) 39, 42, 43, 46, 49

국의중(國懿仲) 304, 306

금장(琴張) 149

기량(杞梁) 377

기오(祁午) 284

기정(箕鄭) 72

기질(棄疾) 376

김문순(金文淳) 88

● ㄴ

나필(羅泌) 300

남궁 경숙(南宮敬叔) 204, 210

남궁 괄(南宮适) 204, 210, 214, 219

남자(南子) 42, 43

낭와(囊瓦) 235

노공(魯公) 174

노문초(盧文弨) 116, 298, 354

노변(盧辯) 326, 328

노승(魯勝) 55

농상가(隴上歌) 209

농상건아가(隴上健兒歌) 209

뇌(牢) 344

능명개(凌鳴喈) 147, 210

능서(凌曙) 295

● ㄷ

단옥재(段玉裁) 62, 73, 75, 147, 148, 240, 327, 343, 423

단주(丹朱) 213, 214, 216, 217

달기(妲己) 101

당고(唐固) 402

대륙자방(大陸子方) 86

대망(戴望) 199, 397

대서(大徐) 148

대풍군(大馮君) 87

도올(檮杌) 217

도잠(陶潛) 385

도척(盜跖)　125, 200

동곽아(東郭牙)　300

동리(東里)　224, 230

동안우(董安于)　378

동중서(董仲舒)　48, 365

두남(斗南)　216

두예(杜預)　30, 108, 120, 121, 223, 252, 260, 263, 264, 317, 375

등 문공(滕文公)　409

등 정공(滕定公)　409

● ㅁ

마융(馬融)　38, 59, 69, 104, 107, 179, 185, 195, 205, 224, 231, 249, 256, 260, 280, 305, 312, 326, 329, 363, 368, 374, 381, 411, 420, 422, 425

마천(馬遷)　374

만사대(萬斯大)　299

맹공작(孟公綽)　244, 246, 247, 249

맹목백(孟穆伯)　254

맹몽순(孟夢恂)　111

맹손(孟孫)　254, 265, 375

맹씨(孟氏)　213, 262

맹자(孟子)　51, 137, 138, 149, 181, 186, 243, 275, 336, 347, 373, 395

맹장자(孟莊子)　253, 255

모기령(毛奇齡)　53, 105, 310, 321, 344, 379

모석령(毛錫齡)　321

모형(毛亨)　29, 355, 397, 399

목공(繆公)　46

목피(牧皮)　149

무구(無咎)　342

무왕(武王)　85, 100, 416

무자(武子)　105, 265

무정(武丁)　400~402, 410

무중(武仲)　262, 265

무지(無知)　303

묵자(墨子)　55, 340

문공(文公)　266

문왕(文王)　100, 307

문자(文子)　261

문중(文仲)　265

미(麋)　211

미생(尾生)　268

미생고(微生高)　356

미생묘(尾生畝)　356

미생묘(微生畝)　354, 356

미자하(彌子瑕)　372

밀(密)　101

● ㅂ

박소(薄昭)　283

반고(班固)　270, 355

발(拔)　261

발(發)　261

방관욱(方觀旭)　85, 105, 106

방몽(逢蒙)　213

방몽(逢蒙)　215

방훈(放勳)　31

백공(白公)　402

백료(伯寮)　368, 374

백명(伯明)　211

백명씨(伯明氏)　211

백씨(伯氏)　231, 234, 238, 241, 242

백옥(伯玉)　342

백유(伯有)　106

백이(伯夷)　385

번광(樊光) 130

번수(樊須) 69

번지(樊遲) 69, 131, 332

범녕(范寧) 44, 187, 279, 290, 296, 297

범문자(范文子) 105

변엄(弁嚴) 255

변장자(卞莊子) 249, 252, 253, 255

복건(服虔) 80

복생(伏生) 400, 401, 404, 411

봉(封) 85

북궁문자(北宮文子) 228

비조(裨竈) 226

비침(卑諶) 225

비침(裨諶) 224, 226~228

● ㅅ

사(師) 350

사(賜) 347, 349

사광(師曠) 114

사구(史狗) 89

사길역(士吉射) 120

사마표(司馬彪) 61

사백(史伯) 165

사추(史鰌) 87, 89

산상오(產象放) 217

산중화(產重華) 217

상(商) 350

상(相) 209

상(象) 217, 218

상오(象放) 217

서백(西伯) 307

서상(鉏商) 364

서언(徐彦) 171

석만고(石曼姑) 42

선(僎) 321

선숙(宣叔) 262, 265

선제(宣帝) 126

설공(薛恭) 245

설선(薛宣) 246

섭공(葉公) 116, 122, 124

섭공 자고(葉公子高) 117

성양왕(城陽王) 121

성왕(成王) 76, 100, 266

성자(成子) 329, 334, 342

성자당(成子當) 261

세숙(世叔) 224, 225, 227, 229

세조(世祖) 57

소강(小康) 209

소강(少康) 205, 207, 212

소공(昭公) 49

소련(少連) 385

소림(蘇林) 62

소백(小白) 266, 281, 304

소백(昭伯) 375

소왕(昭王) 235, 280

소을(小乙) 411

소풍군(小馮君) 87

소홀(召忽) 281, 303, 315, 318, 319

손기봉(孫奇逢) 91

손석(孫奭) 138

손성연(孫星衍) 200

손염(孫炎) 130, 398, 399

손지조(孫志祖) 64, 214, 348

송공(宋公) 299, 317

송 목공 48

송방(宋防) 264

송상봉(宋翔鳳) 36, 63, 100, 124, 145, 171, 187, 232, 233, 236, 270, 315

송 양공(宋襄公) 271

송함(宋咸) 424

숙손씨(叔孫氏) 364

숙어(叔魚) 378

숙우(叔虞) 266

숙제(叔齊) 42, 385

순(舜) 36, 82, 214, 416

순경(荀卿) 55

순열(荀悅) 91

순인(荀寅) 120

순임금 213, 416

숭(崇) 101

습붕(隰朋) 300

시씨(施氏) 88

신료(申繚) 374

신서(申胥) 114

신유(辛有) 308

신자(愼子) 186

신정(申棖) 176

신풍(申豊) 260

심약(沈約) 256

● ㅇ

악정자(樂正子) 373

안사고(顏師古) 76, 145, 269, 283, 315, 352, 356, 367, 393, 426

안연(顏淵) 178, 250, 364

안자(晏子) 143

안회(顏回) 350

애강(哀姜) 269

애공(哀公) 39, 88, 201, 329, 330, 335, 364

야장(冶長) 374

양경(楊倞) 72, 319, 339

양공(襄公) 281, 303

양사훈(楊士勛) 280, 298

양신(楊愼) 274

양옥승(梁玉繩) 57, 215, 217

양왕(襄王) 272, 296

양천(楊泉) 155

양통(梁統) 64

양호(陽虎) 236

엄걸(嚴杰) 326

여순(如淳) 62

여애(女艾) 212

여왕(厲王) 349

염구(冉求) 249, 331

염약거(閻若璩) 78, 81, 120, 206, 322, 387, 427

염유(冉有) 90, 105, 332

염자(冉子) 90, 104, 106, 107

영(郢) 40

영공(靈公) 40, 48~50, 95, 324, 395

영속(甯遬) 300

예(羿) 204, 211, 213~215

예(殪) 207

예(羿) 207

오(傲) 215

오(奡) 205, 208, 213~216, 218

오(敖) 217, 218

오가빈(吳嘉賓) 184, 194, 333, 361

오영(吳英) 198

오원(伍員) 212

오인걸(吳仁傑) 213, 214, 216

옹(雍) 221

옹자(雍子) 378

완(阮) 101

완원(阮元) 90, 180, 197, 233

왕계(王季) 100

왕류(王壘) 252, 255

왕백후(王伯厚) 216

왕손가(王孫賈) 324

왕숙(王肅) 34, 60, 87, 89, 97, 109, 176, 315, 351

왕연수(王延壽) 423

왕염손(王念孫) 237

왕응린(王應麟) 214

왕인지(王引之) 223, 224, 267, 271, 301

왕일(王逸) 208

왕자 성보(王子成甫) 300

왕자 호(王子虎) 275

왕표(王豹) 318

왕필(王弼) 327, 385

왕훤(汪烜) 263

요(僚) 47

요(堯) 82

요(澆) 208, 209, 211, 213, 215

요임금 213, 416

우(禹) 36, 205, 219

우번(虞翻) 162

우보(羽父) 230

우왕(禹王) 212

우임금 416

우중(虞仲) 385

운경(惲敬) 48

웅안생(熊安生) 239

원양(原壤) 420~422, 424

원헌(原憲) 193

원훤(元晅) 275

위강(魏絳) 211

위공(僞孔) 125

위소(韋昭) 73, 283, 377

위 영공(衛靈公) 323

위후(衛侯) 275

위희(衛姬) 49, 282

유(由) 60

유경승(劉景升) 217

유길(游吉) 225, 230

유약(有若) 332

유왕(幽王) 311

유월(兪樾) 302, 312, 356

유장(劉章) 121

유창(劉敞) 299

유판(游販) 230

유하혜(柳下惠) 385

유향(劉向) 83, 367, 411

유현(劉炫) 287, 299

유흠(劉歆) 311

육경여(陸敬輿) 115

육덕명(陸德明) 297

윤상(尹賞) 246

은공(隱公) 263

은왕(殷王) 401

응소(應劭) 206, 271, 316, 385

이기(李奇) 76

이돈(李惇) 214

이선(李善) 355, 408

이오(夷吾) 41, 301, 320

이윤(伊尹) 36

이이(李頤) 140, 200

이일(夷逸) 385

이중년(夷仲年) 303

이충(李充) 75

이현(李賢) 76, 295, 325, 413

이현(李鉉) 57

● ㅈ

자공(子貢)　90, 132, 141, 170, 305, 347, 349, 350, 363, 364

자규(子糾)　44

자남(子南)　376, 377

자로(子路)　29, 31, 37, 60, 178, 249, 256, 281, 331, 336, 337, 370, 386, 419

자문(子文)　221

자백계자(子伯季子)　321

자범(子犯)　188

자복경백(子服景伯)　368, 371, 372, 375

자복하기(子服何忌)　368

자산(子産)　223, 224, 229, 231

자산(産主)　227

자서(子西)　231, 234, 237, 365

자숙희(子叔姬)　126

자우(子羽)　224, 227~230

자장(子張)　31, 350, 400

자주(子周)　374

자태숙(子大叔)　229, 251

자태숙(子太叔)　228

자하(子夏)　32, 118, 350

장공(莊公)　44, 45, 286, 290, 291, 297, 299, 303

장담(張湛)　88

장무중(臧武仲)　249, 251, 262

장문중(臧文仲)　251

장삼(張參)　73

장손(臧孫)　265

장손 흘(臧孫紇)　249

장용(臧庸)　57, 100, 374

장위(臧爲)　262, 265

장이기(張爾岐)　371

장자(莊子)　255, 265

장저(長沮)　384, 385

장주(莊周)　55

장창(臧倉)　373

장형(張衡)　365

장혜언(張惠言)　161

장흘(臧紇)　262, 264, 265

적방진(翟方進)　352

적호(翟灝)　356, 395

전상(田常)　334

전성자(田成子)　334

전유(顓臾)　337

전점(錢坫)　200, 323

전조망(全祖望)　40

접여(接輿)　384, 385

정강성(鄭康成)　405

정공(定公)　109, 112, 120, 201

정군(鄭君)　43, 59

정민정(程敏政)　374

정사농(鄭司農)　64, 225, 229, 258, 359

정씨(鄭氏)　233

정요전(程瑤田)　128

정초(鄭樵)　252

정현(鄭玄)　31, 56, 57, 59, 61, 80, 97, 100, 106, 108, 118, 124, 126, 132, 141, 145, 152, 157, 160, 163, 171, 182, 185, 187, 189, 200, 219, 230, 232, 233, 238, 239, 255, 261, 266, 267, 279, 285, 288, 294, 297, 298, 302, 306, 312~314, 345, 355, 357, 360, 363, 368, 377, 380, 385, 386, 393, 398, 401, 403, 410~412, 428

정혜(貞惠)　261

정혜문자(貞惠文子)　261

정효(鄭曉)　356

제 경공(齊景公)　168

제곡(帝嚳) 207

제아(諸兒) 282

제 양공(齊襄公) 281, 303

제왕(齊王) 340

제요(帝堯) 36

제 환공(齊桓公) 209, 238, 266~268, 271, 299, 311

제후(齊侯) 263

제 희공(齊僖公) 303

조궤(曹劌) 290, 291

조기(趙岐) 138, 150, 393

조맹(趙孟) 223, 284, 378

조무(趙武) 223

조문자(趙文子) 284

조보(造父) 247

조숙진탁(曹叔振鐸) 252

조식(曹植) 256

조앙(趙鞅) 39

조우(趙佑) 136

조익(趙翼) 214

주(紂) 100, 101

주공(周公) 84, 87, 101, 174, 416

주공 단(旦) 85

주목(朱穆) 142

주 문왕(文王) 248

주발(周勃) 177

주병중(周柄中) 215, 217, 252, 255

주빈(朱彬) 234, 396

주생렬(周生烈) 104, 122, 249, 255

주 양왕(周襄王) 272

주왕 대(周王帶) 272

주자 184, 300, 325, 360, 370, 395

주장(朱張) 385

주창(周昌) 177

주혜왕(周惠王) 272

중궁(仲弓) 33, 34, 124

중궁(仲躬) 124

중니(仲尼) 108, 117, 250, 266, 426

중숙 어(仲叔圉) 324

중이(重耳) 41, 266

증석(曾晳) 149

증자(曾子) 177, 344

지윤견(支允堅) 159

직(稷) 205, 213, 219

직궁(直躬) 122, 123, 125, 129

진군 341

진 도공(晉悼公) 284

진 목공(秦繆公) 271

진 문공(晉文公) 188, 266, 268, 271

진 문자(陳文子) 221

진성자(陳成子) 329

진식(陳寔) 124, 125

진자거(陳子車) 321

진작(晉灼) 208

진전(陳鱣) 31, 107, 298

진진(陳軫) 255

진 평공(晉平公) 114

진항(陳恒) 329, 331, 333, 334

진후(晉侯) 279

짐관(斟灌) 211

짐심(斟鄩) 209

짐심씨(斟尋氏) 212

● ㅊ

차승상(車丞相) 236

착(浞) 215

착숙수(錯叔繡) 248

창힐 309, 310

채숙(蔡叔) 416

채족(蔡足) 267

채희(蔡姬) 209

천왕(天王) 280

첩 42, 43, 46, 50

초순(焦循) 175, 241, 243, 423

초왕(楚王) 79, 124

초 장공(楚莊王) 271

출공(出公) 48, 49

출공 첩(出公輒) 38, 51

● ㅌ

탁자(卓子) 41

탕(湯) 36

태사(大姒) 85

태사공(太史公) 365

태숙 대(太叔帶) 272, 296

태왕(太王) 100

● ㅍ

평왕(平王) 308

폐왕 대(廢王帶) 272

포숙(鮑叔) 303, 304, 306

포숙아(鮑叔牙) 281

포신언(包愼言) 101, 326, 364, 367

포함(包咸) 37, 60, 69, 84, 131, 146, 152, 184, 198, 354, 384~386, 390, 426

풍간자(馮簡子) 228

풍립(馮立) 86

풍야왕(馮野王) 86

● ㅎ

하기(何忌) 375

하상공(河上公) 160

하후씨(夏后氏) 213

하휴(何休) 126, 187, 237, 278, 312, 404

하흔(夏炘) 50

한 문제(漢文帝) 283

한착(寒浞) 205, 211, 213

합좌사(合左師) 254

해제(奚齊) 41

해중(奚仲) 248

허신(許愼) 145, 207, 391

헌공(獻公) 261

헌자멸(獻子蔑) 375

현장(弦章) 300

형(荊) 87

형병(邢昺) 204, 230, 340, 355, 375

형왕(荊王) 123

혜백(惠伯) 375

혜사기(惠士奇) 404

혜숙(惠叔) 254

혜왕(惠王) 255, 272, 296

호병문(胡炳文) 31, 80

호소훈(胡紹勳) 302

호인(胡寅) 257

혼량부(渾良夫) 50

환공(桓公) 242, 274, 281, 300, 303, 305, 312, 313, 317

황간(皇侃) 34, 65, 68, 73, 75, 76, 88, 104, 127, 133, 160, 162, 238, 248, 259~261, 297, 308, 327, 334, 338, 350, 353, 385

황간(黃幹) 414

황보규(皇甫規) 328

황식삼(黃式三) 67, 80, 115

황인(黃人) 287

회남왕(淮南王) 283

효공(孝公) 51

효백(孝伯) 375

후기(后夔) 58

후민(后緡) 212

후예(后羿) 211, 213

흘(紇) 251

희(釐) 211, 212

희공(僖公) 282, 287, 303

사항 색인

● ㄱ

가(柯) 297

가(稼) 74

가대부(家大夫) 321

가(柯) 땅의 결맹 285

가인(家人) 419

가인괘 419

가차자(假借字) 65

간괘 344

간전 407

강(剛) 176

강국편 183, 319

강(江)나라 292

강보(強葆) 76

강보(繦褓) 76

강부(繦負) 73

개궐여(蓋闕如) 62

거(莒) 281

거(△) 145

거(筥) 145

거려(筥籅) 144

거로(虡簴) 145

거백향(蓮伯鄉) 341

거보(莒父) 118, 120, 121

거북 163

거북점 156, 157

거살(去殺) 97

게(揭) 390

격고 397

견(鄄) 286

견백동이론(堅白同異論) 54

견수(肩隨) 430

겸가(蒹葭) 238

경(經) 315, 319

경경(硜硜) 132, 139

경구설 198

경문 379

경쇠 390

경운루집 343

경의술문 223, 267

경적지(經籍志) 57

경전고증 234, 396

경전석문(經典釋文) 31, 57, 60, 61, 64, 65, 73, 116, 120, 140, 141, 173, 179, 206, 226, 234, 245, 297, 322, 325, 333, 348, 353, 354, 359, 391, 395

경전석문고증 116, 348, 354

경전석사 301

경학치언 141, 217, 239, 241, 253

계사하 221, 384

고금인표 225, 322, 356, 391, 427

고논어(古論語) 39, 59, 124, 139, 142, 183, 218, 245, 270, 348

고려본(高麗本) 180, 334

고려전 108

고문(古文) 57

고문논어 237

고사전 388

고요모(皐陶謨) 36

고음인표 215

고자상 392

고자하(告子下) 186, 275, 382

고제(高帝) 427

고종지훈 401

곡(穀) 193

곡구(穀丘) 317

곡례상(曲禮上) 33, 173, 258, 429

곡례하(曲禮下) 412, 415

곤제(昆弟) 129

곤학기문 214

공맹(公孟) 78

공백(公伯) 374

공사대부례 233

공손룡(公孫龍) 53

공손추상(公孫丑上) 337, 347, 380, 411

공손추하(公孫丑下) 138, 336

공손하등전 145

공손하전 142

공손홍전(公孫弘傳) 82

공야장(公冶長) 86, 176, 221, 350

공자가어 374

공자세가(孔子世家) 38, 59, 95, 364, 370

과국(過國) 212

과군표(過君表) 359

과정록(過庭錄) 63, 124, 145, 232, 236

관(貫) 287, 297

관(貫) 땅의 결맹 285

관자(管子) 92, 117, 195, 217, 242, 282, 284, 304, 318, 382

관저(關雎) 267

괄지지 247

광(匡) 305

광(狂) 61

광아 135, 145, 182, 199, 200, 227, 237, 240, 241, 258, 302, 360, 397, 405, 423, 424

광아소증 237

광운 237, 374, 380

교교(嘐嘐) 150

교령(交領) 309

구가(九歌) 168

구경(九卿) 113

구경자양 369

구독(句讀) 317, 318

구독(溝瀆) 317~319

구두(句竇) 318

구족(九族) 419

구직[九職] 74

구통친친표 180

국궁여(鞠躬如) 62

국명기 252

국어(國語) 32, 38, 72, 105~107, 113, 165, 254, 319, 377, 379, 402, 411

국자(國子) 77

국책 253

국천척지(跼天蹐地) 65

국풍(國風) 238, 267, 314

국하(國夏) 43

군경식소 214

군경음변 225

군보록(群輔錄) 385

굴원가생열전(屈原賈生列傳) 227

굴원열전 227

굴읍(屈邑) 41

권경(勸競) 182

권도(權道) 266~268

권아 183

권학편 339

궐당(闕黨) 425~427

궐당동자(闕黨童子) 427

궐리(闕里) 427

궤(簣) 390

귀신 291

규구(葵丘) 287

규구(葵丘)의 회합 285

극(克) 195

근근(勤勤) 181

금루자 158

기(朞) 72

기(驥) 358

기년(期年) 96

기린(麒麟) 333, 364, 366

기보지십(祈父之什) 238

기석례 143, 145, 408

기연(其然) 260

기월(期月) 96

길기정집(鮚埼亭集) 40

●ㄴ

낙수(雒水) 364

남국(南國) 159

남궁(南宮) 206

남이(南夷) 311

남인(南人) 159

내조(內朝) 107

내칙(內則) 206

노(勞) 223

노(魯) 49

노나라 84, 186, 371

노논어(魯論語) 87, 124, 183, 237, 270

노사 252, 300

노어(魯語) 32, 38, 106, 377, 379

노어하(魯語下) 107

노영광전부 423

노자 160, 360

노주공세가(魯周公世家) 76, 85

노준 375

녹(祿) 193

녹명지십(鹿鳴之什) 182

논어계구편(論語稽求篇) 53, 105, 344

논어고훈(論語古訓) 31, 56, 107, 298

논어발미(論語發薇) 36, 315, 317

논어보소 175, 241, 243, 423

논어비고참 338

논어사질 226

논어서설(論語序說) 235

논어석문 297

논어온고록 101, 326, 364

논어우기(論語偶記) 85, 105, 106

논어주 187, 199, 397

논어집주(論語集註) 184, 227, 235, 247, 257, 300, 325, 360, 395

논어집해(論語集解) 59, 143, 358, 377

논어집해의소(論語集解義疏) 76, 210

논어찬고참 367

논어해의 147, 210

논어혹문 370

논어후록 200, 323

논어후안(論語後案) 67, 80, 115

논인편 197

논학소기 128

논형 90, 343

눌(訥) 176

●ㄷ

다섯 사람[五子] 300

단(彖) 29, 33

단궁상(檀弓上) 125, 337, 380, 396, 429

단궁하(檀弓下) 61, 89, 254, 261, 321, 323, 377, 396, 410, 421, 422

단연록 274

단연총록(丹鉛總錄) 414

답빈희 355

당석경 334, 395

당정(黨正) 136

대금(對襟) 309

대대례(大戴禮) 30, 119, 120, 133, 174, 180, 217, 326, 328, 352, 422

대덕(大德) 268

대동 397

대략편(大略篇) 63, 93, 101, 173, 231, 252

대명(大命) 110

대복(大僕) 94

대사마 142, 189

대사악(大司樂) 77

대사의 233

대아(大雅) 83

대종(大宗) 134

대채(大蔡) 265

대축 225, 229

대학(大學) 338

대행인(大行人) 56, 230

덕(德) 358, 360

도덕경(道德經) 360

도인사지십(都人士之什) 93

도탕(跳盪) 209

독서좌록(讀書脞錄) 64, 214, 348

독행전 150

동궁(東宮) 206

동방삭전 255

동산(東山) 29

동인(東人) 159

두소지인(斗筲之人) 141

두헌전 181

두흠전 255

등문공상(滕文公上) 31, 70, 409

등석(鄧析) 53

●ㅁ

마원전 161

만장상(萬章上) 373, 416

만장하(萬章下) 38, 51, 137, 240

매복전 426

맹상군열전 380

맹자(孟子) 31, 38, 51, 70, 93, 99, 137, 138, 148, 149, 163, 181, 186, 216, 233, 240, 244, 275, 313, 336, 347, 373, 380, 382, 392, 394, 395, 409, 411, 416

면만(綿蠻) 93

명가(名家) 53

명리(名理) 55

명리(明理) 75

명제기 325

명화란(鳴和鸞) 359

모공(毛公) 53

모구(杜丘)의 회합 295

모서(毛序) 267

모시(毛詩) 78, 134, 182, 226, 267

모시주소(毛詩注疏) 29, 182, 314

목(木) 176

목정(牧正) 212

목탁(木鐸) 363, 380

무교구(舞交毬) 359

무당[祝] 152, 153

무일(無逸) 70, 403

무칭훈(繆稱訓) 82, 270

묵변(墨辨) 55

묵자(墨子) 78, 117

문공(文公) 126, 254, 416, 424

문선(文選) 145, 180, 256, 355, 407, 408

문왕세자(文王世子) 61, 156

문자표(文字表) 57

문헌통고(文獻通考) 414

물리론 155

미생(微生) 354

미자(微子) 38, 174, 382, 389, 399

민공(閔公) 269

민로 199

민여소자 416

● ㅂ

박물지(博物志) 76

반안인(潘安仁) 408

반원인(反怨人) 353

발여(孛如) 62

방기 401

방백(方伯) 307

방언 144

방읍(防邑) 262, 264, 265

방인(方人) 348

배경일기 374

백구(白駒) 238

백주 142

백호통의 127, 134, 183, 188, 223, 307,

331, 407, 413, 416

벌(伐) 195

벌단(伐檀) 74

범론훈 125, 224

법언(法言) 302, 423

벽중서(壁中書) 391

변경 55

변물 250

변읍(弁邑) 254

별범안성시 256

별수(別帥) 209

병거(兵車)의 회합 295

병읍(騈邑) 231, 238, 240

보(報) 360

보씨(保氏) 57

보씨직 359

복괘 147

봉선서 285

봉인(封人) 363, 384

부자(夫子) 369

부화뇌동 164

북궁(北宮) 206

북당서초 340

북이(北夷) 311

북제서(北齊書) 57

북행(北杏) 297

분상 380

불구편 195

붕(崩) 412

붕당(朋黨) 171

붕훙(崩薨) 413

비담(卑湛) 225

비상편(非相篇) 202, 353

비읍(費邑) 34, 254, 331

비창 237

비풍 232, 233

빈(豳) 29

빈상(擯相) 133

빙례(聘禮) 56, 78, 79, 81, 229, 232

빙의 134

● ㅅ

사가(司稼) 74

사관(軑官) 207

사관(射官) 207, 213

사기(史記) 38, 43, 75, 76, 85, 95, 195, 227, 247, 253, 278, 282, 285, 304, 317, 319, 326, 334, 364, 365, 369, 374, 380, 394, 395, 411

사기색은(史記索隱) 76, 317, 319, 369

사기집해 197, 317

사대 120

사람다움 233

사마(司馬) 189

사문(司門) 387

사물(四物) 168

사민(四民) 71

사상견례 428

사서개착 310

사서고이 356, 395

사서근지 91

사서변의 111

사서석지 120, 322, 387

사서석지우속(四書釋地又續) 78, 81, 206

사서설 184, 194, 333, 361

사서습의 302

사서승언 321

사서전고변정 215, 252, 255

사서전고핵 295

사서전의 263

사서지리고 255

사서통(四書通) 31, 80

사시 380

사신향공묘후비 427

사의(射義) 74

사의(食醫) 154

사전잡서(史傳雜書) 124

사혼례 145, 248

산동통지 121

삼공(三公) 113

삼국지 349

삼류(三類) 168

삼재 188

삼천(三川) 275

삼태기 384, 390, 394

상달(上達) 365

상대기 408

상무(常武) 83

상복 129, 248

상복사제(喪服四制) 401, 404, 408, 410

상서 217, 401, 402

상서대전 400, 406, 409, 414

상서주소(尙書注疏) 214

상서집주음소 401

상전 163, 344

상체(常棣) 182

생독(笙瀆) 317

생두(生竇) 317, 318

생두(笙瀆) 318

서경(書經) 36, 57, 64, 70, 156, 213, 214, 216, 218, 219, 227, 400, 403, 411

서괘 175

서궁(西宮) 206

서서(棲棲) 356

서인(西人) 159

서전 315

서주(舒州) 330

서지(棲遲) 355

서판(書版) 364

석곡량폐질 285, 289

석명 233, 309, 394, 405, 420, 425

석문(石門) 384, 386~388

석문고증 298

석벽화칠십이자상 375

선각(先覺) 353

선공 330

선제기(宣帝紀) 76, 127

선진(先進) 98, 251, 322, 337, 350

선현중자묘입석문(先賢仲子廟立石文) 48

설문해자(說文解字) 36, 57, 65, 68, 70, 74,
75, 84, 94, 96, 99, 105, 123, 125, 131, 135,
141, 143, 144, 146~148, 153, 162, 181,
182, 185, 196, 199, 207, 208, 214, 216,
218, 222, 226, 230, 245, 267, 307, 309,
316, 327, 335, 350, 355, 358, 369, 376,
381, 388, 391, 392, 394, 398, 413, 420,
423, 424

설문해자서(說文解字敍) 62

설문해자주(說文解字注) 73

설선전 245

설원(說苑) 38, 174, 250, 282, 319, 366

성공(成公) 52, 265, 378

성류 309, 310

성복(城濮) 276

성악편 203

성읍(鄹邑) 254

세가 395

세본 375

세자(世子) 39, 40, 42, 45

소(塑) 368

소(筲) 144

소(霄) 120

소공(昭公) 30, 108, 143, 167, 234, 248,
264, 282, 284, 348, 378

소덕(小德) 268

소사(小師) 113

소아(小雅) 65, 93, 182, 223, 238

소재 258

소종(小宗) 134

소학류(小學類) 57

소행인(小行人) 230

손(☰) 161

솔기 310

송(宋) 46

송괘 239

송사(訟事) 64

수경 317, 387, 427

수기(修己) 419

수사 376, 379

수서(隋書) 57

수식(修飾) 227

수신(修身) 419

수신편 424

수지(首止) 286

순자(荀子) 63, 72, 93, 101, 119, 137, 173,
183, 195, 201, 202, 220, 231, 238, 252,
255, 282, 319, 339, 353, 424, 426

순전 219

습상 223

승잔(勝殘) 97

시경(詩經) 57, 65, 74, 78, 80, 83, 93, 110, 111, 142, 152, 156, 159, 160, 183, 196, 199, 223, 232, 233, 238, 267, 312, 314, 355, 396~398, 416

시법해 325, 330

시시(偲偲) 183

시조(市朝) 380

시초 163

시초점 156, 157

식미(式薇) 314

식읍(食邑) 231

식화지(食貨志) 70, 96, 101

신대부(臣大夫) 321

신독(辛瀆) 317

신문(晨門) 386, 388

신서(新序) 83, 232, 253, 292, 301, 340

신신여(申申如) 62

심의(深衣) 309, 310

십삼경주소교감기 90, 180

씨족대전 252

● ㅇ

아술편 88

악기(樂記) 68, 393, 394

악덕(惡德) 157

악서 394

악실(堊室) 405

악악(噩噩) 328

악정(樂正) 58

안백성(安百姓) 419

안인(安人) 419

안평상손근비 267

안행(雁行) 430

애공(哀公) 43, 45, 86, 88, 106, 107, 212,

235, 318, 321, 330, 335, 375

앵앵(嚶嚶) 181

양곡(陽穀) 287, 288, 297

양곡(陽穀)의 회합 285

양공(襄公) 80, 86, 89, 106, 211, 223, 226, 228, 230, 239, 253, 260, 265, 348, 376

양성(陽城) 416

양암(梁闇) 401, 403, 407, 411

양암(諒闇) 403

양의(瘍醫) 154

양창전 140

양통전(梁統傳) 64

양한간오보유 213

양혜왕상(梁惠王上) 93, 244

양혜왕하(梁惠王下) 99, 373

양화(陽貨) 331

엄발비 355

여(厲) 390

여(如) 62

여람 68, 75, 120

여막(廬幕) 400, 403, 411

여씨춘추(呂氏春秋) 35, 58, 66, 123, 223, 291, 300, 342, 357, 382, 402

여원담서 217

여형(呂刑) 64

역(逆) 352

연독전 295

연인(燕人) 317

연제(練祭) 406

연주부지 427

열명 156, 158, 400, 402, 403

열사(列士) 113

열자 88, 230, 306

염철론(鹽鐵論) 84, 126, 142, 223, 236, 267,

268, 309

영모(寧母) 286

영욕편 220

영윤(令尹) 123, 124, 221, 231, 237

예관(禮官) 53

예기(禮器) 250

예기(禮記) 30, 33, 52, 56, 61, 68, 73, 74,
89, 105, 125, 134, 151, 156, 158, 163, 173,
185, 206, 233, 239, 248, 254, 258, 261,
263, 310, 321, 323, 335, 337, 338, 345,
346, 360, 377, 379, 380, 383, 393, 394,
396, 401, 407, 408, 410, 412, 413, 415,
421, 422, 428, 429

예기주소(禮記注疏) 360

예문류취 180

예문지(藝文志) 53, 343

예서체 185

예설 404

예속 124

예악(禮樂) 67

예운(禮運) 73

예의지 145

오(吳) 47

오경문자(五經文字) 73

오량전 324

오미(五味) 165

오성(五聲) 166, 168

오어(五御) 114, 358

오패(五伯) 267, 292

오패(五霸) 271

오한전 178

오행지 131, 367, 404, 411

오형장 263

옥사(獄事) 64

옥영(玉英) 46

옥조 105, 310, 335, 428

옥편 140, 360

온고록 136

옷깃 310

옹야(雍也) 71, 85, 194

왕도(王道) 67, 365

왕도정치 99

왕망전(王莽錢) 78

왕부(王父) 42, 44

왕제 379, 413, 430

왕창전 349

왕패편(王霸篇) 72

외사(外史) 56, 113

외저설 114

외조(外朝) 107

요왈(堯曰) 32, 175

요요여(夭夭如) 62

요전 218

욕(欲) 195

우공 219

우서(禹書) 36, 214

우서(虞書) 213

원(怨) 195, 353

원도훈 342

원포(園圃) 74

원한 359

월령(月令) 30

월절서 282

위(危) 200

위(衛) 37

위강숙세가(衛康叔世家) 85

위기(爲己) 339

위나라 42, 50, 51, 84, 87, 95

위령공(衛靈公) 349

위서(魏書) 57, 108

위정(爲政) 33, 57

위출공첩론(衛出公輒論) 50

위현전 311

유(幽) 286

유(濰) 209

유(羑) 200

유격씨(有鬲氏) 211

유궁(有窮) 215

유궁국(有窮國) 204, 212, 213

유림전(儒林傳) 57, 62

유비(有庳) 218

유사(有司) 34

유심(有心) 390

유심재(有心哉) 392

유행 383

유향전 175

유효편 426

육률(六律) 165, 168

육태(六大) 415

윤문자(尹文子) 53

윤색(潤色) 227

윤인(伊人) 238

윤제(尹齊) 177

융복(戎僕) 94

융적(戎狄) 328

은(殷) 100

은공(隱公) 153, 263

은나라 402, 410

은덕 359

은본기 411

은시장 360

음악 393

음의 138

응간 365

응소전 316

응제왕(應帝王) 61

의(毅) 176

의(義) 371

의려(倚廬) 403

의례(儀禮) 56, 79, 129, 143, 145, 206, 229,
233, 248, 408, 428

의례경전통해속(儀禮經傳通解續) 414

의림 299

의사(醫師) 152, 154

의상(衣裳) 285

의읍(儀邑) 363, 384

이(夷) 269, 420, 423

이(彛) 423

이괘 417

이루상(離婁上) 181

이루하(離婁下) 138, 163, 181

이림 159

이아(爾雅) 35, 94, 111, 119, 130, 131, 140,
146, 181, 182, 196, 312, 316, 319, 388,
398, 399, 423, 429

이아의소 140

이아주소(爾雅注疏) 130

이이(怡怡) 179, 182, 183

이인(里仁) 178, 224, 346

이적(夷狄) 131

이천(伊川) 308

이체(二體) 168

이훈(二勳) 265

익(益) 416

익직(益稷) 213, 214, 219

인(仁) 99, 131, 176, 195, 220, 233, 281,

320, 361

인도(人道)　371

인의(仁義)　300, 338

인자(仁者)　305

일기(一氣)　168

일문(佚文)　403

일지록　209

임(壬)　330

입언편　158

잉나라　212

●ㅈ

자도편　137

자로(子路)　31, 85, 343

자변(字辨)　58

자장(子張)　32, 75, 268

자장문입관(子張問入官)　30, 119

자장문입관편　174

자한(子罕)　129, 316, 393

자화　226

자화자　382

잔(殘)　99

잡기　239, 408

잡기하　346

잡사(雜事)　83

장공(莊公)　44, 78, 171, 229, 240, 285, 286, 290, 291, 297, 299, 302, 303, 306, 343, 423

장륙　376, 379

장복(章服)　314

장수(掌囚)　376

장원현(長垣縣)　341

장인(匠人)　380

장자(莊子)　61, 140, 200, 282, 342, 350

장자석문　359

장주전　177

장팔사모(丈八蛇矛)　209

장형전　399

장호왕공전　387

장화(章化)　92

재계(齋戒)　329

재리(財利)　338

재부(宰夫)　258

재치　152

적방진전　352

전경중완세가　334

전단전　319

전대(專對)　79

전사씨(甸師氏)　379

전자방　350

전한서(前漢書)　53, 62, 70, 76, 78, 82, 86, 96, 98, 101, 102, 127, 131, 140, 142, 145, 175, 177, 208, 215, 225, 240, 245, 255, 269, 270, 311, 314, 315, 322, 343, 352, 356, 367, 391, 393, 404, 411, 426, 427

절교론　142

절절(切切)　181

절절(節節)　183

절절시시(切切偲偲)　179

절절이이(切切怡怡)　183

절절희희(節節熙熙)　183

점인　162

정(桯)　286

정공(定公)　85, 120, 264, 378

정나라　234

정도(正道)　268

정립기문(庭立紀聞)　57

정명(正名)　41, 48, 56, 57, 59, 60, 108

정명론(正名論) 40

정법 266

정신훈 224

정실(正失) 58

정어 165

정월(正月) 65

정정(丁丁) 181

정학(鄭學) 57

제가(齊家) 419

제계 217

제나라 79, 86, 238, 282

제논어 124, 139, 142, 237

제법(祭法) 52

제세가 282, 285, 304

제자평의 302

제자해 374

조(措) 65

조(錯) 65

조성(詔聖) 84

조신자조(造新字詔) 57

조(洗)의 회합 295

조화 164

족사(族師) 137

종포신(宗布神) 215

좌씨(左氏) 279

좌씨내외전 278

좌전두해보정 264

주(邾) 262, 265

주나라 100, 266

주남(周南) 267

주례(周禮) 56, 64, 74, 77, 94, 136, 142,
153, 162, 189, 225, 229, 230, 241, 258,
359, 376, 377, 379, 380, 387, 389, 414,
415

주례주소(周禮注疏) 258, 380

주미(柱楣) 405

주서(周書) 227, 325, 330

주술훈(主術訓) 82

주어 113, 348

주역(周易) 29, 33, 37, 58, 111, 147, 156,
160, 163, 175, 221, 239, 344, 384, 417,
419

주역우씨의 161

죽서기년 209

준(蹲) 423

준이(蹲跠) 423

중니제자열전(仲尼弟子列傳) 75, 195, 247,
369, 374

중니편 238

중도(中道) 150

중론 315

중백(仲伯) 267

중보(仲父) 238, 306

중용(中庸) 71, 146, 147, 150, 151, 177,
232, 345, 420

중정(中正) 150

중행(中行) 146, 147

중화(重華) 217

증자문 248

증자입사 180, 326, 328, 352, 422

증자제언상 133

지관사도상(地官司徒上) 136

지관사도하(地官司徒下) 74

지락 140

지리고 252

지리지 240

직간(直諫) 75

직금(職金) 64

진(☷) 161

진(晉) 39, 41

진려(振旅) 189

진류풍속전 341

진서 209

진세가 278

진심상(盡心上) 395

진심하 149, 233, 394

진어(晉語) 72, 105, 319

진진전 253

진책 253

진충전 181

집본(輯本) 100

집운 179

집해(集解) 75

● ㅊ

찬문 145

창힐편 139, 381

채옹전 387

채중랑집 124

책궁시 256

천관(天官) 414, 415

천관서(天官書) 326

천관총재상(天官冢宰上) 74, 258, 414, 415

천관총재하 153

천도(天道) 371

천명(天命) 99, 363, 368, 372

천문지 208

천보 160

천토(踐土) 271

첨앙 111, 196

청모(菁茅) 271

청하효왕경전(淸河孝王慶傳) 76

초(楚)나라 123, 231, 234

초사 208, 209

초어 254, 402, 411

초학기 180

총(冢) 415

총기(總己) 413

총재(冢宰) 412, 414, 415

추관사구상(秋官司寇上) 64, 376

추관사구하(秋官司寇下) 56

추양전 269, 270

축관 324

축금좌(逐禽左) 359

축수곡(逐水曲) 359

축적여(蹴踏如) 62

춘관종백상 153

춘관종백하(春官宗伯下) 56, 162

춘추(春秋) 39, 42, 44, 46, 48, 120, 201, 240, 271, 274, 279, 299, 317, 333, 365, 367

춘추곡량전(春秋穀梁傳) 43, 52, 59, 186, 279, 280, 283, 285, 287, 289, 290, 293, 294, 298, 301, 312, 313, 423

춘추곡량전집해 187, 290

춘추공양전 59, 78, 126, 153, 171, 187, 189, 229, 236, 237, 278, 283, 292, 312, 313, 330, 343, 404, 416

춘추공양전주소 171

춘추대사표 121, 263, 331

춘추번로(春秋繁露) 46, 52, 90, 163, 201, 267, 418

춘추전 331

춘추좌씨전(春秋左氏傳) 30, 40, 44, 52, 53, 80, 85, 86, 88, 106~108, 143, 167, 195, 198, 211, 215, 223, 226, 228~230, 234,

235, 239, 248, 251~255, 260, 261, 263, 264, 266, 269, 274, 279, 280, 282, 284, 292, 300, 303, 306, 308, 317, 321, 330, 334, 348, 375~379, 424

춘추좌전주소(春秋左傳注疏)　348

충서(忠恕)　197

치국평천하(治國平天下)　419

치병(治兵)　189

치사편　119

치요(治要)　258

치의(緇衣)　156~158, 163

칙양　342

칠경맹자고문　334

칠서고문(漆書古文)　217

칠음(七音)　168

칠체(七體)　165

● ㅌ

탕(蕩)　208

탕주(盪主)　209

탕주(盪舟)　209

탕진(盪陣)　209, 217

탕척(盪滌)　208

태(兌)　29

태(泰)　175

태괘(兌卦)　33, 37

태뢰(大牢)　427

태백(太伯)　396

태백(泰伯)　177, 194, 219

태사(太史)　110

태사공자서(太史公自序)　43

태자(太子)　40

태재(大宰)　74, 230, 241, 415

태종(太宗)　110

태축(太祝)　110

태평어람　100, 145, 180, 185, 358, 392, 393

태평환우기　387, 426

통지　252

● ㅍ

팔방(八枋)　241

팔병(八柄)　241

팔색(八索)　166

팔풍(八風)　168

패(玭)　314

패(霸)　307

패자(霸者)　188, 278, 305

평당전　103

포(圃)　74

포성(蒲城)　41

포유고엽　396, 399

표기　233, 263, 346, 360

풍봉세전(馮奉世傳)　86

풍속통(風俗通)　58, 225, 271, 385

풍속통의　90

필명(畢命)　227

● ㅎ

하관사마상　94, 142

하나라　205, 209, 212

하대부(下大夫)　238

하도　364

하무등전　393

학기(學記)　156, 185

학의행(郝懿行)　140

학춘추수필　299

학행(學行)　302

한간　245

한거부(閒居賦)　407, 408

한비자　114, 117, 123, 282

한서고금인표고　215

한서음의　145

한시외전(韓詩外傳)　52, 79, 110, 253, 255

한원집(翰苑集)　115

한진춘추　243

함(鹹)의 회합　295

항괘　156, 160, 161, 163

항덕[恒德]　158, 159

해여총고　214

행재소(行在所)　279

행행(悻悻)　138

향거이선법(鄕擧裏選法)　136

향당도고　310

향대부(鄕大夫)　136

향사(鄕士)　64, 376, 377, 379, 380

향사(鄕師)　136

향원(鄕原)　152

헌문(憲問)　139, 273

현물(顯物)　340

현사　376, 379

현양(顯揚)　340

형문　355

형벌(刑罰)　67

형법지　98, 102

형옹(衡雍)　276

혜계(嵇峽)　145

호암한화　371

호체(互體)　161

혹리전　177

혹체자　145

혼인(闇人)　389

화덕[娃寵]　226

화제기　413

확여(躨如)　62

환공(桓公)　44, 46, 187, 317

환영전(桓榮傳)　340

황경전　385

황(黃)나라　292

황보규전　327

황하(黃河)　364

황황(皇皇)　355

황후기하　225

회(海)　223

회남자(淮南子)　82, 125, 130, 216, 224, 270, 342

회(淮)의 회합　295

효경(孝經)　68, 71, 188, 263

후읍(郈邑)　332

후한서(後漢書)　64, 76, 145, 150, 161, 178, 181, 225, 240, 295, 316, 324, 325, 327, 340, 385, 387, 399, 413

홍(薨)　412

휘찬　248

휼(譎)　266~268, 273

휼간(譎諫)　267

흉노전　314

흉려(凶廬)　401, 408

희공(僖公)　52, 53, 186, 195, 198, 252, 266, 274, 279, 280, 284, 287, 292, 293, 300, 308, 312

희희(熙熙)　183

저자 유보남(劉寶楠)

1791년 강소성 보응현에서 아버지 이순(履恂)과 어머니 교씨(喬氏) 사이에서 태어났으며, 다섯 살에 아버지를 여의고, 어머니의 가르침 속에 성장하였다. 종부 태공(台拱)의 학문이 깊고 정밀하였으므로 그에게 전수받기를 청하여 학행으로 향리에서 명성이 자자하였다. 제생(諸生)이 되었을 때 의징(儀徵)의 유문기(劉文淇)와 명성을 나란히 하여 사람들이 "양주이유(揚州二劉)"라고 칭송하였다. 도광 20년(1840) 진사가 되어 직례성 문안현의 지현(知縣)을 제수받았다. 문안현은 지형이 웅덩이에 비해 낮았는데도 둑이나 제방이 닦이지 않아 장마가 내리거나 가을 홍수가 나면 번번이 백성들의 해가 되곤 하였다. 이에 유보남은 제방을 두루 걸어 다니면서 병폐와 고통을 묻고 옛 서적들을 검토하여 일군의 주둔병과 백성이 함께 정비하도록 독촉하였다. 함풍 원년(1851) 삼하(三河)를 수비하고 있었는데, 동성(東省)의 군대가 국경을 지나는 것을 맞닥뜨리고는 병거를 모두 마을 아래로 출동시켰다. 병사가 많아 들쭉날쭉하니 백성들이 감당할 바가 아니라 생각해 수레 품삯을 백성들의 값으로 지급하자 백성들이 동요하지 않을 수 있었다. 16년 동안 관직에 있었는데, 항상 의관이 소박하여 마치 제생 때와 같았다. 송사를 처리함에 삼갔고, 문안에서 관직 생활을 하는 동안 쌓인 현안 1,400여 건을 자세하게 살펴 결론을 내렸으며, 새벽닭이 처음 울 때면 당청에 앉아, 원고와 피고가 모두 법정에 나오고 증거가 구비되면 때에 맞춰 상세히 국문하였다. 큰 사건이건 작은 사건이건 할 것 없이 균등하게 자기의 뜻대로 안건을 판결했고, 패도한 자는 법의 판례에 비추어 죄를 다스렸다. 무릇 소송에 연루된 친척이나 오랜 친족은 내외척 간의 친목[睦婣]으로 깨우쳐, 대체로 화해하고 풀도록 하였다. 송사와 옥사가 한가해지고 나면 아전들은 자리를 떠나 돌아가 농사를 짓게 하였으니, 멀고 가까이에 있는 자들이 화합하여 순량(循良)이라는 칭호를 붙여 주었다. 『논어정의』는 그가 38세에 뜻을 두고 착수하여 평생을 바친 저작으로, 청대『논어』연구의 결정판으로 널리 알려져 있다. 24권까지 지었으나 완성하지 못하고 아들 공면에게 이를 이을 것을 맡긴 후 함풍 5년(1855)에 죽으니, 향년 65세이다.

저자 유공면(劉恭冕)

광서 5년(1879)에 거인(擧人)이 되었다. 가학을 지켜 경훈(經訓)에 통달했고, 경학을 공부해 거처하는 당의 이름을 광경당(廣經堂)이라 했다. 안휘성의 학정(學政) 주란(朱蘭)의 막에 들어가 이이덕(李貽德)의 『춘추가복주집술(春秋賈服注輯述)』을 교정하여 백수십 가지의 일을 옮겨서 보충하였다. 후에 호북성의 경심서원(經心書院)에서 주강(主講)이 되었는데, 돈독한 품행과 신중한 행실로 질박한 학문을 숭상하였다. 어려서 『모시(毛詩)』를 익혔고, 만년에는 『공양춘추(公羊春秋)』를 연구해서, "신주(新周)"의 뜻을 발명하여, 하휴(何休)의 오류를 물리치니, 같은 시대의 모든 선비가 그것을 아름답게 여겼다. 역대 제가의 이설(異說)을 참고하고 비교하여 아버지가 완성하지 못한 『논어정의』를 완성했다. 『면양주지(沔陽州志)』와 『황주부지(黃州府志)』, 『한양부지(漢陽府志)』, 『황강현지(黃岡縣志)』를 편찬했다. 향년 60세이다.

역주자 함현찬(咸賢贊)

1963년 강원도 영월에서 태어나 고등학교까지 마쳤다. 1987년 성균관대학교 동양철학과를 졸업하고, 같은 대학교 대학원 유학과에서 석사와 박사과정을 마쳤으며, 2000년 중국 송대 철학 전공으로 박사학위를 받았다. 성균관 한림원에서 한문을 공부하였으며, 현재 성균관대학교 유학·동양학과 및 대학원 초빙교수로 재직하고 있고, 아울러 성균관 한림원 교수로 재직하고 있다. 저서로는 『장재: 송대 기철학의 완성자』(2003), 『주돈이: 성리학의 비조』(2007), 『(교수용 지도서) 사자소학』(1999), 『(교수용 지도서) 추구·계몽편』(1999), 『(교수용 지도서) 격몽요결』(2010) 등이 있고, 함께 번역한 책으로는 『논어징』 전 3권(2010), 『성리논변』(2006), 『증보 동유학안』 전 6권(2008), 『주자대전』 전 13권(2010), 『주자대전차의집보』 전 4권(2010), 『역주 예기집설대전 2』(2021), 『왕부지 중용을 논하다』(2014) 등이 있다. 이 외에 연구논문으로는 「《논어징》에 나타난 오규 소라이의 성인관」(2015), 「《논어징》에 나타난 오규 소라이의 도 인식」(2011), 「성리학의 태동과 정체성에 대한 일고찰」(2011) 등이 있다.